AF799722

Une ascension en République

Paul Doumer (1857-1932), d'Aurillac à l'Élysée

pour le professeur Philip G. Nord,
en prolongement de nos très
cordiaux échanges sur l'histoire
de la France républicaine,

Très sincèrement,
Amaury Lorin

20 mars 2013

97/11 avenue de la République
59700 Marcq-en-Barœul
France
amaury.lorin@sciences-po.org

Fruit de la collaboration entre le Sénat et les éditions Dalloz, la collection « Bibliothèque parlementaire et constitutionnelle » a vocation à accueillir les travaux de recherche sur les institutions, la vie politique et parlementaire, les collectivités locales et le bicamérisme, distingués par le prix de thèse du Sénat. Le prix de thèse du Sénat est attribué chaque année par un jury composé de sénateurs, de professeurs des universités et de fonctionnaires du Sénat. Tous les deux ans est également décerné le prix de thèse de la Fondation Descours Desacres sur les finances publiques ou locales.

Voir la liste des thèses déjà parues dans la collection en fin d'ouvrage

Contact : prixdethese@senat.fr

Une ascension en République

Paul Doumer (1857-1932), d'Aurillac à l'Élysée

Amaury Lorin
Docteur en histoire de l'Institut d'études politiques de Paris

Sous la direction du professeur Serge Berstein

Préface de Jean-Pierre Bel
Avant-propos de Serge Berstein

JURY

M. Serge Berstein, professeur émérite des Universités, Sciences Po, directeur de thèse ;
M. Xavier Boniface, professeur des Universités, Université du Littoral Côte d'Opale ;
M. Bruno Cabanes, professeur associé, Université Yale ;
M. Nicolas Roussellier, maître de conférences habilité à diriger des recherches, Sciences Po ;
M. Jean-François Sirinelli, professeur des Universités, Sciences Po, directeur du Centre d'histoire de Sciences Po ;
M. Hugues Tertrais, professeur des Universités, Université Paris-I Panthéon-Sorbonne, directeur du Centre d'histoire de l'Asie contemporaine.

Thèse pour le doctorat soutenue le 15 novembre 2011
à l'École doctorale de Sciences Po

1er prix de thèse du Sénat 2012

DALLOZ

2013

L'École doctorale de Sciences Po
n'entend donner aucune approbation ni improbation
aux opinions émises dans les thèses ou mémoires.
Ces opinions doivent être considérées comme propres à leurs auteurs.

DANGER
LE
PHOTOCOPILLAGE
TUE LE LIVRE

Le pictogramme qui figure ci-contre mérite une explication. Son objet est d'alerter le lecteur sur la menace que représente pour l'avenir de l'écrit, particulièrement dans le domaine de l'édition technique et universitaire, le développement massif du photocopillage.

Le Code de la propriété intellectuelle du 1er juillet 1992 interdit en effet expressément la photocopie à usage collectif sans autorisation des ayants droit. Or, cette pratique s'est généralisée dans les établissements d'enseignement supérieur, provoquant une baisse brutale des achats de livres et de revues, au point que la possibilité même pour les auteurs de créer des œuvres nouvelles et de les faire éditer correctement est aujourd'hui menacée.

Nous rappelons donc que toute reproduction, partielle ou totale, de la présente publication est interdite sans autorisation de l'auteur, de son éditeur ou du Centre français d'exploitation du droit de copie (CFC, 20, rue des Grands-Augustins, 75006 Paris).

DALLOZ

31-35, rue Froidevaux, 75685 Paris cedex 14

Le Code de la propriété intellectuelle n'autorisant, aux termes de l'article L. 122-5, 2° et 3° *a)*, d'une part, que les « copies ou reproductions strictement réservées à l'usage privé du copiste et non destinées à une utilisation collective » et, d'autre part, que les analyses et les courtes citations dans un but d'exemple et d'illustration, « toute représentation ou reproduction intégrale ou partielle faite sans le consentement de l'auteur ou de ses ayants droit ou ayants cause est illicite » (art. L. 122-4).

Cette représentation ou reproduction, par quelque procédé que ce soit, constituerait donc une contrefaçon sanctionnée par les articles L. 335-2 et suivants du Code de la propriété intellectuelle.

© ÉDITIONS DALLOZ — 2013
978-2-247-12604-0

Sommaire

Liste des abréviations

Les abréviations suivantes, correspondant aux centres d'archives fréquentés et aux fonds consultés, ont été utilisées dans les notes infrapaginales afin d'en faciliter la lecture :

AAN	Service des archives et de la recherche historique parlementaire de l'Assemblée nationale
ACL	Archives du Crédit lyonnais (Archives historiques du groupe Crédit agricole)
ADA	Archives départementales de l'Aisne
AC	Fonds des archives communales
AD	Fonds des archives départementales
ADC	Archives départementales du Cantal
ADCS	Archives départementales de la Corse-du-Sud
ADHC	Archives départementales de Haute-Corse
ADL	Archives départementales de la Lozère
ADN	Archives départementales du Nord
ADP	Archives départementales de Paris
ADS	Archives départementales de la Sarthe
ADV	Archives départementales des Vosges
ADY	Archives départementales de l'Yonne
AEC	Archives de l'association des écrivains combattants
AIBL	Archives de l'Académie des inscriptions et belles lettres
ANOM	Archives nationales d'outre-mer
GGI	Fonds du gouvernement général de l'Indochine
IC AF	Série géographique Indochine, ancien fonds
IC NF	Série géographique Indochine, nouveau fonds
MC	Fonds du ministère des Colonies
AS	Service de la bibliothèque, des archives et de la documentation étrangère du Sénat, division des archives
ASOM	Archives de l'Académie des sciences d'outre-mer
BAN	Bibliothèque de l'Assemblée nationale

BNF	Bibliothèque nationale de France
CAEF	Centre des archives économiques et financières
CMF	Fonds du cabinet du ministre des Finances
CP	Fonds de la comptabilité publique
LF	Fonds de la législation fiscale
CAN n° 1	Archives d'État du Vietnam, Centre des archives nationales n° 1
GGI	Fonds du gouvernement général de l'Indochine
MH	Fonds de la mairie d'Hanoi
RST	Fonds de la résidence supérieure au Tonkin
CHAN	Centre historique des archives nationales
AP	Archives privées
LH	Fonds de la Légion d'honneur
EFEO	Archives de l'École française d'Extrême-Orient
GOF	Archives du Grand Orient de France
PPP	Archives de la préfecture de police de Paris
RV	Agence de documentation photographique Roger-Viollet
SHD	Service historique de la Défense
SHPF	Société d'histoire du protestantisme français

Remerciements

Il est sans doute impossible de remercier ici toutes les personnes qui, à un moment ou à un autre de cette aventure au long cours et qu'elles en soient d'ailleurs conscientes ou non, m'ont apporté une aide, scientifique, logistique ou d'une autre nature, qui en me signalant une plaque dans telle rue rappelant la mémoire de Paul Doumer, qui en me recommandant telle source indirecte, qui, par une remarque apparemment anodine, a permis de faire utilement progresser ma réflexion.

Outre ma famille et mes proches, trois groupes de personnes se distinguent parmi toutes celles qui, des premiers pas à la conclusion, furent proches de mes travaux de thèse : deux « corporations », les historiens et les conservateurs du patrimoine ; et un groupe naturel, les descendants de Paul Doumer.

Mes premiers remerciements s'adressent au professeur Serge Berstein, sous l'autorité scientifique duquel j'ai eu l'honneur et le privilège de travailler. Mon directeur ne m'a ménagé ni ses conseils ni ses encouragements pour persévérer. Son œuvre, centrale parmi les sources secondaires fréquentées à l'occasion de la présente étude, particulièrement autour des concepts de « culture politique » et de « modèle républicain »[1], ont représenté une constante et exigeante invitation à bien faire. Mon jury de thèse, réuni le 15 novembre 2011 à Sciences Po, m'a offert une soutenance particulièrement stimulante. Les remarques qui m'ont été adressées à cette occasion m'ont beaucoup profité. Les professeurs Laurence Bertrand Dorléac, Xavier Boniface, Hubert Bonin, François Dosse, Samia El Mechat, Jacques Frémeaux, Arthur J. Goldhammer, Jean-Noël Jeanneney, Eric T. Jennings, Bernhard Kitous, Marc Lazar, Gilles Le Béguec, Micheline R. Lessard, Marie-Anne Matard-Bonucci, Pascal Ory, Jean-Paul Pellegrinetti, Olivier Pétré-Grenouilleau, René Rémond (†), Gilles Richard, Samir Saul, Jean-François Sirinelli, Hugues Tertrais, Maurice Vaïsse et Franciscus Verellen ; Anne-Laure Anizan, Christian Borde, Pierre Brocheux, Bruno Cabanes, Gilles Candar, Michel Casta, Pascal Cauchy, Florence Descamps, Vincent Flauraud, Charles Fourniau (†), Gilles

1. N. Roussellier, « Serge Berstein, historien du "modèle républicain" : témoignage et analyse », *in* R. Baudouï *et al.* (dir.), *Un professeur en République : mélanges en l'honneur de Serge Berstein*, Paris, Fayard, 2006, p. 281-288.

de Gantès, Andrew Hardy, Daniel Hémery, Catherine Hodeir, Sabine Jansen, Olivier Le Cour Grandmaison, Philippe Le Failler, Édouard Lynch, Frédérique Neau-Dufour, Jean-Christophe Notin, Anne Renoult, Nicolas Roussellier, Gerard H. Sasges, Christelle Taraud et Jean-Paul Thomas ont bien voulu m'apporter d'éclairantes recommandations et je les en remercie bien vivement.

Dirigé par le professeur Jean-François Sirinelli, le Centre d'histoire de Sciences Po, auquel j'ai été rattaché pendant toute la préparation de la thèse dont est issu cet ouvrage, a été un environnement de travail idéal, accueillant et stimulant. Tous les échanges que j'ai pu y entretenir avec mes collègues et amis, en particulier autour du groupe de recherche « Histoire des colonisations européennes (XIXe-XXe siècles) : sociétés, cultures, politiques » que j'y ai créé en janvier 2009 avec Christelle Taraud; et du groupe de travail historiographique du Comité français des sciences historiques « Colonies, empires, esclavages : histoires croisées » que j'y ai créé en février 2011 avec dix de mes collègues, n'ont pas manqué d'utilement contribuer à enrichir ma réflexion. Ma reconnaissance s'adresse également à toute l'équipe du Centre d'histoire de Sciences Po — en particulier Gabrielle Costa de Beauregard, Marie-Laure Dagieu, Carole Gautier, Dominique Parcollet, Élisabeth de la Rocque —, ainsi qu'à Danièle Le Galloudec (École doctorale de Sciences Po), pour l'aide matérielle qu'elles m'ont apportée avec tant d'efficacité, en particulier à l'occasion de mes nombreux déplacements aux quatre coins de France et à l'étranger.

Ensuite, le concours des conservateurs du patrimoine à un recensement des sources primaires nécessaires à la présente étude s'est avéré des plus précieux. En effet, un des premiers soins auquel j'ai dû m'atteler a été de définir un corpus archivistique, qui ne préexistait pas à mon sujet, vierge de tout traitement historique préalable. Et, partant, un champ d'investigation. Que soient ici chaleureusement remerciés Françoise Adnès et Pascal Geneste, conservateurs du patrimoine au Centre historique des Archives nationales (section du XXe siècle).

Enfin, l'impatience des descendants de Paul Doumer quant à la livraison du fruit de cette recherche m'a encouragé à la conclure. Lucile Pasquier-Doumer (†), Jean-Pierre (†) et René Doumer, petits-enfants de Paul Doumer; Philippe Nivet-Doumer, son arrière-petit-fils; les descendants de Lucile Pasquier-Doumer et de Pierre Émery, gendre de Paul Doumer, ont accepté de me recevoir longuement et de m'ouvrir des archives privées inédites. Je leur en sais sincèrement gré.

Cette thèse a pu bénéficier chemin faisant du soutien ponctuel — scientifique, logistique et/ou financier — de diverses institutions, en particulier :

– l'École française d'Extrême-Orient[2] ;
– l'Académie des sciences d'outre-mer[3] ;
– le fonds de mondialisation de l'École doctorale de Sciences Po[4] ;
– le Comité pour l'histoire économique et financière de la France[5] ;
– l'Alliance française d'Ekaterinbourg, Russie[6] ;
– le Centre culturel et de coopération de l'ambassade de France au Vietnam[7] ;
– le Centre de langue française de Vientiane, Laos[8] ;
– l'Association pour l'histoire des chemins de fer en France[9] ;
– l'Association des écrivains combattants[10].

Qu'elles trouvent ici l'expression de ma sincère gratitude.

---

2. En me décernant une bourse d'études le 29 juin 2007, F. Verellen, directeur de l'École française d'Extrême-Orient (EFEO) — parrain, avec C. Gyss, de mon entrée à la Société asiatique le 19 janvier 2007 — et Y. Goudineau, directeur des études, m'ont permis de compléter mes recherches aux Archives d'État du Vietnam, Centre des archives nationales n° 1 à Hanoi. A. Hardy, responsable du Centre d'Hanoi de l'EFEO, est remercié de son accueil à Hanoi pendant la durée de mes recherches.

3. G. Mangin, secrétaire perpétuel de l'Académie des sciences d'outre-mer, m'a remis le Prix Auguste Pavie 2006 le 3 mars 2006 à l'Académie des sciences d'outre-mer pour mon ouvrage *Le tremplin colonial : Paul Doumer, gouverneur général de l'Indochine (1897-1902)*, Paris, L'Harmattan, coll. « Recherches asiatiques », 2004, rééd. 2009.

4. Le fonds de mondialisation de l'École doctorale de Sciences Po m'a permis de présenter la communication « Paul Doumer, Governor-General of Indo-China (1897-1902): the Turning Point » au 31e congrès de la French Colonial Historical Society, le 2 juin 2005 à l'Université d'Acadie (Acadia University), Wolfville (Nouvelle-Écosse, Canada), autour du thème « Foundings and Ruptures in the French Colonial Empire ».

5. F. Descamps et P. Masquelier ont bien voulu organiser une séance conjointe de leur séminaire d'Histoire de la gestion des finances publiques et d'Histoire du ministère des Finances au XXe siècle, le 14 avril 2008 à l'École pratique des hautes études, IVe section, et programmer ma communication : « Paul Doumer, ministre des Finances (1895-1896, 1921-1922, 1925-1926) : le grand argentier de la IIIe République ».

6. E. de Lumley, directeur de l'Alliance française d'Ekaterinbourg (Russie), a organisé mes conférences sur « Les relations franco-russes (1917-1932) à l'aune du dossier Doumer-Gorguloff », le 28 février 2007 à l'Université Gorki, Ekaterinbourg (Russie) et le 2 mars 2007 à l'Université de l'Oural du Sud, Tchéliabinsk (Russie).

7. M. Flesch, directeur du Centre culturel et de coopération de l'ambassade de France au Vietnam, et H. Olié, directeur-adjoint, ont organisé ma conférence sur « Paul Doumer, gouverneur général de l'Indochine (1897-1902) », le 6 novembre 2007 à L'Espace, Centre culturel français de Hanoi.

8. J.-F. Grunstein, directeur du Centre de langue française de Vientiane (Laos) et O. Planchon, directeur-adjoint, ont organisé ma conférence sur « Paul Doumer, gouverneur général de l'Indochine (1897-1902) », le 2 novembre 2007 au Centre de langue française de Vientiane. M. Lorrillard, responsable du centre de Vientiane de l'EFEO, est remercié de son accueil à Vientiane.

9. A. Lorin, « "La civilisation suit la locomotive" : le credo ferroviaire de Paul Doumer, gouverneur général de l'Indochine (1897-1902) », *Revue d'histoire des chemins de fer*, n° 35, automne 2006, p. 41-54.

10. M. Tauriac, président de l'Association des écrivains combattants, m'a remis le Prix des écrivains combattants 2006 le 27 mars 2006 au Cercle national des Armées pour mon ouvrage *Le tremplin colonial : Paul Doumer, gouverneur général de l'Indochine (1897-1902)*, *op. cit.*

Préface

Jean-Pierre Bel
Président du Sénat

Le travail de M. Amaury Lorin est le premier travail d'importance sur un homme politique qui a incontestablement laissé un nom (ne serait-ce qu'à travers des milliers de plaques de rues des communes de France), mais dont on ne connaît en général pas grand-chose, sauf qu'il a été assassiné alors qu'il était devenu président de la République. Comme il n'existait pas non plus de fonds Paul Doumer unifié, la première tâche de l'auteur a été de réunir des éléments d'archives qu'il a pu trouver dans une trentaine de lieux, y compris au Vietnam ou grâce à des entretiens avec les descendants et cet effort original doit être d'emblée salué. Il permet en effet de faire revivre un caractère, un tempérament, une carrière, qui ne peuvent laisser indifférent.

Ce qui frappe d'emblée, c'est la diversité. Très tôt député (député de l'Aisne en 1888 à 31 ans), Paul Doumer parcourra — et au-delà — le cursus des honneurs de la République parlementaire : député, ministre des Finances (à trois reprises dont la première fois à 38 ans), président de la Chambre des députés (1905-1906), sénateur (1912-1931), rapporteur général du Budget puis président de la commission des Finances, président du Sénat (1927-1931), enfin président de la République.

Sa carrière est marquée toutefois par trois autres catégories d'activité au moins : le gouvernement général de l'Indochine (1897-1902), poste dans lequel il s'imposera et imprimera une marque durable ; homme d'affaires (notamment président de la Compagnie générale d'électricité) ; adjoint du général Gallieni, gouverneur militaire de Paris en 1914, proche des milieux militaires et anciens combattants, ce qui en fait encore aujourd'hui le symbole de la résistance au réarmement allemand.

Outre cette diversité, l'originalité de son parcours vient aussi de ses origines sociales. Fils d'un modeste employé des chemins de fer, après un apprentissage d'ouvrier graveur dans une fabrique de médailles parisienne, il parvient grâce au Conservatoire national des Arts et Métiers à passer son baccalauréat, puis une licence de mathématiques qui lui vaut d'être professeur de mathématiques au collège de Mende (Lozère) puis au collège de Remiremont (Vosges). C'est cependant une carrière de journaliste, favorisée dans l'Aisne par son mariage et l'appui des sénateurs Henri Martin et William Waddington, sénateurs de l'Aisne, qui sert de point d'entrée à la carrière politique.

Ce qui frappe dans cet itinéraire, c'est le caractère extrêmement tenace et volontaire de l'homme Paul Doumer, plus préoccupé d'action que d'idéologie, qui le conduit souvent à prendre des initiatives originales et inventives (l'organisation du gouvernement général de l'Indochine, sa centralisation, le redressement des finances, le lancement de programmes importants de grands travaux qui subsistent encore aujourd'hui — le pont Paul Doumer à Hanoï et le chemin de fer du Yunnan, la fondation de la future École française d'Extrême-Orient —, le développement de relations avec la Russie qui en fait le créateur également de l'Institut français de Saint-Pétersbourg, le soutien de l'Entente cordiale, la création du zoo de Vincennes).

Travailleur infatigable, il se fit d'abord un nom comme défenseur, avant Joseph Caillaux, de l'institution d'un impôt sur le revenu qui provoque la chute du cabinet Bourgeois auquel il appartient, à la suite du rejet du Sénat. Il s'intéresse de très près aux armements et est, notamment, l'un des avocats les plus écoutés du développement d'une force aérienne puis d'une industrie de l'aviation. Après la guerre, meurtri par la mort de quatre de ses fils, il sera l'un des symboles du monde anciens combattants, particulièrement puissant à l'époque, et l'un des avocats de ce que l'on appellerait aujourd'hui le « *complexe militaro-industriel* » : hostilité à la fin du système des réparations, plaidoyer vigoureux pour le réarmement, toutes actions qui, rétrospectivement, donneront à son assassinat un caractère symbolique et en feront pour certains le tournant de l'entre-deux-guerres, le « *Sarajevo de la Seconde Guerre mondiale* ».

Sa carrière nationale se déroule parallèlement à une carrière locale, dont l'Aisne est le principal mais pas l'unique point d'ancrage. De 1904 à 1931, il sera conseiller général du canton d'Anizy-le-Château dans l'Aisne puis président du Conseil général (1924-1925 et 1927-1931). Mais ce personnage sans racines sera également un cas assez étonnant de nomadisme politique puisqu'après avoir été député de l'Aisne à la suite d'une élection partielle, il est, la législature suivante (1891-1896), député de l'Yonne, puis à nouveau député de l'Aisne à son retour de l'Indochine jusqu'en 1910. Battu aux élections législatives, il se fait élire sénateur de la Corse qu'il demeurera jusqu'au moment de son accession à la présidence de la République.

Personnage solitaire et impérieux, Paul Doumer sera critiqué par beaucoup pour ce que certains appellent son cynisme — notamment Jean Jaurès — et son autoritarisme (on évoquera un temps à son sujet la notion de « *boulangisme civil* »). Il lui est reproché aussi son opportunisme politique qui le fait commencer à l'extrême gauche et accepter peu après d'être nommé gouverneur général de l'Indochine par ses adversaires, glisser insensiblement vers le centre droit lorsqu'il se présente pour la première fois à la présidence de la République en 1906, avant d'apparaître après la guerre de 14 comme un recours des droites : c'est ce qui lui permet de battre Aristide Briand à la présidence de la République. Il saura aussi peu avant incarner « *le tempérament sénatorial* » tel qu'on le définissait sous la IIIe République : pour sa première élection comme président du Sénat le 14 janvier 1927, il recueillera 87 % des suffrages exprimés.

La thèse de M. Lorin est, bien entendu, très documentée — tout particulièrement dans la partie relative à l'Indochine à laquelle il avait auparavant consacré un mémoire. Au total, il s'agit d'un travail riche, très complet, apportant autant que possible des éléments concrets sur le déroulement d'une carrière complexe et un personnage de caractère, en partie insaisissable. Il comble une lacune, notamment sur l'histoire des présidents du Sénat.

Sans en tirer toutes les conséquences, l'auteur nous rappelle aussi, à une époque où la vie politique est marquée par la lutte contre les conflits d'intérêts, l'étroite imbrication entre la vie parlementaire et la vie administrative, par exemple pour les luttes d'influence entre les partis et les personnalités (nomination des chefs d'état-major durant la guerre), les liens entre la vie politique et le monde des affaires qui pouvaient exister au temps de la « *République parlementaire* ».

Par son ampleur, son originalité, son intérêt direct pour le Sénat et l'histoire parlementaire, cette thèse méritait de venir enrichir le palmarès déjà dense du prix de thèse du Sénat.

Avant-propos

Serge Berstein
Professeur émérite des Universités à Sciences Po

En première approche, on peut être surpris du choix de son sujet de thèse par Amaury Lorin. Pourquoi avoir consacré plusieurs années de travail à un personnage qui n'a guère laissé de traces dans l'histoire, même s'il a cumulé au cours de sa carrière les postes les plus prestigieux de la République, député, sénateur, ministre, gouverneur général de l'Indochine, président de la Chambre des députés et du Sénat, et pour finir, président de la République ? Il reste que ce que la mémoire collective a retenu de lui, c'est son assassinat par un illuminé pour des motifs relevant de son délire personnel. C'est que Paul Doumer n'a exercé aucune des fonctions qui, dans la République parlementaire, permettent de faire l'événement, de marquer les esprits et de garantir à son titulaire une place dans l'histoire, chef de parti ou président du Conseil.

L'intérêt historique d'une biographie de Paul Doumer est ailleurs et justifie que l'historien tourné vers la compréhension des ressorts des sociétés humaines, et spécifiquement en l'espèce des sociétés politiques, scrute le destin particulier d'un individu. Le véritable sujet traité par Amaury Lorin réside dans le titre de sa thèse, *Une ascension en République*. À travers le cas de Paul Doumer, ce sont les voies et les moyens de la promotion sociale sous la IIIe République à la fin du XIXe siècle et dans le premier tiers du XXe siècle qu'il explore avec intelligence et précision.

À l'origine, le cas Doumer illustre d'une façon parfaite l'ambition des pères fondateurs de la « République des républicains », imprégnés de la pensée positiviste selon laquelle l'éducation commande la marche des sociétés vers le progrès et constitue, grâce au diplôme, le plus sûr moyen d'ascension sociale, celui qui pose le mérite individuel en garant de la réussite. Quel plus bel exemple à l'appui de cette thèse que celui de cet orphelin de père, issu d'un milieu modeste et qui, pour permettre à sa famille d'échapper à la misère, entre à douze ans comme apprenti dans un atelier de gravure, tout en suivant les cours du soir du Conservatoire national des Arts et Métiers qui lui permettent de passer son baccalauréat, ce brevet de bourgeoisie dans la France de la fin du XIXe siècle ? Ce premier pas accompli (un pas de géant dans le contexte social d'origine de Paul Doumer), l'amour et l'ambition se conjuguent pour pousser le jeune professeur de mathématiques à passer une licence, condition posée par le père de sa fiancée, Blanche Richel, pour consentir au mariage de sa fille avec Paul Doumer. Mission accomplie, alors que le jeune Doumer vient d'atteindre ses vingt ans. Issu du peuple, il a réussi grâce à son travail, son courage et ses aptitudes intellectuelles à se hisser au niveau de cette classe moyenne qui constitue l'assise sociale de la République et où se recrute une large partie de l'élite méritocratique du nouveau régime.

Il convient cependant de ne pas se leurrer. Pour franchir les étapes suivantes de son ascension doivent intervenir bien d'autres vecteurs que les qualités dont il a fait preuve jusqu'alors, même si celles-ci demeurent indispensables. Il les trouve dans l'entourage de son beau-père qui lui présente deux des sénateurs et conseillers généraux de l'Aisne, républicains influents qui lui font miroiter une carrière politique, dont la promesse lui semble plus attrayante que la poursuite d'une obscure carrière d'enseignant dans des établissements de province. Ainsi s'explique le coup de tête de 1883 par lequel Doumer, mécontent d'une médiocre inspection, donne sa démission de l'enseignement, jetant aux orties sans état d'âme une situation qu'il a eu tant de mal à acquérir. C'est que l'avenir qu'il entrevoit désormais lui paraît bien plus séduisant. Initié à la franc-maçonnerie en 1879 sous le parrainage d'Henri Martin et de William Waddington, il est désormais introduit dans une association qui fait figure d'« Église de la République » et où celle-ci recrute un grand nombre de ses cadres avec la certitude de leur parfaite orthodoxie au regard des valeurs du régime. Les dividendes de ce choix ne tardent guère à s'engranger. Doumer est élu conseiller municipal de Laon en 1887, député de l'Aisne en 1888 avant d'accéder en 1904 au Conseil général de l'Aisne, où il siégera jusqu'à son élection à l'Élysée en 1931.

Désormais, Paul Doumer, encore jeune, fait partie des élites politiques françaises et, à ce stade, une habile gestion des positions acquises nourrit ses ambitions d'ascension sociale. Appartenant à l'aile modérée de la mouvance radicale, membre du « groupe colonial » de la Chambre, il ne tarde pas à devenir ministre dans le cabinet radical de Léon Bourgeois en 1895, au poste de premier plan de ministre des Finances, auquel le recommande sa formation de mathématicien. Il s'y fera remarquer par sa tentative, d'ailleurs vaine, d'instituer l'impôt sur le revenu, avec pour principal résultat la chute en avril 1896 du gouvernement Bourgeois, renversé par le Sénat. Mais pour Paul Doumer, la voie est ouverte de la conquête des sommets de l'État, en même temps que celle de l'acquisition d'une large aisance financière. À ce niveau, le proconsulat exercé en Indochine constitue une étape décisive, un « tremplin » comme le qualifie Amaury Lorin. Suivront son élection à la présidence de la Chambre des députés, sa désignation au Sénat par les délégués sénatoriaux de la Corse, la conquête de la présidence de la Haute-Assemblée, marchepied de l'Élysée à l'époque de la République parlementaire, enfin, point d'orgue de l'ascension de Paul Doumer, son élection à la magistrature suprême par un Congrès qui le préfère à Aristide Briand. Et, parallèlement, devenu un notable de premier plan, il voit s'ouvrir à lui la porte des conseils d'administration des grandes affaires qui portent à leur présidence un homme dont la notoriété apparaît comme une garantie pour les actionnaires. « La liste des conseils d'administration présidés par Paul Doumer ou auxquels il siège donne le vertige », écrit Amaury Lorin. Ses activités lucratives dans les milieux industriels, commerciaux, financiers, dans la presse font de l'ancien enfant pauvre, du petit professeur famélique un homme riche, par ailleurs couvert d'honneurs.

Si une telle carrière exige à coup sûr des qualités personnelles évidentes, en même temps qu'une somme considérable de travail, elle implique également une habileté consommée, des qualités de stratège et une certaine dose d'opportunisme. Dès son entrée en politique, Paul Doumer révèle en effet une extraordinaire aptitude à tirer parti des circonstances, parfois changeantes, de la conjoncture nationale. Ainsi, contrairement à l'usage qui veut que les parlementaires demeurent fidèles à la circonscription qui les a élus et qui leur procure avec le temps un solide fief électoral, Doumer n'hésite pas, à la suite d'un échec électoral dans l'Aisne où il paraissait en cours d'implantation, à se faire parachuter dans l'Yonne pour y reconquérir un siège de député à la faveur d'une élection locale, avant de redevenir député de l'Aisne après son retour d'Indochine. À nouveau battu en 1910, il vise désormais le Sénat et tente sans succès de sonder les milieux politiques de son Cantal natal pour voir si les élus locaux seraient prêts à l'élire. Devant leur réticence, il se résout à accepter l'offre de représenter à la Haute-Assemblée une Corse où il n'a jamais mis les pieds. Le même opportunisme prévaut dans ses choix politiques. Radical au début de sa carrière, il accepte d'un gouvernement progressiste, marqué au centre-droit, les fonctions de gouverneur général de l'Indochine, ce qui le fait considérer comme un renégat par ses anciens amis politiques qui ont facilité les débuts de sa carrière. Mais, une fois élu sénateur, il franchit en sens inverse la frontière droite-gauche, pour réaliser son ambition de se faire élire président du Sénat, en adhérant au groupe de la Gauche démocratique radicale et radicale-socialiste, majoritaire à la Haute-Assemblée.

Au-delà du cas particulier de Paul Doumer et d'une prodigieuse ascension qui va conduire l'enfant pauvre, tenu de travailler à douze ans comme apprenti-graveur, au sommet de l'État républicain par son élection à la magistrature suprême, Amaury Lorin livre donc une tout autre histoire qui nous introduit dans les ressorts de la société française en pleine mutation de la IIIe République naissante à la fin du XIXe siècle et d'un monde politique dont il dévoile les règles et les logiques jusqu'au premier tiers du XXe siècle. Il montre les réalités et les limites des possibilités d'ascension sociale dans la démocratie républicaine de l'époque. Mais il révèle aussi que, dans la France de l'époque (de toutes les époques ?), le moteur le plus efficace de cette ascension réside dans l'appui des réseaux d'influence, et particulièrement des réseaux politiques. Par là, Amaury Lorin dépasse le cadre d'une biographie individuelle pour atteindre le fonctionnement de la société politique française des années considérées, mettant ainsi en évidence sa maturité d'historien accompli.

À mes élèves des académies d'Amiens puis de Lille
(années scolaires 2005-2008) ;
à mes étudiants de l'Université du Littoral Côte d'Opale
puis de l'Université catholique de Lille,
(années universitaires 2008-2012),
connus avant que les Ch'tis ne deviennent à la mode,
pour leur joyeuse spontanéité, source quotidienne d'énergie.

À la mémoire de chers « disparus de 2007 », particulièrement :

– le docteur Honoré Lorin (1908-2007)
et sa sœur Camille Lorin (1914-2007),
derniers survivants d'une fratrie de neuf enfants ;

– le professeur André-Michel Rousseau (1927-2007),
mon chaleureux hôte à Aix-en-Provence (Archives nationales d'outre-mer) ;

– Henri Grouès, dit l'abbé Pierre (1912-2007),
pour la lumière de sa conversation choc à Saint-Wandrille[1] *;*

– le professeur René Rémond (1918-2007), de l'Académie française[2]*,*
pour ses discrets encouragements à conclure mon étude.

1. A. Lorin et L.-A. Lorin, « Il y a cent ans naissait l'abbé Pierre », *La Croix*, 15-16 septembre 2012, p. 18.
2. Pour ne citer que cet ouvrage, véritable plaidoyer programmatique et *pro domo*, R. Rémond (dir.), *Pour une histoire politique*, Paris, Le Seuil, 1988.

« Toute recherche historique […] implique un progrès dans l'âme même de son auteur : la "rencontre d'autrui", d'étonnements en découvertes, l'enrichit en le transformant ».

H.-I. Marrou, *De la connaissance historique*,
Paris, Le Seuil, 1954, rééd. 1975, p. 240.

« Pour tous ceux qu'unit cette croyance [dans le régime républicain], il est en effet des principes communs en matière politique. La cité étant au service des personnes, le pouvoir doit reposer sur leur confiance et s'efforcer de la maintenir par un contact permanent avec l'opinion. […] C'est en faisant appel à [la] raison [de l'opinion] que le chef doit déterminer en elle la conviction. […] Un ordre politique digne de ce nom ne peut se fonder en dehors d'une forme républicaine. […] La République […] apparaît aux Français comme le régime de tous, elle est la grande idée qui, dans toutes les causes nationales, a exalté les sentiments du peuple. […] La République est le régime du peuple. […] Pas de liberté du peuple sans souveraineté du peuple, c'est-à-dire sans République ».

M. Bloch, « Pourquoi je suis républicain »,
Les Cahiers politiques,
organe clandestin du Comité général d'études de la Résistance,
n° 2, juillet 1943, « Réponse d'un historien », p. 9,
rééd. *in L'étrange défaite*, Paris, Gallimard, 1990,
troisième partie : « Écrits clandestins »,
« Pourquoi je suis républicain », p. 215-220.

Introduction générale

Seule sa fin tragique a été retenue de lui. À la manière d'une sanglante apothéose. Tout au mieux. Comme si l'assassinat du président de la République française le 6 mai 1932 dans l'exercice de ses fonctions, tout à la fois qualifié de « Sarajevo de la Deuxième Guerre mondiale » et de « régicide républicain » par les contemporains, avait, par une sorte de grâce funèbre, éclipsé la vie et la carrière de l'homme, d'une densité pourtant étourdissante. L'ignorance dans laquelle est aujourd'hui tenu Paul Doumer, fréquemment confondu avec son contemporain et faux homonyme Gaston Doumergue, est d'autant plus surprenante que près de 25 000 voies de circulation portent son nom partout en France[1]. D'où une visibilité particulièrement bien implantée de sa mémoire dans le paysage urbain français. Or, paradoxalement, aucune biographie ne lui a encore été consacrée en propre à ce jour, l'ouvrage publié en 1994 par Jacques Chauvin[2], ne se référant à aucune source, n'étant, de l'aveu même de l'auteur, qu'un essai, erroné de ce fait sur de nombreux points. Soucieux de contribuer à enrichir notre connaissance de la IIIe et de la plus longue de nos Républiques (1870-1940), « écosystème »[3] social déjà bien documenté, cet ouvrage a pour première motivation de combler une lacune importante de l'histoire de la France contemporaine. Sinon une injustice au regard des considérables services publics rendus pendant près d'un demi-siècle (1887-1932) sans discontinuité par Paul Doumer à l'État républicain, comme de sa vie de labeur infatigable et de sacrifices, à commencer par celui de quatre de ses cinq fils au cours de la guerre 1914-1918.

La légende de Georges Clemenceau est inséparable de la tragédie de 1917[4]. Celle de Raymond Poincaré témoigne de la grande peur financière de l'année 1925[5]. Celle de Gaston Doumergue s'impose en réponse, en l'occurrence très provisoire, aux événements sanglants de février 1934[6]. Alors que pas moins de cinq

1. Estimation de l'association des maires de France : I. Chevalier (AMF), courriel à l'auteur, 2 avril 2007.
2. J. Chauvin, *Paul Doumer, le président assassiné*, Paris, Panthéon, 1994.
3. S. Berstein, « La Troisième République, un écosystème », *in* S. Berstein, *La République sur le fil*, entretiens avec Jean Lebrun, Paris, Le Seuil, 1998, p. 37-79.
4. J.-B. Duroselle, *Clemenceau*, Paris, Fayard, 1989.
5. P. Miquel, *Poincaré*, Paris, Fayard, 1961.
6. J. Rives, *Gaston Doumergue : du modèle républicain au sauveur suprême*, Toulouse, presses de l'IEP de Toulouse, 1992.

biographies ont été consacrées à Gambetta et à Clemenceau *ex æquo*, trois à Poincaré, « monstres sacrés » de notre panthéon tertio-républicain, le treizième président de la IIIe République française, personnage apparemment secondaire, reste un grand inconnu de notre histoire républicaine. Alors aussi que la multiplication de dictionnaires historiques et d'anthologies nourrit une véritable mode éditoriale ces dernières années, Paul Doumer est le plus souvent ignoré par ceux-ci[7]. Quand il est évoqué, y compris dans la partie coloniale de sa carrière, c'est hélas de manière le plus souvent inexacte[8]. Fondée sur la confrontation, selon les règles de critique interne et externe propres à la démarche historique, de sources de nature et de provenance différentes[9], cette étude biographique de première main n'a pu, de ce fait, s'appuyer sur aucun précédent. Elle s'efforcera d'être la plus précise possible quand tant d'erreurs, de datation ou de fonction, sont encore reproduites ici ou là[10] sur Paul Doumer, faute d'un travail scientifique jamais encore entrepris à son sujet.

Proposé par mes soins parmi d'autres — en particulier « La société française et la question coloniale (1871-1914) » ; « Albert Sarraut et le réformisme colonial (1872-1962) » ; « Le Front populaire et l'outre-mer (1936-1938) » —, ce sujet s'est comme imposé à moi. Historien-voyageur, de terrain autant que d'archive ou de bibliothèque, j'ai « rencontré » Paul Doumer lors d'un premier séjour en décembre 1996 au Vietnam. J'étais alors coopérant du service national à Pékin. Empruntant la ligne de chemin de fer Haiphong-Kunming dite « du Yunnan », rouverte à la suite d'un accord bilatéral entre les autorités vietnamiennes et chinoises, j'admirais, alors que s'offrait à ma vue une luxuriante mer de verdure se dévoilant au gré de multiples crochets et de vertigineuses escalades en corniches, le courage de ceux qui avaient affronté et su vaincre cette extravagante brousse pour construire un tel ouvrage, succession de prouesses techniques — 3 577 ponts, viaducs et tunnels tout au long de ses 860 kilomètres, soit le record mondial — dans un relief particulièrement hostile. Frappé par la trace encore très présente laissée par Paul Doumer sur ce lointain terrain (École française d'Extrême-Orient, Faculté de médecine d'Hanoi, pont Long Biên enjambant le fleuve Rouge, Institut Pasteur de Nha Trang, Transindochinois, etc.), je m'interrogeais surtout profondément, *in situ*, sur les termes du contact colonial franco-annamite et sur les circonstances qui conduisirent ce jeune député à débarquer en Indochine à la fin du XIXe siècle. Paul Doumer m'est aussitôt

7. Un récent *Dictionnaire de la France coloniale* (dir. J.-P. Rioux, Paris, Flammarion, 2007) oublie ainsi P. Doumer dans sa partie « Figures » ; le grand discours sur l'impôt sur le revenu prononcé par P. Doumer, ministre des Finances, le 25 mars 1896 à la Chambre des députés, est, autre exemple, absent du recueil *Les grands discours parlementaires de la Troisième République* (dir. J. Garrigues, 2 t., Paris, Armand Colin, 2006).

8. Pas moins de six erreurs de chronologie et de fond peuvent ainsi être relevées dans un récent *Dictionnaire historique de la Corse* (dir. P.-L. Serpentini, Ajaccio, Albiana, 2007), consacrant une notice de quinze lignes à « Doumer, Paul », p. 326.

9. C. Samaran (dir.), *L'histoire et ses méthodes : recherche, conservation et critique des témoignages*, Paris, Gallimard, 1961.

10. P. Séguin, *240 dans un fauteuil : la saga des présidents de l'Assemblée*, Paris, Le Seuil, 1995, « Paul Doumer », p. 924-928 (quatre erreurs).

apparu digne d'investigation. Plutôt que de revisiter un sujet déjà connu au moyen d'un questionnement nouveau, la vraie page blanche apparaissant devant cet objet méconnu m'a semblé une perspective certes beaucoup plus difficile mais aussi — le pendant — nettement plus stimulante et, je l'espère, utile. Ce, alors que l'utilité sociale de l'histoire comme construction collective demeure questionnée[11].

Bien que tragiquement interrompue, la carrière politique de Paul Doumer, né en 1857 à Aurillac, se déroule sur près de cinquante ans (1887-1932). Soit une longue durée en politique. L'Aurillacois est ainsi l'un des rares, avec Raymond Poincaré, à exercer une influence tout à la fois sur le début et sur la fin de la IIIe République. Son *cursus honorum* — l'expression, littéralement « carrière des honneurs », est empruntée à l'histoire romaine : Pierre Grimal la définit comme la « succession des magistratures prescrites après le service militaire : questure, édilité, préture et consulat, avec un intervalle de deux ans entre chacune d'elle »[12]; elle est appliquée à l'histoire politique de la France contemporaine pour décrire les étapes que les grands serviteurs de l'État républicain étaient invités à suivre avant d'accéder à l'exercice de la magistrature suprême[13] — frappe par sa fulgurance et pose de nombreux problèmes à l'historien. En quoi, au-delà de sa trajectoire individuelle, la carrière politique de Paul Doumer est-elle caractéristique des voies de la méritocratie sous la Troisième République[14], représentative des « couches nouvelles » émergentes, dont le « commis voyageur de la République » Léon Gambetta, fils d'un commerçant de Cahors, annonce l'avènement politique dès 1872[15]; ou, au contraire, exceptionnelle ? Que doit-elle aux qualités personnelles de Paul Doumer; à la compétence financière qui le distinguent ? Comment ce dernier se positionne-t-il par rapport aux partis politiques en formation; aux protagonistes apparemment plus traditionnels de la politique; aux structures en place, rarement figées telles des chapes de plomb transcendant le corps social, comme on les présente parfois, mais elles aussi mouvantes, autrement dit bien vivantes ? Présent sur tous les grands dossiers du régime — en particulier l'impôt sur le revenu, l'expansion coloniale, les lois ouvrières, la mise en place des commissions parlementaires, la loi de trois ans, le relèvement d'après-guerre, les réparations —, participant à toutes ses heures héroïques ou critiques — en particulier le siège de 1870, le boulangisme, la défense de Paris à l'automne 1914, la crise financière des années 1920, le réarmement, la montée des fascismes en Europe —, Paul Doumer traverse la

11. P. Cornu et J.-L. Mayaud, « De l'inutilité de l'historien », France Culture, « La Fabrique de l'histoire », 18 septembre 2009; J.-F. Sirinelli, « L'école historique française en péril », *Le Débat*, n° 158, janvier-février 2010, p. 10-17; A. Lorin, « L'histoire et l'utilitarisme libéral dominant », *Croix du Nord*, n° 2176, 24-30 septembre 2010, p. 7.

12. P. Grimal, *La civilisation romaine*, Paris, Arthaud, 1991, p. 331.

13. R. Girardet, *Mythes et mythologies politiques*, Paris, Le Seuil, 1986, p. 67.

14. Y. Michaud, *Qu'est-ce que le mérite ?*, Paris, Bourin, 2009; R.-P. Droit, « Les habits neufs du mérite », *Le Monde*, 28 août 2009.

15. L. Gambetta, député de la Seine, discours à Grenoble, 26 septembre 1872; C. Charle, *Les élites de la République (1880-1900)*, Paris, Fayard, 2006; J.-M. Mayeur, *Gambetta : la patrie et la République*, Paris, Fayard, 2008.

longue IIIe République tout à la fois avec constance et opportunisme. Victime du devoir, puis du tri de la mémoire qui isole sélectivement les « grands hommes » des autres, Paul Doumer, personnage « consulaire »[16] relégué jusqu'à ce jour dans la catégorie des figures dites « de second plan », se trouve tout simplement aujourd'hui menacé d'une deuxième mort, l'oubli.

Le traitement préalable d'une tranche saillante de la vie de Paul Doumer consacrée à sa carrière indochinoise (1897-1902)[17] a rapidement posé l'intérêt d'une poursuite élargie à sa biographie entière, dans la lignée historiographique de ces « nouvelles biographies » annoncées par Philippe Levillain, analysant, à travers le prisme d'une vie humaine, des processus de changement structuraux et des phénomènes politiques et sociaux abstraits[18]. Le genre biographique est une entrée privilégiée dans la restitution d'une époque, avec ses rêves et ses angoisses. Il ne s'agit pas, cela étant et malgré la dimension nécessairement narrative de l'histoire envisagée comme un récit événementiel, de raconter par le menu la vie d'un homme. Ni de traquer les empreintes digitales les plus fugaces qu'il aurait pu laisser ici ou là[19]. Tenter de fidèlement rendre compte de tous les domaines dans lesquels Paul Doumer est intervenu serait une gageure. Cédant au vertige de l'exhaustivité, une chronique au jour le jour de la longue carrière politique de Paul Doumer, inenvisageable, ne présenterait sans doute guère d'intérêt. Le deuil d'une biographie totale devant être fait en raison des carences inhérentes aux sources elles-mêmes, il s'agit bien plutôt de décomposer, autant que faire se peut, les ressorts, leviers et rouages du mécanisme complexe qui conduit pas à pas Paul Doumer d'Aurillac à l'Élysée ; d'expliciter les circonstances amenant aux enchaînements de postes et aiguillages entre fonctions ; d'éclairer enfin le sens des mandats électifs comme des multiples responsabilités exercés par ses soins. Ainsi la conquête du pouvoir, champ d'investigation privilégié des historiens du politique ; les modalités, conditions et circonstances de l'accession de Paul Doumer aux postes de décision politique qu'il brigue successivement jusqu'à la tête de l'exécutif ; et le rapport entre son expérience politique, d'une part, et sa culture politique, d'autre part, sont-ils bien au cœur de cette étude biographique, politique si l'on doit la qualifier. Cette étude, dont le caractère n'est pas parlementaire, n'est, pour cette raison, volontairement pas tournée vers une histoire fonctionnaliste. L'examen de l'accès de Paul Doumer au pouvoir a été

---

16. L'expression est en particulier utilisée par le général Messimy dans ses mémoires : A. Messimy, *Mes souvenirs*, Paris, Plon, 1921, rééd. 1937.

17. A. Lorin, *Le tremplin colonial : Paul Doumer, gouverneur général de l'Indochine (1897-1902)*, mémoire de DEA « Histoire du XXe siècle », IEP de Paris, 2003 (dir. M. Vaïsse), Paris, L'Harmattan, coll. « Recherches asiatiques », 2004, rééd. 2009 ; et « Paul Doumer, archétype du grand administrateur colonial français de la IIIe République », *Questions internationales* (La Documentation française), n° 46, novembre-décembre 2010, p. 112-119.

18. P. Levillain, « Les protagonistes : de la biographie », *in* R. Rémond (dir.), *Pour une histoire politique*, *op. cit.*, p. 121-159.

19. L. Stone, « The Revival of Narrative: Reflections on a New Old History », *Past and present*, n° 85, 1979, p. 3-24 ; « Retour au récit ou réflexions sur une nouvelle vieille histoire », *Le Débat*, n° 4, septembre 1980, p. 116-143.

privilégié, sans que l'exercice et la gestion du pouvoir par ce dernier, ainsi que son maintien aux postes de responsabilités politiques ne soient négligés. Cette étude s'est efforcée, vu la place centrale du Parlement sous la IIIe République et l'importance des mandats politiques et des fonctions parlementaires exercés par Paul Doumer, de mettre à jour la conception et la pratique par ce dernier des institutions parlementaires et, plus largement, de la politique ; comme, ce faisant, le processus de fabrication du parlementaire français de la IIIe République.

Ceci étant précisé, l'entreprise biographique reste tout à la fois une opération complexe et une tâche ardue. Quelle est la place réelle occupée par Paul Doumer, avec ses ambiguïtés, ses décalages, ses ruptures parfois, ses succès et ses échecs, dans la course de son temps ? Vouloir à tout prix expliquer le sujet (le personnage) par l'objet (l'histoire générale de la période considérée) peut donner lieu à d'artificielles et fâcheuses reconstitutions. Mais peut-on voir autre chose que de l'accidentel dans les strates de la très longue ascension de Paul Doumer ? Comment, pour ce faire, apprécier le rôle joué par la contingence dans l'aspect fortuit de sa destinée, le caractère circonstanciel de son devenir ? Entre les tentants écueils de la téléologie ou de l'hagiographie, pour ne citer qu'eux, et toute une série de possibles dérives (l'adhésion affective, la reconstruction spécieuse, la tentation d'un discours moral de l'exemplarité, le destin romanesque forcé, le jugement de valeur, etc.), l'exercice se révèle aussi exaltant que délicat. Ce retour au sujet pensant et agissant, cette réhabilitation de l'acteur historique ne vont pas, en effet, sans poser de difficultés à l'historien. Chaque fait, chaque phénomène rencontré ayant une épaisseur de mesure particulière et, pour ainsi dire, sa décimale spécifique, une première difficulté a consisté à trouver le niveau de traitement adéquat pour mieux en rendre compte. Ce, sans que l'entreprise de contextualisation, constituant le propre de la démarche historique, ne fasse dévier la ligne de la narration biographique (littéralement « l'écriture d'une vie », *a fortiori* méconnue) de l'établissement de faits auparavant inconnus pour la plupart. Ensuite, la superposition des mandats électifs et des fonctions, allègrement cumulés par Paul Doumer selon des calendriers électoraux disjoints — ce dernier est notamment tout à la fois conseiller général de l'Aisne, sénateur de Corse et président de la Compagnie générale d'électricité de 1912 à 1927 —, a compliqué la tâche de son biographe en donnant parfois lieu à de véritables « jeux de piste archivistiques ». Enfin, la question de la « juste distance » à maintenir avec le sujet et le risque de l'éventuelle empathie ressentie pour lui ont été une obsession à chaque étape de la rédaction de cette étude. La nuance a ainsi été recherchée dans le portrait malgré l'éventuel risque de brouillage induit par celle-ci.

Cela étant, chaque historien, en entreprenant une biographie, rêve-t-il nécessairement de statufier un personnage héroïque ou fortement typé ? Quand ils ne suscitent pas une franche antipathie, les parlementaires radicalisants de la IIIe République excitent peu l'imagination en 2012. Dès lors, c'est l'attitude de l'historien face au personnage qu'il étudie qui se trouve interrogée par l'exercice lui-même : ni encenseur ni procureur mais analyste, dans une démarche scientifique et dépassionnée, de ce dont son personnage est représentatif dans le contexte culturel, social et politique de l'époque où il a agi et vécu, l'historien est finalement face à son personnage tel un entomologue observant un insecte, décrivant son comportement, ses habitudes, ses défauts. La mauvaise presse longtemps réservée à la biographie en France, cette « handicapée de l'histoire »[20], tenue pour un genre impur et désuet, un exercice de style dépassé, douteux voire suspect, irrationnel car nécessairement subjectif, a récemment cédé le pas à un net regain d'intérêt pour la dimension vécue, incarnée et intime[21] de l'histoire, à échelle humaine. Condamné jusqu'à l'exercice d'un véritable « génocide des acteurs historiques »[22], le genre biographique, apparenté à un sondage malsain « des reins et des cœurs »[23], a ainsi longtemps souffert de scepticisme en France[24]. Dans le même temps, il est, par contraste, resté fort prisé et pratiqué outre-Manche et outre-Atlantique, cette différence culturelle de sensibilité au genre biographique pouvant s'expliquer par l'importance accordée à la liberté et au respect de l'individu dans la tradition politique anglo-saxonne, opposée au modèle d'indivisibilité prôné en France. Ainsi les historiens anglo-saxons ont-ils su ne pas négliger ce genre précieux pour l'histoire de la vie politique[25].

Ces travers connus, comment expliquer l'absence de biographie de Paul Doumer, « président oublié »[26] ? Personnage difficile à classer, Paul Doumer a en effet trouvé peu d'écho jusqu'à ce jour dans l'historiographie. Pour quelles raisons ? Seules des hypothèses peuvent être formulées. Peut-être les plus évidentes sont-elles que le personnage, par méconnaissance, apparaît peu saillant ; et que la brièveté de son mandat présidentiel (moins d'un an) ne lui a guère laissé le temps d'imprimer sa marque. Présenté comme l'incarnation même d'une vertu dite « romaine »[27], Paul Doumer semble déranger pour ne pas dire ennuyer les polémistes, chroniqueurs et autres commentateurs de la vie politique française de l'entre-deux-guerres par l'absence d'éléments croustillants dans sa vie privée, de quelconque secret d'alcôve ou intrigue amoureuse le concernant. Marquée par la

20. M. Ferro, « La biographie, cette handicapée de l'histoire », *Le Magazine littéraire*, avril 1989, p. 185-186.

21. En particulier B. Cabanes *et al.* (dir.), *Retour à l'intime au sortir de la guerre*, Paris, Tallandier, 2009.

22. J. Keiger, *Raymond Poincaré*, Cambridge, CUP, 1997, séminaire doctoral, Centre d'histoire de Sciences Po, séance « Biographie et histoire », 19 mars 2003.

23. S. Berstein, « L'historien et la culture politique », *Vingtième siècle, revue d'histoire*, n° 35, juillet-septembre 1992, p. 67.

24. En particulier G. Piketty, « La biographie comme genre historique ? Étude de cas », *Vingtième siècle, revue d'histoire*, juillet-septembre 1999, p. 119-126 ; F. Dosse, *Le pari biographique : écrire une vie*, Paris, La Découverte, 2005 ; A. Coppolani *et al.* (dir.), *La biographie en histoire : jeux et enjeux d'écriture*, Paris, Michel Houdiard, 2007.

25. J.-M. Mayeur, *La vie politique sous la Troisième République (1870-1940)*, Paris, Le Seuil, 1984, p. 429.

26. A. Lorin, « Le président oublié », « Au cœur de l'histoire » (Europe 1), 13 mai 2011.

27. A. Dansette, *Histoire des présidents de la République de Louis-Napoléon Bonaparte à Georges Pompidou*, Paris, Le livre du contemporain, 1953, rééd. Paris, Plon, 1981, chap. XIV : « Paul Doumer ou la vertu romaine (13 juin 1931-6 mai 1932) », p. 257-273.

fidélité à son épouse, sa vie privée contraste avec les liaisons affichées des hommes politiques de la Belle Époque et l'apparente légèreté des mœurs politiques parisiennes.

Quelle démarche a été retenue ? La longévité de l'action de Paul Doumer, infatigable assembleur de dossiers levé aux aurores sa vie durant pendant près de cinquante ans de vie politique française (1887-1932), a, pour mieux la restituer, imposé des choix parfois difficiles. Ainsi une forme relativement synthétique a-t-elle nécessairement dû être retenue. Un premier examen des sources primaires directes, aussi nombreuses que dispersées, a été complété par une consultation des divers témoignages laissés par les entourages de Paul Doumer, officiels et officieux. Sans sombrer dans le localisme, la compréhension de la conquête du politique par le prisme incarné de la biographie n'a pas pu, dans le cas de Paul Doumer, faire l'économie d'une réflexion sur les élites, en particulier de proximité. Le rôle de la famille et de la belle-famille, des rencontres et des réseaux, des fidélités et des inimitiés, dans la fabrique de l'identité politique et les apprentissages de Paul Doumer n'a pas pu être ignoré non plus. La connaissance ainsi nécessaire du personnel politique de la IIIe République a permis le développement d'analyses prosopographiques et réticulaires. Car, émaillée de rencontres, la carrière de Paul Doumer s'appuie sur divers groupes d'influence et réseaux, donnant à sa trajectoire une dimension éminemment relationnelle, qu'il s'est également agi de rétablir autant que faire se peut. La prise en compte du mode et du cadre de vie, de l'environnement familial et matériel, a permis la restitution d'un humus. Pour ce faire, les sources photographiques, en particulier inédites (fonds familiaux), ont été mobilisées et confrontées comme des sources à part entière.

Enfin, les historiens, comme les géographes, travaillent à différentes échelles — locale, nationale et internationale — et peuvent les faire varier tout en les croisant. L'imbrication entre l'acteur et la société, les niveaux individuel et collectif, privé et public, micro- et macro-historiques, a permis de resituer Paul Doumer dans toutes les riches contradictions de son époque. En particulier, l'introduction des débats historiographiques et du pluralisme interprétatif autour de phénomènes historiques aussi complexes que la question fiscale, la colonisation française et la Grande Guerre, pour ne citer qu'eux, a utilement permis d'appréhender plus exactement le rôle important mais relatif joué par Paul Doumer sur ces dossiers essentiels du régime.

Paul Doumer n'ayant pas été « biographié »[28], nul corpus archivistique ne préexistait à mon sujet, vierge de tout traitement historique préalable. Ainsi une des premières tâches à laquelle j'ai dû m'atteler a-t-elle consisté à établir un inventaire, aussi précis que possible, des sources primaires — archivistiques et documentaires — éclairant la vie et la carrière de Paul Doumer (1857-1932). Réalisé avec le

28. Le verbe transitif « biographier » fut utilisé par D. Maraval, éditeur, lors de sa communication dans le cadre du cycle « Le meilleur et le pire : personnages, personnalités, caractères », le 26 mai 2003 à l'Académie des sciences morales et politiques.

concours de Françoise Adnès et Pascal Geneste, conservateurs du patrimoine au Centre historique des archives nationales (section du XXe siècle), enrichi par les recommandations des archivistes avec lesquels j'ai eu la chance de travailler, l'inventaire de mes sources primaires [« Sources », p. 509-551] a également été facilité par l'utilisation des techniques de recherche offertes à l'historien au XXIe siècle : en particulier, l'interrogation de diverses bases de données, françaises et nord-américaines, a permis de garantir l'exhaustivité de mon corpus. Enfin, les patients contacts noués avec les descendants éparpillés de Paul Doumer m'ont permis d'exhumer des archives privées inédites, non classées (correspondances, carnets, journaux de bord, photographies, etc.), et d'accéder à de riches sources orales.

Le sentiment d'éparpillement de mes sources primaires, effectivement conservées dans près de trente centres d'archives, provient des rebondissements mêmes de la carrière de Paul Doumer, chaque étape de son *cursus honorum* républicain ayant laissé des traces locales, plus ou moins importantes selon les destinations et les parachutages considérés, d'où de possibles et sans doute inévitables « effets de sources ». Renouer les fils épars de cette histoire morcelée et reconstituer la trame factuelle de cette carrière mosaïque ont donné lieu à un long travail positiviste de marqueterie documentaire, préalable heuristique de mon étude [« Annexe II : Paul Doumer (1857-1932), d'Aurillac à l'Élysée : faits saillants », p. 483-486]. Ce fractionnement physique de mon corpus s'est trouvé amplifié par le fait que certains fonds sont conservés dans deux centres d'archives distincts, à l'exemple du fonds du gouvernement général de l'Indochine, dont une partie (les papiers dits « de souveraineté », c'est-à-dire les seuls documents de nature politique, militaire ou administrative) est conservée aux Archives nationales d'outre-mer (Aix-en-Provence) et l'autre (les papiers « de gestion », c'est-à-dire les affaires courantes ne présentant — apparemment ! — pas de caractère stratégique) est consultable (après quatre autorisations) aux Archives d'État du Vietnam, Centre des archives nationales n° 1 à Hanoi, à la suite d'accords de partage des archives signés après 1954 entre la France et le gouvernement du Vietnam[29].

Pour autant, cette abondance des sources archivistiques primaires ne doit pas occulter l'existence de lacunes importantes. Celles-ci n'ont pas manqué en effet d'apparaître rapidement au fur et à mesure de mes investigations, à l'exemple du fonds du cabinet du ministère des Finances, déposé au Centre des archives économiques et financières (CAEF) de Savigny-le-Temple : sur les trois passages de Paul Doumer au ministère des Finances (du 1er novembre 1895 au 29 avril 1896 dans le cabinet Bourgeois ; du 16 janvier 1921 au 12 janvier 1922 dans le septième cabinet Briand ; et du 16 décembre 1925 au 9 mars 1926 dans le huitième cabinet Briand ; soit vingt et un mois au total), seuls les papiers émanant de son cabinet pour la période du premier semestre 1921 sont ainsi conservés au CAEF. Cette importante

29. Toutefois, pratiquement, des pièces qui, selon les termes de ces accords, devraient être conservées à Hanoi le sont à Aix-en-Provence et vice versa. Ainsi mon déplacement dans chacun de ces deux centres d'archives m'a-t-il permis de combler quelques lacunes constatées et de reconstituer quelques séries.

lacune s'explique tout simplement par les aléas de l'époque en matière de collecte, de conservation et de transport d'archives[30]. Les ministres n'étaient pas alors tenus de déposer leurs archives et les emportaient bien souvent avec eux en quittant leurs fonctions.

Ailleurs, des pans entiers de la longue carrière de Paul Doumer se sont révélés, à mon grand dam, privés de documentation : ainsi, le dossier personnel de professeur de Paul Doumer, professeur de mathématiques aux collèges de Mende, Lozère (1877-1879), puis de Remiremont, Vosges (1879-1883), n'est pas conservé dans la série F 17 « Instruction publique » des Archives nationales. Ce manque peut s'expliquer par la brièveté de sa carrière d'enseignant (six ans). Les dossiers personnels de professeurs étant constitués pour les droits à pension, ils suivaient en général le fonctionnaire quand celui-ci passait dans une autre administration. Dans le cas de Paul Doumer, ce dossier est considéré comme perdu[31]. Certains fonds apparemment prometteurs « de loin » se sont finalement avérés décevants sur place et vice versa. La richesse des fonds déposés aux Archives départementales de l'Aisne, département politique d'adoption de Paul Doumer, m'a ainsi contraint à étendre à deux semaines un séjour de recherche initialement prévu pour ne durer que quelques jours. Enfin, l'insuffisance ou le « silence des sources », selon l'expression d'Alain Corbin[32], ont parfois pu être palliés en partie par l'utilisation des sources photographiques [album photographique, p. 445-478], notamment sur le deuil de guerre tout à la fois public et privé de Paul Doumer, point aveugle (parmi d'autres) par manque de documentation.

Le principe, dans la plupart des fonds, locaux comme ministériels, de double enregistrement, systématique et *in extenso*, des correspondances au départ et à l'arrivée, m'a permis de rétablir, sur certaines tranches chronologiques « critiques », d'intéressantes chaînes de *reporting* (présentation périodique de rapports d'activité), du territoire administré au sommet de l'État. Par exemple, l'examen parallèle des rapports qui furent successivement adressés des provinces[33] constitutives de l'Union indochinoise au gouvernement général de l'Indochine, puis du gouvernement général au ministère des Colonies, et enfin du ministère des Colonies à la présidence de la République, a permis une éclairante comparaison des versions de travail locales, annotées à la main, et des versions définitives effectivement reçues à Paris de certains rapports politiques « sensibles ». Les synthèses opportunément opérées

30. S. Roser, conservateur, CAEF, courriel à l'auteur, 2 novembre 2007.

31. A. Le Goff, conservateur en chef du patrimoine, CHAN, section du XIXe siècle, courriel à l'auteur, 13 juin 2008; et F. Opperman, chef de la mission des Archives nationales auprès des ministères de l'Éducation nationale et de l'Enseignement supérieur et de la recherche, courriel à l'auteur, 14 juin 2008. Les Archives départementales de la Lozère et des Vosges conservent malgré tout diverses pièces documentant ce passage professionnel essentiel de P. Doumer par le professorat avant son entrée en politique (voir infra).

32. A. Corbin, *Les Conférences de Morterolles (hiver 1895-1896) : à l'écoute d'un monde disparu*, Paris, Flammarion, 2011.

33. La colonie de Cochinchine ; et les quatre protectorats de l'Annam, du Tonkin, du Laos et du Cambodge.

par Paul Doumer, gouverneur général de l'Indochine (1897-1902), ont pu, dès lors, apparaître dans toute leur habileté politique.

Publiques et privées, gouvernementales et parlementaires, nationales et départementales, métropolitaines et coloniales, officielles et officieuses, directes et indirectes : la confrontation, selon les règles de critique propres à la démarche historique, de sources de différentes natures, constitutives de mon matériau, a ainsi constitué le point de départ et la base même de ce travail de recherche et, partant, de ma réflexion.

Ce sont, enfin, toujours des interrogations du présent qui font qu'on sonde le passé, toute histoire étant contemporaine. Homme de son temps dont il emporte les préoccupations et les inquiétudes au cours de son exploration dans le passé, l'historien n'est pas un citoyen étranger à la société dans laquelle il vit ni indifférent au contexte social dans lequel s'inscrit son travail d'artisan[34]. Si évoquer la mémoire d'un président oublié de la plupart des Français et faire connaître un illustre inconnu peuvent sembler un exercice vain, les questions posées par l'historien à son établi, même quand elles sont jugées purement historiques, sont toujours colorées par les problèmes du moment[35]. Ainsi une interpellation, forte, d'histoire sociale, suscitée par l'emploi du terme d'« anomalie »[36] pour qualifier l'ascension de Paul Doumer, « seul authentique fils d'ouvrier »[37] parmi les élites dirigeantes de la IIIe République, d'un misérable taudis sur les bords de la Jordanne à Aurillac à la fin du Second Empire à l'éclat des plafonds dorés du palais de l'Élysée au début des années 1930, est-elle à l'origine même de ce projet de recherche. L'objet de l'histoire n'est pas une abstraction dépourvue de chair. L'histoire elle-même n'est pas une nécropole endormie où passeraient seules « des ombres dépouillées de substance »[38]. Le récit en 2013 du parcours de vie de Paul Doumer et de sa promotion sociale par l'école et le diplôme au début du siècle dernier[39] peut, sans risque d'anachronisme, instruire les jeunes générations de France, y compris les lycéens en terminale scientifique[40]. Si le souhait de sortir de l'ombre un personnage me semblant digne de mémoire suffit, pour qualifier les lignes qui suivent de tentative de « restauration mémorielle » alors que la IIIe République ne cesse en 2012 de céder du terrain devant l'irruption des périodes plus récentes, tel est bien, n'ayons pas peur des mots, le vœu de cette étude.

---

34. H.-I. Marrou, « Le métier d'historien », *in* C. Samaran (dir.), *L'histoire et ses méthodes : recherche, conservation et critique des témoignages*, *op. cit.*, p. 1505.

35. A. Prost, *Douze leçons sur l'histoire*, Paris, Le Seuil, 1996, « L'enracinement social des questions historiques », p. 90.

36. C. Fourniau, *Vietnam : domination coloniale et résistance nationale (1858-1914)*, Paris, Les Indes savantes, 2002, p. 587.

37. J. Estèbe, *Les ministres de la République (1871-1914)*, Paris, FNSP, 1982, « Les voies de l'ascension », p. 41.

38. L. Febvre, *Combats pour l'histoire*, Paris, Armand Colin, 1953, p. 32.

39. A. Lorin, « Mai 1931 : un fils d'ouvrier à l'Élysée », *L'Histoire*, n° 364, mai 2011, p. 34-35.

40. J. Sapir, « Contre la suppression de l'histoire-géographie en terminale scientifique », *Marianne 2*, 23 novembre 2009.

Rien, à sa naissance, ne semble prédisposer Paul Doumer à l'exercice de la magistrature suprême. Soixante-quatorze ans sont nécessaires à cette personnalité, « dont on ne pouvait [apparemment] prévoir qu'elle deviendrait président de la République »[41], pour gravir, une à une, chaque marche du *cursus honorum* républicain. « La lutte elle-même vers les sommets » suffit-elle à « remplir un cœur d'homme »[42], ainsi que l'établit Albert Camus ? Procède-t-elle d'une ambition politique ? Seul professeur sur les quatorze présidents de la IIIe République ; un des seuls, parmi ceux-ci, à avoir successivement présidé chacune des deux Chambres de représentation nationale mais un des rares, en revanche, à ne pas avoir été président du Conseil, la carrière politique de Paul Doumer, qui n'a jamais non plus présidé de parti politique, présente apparemment bien des exceptions. Celles-ci suffisent-elles à faire de lui un cas atypique ou Paul Doumer s'intègre-t-il aux modèles et au tissu interprétatif déjà connus ? Tenant, à première vue, à la fois du météore politique et de la patiente ardeur à parvenir, le rythme mené tambour battant de son parcours impressionne. Comment, finalement, un orphelin né d'un père cheminot à la fin du Second Empire à Aurillac devient-il, malgré cet apparent « handicap social », premier magistrat de France, balayant, par l'exemple qu'il offre, tout déterminisme social et, ce faisant, « défatalisant »[43] l'histoire politique ? A-t-il « forcé son destin » ?

Le quinquennat de Paul Doumer en Indochine (1897-1902) puis son implication tout à la fois personnelle et politique dans la Grande Guerre (1914-1918) apparaissent comme deux césures fortes dans son ascension en République. Dans chacun de ces deux cas, la situation postérieure de Paul Doumer contraste nettement avec sa situation antérieure, ces expériences exerçant, chacune à leur manière, un lourd impact sur la trajectoire politique du sujet et constituant, en ce sens, de réels tournants. Sa naissance à Aurillac, son apprentissage ouvrier à Paris, ses débuts professionnels dans l'enseignement à Mende puis Remiremont, son éveil politique dans l'Aisne par le journalisme constituent, pour Paul Doumer, autant de ferments cumulatifs de son ambition (1857-1896). Sa nomination, à l'âge de trente-huit ans, comme ministre des Finances du cabinet Bourgeois (1895-1896), premier gouvernement radical homogène dans l'histoire politique de la France contemporaine, clôt ce premier cycle. Ensuite, ses cinq ans de service colonial en Indochine (1897-1902), d'abord destinés à le tuer politiquement, sont au contraire transformés par l'intéressé comme un tremplin décisif dans sa carrière : se déclarant en effet lui-même désormais trop connu pour avoir besoin de « développer un programme »[44] à son retour en métropole en 1902, Paul Doumer tente toutes les audaces politiques pendant une décennie menée avec acharnement (1903-1913), jusqu'à l'épreuve de la Grande-Guerre (1914-1918). Redevenu parlementaire (sénateur de Corse) en

41. J. Jolly (dir.), *Dictionnaire des parlementaires français*, t. IV, Paris, PUF, 1966, p. 1473.

42. A. Camus, *Le mythe de Sisyphe, essai sur l'absurde*, Paris, Gallimard, 1942, rééd. 1985, p. 168.

43. P. Ricœur, « Remarques d'un philosophe », *in* IHTP, *Écrire l'histoire du temps présent : en hommage à François Bédarida*, Paris, CNRS éditions, 2004, p. 35-41.

44. AAN, Chambre des députés, *Programmes, professions de foi et engagements électoraux*, VIIIe législature, 2e circonscription de Laon, p. 13.

1912 après la perte de son siège de député de l'Aisne en 1910, il met en particulier à profit son « entre-deux-Chambres » pour utilement diversifier ses activités professionnelles en dehors de la sphère politique, notamment dans les affaires. Enfin, amputé de quatre de ses cinq fils tués des suites de la Grande Guerre, Paul Doumer, apparaissant comme le grand argentier d'après-guerre (1919-1926), voit son image politique se densifier après la Première Guerre mondiale. Les honorariats républicains s'offrent dès lors à lui (1927-1931). Son élection à la présidence du Sénat le 14 janvier 1927 lui sert de marchepied vers la présidence de la République : élu le 13 mai 1931 contre Aristide Briand, Paul Doumer, treizième président de la IIIe République française, est assassiné le 6 mai 1932 dans l'exercice de ses fonctions. C'est l'incarnation même du modèle républicain qui se trouve touchée en plein cœur. Le drame fait de Paul Doumer le seul président de la République française victime d'un attentat au XXe siècle. Quatorze ans après la « der des ders », la France passe ce jour-là de l'après-guerre à un nouvel avant-guerre en pleine et inexorable montée des fascismes en Europe.

Première partie

Les ferments de l'ambition
1857-1896

Chapitre I
Les premiers combats
1857-1886

Gerbert d'Aurillac, avant de devenir au xe siècle le premier pape français sous le nom de Sylvestre II, aurait, par une formule cabalistique, changé en flots et en paillettes d'or les fraîches eaux de la Jordanne coulant à Aurillac[1]. Cet or était ensuite, selon la légende, échangé contre du cuivre rapporté par les pèlerins de Saint-Jacques-de-Compostelle. Autant dire qu'on ne profite guère d'une telle aubaine au foyer Doumer, peu concerné, à la fin du Second Empire, par cette légende, forgée au xixe siècle. La maison Delsol, sise au 34 de la rue des Tanneurs sur les rives de la torrentueuse Jordanne, n'est qu'un misérable atelier de tannerie à quelques mètres du bief. L'eau est indispensable au rude travail du cuir. Indissociables de l'élevage, de l'eau et des forêts de chênes qui fournissent le tan, les tanneries, issues d'une vieille tradition artisanale locale, sont encore assez nombreuses. Très liées aux boucheries de la ville d'Aurillac, elles débordent d'activité : charrettes, bourreliers, ouvriers et commerçants du cuir, hommes à grand tablier et écoliers au travail après l'école s'y bousculent encore[2]. Travaillant les peaux de génisses, de veaux, d'agneaux et de moutons, les tanneurs d'Aurillac vendent dans toute la France leurs cuirs travaillés « à la façon de Cordoue », même si le marché est alors essentiellement régional (Massif central et grand Sud-Ouest). Chapeaux, gants, bourses, reliures, parchemins, étuis et écrins de toute sorte, mobilier, le cuir est à la mode. L'eau du canal fait tourner les roues des machines, actionne les moulins pour écraser l'écorce de chêne et on fait tremper les peaux dans la rivière en attendant de les sécher au soleil. On compte jusqu'à douze tanneries et deux moulins à moudre l'écorce en 1880 à Aurillac.

Dominant le clapotis de l'eau, des rires et gais bavardages s'élèvent au pied des verts flancs à pâturage du Puy Courny. Sur les deux rives, des ménagères lavent le linge en donnant d'énergiques coups de battoir. Dans cette province, rien ne porte à croire que la nature est généreuse, dira plus tard Paul Doumer, aimant ajouter :

---

1. P. Riché, *Gerbert d'Aurillac, le pape de l'an mil*, Paris, Fayard, 1987.
2. C. Grimmer, *Histoire des rues d'Aurillac*, Sayat, De Borée, 2008, « Doumer (rue Paul-) », photographie « Aurillac (Cantal), rue des Tanneurs », p. 70.

« On ne naît pas au pied d'un volcan en vain »[3]. C'est sous l'angle de la volonté que la vie semble en effet y être conçue. Une chose est admirée : la continuité de l'effort[4]. Précédé de deux sœurs, Renée (1854) et Thérèse (1855), Paul Doumer voit le jour le 23 mars 1857 [document 1 p. 361][5]. Il est baptisé le jour même en l'église Notre-Dame-aux-Neiges. Sa marraine n'est autre que sa sœur Renée[6]. La vie que Paul Doumer mène durant les premières années de son existence le prédispose-t-il à l'exercice de la magistrature suprême ? Son milieu familial, ses activités professionnelles précoces, sa formation l'aident-ils à entrer en politique ?

1. « *Quo non ascendet?* »

Le mouvement républicain se développe tôt dans le Cantal. La ferveur républicaine y semble plus grande qu'ailleurs en France, associant foi religieuse et esprit civique, dans l'exaltation des valeurs de tolérance, de liberté mais aussi de patriotisme. Le Cantal est en effet un département de « démocratie républicaine », tôt acquis à la République[7], la petite propriété impliquant généralement l'idée d'indépendance, d'égalité et de liberté politique — alors que la grande tend à créer des liens de dépendance dans une atmosphère de hiérarchie sociale[8]. Tout en manquant encore de netteté, le « tempérament politique »[9], fait de retenue et de prudence, y penche à gauche[10], le citoyen cantalien apparaissant indépendant et soucieux de ses intérêts matériels. Méfiant à l'égard de tout ce qui est étranger et nouveau, respectueux des traditions, économe, il est aussi modéré dans ses choix et apprécie les permanences. Quatre députés radicaux seront élus dans le Cantal en 1898[11]. Un radicalisme conquérant dominera très largement la vie politique dans le département, au moins jusqu'en 1914[12]. Apparaissant comme un parti de juste milieu et assimilé à la protection de la petite propriété paysanne en faire-valoir direct, le radicalisme, s'appuyant sur un réseau de comités locaux chargés de diffuser ses thèmes et de désigner ses candidats aux fonctions électives, s'implantera avec succès dans le Cantal. Certes orienté à gauche par son anticléricalisme et son programme social (atténué), il est toutefois opposé au collectivisme par son respect de la propriété privée.

3. L. Pasquier-Doumer, petite-fille de P. Doumer, entretien avec l'auteur, 31 mai 2005.

4. P. Bastid, député du Cantal, président de la commission des Affaires étrangères de la Chambre des députés, « Paul Doumer », *Revue politique et parlementaire*, n° 479, 10 octobre 1934, p. 508.

5. ADC, 2 E 14/86, notice 50.

6. M. Sementéry, *Les présidents de la République française et leur famille*, Paris, Christian, 1982, p. 264.

7. L. Teyssandier, *La vie politique et les parlementaires du Cantal (1871-1940)*, Aurillac, La Haute-Auvergne, 1995, « Des conditions favorables au régime républicain », p. 19-26.

8. A. Siegfried, *Tableau politique de la France de l'Ouest sous la Troisième République*, Paris, Armand Colin, 1913, p. 372.

9. F. Goguel, *La politique des partis sous la IIIe République*, Paris, Le Seuil 1946, p. 25-29.

10. P. Barral, *Les agrariens français de Méline à Pisani*, Paris, FNSP-Armand Colin, 1968, p. 45.

11. L. Teyssandier, *La vie politique et les parlementaires du Cantal (1871-1940)*, *op. cit.*, « Le radicalisme cantalien (1898-1940) », p. 33-43.

12. S. Berstein, *Histoire du parti radical*, Paris, FNSP, 1980, t. I, p. 82-84.

C'est dans ce milieu que naît Paul Doumer. Un milieu composé de cheminots, dont son père, de commerçants, d'artisans et de négociants, mais aussi et surtout de paysans. Une extraction misérable, où argent et culture sont absents. Or plus l'extraction est modeste, plus l'ambition est grande, dit-on. « *Quo non ascendet?* » (« Jusqu'où ne montera-t-il pas ? »). Selon ses futurs détracteurs, nombreux, Paul Doumer aurait tôt fait sienne la devise de Fouquet, se référant à l'habile écureuil porté dans ses armoiries, montant de branche en branche jusqu'au sommet de l'État[13]. Originaire de Cransac dans le Lot, Jean Doumerc, son père, est employé des chemins de fer, « poseur de rails » exactement — un rude métier physique également appelé « piqueur de travaux publics »[14] — et non pas « garçon de course », comme on peut le lire ici ou là[15]. Il conduit une équipe de six ouvriers travaillant à la construction de la ligne Capdenac-Aurillac permettant de relier Aurillac à Toulouse, selon le projet de « Grand Central » (1853-1857) visant la desserte des bassins miniers du centre de la France. Lancé en 1878 par le ministre des Travaux publics, le plan Freycinet d'équipement ferroviaire de la France battra, vingt ans plus tard, son plein[16]. Jean Doumerc vient de s'installer seul à Aurillac. Sa femme, Victorine, également originaire du Lot (Capdenac), l'y rejoint peu de temps après. Décrit comme un petit homme replet, trapu, d'un caractère peu liant et peu affable, presque « sauvage », mais d'un naturel travailleur et courageux, le père Doumerc perçoit un salaire si faible (2 à 2,50 francs par jour) qu'il suffit à peine à faire vivre sa petite famille[17]. La vie quotidienne s'en ressent évidemment durement.

Occupé par un débit de vin, le rez-de-chaussée de la maison est si bas que l'on est obligé de baisser la tête pour pouvoir passer[18]. Il donne accès à l'atelier de préparation de peaux, d'où émanent jour et nuit d'infectes odeurs. Dans l'ample grenier à claire-voie sèchent des mottes de tan, écorce de chêne moulue servant au tannage des peaux. Douze marches en bois de châtaignier, que la pluie et la neige ont rabotées et fendues, conduisent à l'étage. Un rustique balcon en fer, affaissé, est posé sur une série de poutrelles incertaines et vermoulues, consolidées par des plaques de zinc. Longeant toute la façade, il dessert plusieurs logements ouvriers [photographie 1 p. 447]. Là, un étroit couloir, boyau noir fait de vieilles planches de sapin, permet d'accéder à une chambre sombre, petite pièce humide et froide dont l'unique fenêtre ouvre sur une cour intérieure[19]. La chambre, meublée, est louée en « garni » pour 5 francs par mois à la famille Doumer[20]. Le taudis est si

13. PPP, BA2041, P. Dionne, *La Lanterne*, 1er octobre 1921 ; D. Dessert, *Fouquet*, Paris, Fayard, 1987.
14. M. Sementéry, *Les présidents de la République française et leur famille*, *op. cit.*, p. 256.
15. P. Singaravélou, *L'École française d'Extrême-Orient ou l'institution des marges (1898-1956) : essai d'histoire sociale et politique de la science coloniale*, Paris, L'Harmattan, 2001, p. 66.
16. F. Caron, *Histoire des chemins de fer en France*, t. 1, Paris, Fayard, 1997.
17. CHAN, 603 AP/1, « La vie de M. Paul Doumer », *Le Temps*, 8 mai 1932.
18. Visite à Aurillac, 23 mai 2008.
19. *Ibid.*
20. PPP, BA2041, P. Dionne, *La Lanterne*, 1er octobre 1921.

vétuste que les murs sont recouverts de peaux « cache-misère » pour mieux l'isoler[21]. Car à 630 mètres d'altitude, les hivers sont rudes à Aurillac. Pour tout ameublement, un grand lit, qui n'appartient même pas aux locataires, une table, une armoire et trois chaises. C'est là, à droite de la cheminée, que va naître le troisième enfant et premier fils de ce couple misérable. « Joseph, Athanase », prénoms à la connotation trop Empire dont Doumer se débarrassera rapidement, pour des raisons politiques, au profit du plus républicain « Paul », prénom porté par son grand-père paternel, cultivateur à Montfaucon-du-Lot, décédé en 1831. Pratique fréquente, pour cette génération, que celle de l'abandon du prénom civil officiel pour un prénom dit « d'usage » qui lui est préféré[22]. Doumer en profite pour abandonner aussi le « c » final de son patronyme, courant dans le Lot dont il est autochtone, « Doumerc » devenant ainsi « Doumer ». Détail, oubli ou intention plus profonde ? Les raisons pour lesquelles le « c » final est abandonné au passage à la génération suivante demeurent inconnues. Les adversaires politiques de Paul Doumer railleront plus tard un changement d'identité pour mieux renier ses origines sociales, selon eux. On pourra ainsi lire en 1921 :

> « S'étant vaincu lui-même en ayant tué Joseph-Athanase Doumerc, Paul Doumer est sur de vaincre n'importe qui et continue d'attendre son heure. »[23]

Victorine Doumerc, décrite comme une femme intelligente et douce, ne parle guère qu'à sa voisine de palier, la veuve Cazard. Elle lui vend, à son départ d'Aurillac en novembre 1857, des rideaux en cotonnade blanche et bleue, seule trace du bref passage des Doumer à Aurillac. En effet, huit mois après la naissance de Paul, la construction du tronçon de ligne ferroviaire est achevée. Les Doumer, comme de nombreuses autres familles cantaliennes, « montent » alors tenter leur chance à Paris[24]. Le Cantal, département pauvre, fournit une grande quantité d'ouvriers pour les travaux urbains les plus durs et les plus mal payés[25]. Paris exerce une grande attraction même si l'émigration inspire tout à la fois l'enthousiasme et la crainte. L'émigrant cantalien y reste en particulier déraciné jusqu'en 1900. L'apparition en 1904 des premiers trains de vacances à prix réduits pour émigrés changeront en partie cette situation. Jean, le chef de famille, est employé itinérant à la Compagnie de chemins de fer d'Orléans. La jeune famille s'établit en novembre 1857 à Montmartre. Toutefois, « en haut », Paul Doumer gardera de solides attaches « en bas », sa base sociale et géographique. L'enfant d'Aurillac sait d'où il vient. S'il avait d'ailleurs souhaité l'oublier, ses nombreux sicaires et contempteurs ne manqueront pas, par la suite, de venir régulièrement le lui rappeler.

---

21. ADC, 223 PER 12, G. Cazes, « L'exceptionnelle destinée de Paul Doumer », *Auvergne magazine*, n° 246, avril 1990, p. 14-15.
22. L. Pasquier-Doumer, entretien avec l'auteur, 31 mai 2005.
23. PPP, BA2041, *La Lanterne*, 12 octobre 1921.
24. R. Girard, *Quand les Auvergnats partaient conquérir Paris*, Paris, Fayard, 1979.
25. L. Teyssandier, *La vie politique et les parlementaires du Cantal (1871-1940)*, *op. cit.*, « L'émigration », p. 17-19.

2. Un écolier auvergnat sans le sou à Montmartre

Survient le premier drame familial : le père, Jean, unique source de revenus du foyer, décède en décembre 1857 dans des circonstances incertaines quelques jours après son arrivée à Paris. Paul n'a pas encore un an. Coup dur pour Victorine juste avant Noël. Désemparée et loin des siens, la jeune veuve, qui déjà effectuait quelques ménages occasionnels rue des Tanneurs à Aurillac, retrousse ses manches et, vaille que vaille, reprend aussitôt cette activité. Pour elle commence alors une vie de privations. Elle s'installe rue de Belleville, où elle se tue au travail pour s'efforcer de nourrir ses enfants. Deux sous par deux sous. Quand elle peut acheter une volaille, elle se contente de la carcasse et laisse les beaux morceaux aux enfants[26]. Se privant elle-même, Victorine veille à ce que le panier que le petit Paul emporte chaque jour à l'école communale de la rue Ramey, à l'angle des rues Custine et de Clignancourt dans le XVIIIe arrondissement de la capitale [photographie 3 p. 448], soit suffisamment garni[27]. Importance capitale, c'est-à-dire vitale, du rôle joué par la mère pendant ces années de formation. Plus tard, Paul Doumer lui-même écrira :

> « Quand vous étudiez la formation d'un homme de valeur, cherchez d'abord la mère. Son influence y a été prépondérante. »[28]

Cet aveu en forme de reconnaissance de l'intéressé appuie la thèse du « maternage jocastien », inspirée du souvenir de Jocaste, la mère d'Œdipe et de leurs relations étroites. La mort prématurée du père favoriserait l'épanouissement affectif et intellectuel des cas de réussites sociales les plus spectaculaires, d'hommes partis de très bas et devenus, au terme d'éblouissantes trajectoires, les plus grands politiques du temps[29]. La cristallisation de la tendresse maternelle sur le petit Paul, son seul fils, a pu jouer à plein. Situation analogue à celle que décrit Jean-Paul Sartre, évoquant dans *Les mots* sa jeunesse d'orphelin adulé[30].

La scolarisation des jeunes Français enregistre des progrès décisifs de 1800 à 1882 grâce à la multiplication des écoles, malgré de fortes inégalités régionales avec une France sous-scolarisée au sud d'une ligne Saint-Malo-Genève[31]. La France du XIXe siècle continue malgré tout de juxtaposer deux écoles : l'école des notables et l'école du peuple[32]. Ensuite, seule une élite très restreinte reçoit un enseignement secondaire complet : or la fortune la sélectionne[33]. Les bourses n'infirment pas ce trait. Leur nombre est infime : en comptant les boursiers des collectivités locales et des fondations particulières avec ceux de l'État, on n'en trouve pas 3 500 à la fin du

---

26. L. Pasquier-Doumer, entretien avec l'auteur, 31 mai 2005.
27. CHAN, 603 AP/1, « La vie de M. Paul Doumer », *Le Temps*, 8 mai 1932.
28. P. Doumer, *Le Livre de mes fils*, Paris, Vuibert et Nony, 1905, p. 165.
29. J. Estèbe, *Les ministres de la République (1871-1914)*, *op. cit.*, p. 47.
30. J.-P. Sartre, *Les mots*, Paris, Minuit, 1964.
31. A. Prost, *Histoire de l'enseignement en France (1880-1967)*, Paris, Armand Colin, 1968, chap. IV : « Genèse d'une institution : l'enseignement primaire de 1800 à 1882 », p. 89-111.
32. *Ibid.*, p. 10 et 13.
33. *Ibid.*, p. 34.

Second Empire, 4 500 en 1880 et presque 7 000 en 1887, signe d'un effort réel de la République[34]. « Tremplin social », l'école assure la promotion des talents. Elle est perçue comme le moyen principal de l'ascension sociale pour les classes populaires et la bourgeoisie montante, dont les valeurs sont d'abord le diplôme et le travail. Imprégnés de foi dans la science et le progrès, les républicains font ainsi de l'école un cheval de bataille destiné à libérer les consciences. Instruit grâce aux privations de sa mère, Paul Doumer, « parvenu de l'intelligence », n'est pas boursier de la IIIe République[35]. Il est encore moins héritier, ces deux figures sociales étant souvent opposées[36]. Les qualités individuelles sont, pour les citoyens issus des catégories populaires, le fondement de leur réussite. Progresser sur l'échelle sociale par le travail est un idéal. L'intérêt porté aux études en est le corollaire : goût de la compétition dès le plus jeune âge, acharnement pour les premiers rangs, pointage anxieux pour l'excellence. Paul Doumer exposera plus tard à son beau-frère son désir de devenir « quelque chose » voire « quelqu'un » par le travail[37].

Paul Doumer passe le certificat d'études en 1870 dans ce contexte national même si les « lois fondamentales (1879-1889) »[38] de la IIIe République en matière d'éducation sont postérieures à sa scolarité[39]. Il est l'un des plus studieux des sept cent élèves de Montmartre, remportant chaque année une moisson de prix[40]. À plusieurs reprises, l'enfant, digne de confiance, est même chargé chez les petits de remplacer le maître absent. Comme le dit l'un de ses maîtres, le petit Paul « n'a pas la langue dans sa poche »[41]. Il a déjà l'habitude de dire tout haut ce qu'il pense et ne craint pas de l'exprimer avec énergie. Une qualité qui fera merveille plus tard dans les joutes oratoires au Parlement. Le gamin, enfant pâle et résolu adorant les livres et cherchant toujours à s'instruire, profite du développement des activités d'édition[42]. Il est rapidement remarqué par le directeur de l'école. Celui-ci le donne en exemple à ses petits camarades lors de la distribution des prix de 1871, qui a lieu en grande cérémonie au cirque Fernando boulevard Rochechouart à l'angle de la rue des Martyrs. Le haut personnage qui préside les prix demande au jeune garçon s'il est né à Montmartre. « Non, Monsieur », répond l'adolescent, « je suis né à Aurillac ». « C'est un beau pays que l'Auvergne ! », insiste le président, « tu dois être heureux d'y retourner ! ». « Je n'y suis jamais allé », est contraint d'avouer Paul

---

34. *Ibid.*, p. 35.

35. J.-F. Sirinelli, « Des boursiers conquérants ? École et "promotion républicaine" sous la Troisième République », *in* S. Berstein *et al.* (dir.), *Le modèle républicain*, Paris, PUF, 1992, p. 242-262.

36. A. Thibaudet, *La République des professeurs*, Paris, Grasset, 1927, rééd. Paris, Hachette, 2006, chap. X : « Héritiers et boursiers », p. 81-94.

37. Lettre de P. Doumer à A. Richel, Mende, 15 octobre 1877.

38. A. Prost, *Histoire de l'enseignement en France (1880-1967)*, *op. cit.*, p. 192-203.

39. F. Mayeur, *Histoire de l'enseignement et de l'éducation*, t. III, « De la Révolution à l'école républicaine (1789-1930) », Paris, Perrin, 2004, « L'école avant Jules Ferry », p. 377-457.

40. BNF, H. Pellier, *Paul Doumer*, Paris, Larousse, coll. « Les livres roses pour la jeunesse », n° 553, 1932, p. 2.

41. *Ibid.*, p. 3.

42. F. Mayeur, *Histoire de l'enseignement et de l'éducation*, t. III, « De la Révolution à l'école républicaine (1789-1930) », *op. cit.*, « Apprendre dans la vie : le livre et le journal », p. 296-311.

tête basse. « C'est trop loin et cela coûterait trop cher. J'ai perdu mon père et maman n'est pas riche ! »[43]. Ému, le président de la cérémonie regarde le gamin en silence. Quelques jours plus tard, celui-ci reçoit à son nom un permis de chemin de fer pour se rendre à Aurillac, à 554 km de Paris, sans bourse délier. Le petit Paul est fier et fou de joie. Il va enfin voir la maison où il est né et admirer les horizons de cette lointaine Auvergne dont sa mère lui parle si souvent. Pour ce faire, celle-ci adresse son fils au dénommé Pierre Latour, un ancien du pays que tout le monde connaît et qui était un de ses anciens voisins, quatorze ans plus tôt, rue des Tanneurs à Aurillac.

Avec l'argent que sa mère a pu économiser, le jeune Paul s'est constitué une petite bibliothèque. Des œuvres de Molière, Corneille, Racine, puis celles de grands poètes : Homère, Virgile, Victor Hugo, Lamartine. Pour son voyage à Aurillac au cours de l'été 1871, un événement, Paul emporte avec lui une petite histoire qui vient d'être publiée sur l'enfance de Pasteur[44]. Ce récit le passionne[45]. Le savant, fils de tanneur glorifié de son vivant pour ses travaux pionniers en microbiologie, a lui aussi connu des débuts très modestes, déboires et privations, avant de se faire un nom à force de travail, de patience et d'énergie. Paul Doumer dira plus tard :

> « C'est toujours d'en bas, des pauvres, des petits, des isolés résolus, tenaces et hardis, que viennent les grandes transformations du monde. »[46]

L'aveu, signifiant, révèle que l'intéressé pense devoir sa trajectoire politique à son milieu social d'origine.

Moustache à la gauloise, chapeau à larges bords et solide bâton à la main, le vieux Latour, guêtré, lance à Paul Doumer à son arrivée à Aurillac : « Athanase, c'est un prénom de chez nous ! Il est plus gentil, évidemment, de s'appeler Paul, c'est plus parisien ! »[47]. Accompagné par le père Latour, l'enfant pénètre dans sa maison natale. Le misérable logis qu'il visite lui laisse l'impression que ceux qui l'ont habité et ont veillé sur son enfance ont durement lutté pour pouvoir vivre voire survivre. Impression confirmée par les confidences pudiques du père Latour sur les sacrifices et le dévouement de ses parents. Ce premier voyage est un choc pour le jeune Paul. Il lui fait brutalement prendre conscience de son origine sociale. Secoué, déterminé, l'Aurillacois repart à Paris le soir même la tête pleine. Cette visite exerce sur lui une influence décisive[48]. C'est comme si Paul Doumer avait arrêté un plan ce jour-là.

---

43. BNF, H. Pellier, *Paul Doumer*, *op. cit.*, p. 4.
44. *Ibid.*, p. 6.
45. *Ibid.*
46. Colonel J. Rupied, *Élysée (1928-1934) : anecdotes et souvenirs*, Paris, Peyronnet, 1952, p. 184.
47. BNF, H. Pellier, *Paul Doumer*, *op. cit.*, p. 10.
48. *Inauguration du buste de Paul Doumer*, Fondation pour la science, Centre international de synthèse, hôtel de Nevers, 21 avril 1934, allocution d'H. Berr, p. 10.

3. Apprenti graveur dans le Paris des années 1870

La IIIe République est proclamée le 4 septembre 1870 après le désastre de Sedan (1er septembre 1870), alors que la France est en pleine déroute militaire et que les Prussiens avancent sur Paris. Paul Doumer a treize ans pendant le siège de 1870. Comme de nombreux autres Parisiens, il souffre de la faim et, explique-t-il plus de soixante ans plus tard alors qu'il n'a rien oublié de cet épisode marquant de sa vie, doit se contenter « des aliments innommables qu'on mangeait, faute de mieux »[49]. Sa mère accumule les ménages et les travaux de couture à domicile mais, très vite, ceux-ci ne suffisent plus. La gêne s'installe de manière cruelle au foyer. Peinant à joindre les deux bouts, Victorine n'a d'autre solution que de placer son fils en apprentissage ouvrier dans une fabrique de médailles. Pratique sociale courante que celle du placement en apprentissage ouvrier, chez un patron artisan, de mineurs par leurs parents désargentés, alors que le Paris du XIXe siècle regorge d'ateliers de quartier.

Le travail à l'usine et l'initiation sur le tas intéressent des effectifs beaucoup plus importants que ceux de l'apprentissage : l'apprentissage à Paris concerne en effet seulement 3,2 % des ouvriers en 1861[50]. Cette situation est donc une chance pour le jeune Paul. Les 19 000 apprentis parisiens recensés en 1861 forment en effet à peine le dixième du nombre des enfants de dix à quinze ans auxquels l'éducation professionnelle de l'ouvrier est indispensable[51]. C'est, dans ce contexte, dans les métiers artisanaux que perdure l'habitude, héritée des anciennes corporations, de l'apprentissage. L'apprenti, qui reçoit une petite rémunération, a la chance de pouvoir continuer son instruction primaire. La loi du 22 février 1851 fixe des limites à l'exercice : l'âge d'accès au travail est élevé à douze ans (celui précisément auquel Paul Doumer entre en apprentissage afin de respecter cette loi) ; les patrons doivent prendre un nombre limité d'apprentis ; et le contrat d'apprentissage comprendra des clauses relatives aux cours professionnels[52]. Dans la réalité, l'enfant est le plus souvent jeté dans l'atelier sans vocation et sans formation qui le prépare à l'exercice du métier qu'il doit embrasser. Les témoignages ne manquent pas qui évoquent le rejet de l'enfant à l'atelier par les adultes, le métier étant en effet une chasse gardée âprement défendue par ces derniers[53]. C'est en servant et regardant faire les autres que l'enfant s'initie peu à peu au dur métier qui sera le sien. Il apprend aussi les lois d'une véritable solidarité et l'orgueil de l'ouvrage bien fait.

Paul Doumer, âgé de douze ans, rejoint ainsi la maison Robineau, qui se trouve au 129 rue de Turenne dans le Xe arrondissement de Paris, d'abord comme coursier

---

49. CHAN, 1 AG 87, discours prononcé par P. Doumer, président de la République, à l'occasion de sa réception solennelle à l'hôtel de ville de Paris, 13 juin 1931.

50. F. Mayeur, *Histoire de l'enseignement et de l'éducation*, t. III, « De la Révolution à l'école républicaine (1789-1930) », *op. cit.*, p. 258-259.

51. *Ibid.*, p. 259.

52. *Ibid.*, p. 261-262.

53. *Ibid.*, p. 262-263.

puis comme ouvrier graveur. On profite de sa faiblesse et de son inexpérience pour l'employer aux corvées, aux courses, aux besognes ingrates et peu formatrices, et de l'impuissance de sa mère à user d'une quelconque mesure de rétorsion. Avec ses rues étroites, ses vieux hôtels déchus aménagés en maisons de commerce et sa population d'artisans en chambre, de brocanteurs et de ferrailleurs, le quartier est très animé. Le Paris des bas-fonds d'Eugène Sue ne manque pas de vie. Le burin et le coin aux doigts devant un établi à sept places, Paul y travaille pendant six ans, jusqu'à ses dix-huit ans.

Le troisième quart du XIXe siècle, au cours duquel les parents de Paul Doumer s'installent à Paris, est celui de la surpopulation maximale des natifs du Massif central dans la capitale. Parmi toutes les communautés provinciales de Paris, celle du Massif central est l'une des plus importantes. Le recensement de 1926 indique que pas moins de 10 % des habitants de Paris sont nés dans cette région : une population estimée à 600 000 personnes en 1932[54]. L'émigration auvergnate, temporaire ou définitive, est un cas assez emblématique d'exode rural dans l'histoire des migrations internes dans la France du XIXe siècle[55]. Les Parisiens disent des Auvergnats que leur rudesse les prédisposent pour les métiers les plus durs[56]. Le poncif marque durablement la construction de l'identité auvergnate et du stéréotype laborieux qui lui est attaché, comme l'histoire des mentalités régionales[57]. Dans l'atelier de la rue de Turenne, le coulage du métal dégage une chaleur à peine supportable. Les plaques de cuivre ou de cuir indiquent, sur les chambranles des portes, « Modes », « Fleurs artificielles », « Poupées », etc. Paul Doumer reparlera plus tard de l'atelier Robineau comme d'une ruche sombre, digne du *Fromont jeune et Risler aîné* (1874) d'Alphonse Daudet, où s'activent des silhouettes laborieuses.

Entré en apprentissage pour gagner son pain, le petit Paul se fait réveiller à l'aube quand sa mère, pliée sur l'ouvrage à l'aiguille, va enfin se reposer elle-même. Le fils est fier de rapporter chaque fin de mois à sa mère la somme de cinquante francs[58], un surcroît bienvenu de revenus dans le budget familial. Le jeune apprenti se voit confier l'enchemisage des coins par son patron. L'opération consiste, dans une maison de gravure, à enfermer chaque coin dans un cadre de fer. Ensuite, il doit dresser un catalogue desdits coins, qui, en reliure, sont employés pour l'ornement. Ces progrès, ces premières responsabilités, Paul en parle avec fierté à sa mère le soir à son retour de l'atelier. Dans la plus française des traditions, le goût du travail se transforme en un honneur de l'ouvrage bien fait. Contre la fenêtre du vaste atelier, Paul Doumer accomplit un rude apprentissage de graveur de médailles, tout en

54. H. Pagès et J.-C. Roc, *Migrants de Haute-Auvergne : trois siècles sur les routes*, Brioude, Watel, 1994.

55. A. Faure, « Migrations intérieures et villes dans la France du XIXe siècle », *Historiens et géographes*, no 339, octobre-novembre 1992, p. 151-160.

56. R. Girard, *Quand les Auvergnats partaient conquérir Paris*, *op. cit.*, p. 61.

57. F. Raison-Jourde, *La colonie auvergnate de Paris au XIXe siècle*, Paris, Imprimerie nationale, 1976.

58. BNF, H. Pellier, *Paul Doumer*, *op. cit.*, p. 14.

suivant, une fois passé son certificat d'études (1870), les cours du soir, gratuits, au populaire Conservatoire national des arts et métiers. On le voit s'y adonner avec fièvre aux mathématiques, à la chimie, au latin et au grec, et suivre avec passion le cours de physique d'Henri Becquerel, qui recevra le Prix Nobel de physique en 1903[59]. Une ordonnance royale du 25 novembre 1819 a donné au CNAM le caractère d'une « haute école d'application des connaissances scientifiques au commerce et à l'industrie ». Avec pour devise « *Omnes docet* » (« il enseigne à tous ») fidèle à l'initiative de l'abbé Grégoire, député, l'enseignement y sera « gratuit et public pour l'application des sciences aux arts industriels »[60].

Paul Doumer acquiert ces années-là une connaissance intime, physique et vécue des questions sociales et de la condition ouvrière, doublée d'une conscience sociale aiguë, dont il ne se départira jamais. Il déclare ainsi en préambule d'un discours prononcé le 15 mai 1904 à l'invitation de la Chambre consultative des associations ouvrières de production [document 21 p. 387-389] :

> « Nous sommes de ceux que rien ni personne ne pourra jamais séparer. [...] Car moi aussi, j'ose le dire, je suis un travailleur. »[61]

C'est en effet dans la fournaise de l'atelier que certaines des qualités foncières de Paul Doumer se révèlent : le courage, la ténacité, l'envie de s'élever aussi. Une source d'énergie pour le jeune apprenti : une confidence qu'il livre au soir de sa vie à son cher ami Henri Berr, alors que les deux hommes méditent à l'ombre de grands arbres après une promenade estivale à Bourbon-l'Archambault[62]. Une expérience fondatrice qui façonne d'emblée sa culture politique, élément déterminant de son comportement[63]. Paul Doumer n'oubliera jamais ses six ans d'atelier (1870-1876). Un passage intériorisé, rendu si prégnant qu'il fait désormais partie de son être. Preuve en sont les visites régulières qu'il rendra jusqu'à la fin de sa vie à la maison Robineau. Plus tard, l'affirmation de sa proximité sociale avec ses électeurs sera aussi un moyen utilisé pour Paul Doumer de se démarquer des élus notables, socialement dominants.

Le logis de Victorine à Belleville apparaît inconfortable et étroit pour un travailleur dont la lampe brûle jusqu'à l'aube. En quittant la maison Robineau en 1876, Paul Doumer, devenu jeune homme, est accueilli par la famille Richel au 11 de la rue de Morée (actuelle rue Manuel) dans le IXe arrondissement de Paris.

---

59. *Ibid.*, p. 16.

60. A. Mercher, *Un conservatoire pour les Arts et Métiers*, Paris, Gallimard, 1994 ; F. Mayeur, *Histoire de l'enseignement et de l'éducation*, t. III, « De la Révolution à l'école républicaine (1789-1930) », *op. cit.*, « L'enseignement supérieur », p. 461-497.

61. ADA, AD, fonds A. Piette.

62. *Inauguration du buste de Paul Doumer*, *op. cit.*, p. 10.

63. Pour une définition du concept de « culture politique », S. Berstein, « La culture politique », *in* J.-F. Sirinelli *et al.* (dir.), *Pour une histoire culturelle*, Paris, Le Seuil, 1997, p. 371-386 ; et « L'historien et la culture politique », *op. cit.*, p. 71. Pour une présentation des cultures politiques en France, S. Berstein (dir.), *Les cultures politiques en France*, Paris, Le Seuil, 1999 ; J.-F. Sirinelli, « Cultures politiques », *in* C. Delporte *et al.* (dir.), *Dictionnaire d'histoire culturelle de la France contemporaine*, Paris, PUF, 2010, p. 228-233.

Originaire de Soissons, celle-ci le prend sous son aile. Le fils, Anténor, est l'un des condisciples de Paul Doumer aux Arts et métiers[64]. Paul s'éprend de la fille aînée, Blanche, de deux ans sa cadette. Après avoir trouvé le moyen de présenter à l'Académie des sciences un travail sur la force des projectiles, il passe son baccalauréat en 1876 en blouse de travail et l'obtient avec félicitations[65]. Il s'agit d'un fait exceptionnel pour un jeune homme de son origine sociale, alors que pas plus de 5 500 baccalauréats sont délivrés en France cette année-là[66].

4. La République des professeurs, de Mende à Remiremont

Souhaitant rejoindre le milieu professionnel dont est issue Blanche, Paul Doumer, dépourvu de tout héritage, cherche surtout à plaire à son futur beau-père. Car Clément Richel, professeur au collège de Soissons, puis inspecteur de l'enseignement primaire à Vervins[67], souhaite marier sa fille à un professeur. Dans l'immédiat, il exprime de sérieuses réserves devant la « candidature » de Paul Doumer. Un mariage est, en l'état, hors de question. Pour épouser Blanche, le prétendant doit avoir une « situation », autrement dit, dans les schémas sociaux de la Belle Époque, un grade honorable, gage de sécurité[68]. Seule l'assurance de revenus stables, de toute façon vitale pour le prétendant, est en effet de nature à rassurer Clément Richel. Sans le savoir, celui-ci agit sur Paul Doumer comme un instrument du destin. Âgé de vingt ans, ce dernier fait alors ses débuts professionnels dans l'enseignement avec le grade de bachelier. La première affectation, lointaine, arrive : Paul est nommé professeur de mathématiques au collège de Mende (Lozère) à la rentrée 1877. Une déception pour les jeunes amoureux désormais séparés. Paul Doumer est contraint de rejoindre seul son affectation et de laisser sa fiancée éplorée à Paris. La correspondance vraisemblablement échangée par le couple n'a pas été conservée.

Paul Doumer gagne désormais lui-même sa vie, une immense fierté. Dans une lettre qu'il adresse à Anténor Richel, son futur beau-frère, Paul Doumer lui écrit peu après son installation à Mende :

> « Comment te dire ma joie d'enseigner et de gagner ma vie ? [...] Au collège, mes élèves ne sont pas tous, loin s'en faut, des prodiges en mathématiques mais je crois qu'ils ont une certaine affection pour leur professeur. Du fait de mon jeune âge, ils me considèrent un peu comme leur camarade, n'hésitant pas à venir me trouver pour demander des explications sur les points de mon cours qui leur paraissent obscurs. »[69]

Le jeune professeur, consciencieux, a ainsi pris l'habitude de répéter la leçon pendant la récréation pour ceux qui ne l'auraient pas comprise et refait de même au

64. Mentionné à tort comme « Antoine » dans le numéro hors-série de *L'Illustration* de mai 1932.
65. ADL, 1 PER 212, « Monsieur Doumer à Mende », *La Croix de la Lozère*, 24 mai 1931.
66. A. Prost, *Histoire de l'enseignement en France (1880-1967)*, *op. cit.*, p. 33.
67. ADN, 2 T 88/67, fonds du rectorat de Douai : dossier administratif de Clément Richel.
68. D. Barjot *et al.*, *La France au XIXe siècle (1814-1914)*, Paris, PUF, 1995, rééd. 2008.
69. Lettre de P. Doumer à A. Richel, Mende, 15 octobre 1877.

cours de la promenade du jeudi[70]. Il incite ses élèves à lire, à fréquenter les ouvrages fondamentaux, car, selon lui, « il n'est pas possible de limiter le développement de l'intelligence à la fréquentation de l'école »[71]. S'efforçant de préserver les chances de chacun, le jeune professeur de la République explique enfin à son ami que « pour un certain nombre d'entre eux, la promotion sociale est à ce prix »[72].

Paul Doumer perçoit pour son travail un traitement mensuel de 150 francs[73] — soit le triple de son salaire d'apprenti à Montmartre et le double du salaire de son père à Aurillac — et, pour « avantages accessoires », assure des conférences rémunérées à hauteur de 100 francs par an[74]. Il s'agit ainsi très concrètement pour lui d'un changement de vie considérable. Bien que, la retenue opérée, il ne lui reste que 142,50 francs par mois[75], le jeune professeur vit comme un ascète et parvient à en économiser 100[76], autrement dit plus des deux tiers de son salaire net. Marque de confiance, Paul Doumer est choisi, après deux ans d'ancienneté seulement, pour prononcer le discours à la distribution des prix du collège en 1879. Doumer est alors décrit par l'inspecteur d'académie départemental, écrivant au recteur de l'académie de Montpellier, comme un « jeune maître intelligent, [...] d'une ardeur qui va parfois jusqu'à l'exaltation »[77]. Son régime spartiate surprend sa logeuse, à laquelle il paie une pension mensuelle de 30 francs pour le gîte et le couvert. Elle ne lui apporte le matin qu'une tasse de lait. À midi, il mange un plat de viande et c'est tout. Le soir, il se contente de pain et d'eau[78]. Un régime plus que frugal. Paul Doumer décrit Mende comme une ville curieuse, qui déconcerte le nouvel arrivant par ses rues étroites et sombres de cité médiévale, ses restes de remparts, ses vieux toits mansardés, ses tours de guet, sa cathédrale, son vieux pont en dos d'âne battu par les eaux glacées du Lot[79]. Un climat rude qui épouvante d'abord le jeune fonctionnaire désigné pour cette région perdue. Malgré cela, il souligne cependant :

> « Les gens y sont aimables mais réservés, parfois soupçonneux, comme dans les romans de Balzac. »[80]

Son séjour à Mende a pu précipiter la première orientation politique vers le radicalisme et l'anticléricalisme du jeune Paul Doumer, aiguillé par l'opposition entre école laïque et école catholique. Dans l'immédiat, travaillant sans cesse, ne se

70. *Ibid.*
71. *Ibid.*
72. *Ibid.*
73. ADL, 1 T 1416, fiche personnelle de P. Doumer, professeur de mathématiques au collège de Mende.
74. *Ibid.*
75. ADL, 1 PER 212, « Monsieur Doumer à Mende », *La Croix de la Lozère*, 24 mai 1931.
76. Pour une mise en perspective de l'évolution du budget des professeurs sous la IIIe République, A. Prost, *Histoire de l'enseignement en France (1880-1967)*, *op. cit.*, « L'insuffisance des traitements », p. 74-75.
77. ADL, 1 T 707, lettre de l'inspecteur d'académie de la Lozère au recteur de l'académie de Montpellier, 11 juillet 1879.
78. ADL, 1 PER 212, « Monsieur Doumer à Mende », *La Croix de la Lozère*, 24 mai 1931.
79. Lettre de P. Doumer à A. Richel, Mende, 15 octobre 1877.
80. *Ibid.*

couchant qu'une nuit sur deux ou s'allongeant tout habillé une heure sur son lit, Paul Doumer prépare sa licence de mathématiques d'arrache-pied, condition fixée par son futur beau-père au mariage avec sa fille. Car son bonheur en dépend, résume l'intéressé à son ami Anténor[81]. Une motivation de taille. Dès son enfance, Paul Doumer est saisi par cette discipline du devoir. Il s'y asservit délibérément, négligeant les plaisirs ordinaires et les tentations faciles des jeunes hommes de sa génération, s'acharnant au travail comme un prêtre aux litanies.

Paul Doumer a vingt ans. Avec son complet à 35 francs, sa courte barbe en pointe et ses cheveux plantés drus, il s'essaie timidement à l'élégance et ne recule devant rien[82]. Chaque fois qu'il peut s'échapper quarante-huit heures, il retourne voir Blanche. Sa classe de l'après-midi terminée, il quitte Mende à pied pour Langogne. Soit une marche de 39 kilomètres à travers cette région montagneuse. Là, il prend l'express de minuit et arrive à Paris le lendemain matin. Le surlendemain, il revient à Langogne, refait à pied ses 39 kilomètres et arrive très exactement pour l'heure de la classe[83]. Fils aîné de veuve, Paul Doumer est exempté de service militaire, ce dont il devra régulièrement se justifier par la suite. « Ni soldat ni professeur ! », lira-t-on ainsi pendant la campagne législative de 1888, alors que Paul Doumer, candidat à la députation, a quitté l'enseignement[84]. Paul Doumer voudrait intégrer l'École polytechnique mais y renonce[85]. À défaut, il est prié par son futur beau-père de passer une licence ès sciences mathématiques. Le gage de sa réussite sera la main de Blanche, épouse à mériter et à conquérir ! Qu'à cela ne tienne : le fiancé bachote sa licence avec une énergie telle qu'il la décroche du premier coup. Cette étape importante dans la formation et le parcours de Paul Doumer fait de lui le contraire d'un « autodidacte » — comme il est parfois présenté à tort[86] —, puisqu'il doit précisément son entrée dans le corps enseignant au diplôme qu'il a obtenu et que sa compétence est « garantie et légitimée par [ce dernier] »[87]. Paul Doumer accrédite en cela la conception, fortement ancrée dans la culture républicaine du XXe siècle, selon laquelle l'école joue le rôle fondamental dans la promotion sociale : l'enseignement est en effet alors considéré comme le moyen privilégié d'une émancipation politique et sociale.

Aussitôt licencié, Paul peut enfin épouser Blanche. Il ne perd pas de temps : le mariage, civil et sans contrat, est célébré le 13 août 1878 à la mairie du IIe arrondissement de Paris[88]. À eux deux, Blanche et Paul totalisent tout juste quarante ans.

---

81. *Ibid.*
82. CHAN, 603 AP/1, « La vie de M. Paul Doumer », *Le Temps*, 8 mai 1932.
83. *Ibid.*
84. ADA, *L'Argus soissonnais*, 8 avril 1888.
85. L. Pasquier-Doumer, entretien avec l'auteur, 31 mai 2005.
86. P. Singaravélou, *L'École française d'Extrême-Orient ou l'institution des marges (1898-1956) : essai d'histoire sociale et politique de la science coloniale*, *op. cit.*, p. 66.
87. J.-F. Sirinelli, « Des boursiers conquérants ? École et "promotion républicaine" sous la IIIe République », *in* S. Berstein et O. Rudelle (dir.), *Le modèle républicain*, *op. cit.*, p. 243.
88. ADC, 2 E 14/86, certificat de mariage, civil et sans contrat, de B. Richel et P. Doumer, célébré le 13 août 1878 à la mairie du IIe arrondissement de Paris.

Stratégie matrimoniale[89] ? Stratégie d'intégration ? Ni l'une, ni l'autre. À la fin de sa première année scolaire, la condition de Paul Doumer s'améliore sensiblement, le traitement de licencié étant légèrement supérieur à celui de bachelier[90]. Il peut quitter sa logeuse à Mende et, avant la rentrée 1878, louer et meubler une petite maison sur les bords du Lot. Blanche, son épouse désormais, peut l'y rejoindre à plein-temps. Les jeunes mariés s'installent dans cet idyllique nid douillet, où ils coulent une heureuse lune de miel, hélas de courte durée. L'affectation à Mende s'achève avec la fin de l'année scolaire 1878-1879 en effet. Le professeur licencié de mathématiques est alors affecté au collège de Remiremont dans les Vosges pour la rentrée scolaire 1879. Affectation choisie ou fortuite ? La mutation est alors le meilleur moyen d'obtenir un traitement plus élevé[91], d'où un nomadisme élevé parmi le personnel enseignant au début de la IIIe République. Si elle ne ravit sans doute guère Paul Doumer, sa mutation à Remiremont présente au moins, dans l'immédiat, l'avantage géographique de le rapprocher de Paris, faute de mieux.

5. Instruction publique et Ligue de l'enseignement

À Mende puis Remiremont, Paul Doumer n'est jamais finalement qu'un étranger de passage. Le jeune ménage Doumer séjourne à Remiremont jusqu'en septembre 1883. Soit un séjour guère plus long que celui que Paul Doumer vient d'effectuer à Mende. Ce dernier adhère, peu de temps après son arrivée à Remiremont, à la Ligue de l'enseignement, dont la fondation par Jean Macé est annoncée le 15 novembre 1866 dans *L'Opinion nationale*. Marqué par l'échec de la IIe République, ce dernier considère qu'un régime démocratique ne peut être solide qu'il repose sur l'éducation du peuple[92]. L'action de la Ligue naissante, qualifiée de « société pernicieuse » par le pape Pie IX et de « révolutionnaire » dans *L'Univers* (11 février 1875)[93], se confond rapidement avec la lutte des républicains pour la conquête de la République. La Ligue jouera un grand rôle dans le vote des lois scolaires (1881-1882), pilier d'airain de la République selon Jules Ferry, instituant une « instruction gratuite, obligatoire et laïque »[94].

Une main d'œuvre qualifiée doit savoir lire et écrire. Née de la volonté de républicains de permettre à tous d'accéder à l'éducation et à la culture, « dans le but d'exercer pleinement leur citoyenneté et d'établir durablement une société plus juste, plus libre et plus solidaire »[95], la « Ligue française de l'enseignement et de l'éducation permanente » — son nom complet — est un grand mouvement d'éducation populaire. Un an plus tard, la Ligue compte 5 000 membres répartis dans

89. C. Charle, *Les élites de la République (1880-1900)*, *op. cit.*, chap. 5 : « Le mariage », p. 265-325.
90. A. Prost, *Histoire de l'enseignement en France (1880-1967)*, *op. cit.*, p. 74-75.
91. *Ibid.*, p. 77-78.
92. M. Ozouf, *L'école, l'Église et la République (1871-1914)*, Paris, Le Seuil, 1992, p. 237-238.
93. *Ibid.*, p. 238.
94. *Ibid.*
95. P. Tournemire, *La Ligue de l'enseignement*, Toulouse, Milan, 2000, p. 3.

72 départements. De nombreux « cercles de la Ligue de l'enseignement » se constituent dans les principales villes de France pour regrouper ces adhérents. Le succès est donc considérable, à une époque où n'existent véritablement ni syndicats ni forces politiques organisées. Création de bibliothèques, de cours publics, de sociétés ouvrières d'instruction, de centres d'enseignements pour jeunes filles... tout en revendiquant la prise en charge par l'État de l'instruction publique ouverte à tous. La répression politique réactionnaire dont elle est victime ne fait que la renforcer : la Ligue devient dès lors une véritable force républicaine. La Ligue est, à l'issue de son premier congrès à Paris tenu dans une atmosphère de victoire, consacrée le 21 avril 1881 « organisation républicaine » par Léon Gambetta, qui l'incite à devenir « la République en action »[96]. Il s'agit de rassembler tous les républicains et les forces vives capables de « gagner à l'idée républicaine tous les villages de France »[97]. Véritable creuset républicain, la Ligue accompagne ainsi l'instauration durable de la IIIe République. Car la République, selon elle, n'est pas un système ordinaire de gouvernement, elle suppose des citoyens éduqués. Dès lors, la Ligue poursuit deux buts essentiels : redresser toutes les infractions aux lois nouvelles ; et se faire l'inlassable propagandiste de l'instruction laïque. Ses congrès annuels, suivis de banquets et de défilés, sont de véritables manifestations républicaines. En 1889, elle coordonnera de nombreuses initiatives pour la célébration du premier centenaire de la Révolution. Très proche de Paul Doumer, Léon Bourgeois succèdera à Jean Macé comme président de la Ligue en 1894[98].

La section vosgienne de la Ligue de l'enseignement est fondée en 1880 à Remiremont[99]. Paul Doumer en devient aussitôt secrétaire[100]. Les œuvres postscolaires sont fortement soutenues par les pouvoirs publics. Pour aider les enseignants, la Ligue envoie des conférenciers dans tout le pays en véritables missionnaires laïques[101]. Armés de livres, de matériel scientifique, ils font aimer la République, expliquent le rôle de l'éducation et développent des sujets d'ordre général ou scientifique. Parmi eux, des personnalités de premier plan : Armand Fallières, Raymond Poincaré ou Paul Doumer. Tous trois deviendront présidents de la République. *L'Industriel vosgien*, le journal local, se fait l'écho des nombreuses conférences que Paul Doumer donne dans la région de Remiremont afin de rallier de nouveaux membres. En particulier, devant des salles combles, le 14 juillet 1882 sur « L'avènement de la IIIe République »[102] et le 14 juillet 1883 sur « *La Marseillaise* »[103]. Les symboles comptent, y compris dans le choix du calendrier. Les autres sujets retenus

96. *Ibid.*, p. 11.
97. *Ibid.*
98. *Ibid.*, p. 14.
99. P. Heili, président de la Société d'histoire locale de Remiremont et de sa région, lettre à l'auteur, 20 avril 2008.
100. *Ibid.*
101. *Ibid.*, « Les conférenciers », p. 19.
102. ADV, série PER, *L'Industriel vosgien*, 15 janvier 1882.
103. *Ibid.*, 15 juillet 1883.

par le conférencier, « Le coup d'État du 2 décembre 1851 »[104], « Gambetta »[105] (peu de temps après sa disparition) ou encore « Le siège de Paris »[106] (à partir de ses souvenirs personnels) sont un bon témoin de ses préoccupations de l'époque. La toute jeune République vient, en ce début des années 1880, de réaliser un pas décisif avec la question scolaire, victorieuse de toutes les attaques. Un régime démocratique ne peut, selon elle, être solide que s'il repose sur l'éducation du peuple. En d'autres termes, l'œuvre scolaire est, selon son concepteur Jules Ferry, ministre de l'Instruction publique de 1879 à 1883, inséparable du régime républicain. Alors professeur dans ce contexte national, Paul Doumer devient le militant, le défenseur et le relais vosgien de cette œuvre[107]. La Ligue de l'enseignement contribue, dans son cas, à structurer un réseau de sociabilité apte à renforcer ses valeurs républicaines tant aux niveaux local que national.

À Remiremont, les Doumer louent le premier étage d'une maison rue Baugru, voisine d'une ferme urbaine où Paul Doumer, « professeur très estimé »[108], achète son lait tous les matins avant de se rendre au collège[109]. Selon ses anciens voisins, il sort peu et passe son temps à écrire des articles pour les journaux[110], demeurés introuvables. Mais le sort en décide autrement. À la suite d'un mauvais rapport d'inspection compromettant son avenir d'enseignant et vécu comme très injuste par l'intéressé, le jeune professeur annonce en juin 1833 sur un apparent coup de tête à ses collègues réunis le soir même dans une brasserie romarimontaine :

> « Je quitte l'enseignement, je vais faire du journalisme, je deviendrai alors ministre de l'Instruction publique et je pourrai ainsi signer des rapports sur mes chefs actuels ! Apportez-moi de quoi écrire ! »[111]

Sitôt dit, sitôt fait ! Le bouillant professeur rédige incontinent sa lettre de démission sur le coin de la table, sous les applaudissements de la salle. Accompagnant la lettre de démission, une missive très élogieuse du principal du collège est jointe au dossier[112]. Prétextant par la suite des problèmes de voix[113] — vraie maladie de la gorge ou « laryngite diplomatique » ? —, qui ne lui manquera nullement par la suite lors de vibrants discours à la tribune de la Chambre des députés, Paul Doumer quitte ainsi définitivement l'enseignement en septembre 1883 et, ce faisant, Remi-

104. *Ibid.*, 10 janvier 1882.

105. *Ibid.*, 2 février 1883.

106. *Ibid.*, 21 mars 1883.

107. A. Thibaudet, *La République des professeurs*, *op. cit.* ; A. Prost, *Histoire de l'enseignement en France (1880-1967)*, *op. cit.* ; J.-F. Chanet, « L'instruction publique », *in* J.-J. Becker *et al.* (dir.), *Histoire des gauches en France*, Paris, La Découverte, 2004, vol. 1, p. 267-284.

108. *La Liberté de l'Est*, 20 février 1986.

109. P. Heili, président de la Société d'histoire locale de Remiremont et de sa région, lettre à l'auteur, 20 avril 2008.

110. R. Robin, *La Liberté de l'Est*, 24 décembre 1952.

111. *Ibid.*

112. Rapporté par O. Colin, ancienne collègue de P. Doumer au collège de Remiremont : R. Robin, *La Liberté de l'Est*, 24 décembre 1952.

113. J.-B. Derosne, « Ces messieurs de l'Élysée : petite histoire des quinze présidents qui, en 78 ans, firent la République », *L'Aurore*, 13 juillet 1953, n° XV.

remont. Il reste toutefois lié aux Vosges de plusieurs façons. C'est en effet au Val d'Ajol, commune proche de Remiremont, que son fils Armand décèdera quarante ans plus tard, le 4 août 1923, des suites de la Grande Guerre. Enfant, Armand y avait passé ses vacances avec ses frères et sœurs. Enfin, le président devait, en juillet 1932, revenir dans le collège où il avait enseigné plus de cinquante plus tôt inaugurer une plaque en son honneur. La plaque fut posée, malgré son assassinat le 6 mai 1932, et la rue du Collège, rebaptisée rue Paul Doumer.

S'agit-il vraiment d'un « coup de tête » ? Quoi qu'il en soit, s'il n'ouvre pas exactement la voie souhaitée à Paul Doumer, qui ne sera jamais ministre de l'Instruction publique, la décision de l'intéressé clôt une période essentielle de sa formation républicaine. Les deux postes d'enseignant que Paul Doumer occupe, sur des terrains aussi différents que la Lozère et les Vosges, font de lui un bon connaisseur de l'histoire et de la géographie politiques françaises. Paul Doumer annonce-t-il « la République des professeurs radicaux et socialistes »[114] d'Albert Thibaudet ? L'enseignement, seule carrière qui se recrute presque exclusivement parmi les fils de familles sans fortune, représente, selon Albert Thibaudet, « la section des hommes nouveaux »[115]. Et, jusqu'à la fin du XIXe siècle, ces derniers sont « des hommes modestes »[116]. Les professeurs, que leur métier disposerait à l'intelligence générale et à l'impartialité présidentielle[117], apparaissent ainsi progressivement comme une catégorie sociale concurrente de celle des avocats parmi le personnel politique de la IIIe République[118]. Outre la place centrale de l'école dans l'appareil idéologique républicain, qu'il promeut doublement en enseignant et en militant, Paul Doumer, ancien professeur de mathématiques, construit une partie importante de sa notoriété et de sa crédibilité, particulièrement à ses débuts en politique, sur sa dextérité avec les chiffres, au maniement desquels il est formé. Paul Doumer est en effet du tout petit nombre de parlementaires qui savent lire un bilan, analyser un budget et trouver d'un clin d'œil le chiffre qui fait mal dans un volumineux rapport. Le nombre de spécialistes financiers à la Chambre est alors fort réduit[119]. Le régime manque de telles compétences. Paul Doumer sera-t-il en cela un député puis un ministre davantage « technicien » que « politique », selon la distinction introduite par Jean Estèbe[120] ? Plus exactement, sa compétence, dont l'origine est empirique, se fortifie plus tard suivant des conceptions politiques. Paul Doumer transforme cette première expérience professionnelle en une compétence cruciale (financière, fiscale, budgétaire), rapidement appréciée, reconnue et bientôt redoutée par la IIIe République naissante.

---

114. A. Thibaudet, *La République des professeurs*, *op. cit.*, p. 142.
115. *Ibid.*, p. 82.
116. *Ibid.*
117. *Ibid.*, p. 142.
118. G. Le Béguec, *La République des avocats*, Paris, Armand Colin, 2003.
119. J.-C. Allain, *Joseph Caillaux*, t. 1, « Le défi victorieux (1863-1914) », Paris, Imprimerie nationale, 1978, p. 214.
120. J. Estèbe, *Les ministres de la République (1871-1914)*, *op. cit.*

Chapitre II
L'entrée en politique
1887-1893

De quoi vit Paul Doumer après avoir quitté l'enseignement ? A-t-il suffisamment économisé pour pouvoir se passer de son traitement ? Dispose-t-il de ressources tierces ? Son beau-père prend-t-il le relais ? Il est difficile d'imaginer dans son cas, alors qu'il est dépourvu de toute fortune personnelle, qu'il n'a pas assuré ses arrières avant sa démission de l'Instruction publique. Quels sont ses projets ? Pendant ses vacances à Paris au cours de l'été 1878, Paul Doumer rencontre Henri Martin et William Waddington, alors sénateurs radicaux et conseillers généraux de l'Aisne. Ils lui sont présentés par son beau-père Clément Richel à son domicile parisien. Ce dernier a en effet pris sa retraite dans la capitale où il est devenu administrateur de sociétés. On dit de Waddington, futur président du Conseil (1879), qu'il est, à la manière de Léon Gambetta et plus tard d'Alexandre Millerand et Léon Blum, un « baptiseur de ministres »[1]. Pour commencer, Waddington et Martin parrainent l'entrée de Paul Doumer en franc-maçonnerie, passage quasi-obligé de toute carrière politique au début de la IIIe République[2]. La franc-maçonnerie aide-t-elle Paul Doumer à changer de voie professionnelle ? Initié le 1er décembre 1879 à l'âge de vingt-deux ans à la loge « L'Union fraternelle » du Grand Orient de France (Paris) [document 2 p. 362][3], Paul Doumer est rapidement élevé aux grades de compagnon puis de maître le 5 novembre 1880[4]. Que signifie et que permet cet engagement ?

---

1. M. Dogan, « Longévité des carrières politiques : une biographie collective », *in* J.-P. Chaline *et al.* (dir.), *Les parlementaires de la Troisième République*, Paris, PUPS, 2003, p. 314-315.

2. A. Combes, *Histoire de la franc-maçonnerie au XIXe siècle*, t. II, Paris, Le Rocher, 1999 ; A. Combes, « Radicalisme et franc-maçonnerie », *in* S. Berstein *et al.* (dir.), *Un siècle de radicalisme*, Villeneuve d'Ascq, PUS, 2004, p. 71-79 ; P. G. Nord, *The Republican Moment: Struggles for Democracy in Nineteenth-Century France*, Cambridge, HUP, 1995, « Freemasonry », p. 15-30.

3. GOF, note 523 20 92 sur feu le frère Doumer, Orient de Paris.

4. *Ibid.*

1. Enfant des loges deviendra franc-maçon zélé

« État dans l'État »[5] dépositaire de « l'esprit républicain », la franc-maçonnerie est réputée intervenir dans les affaires publiques. Alors que la IIIe République est considérée comme la période phare de l'action sociale maçonnique[6], le Grand Orient de France peut être considéré comme un « groupe d'intérêt républicain »[7], regroupant la tendance libérale de la franc-maçonnerie — une tendance plus traditionnaliste est organisée autour de la Grande Loge unie d'Angleterre. Or la version laïque et républicaine de la franc-maçonnerie est majoritaire en France. Entre 1870 et 1900, le Grand Orient de France apparaît comme « le ciment et la seule structure d'organisation du mythique "parti républicain" »[8], selon Gisèle et Serge Berstein. L'interpénétration des dirigeants entre franc-maçonnerie et République est alors très forte. L'objectif du Grand Orient de France est de contribuer à faire pénétrer en profondeur la République dans tout le pays. Son mot d'ordre est simple : un ennemi, le cléricalisme; un programme, instaurer la République. Le Grand Orient de France remplit les critères qui définissent l'idéal-type du groupe d'intérêt[9] : présence d'une communauté organisée; existence d'un intérêt commun; et exercice d'une influence pour le promouvoir. Tandis qu'une tendance de la franc-maçonnerie insiste sur son caractère essentiellement initiatique et prône la discrétion voire l'abstinence en matière d'action sociale, Paul Doumer et ses amis sont partisans d'une intervention politique de la franc-maçonnerie, considérée comme le prolongement naturel de la réflexion de ses membres sur les questions de société.

Ce n'est pas tout. Paul Doumer fonde surtout, le 29 septembre 1890, avec ses amis Léon Bourgeois, Camille Chautemps et Charles Floquet, la prestigieuse loge Voltaire[10], représentative d'une franc-maçonnerie libérale et élitiste. Située au 55 boulevard Voltaire près de la place de la République, la loge souhaite réveiller l'ardeur des frères en recentrant la franc-maçonnerie dans un quartier républicain de la capitale afin de pallier la désertion des ateliers maçonniques, empêtrés dans d'interminables complications rituéliques. Après l'examen, lors d'une séance solennelle mensuelle, de « toutes les questions sociales, économiques et philosophiques », la loge affirme son ambition d'être un lieu de réflexion de haut niveau, joignant les exigences morales aux exigences intellectuelles[11]. La réunion de constitution de la loge a lieu le 16 octobre 1890. Paul Doumer est élu, le 24 décembre 1890, « véné-

5. H. Coston, *Un État dans l'État : la franc-maçonnerie*, Paris, Librairie française, 1976.

6. P. Chevallier, *Histoire de la franc-maçonnerie française*, t. 3, « La maçonnerie, église de la République (1877-1944) », Paris, Fayard, 1975.

7. V. Borel, « La « République maçonne » ? », *in* M.-O. Baruch *et al.* (dir.), *Serviteurs de l'État : une histoire politique de l'administration française (1875-1945)*, Paris, La Découverte, 2000, p. 159.

8. G. et S. Berstein, *La Troisième République*, Paris, M. A. éditions, 1987, p. 129.

9. J. Basso, *Les groupes de pression*, Paris, PUF, 1983, p. 12.

10. GOF, BR 2515, *Centenaire de la loge Voltaire (1890-1990) : compte-rendu des conférences des 7 et 8 décembre 1990*, Paris, Grand Orient de France, 1990.

11. *Ibid.*, p. 11.

rable maître en chaire » à l'unanimité moins un bulletin blanc [document 6 p. 366][12]. En quoi consiste la fonction ? Le « vénérable maître en chaire », qui doit avoir un minimum de trois ans de franc-maçonnerie et doit être âgé de 30 ans au minimum, est tout simplement le véritable chef dirigeant de la loge. Paul Doumer est reconduit à ce poste en 1891 et en 1892. Le frère Floquet, président de la Chambre des députés, assiste comme visiteur à l'installation, le 7 décembre 1890, du frère Doumer, décrit comme un « brillant élément »[13], dont « la fureur de vaincre est très tôt révélée »[14]. Rarement sans doute République et franc-maçonnerie n'auront été si étroitement imbriquées. Doit-on y voir un mélange des genres ? Un banquet réunissant plus de deux cent convives est organisé le soir même sous la présidence du vénérable Paul Doumer[15]. Les discours des frères, emprunts de patriotisme, mettent en relief l'union et la solidarité des francs-maçons pour la défense de la République et la lutte contre le cléricalisme.

Membre de pas moins de cinq autres loges dont, à partir de 1880, la loge Alsace-Lorraine, loge politique par excellence inaugurée le 8 septembre 1872, le frère Doumer accomplit un beau parcours en franc-maçonnerie[16]. L'enfant des loges devient un franc-maçon zélé, porteur du triangle radieux demain flambeau de la République. Siégeant au convent, il sera en particulier membre de 1888 à 1895 du conseil de l'ordre du Grand Orient, l'instance dirigeante nationale, puis secrétaire de ce conseil à partir de 1892. Les loges maçonniques choisies par Paul Doumer sont révélatrices de son intéressement et de ses ambitions politiques. La loge Alsace-Lorraine, en particulier, n'est pas n'importe quelle loge : créée afin de perpétuer « les traditions patriotiques des provinces perdues » dans des « sentiments d'affection et de solidarité », elle se soucie de maintenir un contact crucial avec l'Alsace et la Lorraine[17]. Les frères s'efforcent, pour ce faire, de mesurer la persistance de la résistance chez les Alsaciens et les Lorrains en suivant l'évolution de la représentativité du courant francophile lors des élections municipales de 1896. La loge Alsace-Lorraine réunit tout le gratin tertio-républicain[18] : hauts fonctionnaires (en particulier préfets), administrateurs coloniaux (dont Pierre Savorgnan de Brazza, gouverneur général du Congo), officiers (dont le capitaine du génie Joseph Joffre), médecins, banquiers, avocats, élus (dont Jules Ferry, député, ancien ministre), artistes (dont le statuaire Frédéric Bartholdi) et écrivains (dont Émile Littré), tous auto-érigés « gardiens farouches du patriotisme »[19]. De 1872 à 1890, la loge Alsace-Lorraine engage une campagne en faveur de l'éducation civique et militaire de la jeunesse française avec, en 1883, une incitation à créer des sociétés

---

12. *Ibid.*
13. *Ibid.*, p. 16.
14. *Ibid.*, p. 14.
15. *Ibid.*, p. 12.
16. GOF, BR 3096, *Contribution à l'histoire de la loge Science et travail — André Crémieux, autrefois loge Alsace-Lorraine (1872-1929)*, n° 4000, Paris, Grand Orient de France, rééd. 2003.
17. *Ibid.*, p. 4.
18. *Ibid.*, tableau de la loge au 30 décembre 1889, p. 25.
19. *Ibid.*, p. 5.

cantonales et communales d'instruction militaire[20]. De 1896 à 1919, la loge travaille de même ardemment au triomphe des idées républicaines. Elle organise ainsi un « plan de lutte contre les forces réactionnaires » fondé sur l'utilisation d'une propagande laïque dans les campagnes tenues pour « arriérées », soumises aux influences cléricales et royalistes.

Paul Doumer, au seuil de sa carrière politique, noue en franc-maçonnerie de précieuses amitiés, notamment celle de Léon Bourgeois. Il y développe un réseau de sociabilité et un carnet d'adresses des plus utilement introduits. L'appartenance à la franc-maçonnerie lui offre un ciment social, alors que le mouvement radical est encore inconstitué. Toujours membre honoraire de la franc-maçonnerie le jour de son décès, Paul Doumer aurait, selon le Grand Orient de France lui-même, puisé dans l'activité maçonnique « beaucoup des directives qui caractérisent sa carrière »[21]. Manière pour les francs-maçons de revendiquer la dette que Paul Doumer aurait contractée à leur égard ?

Paul Doumer prononce le discours de clôture du convent du 12 septembre 1887[22]. Il rappelle, dans une ambiance électrique, que les travaux maçonniques doivent rester dans une atmosphère élevée et sereine et invite les francs-maçons à l'union et au travail, à réfléchir sur la réforme des institutions et à débattre de la moralité publique, des questions d'enseignement, de la séparation des Églises et de l'État, de questions sociales, notamment la réforme de la fiscalité. L'examen des bulletins du Grand Orient de France, devenu un fécond « laboratoire législatif » à l'avant-garde des forces républicaines dans les dernières années du XIXe siècle, permet d'examiner plus précisément l'activité maçonnique du frère Doumer[23]. Ses franches interventions en séance détonnent. Dès l'ouverture de la séance du 11 mars 1889, celui-ci fait remarquer que le conseil perd un temps précieux par la lecture des procès-verbaux[24]. Il est décidé, à la suite de cette remarque, que le procès-verbal de la séance suivante sera lu à huit heures et demie très précises, quel que soit le nombre des membres alors présents. Plus tard, Paul Doumer, apôtre de la sobriété, trouvant l'obédience trop dépensière, demande la suppression de l'éclairage électrique, du buffet et des fêtes rituéliques, qualifiées par lui dans un éclat peu amène d'« augustes fadaises »[25]. Sourcilleux sur les questions de procédure et de respect du règlement, Paul Doumer fait encore observer qu'un point discuté a déjà été tranché par le conseil au cours de la séance précédente[26] ; souhaite s'en tenir à ce qui est inscrit au budget[27] ; insiste encore sur la radiation de frères

20. *Ibid.*, p. 22.
21. GOF, comptes-rendus des travaux du Grand Orient de France, convent du 20 septembre 1932, p. 36.
22. A. Combes, *Histoire de la franc-maçonnerie au* XIXe *siècle*, *op. cit.*, p. 217.
23. *Ibid.*, p. 10.
24. GOF, bulletin du Grand Orient de France, 45e année, mars 1889-février 1890, Paris, Grand Orient de France, 1890, séance du 10 mars 1889, p. 5.
25. *Ibid.*, séance du 2 avril 1889, p. 43.
26. *Ibid.*, séance du 29 avril 1889, p. 98.
27. *Ibid.*, séance du 25 novembre 1889, p. 479.

pour défaut de paiement des cotisations[28] ; etc. Ému par la circulaire du ministère de la Guerre interdisant aux officiers, sous-officiers et soldats de faire partie d'une association quelconque non-approuvée par le ministère (annonçant l'affaire dite « des fiches » en 1904), Paul Doumer demande enfin qu'une démarche soit faite auprès dudit ministère afin de s'assurer que les militaires francs-maçons ne sont pas visés[29].

2. L'éveil politique dans l'Aisne, « pays de la loyauté »

L'influence de Clément Richel, Henri Martin et William Waddington dans l'éveil à la politique de leur jeune protégé va plus loin. Lié aux milieux républicains de l'Aisne et guidé par des idéaux philanthropiques, le beau-père de Paul Doumer a des opinions politiques avancées. Henri Martin est, par ailleurs, un grand historien de la France. Grâce à cette intimité de jeunesse, Paul Doumer développe un patriotisme passionné. De leur rencontre décisive naît un lien politique de longue durée, histoire d'une véritable adoption structurant toute la carrière de Paul Doumer telle une colonne vertébrale. Ce dernier réalise en effet son entrée politique dans l'Aisne, un département idéal typique de la France de la Troisième République, qu'il tient pour un « pays de la loyauté » paré de toutes les vertus morales[30] : il entre à l'âge de trente ans au conseil municipal de Laon (1887), accède à la députation dans l'Aisne (1888), est conseiller général de l'Aisne pendant vingt-sept ans sans interruption (1904-1931), soit son mandat politique le plus long, avant de présider ce conseil à l'automne de sa vie (1924-1925, 1927-1931).

Dans l'immédiat, le sénateur Henri Martin confie en 1883 à sa jeune recrue la rédaction en chef du quotidien *Le Courrier de l'Aisne*, son journal électoral radical de tendance modérée, basé à Laon. Pour ce faire, Paul Doumer s'installe à Saint-Quentin puis à Laon, où il réside de 1884 à 1889 [photographie 5 p. 449]. Il s'y montre, par ses articles sobres et précis, documentés et nets, journaliste aussi accompli que polémiste ardent[31]. « Logeant le diable dans sa bourse »[32], il est également répétiteur au collège de Laon, à vingt sous le cachet[33]. Contraint de vendre ses meubles saisis par un huissier[34], Paul Doumer est devenu, par nécessité, un instructeur de la bourgeoisie aisée. Toutefois, en raison de ses opinions politiques trop virulentes qui émeuvent la direction du journal et suite au décès de son protecteur

---

28. *Ibid.*, séance du 24 février 1890, p. 582.
29. *Ibid.*, séance du 31 mars 1889, p. 33.
30. ADA, 4° br 988 : « Paul Doumer en Picardie », *Sur les chemins du Laonnois*, décembre 1982, n° 7, Syndicat d'initiative du canton d'Anizy-le-Château.
31. ADA, presse locale départementale, Folio P2/1 : *Le Courrier de l'Aisne* (1883-1884).
32. BAN, E. Lacotte, « Paul Doumer (5 garçons et 3 filles) », *in Nos seigneurs républicains*, Paris, éditions des Guêpes, 1909, p. 135, rééd. « Petite contribution à la biographie d'un grand homme : S. E. Paul Doumer, fondé de pouvoirs de la ploutocratie française » *Les Guêpes*, 28 mai 1931.
33. *Ibid.*, p. 131.
34. BAN, H. de Golen, *Le président Doumer accuse… En marge de l'histoire*, Paris, Maurice d'Hartoy, coll. « Enquêtes et pamphlets », 1932, p. 38.

Henri Martin, survenu à Paris le 14 décembre 1883, Paul Doumer est contraint de démissionner le jour même du *Courrier de l'Aisne*. Il s'affirme toutefois suffisamment pour pouvoir fonder son propre journal, dont il est le premier directeur. Le premier numéro de *La Tribune de l'Aisne*, journal radical fondé par Doumer et ses amis, en particulier Gabriel Hanotaux, député de l'Aisne (1886-1889) et futur ministre des Affaires étrangères (1894-1898), paraît le 6 janvier 1885. L'éditorial signé par Paul Doumer affiche l'ambition du journal telle une déclaration de guerre : il s'agit de « sonner le clairon à l'avant-garde de l'armée démocratique »[35] et, pour ce faire, alors qu'une scission dans le camp républicain menace dans le département, de créer « une feuille indépendante et ferme dans laquelle tous les dévouements républicains trouveront un appui et la coordination de leurs efforts » [document 3 p. 363][36] :

> « La création de *La Tribune* n'a pas eu et ne doit pas avoir pour effet de provoquer une scission dans le camp républicain du département de l'Aisne.
> Nous voulons réagir contre la méthode trop préconisée et trop suivie qui consiste à remettre les destinées de la République aux mains de ses amis de dernière heure, de ses amis les plus tièdes, les plus imbus des doctrines monarchiques. [...]
> Notre ambition est, dans la marche comme dans la bataille, de sonner le clairon à l'avant-garde de l'armée démocratique.
> Nous pensons que le Progrès de la loi humaine, la loi des sociétés civilisées, qu'il doit être continu, sans arrêt comme sans secousse. [...]
> La grave question des rapports de l'État avec les diverses églises est depuis longtemps pendante. L'opinion publique est insuffisamment préparée à la seule solution possible : la suppression du budget des cultes. Nous ne demandons pas que cette suppression soit effectuée sans délai, mais nous en tenant au principe qui a toujours été celui des républicains et des libéraux, nous recommanderons toute mesure qui nous rapprochera du but. [...]
> C'est le pays qu'il faut convertir, c'est à lui que nous nous adresserons plus qu'au législateur.
> En résumé, qu'entendons-nous créer au chef-lieu du département ? Une feuille indépendante et ferme dans laquelle tous les dévouements républicains trouveront un appui et la coordination de leurs efforts. »[37]

Pour l'éditorialiste Paul Doumer, la grave question des rapports entre l'État et les Églises ne saurait être réglée que par une seule solution possible, « la suppression des budgets du culte »[38]. Vingt ans avant la loi de séparation des Églises et de l'État[39], dont Paul Doumer est un partisan précoce, le ton est donné d'emblée.

Le journalisme n'est pas une activité anodine. Quels avantages apporte-t-elle à

35. *Ibid.*, Folio Pr 3/1 : *La Tribune de l'Aisne* (6 janvier 1885).
36. *Ibid.*
37. *Ibid.*
38. *Ibid.*
39. J. Lalouette, *La séparation des Églises et de l'État*, Paris, Le Seuil, 2005 ; C. Bellon, « La loi de séparation des Églises et de l'État : de la genèse à l'application », *Historiens et géographes*, n° 391, juillet 2005, p. 191-220.

Paul Doumer ? Pour être élu, il faut d'abord être connu, diffuser son programme et faire de la propagande. La presse est ainsi, pour le candidat aux élections, un bon moyen de sortir de l'anonymat et de se faire utilement connaître des électeurs de sa circonscription, le tirage global de la presse régionale étant sous la IIIe République parfois plus élevé que celui de la presse parisienne[40]. Paul Doumer fonde, parallèlement à *La Tribune de l'Aisne*, l'association républicaine du canton de Laon dont il est le « secrétaire défenseur de la démocratie ». *La Tribune* va servir de support à l'association et d'arme politique principale à son fondateur. Elle va connaître un grand succès. Pour la période 1898-1940, un tiers des députés trouvent ainsi dans le journalisme une filière d'ascension dans la hiérarchie politique[41], tous les membres de la « profession parlementaire »[42] ayant de toute façon besoin de journaux. Car la politique se fait de plus en plus en public, par oral ou par écrit. Pour cette raison, les « publicistes politiques » (journalistes politiques) deviennent les représentants les plus influents de « l'espèce parlementaire ».

Deux années suffisent à Paul Doumer pour se faire un nom dans l'Aisne grâce à son activité journalistique. Sa carrière en dépassera toutefois rapidement les cadres pour devenir nationale. Du journalisme à la politique, il n'y a en effet qu'un pas sous la IIIe République, rapidement franchi par Paul Doumer. Ce dernier est en effet élu conseiller municipal de Laon le 30 octobre 1887[43]. Cette date est celle de son entrée effective en politique : âgé de trente ans, Paul Doumer devient le benjamin d'un conseil où siègent vingt-trois conseillers expérimentés — la moyenne d'âge est de quarante-huit ans[44] —, formant l'équipe de Jean-François Glatigny, maire de Laon (1871-1887)[45]. Élu, suite à la démission de ce dernier une dizaine de jours plus tard seulement, premier adjoint au nouveau maire de Laon, Charles Bonnot (1887-1892), Paul Doumer est, le 12 novembre 1887, le conseiller, qui, avec neuf voix, en recueille le plus[46]. Aucun des candidats n'obtenant la majorité absolue, le maire doit faire procéder à deux autres tours de scrutin jusqu'à ce que le conseiller Doumer, recueillant onze voix, soit élu premier adjoint et installé dans cette fonction. À la remarque de son collègue Marcel Pasquier, « Monsieur Doumer ne nous a pas dit s'il acceptait cette fonction », l'intéressé répond sans ambiguïté :

« Je ne peux que répondre affirmativement. »[47]

---

40. C. Bellanger *et al.*, *Histoire générale de la presse française*, t. 3, « De 1871 à 1940 », Paris, PUF, 1972.

41. J. Véran, *Comment on devient député, sénateur, ministre*, Paris, Bossard, 1924, p. 20 ; M. Dogan, « Political Ascent in a Class-Society: French Deputies (1870-1958) », *in* D. Marvick (dir.), *Political Decision-makers*, Glencoe, Free Press, 1961, « Journalism », p. 80-82 ; et M. Dogan, « Les filières de la carrière politique en France », *Revue française de sociologie*, vol. 8, octobre-novembre 1967, p. 483.

42. A. Tardieu, *La profession parlementaire*, Paris, Flammarion, 1937, p. 113-114.

43. ADA, AC, E dépôt 401, archives communales de Laon, 1 D 40, conseil municipal du 11 novembre 1887.

44. *Ibid.*

45. *Ibid.*, p. 30.

46. ADA, *Laon 1790-1945 : inventaire des archives communales*, Laon, 1991, p. 28.

47. *Ibid.*

Le conseil municipal de Laon est renouvelé le 30 octobre 1887 conformément à la loi municipale du 5 avril 1884. Celle-ci modifie les enjeux de pouvoir en posant le principe de l'élection du maire. La vie municipale se politise dès lors suivant des clivages aussi bien nationaux que locaux, le maire devenant un personnage central de la vie politique républicaine[48]. Progressivement, la gestion de la commune se transforme pour devenir beaucoup plus technique. Les pouvoirs municipaux et leurs élus apparaissent désormais comme de véritables acteurs de la décision publique, notamment dans la mise en œuvre de politiques sectorielles d'aménagement (électrification, voirie) ou d'assistance (hygiène, bienfaisance). La fonction municipale joue ainsi un rôle déterminant dans le processus de « républicanisation » des campagnes françaises, la Troisième République inaugurant « le règne de la province » avec la conquête politique de ces dernières.

3. Benjamin du conseil municipal de Laon

Un premier mandat, si modeste soit-il, est déjà un premier pas, voire un début de tremplin, dès lors qu'il s'agit de mettre le pied à l'étrier. C'est, dans l'immédiat, une première étape, locale, du *cursus honorum* républicain que Paul Doumer ne saurait brûler. L'étude consciencieuse des dossiers fait rapidement la réputation de ce dernier. Membre d'une commission municipale en charge de l'agriculture, de l'industrie et du commerce[49], Paul Doumer est en prise avec tous les sujets, aussi variés que concrets, qui peuvent se poser à la gestion publique d'une ville de taille moyenne telle que Laon, préfecture de l'Aisne comptant 10 532 habitants en 1886 : recettes du service des eaux, projets de travaux de voirie urbaine, d'éclairage public, etc. Alors que le sujet du chemin de fer du Cateau (ligne de Laon au Cateau-Cambrésis du chemin de fer du Nord) est discuté, le premier adjoint, fils de cheminot, prend la parole pour la première fois[50]. À ses longues propositions sur la catégorie de lanternes et d'appareils d'éclairage la mieux adaptée, Charles Bonnot, le maire, déjà soucieux de canaliser le zèle de son adjoint, rétorque sèchement : « Veuillez réduire autant que possible vos propositions afin de ne pas aller trop loin ! »[51]. Injonction à laquelle Doumer ne craint pas de répondre, devant ses collègues pantois : « Il ne s'agit que d'une dépense de 1 000 francs, la situation financière permet de la voter ! ». Ce qui est fait. Malgré sa jeunesse, la fermeté de Paul Doumer dans la prise de décision semble une qualité présente comme naturellement dès ses premiers pas en politique. Ses qualités d'extrême détermination sont en place d'entrée de jeu. Les doyens de l'Aisne murmurent que « le petit ira loin », assurément. En attendant, ses audacieuses fulgurances sidèrent plus d'un conseiller.

48. J. George, *Histoire des maires (1789-1939)*, Paris, Plon, 1989.
49. ADA, AC, E dépôt 401, archives communales de Laon, 1 D 40, conseil municipal du 18 novembre 1887.
50. *Ibid.*, conseil municipal du 2 décembre 1887.
51. *Ibid.*

La question scolaire, abordée lors du conseil du 30 décembre 1887, donne l'occasion à Paul Doumer d'un long développement républicain, sans concession. Il s'agit alors de laïciser l'école communale des garçons de la ville, tenue par des frères[52]. « Nous n'avons pas à justifier longuement cette mesure », prévient le premier adjoint[53]. Avant d'ajouter :

> « C'est un principe aujourd'hui hors de conteste que les institutions d'utilité générale ne sauraient avoir un caractère confessionnel. L'école publique, où se trouvent réunis tous les enfants d'une ville, sans distinction de culte, doit être laïque, par son enseignement et son personnel, si l'on veut sauvegarder la liberté des consciences. »

Et de conclure, légaliste :

> « La question n'est plus entière : elle a été tranchée par les Chambres. »

Paul Doumer connaît son dossier. La loi du 30 octobre 1886 confie en effet l'enseignement primaire à un personnel exclusivement laïc (article 18)[54]. À partir de sa promulgation, les communes de France disposent d'un délai maximum de cinq ans pour l'appliquer.

Jeune trentenaire, Paul Doumer ne siège que depuis deux mois au conseil municipal de Laon. D'abord silencieux, il sait rapidement monter au créneau dès qu'il le faut, ne lâchant jamais les positions qu'il défend. Tant et si bien qu'il semble déjà dominer les débats. Défendant moult projets de développement pour la ville tels que le projet de la tenue d'une exposition industrielle en même temps que le concours agricole[55], sachant rappeler dès il le faut que les crédits sont absorbés[56], l'édile a tout à la fois le souci de la maîtrise des dépenses publiques et celui des investissements d'équipement. Une double orientation d'équilibriste à laquelle il restera fidèle. C'est surtout son sens pratique et expérimental qui le fait se distinguer de ses pairs. Ainsi, le 20 avril 1888, Paul Doumer joue sa carte maîtresse dans le jeu politique laonnois : il présente à un conseil municipal ébaubi tous les détails, en particulier techniques, d'un projet de construction d'un tramway (ou chemin de fer à plan incliné) pour transporter les voyageurs entre la gare et la ville haute, ceinte de remparts.

Le premier adjoint n'a pas hésité, pour ce faire, à demander des devis à sept constructeurs[57]. Il est en effet attendu une affluence importante de visiteurs pendant la durée du concours agricole régional. Citant la construction, en 1866, d'un tel système sur le mont Washington aux États-Unis et des expériences analogues menées dans d'autres villes de France, en particulier Langres, où un chemin de fer à

52. M. Ozouf, *L'école, l'Église et la République (1871-1914)*, *op. cit.*, « La législation laïque », p. 55-92.

53. ADA, AC, E dépôt 401, archives communales de Laon, 1 D 40, conseil municipal du 30 décembre 1887.

54. A. Prost, *Histoire de l'enseignement en France (1880-1967)*, *op. cit.*, p. 75.

55. ADA, AC, E dépôt 401, archives communales de Laon, 1 D 40, conseil municipal du 20 janvier 1888.

56. *Ibid.*, conseil municipal du 21 février 1888.

57. *Ibid.*, 3 O 22.

crémaillère a été inauguré en sa présence le 6 novembre 1887[58], le premier adjoint au maire vante la supériorité technique des chemins de fer à crémaillère sur les chemins de fer traditionnels (c'est-à-dire à locomotives à vapeur), s'arrêtant aux abords des obstacles naturels. En répondant avec une grande précision à toutes les demandes de chiffres qui lui sont adressées, Paul Doumer sait se montrer particulièrement convaincant. Impatient, il a demandé au maire de Langres une copie du cahier des charges relatif à l'exploitation de son chemin de fer « dans le plus bref délai possible » afin de mieux défendre son dossier. Avec succès : le projet, voté, est confié à la société de construction Decauville basée à Corbeil (Essonne). Inauguré le 9 juillet 1899 après diverses péripéties, le « petit tramway de Laon » initié par Paul Doumer devient une des particularités les plus pittoresques de la ville, séduisant ses visiteurs. Un million de voyageurs sont enregistrés dès l'année suivante[59]. Le succès est total. En reliant les deux parties, basse et haute, de la ville, séparées par un dénivelé de 100 mètres et alors que seul l'emploi du cheval permet d'éviter l'escalier, le « tram » s'apprête à rendre d'immenses services à des générations de Laonnois. D'abord hostile aux candidats présentés pour les maîtres de forges de l'Aisne, Paul Doumer, en raison de son projet, a su opportunément se convertir à des opinions plus respectueuses de ces industriels.

Quel bilan peut être fait de l'étape parcourue par Paul Doumer à Laon ? La fonction municipale est la première étape du *cursus honorum* républicain. Assumer des charges locales est utile en effet pour se faire connaître dans une circonscription et y tisser un réseau de relations. Tant et si bien que de nombreux élus parlementaires, soucieux d'articuler la gestion des questions locales avec celles d'intérêt national, cherchent à conserver un mandat de maire, moyen efficace pour assurer une réélection de député ou de sénateur. Ce premier mandat électif au conseil municipal de Laon permet à Paul Doumer d'y développer ses compétences, d'y montrer ses qualités personnelles et d'y conforter sa popularité. Affaires courantes, budgets des hospices, des bureaux de bienfaisance, ouverture de crédits : le premier adjoint au maire fait, sur le tas et dans le vif des dossiers, son apprentissage des finances publiques et de la décision collégiale par l'édilité. Cette expérience lui permet de faire état devant les électeurs des services rendus à la mairie de Laon et lui assure une précieuse connaissance des réalités locales. Elle le prépare ainsi utilement à la suite de sa carrière.

4. L'accès à la députation

Dans un pays encore dominé par les partis monarchistes, la République reste une aventure dans les années 1880. Dans ce contexte national, la vie parlementaire est, à la Belle Époque, le cœur battant du système républicain[60]. Elle en fixe en effet les

58. *Ibid.*
59. ADA, « Paul Doumer en Picardie », *Sur les chemins du Laonnois*, décembre 1982, n° 7.
60. J. Garrigues (dir.), *Histoire du Parlement de 1789 à nos jours*, Paris, Armand Colin, 2007, « Le Parlement au cœur du modèle républicain (1877-1893) », p. 264-289.

règles et les orientations décisives. L'attachement à la prépondérance du Parlement apparaît comme un véritable dogme, fondement même de la pensée républicaine[61]. Cet « hyperparlement » est en effet la chaîne centrale du cursus et de la vie politiques de la France de la IIIe République. Le député est, dès lors, la figure centrale du régime. Sa vraie force, c'est que, seul dans la République, il détient une délégation directe de la souveraineté. Règne du « parlementarisme absolu »[62], âge d'or de la délibération et temps de l'éloquence reine, les morceaux de bravoure et les joutes oratoires rythment ainsi la vie politique française[63].

Néanmoins, la classe ouvrière, dont est issu Paul Doumer, ne donne le jour qu'à bien peu de députés jusqu'à la fin du XIXe siècle. Un député sur trois a encore du sang bleu aux premières élections de la IIIe République en 1871[64]. 11 % des députés représentent la noblesse ou le patriarcat dans la période 1898-1919. Cette proportion ne tombe qu'à 9 % entre les deux guerres (1919-1939)[65]. Une campagne est coûteuse en effet. Il s'agit le plus souvent d'une mise de fonds considérable pour un résultat imprévisible. En 1900, on peut ainsi à peine compter une trentaine de députés d'origine sociale modeste ayant gravi l'échelle sociale à force d'études sinon d'activité syndicale[66]. « Fin des notables » et avènement d'une « République des professeurs » prophétisés par Daniel Halévy et Albert Thibaudet[67] ? Si, sous la IIIe République, la plupart des futurs hommes politiques font généralement un stage plus ou moins long, souvent même toute leur carrière pré-parlementaire, dans l'enseignement (Paul Doumer vérifie ce trait)[68], la seconde formule caractérise plus un état d'esprit qu'une réalité sociologique[69]. Bien que l'accès aux fonctions parlementaires se démocratise au fil des décennies — les parlementaires d'origine plébéienne sont de plus en plus nombreux entre 1871 et 1940 —, celles-ci restent, du point de vue de la composition sociologique de la Chambre des députés, accaparées par des notables[70].

1888 n'est pas une année électorale. Aucune consultation n'est prévue en effet. Aux dernières législatives d'octobre 1885, les républicains ont emporté 65 % des sièges. Bien que divisée entre opportunistes et radicaux, la République peut être

---

61. S. Berstein, « Les institutions républicaines au début du XXe siècle » et « La culture républicaine dans la première moitié du XXe siècle », *in* S. Berstein *et al.* (dir.), *Le modèle républicain*, *op. cit.*, p. 147-157 et 159-171.

62. J. Garrigues (dir.), *Histoire du Parlement de 1789 à nos jours*, *op. cit.*, p. 246.

63. J. Garrigues (dir.), *Les grands discours parlementaires de la Troisième République*, *op. cit.*

64. M. Dogan, « Les filières de la carrière politique en France », *op. cit.*, p. 468.

65. J. Bécarud, « Noblesse et représentation parlementaire : les députés nobles de 1891 à 1968 », *Revue française de science politique*, vol. XXIII, n° 5, octobre 1973, p. 972-993.

66. *Ibid.*

67. D. Halévy, *La fin des notables*, Paris, Grasset, 1930, rééd. Paris, Hachette, 1995 et « Pour l'étude de la Troisième République », *Revue des deux mondes*, 15 octobre 1936 ; A. Thibaudet, *La République des professeurs*, *op. cit.*

68. J. Estèbe, *Les ministres de la République (1871-1914)*, *op. cit.*, p. 121.

69. R. Rémond, *Notre siècle de 1918 à 1991*, Paris, Fayard, 1991, p. 75-76 ; G. Le Béguec, *La République des avocats*, *op. cit.*, « Filières d'apprentissage et filières de sélection », p. 51 et suivantes.

70. G. Le Béguec, *L'entrée au Palais Bourbon : les filières privilégiées d'accès à la fonction parlementaire (1919-1939)*, thèse de doctorat d'État en histoire, Université Paris X-Nanterre, 1989.

considérée comme sauvée. Dans ce contexte, les conservateurs attendent 1889 pour prendre leur revanche. Le Soissonnais Ernest Ringuier, député républicain de l'Aisne représentant la deuxième circonscription de Laon, s'éteint le 13 février 1888 à Paris. « Comme une lampe », note-t-on. Une élection législative partielle doit donc être rapidement convoquée. Dès le lendemain, *Le Courrier de l'Aisne* annonce, sous la plume de son rédacteur en chef Arthur Salomon, la « candidature très probable » de Paul Doumer, premier adjoint au maire de Laon[71]. Dans ces circonstances, Léon Bourgeois, alors chef du parti radical[72], écrit à Louis Pétrot, conseiller général de l'Aisne :

> « Je connais à peine votre jeune maire adjoint de Laon. [...] On s'accorde pour le présenter comme un travailleur infatigable, un réformateur hardi, capable de jouer un grand rôle dans la conduite des affaires publiques nationales. »[73]

Prémonitoire, ce jugement de Léon Bourgeois peut-il s'affermir avec le temps ?

Les chemins qui mènent au Parlement restent multiples sous la IIIe République[74]. Ils peuvent être rectilignes ou sinueux. Les étapes du *cursus honorum* peuvent être plus ou moins nombreuses, longues ou brèves. Souvent, l'entremêlement de carrières parallèles rend malaisée la lecture des origines socio-professionnelles des parlementaires. Instruit par l'école, expérimenté par les fonctions locales et la collaboration à des journaux, Paul Doumer, qui ne passe pas par la voie du militantisme partisan et n'acquiert aucun titre dans l'organisation d'un parti, répond ainsi à au moins trois des « vaisseaux et ramifications » (auxquels s'ajoute l'enseignement dans son cas) constitutifs de la « capillarité socio-politique » décomposée par Mattei Dogan[75].

Le concurrent de Paul Doumer, Albert Macherez, agriculteur et fabricant de sucre de 47 ans, déclare qu'en cas d'élection, il siégera dans le groupe de l'Union républicaine, modéré. Paul Doumer, 31 ans, répond hardiment qu'il ne siégera dans aucun groupe dans un premier temps mais qu'il optera ensuite pour le groupe de la « Démocratie républicaine », de tendance radicale, dont il se réclame. Les aptitudes du « nouveau venu » dans le département (on n'ose pas écrire « étranger » mais on le pense certainement) ont été rapidement remarquées par ses aînés au conseil municipal de Laon jusqu'à être connues à Paris. Tant et si bien que, malgré son jeune âge et le fait qu'il ne réside dans l'Aisne que depuis quatre ans, l'impétrant, présenté comme « un républicain ferme et éprouvé en qui s'incarne la politique résolument progressiste qui est celle de la démocratie », n'a pas besoin d'attendre les

---

71. ADA, *Le Courrier de l'Aisne*, 14 février 1888.

72. S. Berstein, *Histoire du parti radical*, 2 vol., Paris, FNSP, 1980-1982.

73. Rapporté dans un discours de L. Pétrot, conseiller général de l'Aisne, prononcé le 28 octobre 1931 au Conseil général de l'Aisne pour saluer l'élection d'un de ses membres, P. Doumer, à la magistrature suprême.

74. G. Le Béguec, *L'entrée au Palais Bourbon : les filières privilégiées d'accès à la fonction parlementaire (1919-1939)*, *op. cit.*; É. Anceau, « Les écoles du Parlement : les types de formation des parlementaires », *in* J.-P. Chaline *et al.* (dir.), *Les parlementaires de la Troisième République*, *op. cit.*, p. 167-195.

75. M. Dogan, « Les filières de la carrière politique en France », *op. cit.*, p. 474.

élections générales pour se lancer[76]. Trépignant d'impatience, Paul Doumer est investi dès le 4 mars 1888 par les délégués du parti républicain, réunis salle des assises du Palais de Justice de Laon, à une écrasante majorité de 438 voix sur 466 votants. Le « jeune arriviste » écrase le fabricant de sucre par près de 94 % des suffrages exprimés : une primaire aux allures de plébiscite, dans laquelle les notables départementaux jouent un rôle de soutien fondamental[77].

Fort de ce premier succès, Paul Doumer, ayant justifié des conditions d'âge et de nationalité requises[78], peut ainsi se présenter le 25 mars devant les électeurs. Sa candidature est un bon témoin des progrès de la République dans la France des terroirs et des résistances sur lesquelles elle a buté. Le candidat républicain insiste, dans le discours de distribution de prix qu'il prononce en 1888 au lycée de Laon, sur le « devoir envers la patrie »[79]. À peine désigné, Paul Doumer, dont on écrit qu'il a « de la parole et de la plume », va subir le feu roulant de la presse opposée au radicalisme[80]. L'ensemble des critiques qui lui sont adressées sont orchestrées par *Le Courrier de l'Aisne*, journal dont il fut le rédacteur dès 1884 avant de fonder l'année suivante son propre journal, se voulant plus à gauche. *Le Courrier* est alors dirigé par un vieux routier de la politique, Charles Sébline, ancien préfet puis sénateur et vice-président du conseil général de l'Aisne. Aucun cadeau n'est fait à Paul Doumer. Être jeune est alors un handicap pour se lancer en politique. La jeunesse donc l'inexpérience de Doumer sont brocardées. Elles sont perçues comme dédaigneuses des services rendus par les vieux républicains du département. On raille en particulier l'ambition démesurée dont serait dévoré ce « petit Machiavel », devenu un « collaborateur encombrant, gonflé de vanité et d'orgueil » à la mairie de Laon, et la « manie des fonctions » dont sa « turbulente personne » serait atteinte[81]. De toute évidence, les dirigeants du *Courrier* règlent leurs comptes avec leur ancien rédacteur. Car l'appétit de Doumer inquiète, dans les premiers temps, les gardiens d'un régime qui n'aime pas les énergies trop actives et se méfie des personnalités trop indépendantes. De son côté, l'exemple des Paul Deschanel, Stephen Pichon ou encore Alexandre Millerand, « jeunes de la Chambre » de sa génération, tous trois élus députés en 1885, est le modèle à suivre pour Paul Doumer.

5. Une campagne électorale méthodique

Le candidat Paul Doumer se tient à l'écart de cette bataille de presse, laissant le soin à ses amis de le défendre. Ce dernier va bien plutôt consacrer toute son énergie

---

76. ADA, 4e R 157 : J. Chauvin, « Paul Doumer, le président assassiné », *Graines d'histoire : la mémoire de l'Aisne*, n° 16, été 2002, p. 4.
77. ADA, *Le Courrier de l'Aisne*, 18 février 1888.
78. AAN, Annales de la Chambre des députés, séance du 28 avril 1888, p. 150.
79. ADA, « Paul Doumer en Picardie », *op. cit.*
80. ADA, *Le Courrier de l'Aisne*, 20 février 1888.
81. *Ibid.*, 24 février 1888, 26 février, 1er mars 1888.

à l'organisation d'une campagne électorale méthodique à travers tout le département. Pour lui, l'enjeu est de toute première importance : cette élection est en effet un ticket d'entrée dans la vie politique nationale. Dans ce contexte, les proclamations électorales demeurent des éléments essentiels de la « communication politique » des députés de la IIIe République : le candidat, dans le cadre du scrutin d'arrondissement, s'efforce de toucher et de mobiliser l'ensemble de ses électeurs. Les programmes et engagements électoraux des députés élus sont publiés pour chaque législature depuis 1881 grâce à l'initiative de Désiré Barodet, député républicain de la Seine. Ce principe de publication est destiné à permettre que chaque citoyen puisse vérifier si les engagements sont tenus ou non[82]. La profession de foi que Paul Doumer, « adjoint au maire de Laon, candidat républicain à l'élection législative du 25 mars 1888 », adresse à ses électeurs est ainsi publiée intégralement le 9 mars 1888 dans *La Tribune de l'Aisne*. Brève, elle insiste en particulier sur la « politique d'union de tous les républicains sincères » que le candidat souhaite mener[83]. Argument classique contre les diviseurs. La bataille s'annonce serrée. Paul Doumer doit se créer une image de rassembleur et ne négliger aucune voix. Son programme reprend les principaux points du programme radical de 1885. Il met en particulier l'accent sur la protection du travailleur; la réduction du service militaire à trois ans et sa légalisation pour tous; la séparation des Églises et de l'État; l'organisation d'une assistance publique dans les campagnes; et le développement des institutions de prévoyance et de mutualité en vue de leur donner un caractère national. Marqué par le protectionnisme économique; l'anticléricalisme; et les préoccupations patriotiques, ce programme va marquer politiquement au moins les huit années à venir de Doumer (1888-1896). Le calendrier des réunions publiques que le candidat Doumer tient tout au long du mois de mars 1888 est ensuite publié : avec 55 réunions en 18 jours, c'est une moyenne de trois réunions par jour auxquelles s'astreint le candidat, qui ne ménage pas sa peine. Dans tout le département, les associations républicaines sont sur le pied de guerre.

Toutes les nuances du parti républicain, désuni, sont représentées dans l'Aisne. Toutes les variantes de l'opinion monarchique et réactionnaire, divisée en légitimistes et orléanistes, s'y expriment également dans les mêmes proportions qu'au niveau national[84]. Le département est finalement assez représentatif de la France de 1888. L'avènement de l'hybride cabinet Rouvier (1887) a rendu quelques espoirs aux factieux de droite, que rejoignent les ambitieux déçus du ferrysme : une alliance qui inquiète le camp républicain. Dans ce contexte politique, les enjeux entourant l'élection du représentant de la deuxième circonscription de l'Aisne dépassent rapidement le cadre local : on y annonce rien de moins que la tenue d'un « cham-

82. A. Prost, *Vocabulaire des proclamations électorales de 1881, 1885 et 1889*, Paris, PUF, 1974; H. et R. Bourreau, *Les députés parlent aux électeurs : les professions de foi en Loire-Inférieure (1881-1936)*, Paris, publications de la Sorbonne, 1999.

83. ADA, *La Tribune de l'Aisne*, 9 mars 1888.

84. ADA, « Une élection au temps de Paul Doumer en 1888 », *in* « Paul Doumer en Picardie », *op. cit.*

pionnat de la France républicaine progressiste »[85], ce qui laisse augurer une lutte animée.

Alors que les candidatures multiples sont possibles, le premier adversaire, royaliste, de Paul Doumer n'est autre que le fameux général Georges Boulanger lui-même[86]. Or l'Aisne est un département important pour les boulangistes car on y trouve à la fois une implantation radicale et conservatrice[87]. Le boulangisme donne ainsi à Doumer l'occasion de forger ses premières armes politiques. Peut-il rêver d'un concurrent plus stimulant ? Habilement toutefois, Paul Doumer n'attaque jamais le général au cours de sa campagne (ce qui ne l'empêchera pas toutefois de voter par la suite les poursuites contre lui). La victoire est, pourtant, loin d'être évidente dans l'immédiat. Depuis juillet 1886, la France se passionne pour le général Boulanger, « idole du peuple »[88]. Les comités boulangistes décident de présenter la candidature du général lors de chaque élection partielle, visant donc les vacances de sièges de députés. Très populaire, le général Boulanger doit une partie de sa popularité à son sobriquet de « général Revanche ». Le boulangisme, né dans et par le regain patriotique des années 1885-1887, est-il d'abord une protestation contre l'oubli de l'Alsace-Lorraine ? Alors que le culte des provinces perdues connaît ses flux et ses reflux, la fidélité à l'Alsace-Lorraine n'est pas nécessairement synonyme de volonté de revanche, comme l'établit Bertrand Joly. Ce dernier distingue quatre périodes dans l'histoire du sentiment revanchard en France à la Belle Époque[89] : la décennie dite du recueillement, jusqu'à l'arrivée des républicains au pouvoir (1871-1879) ; une décennie d'ébullition revancharde, culminant dans l'épisode boulangiste (1879-1889) ; une période plus longue de reflux (1890-1905) ; suivie, après Tanger, d'un réveil incontestable jusqu'à la guerre. À aucun moment de la période 1871-1914, il n'est toutefois sérieusement question de revanche : les authentiques revanchards ne sont finalement, contrairement à une idée reçue, qu'une infime minorité[90]. Cependant, peu nombreux mais décidés, ils savent remarquablement occuper le terrain culturel et profiter de la ferveur patriotique ambiante pour se parer d'une légitimité et obtenir une audience sans rapport avec leur importance véritable.

Le général Boulanger se présente opportunément, dans ce contexte, comme l'homme de la fermeté à l'égard de l'Allemagne, ce qui n'est pas tout à fait pareil

---

85. ADA, « Les prochaines élections », *La Tribune de l'Aisne*, 26 février 1888.

86. P. Levillain, *Boulanger, fossoyeur de la monarchie*, Paris, Flammarion, 1982 ; O. Rudelle, *La République absolue : aux origines de l'instabilité constitutionnelle de la France républicaine (1870-1889)*, Paris, PUPS, 1986, « La crise boulangiste (1885-1889) », p. 105-278 ; F. Monier, *Le complot dans la République : stratégies du secret de Boulanger à la Cagoule*, Paris, La Découverte, 1998, « Boulanger ou le complot moderne », p. 25-48.

87. J. Garrigues, *Le général Boulanger*, Paris, Orban, 1991, rééd. Paris, Perrin, 1999, p. 139.

88. J.-J. Chevallier, *Histoire des institutions et des régimes politiques de la France de 1789 à nos jours*, Paris, Dalloz, 6e éd., 1981, p. 372.

89. B. Joly, « La France et la revanche (1871-1914) », *Revue d'histoire moderne et contemporaine*, n° 46-2, avril-juin 1999, p. 325-347.

90. B. Joly, « Le souvenir de 1870 et la place de la revanche », *in* S. Audoin-Rouzeau *et al.* (dir.), *Encyclopédie de la Grande Guerre (1914-1918) : histoire et culture*, Paris, Bayard, 2004, p. 115.

qu'une volonté réfléchie de revanche. La revanche apparaît, de surcroît, comme un mythe : la France de la Belle Époque est majoritairement pacifique. Elle ne veut pas la guerre et ne songe guère à la revanche. Elle ne tourne toutefois pas la page ni ne renonce définitivement aux provinces perdues. « Ni guerre, ni renoncement », écrit ainsi le jeune Jean Jaurès le 31 décembre 1887 dans *La Dépêche de Toulouse*, définissant clairement, par ces mots, l'attitude ambiguë du gouvernement et de l'opinion[91]. Dans les années qui suivent l'épisode boulangiste, l'hypothèse d'une guerre franco-allemande achève finalement de disparaître des préoccupations du pays[92].

Le général Boulanger vient d'être mis à la retraite anticipée, chassé par les parlementaires après avoir occupé le poste de ministre de la Guerre dans le cabinet Freycinet (1886-1887). Lançant son mot d'ordre, « Dissolution, constituante, révision », Boulanger souhaite la renaissance d'un État fort. Rassemblant les mécontents de tous horizons, adversaires déclarés d'un régime encore jeune et récemment secoué par le scandale des décorations mettant en cause le président de la République, Jules Grévy, à travers son gendre Daniel Wilson, le général ne fait qu'une bouchée de son jeune adversaire. Alors même que Boulanger retire sa candidature deux jours avant le scrutin[93], il arrive en tête du ballottage en obtenant deux fois plus de voix que Doumer au premier tour du 25 mars 1888 (45 089 contre 26 850)[94]. « Ce qui est sérieux », s'exclame alors le marquis de Breteuil, député monarchiste des Hautes-Pyrénées, « c'est le boulangisme ! »[95]. « Décidément, notre pays n'est pas mûr pour la liberté ! », déplore, de son côté, Maurice Rouvier, député des Alpes-Maritimes[96]... Malgré ce score triomphal, le général Boulanger, également élu largement en Dordogne, se désiste pour finalement représenter le Nord à la Chambre. Il y a cumulé les voix des paysans conservateurs et des mineurs socialistes. Le 2 décembre 1888, il prononce un violent discours antiparlementaire à Nevers[97].

Le dernier appel adressé aux électeurs entre les deux tours par le congrès des comités républicains de l'Aisne oppose les deux candidats en lice, Paul Doumer, un républicain « fils de veuve », et René Jacquemart, un orléaniste [document 4 p. 364]. Il s'agit de déjouer les manœuvres de la réaction :

> « Citoyens,
> La réaction qui semblait terrassée se relève. Elle engage la lutte à la veille du scrutin. Elle vient vous proposer de voter pour l'orléaniste Jacquemart, affublé du masque conservateur. La réaction espérait tirer profit de la division que pouvait créer la candidature du général Boulanger. Elle en sera pour sa courte honte.

---

91. J. Jaurès, *La Dépêche de Toulouse*, 31 décembre 1887, article repris *in Action socialiste*, Paris, 1899, p. 333.
92. B. Joly, « Le souvenir de 1870 et la place de la revanche », *op. cit.*, p. 116.
93. ADA, « Le général Boulanger retire sa candidature », *La Tribune de l'Aisne*, 23 mars 1888.
94. ADA, « Paul Doumer en Picardie », *op. cit.*
95. P. Miquel, *La Troisième République*, Paris, Fayard, 1989, p. 335.
96. J. Garrigues, *Le général Boulanger*, *op. cit.*, p. 139.
97. R. Rémond, *Les droites en France*, Paris, Aubier, 1982, p. 450.

Citoyens,
Le général Boulanger n'est plus candidat dans l'Aisne. Ses amis ont retiré sa candidature. Il ne reste plus maintenant en présence qu'un républicain et un monarchiste. Votre devoir est tout tracé. Vous ne voudrez pas que dans ce département où par trois fois vous avez condamné la politique réactionnaire, un orléaniste vienne planter l'étendard monarchique et ramener chez nous le gouvernement des curés avec ses hontes et ses privilèges. Fidèles à la discipline républicaine, vous voterez pour la République et la Liberté, contre la réaction et la tyrannie. Vous voterez pour le candidat du Congrès républicain. Vous voterez pour Paul Doumer. »[98]

On craint que, malgré son désistement, le général Boulanger ne groupe encore sur son nom la majorité des suffrages. Paul Doumer subit alors les attaques les plus virulentes de la campagne. *La Tribune* intitule un de ses articles « La haine », titre révélateur du niveau des tensions alors atteint[99]. Au reproche de son « importation auvergnate »[100], qualificatif dont usent ses adversaires, *La Tribune* rétorque que, même si Paul Doumer a commis « l'avanie de naître à Aurillac » (en précisant malicieusement, entre parenthèse, « France »), celui-ci n'en représente pas moins et avant tout « la fidélité constante à la République », une et indivisible[101]. La virulence avec laquelle la véritable origine géographique de Paul Doumer est rappelée par ses premiers adversaires politiques axonais est symptomatique de l'importance que revêt alors pour les citoyens français le fait que leurs députés soient bien d'authentiques « gens du cru », fidèles à leur terroir, connaisseurs des réalités géographiques, sociales et économiques de leur circonscription. Le député doit être lui-même un homme local au contact de ses mandants. On le veut toujours sous la main pour redresser les torts infligés par une administration lointaine et arbitraire. Un enracinement électoral tel qu'il ne tolère guère les parachutages et fait le plus souvent des circonscriptions de véritables fiefs électoraux, frein à la mobilité géographique des candidats[102].

Paul Doumer écrit lui-même aux « électeurs du département de l'Aisne », juste avant le scrutin du second tour :

« Mes chers concitoyens,
Le scrutin du 25 mars n'a pas donné de résultats définitifs. Cela tient à une division tout accidentelle des voix républicaines. [...]
Le suffrage universel de l'Aisne ne veut pas plus d'une dictature, à laquelle aucun républicain ne pense, qu'il ne veut de révolution pour l'anarchie ou pour la monarchie. Il reste jaloux de ses droits, de sa liberté, de sa souveraineté, que, seule, la République lui assure.
Mais ce que notre département réclame avec le pays tout entier, ce qu'il exige de ses mandataires, c'est du travail et des résultats ; c'est un gouvernement énergique et clairvoyant, décidé à faire aboutir les réformes démocratiques, les grandes lois d'affaires, de

98. ADA, 4° br 988 : « Paul Doumer en Picardie », *op. cit.*
99. ADA, « La haine » *La Tribune de l'Aisne*, 2 avril 1888.
100. ADA, *Le Courrier de l'Aisne*, 3 avril 1888.
101. ADA, *La Tribune de l'Aisne*, 5 avril 1888.
102. J. Garrigues (dir.), *Histoire du Parlement de 1789 à nos jours*, *op. cit.*, p. 269.

protection du travail français, de mutualité et d'assistance. Ce qu'il veut, c'est une politique nette, franche, radicale, qui nous donne, à l'intérieur, des progrès incessants, à l'extérieur, la paix et la dignité.
Si j'ai l'honneur de représenter le département de l'Aisne à la Chambre, je serai l'homme de cette politique. Vive la République ! »[103]

Alors que le niveau de fortune n'apparaît plus, dans la conquête du pouvoir local, comme le seul critère déterminant l'accession au statut d'élite[104], Paul Doumer, affable, attentionné, gagne les suffrages avec une adresse timide et précautionneuse, imposant le respect, ne songeant à triompher que pour mieux servir. Au second tour organisé le 8 avril 1888, Paul Doumer est élu par 42 044 voix contre 33 444 à son adversaire orléaniste, son grand ennemi René Jacquemart, vice-président du conseil général de l'Aisne [document 5 p. 365]. La participation au scrutin est faible. Seuls 60 % des électeurs se déplacent. Sans doute l'expression d'une lassitude consécutive aux injures échangées par les deux camps mais aussi une abstention chez une partie des troupes boulangistes. Si près de 13 % de celles-ci votent encore pour le général malgré son désistement réaffirmé, si d'autres encore doivent se répartir entre Doumer et Jacquemart, une partie de cet électorat ne juge pas bon, dans ces circonstances, de remplir son devoir électoral.

6. Charles Floquet, « gentleman-mentor »

À défaut d'y être né, Paul Doumer habite d'abord dans la première circonscription de l'Aisne. Il y est conseiller municipal avant de s'y présenter à la députation. Le monde politique de sa petite patrie d'adoption, l'Aisne, fournit à Paul Doumer, comme Albert Thibaudet en Saône-et-Loire, « une manière d'axe intelligible du pays républicain »[105]. Après cinq ans d'implantation patiente dans l'Aisne (1883-1888), Paul Doumer devient ainsi député du même département, représentant la deuxième circonscription de Laon (Chauny-La Fère) à la Chambre des députés. L'action des comités républicains de l'Aisne, réunis en congrès départemental à ses côtés, a été décisive. Un exploit dans un département rural, dans lequel le candidat républicain a eu fort à faire face à l'opposition des grands propriétaires terriens. En effet, la composition sociologique de la circonscription ne lui était guère propice *a priori*, à plus forte raison dans le contexte de l'épisode boulangiste (1888-1889). À une échelle plus fine de la géographie électorale du département, les cantons à forte population rurale sont précisément ceux dans lesquels l'électorat de Paul Doumer apparaît le plus dispersé, tandis que tous les cantons de l'arrondissement de Château-Thierry, dans le sud de l'Aisne, ont voté pour lui à plus de 50 % des suffrages exprimés[106]. Le jeune député vient de fêter ses trente-et-un ans. Alors que les députés âgés de moins de trente-quatre ans à leur première élection ne représentent

---

103. ADA, 4° br 988 : « Paul Doumer en Picardie », *op. cit.*
104. C. Charle, *Histoire sociale de la France au XIXe siècle*, Paris, Le Seuil, 1991, p. 11.
105. A. Thibaudet, *La République des professeurs*, *op. cit.*, préface de M. Leymarie, p. 9.
106. ADA, 4° br 988 : « Paul Doumer en Picardie », *op. cit.*

que 17 % du total des députés sous la IIIe République[107], Paul Doumer remercie ses électeurs sans triomphalisme. Rageuse, la rédaction de *L'Argus soissonnais* souligne que « ce petit radicaillou bâtardé d'opportunisme » ne serait en fait l'élu que d'une minorité[108]. L'activité parlementaire déployée par le député Paul Doumer contredira rapidement ce jugement. Considéré par sa production de rapports sur tous sujets (armée, marine, finances en particulier), le député Paul Doumer acquiert vite en effet une réputation de travailleur infatigable, dont il saura tirer un profit appréciable. « Mérites de parfait rond-de-cour », persiflent ses détracteurs, selon lesquels « son opiniâtreté à arriver est sa seule qualité »[109]. Député allochtone, parachuté au gré des circonstances électorales, la longue carrière parlementaire itinérante entreprise par Paul Doumer offre un cas d'étude bien placé pour apprécier le sens de l'implantation locale comme la conception des mandats parlementaires stratégiquement conçus comme devant servir la carrière nationale.

Au Palais-Bourbon, le jeune député retrouve son mentor, le président Charles Floquet, sous la direction duquel il poursuit son éducation politique. Il retrouve aussi son concurrent le général Boulanger, qui siège en civil. Les passes d'armes entre le président de la Chambre et le général animent de nombreuses séances parlementaires. Avec insistance, Boulanger propose en particulier la révision de la Constitution, ce qui gêne beaucoup le président Floquet, « révisionniste » mais refusant la proposition de Boulanger. Sur ce débat important dans les années 1880 (il le reste au cours de la décennie suivante), Doumer, bien que partisan de la révision, n'exprime pas d'idées particulières. Et ce, bien qu'il appartienne alors au parti radical porte-drapeau de la contestation de la Constitution « monarchiste » de 1875. Pragmatique, il n'est pas un théoricien. Un de ses premiers votes de député sera malgré tout l'ajournement de la proposition de résolution déposée par le général Boulanger, proposant la révision de la Constitution (4 juin 1888). Doumer tient en effet cette proposition de résolution pour « un piège tendu par les monarchistes ». Cet avis vaut au jeune député de l'Aisne d'être traité de « misérable petit pion, mal élevé, de collège obscur »[110] par le général.

Le 7 juillet 1888, le jeune député de l'Aisne dépose son premier rapport parlementaire. Celui-ci porte sur le projet de loi créant les syndicats de communes[111]. Un projet pour lequel son expérience municipale est décisive. Beaucoup d'autres projets et rapports suivront, concernant en particulier la réforme de l'organisation de services de la Trésorerie dans les départements (suppression des trésoriers-payeurs généraux et des receveurs particuliers ; réunion, sous une même direction, de l'assiette et de la perception des contributions directes)[112] et le statut des sociétés

107. M. Dogan, « Les filières de la carrière politique en France », *op. cit.*, p. 476.
108. ADA, *L'Argus soissonnais, journal républicain indépendant*, 9 avril 1888.
109. BAN, E. Lacotte, « Paul Doumer (5 garçons et 3 filles) », *op. cit.*, p. 136.
110. *Ibid.*, p. 132.
111. AAN, Chambre des députés, rapport parlementaire n° 2899, session ordinaire de 1888, t. 2, p. 349.
112. *Ibid.*, rapport parlementaire n° 3572, session ordinaire de 1889, t. 1, p. 424.

coopératives ouvrières de production[113]. Paul Doumer et Léon Bourgeois prennent en effet la tête d'un mouvement destiné à procurer l'aide de l'État aux sociétés coopératives de production (Familistère de Guise dans l'Aisne, associations de boulangerie, etc.) à la fin de la décennie 1880-1890, voyant dans l'existence de celles-ci un remède propre à détourner les masses ouvrières du socialisme auquel ils s'opposent[114]. Le député Doumer se fait ainsi remarquer dans la défense des coopératives. Cette position l'amène à être le rapporteur de la loi qui leur est consacrée. Le talent et le labeur dont un député fait preuve comme rapporteur sont alors, sous la IIIe République, la préface naturelle à des fonctions ministérielles.

Pourquoi dès lors Paul Doumer, radical de « tempérament »[115], que tout porte à gauche, n'est-il pas socialiste ? Il ne souhaite tout simplement pas l'appropriation collective des instruments de travail notamment prônée par Jean Jaurès dès le 26 février 1891 dans un article intitulé « Radical et socialiste »[116], point de désaccord majeur entre les deux hommes. D'autres raisons du refus de Doumer du socialisme, liées aux rencontres ou aux circonstances politiques, existent sans doute. Dans ce même article, Jean Jaurès parle des radicaux comme d'une « cohue de politiciens inconsistants »[117]. Avant d'ajouter :

> « Le premier devoir des démocrates de bonne foi est de dissiper entre ces deux factions [le socialisme et le radicalisme] du grand parti réformateur les malentendus et les ignorances réciproques par la propagande incessante des idées et par l'esprit de transaction entre les hommes. »[118]

La relation entre socialistes et radicaux sous la IIIe République sera rarement simple toutefois[119]. À commencer par celle, très tendue voire souvent houleuse, entre Paul Doumer et Jean Jaurès.

À la Chambre des députés, l'esprit rationnel et précis du « petit prof de maths » contribue à la réputation grandissante d'un parlementaire sachant de quoi il parle. Les préoccupations, sociales d'une part, financières et fiscales d'autre part, dominent l'agenda du député. Le fameux mot d'Armand Després, conseiller municipal de Paris et député de la Seine (1889-1893), selon lequel les radicaux, « seraient comme les radis, rouges à l'extérieur, blancs à l'intérieur et toujours prêts de l'assiette au beurre [les avantages dont bénéficieraient les hommes politiques] », ne sied guère au Paul Doumer de ces années-là. Les radicaux apparaissent bien plutôt comme « le plus typiquement français des partis »[120], selon l'appréciation

---

113. *Ibid.*, rapport parlementaire n° 3694, session ordinaire de 1889, t. 1, p. 790.

114. P. Miquel, *La Troisième République*, *op. cit.*, p. 369.

115. Sur le concept de « tempérament », F. Goguel, *Les partis politiques sous la IIIe République*, Paris, Le Seuil, 1926, rééd. 1958, p. 26.

116. J. Jaurès, « Radical et socialiste », 26 février 1891, *in* R. Pech *et al.* (dir.), *Jaurès : l'intégrale des articles de 1887 à 1914 publiés dans « La Dépêche »*, Toulouse, Privat, 2009, p. 176-177.

117. *Ibid.*

118. *Ibid.*

119. N. Castagnez *et al.* (dir.), *Socialistes et radicaux : querelles de famille*, Paris, presses de Sciences Po-OURS, 2008.

120. A. Siegfried, *Tableau des partis en France*, Paris, Grasset, 1931, p. 160.

d'André Siegfried. Le député de l'Aisne défend les intérêts des travailleurs avec une constante attention. Refusant d'être considéré comme un représentant des classes bourgeoises, ce qu'il n'est de toute façon pas, Paul Doumer ne craint pas les députés de l'extrême-gauche, infréquentables pour certains de ses collègues parlementaires. Pour autant, il n'entend pas leur laisser le monopole de la défense des plus humbles :

> « Nous sommes ici, au même titre que vous, les représentants du monde du travail. En ce qui me concerne, je m'honore d'avoir toujours été soutenu par les travailleurs de ma circonscription, que je m'efforce de servir. »[121]

Paul Doumer n'a guère le temps de profiter de son nouveau statut de député. Dix-huit mois après son élection hardie, le jeune député est déjà battu, au premier tour des élections générales le 22 septembre 1889 par un candidat boulangiste, André Castelin. Revanche du général Boulanger ? Gabriel Hanotaux, ami de Paul Doumer, est lui aussi battu par un candidat révisionniste, Jean de Caffarelli, dans la deuxième circonscription de Vervins (Guise-Le Nouvion). Retour à la case départ ? Cruel « jeu de l'oie » politique... L'activité que Doumer a déployée à Laon lui vaut, malgré ce revers, d'être remarqué par Charles Floquet, président de la Chambre des députés. Personnalité parisienne influente, celui-ci en fait le 19 novembre 1889 son chef de cabinet[122]. Une nomination essentiellement due à la franc-maçonnerie, « ligue de toutes les sottises composée de vingt mille calotins de la démocratie » selon ses adversaires, et qui oblige alors Paul Doumer à quitter l'Aisne[123], provisoirement du moins. Avec un tel parrain politique, « gentleman » donnant à la présidence de la Chambre un grand éclat, inaccoutumé jusqu'alors, Paul Doumer va être à bonne école et apprendre beaucoup. Pendant deux ans, il est en effet au cœur du système. Tout semble dès lors s'accélérer.

7. Un parachutage de circonstance dans l'Yonne

Les relations que Paul Doumer s'est forgées dans l'Aisne et à Paris lui permettent de rapidement retrouver un siège de député. Suite au décès le 2 septembre 1891 de René Laffon, député de l'Yonne, représentant la première circonscription d'Auxerre, une élection législative partielle est convoquée le 1er octobre 1891 par la préfecture de l'Yonne [document 7 p. 367][124]. Dans l'examen des causes de la fin de la carrière des députés, les décès des députés en exercice de mandat provoquent le

---

121. ADA, 4° br 988 : « Paul Doumer en Picardie », *op. cit.*

122. Le *Dictionnaire des parlementaires français : notices biographiques sur les ministres, députés et sénateurs français de 1889 à 1940*, J. Jolly (dir.), Paris, PUF, 1960-1977, indique, par erreur p. 1473 (t. IV), la date de 1885 pour la prise de fonction de P. Doumer comme chef de cabinet du président de la Chambre des députés. Les archives du secrétariat général de la présidence de la Chambre (AAN, fonds 12 AN) conservent l'arrêté de nomination de Doumer, daté du 19 novembre 1889.

123. BAN, E. Lacotte, « Paul Doumer (5 garçons et 3 filles) », *op. cit.*, p. 132.

124. ADY, 2 M1 225, élection d'un député, en exécution d'un décret du 1er octobre 1891, attendu le décès de M. René Laffon, député de la 1re circonscription de l'arrondissement d'Auxerre (25 octobre-8 novembre 1891).

renouvellement de la Chambre à hauteur de 13 %[125]. Paul Doumer profite pour la deuxième fois de ce cas de figure imprévu. Selon la stricte procédure électorale prévue à cet effet, Paul Boudier, préfet de l'Yonne, en avise deux jours plus tard les maires des communes qui composent les six cantons concernés[126]. La nomination de la commission de recensement des votes est ensuite fixée par arrêté préfectoral[127]. Enfin, des mesures sont prises pour que les hommes de la réserve et de l'armée territoriale appartenant aux six cantons concernés soient renvoyés dans leurs foyers par une dépêche de Charles de Freycinet, président du Conseil, ministre de la Guerre[128]. La jeune République, légaliste, veille au respect des formes. Louis Coulon, sous-chef de gare à Auxerre, se plaint ainsi au préfet de l'Yonne que son nom n'est pas inscrit sur la liste électorale et qu'il ne peut, de ce fait, « accomplir [son] devoir de citoyen »[129], ce dont il s'émeut vivement.

Charles Floquet, président de la Chambre des députés, parraine le parachutage dans l'Yonne de son poulain[130]. Dans le même temps, la haine du radicalisme (tempéré) est telle que *L'Estafette*, journal racheté par Jules Ferry en 1889, invite à faire échec aux « utopies radicales »[131]. Déclaré candidat républicain radical le 9 octobre 1891 [document 8 p. 368][132], Paul Doumer est élu le 8 novembre 1891 député à l'Yonne à l'issue d'un scrutin de ballotage par 7714 voix contre 5143 à Louis Denormandie, candidat orléaniste-clérical [document 9 p. 369][133]. Le score est sans appel. Cette élection oblige Paul Doumer à quitter le 15 novembre 1891 le cabinet de Charles Floquet, président de la Chambre des députés, auquel il était attaché depuis bientôt deux ans. Il est remplacé à ce poste par l'avocat René Renoult, créateur en 1894, avec Charles Floquet, Léon Bourgeois, René Goblet et Camille Pelletan, du comité central d'action républicaine, qui deviendra, après 1901, le comité directeur du parti radical.

Un tel changement de département est relativement exceptionnel sous la IIIe République. La presque totalité des députés sortants se représentent en effet dans le département où ils ont été une première fois élus. Ainsi, sur les 4892 députés

125. M. Dogan, « La stabilité du personnel parlementaire sous la Troisième République », *Revue française de science politique*, vol. 3, avril-juin 1953, « Causes de la fin de la carrière des députés », p. 339.

126. ADY, 2 M1 225, lettre de P. Boudier, préfet de l'Yonne, aux maires des communes des six cantons concernés (Auxerre-Est, Auxerre-Ouest, Chablis, Ligny-le-Châtel, Saint-Florentin et Seignelay), 3 octobre 1891.

127. *Ibid.*, arrêté préfectoral fixant la nomination de la commission de recensement des votes, 8 octobre 1891.

128. *Ibid.*, dépêche de C. de Freycinet, président du Conseil, ministère de la Guerre, no 5440, au général commandant le 5e corps d'armée à Orléans, 17 octobre 1891.

129. *Ibid.*, lettre de L. Coulon, sous-chef de gare à Auxerre, à P. Boudier, préfet de l'Yonne, 23 octobre 1891.

130. ADY, 4 RES 783, C. Cros *et al.*, *Notices historiques sur quelques personnalités politiques de l'Yonne (1790-1900)*.

131. J. Jaurès, « Discipline républicaine », 5 novembre 1891, *in* R. Pech *et al.* (dir.), *Jaurès : l'intégrale des articles de 1887 à 1914 publiés dans « La Dépêche »*, *op. cit.*, p. 206-207.

132. ADY, 2 M1 225.

133. *Ibid.*

qui siègent sous la IIIe République, seulement 110 (dont Paul Doumer) changent de département au cours de leur carrière de député, ce qui situe le nouveau député de l'Yonne du côté des exceptions.

Paul Doumer se fait apprécier à Auxerre, ville natale d'un autre Paul, le grand républicain ferryste Paul Bert, emporté par le choléra à Hanoi en 1886[134]. Paul Doumer honore ses électeurs, disent fièrement ces derniers, par la grande activité qu'il déploie à la Chambre des députés. Le 10 décembre 1891, le député Doumer prononce ainsi son premier discours d'envergure à la Chambre des députés. Critiquant le système fiscal français, il propose une augmentation de l'impôt sur les successions et, pour la première fois, se prononce ouvertement en faveur d'un impôt direct proportionné aux ressources du contribuable. Cette nouveauté lui vaut l'estime de Camille Pelletan, député des Bouches-du-Rhône, incarnant l'aile la plus avancée du parti radical-socialiste, dont il devient membre dès sa création en 1901 et dont il rédige et lit le rapport de fondation[135]. L'idée fixe de Paul Doumer fera son chemin. Devenue une obsession, elle ne le quittera plus. Pendant un an, il ne se passe presque pas un jour sans que *Le Figaro*, qui a pris Doumer pour tête de turc, ne l'accable de railleries. Car Paul Doumer mène inlassablement contre la « bourgeoisie capitaliste » la campagne classique de la justice fiscale. Il sera en effet, à partir de ce moment, au cœur des successives et âpres « batailles de l'impôt »[136].

Paul Doumer, député de l'Yonne, persiste et signe en faisant de la question fiscale son cheval de bataille. Doit-on y percevoir une stratégie de démarcation ou une sincère spécialisation technique dans le prolongement de sa compétence financière ? Il présente en effet en juillet 1893 avec son collègue Godefroy Cavaignac, député républicain de la Sarthe, un projet d'impôt progressif assis sur la déclaration d'ensemble des revenus du contribuable. Cette proposition le voit s'opposer en particulier à Raymond Poincaré, alors rapporteur de la commission des Finances de la Chambre des députés. En obtenant 236 voix sur 503, elle manque d'obtenir la majorité à la Chambre des députés. Paul Doumer devient dès lors « l'épouvantail de la ploutocratie française »[137]. Car, alors que 84,6 % des chefs de famille retirent en 1895 moins de 2 500 francs par an de leur activité (ce seuil de revenus annuels correspond au double du salaire moyen d'un fonctionnaire ou d'un ouvrier)[138], le système fiscal français du XIXe siècle est présenté comme l'expression presque parfaite des intérêts d'une classe[139]. La bourgeoisie commence à 5 000 francs

---

134. J.-P. Soisson, *Paul Bert : l'idéal républicain*, Messigny-et-Ventoux, éditions de Bourgogne, 2008.

135. S. Berstein, *Histoire du parti radical*, *op. cit.* ; S. Hazareesingh, « Camille Pelletan, un républicain saint-simonien », *in* P. Baquiast (dir.), *L'âge d'or des républicains (1863-1914)*, Paris, L'Harmattan, 2001, p. 145-157.

136. N. Delalande, *Les batailles de l'impôt : consentement et résistances de 1789 à nos jours*, Paris, Le Seuil, 2011.

137. BAN, « Paul Doumer », *in* anonyme, *Ceux qui nous mènent (25 portraits)*, Paris, Plon, 1922, p. 140.

138. J. George et P.-Y. Mollier, *La plus longue des Républiques (1870-1940)*, Paris, Fayard, 1994, p. 156.

139. G. Ardant, *Théorie sociologique de l'impôt*, Paris, Sevpen, 1965, p. 235.

de revenus annuels et 100 000 francs de capital, ce qui, d'après les enquêteurs, ne concerne que 5 % des ménages. L'ensemble de ce système favorise de façon évidente la fortune acquise ou en voie de formation, et les revenus élevés[140].

La perspective des élections de 1893 incite les francs-maçons à se pencher davantage sur les questions sociales. Le programme d'études des loges maçonniques, tel qu'on peut le connaître grâce à l'examen du *Bulletin hebdomadaire des travaux de la maçonnerie* (dont la publication commence en 1885), comporte de plus en plus l'étude de questions économiques et sociales. Ainsi les convents des années préélectorales (1891-1892) engagent-ils un travail en profondeur en ce sens. Paul Doumer, secrétaire du conseil de l'ordre du Grand Orient à partir de 1892, fait un rapport verbal sur le travail de la commission des études sociales, dans lequel il propose de soumettre à l'étude des loges un programme comportant quatre sections au choix : la réforme de l'impôt; la production et la distribution de richesses; le droit à l'assistance; l'assurance par l'État[141]. Son avis personnel, soucieux d'efficacité, est formulé clairement : « Si l'on veut que la franc-maçonnerie donne une opinion sur telle ou telle question sociale qui appelle l'attention des peuples, il faut borner le programme à une ou deux questions »[142]. Celle de la réforme de l'impôt est opportunément retenue. Un plan de travail est adressé aux ateliers[143]. Pour la première fois, une question non-maçonnique est portée à l'étude. Dès septembre 1887, le frère Doumer, dans le *Bulletin du Grand-Orient*, incite ses amis francs-maçons à promouvoir une législation fiscale plus démocratique et à se prononcer pour une augmentation des droits de succession doublée d'une division plus accentuée des richesses[144]. Ainsi préparées, les élections du 20 août et du 3 septembre 1893 modifient profondément la physionomie de la Chambre des députés : 213 représentants nouveaux font en effet leur entrée au Palais-Bourbon[145], soit un renouvellement sans précédent. Ce, alors que la IIIe République connaît une remarquable stabilité de son personnel parlementaire, se traduisant par la continuité des mandats (avec une durée moyenne du mandat de député de dix années et demie)[146]. Deux tiers des députés totalisant 87 % des années de service du personnel de la Chambre, les députés siégeant depuis longtemps constituent une sorte de « sable cimenté », l'ancienneté favorisant la réélection dès le premier tour de scrutin.

---

140. J. Bouvier, « Le système fiscal français du XIXe siècle : étude critique d'un immobilisme », *in* R. Schnerb, *Deux siècles de fiscalité française (XIXe-XXe siècles) : histoire, économie, politique*, Paris, Mouton, 1973, p. 226-262.

141. GOF, bulletin du Grand Orient de France, 46e année, mars 1890-février 1891, Paris, Grand Orient de France, 1891, séance du 13 janvier 1891, p. 792.

142. *Ibid.*, p. 794.

143. *Ibid.*, séance du 20 février 1891, p. 843.

144. P. Chevallier, *Histoire de la franc-maçonnerie française*, t. 3, « La maçonnerie, église de la République (1877-1944) », *op. cit.*, p. 145.

145. AAN, A. Bertrand, *La Chambre de 1893 : biographies des 581 députés*, Paris, Michaud, 1893.

146. M. Dogan, « La stabilité du personnel parlementaire sous la Troisième République », *op. cit.*

Toutes les filiations sont bonnes à revendiquer. Député sortant, Paul Doumer se présente dans sa profession de foi à ses électeurs auxerrois comme « un fils du département de l'Yonne »[147] :

> « Mes chers concitoyens,
> Il y a bientôt deux années, vous m'avez fait le grand honneur de me nommer votre représentant à la Chambre des députés.
> Je viens vous demander le renouvellement de mon mandat. J'ai conscience de l'avoir loyalement et intégralement rempli.
> Tous mes votes à la Chambre, tous mes actes et toutes mes paroles ont été en conformité absolue avec les engagements que j'avais pris. [...]
> Devenu, par vos suffrages, un fils du département de l'Yonne, je me suis établi au milieu de vous, me mettant à la disposition de tous ceux qui veulent bien avoir recours à moi.
> La situation est aujourd'hui ce qu'elle était en 1891, et le programme que je dois vous soumettre est celui au bas duquel j'apposais alors ma signature. »[148]

La greffe du parachuté n'a pas été longue à prendre. Il renouvelle presque à l'identique le programme qui lui a assuré la victoire deux ans plus tôt : réformes fiscales et judiciaires; solidarité nationale par l'assistance et la retraite; séparation des Églises et de l'État; protection de l'agriculture et de l'industrie nationales; défense du travail et de la petite propriété contre la féodalité financière qui les menacent. Cette stratégie s'avère gagnante. Député n° 560, Paul Doumer est confortablement réélu dès le premier tour des élections générales par 7 675 voix contre 5 756 à son concurrent Louis Denormandie, soit 56 % des suffrages exprimés [document 10 p. 370][149]. Renouvelé dans son mandat, le député Doumer insiste pour que la séance parlementaire du vendredi soit consacrée spécialement aux projets et aux propositions de loi intéressant le travail et concernant les ouvriers[150]. Cette disposition hebdomadaire permet à Paul Doumer et à ses collègues députés de gauche de mieux répondre, pensent-ils, aux attentes de leur électorat ouvrier. Les lois sur les accidents du travail et sur les habitations ouvrières sont alors en discussion à la Chambre. La loi interdisant pendant quatre semaines le travail industriel aux femmes ayant accouché et leur garantissant le droit à une indemnité est votée un an plus tôt.

La campagne dans cette circonscription viticole a pourtant été âpre. En particulier, la suppression du budget des Cultes, demandée par Paul Doumer, député sortant, suscite de vives tensions avec le clergé séculier local, bien implanté dans chaque village bourguignon. Le candidat radical multiplie les réunions publiques aux quatre coins de la circonscription. Il est ainsi vivement interpellé par le curé de

147. AAN, Chambre des députés, *Programmes, professions de foi et engagements électoraux*, VIe législature, 1re circonscription d'Auxerre, p. 1098.
148. *Ibid.*
149. ADY, 2 M1 227-228 : élections générales à la Chambre des députés en exécution du décret du 23 juillet 1893 (20 août-3 septembre 1893).
150. AAN, Chambre des députés, débats parlementaires, séance du 12 janvier 1893, p. 237.

Villefargeau, partisan du candidat clérical concurrent, à l'issue d'une réunion publique de présentation de son programme : « Le budget des Cultes est une restitution : on n'a pas le droit de le supprimer car l'État a, en 1789, volé des biens représentant pour plus de 100 millions de revenus ! »[151], lance le prêtre. Allusion à la nationalisation, le 10 octobre 1789 à Versailles par l'Assemblée constituante, des biens de l'Église de France, précédant l'adoption de la constitution civile du clergé (12 juillet 1790)[152]. « Question depuis longtemps vidée », rétorque Doumer sans peine, avant de préciser, sous les applaudissements de son auditoire, presque tout entier républicain :

« L'État était dans son droit : il s'agissait de biens de mainmorte ! »[153].

La rivalité entre les candidats, républicain et orléaniste, fait feu de tout bois. Louis Denormandie se plaint ainsi à Édouard de Luze, préfet de l'Yonne, d'inégalités de traitement en faveur du candidat républicain : « Lorsque Monsieur Doumer fait des réunions publiques dans la commune de Lichère », dénonce-t-il au préfet, « une salle de la mairie est mise à sa disposition, faveur que l'on me refuse ! »[154]. Le contexte, tant national que local, est alors très tendu sur la question du budget des Cultes, vrai marqueur républicain.

L'activité parlementaire de Paul Doumer, député de l'Yonne, révèle la permanence de ses combats politiques. Son rapport, le 23 janvier 1893, sur le projet de loi, adopté par le Sénat, sur les sociétés coopératives de production, de crédit et de consommation et sur le contrat de participation aux bénéfices[155] prolonge l'action qu'il a menée en 1888 sur le statut des sociétés coopératives ouvrières de production, alors qu'il était député de l'Aisne. Mais c'est sur deux volets stratégiques que Paul Doumer va progressivement se démarquer de ses pairs : l'expansion coloniale de la IIIe République, alors que l'année 1885 peut être considérée comme le « tournant colonial » du régime avec, en particulier, le discours prononcé le 28 juillet 1885 à la Chambre des députés par Jules Ferry, président du Conseil, selon lequel « les races supérieures ont le devoir de civiliser les races inférieures »[156]; et, plus immédiatement, la brûlante question fiscale.

151. ADY, 2 M^{1} 227, *L'Yonne*, « Le parti des curés », 8 août 1893.

152. A. Latreille, *L'Église catholique et la Révolution française*, Paris, Hachette, 1946, rééd. Paris, Cerf, 1950.

153. ADY, 2 M^{1} 227, *L'Yonne*, « Le parti des curés », 8 août 1893.

154. *Ibid.*, lettre de L. Denormandie à É. de Luze, préfet de l'Yonne, 2 août 1893.

155. AAN, Chambre des députés, rapport parlementaire n° 2539, session ordinaire de 1893, t. unique, p. 26.

156. G. Manceron, *1885, le tournant colonial de la République : Jules Ferry contre Georges Clemenceau et autres affrontements parlementaires sur la conquête coloniale*, Paris, La Découverte, 2007 ; *La politique coloniale, Clemenceau contre Ferry : discours prononcés à la Chambre des députés en juillet 1885*, Paris, Magellan, 2012.

Chapitre III
L'épouvantail des possédants
1894-1896

Paul Doumer et ses amis du groupe colonial marquent une première victoire dans leur souhait de promouvoir l'idée coloniale en France avec la création en 1889 d'une École coloniale au 2 avenue de l'Observatoire à Paris[1]. Elle succède en réalité à un centre de stage en activité depuis 1885 sous le nom d'École cambodgienne. Les jeunes gens qui se destinent aux différentes carrières coloniales y reçoivent en particulier une solide préparation linguistique de façon à ne pas être menés en bateau par les interprètes indigènes, une des grandes craintes de l'époque. Avec la fondation, le 15 juin 1892 à la Chambre des députés, d'un « groupe colonial » doublé en 1898 d'un groupe colonial au Sénat dirigé par Jules Siegfried, les partisans de l'expansion coloniale, réunis sous la houlette d'Eugène Étienne, député radical d'Oran, disposent d'un groupe de pression dont l'influence est croissante au sein des commissions parlementaires et dans les cabinets ministériels[2]. La France est ainsi la seule dans ce cas parmi les puissances coloniales européennes.

1. Créer un ministère des Colonies

Paul Doumer et les grands noms de la France coloniale en sont membres d'emblée. L'apogée de l'action de ce lobby se situe de 1890 à 1905[3]. Précisément intitulé « Réunion du groupe de politique extérieure et coloniale de la Chambre des députés », le parti colonial, railleusement appelé « parti où l'on dîne »[4], n'a de « parti » que le nom. Il est bien davantage un groupe d'influence qu'un parti politique au sens traditionnel du terme. Il regroupe une soixantaine d'organisations et d'associations, des journaux et des bulletins, des banquets et des dîners où se pré-

1. C. Charle, *La République des universitaires (1870-1940)*, Paris, Le Seuil, 1994, « Champ universitaire et champ du pouvoir », p. 324.

2. M. Lagana, *Le parti colonial français : éléments d'histoire*, Sillery, presses de l'Université du Québec, 1990.

3. C.-R. Ageron, *France coloniale ou parti colonial ?*, Paris, PUF, 1978.

4. G. Meynier *et al.* (dir.), *Histoire de la France coloniale*, t. 2, « L'apogée (1871-1931) », Paris, Pocket, 1996, p. 336.

parent la conquête idéologique de la France et l'action coloniale des Français. Devenant le relais entre le gouvernement et la population, le parti colonial exerce parfois une influence plus décisive que des corps sociaux plus visibles tels que l'armée ou la marine[5].

Regroupement d'intérêts colonialistes multiples et hétérogènes, il compte près de deux cent députés au tournant du siècle, ce qui en fait le groupe le plus important de la Chambre après le groupe agricole[6]. Il est bientôt relayé par un groupe d'une trentaine de sénateurs. Journaux, bulletins, congrès, la propagande va bon train[7]. La première mention publique d'un groupe colonial à la Chambre, composé de 91 députés, apparaît le 17 juin 1892 dans *Le Temps*[8]. « Groupe », « bloc », « parti », la qualification sémantique varie. Alors que les Français peinent à détourner les yeux de la ligne bleue des Vosges, l'objectif est tout à la fois de faire aimer la politique coloniale et diffuser l'idée de la « mission civilisatrice » dont serait investie la IIIe République[9]. La deuxième génération de républicains de centre gauche des Paul Doumer et Eugène Étienne, relève à la vieille garde des Ferry et Gambetta, s'y illustre à merveille[10]. En outre, la fondation, en février 1901 par le parti colonial, d'un « Comité de l'Asie française » permet de faire utilement entendre la voix indochinoise à Paris. Sans surprise, la présidence de ce Comité est confiée à Eugène Étienne, qui entreprend de conseiller l'opinion publique et de la guider par la publication d'un bulletin mensuel, dans lequel les occasions de profits offertes par la colonie sont abondamment vantées. Le premier numéro de ce bulletin s'ouvre par cette phrase très volontariste : « L'heure est venue pour la France d'avoir une politique asiatique certaine, consciente d'elle-même »[11]. Tout un programme. Pour Paul Doumer, ces réseaux coloniaux joueront — bien qu'il soit difficile à démontrer — un rôle de relais et de soutien essentiel dans le cadre de ses candidatures futures.

Plus largement, l'administration coloniale se structure dans les années 1880-1890. Une solution centralisatrice se profile dès lors : la création d'un ministère séparé des Colonies, qui les gèrerait complètement[12]. Quels sont les enjeux d'une telle création ? Dès 1881-1882, un sous-secrétariat d'État aux Colonies fait une pre-

5. R. Girardet, *L'idée coloniale en France*, Paris, Hachette, 1972, p. 110.

6. C. M. Andrew, « The French "Colonial Party": Its Composition, Aims, and Influence, 1885-1914 », *Historical Journal*, n° 14, 1971 ; C. M. Andrew *et al.*, « The *Groupe Colonial* in the French Chamber of Deputies, 1892-1932 », *Historical Journal*, n° 17, 1974, p. 837-866.

7. A. Lorin, « La propagande coloniale de la Troisième République », *in* D. Rolland *et al.* (dir.), *Les Républiques en propagande (XIXe-XXIe siècles)*, Paris, L'Harmattan, 2006, p. 173-186.

8. S. M. Persell, *The French Colonial Lobby (1889-1938)*, Stanford, Hoover Institution, 1983, p. 54.

9. D. Costantini, *Mission civilisatrice : le rôle de l'histoire coloniale dans la construction de l'identité politique française*, Paris, La Découverte, 2008. A Lorin, *Histoire@Politique*, n° 7, janvier-avril 2009.

10. G. Rossi-Landi, *Les hommes qui ont fait la République depuis 1870*, Paris, Nathan, 1984, p. 45.

11. C. Fourniau, *Vietnam : domination coloniale et résistance nationale (1858-1914)*, *op. cit.*, p. 515.

12. J. d'Andurain, « Entre velléité et opiniâtreté : la création du ministère des Colonies en France, 1860-1894 » ; et A. Lorin, « The French Ministry of Overseas at the « Belle Époque »: two essential decades of the colonial Third Republic, 1894-1914 », colloque *Governing Empires: Central Administration and the Making of Colonial Policies in Late 19th Century*, Instituto de Historia, Centro de Ciencias Humanas y Sociales, Madrid, 14-16 septembre 2011.

mière apparition dans le gouvernement Gambetta. Il devient permanent à partir de 1886 en étant le plus souvent rattaché au ministère de la Marine. À partir de 1889, le sous-secrétariat d'État aux Colonies obtient la délégation complète de son ministère de tutelle pour tous les actes administratifs concernant les colonies, pour la nomination du personnel colonial et pour la gestion financière[13]. Enfin, la proposition de loi de Joseph Reinach, député républicain des Basses-Alpes, et plusieurs de ses collègues relative à la création d'un ministère des Colonies est discutée lors de la séance du 10 mai 1893 à la Chambre des députés. Élu en remplacement de Théophile Delcassé, nommé sous-secrétaire d'État aux Colonies[14], Paul Doumer, député de l'Yonne, en est rapporteur[15]. Les erreurs commises en Afrique par les Affaires étrangères à l'occasion de traités conclus avec l'Angleterre sont imputables à l'absence d'un ministère des Colonies, selon lui. Une seule alternative existe dans ce contexte : soit rendre les colonies à la Marine, solution rétrograde apparemment préférée par le Sénat; soit créer un ministère *ad hoc*, solution qui a la faveur de la Chambre. Les officiers de marine envoyés aux colonies ne pouvant, hommes de guerre préparés à la bataille ainsi détournés de leurs fonctions, être de bons administrateurs, il convient, selon le rapporteur Paul Doumer, de confier l'administration des colonies à un ministère spécial, civil et de plein exercice.

Ce sera chose faite quelques mois plus tard. Le 20 mars 1894 en effet, Paul Doumer est, avec le parti colonial français[16], à l'origine directe de la création, réclamée de longue date, d'un tel ministère, indépendant du Commerce ou de la Marine : le sous-secrétariat des Colonies dès lors est érigé en ministère des Colonies avec un titulaire, « dont la responsabilité devant le Parlement est plus clairement établie »[17]. Paul Doumer, député de l'Yonne, intervient dans la discussion parlementaire pour demander l'ouverture d'un crédit de 150000 francs pour ce faire[18]. La IIIe République innove : il s'agit en effet du premier ministère créé par une loi[19]. Le régime impérial a désormais les mains libres pour développer sa politique coloniale comme il l'entend.

2. Le gouvernement le plus maçonnique de la IIIe République

Paul Doumer connaît une première consécration politique importante avec sa nomination, le 1er novembre 1895 à l'âge de trente-huit ans, comme ministre des

13. E. Sibeud, « L'administration coloniale », *in* V. Duclert *et al.* (dir.), *Dictionnaire critique de la République*, *op. cit.*, p. 622-627; A. Lorin, « Les tutelles gouvernementales », dossier « Colonisation : pour en finir avec la repentance », *Historia*, nº 754, octobre 2009, p. 26.

14. AAN, Tables analytiques des annales de la Chambre des députés, 5e législature (1889-1893), table nominative, p. 154.

15. AAN, Annales de la Chambre des députés, session ordinaire de 1893, t. 2, p. 245, 247, 248, 262, 270, 272.

16. S. M. Persell, *The French Colonial Lobby (1889-1938)*, *op. cit.*, 1983.

17. E. Sibeud, « L'administration coloniale », *op. cit.*, p. 623.

18. AAN, Annales de la Chambre des députés, session ordinaire de 1894, t. 1, p. 728.

19. E. Sibeud, « L'administration coloniale », *op. cit.*, p. 623.

Finances dans le cabinet formé par Léon Bourgeois, premier cabinet radical homogène dans l'histoire politique de la France contemporaine[20]. Alors que les majorités parlementaires peuvent se jouer à une voix, il est inimaginable de devenir ministre ou président de la République sans avoir été préalablement parlementaire. La « rue de Rivoli » a la réputation d'être un portefeuille difficile et l'un des moins accueillants. Avec son ami franc-maçon Léon Bourgeois, député radical de la Marne (1888-1902), inaugurateur à ses côtés du Musée social (1895)[21], père du solidarisme et futur prix Nobel de la paix (1920), l'entente est aussi étroite que féconde. Léon Bourgeois[22], de six ans l'aîné de Paul Doumer, l'estime et l'apprécie comme un frère. Leurs idées politiques sont très proches. Quel est le programme de Léon Bourgeois ?

> « En un mot, la République n'est pas seulement le nom d'une institution politique mais l'instrument du progrès moral et social, le moyen continu de diminuer l'inégalité des conditions et d'accroître la solidarité entre les hommes. »[23]

Tout est dit. Et, dans l'appareil idéologique qu'il promeut — un « quasi-contrat social »[24] en référence aux idées des philosophes des Lumières, particulièrement celles de Jean-Jacques Rousseau —, l'impôt sur le revenu porté par Paul Doumer n'est rien d'autre que le bras armé et l'instrument nécessaire de la solidarité sociale, dont il est l'ardent défenseur[25], alors qu'un large interventionnisme de l'État est préconisé par les républicains pour corriger les inégalités sociales[26].

Quel changement de vie représente pour Paul Doumer son entrée au gouvernement ? Sur un plan matériel, le changement de vie du député devenu ministre est, à cette date, chose considérable. Un ministre touche en effet un traitement élevé (plus de 60 000 francs par an), sans commune mesure avec les 9 000 francs annuels d'indemnité parlementaire. Pour Paul Doumer, dépourvu de fortune personnelle, la différence est de taille. Mais elle sera hélas de courte durée. Ses collègues redoutent le renversement du cabinet tout entier par le Sénat, craint comme une citadelle du conservatisme (si le Sénat s'oppose aux expériences gouvernementales les plus marquées à gauche, il manifeste une méfiance non moins grande envers les tentatives

20. F. Buisson, *La politique radicale : étude sur les doctrines du parti radical et radical-socialiste*, préface de Léon Bourgeois, Paris, Giard et Brière, 1908, p. 76.

21. J. Horne, *Le Musée social : aux origines de l'État providence*, Paris, Belin, 2004.

22. M. Hamburger, *Léon Bourgeois (1851-1925) : la politique radicale socialiste, la doctrine de la solidarité, l'arbitrage de la Société des nations*, Paris, Marcel Rivière, 1932 ; D. Demko, *Léon Bourgeois, philosophe de la solidarité*, Paris, Edimaf, 2001 ; M. Sorlot, *Léon Bourgeois (1851-1925) : un moraliste en politique*, Paris, Leprince, 2005 ; A. Niess *et al.* (dir.), *Léon Bourgeois (1851-1925) : du solidarisme à la Société des nations*, Langres, Guéniot, 2006 ; S. Audier, *Léon Bourgeois : fonder la solidarité*, Paris, Michalon, 2007.

23. Déclaration de L. Bourgeois à la Chambre des députés, 4 novembre 1895.

24. L. Bourgeois intitule « Dette de l'homme envers la société : le quasi-contrat social » le chap. IV de son ouvrage *Solidarité*, *op. cit.*, p. 88-101.

25. M.-C. Blais, *La solidarité : histoire d'une idée*, Paris, Gallimard, 2007, en particulier quatrième partie, « Une doctrine officielle pour la République sociale (1896-1914) », p. 235 et suivantes.

26. S. Berstein, « La politique sociale des républicains », *in* S. Berstein *et al.* (dir.), *Le modèle républicain*, *op. cit.*, p. 189-208.

fortement orientées à droite). Ils supplient Paul Doumer d'abandonner son projet de réforme fiscale mais celui-ci ne cède pas[27]. Émile Combes siège dans ce gouvernement comme ministre de l'Instruction publique et des Cultes. Paul Doumer se situe, à ce moment-là, parfaitement dans la mouvance laïque, à la gauche, même, du parti radical. Impatient face à la complexité des arcanes de la politique parisienne et soucieux d'action, son horizon intangible est de faire aboutir son projet de réforme fiscale.

Le Grand Orient de France peut s'enorgueillir de la formation du ministère Bourgeois, point d'orgue passant à juste titre comme le gouvernement le plus maçonnique de la IIIe République[28], voire carrément « le ministère des loges »[29], avec pas moins de sept ministres francs-maçons sur un total de onze ministres : outre Paul Doumer (Finances), y siègent en effet Édouard Lockroy (Marine), Émile Combes (Instruction publique et Cultes), Gustave Mesureur (Commerce et Industrie), Albert Viger (Agriculture), Pierre-Paul Guieysse (Colonies) et Jean Guyot-Dessaigne (Travaux publics)[30]. Jamais sans doute les liens entre franc-maçonnerie et République auront été si étroits, alimentant toute une mythologie, prolixe, du noyautage franc-maçon. Le nouveau président du Conseil reçoit le 9 novembre 1895 une délégation du conseil de l'ordre du Grand Orient de France. Les motions de solidarité maçonnique à l'égard du gouvernement se multiplient et les conférences publiques ou les fêtes d'adoption dépassent tous les succès prévisibles. Silencieux sur la question de la séparation (des Églises et de l'État), le ministère envisage la création d'un impôt sur le revenu, un projet en partie d'origine maçonnique sur lequel les frères du Grand Orient de France planchent depuis quelques années déjà. Dans l'attente des élections législatives de 1898, 23 loges se prononcent pour un impôt unique sur le capital; 25 s'y opposent tout en étant favorables à l'impôt sur le revenu endossé par Paul Doumer, qui en devient dès lors le porte-étendard[31].

La société française de 1896 est-elle prête à une telle réforme fiscale? Le récit d'une soirée parisienne nous renseigne précieusement sur l'état des mentalités françaises sur la question fiscale dans les dernières années du XIXe siècle. Le 11 janvier 1896, Paul Doumer, jeune ministre des Finances, est invité à dîner chez Armand de Golen, médecin en chef de la préfecture de police de Paris[32]. Paul Doumer vilipende cette aristocratie parisienne qui fait dépendre le succès de ses dîners du nombre de ministres qu'elle peut présenter en attraction à ses convives. Il accepte malgré tout l'invitation. La circonstance mondaine va se transformer ce

---

27. BAN, H. de Golen, *Le président Doumer accuse… En marge de l'histoire*, *op. cit.*, p. 37.
28. P. Chevallier, *Histoire de la franc-maçonnerie française*, t. 3, « La maçonnerie, église de la République (1877-1944) », *op. cit.*, p. 73; P. Miquel, *La Troisième République*, *op. cit.*, p. 409.
29. A. Combes, *Histoire de la franc-maçonnerie au XIXe siècle*, *op. cit.*, p. 259.
30 J. Estèbe, *Les ministres de la République (1871-1914)*, *op. cit.*, « Les maçons au gouvernement », p. 210-213.
31. *Ibid.*, p. 266.
32. BAN, H. de Golen, *Le président Doumer accuse… En marge de l'histoire*, *op. cit.*

soir-là pour l'Aurillacois en occasion rêvée de tester la réaction de la société parisienne à son projet d'impôt. Le fils Golen note dans ses souvenirs que le ministre, entré chez ses parents « d'une façon assez cavalière », porte ce soir-là « une pauvre redingote classique noire, quasi-élimée, sans revers de soie »[33]. Doumer apparaît ainsi vêtu « assez étriqué » à ses hôtes parisiens, qui l'épient ironiquement et qu'il intrigue. La soirée commence mal. Accueillant le ministre, la maîtresse de maison regrette l'absence de Madame Doumer. Paul répond :

> « Je suis un enfant du peuple. J'ai déjà sept enfants. Ma femme reste auprès d'eux. C'est son rôle. »[34]

Silence embarrassé dans le hall d'entrée. La fréquentation de gens de bonne famille permet-elle à Doumer de se défaire de ses éventuelles inhibitions quant à ses propres origines ? Nul complexe d'infériorité sociale n'est noté chez lui. Paul Doumer revendique au contraire son extraction modeste. Le dîner réunit de riches bourgeois parisiens. De tous les convives, Doumer, souriant dans sa barbe, est le plus silencieux. La veuve du sénateur de l'Ariège Frédéric Arnaud, nièce du fondateur de la Compagnie de gaz de Paris et héritière d'une fortune considérable[35], susurre à mi-voix : « Je comprenais mal, Monsieur, pourquoi vous estimiez que le domaine de la femme était uniquement au foyer, dans la maison, dans la famille. Je comprends mieux maintenant »[36]. Paul Doumer répond sèchement : « Certaines femmes, tout au moins »[37]. Le salon de la veuve Arnaud, qui reçoit trois fois par semaine le Tout-Paris dans son magnifique hôtel de la rue de Surène, a la réputation de faire et de défaire les carrières. Paul Doumer n'y sera jamais invité. Une plaisanterie d'un des convives fait soudain s'animer Doumer. Louis Ricard, ministre de la Justice, lance en riant :

> « Mon collègue des Finances est lui aussi un dangereux anarchiste ! N'a-t-il pas déposé un projet d'impôt sur le revenu ? C'est effrayant ! Outre qu'il projette de nous ruiner purement et simplement, tous ici tant que nous sommes, il risque de faire tomber notre ministère ! »[38]

Cette révélation faite, les possédants réunis à la table ne peuvent dès lors se défendre de considérer Paul Doumer avec une inquiétude non dissimulée. L'occasion est donnée au ministre de s'expliquer. Paul Doumer s'emploie alors à convaincre l'assemblée de l'utilité voire de la nécessité de sa politique fiscale, celle d'un « nouveau régime » motivé par un souci d'équité sociale. Le revenu du travailleur doit, selon lui, être ménagé par rapport à celui du rentier. Les convives, médusés, l'écoutent avec curiosité mais, hochant la tête, le désapprouvent. Le comprenant, Paul Doumer tranche :

---

33. *Ibid.*, p. 19-20.
34. *Ibid.*, p. 21.
35. A. Schweitz, *Les parlementaires de la Seine sous la Troisième République*, t. II, « Dictionnaire biographique », Paris, PUPS, 2001, p. 28.
36. BAN, H. de Golen, *Le président Doumer accuse… En marge de l'histoire*, *op. cit.*, p. 29.
37. *Ibid.*
38. *Ibid.*, p. 30.

« En tout cas, quitte à provoquer la chute du cabinet dont je fais partie, quitte à faire campagne postérieurement dans le pays, je poursuivrai ma politique fiscale jusqu'au bout ! Et ce, parce que je l'estime indispensable et saine ! »[39]

On se regarde avec consternation. Ce ministre puritain, doublé d'un illuminé, est considéré comme un homme très dangereux. Mentalement, chacun suppute de quelle somme les projets fiscaux de Paul Doumer risquent d'amputer ses revenus. Chacun souhaite surtout que ses projets ne soient jamais votés.

3. L'impôt sur le revenu, bras armé du solidarisme

L'année 1896 marque la consécration politique de l'idée de solidarité[40]. Lancée par Léon Bourgeois — son ouvrage *Solidarité*, paru en 1896, reprend une série d'articles publiés l'année précédente dans *La Nouvelle Revue*[41] —, qui n'en est cependant pas l'inventeur, la notion s'enracine dans la vie politique du XIXe siècle, qu'elle traverse : les lendemains de la Révolution française sont taraudés en effet par la question de ce qui peut relier des individus différents mais désormais déclarés « libres et égaux ». Elle est présentée comme une troisième voie, médiane, entre l'individualisme libéral et le socialisme collectiviste, alors que le conflit entre libéraux et socialistes semble se durcir et se radicaliser. Il s'agit d'articuler la liberté individuelle et la justice sociale : puisque chaque citoyen retire des bienfaits de la vie sociale (cette philosophie défend ainsi le caractère fondamentalement social de toute existence individuelle), il a des obligations envers ses contemporains et ses successeurs. Dès lors qu'il accepte la vie collective et profite du patrimoine commun, chaque citoyen doit s'engager à concourir au paiement de la dette commune à la mesure de ce qu'il a reçu. La théorie solidariste justifie ainsi la progressivité de l'impôt au nom du principe d'interdépendance qui lie les hommes les uns aux autres et les générations présentes à celles du passé et du futur[42]. Elle cherche surtout à donner un contenu à cette République radicale qui se veut anticollectiviste tout autant qu'antilibérale. Refusant la résolution des conflits par la lutte des classes, ce « socialisme libéral », selon les mots de son promoteur, opte pour la voie parlementaire. Refus tout à la fois du capitalisme et du libéralisme pur, qui écrasent les petits, du socialisme niveleur et du marxisme, le solidarisme, devenu quasiment « la philosophie officielle de la IIIe République »[43], peut se résumer à un slogan :

« Substituer au poing fermé pour combattre, la main tendue pour secourir. »[44]

---

39. *Ibid.*, p. 31.

40. J.-F. Spitz, *Le moment républicain en France*, Paris, Gallimard, 2005, chap. IV : « Le solidarisme de Léon Bourgeois : liberté et justice », p. 179-233.

41. L. Bourgeois, *Solidarité*, Paris, Armand Colin, 1896, en particulier chap. III : « Doctrine pratique : de la solidarité sociale », p. 73-87, rééd. présentée par M.-C. Blais, suivie de *L'idée de solidarité et ses conséquences sociales*, Paris, Le Bord de l'eau, 2008.

42. N. Delalande, *Les batailles de l'impôt : consentement et résistances de 1789 à nos jours*, *op. cit.*, « La justification solidariste de la progressivité », p. 171-175.

43. M.-C. Blais, « Vous avez dit « solidarité » ? », *L'Histoire*, n° 340, mars 2009, p. 22-23.

44. *Ibid.*

Cette métaphore désigne une politique d'entraide sociale pour parer aux injustices du sort et alléger le fardeau des plus faibles. Lors des débats de 1894-1896, au moment où Paul Doumer et Godefroy Cavaignac déposent leur projet d'impôt sur le revenu, cette justification fait encore défaut. C'est après sa brève expérience du pouvoir que Léon Bourgeois se consacre à la diffusion de la philosophie solidariste, multipliant les conférences, les brochures et les interventions publiques. Le parti radical s'empare de cette matrice intellectuelle pour se poser à mi-chemin entre l'égoïsme conservateur et le collectivisme socialiste.

La nomination du cabinet radical de Léon Bourgeois, le 1er novembre 1895, ouvre une période de six mois durant laquelle l'impôt progressif sur les successions et l'impôt global et progressif sur le revenu sont au centre du débat politique. S'inspirant du principe de solidarité qu'il théorise juste après sa chute, Léon Bourgeois indique lors de son discours d'investiture à la Chambre des députés le 4 novembre 1895 qu'il se fixe pour priorité de réformer l'impôt sur les successions, de dégrever les boissons hygiéniques et d'introduire l'impôt général sur le revenu, « moyen de répartir véritablement le poids de l'impôt en raison des facultés des citoyens »[45]. Son gouvernement remporte un premier succès à la Chambre lorsque le projet de loi sur les successions est adopté par une large majorité. Les députés libéraux et modérés, qui savent que le Sénat a toute latitude pour enterrer momentanément ce projet subversif, se réservent pour la grande épreuve, celle de l'impôt sur le revenu. Paul Doumer, ministre des Finances, dépose son projet de loi en faveur de l'impôt global sur le revenu le 1er février 1896[46]. Pendant trois mois, du début de février à la fin d'avril 1896, les adversaires de l'impôt personnel organisent une résistance tous azimuts, au sein de la commission du Budget de la Chambre, au Sénat et dans l'opinion publique[47].

Le grand banquet populaire offert le 16 février 1896 à la mairie d'Auxerre à Paul Doumer, devenu ministre des Finances, est l'occasion de mesurer l'âpreté des luttes sur la question[48]. Un comité d'organisation s'est constitué sous la houlette du comité radical de Seignelay (Yonne). Les électeurs de la première circonscription d'Auxerre souhaitent féliciter leur jeune député de son entrée au gouvernement trois mois plus tôt. Ce banquet réunit 200 personnes enthousiastes, dont tous les députés de l'Yonne sauf un, Étienne Flandin, républicain modéré opposé à l'implantation de Paul Doumer dans l'Yonne. Son absence est remarquée. Alors qu'aucun sénateur ne participe à ce banquet, plusieurs députés de la Nièvre, de l'Aisne, de la Lozère et même de l'Isère font le déplacement à Auxerre ce soir-là. Car la formation du cabinet Léon Bourgeois enthousiasme au-delà de l'Yonne et la réputation grandissante du nouveau locataire de la rue de Rivoli éveille la curiosité

45. *Journal officiel de la République française, débats parlementaires, Chambre des députés*, séance du 4 novembre 1895, p. 2267.

46. AAN, projet de loi portant fixation du budget général de l'exercice de l'année 1897, présenté par P. Doumer, ministre des Finances, séance du 1er février 1896, no 1765.

47. R. E. Kaplan, *Forgotten Crisis: The Fin-de-Siècle Crisis of Democracy in France*, Oxford, Berg, 1995, chap. IV, p. 58-79; J. Roche, *Contre l'impôt sur le revenu*, Paris, Chailley, 1896.

48. ADY, 3 M 3 51, dépêche télégraphique d'É. de Marcère, préfet de l'Yonne, à L. Bourgeois, ministre de l'Intérieur, président du Conseil, 27 janvier 1896.

des représentants de la nation. Abordant sans surprise la brûlante question fiscale, l'allocution du ministre des Finances, couverte de nombreux applaudissements, est émaillée de cris révolutionnaires :

« À bas le Sénat ! »[49]

Révèlent-ils l'opinion dominante du pays ? Soucieuse de démontrer l'hostilité de ce dernier au projet d'impôt global sur le revenu, la commission du Budget de la Chambre des députés, majoritairement hostile au projet gouvernemental, lance une vaste consultation auprès des chambres de commerce et des sociétés d'agriculture. La commission veut les prendre à témoin pour lutter efficacement contre le gouvernement radical et les socialistes qui le soutiennent. Les résultats de la consultation sont, comme il était prévisible, très nettement défavorables au projet Doumer. Dans le rapport qu'il rédige le 9 mars 1896 au nom de la commission, Paul Delombre enjoint ainsi le gouvernement de revoir son projet afin qu'il ne contienne ni « taxation arbitraire », ni « investigations vexatoires »[50]. Le débat parlementaire proprement dit commence à la Chambre le 21 mars 1896. Comme en juillet 1894, les grandes figures parlementaires se succèdent à la tribune pour défendre ou combattre l'impôt personnel et progressif sur le revenu. Jean Jaurès s'oppose notamment à Jules Méline et à Léon Say. Le 26 mars 1896, la Chambre approuve par une courte majorité de 286 voix contre 270 la proposition du député radical Gustave Dron portant le principe de l'impôt global sur le revenu. Défaits à la Chambre, les conservateurs ne s'avouent pas vaincus pour autant. La commission du Budget, présidée par Georges Cochery, décide en avril de lancer une nouvelle consultation auprès des conseils généraux, alors réunis pour leur session de printemps[51]. Sur les cinquante avis conservés dans les archives de la commission, trente-cinq se prononcent contre le projet du gouvernement, quatorze l'approuvent et un dernier émet un avis partagé[52]. Les vœux hostiles sont pour la plupart complétés par une adhésion de principe à la réforme du système fiscal et, dans treize départements, par un soutien au projet d'impôt proportionnel sur les revenus proposé par la commission extraparlementaire de 1894.

4. La « seconde bataille de l'impôt » : vers une « fiscalité démocratique » ?

Une « seconde bataille de l'impôt » s'ouvre ainsi le 1er février 1896 avec le soutien des socialistes[53]. Paul Doumer, « bien intentionné, courageux, loyal et fidèle à ses

---

49. *Ibid.*

50. Rapport fait au nom de la commission du Budget par P. Delombre, *Impressions parlementaires, Chambre des députés*, annexe au procès-verbal de la séance du 9 mars 1896, n° 1831, p. 50.

51. CHAN, C5550, lettre de G. Cochery, président de la commission du Budget, aux présidents des conseils généraux, 16 avril 1896.

52. J.-M. Mayeur cite un autre résultat, publié dans *L'Annuaire politique* en 1896, qui porte sur un plus grand nombre de départements : cinquante-cinq conseils généraux rejettent le projet, vingt-quatre l'approuvent avec des réserves (J.-M. Mayeur, *La vie politique sous la Troisième République (1870-1940)*, *op. cit.*, p. 165).

53. J. Jaurès, « La route à suivre », 18 décembre 1895, *in* R. Pech *et al.* (dir.), *Jaurès : l'intégrale des articles de 1887 à 1914 publiés dans « La Dépêche »*, *op. cit.*, p. 358-359.

engagements politiques » selon Jean Jaurès[54], présente un projet d'impôt global et progressif sur tous les revenus, se substituant à la contribution personnelle mobilière et à celle des portes et fenêtres[55]. Le parti radical a, dès 1895, axé sa campagne sur le thème de la « fiscalité démocratique ». Il s'agit de personnaliser la fiscalité directe[56]. Pour Doumer, la fiscalité n'est pas un instrument. Elle est, bien plus, un marqueur politique fort, grand préposé à la justice sociale et, dès lors, partie intégrante de la politique sociale des républicains[57]. Comme le préconisait déjà Montesquieu en 1748 dans *L'Esprit des lois*, rappelle Paul Doumer, « dans l'impôt de la personne, la proportion juste serait celle qui suivrait exactement la proportion des biens »[58]. Aussi « nul ne doit contribuer à l'impôt que proportionnellement à ses facultés »[59], rappelle le ministre dans le très long discours politique qu'il prononce le 25 mars 1896 à la Chambre des députés [document 11 p. 371-377]. L'état des finances publiques, la nécessité de pourvoir à un budget d'assistance et de prévoyance sociale, exigent des réformes profondes dans la répartition des charges fiscales. C'est que « la République porte [encore] le poids de deux budgets : le budget de la monarchie passée ; et celui, naissant, de la démocratie à venir », indique Léon Bourgeois[60].

Toute la classe politique ou presque s'accorde pourtant à reconnaître que le système fiscal français est anachronique, défectueux, mal établi et parfois contraire aux principes les plus élémentaires d'équité. L'impôt pèse en effet alors en France d'un poids plus lourd que dans tous les autres pays. Surtout, comme le rappelle Paul Doumer, ministre des Finances, lors de son grand discours le 25 mars 1896 à la Chambre des députés, « davantage sur le pauvre que sur le riche » [document 11 p. 371-377][61]. De manière manichéenne, le ministre oppose sa politique de réformes fiscales à la « politique d'opposition à tous les progrès ». Doit-on maintenir le système ou le réformer ? Pour lui, qui a la responsabilité des finances du pays, toute la question est là. Car les adversaires de « l'obsession fiscale », animés d'une ardeur aussi vive que celle de ses partisans, sont légion. La même intolérance se manifeste

54. J. Jaurès, « Le chômage », 29 janvier 1896, *in* R. Pech *et al.* (dir.), *Jaurès : l'intégrale des articles de 1887 à 1914 publiés dans « La Dépêche »*, *op. cit.*, p. 363-364.

55. J.-C. Asselain, « Un siècle d'histoire fiscale de la France : le mirage de l'impôt progressif sur le revenu », *in* M. Lescure *et al.* (dir.), *L'impôt en France aux* XIX*e et* XX*e siècles*, Paris, CHEFF, 2006, p. 67-89.

56. A. Neurrisse, *Histoire de la fiscalité en France*, Paris, Economica, 1996, p. 65.

57. S. Berstein, « La politique sociale des républicains », *in* S. Berstein *et al.* (dir.), *Le modèle républicain*, *op. cit.*, p. 189-208 ; M. Albert, « La sclérose du système fiscal français », Académie des sciences morales et politiques, 22 janvier 2001, *Le Figaro*, 23 janvier 2001, p. 1 et suivantes.

58. Montesquieu, *De l'esprit des lois*, livre XIII, « Des rapports que la levée des tributs et la grandeur des revenus ont avec la liberté », éd. originale 1748, rééd. *in Œuvres complètes*, Paris, Le Seuil, 1964.

59. AAN, discours de P. Doumer, ministre des Finances, Chambre des députés, 25 mars 1896, Annales de la Chambre des députés, débats parlementaires, p. 792.

60. Rapporté dans un discours de L. Pétrot, doyen d'âge, conseiller général de l'Aisne, prononcé le 28 octobre 1931 au conseil général de l'Aisne en présence d'A. Chiappe, nouveau préfet de l'Aisne, pour saluer l'élection d'un de ses membres, P. Doumer, à la magistrature suprême.

61. AAN, Annales de la Chambre des députés, débats parlementaires, séance du 25 mars 1896, p. 779.

dans chacun des deux camps. L'abbé Lemire, député du Nord, une des principales figures du catholicisme social à la Chambre des députés à partir de 1893, soutient le projet d'impôt sur le revenu depuis 1894 et se dit prêt, en 1896, à voter le projet Doumer à condition qu'il soit assorti de modifications qui « le rendent pratique et juste »[62]. L'obstination du ministre des Finances, devenue gênante, a des conséquences fâcheuses. Devant l'hostilité du Sénat — dont le républicain modéré Émile Loubet vient d'être élu président — à l'instauration du nouvel impôt, le cabinet Bourgeois doit se retirer le 23 avril 1896. Officiellement sur les crédits pour Madagascar dont il n'a pourtant aucunement la responsabilité. En fait sur le projet doumérien[63]. La chute du cabinet Bourgeois est-elle un désaveu pour la franc-maçonnerie ? La rapidité avec laquelle tombe le ministère sous la pression du Sénat fait dire aux bavardes gorges chaudes que l'ordre franc-maçon est finalement moins structuré et puissant qu'on ne le dit. De leur côté, les opposants à l'impôt sur le revenu voient en lui un germe d'inquisition dans les affaires privées et la menace d'une guerre entre capital et travail[64]. Jules Méline, alors député opportuniste des Vosges, craint en particulier que l'impôt envisagé ne surcharge tellement les capitalistes que les capitaux soient forcés d'émigrer à l'étranger[65]. L'argument est bien connu. La réponse de Paul Doumer ne se fait pas attendre :

> « Les capitalistes seront frappés dans la proportion de leurs ressources, d'une manière relativement légère eu égard aux charges que supportent dans le pays les travailleurs de toutes les catégories. »[66]

Gouvernements et ministres des Finances finissent ainsi toujours par reculer devant le trouble que pourrait, selon eux, apporter dans le pays l'adoption d'un nouveau système fiscal bouleversant de fond en comble celui qui est dû à la Révolution française, l'impôt réel et personnel, c'est-à-dire l'impôt sur les choses et non sur l'individu. Établir le cadastre de la fortune des citoyens, inventorier l'importance de leurs capitaux, évaluer les revenus qu'ils peuvent tirer de leur industrie, de leur profession, serait, selon les détracteurs du projet, une faute financière de nature à effrayer les détenteurs de capitaux et de titres[67].

5. La réforme du système fiscal : un serpent de mer

La fin du XIXe siècle et le début du XXe siècle sont marqués par d'intenses débats sur la question de la réforme fiscale. Pendant quatre décennies, des années 1870 aux années 1910, les républicains, qui ont pourtant promis de refonder le système fiscal pour le rendre plus juste et plus efficace, se divisent au sujet de l'adoption d'un

---

62. J.-M. Mayeur, *L'abbé Lemire (1853-1928) : un prêtre démocrate*, Paris, Casterman, 1968, p. 230.
63. AAN, D23, dossier personnel du député P. Doumer.
64. A. Neymarck, « Les dangers de l'impôt sur le revenu », *Le Rentier*, journal financier politique, 17 janvier 1896.
65. AAN, Annales de la Chambre des députés, débats parlementaires, séance du 25 mars 1896, p. 795.
66. *Ibid.*
67. N. Delalande, *Les batailles de l'impôt : consentement et résistances de 1789 à nos jours*, *op. cit.*

nouveau système de prélèvement : des années 1880 à 1907, plus de deux cents propositions ou projets de loi présentés en faveur de l'introduction d'un impôt sur le revenu sont ainsi abandonnés ou rejetés[68]... L'impôt sur le revenu est ainsi au centre de toutes les polémiques[69]. Déjà proposé en 1848, il est repoussé par Adolphe Thiers au motif qu'il ne correspondrait pas au « modèle français de respect des libertés individuelles »[70]. Or, considéré comme l'outil le plus moderne et le plus rentable, l'impôt personnel et progressif sur le revenu semble bien être le seul impôt envisageable. La création en 1872 d'un impôt sur le revenu des valeurs mobilières, prélevé à la source, constitue une première étape, suivie par la création d'un impôt sur les opérations de Bourse en 1893. Mais ces mesures ne transforment pas fondamentalement le système existant.

La progressivité est très vite au cœur des débats sur l'impôt sur le revenu. Du côté réformateur, Paul Doumer et Godefroy Cavaignac prennent la tête du combat pour l'impôt global et progressif sur le revenu entre 1894 et 1896. Le retard français en la matière, alors que la Prusse et les Pays-Bas viennent de se doter d'un impôt progressif, leur paraît doublement regrettable, non seulement d'un point de vue démocratique mais surtout parce que la France se prive d'un outil fiscal qui lui serait nécessaire pour rivaliser militairement avec l'Allemagne et les autres puissances européennes. Dans ces conditions, le pays risque, selon eux, de se retrouver dans une situation d'infériorité très dangereuse pour sa sécurité nationale[71]. Le projet présenté par Godefroy Cavaignac (un contre-projet en réalité) donne lieu à l'un des grands débats parlementaires de l'histoire de la IIIe République. La discussion qui se tient du 9 au 12 juillet 1894 se transforme en effet en débat pour ou contre l'impôt global et progressif sur le revenu[72]. Tandis que Godefroy Cavaignac, Paul Doumer et Jean Jaurès exposent leurs arguments en faveur de la réforme, Jules Roche, Alexandre Ribot, Georges Cochery et Raymond Poincaré font bloc pour rejeter sans ménagement l'impôt personnel, la déclaration de revenus et la progressivité. Le 12 juillet 1894, la Chambre des députés rejette le contre-projet de Jean Jaurès par 352 voix contre 136, ainsi que le contre-projet de Godefroy Cavaignac et Paul Doumer par 267 voix contre 236. Pour ne pas paraître trop hostile aux réformes, les députés votent cependant une résolution invitant le gouvernement à présenter rapidement un projet de réforme des contributions directes fondé sur un impôt sur les revenus[73].

Le nom de Joseph Caillaux est généralement associé à l'adoption de l'impôt général sur le revenu au taux progressif le 15 juillet 1914 à contrecœur par le

---

68. A. Héritier, « Créations fiscales et réaction des contribuables : les projets d'impôt sur le revenu », *Études et documents*, CHEFF, vol. VIII, 1996, p. 223-259.

69. N. Delalande, *Histoire sociale de l'impôt*, Paris, La Découverte, 2010, « L'État, les citoyens et la réforme fiscale », p. 37-40.

70. R. Schnerb, « La politique fiscale de Thiers », *in* J. Bouvier *et al.* (dir.), *Deux siècles de fiscalité française (XIXe-XXe siècles) : histoire, économie, politique*, Paris, Mouton, 1973, p. 158-220.

71. G. Cavaignac, *Pour l'impôt progressif*, Paris, Armand Colin, 1895.

72. *Journal officiel de la République française, débats parlementaires, Chambre des députés*, séances des 9, 10, 11 et 12 juillet 1894, p. 1215-1229, 1235-1247, 1252-1269.

73. N. Delalande, *Les batailles de l'impôt : consentement et résistances de 1789 à nos jours*, *op. cit.*, « La mise en échec des projets radicaux », p. 148-153.

Sénat, alors que l'on sent monter le péril à quelques jours du déclenchement de la Grande Guerre[74]. Les circonstances exceptionnelles de la Première Guerre mondiale viennent ainsi à bout des réticences françaises. L'allongement à trois années de la durée du service militaire en 1913 et la préparation de la guerre ont finalement raison des résistances de ceux qui s'opposent à la réforme du système fiscal. L'article 10 de la loi du 15 juillet 1914 stipule :

> « L'impôt est établi d'après le montant total du revenu net dont dispose chaque contribuable. »[75]

Il est assorti de déductions pour charges de famille. Si la corrélation entre l'impôt sur le revenu et Joseph Caillaux n'est pas inexacte, elle minimise l'ampleur des travaux et tentatives qui l'ont précédée et préparée. Contrairement à la présentation qui en est parfois faite, le projet de Paul Doumer, ministre des Finances, d'instaurer un impôt sur le revenu n'est pas une idée neuve dans l'histoire fiscale de la France contemporaine. En effet, avec, pour principale référence théorique le *Traité de la science des finances* de l'économiste Paul Leroy-Beaulieu, publié en deux volumes en 1877[76] et stipulant que « l'État a besoin de ressources absolument régulières » (autrement dit de l'impôt), le projet Doumer est annoncé par plusieurs avatars, précédents et travaux préparatoires[77]. En particulier, Léon Say[78], économiste et sénateur de Seine-et-Oise, prononce le 10 septembre 1885 à la mairie de L'Isle-Adam une conférence sur « L'impôt sur le revenu ». 500 personnes prennent place dans la salle. 200 ne peuvent entrer. Doit-on taxer le revenu ou les revenus et/ou le capital (impôt mixte) ? Si oui, de quelle manière ? En pleine période électorale, le sujet passionne et divise les citoyens français. Le débat fiscal sort ainsi du milieu fermé des élites dirigeantes pour occuper la place publique. Il devient dès lors un élément d'union des gauches républicaines.

L'orateur, interrompu par un bruit prolongé qui se fait entendre du côté de la porte où diverses personnes jouent des coudes pour pénétrer dans la salle, refuse une question : il s'agit d'une conférence, pas d'une discussion contradictoire. Aussitôt publié, le texte de la conférence fait date et marque les esprits[79]. L'année suivante, Arthur Ballue, député du Rhône, adresse à Sadi Carnot, ministre des Finances, une proposition d'impôt sur le revenu. La question est examinée aux points de vue historique (depuis 1789), économique et fiscal[80]. L'auteur insiste en conclusion sur les inconvénients de la mesure, notamment du point de vue de son application tech-

---

74. J.-C. Allain, « Joseph Caillaux, promoteur de l'impôt général sur le revenu », *Études et documents*, XI, 1999, Paris, CHEFF, p. 165.

75. A. Neurrisse, *Histoire de la fiscalité en France*, *op. cit.*, p. 65.

76. P. Leroy-Beaulieu, *Traité de la science des finances*, Paris, Alcan, 2 vol., 1877.

77. J.-C. Allain, *Joseph Caillaux*, t. 1, « Le défi victorieux (1863-1914) », *op. cit.*, p. 232.

78. J. Garrigues, *Léon Say et le centre gauche (1871-1896) : la grande bourgeoisie libérale dans les débuts de la IIIe République*, thèse de doctorat d'histoire, Université Paris X-Nanterre, 1993.

79. L. Say, *L'impôt sur le revenu*, texte de la conférence prononcée à la mairie de L'Isle-Adam le 10 septembre 1885, Paris, imprimerie Chaix, 1885.

80. CAEF, CP, B 47.372, note d'A. Ballue, député du Rhône, à S. Carnot, ministre des Finances, 7 avril 1886.

nique. Quelques mois plus tard, Ferdinand-Camille Dreyfus, député de la Seine, présente à la Chambre une proposition de loi relative à l'établissement d'un impôt sur le revenu[81]. Comme le rappelle l'auteur, cet impôt, inscrit dans un grand nombre de programmes électoraux, figure depuis longtemps au nombre des revendications de la démocratie française. Successivement proposée par deux ministres des Finances en 1848, puis par Jean Casimir-Perier en 1871 et encore par Léon Gambetta en 1876, l'idée n'est pas neuve. Ferdinand-Camille Dreyfus fait lui aussi remonter à 1789 la nécessité de réformer le système fiscal français avant de conclure :

> « L'impôt sur le revenu est destiné à entrer dans notre régime fiscal, non pour en augmenter les charges mais pour en corriger les inégalités. »[82]

Ce n'est pas tout. Une nouvelle proposition de loi relative à l'établissement d'un impôt sur les revenus est présentée par René Goblet, député de la Seine, lors de la séance du 5 mai 1894[83]. Dans l'exposé des motifs, le projet est présenté comme un serpent de mer ressurgissant régulièrement à l'ordre du jour des débats politiques depuis vingt-cinq ans que la République a été rétablie en France. Le seul moyen de réaliser effectivement la justice et l'égalité dans l'impôt serait, selon le député de la Seine, de le faire porter non plus sur la dépense mais sur les ressources du contribuable, en atteignant ainsi directement le revenu[84].

Toutes les législatures qui se succèdent sous la IIIe République voient ainsi s'exprimer de nombreux projets soutenus par une même école économique et tendant au même but : tantôt des projets présentés par le gouvernement lui-même (les ministres des Finances Albert Dauphin en 1887, Paul Peystral en 1888, Auguste Burdeau en 1894, Alexandre Ribot en 1895, Paul Doumer puis Georges Cochery en 1896) ; tantôt, en beaucoup plus grand nombre encore, des propositions émanant de l'initiative parlementaire, portées par des députés isolés et rapidement écartées de ce fait[85]. Le sujet semble presque devenu un exercice de style obligé pour tous les locataires de la rue de Rivoli — à l'exception notable de Raymond Poincaré en 1894 — pendant les premières décennies de la IIIe République. Mais aucun d'eux ne parvient à recueillir de majorité parlementaire dès que le mécanisme de fonctionnement est abordé. Les préventions demeurent les plus fortes.

6. Une question qui divise politiques et économistes

La question de l'impôt sur le revenu oppose les économistes en des termes aussi vifs qu'elle divise la classe politique française. Parmi ceux qui le combattent, Gustave de Puynode le présente comme « un très puissant élément révolutionnaire, qui porterait,

---

81. *Ibid.*, proposition de loi no 1173, Chambre des députés, 4e législature, session extraordinaire de 1886.
82. *Ibid.*
83. *Ibid.*, proposition de loi no 599, Chambre des députés, 6e législature, séance du 5 mai 1894.
84. *Ibid.*
85. CAEF, LF, B 43.281.

dès le premier jour, le coup le plus funeste à toute industrie, à toute richesse, à toute sécurité »[86]. Appelé « impôt sur les riches » par les socialistes dans l'espoir de le rendre populaire, cet impôt excite l'envie autant qu'il crée l'effroi. L'impôt personnel sur le revenu, s'il peut paraître séduisant « grâce au mirage de l'égalité des sacrifices », reste, selon ses adversaires, difficile à limiter et à manier[87]. Même cinq ans après son adoption, la Société d'économie politique recommande de l'écarter « d'une manière absolue, comme au dix-neuvième siècle »[88]. Le nœud de la question, touchant à la dignité et à la sécurité individuelle, reste le mode d'investigation, « sorte de confession fiscale » assimilée à une inquisition arbitraire et vexatoire[89]. Car, en France, la fortune demeure, d'un point de vue culturel, considérée comme une affaire privée. « La poche du Français reste à droite », note André Siegfried[90]. Léon Say, alors député des Basses-Pyrénées, va en 1895 jusqu'à assimiler le programme fiscal radical et socialiste, destructeur de capitaux, aux « crimes de la Terreur »[91]. La comparaison indique la lourdeur du contexte politique et culturel dans lequel s'inscrit la question fiscale dans la France du XIXe siècle. Pédagogue inlassable de l'impôt, Paul Doumer s'emploie sa carrière durant à rassurer ses concitoyens sur ce point précis en réaffirmant l'attachement viscéral des Français au secret des revenus :

> « Toute notre législation fiscale s'inspire précisément de la volonté de maintenir le caractère confidentiel des renseignements relatifs aux situations individuelles et d'imposer le secret professionnel à ceux qui, par leurs fonctions, peuvent être amenés à connaître les revenus des contribuables. Ce n'est pas au public qu'il appartient de contrôler les déclarations, mais à l'administration seule ! »[92]

Quels arguments les adversaires de l'impôt opposent-ils aux réformes fiscales ? La question de l'impôt progressif soulève non seulement des enjeux d'ordre politique, mais aussi des interrogations sur l'opportunité et la faisabilité des réformes. La mise en échec des projets portés par Godefroy Cavaignac et Paul Doumer peut ainsi s'expliquer par les réticences de l'administration elle-même, laquelle reste attachée, jusqu'à la fin des années 1890 à une sorte d'« esprit de routine ». Au-delà des questions liées à la justice fiscale, les débats sur l'impôt personnel et progressif portent en effet sur les moyens de préserver et d'enraciner le consentement à l'impôt, sans bouleverser les fragiles équilibres patiemment construits au fil de plusieurs décennies. Le refus des grandes réformes fiscales s'appuie encore à la fin du XIXe siècle sur le souvenir des événements de 1841 et 1848, épisodes d'intense

86. G. de Puynode, « L'impôt sur le revenu », *Journal des économistes*, t. XXVIII, octobre-novembre 1896, p. 111.

87. F. Roger, *Journal des économistes*, compte-rendu de la séance de la Société d'économie politique du 5 juillet 1919, p. 108.

88. *Ibid.*

89. *Ibid.*, p. 111.

90. A. Siegfried, *Tableau des partis en France*, *op. cit.*, « L'esprit de la politique française », p. 89.

91. J. Garrigues, *La République des hommes d'affaires (1870-1900)*, Paris, Aubier, 1997, p. 274.

92. AAN, Annales de la Chambres des députés, débats parlementaires, discussion d'un amendement de G. Boully, député (cartelliste) de l'Yonne, intervention de P. Doumer, ministre des Finances, 14 février 1926.

contestation de l'autorité fiscale de l'État consécutifs à des projets de réforme jugés imprudents. L'administration conserve la mémoire de ces événements, qui servent de repoussoirs à toute tentative de refonte globale du système fiscal. René Stourm évoque ainsi, dans la notice qu'il consacre à l'impôt dans le *Nouveau dictionnaire d'économie politique* paru en 1891, la gravité des troubles occasionnés par les essais de réforme des années 1840 et s'inquiète de la possibilité d'une résurgence de tels désordres en cas d'adoption de l'impôt sur le revenu[93]. La condamnation par l'administration elle-même de la progressivité et de la déclaration emprunte les mêmes arguments. Dans une note de 1891, la direction générale de l'enregistrement repousse énergiquement la progressivité en matière d'impôt sur le revenu :

> « C'est un impôt arbitraire, vexatoire, spoliateur, improductif, qui serait un leurre pour les petits contribuables et dont le plus clair résultat serait d'atteindre à sa base même la prospérité économique du pays. »[94]

En somme, la progressivité mènerait inéluctablement à une catastrophe politique et au déclin économique. Consultés au sujet du projet de Paul Doumer en 1896, les directeurs départementaux des Contributions directes, hostiles ou sceptiques à l'égard de l'impôt global, emploient des formules tout aussi alarmistes : le directeur des Contributions directes de la Charente voit dans l'impôt global sur le revenu une « source inépuisable de dissension et de haines, de vexations et de dénonciations », tandis que celui de la Corse craint que « l'impôt sur le revenu ne devienne une arme dangereuse »[95].

La critique des réformes fiscales rejoint les thèses de la psychologie des peuples en plein essor à cette époque : le « tempérament national » des Français, leurs mœurs et leurs traditions rendraient impossible toute greffe de l'impôt sur le revenu dans un pays réputé foncièrement hostile à la fiscalité personnelle depuis la Révolution[96]. Cette psychologie spécifique du peuple français serait ainsi le produit d'une longue histoire de résistance aux prétentions fiscales de la monarchie absolue. La direction générale de l'enregistrement rejette ainsi l'éventualité du recours à la taxation d'office :

> « Il serait douteux que cette pratique fût supportée par un peuple qui, depuis 1789, a pour principe de considérer le paiement des impôts comme un octroi libre et volontaire. »[97]

---

93. R. Stourm, « L'impôt », *in* J. Chailley-Bert *et al.* (dir.), *Nouveau dictionnaire d'économie politique*, t. 2, Paris, Guillaumin, 1891, p. 30-31.

94. CAEF, B43149, note de la direction générale de l'enregistrement au ministre des Finances, 7 juillet 1894.

95. ADS, 39J10, fonds J. Caillaux : rapports des directeurs des Contributions directes sur l'impôt sur le revenu présenté par P. Doumer, ministre des Finances (1896).

96. J. Dumas, « Quelques réflexions sur l'*income tax* », *Revue d'économie politique*, 1894, p. 441-461.

97. CAEF, B43149, note de la direction générale de l'enregistrement au ministre des Finances, 7 juillet 1894.

La déclaration de revenus donnerait lieu, selon ses opposants, à d'innombrables protestations, car les Français, plus que tout autre peuple, sacraliseraient la protection du secret des affaires. On craint notamment que ce nouveau mode d'établissement de l'impôt ne s'accompagne de contrôles « inquisitoriaux » de l'administration, dont le résultat serait de provoquer l'effondrement de la morale publique et la dislocation des conventions sociales fondant la possibilité du consentement à l'impôt.

7. Le retard fiscal français

Dans ce contexte, la méthode employée par Paul Doumer et les services du ministère des Finances se veut très prudente. De multiples travaux préparatoires et essais d'application sont ainsi entrepris à l'échelle départementale. La rédaction de l'exposé des motifs est reprise plusieurs fois jusqu'à son adoption définitive le 3 juin 1896[98]. Techniquement, l'impôt sur les revenus est divisé en cinq cédules : propriétés bâties; propriétés non-bâties; valeurs mobilières; bénéfices industriels et commerciaux; revenus du travail. Porté par l'inlassable effort pédagogique du radicalisme, l'impôt finit par perdre, avec les ans, beaucoup de sa connotation diabolique d'antan.

Comment la question fiscale est-elle abordée ailleurs en Europe ? Diverses études comparatives sont menées par les services du ministère des Finances. Il s'agit de savoir comment les voisins de la France (Allemagne, Angleterre, Pays-Bas, Russie, Suède, Norvège) imposent les revenus de leurs citoyens. Car les débats sur la réforme fiscale se déploient à une échelle internationale. Tous les pays sont en effet concernés par le sujet dans les années 1890-1914 : les tensions internationales, les conquêtes coloniales et le développement des dépenses sociales exigent un renforcement des capacités de prélèvement des États. Plutôt que de taxer les individus de manière indirecte, par l'observation de signes extérieurs de richesse, plusieurs pays s'orientent vers la mise en œuvre de la technique de la déclaration, qui doit permettre de connaître précisément les revenus de chaque contribuable. Les États cherchent ainsi à renforcer leur connaissance des situations individuelles pour mieux ajuster les mesures de prélèvement aux nouvelles formes de richesses, en particulier mobilières. L'introduction de taux progressifs, et non plus proportionnels, vient compléter ce dispositif. L'idée se développe en effet selon laquelle la justice distributive suppose que les plus hauts revenus ou les grosses fortunes soient soumis à des taux d'imposition plus élevés que ceux qui s'appliquent aux revenus modestes. Or ces deux enjeux, la déclaration et la progressivité, suscitent de vives résistances en France.

L'*income tax*, impôt sur les revenus non progressif, rétabli en 1842 en Grande-Bretagne et perçu à partir des années 1860 sur la base des déclarations des contribuables[99], est fréquemment invoqué en France pour justifier l'impôt personnel sur le

98. CAEF, LF, B 43.285, note du directeur général de la comptabilité publique, 27 juin 1896.
99. M. Daunton, *Trusting Leviathan: The Politics of Taxation in Britain, 1799-1914*, Cambridge, CUP, 2001.

revenu[100]. Si les Anglais ont pu s'y habituer, les Français pourront bien, eux aussi, adopter ce système ! L'Italie emboîte le pas en 1864. En 1891, la Prusse adopte le système de l'*Einkommensteuer*, établi par voie de déclaration et incluant des taux progressifs, puis c'est au tour des Pays-Bas en 1893. Aux États-Unis, en revanche, après avoir été temporairement appliqué pendant la guerre de Sécession, l'*income tax* est vivement combattu, la Cour suprême le déclarant même inconstitutionnel en 1895. C'est dans ce contexte international, marqué par de nouvelles réflexions sur la justice fiscale et le pouvoir de taxation des États, que s'insère le débat français autour de l'impôt sur le revenu.

L'*Einkommensteuer* prussien, cité en exemple par Paul Doumer, est une référence malvenue[101]... Paul Deschanel dénonce en effet vivement « les procédés inquisitoriaux de ce pays hiérarchisé et militarisé à outrance dans lequel chacun naît avec un uniforme »[102]. Ce modèle venu d'un pays détesté est vigoureusement rejeté en France. Le député Joseph Reinach dénonce en 1908 :

> « En Prusse, il a fallu en venir à un espionnage intolérable et à une délation dégradante : on interroge les fournisseurs, les voisins, les domestiques, les enfants. On tient compte des dîners donnés, des cigares offerts aux invités. »[103]

Comment, finalement, expliquer le retard fiscal français ? Comparativement à ses voisins européens, le souci d'éviter toute forme de prétendue inquisition fiscale est devenu un obstacle majeur à la modernisation du système à la fin du XIXe siècle. Depuis la fin de l'Ancien Régime, la société française, en particulier dans les campagnes, est allergique à toute idée de déclaration fiscale. La défense de la liberté individuelle, legs révolutionnaire intouchable, implique que les contacts entre le fisc et les contribuables soient aussi légers que possible[104]. Ce long immobilisme du système fiscal français fait qu'en définitive, la France est demeurée à l'écart du mouvement tendant à donner plus de place aux impôts directs dans la plupart des pays européens. Ainsi le retard fiscal français est-il bien réel[105].

8. L'appel du large ?

C'est en définitive au Sénat que la résistance des conservateurs se révèle la plus efficace. Les sénateurs décident de refuser de voter tout nouveau crédit au gouvernement (notamment pour l'expédition militaire qui conduit à la colonisation de Madagascar), tant que celui-ci demeure dirigé par des radicaux. Après une mise en garde officielle de la Chambre haute le 21 avril 1896, Léon Bourgeois remet sa

---

100. M. Lescure *et al.* (dir.), *L'impôt en France aux XIXe et XXe siècles*, *op. cit.*, p. 5.

101. J.-N. Jeanneney, *L'argent caché : milieux d'affaires et pouvoirs politiques dans la France du XXe siècle*, Paris, Fayard, 1981, rééd. Paris, Le Seuil, 1984, p. 98.

102. A. Plessis, « L'impôt des Français au XIXe siècle, replacé dans une perspective européenne », *in* M. Lescure *et al.* (dir.), *L'impôt en France aux XIXe et XXe siècles*, *op. cit.*, p. 14-47.

103. G. Ardant, *Histoire de l'impôt*, livre II, Paris, Fayard, 1972, p. 394.

104. *Ibid.*

105. J.-C. Asselain, « Un siècle d'histoire fiscale de la France : le mirage de l'impôt progressif sur le revenu », *in* M. Lescure *et al.* (dir.), *L'impôt en France aux XIXe et XXe siècles*, *op. cit.*, p. 69.

démission de son gouvernement deux jours plus tard. La mobilisation des élites libérales, au sein du Parlement, dans la presse et au travers des chambres de commerce et des conseils généraux, renverse le seul gouvernement ayant réussi à faire voter le principe de l'impôt global et progressif sur le revenu par la Chambre des députés. Présenté comme traditionnellement en retrait sur l'opinion de la majorité des élus du suffrage direct et toujours, de ce point de vue, plus conservateur face aux innovations, le Sénat de la IIIe République joue une fonction de tempérance des ardeurs et des pulsions conjoncturelles de l'opinion. On ne peut sans doute pas négliger non plus le dépit de tous les anciens ministres des Finances, membres de la commission sénatoriale des Finances, auteurs de projets avortés (Paul Peytral, Alexandre Ribot, Maurice Rouvier), devant celui d'un de leurs jeunes successeurs, blanc-bec ayant audacieusement réussi à franchir le cap de la majorité des députés, et qui ont le pouvoir — sinon la satisfaction — de le démolir. Emporté par l'entêtement de Paul Doumer sur le dossier de l'impôt, le ministère Bourgeois tombe ainsi moins de sept mois après sa formation. On reproche alors vivement à Paul Doumer d'avoir suivi une politique personnelle nuisible à ses collègues et à son parti.

La mésaventure du bref cabinet Bourgeois marque une césure : elle a en effet pour conséquence immédiate de rendre le sujet de l'impôt sur le revenu quasiment tabou pendant au moins une décennie. De 1896 à 1907, plus aucun gouvernement n'ose ainsi présenter un projet d'impôt sur le revenu comportant soit la déclaration des revenus soit la progressivité des taux. Les ministres successifs des Finances formulent des propositions qui s'en tiennent au principe des signes extérieurs de richesse et à des taux strictement proportionnels ou très faiblement progressifs. La période réformatrice ouverte en 1893 semble momentanément close.

Une réunion publique tenue le 17 août 1896 à Auxerre sous la présidence d'Alexandre Legrand, maire radical de la ville (1892-1900), donne à Paul Doumer l'occasion de dresser un bilan tant de son mandat de député de l'Yonne que de sa récente et brève expérience ministérielle. Un millier de personnes y assistent. Paul Doumer a noué quelques liens politiques et amicaux solides au cours de ses cinq années auxerroises. Ainsi Jean Perreau-Pradier[106], rejeton d'une dynastie de commis de l'État marquant durablement l'Yonne républicaine[107], est-il recommandé en « doumérie ». Fort de ce soutien, on le retrouve trente ans plus tard attaché au cabinet de Paul Doumer, président du Sénat (1929-1931), puis à la maison civile de Paul Doumer, président de la République (1931-1932)[108]. Il épousera ensuite une belle carrière préfectorale. Paul Doumer rappelle, dans son discours du 17 août 1896 à Auxerre, les circonstances de la formation du cabinet Bourgeois et les

106. P.-C. Dugenne, *Dictionnaire biographique, généalogique et historique du département de l'Yonne*, Auxerre, Société généalogique de l'Yonne, 1996, t. IV, p. 1072-1073.

107. J.-C. Charlet, « La dynastie des Perreau-Pradier », *L'Yonne républicaine*, 2 avril 1998.

108. A. Lorin, « Les entourages politiques des présidents d'assemblée sous la IIIe République : Paul Doumer, président de la Chambre des députés (1905-1906) puis président du Sénat (1927-1931) », *Parlement[s], revue d'histoire politique*, date indéterminée, à paraître.

concessions que tous les républicains durent alors faire, y compris les plus avancés, pour s'accorder sur un programme pouvant aboutir : vote des lois ouvrières, des lois sur la protection du travail, sur les retraites ouvrières, enfin réforme de l'impôt. Doumer développe les grandes lignes de son programme en s'attardant sur la dernière réforme, qui lui tient le plus à cœur. Le député tient à préciser que son premier soin a été de faire voter en temps utile le budget de 1897, ce qui n'avait pas été fait depuis longtemps, et qu'il y a introduit de telles économies que, s'il est appliqué avec minutie, aucune demande de crédits supplémentaires ne sera nécessaire. Ce budget devrait même se solder, selon lui, par un excédent de recettes. Fustigeant un ministère Méline obligé de vivre « avec l'appoint des réactionnaires », Paul Doumer conclut son discours en précisant que sa politique comme ministre a été la même que comme député. Il le promet : jamais il ne se prêtera à une combinaison en présence d'un modéré. Après cet exposé, un ordre du jour ainsi conçu est voté à l'unanimité des présents :

> « Les électeurs d'Auxerre, après avoir entendu Monsieur Doumer, approuvent ses actes, le félicitent de son attitude au ministère des Finances et de l'offre qu'il a faite pour assurer le vote de l'impôt sur le revenu : ils lui déclarent leur continue confiance. »[109]

Paul Doumer trouve dans la brève expérience ministérielle qu'il vient de vivre aux côtés de son ami Léon Bourgeois un ressort supplémentaire pour faire avancer ses vues. La chute du cabinet Bourgeois l'a-t-elle découragé ? Une fois celui-ci renversé, Paul Doumer continue de faire ardemment campagne pour l'établissement de l'impôt sur le revenu. Car la réforme sociale passe aussi, selon lui, par le patient travail de l'opinion, dans la presse, dans les réunions publiques qu'il multiplie, par affiches et par tracts. Et pas seulement. Le 8 juillet 1896, Paul Doumer l'entêté défend de nouveau son projet à la Chambre en sa qualité de député de l'Yonne. Il dépose cette fois un « contre-projet » d'établissement d'un impôt général sur le revenu[110]. Son activité et son audace agacent prodigieusement le ministère Méline au pouvoir depuis le 28 avril 1896. À son collègue Marcel Habert, député de Seine-et-Oise, qui lui lance : « Reposez-vous ! », l'ancien ministre des Finances répond : « Non, je vous remercie, je préfère terminer ! »[111]. S'il n'est pas parvenu à imposer son projet, Paul Doumer se félicite d'avoir réussi à effrayer les possédants. Il se montre confiant. Il s'agit de mieux acclimater le projet dans le pays. Ce n'est en effet, selon lui, qu'une affaire d'habitude et de temps. En attendant, son projet a efficacement mobilisé contre lui le Sénat. Le signal de la danse du scalp donné par ce dernier, l'épouvantail fiscal ramène aussitôt, mécaniquement, la majorité parlementaire à droite. Paul Doumer défend simultanément au Parlement une autorisation d'emprunt pour l'exécution de grands travaux au Tonkin. Sonne-t-elle comme un appel du large ?

---

109. ADY, 3 M[1] 314, compte-rendu public du mandat du député P. Doumer (17 août 1896).
110. AAN, Annales de la Chambre des députés, débats parlementaires, séance du 8 juillet 1896, p. 614.
111. *Ibid.*, p. 628.

Conclusion intermédiaire

Sa naissance dans le Cantal tôt acquis à la République et son extraction misérable estampillent la vie de Paul Doumer. Écolier auvergnat sans le sou à Montmartre alors que le troisième quart du XIXe siècle est celui de la surpopulation maximale des natifs du Massif central dans la capitale, Paul Doumer y passe le certificat d'études (1870). Sa conscience sociale aiguë, sa connaissance intime, physique et vécue des questions sociales et de la condition ouvrière sont encore renforcées par l'apprentissage ouvrier qu'il effectue, dès l'âge de douze ans, dans le Paris des années 1870, alors que sa mère, veuve désargentée, est contrainte de le placer dans un atelier de fabrique de médailles. Pratique sociale courante que celle du placement en apprentissage ouvrier, chez un patron artisan, de mineurs par leurs parents désargentés, alors que le Paris du XIXe siècle regorge d'ateliers de quartier. Cet apprentissage rémunéré est une chance pour le jeune Paul, qui rendra sa vie durant de régulières visites à l'atelier de la rue de Turenne, où il a travaillé pendant six ans. Paul Doumer passe son baccalauréat en blouse de travail et l'obtient avec félicitations (1876). Un fait exceptionnel pour un jeune homme de son origine sociale, alors que pas plus de 5 500 baccalauréats sont délivrés en France cette année-là. Il suit ensuite les cours du soir, gratuits, du populaire Conservatoire national des arts et métiers. Tremplin social, l'école, destinée à libérer les consciences, assure la promotion des talents. Elle est perçue comme le moyen principal de l'ascension sociale pour les classes populaires et la bourgeoisie montante, dont les valeurs sont d'abord le diplôme et le travail.

Après avoir obtenu une licence de mathématiques, condition fixée par son futur beau-père, inspecteur de l'enseignement primaire, au mariage avec sa fille Blanche (1878), Paul Doumer entre dans l'enseignement, section des « hommes nouveaux », le plus souvent d'origine modeste. Il enseigne en collège pendant six ans (1877-1883), à Mende puis Remiremont, et participe, à ce titre, aux progrès de la « République des professeurs » et de la Ligue de l'enseignement, dont il anime la section vosgienne en qualité de secrétaire. Véritable creuset républicain, la Ligue de l'enseignement structure pour Paul Doumer un réseau de sociabilité apte à renforcer ses valeurs républicaines tant aux niveaux local que national. Ensuite parrainé en franc-maçonnerie par William Waddington, « baptiseur de ministres », Paul Doumer y noue, au seuil de sa carrière, de précieuses amitiés, déterminantes pour la suite, notamment celle de Léon Bourgeois, avec lequel il fonde la prestigieuse loge Volaire (1890). Il acquiet rapidement d'importantes responsabilités nationales au Grand Orient de France, fécond « laboratoire législatif » à l'avant-garde des forces républicaines dans les dernières années du XIXe siècle, et y développe un carnet d'adresses des plus utilement introduits.

Éveillé à la politique dans l'Aisne, dont est originaire son épouse Blanche, Paul Doumer s'y fait d'abord un nom grâce à son activité journalistique. Il y fonde en effet *La Tribune de l'Aisne* (1885) avant d'être élu benjamin du conseil municipal de Laon en 1887, date de son entrée effective en politique, et d'accéder dès l'année suivante à la députation (1888). Instruit par l'école, expérimenté tout à la fois par les fonctions locales, l'enseignement et la collaboration à des journaux, Paul Doumer, qui ne passe pas par la voie du militantisme partisan et n'acquiert aucun titre dans l'organisation d'un parti, répond ainsi à au moins quatre traits connus des voies d'accès à la fonction parlementaire sous la IIIe République. Paul Doumer développe dans l'Aisne une précieuse connaissance des réalités locales et y fait un apprentissage de la décision collégiale et des finances publiques par l'édilité, dans un double souci de maîtrise des dépenses publiques et de promotion des investissements d'équipement. Le monde politique de sa petite patrie d'adoption, département idéal typique de la France de la IIIe République tenu tout à la fois pour « le pays de la loyauté » et pour une « petite France », miniature exacte de la grande d'un point de vue politique, fournit à Paul Doumer une manière d'axe intelligible du pays républicain.

Parrainé par Charles Floquet, président de la Chambre des députés, Paul Doumer est ensuite parachuté dans l'Yonne, où il est élu député (1891). Un tel changement de département est relativement exceptionnel sous la IIIe République, la presque totalité des députés sortants se représentant en effet dans le département où ils ont été une première fois élus. Paul Doumer obtient en 1894 avec ses amis du parti colonial, qui se structure alors, la création d'un ministère des Colonies. Il est difficile de voir autre chose que de l'opportunisme dans le goût soudain pour le colonial, commandé par les circonstances du moment, venu à l'esprit de cet homme apparemment éloigné des intérêts coloniaux. Les réseaux coloniaux joueront un rôle de relais et de soutien essentiel dans le cadre de ses candidatures futures. Paul Doumer construit, dans l'immédiat, une partie importance de sa notoriété et de sa crédibilité politiques, essentielles à ses débuts, sur sa dextérité avec les chiffres, au maniement desquels il a été formé. Paul Doumer est en effet du tout petit nombre de parlementaires du début de la IIIe République qui savent lire un bilan et analyser un budget. Alors que le nombre de spécialistes financiers à la Chambre des députés est fort réduit, de telles compétences techniques, précieuses, lui permettent de se démarquer de ses pairs. Sa compétence, dont l'origine est empirique, se fortifie ensuite selon des conceptions politiques. Paul Doumer devient ainsi le porte-étendard de la question fiscale en sa qualité de ministre des Finances, à l'âge de trente-huit ans, du cabinet Bourgeois (1895-1896), gouvernement le plus maçonnique de le IIIe République. Son projet d'impôt global sur le revenu, bras armé du solidarisme théorisé par son ami Léon Bourgeois et élément d'union des gauches républicaines, donne lieu à une âpre « bataille de l'impôt » destinée à établir une « fiscalité démocratique ». Cette première expérience ministérielle, malgré sa brièveté et le renversement du cabinet Bourgeois par le Sénat en raison de son projet de réforme fiscale, serpent de mer de la vie politique française, accroît significativement l'aura nationale de Paul Doumer.

Deuxième partie

Un *cursus honorum* mené d'arrache-pied 1897-1918

Chapitre IV
Le tremplin colonial
1897-1902

D'une santé précaire, Armand Rousseau, gouverneur général de l'Indochine depuis le 29 décembre 1894, exprime le souhait d'être déchargé de son poste dès l'été 1895, soit six mois après son arrivée. Il est alors candidat à un siège de sénateur dans le Finistère. Fatigué, il souhaite en effet rentrer définitivement en métropole. Émile Chautemps, ministre des Colonies, pense alors déjà à Paul Doumer, qu'il approche, pour remplacer Armand Rousseau. Mais survient une crise ministérielle et le jeune Doumer rejoint le cabinet formé par Léon Bourgeois le 1er novembre 1895. Entretemps, Armand Rousseau accepte de conserver ses fonctions, malgré la grande fatigue que lui cause la rudesse du climat indochinois. Il souffre de l'intestin. Son second été au Tonkin achève de le miner. Son mandat est brutalement interrompu par sa mort inopinée, le 10 décembre 1896 à Hanoi.

De son côté, Léon Bourgeois, désireux de prendre sa revanche de la défaite subie en faisant acclamer par la population la politique fiscale condamnée par le Sénat, s'engage à présider un grand nombre de banquets à travers la France pendant les vacances parlementaires consécutives à la session ordinaire de 1896. Mais l'ancien président du Conseil, présumant trop de son ardeur, doit se faire remplacer par ses anciens ministres. Il demande ainsi à Émile Combes de le remplacer aux banquets de Tours et de Bergerac. Se disant « retenu par des obligations très importantes » à Paris sans toutefois préciser lesquelles, Paul Doumer adresse une lettre pressante à son ancien collègue et ami Émile Combes, le conjurant d'aller à sa place à Eauze, dans le Gers, pour une conférence qu'il a promis à Léon Bourgeois de présider[1]. Pendant qu'Émile Combes le remplace dans le Gers, Paul Doumer négocie secrètement à Paris avec Jules Méline, président modéré du Conseil depuis le 28 avril 1896. Exprime-t-il un pressant désir d'ailleurs ?

1. É. Combes, *Mon ministère : mémoires (1902-1905)*, Paris, Plon, 1956, « Rupture avec Doumer », p. 184-191.

1. Décapiter la gauche radicale ?

Le 26 décembre 1896, sur la proposition de Jules Méline, président du Conseil, le Conseil des ministres nomme Paul Doumer gouverneur général de l'Indochine. L'Aurillacois s'est pourtant jusqu'alors montré un farouche adversaire de Jules Méline. La République s'enorgueillit d'envoyer en Indochine « les meilleurs parmi ses hommes d'État »[2]. À trente-neuf ans, Paul Doumer devient alors, presque par accident, l'un des plus jeunes gouverneurs généraux que la France ait connus[3]. Son choix pro-colonial peut difficilement être mis en relation avec les positions du radicalisme des années 1880-1890 sur la question coloniale ou la place des colonies dans l'imaginaire politique français de la IIIe République. Une fois la conquête militaire achevée (dite ensuite « pacification ») et avant la « mise en valeur » proprement dite, le quinquennat de Paul Doumer en Indochine (1897-1902) correspond à un moment-charnière tout à fait spécial de l'histoire de l'Indochine coloniale, celui de la mise en place d'une exploitation intérieure de l'Indochine, voulue rationnelle et rigoureuse.

Comme le parti radical et la France entière, Émile Combes, « encore plus attristé de cette défaillance morale qu'offensé du sans-façon de Doumer à [son] égard »[4], apprend par *Le Journal officiel* la nomination de Paul Doumer en Indochine. Le lien est dès lors irrémédiablement rompu entre les deux hommes. Dans ses mémoires, Émile Combes écrit durement de Doumer, « être bouffi de suffisance et dépourvu de toute délicatesse », qu'il a « une conscience particulière, insensible à toute autre considération morale que celle du succès »[5]. La trahison vaut à Paul Doumer un violent discrédit moral du côté républicain. Pour ses amis politiques radicaux, Paul Doumer, à la recherche d'une identité politique encore en construction, abandonne lâchement son parti en pleine bataille électorale pour la satrapie d'Indochine. Son long procès en droitisme commence dès lors.

Comment expliquer une telle nomination dans le contexte politique national de la fin de l'année 1896 ? Connu pour la hardiesse de son esprit, sa volonté tenace et sa grande force de travail, Paul Doumer apparaît exactement, à ce moment, comme l'homme idoine dont la République a besoin en Indochine. Il est en effet probablement, parmi tout le personnel politique français, celui qui est le mieux préparé à l'exercice d'une telle mission, « *the right man for the right place* » selon la formule alors reprise par Lyautey[6], pourvu de toutes les qualités de souplesse et de fermeté nécessaires, pense-t-on, pour réussir en Extrême-Orient. Pour Paul Doumer,

---

2. T. Van Thao, « L'Indochine », *in* J.-P. Rioux (dir.), *Dictionnaire de la France coloniale*, Paris, Flammarion, 2007, p. 339-352.

3. A. Lorin, *Le tremplin colonial : Paul Doumer, gouverneur général de l'Indochine (1897-1902)*, *op. cit.*

4. É. Combes, *Mon ministère : mémoires (1902-1905)*, *op. cit.*, p. 187.

5. *Ibid.*, p. 188-189.

6. Maréchal L. Lyautey, *Lettres du Tonkin et de Madagascar (1884-1889)*, Paris, Armand Colin, 1942 (4e éd.).

les pays d'« Indo-Chine »[7] — une colonie historique, la Cochinchine (1862), à laquelle sont successivement adjoints quatre protectorats, le Cambodge (1863), l'Annam (1884), le Tonkin (1885) et le Laos (1893) — forment un tout qui ne peut être administré et tenu que dans une vision d'ensemble, par un pouvoir central fort, seul susceptible, selon lui, d'assurer l'impulsion, la solidarité et la coordination des efforts[8].

Voie royale dont sont issus, pour la plupart, les dirigeants politiques de l'Indochine française[9], le parti radical développe ainsi une mainmise, s'instaurant à petits pas, sur l'exploitation économique et la gestion administrative des colonies[10]. Jusqu'à la formation d'un « radicalisme de proconsuls »[11]. Les cinq années du gouvernement de Paul Doumer (1897-1902) confirment ainsi le règne des hauts fonctionnaires radicaux[12], souvent d'origine parlementaire, qui vont se succéder jusqu'en 1940 au poste de gouverneur général. Une sorte de tradition s'institue en effet de confier à des politiciens de gauche la charge de l'administration de l'Indochine dans les moments de transition difficile : Paul Bert, Jean Constans, Jean-Marie de Lanessan puis Paul Doumer; plus tard, Albert Sarraut et Alexandre Varenne vérifient cette tendance. En même temps, la sensibilité radicale, notamment définie par Gabriel Hanotaux, est, avant 1901, plutôt marquée par l'anticolonialisme ou, au mieux, par une vision humaniste de sa colonisation, qui n'a pas animé Paul Doumer.

Ni fonctionnaire ni diplomate, Paul Doumer ne sort pas de l'École coloniale ou d'une faculté de droit. Il est libre de toute appartenance à une *alma mater*. Paul Doumer a de toute façon trente-deux ans quand l'École coloniale est fondée en 1889. Cette institution ne forme au demeurant qu'une poignée de fonctionnaires avant 1914-1918. Les gouverneurs généraux de l'Indochine n'en sont jamais issus, à l'exception de Pierre Pasquier[13]. Contrairement à ses prédécesseurs, Paul Doumer n'est pas un homme du sérail. S'inscrivant en rupture, son profil apparaît ainsi comme singulier à bien des égards. Alors qu'après Paul Bert se succèdent à vive allure une dizaine de hauts fonctionnaires[14], le gouvernement de Doumer s'étend sur une période assez longue, ce qui représente une nouveauté. Jusqu'à présent en effet, exception faite de Jean-Marie de Lanessan resté en poste trois ans et demi (1891-1894), les gouverneurs généraux n'ont jamais occupé leurs fonctions plus de

7. P. Le Roux, « Avec ou sans trait d'union : note sur le terme "Indo-Chine" », *Cahiers des sciences humaines*, vol. 32, n° 3, 1996, p. 511-530.

8. M. Riedinger, « L'œuvre de Paul Doumer en Indochine », *Encyclopédie mensuelle d'outre-mer*, fascicule 23, juillet 1952, p. 219.

9. P. Héduy, *Histoire de l'Indochine : la perle de l'empire (1624-1954)*, Paris, Albin Michel, 1998, p. 398.

10. M. Rebérioux, *La République radicale (1898-1914) ?*, Paris, Le Seuil, 1975, « Les affaires coloniales », p. 127.

11. J.-M. Mayeur, *La vie politique sous la Troisième République (1870-1940)*, *op. cit.*, p. 199.

12. J. Martin, *L'empire triomphant (1871-1936)*, t. 2, Paris, Denoël, 1990, p. 230.

13. G. de Gantès, courriel à l'auteur, 20 octobre 2012.

14. C. d'Ainval, *Les belles heures de l'Indochine française*, Paris, Perrin, 2001, p. 94.

deux ans, et même la plupart du temps guère plus d'un an. Paul Doumer va donc bénéficier de la longue durée pour développer son programme et l'inscrire dans le temps.

Paul Doumer poursuit en France une campagne de conférences et d'agitation sur son projet d'impôt sur le revenu[15]. Y compris une fois le cabinet Bourgeois renversé. Jules Méline prend-t-il peur et achète-t-il le silence du fougueux réformateur en le gratifiant de la lucrative prébende du gouvernement de l'Indochine ? On reproche à Paul Doumer, sacrifiant ses principes chancelants, de déserter son mandat de député pour un salaire. Ce lâche abandon, dans des conditions dorées et en pleine campagne électorale, reste en travers de la gorge de ses amis radicaux. « Je partais pour la mort peut-être, pour le devoir en tout cas », rétablit Doumer à son retour devant la Chambre consultative des associations ouvrières de production [document 21 p. 387-389][16]. Jules Méline souhaite-t-il se débarrasser, avec ce propagandiste trop zélé, radical encombrant et redouté, d'une mesure qui effraie les possédants ? L'éloignement stratégique de Paul Doumer, que certains ne sont pas mécontents de voir quitter la capitale, est-il destiné à décapiter la gauche radicale ? Paul Doumer, à qui l'on prête des dettes criardes, espère-t-il ainsi s'enrichir ? Sa nomination en Indochine semble une bonne affaire tant pour lui-même que pour Jules Méline[17]. Le poste est mieux payé en effet qu'un mandat de député ou même un portefeuille de ministre. L'intéressé, « jeune radical famélique »[18] dont les mauvaises langues disent qu'il ne refuse aucun présent, se défend toutefois d'être intéressé.

Dans ses souvenirs, Paul Doumer écrit que cette nomination lui aurait été suggérée par ses amis dès 1895[19]. Notamment, Maurice Berteaux, député franc-maçon de Seine-et-Oise et ardent républicain, a orienté Paul Doumer vers les affaires indochinoises puis contribué à la maturation de ses idées coloniales[20]. La nomination de Doumer en Indochine serait la suite logique de l'action qu'il a menée, en qualité de député de l'Yonne, comme rapporteur de la commission du Budget de la Chambre et de l'intérêt précoce qu'il a marqué pour le règlement financier de la situation des protectorats d'Annam et du Tonkin et des dépenses de l'expédition du Siam[21]. Paul Doumer développe effectivement, à l'occasion de ce rapport, une connaissance précise des complexes finances indochinoises. André Lebon, son collègue du Commerce dans le cabinet Bourgeois, ministre des Colonies dans le cabinet Méline, lui murmure :

« C'est vous qu'il faudrait là-bas. »[22]

---

15. BAN, E. Lacotte, « Paul Doumer (5 garçons et 3 filles) », *op. cit.*, p. 137.
16. ADA, discours de P. Doumer, député de l'Aisne, Chambre consultative des associations ouvrières de production, 15 mai 1904.
17. BAN, H. de Golen, *Le président Doumer accuse… En marge de l'histoire*, *op. cit.*, p. 37.
18. BAN, « Paul Doumer », *in* anonyme, *Ceux qui nous mènent (25 portraits)*, *op. cit.*, p. 142.
19. P. Doumer, *L'Indo-Chine française : souvenirs*, *op. cit.*, p. 13.
20. GOF, 523 20 92.
21. AAN, Annales de la Chambre des députés, débats parlementaires, document parlementaire n° 1244, 28 mars 1895, p. 215-219.
22. A. Delcamp, « Paul Doumer (Aurillac, 20 mars 1857-7 mai 1932) », *Revue de la Haute-Auvergne*, t. 57, janvier-mars 1995, p. 43.

Et Paul Doumer de justifier plus tard :

« Ce que j'avais écrit, dit et fait pour l'Indo-Chine créait cet état d'esprit. »[23]

Avant de confier, sans doute soulagé de — provisoirement — quitter l'Hexagone, las de ses pratiques politiciennes et ses cadres de fonctionnement étroits, selon lui, même s'il s'agit avant tout, pour lui, d'accepter un devoir patriotique primant sur tout autre intérêt, y compris et surtout de parti :

« La politique me boudait, les colonies me souriaient ! »[24]

D'autres candidats, apparemment mieux qualifiés, sont pourtant alors en lice, comme Auguste Gérard, ministre de France à Pékin[25]. Comment dès lors expliquer la nomination inattendue de Paul Doumer en Indochine ? Certains voient dans celle-ci la signature du Comité des forges, puissant syndicat patronal né en 1864, défenseur des intérêts sidérurgiques français, considérables au XIXe siècle. Paul Doumer siègera, dans les années 1910, à la commission de direction du Comité, dont il est considéré comme le « principal agent parlementaire »[26]. Paul Doumer entretient, en particulier, d'étroites relations avec Robert Pinot, secrétaire du Comité des forges, et François de Wendel, « premier industriel de France »[27]. Dès lors, la réputation de Doumer comme « homme du Comité » lui colle à la peau. Celle-ci n'est pas nouvelle. Des contacts sont avérés en effet entre le Comité et Paul Doumer — notamment un dîner — avant la nomination de ce dernier en Indochine[28]. Après l'achèvement du plan Freycinet d'équipement ferroviaire de la France, lancé en 1878, les projets doumériens en Indochine (en particulier le chemin de fer du Yunnan) rapporteront quelques millions de commandes à la sidérurgie française. Cela suffit-il à accréditer la thèse selon laquelle le choix, par Méline en décembre 1896, de Doumer comme gouverneur général de l'Indochine aurait pu être appuyé voire directement suggéré par le Comité des forges, pieuvre auréolée d'une mythologie amplificatrice ? Le gouverneur général instrumentalise-t-il les bénéfices que la sidérurgie est censée retirer de sa grandiose entreprise ferroviaire ou est-il en Indochine l'agent d'exécution du Comité des forges ?

---

23. P. Doumer, *L'Indo-Chine française : souvenirs*, *op. cit.*, p. 13.

24. *Ibid.*, p. 15-16.

25. C. Fourniau *et al.*, *Le contact colonial franco-vietnamien : le premier demi-siècle (1858-1911)*, Aix-en-Provence, PUP, 1999, p. 244.

26. J.-M. Moine, *Les barons du fer : les maîtres de forges en Lorraine*, Metz, Serpenoise, 2003 ; et « La sidérurgie, le Comité des forges et l'empire colonial : mythes et réalités », *in* H. Bonin *et al.* (dir.), *L'esprit économique impérial (1830-1970) : groupes de pression et réseaux du patronat colonial en France et dans l'empire*, Paris, SFHOM, 2008, p. 483-525. L'expression est attribuée à R. Pinot, secrétaire du Comité des forges.

27. J.-N. Jeanneney, *François de Wendel en République : l'argent et le pouvoir (1914-1940)*, Paris, Le Seuil, 1976 ; S. Berstein, « L'argent et le pouvoir : à propos de François de Wendel », *Revue d'histoire moderne et contemporaine*, vol. 25, 1978, p. 487-499.

28. C. Fourniau, « Politique coloniale ou « politique mondiale » : Doumer et le Yunnan », *in Histoires d'outre-mer : mélanges en l'honneur de Jean-Louis Miège*, Aix-en-Provence, PUP, 1992, t. 1, p. 49-72.

En l'absence de preuves, la polémique est totale. Le 14 janvier 1897, jour de rentrée de la Chambre des députés, le ministère Méline paraît très ébranlé par cette dernière[29]. Deux jours plus tard, Maximilien Carnaud, député socialiste des Bouches-du-Rhône, dépose une demande d'interpellation sur la nomination de Paul Doumer au poste de gouverneur général de l'Indochine[30]. Il regrette longuement le caractère politique donné, selon lui, à cette manœuvre. Au mépris des « intérêts supérieurs d'une colonie, qui a déjà coûté tant de sacrifices d'hommes et d'argent »[31]. Car, selon Maximilien Carnaud, le gouvernement, en nommant Paul Doumer en Indochine, a voulu atteindre et discréditer le parti radical, dont l'Aurillacois serait à la fois « l'orgueil et l'espoir »[32]. Or l'ère des grandes luttes n'est pas close, annonce-t-il : « La question de l'impôt ne disparaîtra pas parce que Doumer a été envoyé en Indochine ! », promet le député socialiste, avant que la Chambre ne passe à l'examen de l'ordre du jour. « Triste marchandage par lequel le ministère Méline, en compromettant un de ses adversaires, s'est déshonoré lui-même », fustige de son côté Jean Jaurès[33], dénonçant plus tard « l'affligeante et démoralisante nomination de M. Doumer »[34].

2. Le « nouveau monde » asiatique

Afin de pouvoir rejoindre son poste à Saigon, Paul Doumer doit démissionner de son siège de député de l'Yonne, un mandat électif et une telle fonction, *a fortiori* si lointaine, étant incompatibles. La campagne qui s'ouvre pour sa succession se cristallise aussitôt autour de la politique de Jules Méline, ministre de l'Agriculture, président du Conseil, opposée à celle du ministère Bourgeois précédant, ayant « conduit le pays à sa ruine »[35]. Le siège du député Doumer est confié au radical Jean-Baptiste Bienvenu-Martin, député (1897-1905) puis sénateur (1905-1940) de l'Yonne, fondateur de la puissante Société vigneronne de l'Yonne, dont il va assurer la présidence pendant plus de quarante ans[36].

En acceptant l'Indochine, Paul Doumer prend un risque considérable, à la fois politique et personnel. Le mesure-t-il entièrement ? Mais, en même temps, l'Indo-

29. J. Jaurès, « La rentrée », 13 janvier 1897, *in* R. Pech *et al.* (dir.), *Jaurès : l'intégrale des articles de 1887 à 1914 publiés dans « La Dépêche »*, *op. cit.*, p. 394.

30. AAN, Annales de la Chambre des députés, 6e législature, débats parlementaires, p. 8-20.

31. *Ibid.*, p. 9.

32. *Ibid.*, p. 11.

33. J. Jaurès, « La rentrée », 13 janvier 1897, *in* R. Pech *et al.* (dir.), *Jaurès : l'intégrale des articles de 1887 à 1914 publiés dans « La Dépêche »*, *op. cit.*, p. 394.

34. J. Jaurès, « Vaines tentatives », 21 janvier 1897, *in* R. Pech *et al.* (dir.), *Jaurès : l'intégrale des articles de 1887 à 1914 publiés dans « La Dépêche »*, *op. cit.*, p. 394-395.

35. ADY, 2 M1 231 : élection d'un député, en exécution d'un décret du 2 février 1897, attendu la démission de M. P. Doumer, député de la 1re circonscription de l'arrondissement d'Auxerre, nommé gouverneur général de l'Indo-Chine (28 février-14 mars 1897).

36. ADY, 4 RES 783, C. Cros *et al.*, *Notices historiques sur quelques personnalités politiques de l'Yonne (1790-1900)* ; P.-C. Dugenne, *Dictionnaire biographique, généalogique et historique du département de l'Yonne*, *op. cit.*, t. I, p. 128.

chine peut lui apporter tout de suite la puissance et l'argent indispensables pour mener sa carrière : c'est, pour ce « fils de pauvre »[37], la chance à saisir autant qu'une formidable occasion de dépaysement, lui permettant d'assouvir un appel du large probablement latent depuis des années, attisé par la lecture. Le voyage, peu démocratique, reste en effet à cette époque l'apanage des classes les plus aisées. La fameuse série des *Voyages extraordinaires* de Jules Verne est publiée de 1863 à 1876. Paul Doumer est alors un jeune lecteur avide de tout, âgé de six ans quand paraît le premier titre, *Cinq semaines en ballon*, et de dix-neuf ans quand paraît le dernier, *Michel Strogoff*. À l'image de *L'Odyssée* d'Homère, alliant scientifisme et découverte de terres et d'îles mystérieuses en des voyages dans une géographie de l'imaginaire, ces romans captivants sont lus pendant ses sombres années montmartroises par le jeune Paul émerveillé par les aventures de Philéas Fogg et de Passepartout[38]. Il réaffirme par la suite son goût des aventures lointaines dans diverses publications : fasciné par « les deux années de labeur et de danger (1908-1910) » passées par Jean-Baptiste Charcot et ses intrépides et vaillants compagnons dans l'Antarctique[39] ; enjoignant les entreprises françaises à faire au Brésil « tout ce qui peut être fait »[40] ; préfaçant l'ouvrage *L'avenir de la France est sur mer*[41], Paul Doumer, sensible à l'appel du lointain, est un chantre de l'action volontaire. Le Tonkin, qui en 1885 a causé la chute de Jules Ferry à la suite d'une violente opposition parlementaire, n'est pas encore « pacifié ». Ses trois prédécesseurs, dont Paul Bert, sont morts à la tâche. Il semble même qu'un mauvais sort s'acharne sur les gouverneurs généraux. Quand ils ne sont pas morts, victimes tragiques de la colonie, tous les prédécesseurs de Paul Doumer en Indochine sont révoqués. Aussi Paul Doumer quitte-t-il la métropole en connaissance de cause. Il ne va pas être déçu du voyage.

Tel un mirage éblouissant, l'Indochine tient une place particulière dans les rêves d'Asie et d'évasion des Français de la fin du XIXe siècle. Même si rares sont ceux qui peuvent la situer sur une mappemonde. Au mieux sait-on qu'elle se trouve dans les parages de la Chine, à moins que ce ne soit de l'Inde... Ailleurs imaginaire, ailleurs rêvé, l'Indochine fascine et rebute à la fois. Soleil qui foudroie, chaleur humide qui anémie, miasmes filtrant de sols marécageux drainant on ne sait quels principes mortels, l'Indochine est alors perçue comme un foyer insalubre et permanent d'infectes émanations délétères, génératrices de fièvres pernicieuses, éminemment malsain voire assurément mortifère. Une tonalité bien peu enchanteresse, à l'envers du décor édénique[42]. Sans parler des dangers de l'exquis opium ou de

37. C. Fourniau, *Vietnam : domination coloniale et résistance nationale (1858-1914)*, *op. cit.*, p. 587.

38. J.-P. Doumer, petit-fils de P. Doumer, entretien avec l'auteur, 11 février 2008.

39. J.-B. Charcot, *Le "Pourquoi-pas ?" dans l'Antarctique : journal de la deuxième expédition au pôle Sud (1908-1910) suivi des rapports scientifiques des membres de l'état-major*, Paris, Flammarion, 1910, préface de P. Doumer.

40. É. Quellenec, *Le Brésil et ses ports*, Paris, Larose et Ténin, 1907, préface de P. Doumer.

41. M. Rondet-Saint, *L'avenir de la France est sur mer*, Paris, Plon-Nourrit, 2e édition, 1911, préface de P. Doumer.

42. C. Meyer, *La vie quotidienne des Français en Indochine (1860-1910)*, Paris, Hachette, 1985, p. 96.

l'ombre néfaste des superstitions ni de l'imparable désenchantement dans un climat trop lourd ; d'une nature excessive qui écrase l'homme ; de la forêt au caractère initiatique mais maléfique, productrice de mort autant que d'oxygène ; de la cruauté supposée d'Annamites insensibles à la violence. L'étendue des distances, l'absence de communications, l'obstacle de la langue et la précarité d'une autorité toujours à réaffirmer concourent à ce que Raoul Girardet va jusqu'à décrire comme « l'oppressante dureté d'une vie de caractère semi-carcéral »[43].

Il convient, dans l'immédiat, de se préparer moralement au départ, de régler le problème douloureux de la séparation d'une famille éplorée, de mettre en ordre ses affaires. Devant notaire, comme à l'approche de la mort. En trois semaines à peine, tous les problèmes personnels, familiaux et professionnels sont réglés. Car on n'embarque pas sur un bateau sans une certaine angoisse à la fin du XIXe siècle. Surtout lorsque la destination est Saigon. Dans les têtes trottent toujours les tragiques histoires, entendues ici et là, d'horribles naufrages, des réminiscences confusément mêlées de lecture de la fin du « Saint-Géran » dans *Paul et Virginie*, des images du fameux *Radeau de la Méduse*, des gravures de navires en flammes ou pris dans d'épouvantables tempêtes entrevues dans les journaux. Les périls de la mer hantent encore les imaginations.

Le 17 janvier 1897, Paul Doumer, accompagné de Blanche, embarque à Marseille à bord de ce vieux paquebot « Melbourne » de la compagnie des Messageries maritimes, sur lequel Paul Bert avait lui aussi gagné l'Indochine onze ans plus tôt. Blanche Doumer est aussitôt affolée à l'idée de partir vers cet inconnu « nouveau monde » asiatique. Dans son appréhension de séjourner sous les tropiques, elle imagine un affreux exil, se voit campée dans la brousse, loin de tout confort, épiée par des indigènes sournois, par la fièvre et les bêtes[44]. Sous sa grande couverture de voyage, elle emporte une voilette contre les escarbilles et une forte canne contre les chiens et les animaux malfaisants, au besoin contre les voleurs[45]. Les époux Doumer sont accompagnés de leurs deux filles, Hélène, alors âgée de seize ans, et Lucile, qui en a tout juste quatre. Une troisième fille, Germaine, verra le jour le 7 août 1897 à Cap-Saint-Jacques, près de Saigon, où Paul Doumer fait construire un manoir, la « Villa Blanche », prénom de son épouse [photographie 10 p. 451]. Ils laissent en France leurs cinq fils afin de ne pas compromettre leurs études. Seul l'aîné, Fernand, dix-sept ans, vient jusqu'à Marseille agiter son mouchoir sur le quai de la Joliette. Il est confié à Auguste Rémy, professeur et ancien collègue de Paul Doumer au collège de Remiremont. Les cadets, de tous jeunes garçons (Marcel, dix ans ; René, neuf ans ; André, sept ans ; et Armand, six ans) sont confiés à Jules Defert, censeur au lycée de Saint-Quentin, une vieille connaissance axonaise des Doumer[46].

---

43. R. Girardet, *Le temps des colonies*, Paris, Berger-Levrault, 1979, p. 72.
44. L. Pasquier-Doumer, entretien avec l'auteur, 31 mai 2005.
45. *Ibid.*
46. PPP, EA148(1), *Le Petit Matin*, 8 mai 1932.

3. « Gouverneur partout, n'administrer nulle part »

Le bateau est lent. Pour rejoindre l'Indochine — par le canal de Suez, inauguré en 1869 —, il faut alors compter près de trente jours, voire plus, de voyage en mer, incertain. Or le voyage commence mal. La mer est agitée et la moitié des passagers boude le premier dîner à bord, dans la somptueuse salle à manger de première classe. Blanche Doumer, enceinte, supporte mal la grosse mer. Coïncidence fortuite et guère encourageante, le « Melbourne » croise à quelques milles de distance le paquebot qui ramène la dépouille d'Armand Rousseau, prédécesseur de Paul Doumer en Indochine, que sa famille est allée chercher. Les deux navires se saluent de leurs sirènes puis continuent leurs routes. Blanche détourne les yeux. Le « Melbourne » accoste enfin le 13 février 1897 à Saigon, le port de débarquement des fonctionnaires des services civils, où le nouveau gouverneur général est attendu et accueilli solennellement par tous les officiels en habit noir et casque blanc[47]. Depuis le pont, Paul Doumer est surpris d'apercevoir les deux tours roses et pointues de la cathédrale Notre-Dame de Saigon, construite par les Français de 1877 à 1880[48]. Plongés dès leur arrivée dans l'agitation des coolies, des portefaix, des conducteurs de pousses-pousses cahotants, harponnés par les Européens au rendez-vous du courrier de France, Paul Doumer et les siens découvrent la moiteur de l'air, tout un monde nouveau d'odeurs et d'effluves. Saigon plaît d'emblée au gouverneur général, qui la décrit comme une belle ville tropicale :

> « Certains de ses monuments sont superbes. Tous ont grande allure. Les maisons sont en général fort coquettes, les rues fort ombragées et le tout est noyé dans un océan de verdure. »[49]

Paul Doumer passe à peine quelques jours dans la capitale du Sud. Le temps de s'installer, lui et sa famille, de rencontrer quelques personnalités et de parcourir la ville. Il lui tarde de voir le pays et ses habitants pour mieux appréhender l'étendue de sa mission au-delà des rapports qu'il a pu lire à Paris. L'Indochine, qui a reçu Paul Bert avec réticence et admis difficilement Jean-Marie de Lanessan, accueille favorablement Paul Doumer. Un observateur local note ainsi :

> « Le nouveau gouverneur général débarque et d'emblée l'homme séduit. Jeune, alerte d'allure, le regard vif, le geste accueillant, la parole affable, il attire les sympathies les moins spontanées. Il inspire tout de suite confiance, il devient populaire, on l'appelle Paul le Charmeur, bref c'est le coup de foudre. »[50]

« Je suis né une deuxième fois ici », confesse de son côté Paul Doumer à ses proches[51]. L'aveu en dit long sur la rupture et la chance que constituent à tous égards l'Indochine dans sa vie.

---

47. P. Devillers, *Français et Annamites, partenaires ou ennemis (1856-1902) ?*, *op. cit.*, p. 430.
48. V. Adam de Villiers, *Paul Doumer parle*, Paris, Tallandier, 1932, p. 13.
49. P. Doumer, *L'Indo-Chine française : souvenirs*, *op. cit.*, p. 70.
50. C. Fourniau, *Vietnam : domination coloniale et résistance nationale (1858-1914)*, *op. cit.*, p. 588.
51. L. Pasquier-Doumer, entretien avec l'auteur, 31 mai 2005.

La conquête de l'Indochine a déjà coûté beaucoup de sang et d'argent. Le Tonkin n'est pas populaire au Parlement[52]. Le souvenir de la chute de Jules Ferry demeure vivace dans l'opinion. L'Indochine demande toujours de nouveaux sacrifices à la métropole non seulement pour ses dépenses militaires mais encore pour assurer l'équilibre de son budget. À son départ pour l'Indochine, le gouvernement déclare brutalement à Paul Doumer :

> « Allez, débrouillez-vous ! Et surtout ne nous demandez rien ! »[53]

Le gouvernement se défausse-t-il de ses responsabilités aux confins de l'Empire à un moment particulièrement difficile ? Paul Doumer prévient d'entrée de jeu ses collaborateurs réunis à Hanoi :

> « Pendant au moins deux ans, nous allons être obligés de travailler tous d'arrache-pied à créer, à organiser des éléments de production qui amèneront l'aisance et la richesse. N'attendez, pendant ces deux années, ni indemnités nouvelles, ni améliorations de traitements, ni avancements de classes. Les caisses sont vides ! »[54]

Dans la quinzaine qui suit sa nomination, le nouveau gouverneur général reçoit pourtant d'innombrables candidatures et propositions de collaboration, « plus qu'il n'en aurait fallu pour renouveler trois ou quatre fois le personnel entier de l'Indo-Chine »[55]. Mais, se défendant de cette horde de solliciteurs, il ne prend personne, estimant que l'Indo-Chine ne manque pas de fonctionnaires mais qu'il faut plutôt en réduire le nombre qu'en recruter de nouveaux[56]. Paul Doumer arrive en 1897 à Saigon avec ses propres hommes, qu'il engage à venir diriger l'Indochine à ses côtés avant même son propre départ de France : les deux chefs militaires, le directeur de cabinet, le contrôleur financier. Un cabinet relativement restreint composé de huit personnes, dont le chef est, habilement, un commissaire de marine, Lucien Faure. Doumer veut obtenir de ce noyau dur de l'État colonial un dévouement absolu et un effort sans défaillance.

Le gouverneur général trouve à son arrivée une Indochine déficitaire, au bord de la faillite financière, à peine pacifiée, subventionnée à bout de bras par la métropole. « Un pays morcelé et pauvre, réduit à tendre périodiquement la main à la métropole », selon ses propres termes[57]. Bref, une situation déplorable. Dans ces conditions, la feuille de route d'André Lebon, ministre des Colonies, est on ne peut plus claire. Doumer a une mission : sortir l'Indochine de sa torpeur, y redresser une situation financière précaire, y restaurer une autorité respectée. Paul Doumer hérite d'un système administratif tout neuf, établi par Jean-Marie

52. P. Lyautey, « L'Empire colonial français », *Vu*, n° 166, 20 mai 1931, p. 28.

53. ASOM, comptes-rendus des séances, t. XIX, 1933, Paris, Société d'éditions géographiques, maritimes et coloniales, 1934, séance du 13 mars 1933, p. 31.

54. Propos de P. Doumer cités par E. Chassigneux, « L'Indochine », *in* G. Hanotaux *et al.* (dir.), *Histoire des colonies françaises et de l'expansion de la France dans le monde*, Paris, Plon, 1932, t. V, p. 503.

55. Propos de P. Doumer cités par D. Bouche, *Histoire de la colonisation française*, t. 2, « Flux et reflux (1815-1962) », Paris, Fayard, 1991, p. 131.

56. *Ibid.*

57. Propos de P. Doumer cités par E. Chassigneux, « L'Indochine », *op. cit.*, p. 503.

de Lanessan, son prédécesseur à la tête du gouvernement général de l'Indochine de 1891 à 1894, et inspiré des conseils de Jules Harmand, premier commissaire civil en Annam en 1883, très influencé lui-même par l'organisation administrative anglaise de l'empire des Indes, autonome à tout point de vue de la métropole britannique. S'inspirant des conceptions empruntées à la pratique coloniale anglaise — ainsi qu'hollandaise, dans une moindre mesure —, l'architecture du gouvernement général vise en effet à créer ce que Jules Harmand appelle un « vice-État » : « Les grandes possessions », écrit-il en 1891, « doivent être organisées comme de véritables États, pourvus de tous les organes nécessaires à la vie et au fonctionnement des États, posséder tous les caractères qui font les États, sauf un seul : l'indépendance politique »[58].

Contrairement à ses prédécesseurs, Paul Doumer effectue en Indochine de nombreux déplacements sur le terrain, convaincu qu'un gouverneur général doit tout voir et tout étudier par lui-même. Sans se soucier des fatigues ou même des dangers, il traverse ainsi en novembre 1897 la mer de Chine agitée par un typhon de Haiphong à Saigon sur une petite canonnière à roue qui n'est pas un navire de mer. Cet homme de quarante ans n'hésite pas, par des temps parfois épouvantables, à circuler, de jour comme de nuit, sur des routes peu fréquentées et à dormir ou manger dans des cabanes dans des lieux reculés. Le gouverneur général parcourt l'Indochine avec un dédain des pompes protocolaires assez caractéristique de sa personne, qui étonne autant les fonctionnaires français que les mandarins annamites eux-mêmes. Sorties équestres pour visiter des chantiers éloignés, inspections soudaines : son activisme lui vaut très rapidement le surnom de « démiurge de l'Indochine » selon l'éloge de Georges Taboulet[59], de même que sa réputation, chez les Annamites, d'être un « gouverneur général fantôme », en raison de sa prétendue ubiquité[60]. « Celui qui peut apparaître à tout moment » surprend. Certains vieux Annamites pensent Doumer doué du don de s'élever dans les airs et de redescendre sur terre, assurant l'avoir vu volant au-dessus de la route...

Tandis que Paul Doumer circule allègrement, Blanche végète à Hanoi. Elle apparaît de façon très effacée au gouvernement général, où elle se morfond, loin de son Soissons natal. Désœuvrée, résignée, Blanche accomplit son devoir d'épouse. Elle a les vertus domestiques et les préjugés du temps. Rien ne l'a préparée à la vie coloniale. Dès la fin de février 1897, après avoir passé quelques jours à Phnom Penh, Paul Doumer part pour le Tonkin. Il débarque le 1er mars 1897 à Haiphong, dont le port lui fait une assez médiocre impression[61]. Il y est accueilli par tout le haut personnel de l'Indochine en résidence au Tonkin. Mais il n'y reste que quelques heures, suffisamment longtemps toutefois pour constater qu'il n'y a prati-

---

58. P. Brocheux *et al.*, *Indochine, la colonisation ambiguë (1858-1954)*, Paris, La Découverte, 1995, p. 85.

59. G. Taboulet, *La geste française en Indochine : histoire par les textes de la France en Indochine des origines à 1914*, Paris, Maisonneuve, 1955, t. 1, p. 345.

60. A. Doumer, *Mon grand-père Paul Doumer*, journal inédit, Paris, 1947-1948, p. 60.

61. P. Devillers, *Français et Annamites, partenaires ou ennemis (1856-1902) ?*, *op. cit.*, p. 431.

quement pas d'installations ni d'aménagements, et fort peu de bateaux. Sans s'attarder davantage, il part en chaloupe pour Hanoi. Un trajet de quinze à vingt heures, au terme duquel il peut lui-même apprécier le problème de l'accostage devant Hanoi, sur un banc de sable qui, à défaut de port, longe la ville sur le fleuve Rouge[62].

L'hôtel du gouvernement général a, écrit ironiquement Paul Doumer, « l'aspect d'une maison de campagne de moyennes dimensions, ou plutôt, à cause du beau jardin aux plantes tropicales qui le précède, d'une de ces villas des bords de la Méditerranée qu'on loue aux personnes de fortune modeste appelées aux pays du soleil plutôt par l'état de leur santé que par le plaisir et la mode »[63]. Ses pièces, poursuit-il, sont « sombres et peu aérées, mais il y a la lumière électrique, une supériorité momentanée de Hanoi sur Saigon », avant de devoir reconnaître : « Une pareille demeure pour le gouverneur général ne fait pas bon effet sur les indigènes. Ce n'est pas digne du représentant de la France »[64]. Sous le charme d'Hanoi, qu'il préfère à Saigon, Paul Doumer en livre la description suivante :

> « Lorsque je vis Hanoi au commencement de mars 1897, elle était serrée autour de son petit lac [Hoan Kiem] qui séparait la ville française de la ville annamite. C'est ce petit lac qui faisait tout son charme. Il était fort gracieux et les vieilles maisons blanches, annamites et chinoises qui le bordaient au nord lui donnaient un caractère oriental du plus pittoresque effet. Les quartiers annamites aux rues étroites, aux maisons basses avec leurs boutiques débordant sur la chaussée, grouillant de monde, étaient fort curieux. C'est là vraiment qu'était Hanoi. »[65]

Traversant une partie de delta, il remarque la grande densité de population dans cette terre fertile. Mais il note aussi tristement :

> « Les gens avaient l'air misérable. Sous la fine et froide pluie, ils grelottaient presque nus sur les routes, mal protégés par un manteau étriqué, en paille, qu'ils tournaient du côté où la pluie fouettait leur corps. Leur vêtement, réduit le plus souvent à une courte culotte s'arrêtant à mi-cuisse, était de toile de coton grossière, d'une couleur brune semblable à celle de la terre et des eaux du fleuve. »[66]

Avant d'ajouter :

> « L'Annamite tonkinois nous regardait avec crainte. On eût dit un pauvre animal battu qui a toujours à redouter la brutalité du maître. »[67]

Quelques semaines après son arrivée, le nouveau gouverneur général de l'Indochine adresse à son ministère de tutelle un volumineux rapport d'installation consécutif au voyage de reconnaissance qu'il vient d'effectuer. Ce premier rapport dresse un constat sévère de la situation qu'il trouve à son arrivée : pacification incomplète du Tonkin ; insuffisante organisation des pays de protectorat ; quasi-

62. *Ibid.*
63. P. Doumer, *L'Indochine française : souvenirs*, *op. cit.*, p. 117.
64. *Ibid.*
65. *Ibid.*, p. 122-124.
66. *Ibid.*, p. 129.
67. *Ibid.*

inexistence du gouvernement général; situation économique et financière déplorable; absence totale de l'outillage nécessaire à la mise en valeur du pays. Ce grand rapport daté du 22 mars 1897 contient en substance le programme que le nouveau gouverneur général va s'attacher à réaliser point par point.

La rapidité avec laquelle ce programme est arrêté fait l'étonnement admiratif de tous les observateurs unanimement ébahis. Les mauvaises langues disent qu'il aurait pu être préparé avant même la nomination de Paul Doumer en Indochine, preuve de son caractère vicié. La vision administrative de Doumer est simple : il faut faire davantage que contrôler, il faut désormais impulser énergiquement et donc prendre en main directement. Surgit l'homme providentiel qui va « faire » l'Indochine, comme Lanessan, Gallieni et Lyautey « firent » le Tonkin, Madagascar et le Maroc. Paul Doumer ne pratique pas la litote : à peine débarqué, il lance la formule lapidaire « gouverneur partout, n'administrer nulle part »[68], à l'aune de laquelle toute son action peut se lire. Cette formule, ce slogan presque, impliquent un désaveu total de la politique de ses prédécesseurs, devenus, selon Doumer, de simples « administrateurs ».

4. La mise en place d'un appareil d'exploitation

Pendant la seule année 1897, le gouverneur général signe, rien que pour l'Annam-Tonkin, 2 500 décrets. Avec la Cochinchine, le Cambodge et le Laos, on arrive à 5 000 signatures. C'est donc quatorze arrêtés par jour faisant chacun l'objet d'un rapport. Sans compter les correspondances avec les ministères, les résidents supérieurs, le lieutenant-gouverneur, le général en chef, l'amiral, le commissaire des services administratifs, le directeur du contrôle financier, les grandes affaires du Siam et de la Chine, l'examen des projets de travaux publics, les audiences. Et cetera. « Un métier intenable, qui compromet la santé du titulaire et mécontente tout le monde »[69], se lamente la presse métropolitaine…

L'arrivée de Paul Doumer au gouvernement général en 1897 voit s'ouvrir une étape décisive dans l'histoire de l'Indochine, période nouvelle qualifiée de « première exploitation coloniale » (1897-1917)[70]. L'année 1897 coïncide en effet avec l'extinction définitive des derniers foyers de la résistance armée qui, au nom de la restauration du souverain légitime traditionnel, mobilise depuis 1885 les lettrés confucéens contre le pouvoir colonial[71]. Des mouvements insurrectionnels vont

---

68. ANOM, MC, IC AF, A20(46), carton 8, rapport d'ensemble du gouverneur général Doumer (1897); A. Lorin, « "Gouverner partout, n'administrer nulle part" : Paul Doumer, "Colbert de l'Indochine" (1897-1902) », *in* S. El Mechat (dir.), *Les administrations coloniales (XIXe-XXe siècles) : esquisse d'une histoire comparée*, Rennes, PUR, 2009, p. 25-32.

69. ANOM, MC, IC AF, A00(37), carton 2, presse, « Monsieur Doumer et l'Indo-Chine », *Le Journal de Rouen républicain*, 12 août 1898.

70. N. Van Ky, *La société vietnamienne face à la modernité : le Tonkin de la fin du XIXe siècle à la Seconde Guerre mondiale*, Paris, L'Harmattan, 1995, p. 66.

71. N. The Anh, « L'élite vietnamienne et le fait colonial dans les premières années du XXe siècle », *Revue française d'histoire d'outre-mer*, t. LXXII (1985), no 268, p. 291.

encore éclater sporadiquement ici ou là mais ils ne sont plus dirigés par les représentants de l'idéologie officielle et ne sont animés par aucun programme spécifique[72]. La soumission en 1897 de Hoang Hao Tham dit le De-Tham, un rude pirate passant pour illuminé et décrit comme une « sorte de Robin des bois vietnamien »[73], marque en particulier la fin de la longue résistance tonkinoise au protectorat français[74].

Entamant une profonde réforme administrative, Paul Doumer achève d'enlever à la monarchie des Nguyen ce qui lui reste d'autonomie[75]. Le « kinh luoc » (vice-roi), qui maintient une relation théorique et une liaison purement fictive entre le Tonkin et la monarchie, est supprimé par une ordonnance royale du 26 juillet 1897, que le gouverneur général obtient du jeune empereur Thanh Thai (1889-1907). Paul Doumer transfère les fonctions de « kinh luoc », en particulier la nomination des mandarins[76], au résident supérieur du Tonkin nouvellement rétabli par ses soins[77]. Les « quan bo » (mandarins financiers) sont supprimés de la même façon. Ainsi dépossédé de tout pouvoir d'initiative et de décision, le gouvernement impérial fait l'objet d'une véritable « phagocytose politique »[78]. Il tombe graduellement en ruine. Toute l'organisation du pouvoir, entièrement redistribué, se trouve ainsi bouleversée par l'arrivée de Paul Doumer en Indochine. Après avoir confisqué tous les fils conducteurs du gouvernement royal, ce dernier souhaite faire du jeune prince Thanh Thai l'auxiliaire de son action, l'intermédiaire entre une cour archaïque, dont la pompe grandiose mais sénile donne plus l'impression de la représentation que de l'action, et la société moderne et dynamique que le protectorat entend développer[79]. S'agit-il d'une sorte de correctif ? Bien qu'il ait un secrétaire annamite, Pham Van Thuoi, dont il loue les qualités[80], Paul Doumer ne voit dans les Annamites que de loyaux sujets et des exécutants : le Français reste *in fine* le seul décideur, celui qui commande. Préjugé de son temps[81] ? Phénomène de « génération »[82] ? Un embryon de sollicitude peut toutefois être noté dans ce que le

---

72. *Ibid.*

73. A. Ruscio, « Au Vietnam : un siècle de luttes nationales », *in* M. Ferro (dir.), *Le livre noir du colonialisme (XVIe-XXIe siècles) : de l'extermination à la repentance*, Paris, Robert Laffont, 2003, rééd. Paris, Hachette, 2006, p. 379.

74. ANOM, MC, IC AF, A00(36), carton 2, notes pour la présidence, octobre 1897.

75. N. The Anh, *Monarchie et fait colonial au Vietnam (1875-1925) : le crépuscule d'un ordre traditionnel*, Paris, L'Harmattan, 1992, « Le parachèvement de la déchéance de la monarchie et la confiscation de toute la réalité du pouvoir royal », p. 180.

76. E. Poisson, *Mandarins et subalternes au nord du Viêt Nam : une bureaucratie à l'épreuve (1820-1918)*, Paris, Maisonneuve et Larose, 2004.

77. ANOM, GGI, A.11.70, décret du 8 juin 1897.

78. P. Brocheux *et al.*, *Indochine, la colonisation ambiguë (1858-1954)*, *op. cit.*, p. 89.

79. N. The Anh, *Monarchie et fait colonial au Vietnam (1875-1925) : le crépuscule d'un ordre traditionnel*, *op. cit.*, p. 190.

80. P. Devillers, *Français et Annamites, partenaires ou ennemis (1856-1902) ?*, *op. cit.*, p. 436.

81. C. Reynaud Paligot, *La République raciale : paradigme racial et idéologie républicaine (1860-1930)*, Paris, PUF, 2009.

82. J.-F. Sirinelli, « Génération et histoire politique », *Vingtième siècle, revue d'histoire*, n° 22, avril-juin 1989, p. 67-80; et « Génération », *in* C. Delporte *et al.* (dir.), *Dictionnaire d'histoire culturelle de la France contemporaine*, *op. cit.*, p. 354-357.

gouverneur général écrit du second régent Nguyen Trong Hiep, qu'il rencontre à Huê en mars 1897 :

> « Nguyen Trong Hiep est l'une des plus belles figures que j'ai rencontrées en Indo-Chine. C'est un homme de haute valeur intellectuelle, de bon sens et de finesse, d'une loyauté et d'une probité parfaites. Ma longue fréquentation de ce mandarin vraiment remarquable et exceptionnel, la grande sympathie et la confiance que je lui ai toujours marquées l'ont fait s'ouvrir à moi comme il ne l'aurait fait avec aucun autre Français. Elles me permettent de rendre témoignage de la noblesse de son caractère, de la sûreté de ses relations. »[83]

Paul Doumer publie en 1909 un article dans la *Revue de l'hypnotisme expérimental et thérapeutique* sur « Les caractères distinctifs des races supérieures »[84] : plein d'estime et de sympathie pour les Annamites, qu'il juge bien supérieurs aux populations voisines de l'« Hindoustan », l'auteur énumère les qualités fondamentales qui caractérisent les races supérieures selon lui : entraînement à l'action et au travail ; amour de la science, des lettres et des beaux-arts ; force morale ; glorification du courage et amour de la patrie. Paul Doumer considère les Annamites comme un peuple supérieur à ses voisins et leur attribue de nombreuses vertus : ils sont disciplinés, intelligents, courageux, laborieux et constituent un précieux auxiliaire pour mettre en œuvre le grand rôle économique et politique auquel la France peut, selon lui, prétendre en Asie[85].

Dans ce dessein, une des grandes affaires auxquelles Paul Doumer s'attaque de front est de fixer solidement les structures et les cadres de la machine administrative. Car la réalisation de la conquête par étapes a favorisé un morcellement administratif et budgétaire, préjudiciable selon lui. L'Union indochinoise, créée en 1887 à la diligence de Paul Bert, n'est ainsi qu'une juxtaposition de territoires plutôt étrangers les uns aux autres, vaguement rattachés entre eux par un lien assez lâche. Face à ce constat, Paul Doumer veut instituer un véritable gouvernement, unique et compétent pour toute l'Indochine, faisant de celle-ci non plus un conglomérat de territoires mais un État cohérent et indivisible, doté de services administratifs et techniques efficaces. La constitution méthodique du gouvernement général par la création d'organes centralisateurs est dès lors destinée à porter le dernier coup aux vieux errements. Le gouvernement général prend ainsi institutionnellement corps avec l'installation d'une large panoplie de services généraux d'intérêt commun : direction des Douanes et Régies (arrêté du 6 octobre 1897[86]) ; de l'Agriculture et du Commerce (arrêté du 4 mars 1898[87]) ; des Travaux publics (arrêté du 9 septembre 1898[88]) ; des Affaires civiles (1899) ; des Postes et Télégraphes (1901). Avant la recréation d'un secrétariat général en 1902.

---

83. P. Doumer, *L'Indo-Chine française : souvenirs*, *op. cit.*, p. 155-156.
84. C. Reynaud Paligot, *La République raciale : paradigme racial et idéologie républicaine (1860-1930)*, *op. cit.*, p. 215-216.
85. *Ibid.*, p. 237.
86. ANOM, GGI, A.11.74.
87. ANOM, GGI, A.11.79.
88. ANOM, GGI, A.11.100.

5. Trois régies sur l'opium, le sel et l'alcool de riz

Paul Doumer se méfie de l'administration et des dangers inhérents à son esprit corporatiste. La nécessité d'une inspection régulière se fait rapidement sentir afin d'éviter les excès de pouvoir, l'arbitraire, les malversations et la concussion, dont l'administration coloniale héritée des temps de la conquête est comme empoisonnée. Le corps des inspecteurs des services civils est organisé par un décret de 1899[89]. Ensuite, le gouverneur général cherche à favoriser, par la législation coloniale et une politique très libérale de concessions de terres, l'appropriation des terres par des colons français, individus ou grandes sociétés détentrices de la personnalité morale[90]. Des Français s'installent dès lors progressivement sur de vastes domaines où ils cultivent riz, hévéa, thé et café, aux dépens des premiers occupants indigènes, qui se voient expropriés. Enfin, le personnel est unifié dans un corps unique des services civils (le « corps des administrateurs des services civils de l'Indo-Chine »), créé par un décret du 16 septembre 1899[91] à l'image du « *Civil Service* » indien[92]. Le recrutement est assuré par la fixation de traitements élevés. Ce corps réunit les divers fonctionnaires de l'ordre administratif, administrateurs des affaires indigènes (Cochinchine), chefs, sous-chefs et commis du secrétariat général (Cochinchine), résidents de France, vice-résidents et comptables (Annam, Tonkin et Cambodge), commissaires du gouvernement (Laos), en un cadre unique et homogène placé sous la haute autorité du gouverneur général.

L'organisation effective, sous Paul Doumer, du gouvernement général de l'Indochine porte rapidement atteinte à l'autonomisme cochinchinois, dont l'expression reste toutefois constante pendant son quinquennat (1897-1902) comme au-delà. La profonde réforme financière introduite par Paul Doumer permet de mettre au pas la Cochinchine, qui, dans les faits, échappe à l'autorité du gouvernement général[93]. L'institution d'un budget général réduit en effet de trois quarts les recettes du budget local, auparavant géré directement et souverainement par le Conseil colonial de la Cochinchine. Le coup est fatal. Doumer entre violemment en conflit avec Paul Blanchy, entrepreneur de travaux publics, président incontesté du Conseil colonial de la colonie historique. La colonie cochinchinoise, possession française la plus ancienne (conquise à partir de 1862) où bat le cœur du commerce extérieur indochinois, reste puissante et tient à affirmer son particularisme. Elle élit un député depuis 1881. Saigon, port d'exportation du riz, premier port d'importation de tout ce que le pays doit acheter à l'étranger, seul port d'Indochine desservi

---

89. ANOM, GGI, A.11.89.
90. ANOM, MC, IC AF, A20(48), carton 8.
91. ANOM, GGI, A.11.97.
92. A. Lorin, « La circulation des pratiques administratives coloniales européennes en Asie du Sud-Est : le « moment Paul Doumer », gouverneur général de l'Indochine (1897-1902) », séminaire de recherche « Les administrations coloniales » (Samia El Mechat), Institut d'histoire du temps présent, Paris, 15 octobre 2009.
93. P. Devillers, *Français et Annamites, partenaires ou ennemis (1856-1902) ?*, *op. cit.*, « Mise au pas de la Cochinchine », p. 449-451.

par les grandes lignes internationales reliant l'Europe à la Chine et au Japon, est en outre la seule ville d'Indochine à posséder un maire élu. Très vite, le sentiment prévaut que le gouvernement général cherche, par le nouveau système fiscal, à faire injustement payer les dépenses du Tonkin par la Cochinchine[94]. La presse s'en mêle. Ainsi peut-on lire :

> « Ce grand, ce beau mot d'unité indochinoise, c'est une étiquette pour faire admettre une chose qui n'est ni grande ni belle : le dépouillement de la Cochinchine. [...] Pour essayer de combler les déficits du Tonkin, de l'Annam, du Cambodge et du Laos, Monsieur Doumer a préféré vider les caisses de la Cochinchine et alimenter le budget unifié au moyen des recettes propres à la vaillante petite colonie. »[95]

À la tête des adversaires de Doumer, Charles-Marie Le Myre de Vilers, premier gouverneur civil de Cochinchine (1874), ancien préfet d'Alger, se livre à une critique en règle, de plus en plus violente, de l'action du gouvernement général, « fonctionnaire-bourreau » selon lui[96]. Il reproche à ses actes d'être entachés d'excès de pouvoir et de mégalomanie. Ainsi, dans une longue lettre en date du 27 mai 1898, Charles-Marie Le Myre de Vilers écrit à André Lebon, ministre des Colonies :

> « La Cochinchine n'est pas un proconsulat romain mais une colonie française. Or ce Doumer se comporte là-bas comme le plus féroce et le plus bestial des potentats nègres. »[97]

Cette critique, violente, est-elle fondée ? Paul Doumer n'a, pour commencer, d'autre choix que de développer ses visées conformément au vœu silencieux de la Chambre des députés : pas un sou pour les colonies, qui doivent s'autofinancer ! Le gouverneur général fait, pour ce faire, du redressement des finances indochinoises le point de départ d'un cercle vertueux de développement économique. En 1897, en quelques semaines, c'est une véritable grêle qui s'abat : augmentation de l'impôt personnel et de l'impôt foncier ; taxe de non-inscrits ; enregistrement des brevets de mandarinat ; droits sur les allumettes, la cannelle, le papier timbré, le sel, l'alcool, les barques de rivière, les permis de coupe de bois, le tabac, la noix d'arec, le bois à brûler, les paillotes, le chaume même dont on recouvre les cases les plus misérables[98]... Paul Doumer juge ces mesures d'urgence indispensables. Des voix de protestation ne tardent pas à se faire entendre. En 1899, la pierre angulaire de toute la politique doumérienne en Indochine est créée : un budget général, qualifié de « budget fédéral »[99], alimenté par un ensemble d'impôts indi-

---

94. ANOM, MC, IC AF, A00(37), carton 2, presse, « Naissance de l'Indo-Chine », *Le Temps*, 3 août 1898.

95. *Ibid.*, « L'Unité indo-chinoise », *Le Figaro*, 8 août 1898.

96. ANOM, MC, IC AF, A00(37), carton 2, presse, « La Justice de Doumer », *L'Autorité*, 12 août 1898.

97. ANOM, MC, IC AF, A00(37), carton 2, lettre de C.-M. Le Myre de Vilers, député de Cochinchine, à A. Lebon, ministre des Colonies, 27 mai 1898.

98. Colonel F. Bernard, *L'Indo-Chine : erreurs et dangers*, Paris, Charpentier, 1902, p. 22.

99. Y. Gonjo, *Banque coloniale ou banque d'affaires : la Banque de l'Indochine sous la Troisième République*, Paris, Imprimerie nationale, 1993, p. 191-196.

rects perçus dans les territoires, tandis que les impôts directs, impôts de répartition, progressivement élevés, demeurent à la disposition des seuls budgets locaux. Les impôts indirects devenant rapidement beaucoup plus productifs que les impôts directs, le gouvernement général, en disposant de l'essentiel des ressources de l'Indochine, peut non seulement rétablir son équilibre financier et assurer une indépendance vis-à-vis de la métropole vivement souhaitée par celle-ci, mais surtout lancer une politique d'équipement et d'investissement d'envergure. Le premier exercice du budget général se clôture en 1899 par un excédent net de plus de 3 millions de piastres, ce qui permet de constituer une caisse de réserve générale. Les exercices 1900 et 1901 génèrent chacun des excédents de 2,5 millions de piastres.

La réorganisation de fond en comble des finances indochinoises opérée par Paul Doumer s'accompagne d'une répression accrue de la fraude, facilitée par l'extension en 1897 au Tonkin d'une carte d'impôt, déjà instituée à titre expérimental en Cochinchine en 1884. Servant de pièce d'identité dont le port est obligatoire sous peine d'amende, celle-ci est établie par les maires, qui, touchant deux centimes par carte, sont ainsi incités à placer chez leurs administrés des cartes d'impôts « avec le zèle de dames patronnesses plaçant des billets de loterie pour leurs œuvres de charité »[100]. Pour assurer au trésor un rendement maximum, Paul Doumer adopte le principe de la régie directe — soit, en droit fiscal, le mode d'exploitation directe d'un service public par une collectivité territoriale —, créant alors une révolution dans les habitudes fiscales et dans les mœurs du pays. Les douanes et surtout les trois régies du sel (1897), de l'opium[101] (1899) et de l'alcool de riz[102] (1902), mécanisme global de prélèvement sur l'économie paysanne que les mécontents appellent « les trois bêtes de somme »[103], fournissent l'essentiel des revenus du gouvernement général. Très rapidement, la progression de leurs recettes est considérable. Il faut reconnaître que, d'un point de vue strictement financier — celui même qu'envisagent d'abord le gouverneur général et Paris —, un redressement remarquable est opéré et ce, dans des délais très brefs. Dans ces conditions, l'effort principal porte sur la fiscalité indirecte, base du budget général et nœud du système. À la fin de l'année 1896, la situation était obérée, dangereuse même. De 1897 à 1901, les budgets locaux des protectorats génèrent chaque année des excédents. Au 1er janvier 1902, les caisses de réserve du Tonkin, du Cambodge et de l'Annam possèdent respectivement 1,2, 1,4 et 0,7 millions de piastres[104]. Plus de quarante ans plus tard, les

---

100. L. Salaün, *L'Indochine*, Paris, Imprimerie nationale, 1903, p. 134.

101. C. Descours-Gatin, *Quand l'opium finançait la colonisation en Indochine : l'élaboration de la régie générale de l'opium (1860-1914)*, Paris, L'Harmattan, 1992 ; T. Brook *et al.* (dir.), *Opium Regimes: China, Britain and Japan (1839-1952)*, Berkeley, UCP, 2000 ; X. Paulès, *Histoire d'une drogue en sursis : l'opium à Canton (1906-1936)*, Paris, EHESS, 2010.

102. G. H. Sasges, *Contraband, Capital and the Colonial State: the Alcohol Monopoly in Northern Viet Nam, 1897-1933*, thèse de doctorat en histoire, Université de Californie, Berkeley, 2006.

103. J. Chesneaux, *Contribution à l'histoire de la nation vietnamienne*, Paris, éditions sociales, 1955, p. 154-155.

104. E. Chassigneux, « L'Indochine », *op. cit.*, p. 497.

trois impôts institués par Paul Doumer assurent encore près d'un tiers des recettes du budget général du gouvernement général en 1942[105].

6. « La civilisation suit la locomotive »

Le système des régies est attaqué en des termes sévères pour son iniquité, les hausses de prix qu'il occasionne et les violences auxquelles il donne lieu, beaucoup d'Annamites possédant un alambic rudimentaire fournissant une boisson de degré en alcool peu élevé. On ne bouleverse pas les mœurs d'un peuple aux habitudes millénaires sans qu'il se produise, tôt ou tard, des conséquences fâcheuses. Des bruits circulent à Hanoi et dans les provinces au cours de l'été 1897 selon lesquels après avoir affermé l'alcool et le sel, le gouvernement général projetterait d'affermer le riz, les porcs, les poulets, les arbres, l'herbe, voire même de créer un impôt sur les femmes et sur les enfants[106]... Il suffit d'une dénonciation ou du caprice d'un agent subalterne pour que l'on bouleverse de fond en comble une maison sous prétexte d'y rechercher une boule d'opium ou une jarre d'alcool[107]. Saisies par la police, des affiches placardées dans la ville annamite se terminent par un encouragement à la révolte[108]. En attendant, des distillateurs font fortune en vendant aux indigènes une eau de vie de riz frelatée et un sel à moitié rempli de terre[109].

Ces dérives, notamment à partir de 1900, confèrent à la colonisation un aspect fiscal de plus en plus accentué. Le régime des contributions indirectes devient une des principales causes de l'exaspération des masses rurales indigènes, en voie de paupérisation croissante. La charge fiscale pesant sur la population annamite s'inscrit dans sa vie quotidienne. Elle va presque doubler pendant les cinq ans de l'administration Doumer (1897-1902), l'exigence rigoureuse du paiement des impôts causant de profonds méfaits psychologiques, durablement négatifs, chez les populations indigènes :

> « Les douaniers inspirent une telle crainte que l'Annamite, à leur vue, abandonne sur la route le panier de sel, de tabac ou d'arec qu'il transporte. Il aime mieux renoncer à sa propriété que de la disputer au fisc. »[110]

Dans ces conditions, l'agitation antifiscale deviendra une des composantes essentielles des troubles politiques sous les mandats des successeurs de Paul Doumer. La nature même des denrées imposées donne lieu à des critiques. D'une part, le sel est une denrée de première nécessité, qui occupe une place centrale dans l'alimen-

---

105. C. Descours-Gatin, *Quand l'opium finançait la colonisation en Indochine : l'élaboration de la régie générale de l'opium (1860-1914)*, *op. cit.*

106. CAN n° 1, GGI, F.3 B.7, télégramme confidentiel au départ du gouvernement général de l'Indochine, n° 235, Hanoi, 12 août 1897.

107. Colonel F. Bernard, *L'Indo-Chine : erreurs et dangers*, *op. cit.*, p. 122.

108. *Ibid.*

109. BAN, E. Lacotte, « Paul Doumer (5 garçons et 3 filles) », *op. cit.*, p 139.

110. Colonel F. Bernard, *L'Indo-Chine : erreurs et dangers*, *op. cit.*, p. 122.

tation quotidienne des Annamites, notamment sous la forme de saumure de poisson (« nuoc-mâm »). Les anticolonialistes parisiens relèvent que la IIIe République rétablit ainsi dans ses possessions indochinoises la gabelle honnie que la révolution de 1789 a abolie. L'Indochine, majoritairement peuplée de riziculteurs sédentaires, est ainsi précocement soumise à une fiscalité écrasante qui, par ses formes mêmes, pousse à un alourdissement permanent de l'administration directe. D'autre part, en mettant l'opium à la base de son édifice financier, la colonisation française en Indochine fait de cette drogue une source de revenus considérables, très tentante pour un État désargenté.

Fort des premiers résultats financiers excédentaires, Paul Doumer réussit le pari de gagner la confiance de Paris. Un grand emprunt est ainsi mis en souscription par la loi du 26 décembre 1898. Une première tranche de 50 millions est émise en janvier 1899 au taux de 3 %, puis une seconde de 70 millions en 1902 au taux de 3,5 %, confirmant l'intérêt du crédit indochinois. La Banque de l'Indochine, d'abord hésitante, se rallie finalement à la politique de Paul Doumer, qu'elle soutient dès qu'elle constate que son gouvernement coïncide avec un décollage notable de tous les secteurs de l'économie tonkinoise, riziculture incluse[111].

Dans ce contexte, de tous les aspects matériels de ce qui est appelé la « mise en valeur », les grands travaux fournissent sans doute à la colonisation française en Indochine sa vitrine la plus brillante, du moins la plus visible, transformant le paysage, manifestant la supériorité et l'avance des techniques européennes, permettant le développement des richesses du sol et du sous-sol. En un mot, changeant la vie[112]. Sont ainsi construits des chemins de fer, des routes, des voies d'eau, des ponts et des ports, avant le transfert, décidé en 1902, des services du gouvernement général de Saigon à Hanoi. Doumer prend en effet une nouvelle décision de rupture en choisissant Hanoi comme capitale politique pour abriter le gouvernement général. Il y fait remonter un à un tous les grands services. La douceur de l'hiver tonkinois y rend les conditions de travail bien meilleures qu'à Saigon. La proximité de la Chine, avec les relations quotidiennes dont elle est l'occasion, réclame surtout une présence plus assidue du représentant de la République. Le gouvernement général garde seulement un bureau au palais de Saigon pour conserver le contact avec les courriers d'Extrême-Orient et d'Europe. Paul Doumer fait bâtir en 1902 un nouvel hôtel à Hanoi au coin du jardin botanique pour recevoir son successeur [photographie 12 p. 452]. Une construction imposante pour mieux marquer la présence française en Indochine[113]. Le nouvel hôtel sera le symbole de la domination coloniale en Indochine.

111. Y. Gonjo, *Banque coloniale ou banque d'affaires : la Banque de l'Indochine sous la Troisième République*, *op. cit.*, p. 137.

112. A. Lorin, « La route est toute tracée », dossier « Colonisation : pour en finir avec la repentance », *Historia*, n° 754, octobre 2009, p. 25-27.

113. A. Lorin, « Traits d'architecture : Hanoi à l'heure française », *Histoire@Politique*, n° 9, septembre-décembre 2009 ; M. G. Vann, « L'État colonial à Hanoi », colloque « Hanoi (1010-2010), mille ans d'histoire », musée de l'Armée, hôtel des Invalides, 8-9 novembre 2010.

Dès le mois de juin 1897, Paul Doumer met à l'étude le plan d'un réseau de chemins de fer indochinois. Il s'agit de doter la colonie, qui ne dispose jusqu'alors que d'une ligne de 70 kilomètres reliant Saigon à Mytho, d'un réseau qui doit traverser l'Indochine entière de Saigon au Tonkin, mettant en communication avec les ports de la côte les riches vallées de l'Annam, reliant à la mer par des transversales les grands biefs navigables du Mékong, pénétrant en Chine par la vallée du fleuve Rouge sur un développement d'environ 3 000 kilomètres [documents 16 à 18 p. 382-384 et photographie 14 p. 453][114]. La ligne du Yunnan (Haiphong-Kunming) fait l'objet d'une série de missions techniques et économiques, en particulier celle de Guillemoto-Leclère et Bélard en 1897-1900. Pour son promoteur, Paul Doumer, très lié aux milieux d'affaires, il s'agit de répondre à des soucis politiques (souder politiquement les diverses parties de l'Indochine) autant qu'économiques (faciliter le développement des plantations et des mines dans les zones vierges des hauts plateaux annamites et du Laos, ainsi que les migrations de la main-d'œuvre tonkinoise vers le sud). Paul Doumer assure l'opportune jonction entre les deux facteurs[115]. Les études préliminaires sont rapides, voire hâtives. Les éléments d'appréciation manquant, les Français procèdent par approximation et, sur certains points, par analogie et par hypothèse.

Comparé à « une sorte de voie romaine des temps nouveaux »[116], le chemin de fer apparaît à la fin du XIXe siècle comme un excellent moyen de colonisation. On veut en faire l'outil impérial par excellence. « La civilisation », déclare Paul Doumer, « suit la locomotive »[117]. On recommande de prendre exemple sur les transcontinentaux étrangers : chemin de fer américain de New York à San Francisco et transsibérien. Le rêve du temps est celui des grandes liaisons intercontinentales, de voies ferrées s'avançant à travers d'épaisses jungles et forêts réputées impénétrables. Pour toute une littérature, l'image du colonial devient celle du courageux « bâtisseur de ponts ». Vaincre l'espace et briser l'obstacle de la distance apparaissent comme la condition première de toute œuvre de développement économique. Ainsi, pour Paul Doumer lui-même, « la tâche à accomplir est lourde, mais intéressante au possible : on a à tailler en plein drap »[118]. Cette immense entreprise repose très largement sur l'utilisation systématique d'une main-d'œuvre indigène réquisitionnée contre son gré, les tristement fameux coolies, chinois et surtout

---

114. Procès-verbal de la séance d'ouverture du Conseil supérieur de l'Indochine du 6 décembre 1897, cité par Y. Gonjo, *Banque coloniale ou banque d'affaires : la Banque de l'Indochine sous la Troisième République*, *op. cit.*, p. 196.

115. M. Bruguière, « Le chemin de fer du Yunnan : Paul Doumer et la politique d'intervention française en Chine (1899-1902) », *Revue d'histoire diplomatique*, janvier-mars 1963, p. 23-61 ; avril-juin 1963, p. 129-162 ; juillet-septembre 1963, p. 252-278, rééd. *in* M. Bruguière, *Pour une renaissance de l'histoire financière (XVIIIe-XXe siècles)*, Paris, CHEFF, 1992, p. 1-85.

116. J. Binoche, *La France d'outre-mer (1815-1962)*, Paris, Masson, 1992, « L'outillage », p. 141.

117. A. Lorin, « "La civilisation suit la locomotive" : le credo ferroviaire de Paul Doumer, gouverneur général de l'Indochine (1897-1902) », *Revue d'histoire des chemins de fer*, no 35, automne 2006, p. 41-54.

118. Propos de P. Doumer cités par E. Chassigneux, « L'Indochine », *op. cit.*, p. 498.

annamites, arrachés par milliers à leurs champs et à leurs villages, fusillés en cas de fuite, ne disposant que d'instruments rudimentaires, pelles, pioches, sacs de terre portés à dos d'homme. Envers de l'endroit colonial. Cet aspect le plus sombre de la construction est présenté sous un jour bien différent par le gouverneur général. Dans son rapport bimestriel sur la situation générale au Tonkin pour les mois de mars-avril 1901, il écrit ainsi :

> « Les travaux de chemins de fer du grand réseau indo-chinois se poursuivent activement. Les coolies indigènes affluent sur les chantiers, trouvant dans la rémunération régulière de leur travail une garantie de bien-être à laquelle ils ne sont guère habitués. »[119]

Il est permis de douter que les Annamites se précipitent vers les chantiers, où les conditions de travail sont particulièrement pénibles, la mortalité, très élevée.

Paul Doumer part en France à l'automne 1898 pour gagner les milieux gouvernementaux et les cercles financiers à ses ambitieux projets. Il emmène avec lui « une mission de publicistes qui ont la tâche de vulgariser en France la connaissance des choses indochinoises »[120]. Embarquant le 29 septembre 1898 à Saigon pour Marseille, Paul Doumer ne revient en Indochine que quatre mois plus tard après avoir été autorisé, par une loi du 26 décembre 1898, à contracter un emprunt indochinois de deux cent millions de francs. Aussi le séjour qu'il effectue alors à Paris est-il décisif, malgré des circonstances politiques plutôt défavorables. Le gouvernement se débat en effet alors dans l'affaire Dreyfus, à laquelle le gouverneur général de l'Indochine échappe d'une certaine manière par son éloignement. En dépit de cela, au terme d'une intensive campagne de lobbying jusque dans l'entourage présidentiel, Paul Doumer parvient à imposer son projet à l'arrachée. L'opposition notamment exprimée par Gaston Doumergue, ancien magistrat en Indochine (substitut à Hanoi, 1890-1891) et futur ministre des Colonies d'Émile Combes (1902-1905), ne fait pas le poids. Les députés français, ignorants des réalités topographiques yunnanaises, sont peu renseignés sur le plan technique. Ils ne votent finalement qu'en fonction d'arguments sentimentaux. L'habile agent de Paul Doumer à Paris sait présenter aux journalistes les questions indochinoises sous un jour favorable à son patron[121]. L'accueil réservé en métropole au projet ferroviaire indochinois, par les établissements de crédit en particulier, est pourtant mitigé. Leur adhésion ne se fait que du bout des lèvres.

Le dîner offert par Émile Loubet, président de la République, à Paul Doumer le 24 mai 1901 à l'Élysée dévoile la campagne de séduction entreprise par le gouverneur général de l'Indochine jusque dans l'entourage présidentiel au plus haut sommet de l'État. Y assistent, outre le gouvernement au grand complet, les anciens

---

119. ANOM, GGI, D.03.64401, rapport sur la situation intérieure du Tonkin à la date du 15 juin 1901.

120. ANOM, MC, IC AF, A00(36), carton 2, notes pour la présidence, décembre 1898.

121. ANOM, MC, IC AF, A00(37), carton 2, presse, J. Hess, « L'Unité indo-chinoise », *Le Figaro*, 8 août 1898.

gouverneurs et ministres des Colonies, les hauts personnages de l'État, quelques coloniaux dits « de marque » (tels que Savorgnan de Brazza et Pavie) et « tous les officiers qui ont conquis la gloire dans des explorations coloniales et dont cette réunion [est] bien la fête »[122]. Le buffet est dressé dans le salon Murat. Abel Combarieu, secrétaire général de l'Élysée, sous le septennat d'Émile Loubet (1899-1906), note :

> « Doumer (42 ans) paraît très jeune : intelligence robuste et cœur généreux. Son tempérament le porte à l'action, et tout ce qui la retarde (les discussions parlementaires, les délibérations des commissions et des comités) lui est entrave pénible. Il voudrait que le président de la République et le gouvernement pussent se passer de ces interminables délibérations, chaque fois que l'intérêt urgent du pays le commande... »[123]

Tout en reconnaissant les défauts de l'institution parlementaire et les vices des mœurs politiques françaises, le président Loubet, gardien des institutions, répond à ce souhait du gouverneur général de l'Indochine :

> « Cependant, cette institution est la meilleure garantie de la liberté. La Constitution qui abrite le pays depuis vingt-six ans ne peut être bouleversée à la légère. Il ne faut procéder qu'à de prudentes réparations. »[124]

Paul Doumer sait à qui s'adresser à Paris pour promouvoir ses dossiers. Le 24 mars 1901, il demande ainsi personnellement à Abel Combarieu d'être « l'avocat [du chemin de fer du Yunnan] auprès du président de la République (dont il connaît la bienveillante), auprès de Delcassé, ministre des Affaires étrangères (qui, dit-il, est trop timoré), et de Beau, ministre plénipotentiaire à Pékin (qu'il estime insuffisant) »[125]. Ces démarches porteront utilement leurs fruits.

Ce projet ferroviaire suffira-t-il, toutefois, à Paul Doumer ? La volonté chez les politiques de donner leur nom à un grand ouvrage est une tentation fréquente. Pour Paul Doumer, ce sera, en face d'Hanoi, un majestueux pont de 1 668 mètres surplombant le fleuve Rouge [photographie 11 p. 452]. La nécessité de cette construction apparaît immédiatement au gouverneur général. La ville est en effet physiquement séparée des provinces de la rive gauche par le lit du fleuve. La traversée en est, pour les indigènes, difficile et coûteuse toujours, dangereuse parfois[126]. Pour les Européens et les riches Annamites, seul un bac à vapeur assure depuis 1893 cette liaison. Mais dès lors que la construction de plusieurs voies ferrées convergeant à Hanoi est décidée, il devient évident que ces voies doivent pénétrer dans la capitale et y disposer d'une gare centrale, qu'un pont doit permettre de rejoindre facilement. En dépit du scepticisme général autour de ce nouveau projet, le gouverneur général fait procéder à des études préliminaires, techniques et financières, puis soumet le

122. A. Combarieu, *Sept ans à l'Élysée avec le président Émile Loubet : de l'affaire Dreyfus à la conférence d'Algésiras (1899-1906)*, Paris, Hachette, 1932, p. 131.
123. *Ibid.*, p. 132.
124. *Ibid.*
125. *Ibid.*, p. 121.
126. P. Doumer, *L'Indo-Chine française : souvenirs*, *op. cit.*, p. 309.

projet au concours dès 1897. Le projet de la maison Daydé et Pillé de Creil (Oise) est retenu[127]. Le travail, mené rondement, est achevé au bout de trois ans. Le pont coûte 6,1 millions de francs, contre un coût initialement prévu de 5,9 millions de francs[128]. Ses dix-neuf travées de poutres d'acier, ses appuis enfoncés à trente mètres au-dessous du niveau des plus basses eaux en font, techniquement, un des ouvrages les plus considérables de toute l'Asie. Paul Doumer est très fier de « son » pont :

> « Ce n'était pas une œuvre banale à mener à bien. Tant par l'importance de l'ouvrage que par les difficultés à vaincre, elle est digne d'attirer l'attention du monde [...]. C'est un des plus grands ponts du monde [...]. Il est l'œuvre des ingénieurs, des contremaîtres et chefs ouvriers français et de la main-d'œuvre annamite. Il fait honneur à celle-ci comme à ceux-là [...]. Vue de près, sa charpente est formidable. La longueur en paraissait indéfinie. Mais quand, du fleuve, on contemple le pont dans son ensemble, ce n'était plus qu'un treillis léger, une dentelle qui se projette sur le ciel... »[129]

Pour lui, il s'agit de bien davantage que d'un simple pont. L'ouvrage est en effet conçu comme la signature de toute son œuvre en Indochine. Preuve en est l'insistance avec laquelle il tient à l'inaugurer lui-même le 2 février 1902 à l'aide d'échafaudages provisoires, alors même que la construction n'est pas achevée. L'événement est l'occasion de festivités grandioses. Elles ont lieu en présence de Thanh Thai, empereur d'Annam, afin de donner un caractère plus imposant à la célébration; de Paul Beau, ministre de France à Pékin; ainsi que de nombreuses autres personnalités[130]. Cavalcade de chars décorés, revue militaire, discours : la « France d'Asie » ne peut s'affirmer de façon plus éclatante ce jour-là. La réalisation de ces grands travaux d'infrastructure, en prenant l'apparence de bienfaits vecteurs de progrès comme venus du ciel, aide-t-elle à adoucir la dure étreinte administrative ressentie par les indigènes ? Le premier objet de la présence française en Indochine reste le renforcement de son impérialisme en Asie, ainsi que la conquête de nouveaux marchés pour les produits de son industrie.

7. La fondation de l'École française d'Extrême-Orient

À une époque où les institutions et les sociétés scientifiques de l'Inde, de Java, de la Chine et du Japon poursuivent leur carrière laborieuse, le sentiment prévaut que les Français d'Indochine se désintéressent par trop de l'étude des langues, des monuments, des littératures et de l'histoire du pays qu'ils ont colonisé. De toutes les institutions créées par Paul Doumer au cours de son fécond quinquennat indochinois, la « Mission archéologique permanente en Indo-Chine » — qui deviendra « l'École française d'Extrême-Orient » (EFEO) par un décret présidentiel du 20 jan-

127. P. Devillers, *Français et Annamites, partenaires ou ennemis (1856-1902) ?*, *op. cit.*, p. 455-458.

128. C. Fourniau, *Vietnam : domination coloniale et résistance nationale (1858-1914)*, *op. cit.*, « Hydraulique, routes, ponts et villes », p. 631.

129. P. Doumer, *L'Indo-Chine française : souvenirs*, *op. cit.*, p. 320-321.

130. N. The Anh, *Monarchie et fait colonial au Vietnam (1875-1925) : le crépuscule d'un ordre traditionnel*, *op. cit.*, p. 190.

vier 1900[131] — occupe une place à part. L'EFEO est conçue sur le modèle des illustres Écoles françaises d'Athènes (1846) et de Rome (1875). Le gouverneur général en signe l'acte de naissance par un arrêté en date du 15 décembre 1898[132]. Antoine Guillain, ministre des Colonies, en fait état à Félix Faure, président de la République, dans les termes suivants :

> « Le gouverneur général, désireux de mettre en valeur, en même temps que ses richesses économiques, les richesses scientifiques et artistiques de l'Indo-Chine, a institué une mission archéologique permanente chargée d'étudier les monuments que les deux civilisations indienne et chinoise ont laissés non seulement sur le sol de nos possessions, mais encore dans les institutions, la langue et les mœurs de nos sujets. »[133]

L'usage du « en même temps » montre que l'établissement de l'École, fruit d'un volontarisme politique affirmé d'emblée, intervient non pas postérieurement mais simultanément à l'administration politique et à la valorisation économique[134]. Ainsi l'EFEO n'est-elle pas créée en retard, contrairement à l'opinion selon laquelle « la France [aurait pris] tardivement conscience de la richesse de ses colonies »[135].

De vaines controverses touchent à la paternité directe ou indirecte du projet. Si de fait Paul Doumer signe l'acte de naissance de l'EFEO, il n'est pas pour autant seul à l'origine de cette fondation, que d'autres personnalités influentes, réunies en particulier en 1897 à Paris à l'occasion du Congrès des orientalistes, réclament vivement afin d'étudier les peuples et les cultures finalement passés sous la domination française. Paul Doumer reprend ainsi le principe d'un éphémère Comité d'études archéologiques (CEA), instauré dix ans plus tôt par Paul Bert, alors résident général du protectorat de l'Annam-Tonkin. Constitué pour l'étude du monde sino-vietnamien et des ruines cham, le Comité disparaît en raison de l'inachèvement de la pacification.

Les critiques désignant le gouverneur général comme responsable de l'agonie culturelle indochinoise, le stigmatisant comme un autodidacte inculte, pragmatique et matérialiste, indifférent à tout ce qui ne concerne pas le fisc paraissent injustes. Jean Hess écrit ainsi :

> « Tout ce qui subsistait en Indo-Chine, malgré les pires malheurs, le caractère de ces peuples, la beauté khmer, la beauté annamite, un art, une littérature, quelque chose de très ancien, de très noble et de très grand, objet de respect même pour les barbares, tout cela nous le tuons [...]. Monsieur Doumer en rit. Car il ne croit point en l'âme

131. ANOM, MC, IC AF, A00(36), carton 2, notes pour la présidence, mars 1900.

132. ANOM, GGI, A.11.88.

133. ANOM, MC, IC AF, A00(36), carton 2, notes pour la présidence, mars 1900.

134. A. Lorin, « L'École française d'Extrême-Orient, création de Paul Doumer, gouverneur général de l'Indochine (1898) : un acte politique », *in* A. Dulphy *et al.* (dir.), *Les relations culturelles internationales au XX*e *siècle : de la diplomatie culturelle à l'acculturation*, Bruxelles, P.I.E. Peter Lang, coll. « Enjeux internationaux », n° 10, 2011, p. 339-345.

135. N. André-Pallois, *L'Indochine, un lieu d'échange culturel ? Les peintres français et indochinois (fin XIX*e*-XX*e *siècle)*, Paris, ÉFEO, 1998, p. 57.

indo-chinoise. Il ne l'a jamais vue sur les côtés du fisc. Ce n'est point une matière imposable. »[136]

La fondation de l'EFEO, que ce journaliste élude, contredit son jugement. Un des premiers soins de l'École est de se faire constituer, par arrêté du gouverneur général, « gardien des monuments historiques, si peu ménagés jadis »[137], et que protège désormais une réglementation administrative. Allant voir les premiers élèves de la Mission dès six heures du matin, Doumer tient à relire lui-même les épreuves du premier *Bulletin de l'École française d'Extrême-Orient*[138]. C'est encore une initiative du gouverneur général qui amène à décider le voyage d'exploration qui conduit en 1899-1900 Louis Finot et son collaborateur Étienne Lunet de Lajonquière le long de la côte d'Annam, à travers le delta tonkinois, les forêts de la rivière Noire et la vallée du Mékong[139]. Paul Pelliot, sinologue de légende, premier occidental à traiter d'égal avec les meilleurs savants chinois[140], et Louis Finot, indianiste, forment à eux deux une sorte de *Janus bifrons* de l'EFEO, à l'image de l'Indo-Chine. Lors de l'exposition d'Hanoi de 1902, que Doumer prépare mais qu'il ne voit pas, l'EFEO reçoit une première consécration internationale en réunissant le premier congrès international des études d'Extrême-Orient[141]. Quelques jours après son accession à la présidence de la République, le 13 mai 1931, un des premiers décrets de Paul Doumer est encore en faveur de l'École : le décret du 22 juin 1931 fait de celle-ci un établissement public avec personnalité civile[142]. Paul Doumer n'est pas un vietnamologue et il semble bien vain de le lui reprocher. Il est toutefois celui qui, appelé à la plus haute fonction de l'appareil d'État colonial en Indochine, sait créer l'institution qui permettra à des générations d'orientalistes français de s'épanouir et de développer leur savoir scientifique. Railleusement surnommée « École facétieuse d'Extrême-Orient »[143] par André Malraux — ce qui n'empêche pas ce dernier de se livrer à de fameux prélèvements sur les bas-reliefs d'Angkor ![144] —, l'École, « expression d'un orientalisme à la française »[145], attire les

---

136. ANOM, J. Hess, *in Magasin colonial et du voyage*, n° 2, 15 juin 1901.

137. L. Salaün, *L'Indochine*, *op. cit.*, p. 361.

138. BAN, H. Berr, *Commémoration du président Doumer après vingt ans*, Paris, Albin Michel, 1953, p. 5.

139. EFEO, L. Finot, « Paul Doumer », *Bulletin de l'École française d'Extrême-orient*, t. XXXIII, 1933, p. 551.

140. Colloque « Paul Pelliot (1878-1945), de l'histoire à la légende », Académie des Inscriptions et Belles-Lettres/Collège de France, 2-3 octobre 2008; P. Flandrin, *Les sept vies du mandarin français : Paul Pelliot ou la passion de l'Orient*, Paris, éditions du Rocher, 2008.

141. *Inauguration du buste de Paul Doumer*, Fondation pour la science, Centre international de synthèse, hôtel de Nevers, 21 avril 1934, allocution d'H. Berr, p. 31.

142. P. Singaravélou, *L'École française d'Extrême-Orient ou l'institution des marges (1898-1956) : essai d'histoire sociale et politique de la science coloniale*, *op. cit.*, « Paul Doumer, protecteur de l'EFEO », p. 70.

143. C. d'Ainval, *Les belles heures de l'Indochine française*, *op. cit.*, « Le jeune Malraux, un aventurier talentueux », p. 129-133.

144. A. Lorin, « La redécouverte française d'Angkor connaît une notoriété internationale », dossier « Colonisation : pour en finir avec la repentance », *Historia*, n° 754, octobre 2009, p. 37.

145. P. Guillaume, *Le monde colonial (XIXe-XXe siècles)*, Paris, Armand Colin, 1999, p. 197.

plus éminents savants orientalistes, comme Henri Maspéro ou Henri Parmentier et bien d'autres encore [photographie 8 p. 450]. La restauration des ruines d'Angkor au Cambodge devient rapidement son chantier-phare[146].

La politique de créations institutionnelles de Paul Doumer n'est pas en reste dans le domaine des sciences exactes. Le gouverneur général fonde les Services géologique et géographique (1898) ; l'Observatoire météorologique (1899) ; le Service forestier (1901) ; l'Institut bactériologique et l'École de médecine d'Hanoi (1902) ; qui deviendra plus tard la Faculté de médecine d'Hanoi. Paul Doumer installe aussi de nombreuses missions, telles que la Mission scientifique de l'Indochine ; ou la Mission pour l'étude de la faune et de la flore (1902), qui développe plantations d'hévéas et d'indigotiers, ainsi que la culture de la sapotille. Il organise l'étroite et fructueuse coopération de la science et des filières de la production coloniale, en constituant un ensemble cohérent d'appareils économiques : direction de l'agriculture et du commerce (1897)[147] ; chambres d'agriculture ; services agricoles du Tonkin (1897), de l'Annam et du Cambodge (1898), de Cochinchine (1899).

Enfin, avec la création de toutes pièces de Dalat, s'élevant *ex nihilo* à 1 475 mètres d'altitude sur une terre d'un rouge de sanguine dans le sud de l'Annam, un chapitre de l'histoire indochinoise est inauguré[148]. Maintenir la santé des Européens qui, en nombre croissant, viennent en Indochine travailler dans les administrations et les entreprises, devient un impératif[149]. Il y a longtemps alors que les Anglais ont inauguré les *hill stations* (les stations climatiques d'altitude), qui leur permettent de se maintenir en bon état physique. Toute province indienne est en effet très tôt dotée de son sanatorium officiel, où l'administration tout entière se transporte en début de saison pour n'en redescendre qu'en octobre ou novembre avec son personnel, ses archives, ses armes et bagages. Simla, Darjeeling ou encore Poonah sont des stations typiques, à des altitudes qui varient de 1 800 à 2 200 mètres. Les Hollandais suivent cet exemple à Java et aménagent Bandung pour s'y reposer confortablement[150]. « Ne peut-on rien faire de semblable en Indo-Chine pour échapper à l'action débilitante du climat des régions les moins saines ? », interroge frontalement Paul Doumer dès juin 1897[151]. Par une circulaire aux chefs de pro-

146. A. Lorin, « La "découverte" française du site : autour de Paul Doumer et de la fondation de l'École française d'Extrême-Orient », *in* H. Tertrais (dir.), *Angkor (VIIIe-XXIe siècles) : mémoire et identité khmères*, Paris, Autrement, 2008, p. 110-123 ; « Archéologues à Angkor », *Histoire@Politique*, n° 13, janvier-avril 2011 ; et « L'archéologie au service de la colonisation ? L'École française d'Extrême-Orient (1898) et la Conservation d'Angkor (1908) », *Les Nouvelles de l'archéologie*, n° 128, juin 2012, p. 27-31.

147. P. Brocheux *et al.*, *Indochine, la colonisation ambiguë (1858-1954)*, *op. cit.*, « La modernisation scientifique et technique », p. 130 et suivantes.

148. A. Lorin, « Dalat, "station d'altitude" : fondation *ex nihilo* de Paul Doumer, gouverneur général de l'Indochine (1898) », *Péninsule*, n° 52, 2006, p. 225-234 ; E.T. Jennings, *Imperial Heights: Dalat and the Making and Undoing of French Indochine*, Berkeley, UCP, 2011.

149. P. Devillers, *Français et Annamites, partenaires ou ennemis (1856-1902) ?*, *op. cit.*, p. 462.

150. A. Lorin, « La circulation des pratiques administratives coloniales européennes en Asie du Sud-Est : le « moment Paul Doumer », gouverneur général de l'Indochine (1897-1902) », *op. cit.*

151. ANOM, GGI, B.21.72, lettre de P. Doumer, gouverneur général de l'Indochine, à A. Lebon, ministre des Colonies, 5 juin 1897.

vince, il demande qu'on lui signale tous les plateaux paraissant le mieux convenir à un tel projet[152]. Le docteur Alexandre Yersin propose alors le plateau du Longbian, à 250 kilomètres à vol d'oiseau au nord-est de Saigon. Il sera récompensé de sa trouvaille en étant installé plus tard par Doumer à la tête d'un Institut Pasteur à Nha Trang[153]. Sol peu boisé, pureté de l'air, absence providentielle de moustiques, température agréable, comparable au climat de Nice (18,3° de moyenne annuelle) : l'installation d'une villégiature y est décidée en 1898. Sur les pentes du Longbian, qu'il parcourt à cheval, le gouverneur général dessine dans le vide, d'un index autoritaire, la façade des monuments. Une route digne de ce nom reliant Dalat à Saigon est tracée et rendue carrossable. Des sentiers muletiers, des pistes cavalières, des abris de voyageurs, des kiosques de repos voient progressivement le jour[154]. Le renom de Dalat, à la lisière de forêts peuplées de tigres, doit beaucoup à la ténacité des premiers Français qui y villégiaturent. La réputation d'une contrée rêvée pour les chasseurs de fauves d'Indochine s'installe. « Une cure d'une vingtaine de jours produit déjà de bons effets », affirment les publicités[155]. L'air y est pur et vif, les nuits fraîches apportant les effluves embaumés par l'odeur résineuse des pins[156]. Co-pensionnaire de « la petite » dans *L'Amant*, Hélène Lagonelle ira, en son temps, y soigner ses gueules de bois saigonnaises[157].

Entre 1896 et 1899, le *break up of China* (la « mise en pièces » du pays) prend toute son ampleur du fait de l'appétit grandissant des puissances. La Russie, la France, la Grande-Bretagne et l'Allemagne se font octroyer des concessions ferroviaires et minières et reconnaître des zones d'influence. Mais les consuls français en poste dans la région, notamment Maurice Dejean de la Bâtie, en poste à Mongtze, et Auguste François, à Yunnansen, s'opposent vivement à toute ingérence de Paul Doumer[158]. Théophile Delcassé, ministre des Affaires étrangères remplaçant Gabriel Hanotaux à partir du 28 juin 1898, n'y est pas favorable non plus. Ses objectifs se portent alors en effet vers le continent africain et le Maroc, plus proches de la métropole.

Dans ce contexte, décrite comme un « Eldorado des hautes terres », la province chinoise méridionale du Yunnan, vaste comme la France, nourrit un mythe, celui d'une riche « Louisiane asiatique ». Doumer affirme que le Yunnan est un pays où

152. L. Salaün, *L'Indochine*, *op. cit.*, p. 377.

153. A. Viollis, *Indochine S.O.S.*, Paris, éditeurs français réunis, 1949 ; *Alexandre Yersin, un demi-siècle au Vietnam*, Hanoi, Fonds culturel du ministère de la Culture, de l'Information et des Sports, 1992 ; P. Le Roux, *Alexandre Yersin, un passe-muraille (1863-1943) : vainqueur de la peste et de la diphtérie, explorateur des hauts plateaux d'Indochine*, Paris, Connaissances et savoirs, 2007.

154. ANOM, MC, IC AF, A00(36), carton 2, notes pour la présidence, juin 1900.

155. ANOM, MC, IC AF, A00(37), carton 2, presse, *Le Courrier d'Haiphong*, 22 septembre 1899.

156. Visite à Dalat, 2 avril 2000.

157. M. Duras, *L'Amant*, Paris, Minuit, 1984, p. 89.

158. N. Tixier, « La Chine dans la stratégie impériale : le rôle du Quai d'Orsay et de ses agents », *in* H. Bonin *et al.* (dir.), *L'esprit économique impérial (1830-1970) : groupes de pression et réseaux du patronat colonial en France et dans l'empire*, *op. cit.*, p. 65-84.

le blé pousse comme en France et où le charbon est meilleur qu'au Tonkin[159]. Il y voit même « la perspective de la Limagne devant Clermont-Ferrand »[160]. Mirage ? Mal du pays ? Plus largement, la Chine, en arrière plan de l'Indochine, demeure dès cette époque l'objectif fascinant des projets plus ou moins utopiques et réalistes des Occidentaux, Français en tête[161]. La France, disent les colonialistes, ne doit se laisser distancer ni par l'Angleterre, qui progresse vers la Chine à partir de la Birmanie ; ni par la Russie, qui enserre la Chine du Nord. Partisan d'une expansion à dominante économique transcendant les frontières politiques, Doumer veut articuler l'espace indochinois avec la zone d'influence française dans le sud de la Chine. Il entreprend toutefois le projet de pénétration en Chine sans consulter les Affaires étrangères. Paul Doumer fonce tête baissée en créant par des faits accomplis une situation irréversible vis-à-vis des autorités chinoises mais aussi vis-à-vis de l'Angleterre et même de Paris. Rien ne semble pouvoir le détourner. Il télégraphie ainsi à Paris :

> « Nos difficultés dans le monde proviennent presque toujours de ce que nous agissons seulement sporadiquement et, ainsi, trop tard. Ici, malgré tant de temps déjà perdu, nous pouvons encore arriver les premiers ! »[162]

Cette attitude néglige le fait qu'un accord a été conclu entre la France et l'Angleterre pour protéger les intérêts des deux pays et que le Yunnan est sous l'autorité d'un gouvernement légal, reconnu internationalement.

8. Agrandir l'Empire en annexant le Yunnan ?

Paul Doumer souhaite dès que possible lui-même visiter Kunming, capitale du Yunnan. Théophile Delcassé, ministre des Affaires étrangères, insiste pour que le gouverneur général de l'Indochine soit prévenu de « l'inconvénient qui résulterait de toute démarche qui pourrait être mal comprise ou mal interprétée, et qui risquerait non seulement d'offenser l'administration chinoise [...], mais aussi d'offrir aux agents britanniques un prétexte qu'ils seraient ravis d'exploiter »[163]... Ces précautions se révèlent inutiles. La visite-éclair effectuée en juin 1899 par Paul Doumer à Kunming est un désastre. Bien décidé à n'en faire qu'à sa tête, le gouverneur général quitte Laocai (le poste-frontière entre le Tonkin et la Chine) le 29 mai 1899 et, au terme d'un aventureux voyage à cheval, arrive le 7 juin 1899 à Kun-

159. C. Fourniau, *Vietnam : domination coloniale et résistance nationale (1858-1914)*, *op. cit.*, « Mythe et réalité du Yunnan », p. 539-543.

160. AAN, Annales de la Chambre des députés, débats parlementaires, séance du 27 juin 1901, p. 698.

161. R. S. Lee, *France and the Exploitation of China (1885-1901) : a Study in Economic Imperialism*, Oxford, OUP, 1989, chap. 8 : « Doumer's ambitions versus mattress diplomacy in Yunnan, 1899 », p. 200-229.

162. *Ibid.*, télégramme de P. Doumer, gouverneur général de l'Indochine, à A. Guillain, ministre des Colonies, 8 mars 1899.

163. ANOM, MC, IC AF, B11(28), carton 32, lettre de T. Delcassé, ministre des Affaires étrangères, à A. Guillain, ministre des Colonies, 16 mai 1899.

ming, qu'il quitte deux jours plus tard après y avoir grossièrement bafoué le protocole impérial chinois — un personnage de son importance est attendu en chaise à porteurs —, mettant son hôte le vice-roi Song Fan dans une situation fort embarrassante. Doumer raconte avec fierté sa sportive équipée :

> « Je parcourus la province à cheval, sans escorte, sans convoi, à peu près seul, à une allure dont la rapidité faisait contraste avec la lenteur chinoise. »[164]

Des réceptions sont prévues le long de la route. Les mandarins attendent en vain. On leur rapporte qu'on a vu passer, sur une autre route, un voyageur solitaire et crotté, couchant dans les auberges de village, sellant lui-même son cheval de bât : le gouverneur général de l'Indochine... Arrivé dans cet appareil peu glorieux, Paul Doumer fait une entrée piteuse à Kunming. Pressé, il fait savoir sans autre préambule au vice-roi qu'il lui faut au plus vite un terrain assez vaste (dix-huit hectares) dans la ville pour y construire la gare de la ligne ferroviaire Laocai-Kunming. Offusqué, le vice-roi refuse. Paul Doumer se fâche et déclare que le refus de sa demande est un *casus belli*. Indigné, le vice-roi se lève et quitte son visiteur[165]. Le père Maire, missionnaire de la mission catholique du Yunnan, qui sert d'interprète, fait le récit effaré de l'entretien. L'incident diplomatique est total. Un soulèvement se produit le 12 juin 1899 dans la région : la ville de Mengzi est envahie par les mineurs d'étain, qui craignent que les Français ne s'approprient leurs mines ; le consulat français est pillé et les Français sont contraints de se réfugier sous la protection des autorités locales. La situation est si sérieuse que Théophile Delcassé, ministre des Affaires étrangères, est contraint d'en informer son ambassadeur à Londres, Paul Cambon, en l'autorisant à rassurer le gouvernement britannique sur le fait que Paris n'a aucune intention d'annexer le Yunnan[166]. Quelles que puissent être les aspirations d'Hanoi...

Dans ces circonstances troublées (mais dans des conditions inconnues), Paul Doumer fait alors « l'acquisition » (l'acquiert-il ?) du rouleau impérial *Banquet de la victoire dans les jardins de l'Ouest* (*Yuan Xi*[167] *Kai Yan*) datant de la dynastie Qing (époque Qianlong, 1736-1795)[168] [annexe XI : « La collection du président Doumer », p. 507-508]. Le rapporte-t-il lors de l'occupation de Pékin par les armées de la coalition internationale ? Le reçoit-il du sinologue Paul Pelliot auquel il sauve la vie ? Ce dernier, nommé pensionnaire de la Mission archéologique en Indochine dès 1899, est de ceux que l'insurrection des Boxers assiège dans la légation de Pékin en 1900[169]. Alors que les provinces s'agitent dangereusement, Paul Doumer n'hésite

---

164. P. Doumer, *L'Indo-Chine française : souvenirs*, *op. cit.*, p. 40.

165. R. S. Lee, *France and the Exploitation of China (1885-1901) : a Study in Economic Imperialism*, *op. cit.*, p. 206.

166. L. Villate, *La République des diplomates : Paul et Jules Cambon (1843-1935)*, Paris, Science infuse, 2001.

167. « Jardin de l'Ouest » serait plutôt « Xi Yuan » que « Yuan Xi ». La notice du catologue de Christie's est ici reproduite : *Art d'Asie*, Londres, Christie's international, 2005, p. 88-103.

168. Adjugé vendu pour plus de 6 millions d'euros en 2005, soit le record du monde à ce jour pour une peinture chinoise classique impériale.

169. J. Mabire, *L'Été rouge de Pékin : la révolte des Boxeurs*, Paris, Fayard, 1978, rééd. Paris, éditions du Rocher, 2006.

pas, en plein accord avec le général Borgnis-Desbordes, commandant en chef des troupes en Indochine, à dégarnir l'Indochine pour envoyer les troupes coloniales au secours des légations[170]. En l'an vingt-six de l'ère Guangxu des Qing, autrement dit en 1900, une expédition européenne met effectivement fin à l'émeute des Boxers, société animant un mouvement xénophobe dirigé contre les Européens établis en Chine et qui assiège les légations pendant cinquante jours[171]. Parti de France, le général Voyron, commandant en chef du corps expéditionnaire de Chine, serait arrivé trop tard pour sauver les assiégés, concède Paul Pelliot, qui, par la suite, répètera qu'il eut la vie sauve grâce à Paul Doumer.

Quel sens donner à cette chevauchée ? Doumer joue-t-il son va-tout dans l'aventure ? Souhaite-t-il, en projetant d'agrandir territorialement l'Empire colonial français, accéder à la présidence de la République[172] ? Ce dessein serait, selon Jean Jaurès, présent dans son esprit dès cette aventure yunnanaise[173]. Celle-ci, quelques mois après la crise de Fachoda (1898), fait en tout cas définitivement passer Paul Doumer pour un casse-cou. Son impopularité s'étend désormais « du Quai d'Orsay aux frontières de la Chine »[174]... Pour faire diversion, Paul Doumer fait envoyer à Paris un vieil éléphant cambodgien nommé Chérie[175]. L'Exposition universelle de 1900 bat alors son plein[176]. Sous la Tour Eiffel, près du petit lac, se cache un village tonkinois, avec ses jonques et ses femmes mâcheuses de bétel. Le théâtre indochinois voisine avec une première reproduction de ce temple étrange qu'on vient de redécouvrir et qui s'appelle Angkor[177].

À Hanoi, sclérosée par d'incessants racontars, autant éprise de ragots que d'alcool ou d'opium, la société coloniale indochinoise fonctionne comme un vase clos toujours prompt à médire. Les bavardages calomnieux à l'encontre des époux Doumer circulent bon train. Tout est sujet à commentaires acérés ou perfidies chuchotées. La malignité et l'intolérance ont leur pâture tous les quinze jours aux réceptions officielles du gouvernement général. On y boit en dansant, on fume y en circulant. Rien n'est épargné : ni l'odeur du Manille ou du Long-than, ni la bière de riz, ni le commérage des hommes, ni la vertu des femmes. Paul Doumer prévient qu'il a peu de temps pour la représentation[178]. Le Tout-Hanoi se presse pourtant à la réception officielle du 14 juillet au gouvernement général, la grande date sociale

---

170. SHD, dossier 11 YD 22, « Gustave Borgnis-Desbordes ».

171. R. A. Bickers *et al.*, *The Boxers, China and the World*, New York, Rowman & Littefield, 2007. Pour une mise en perspective plus générale, M.-C. Bergère *et al.*, *La Chine au XXe siècle*, vol. 1, Paris, Fayard, 1989.

172. C. Fourniau, entretien avec l'auteur, 7 novembre 2003.

173. J. Jaurès, « Présidence et clientèle », *L'Humanité*, 7 août 1905.

174. ANOM, MC, IC AF, A00(37), carton 2 (1895-1900), presse, « Doumer au Tonkin », *La Libre parole*, 8 juillet 1898.

175. P. Morand, *1900*, Paris, éditions de France, coll. « Marianne », 1931, p. 115.

176. A. Lorin, « L'expo de 1900 : le progrès lancé sur les rails », *Historia*, n° 775, juillet 2011, p. 56-57.

177. A. Lorin, « La "découverte" française du site : autour de Paul Doumer et de la fondation de l'École française d'Extrême-Orient », *op. cit.*, p. 110-123.

178. L. Salaün, *L'Indochine*, *op. cit.*, p. 381.

de l'année. Le gouverneur général, très strict et maître de lui comme de l'univers[179], reçoit, cérémonieusement cinglé dans sa redingote et son plastron blanc barré de l'écharpe tricolore, contrastant avec les tenues variées des participants, où la tunique domine. La France reçoit le Tonkin et non l'inverse. Vision surprenante que celle de la IIIe République dans l'exercice impérial de ses fonctions.

9. Le « Colbert de l'Indochine »

Chantre de l'action directe sur le terrain, qu'il (re)valorise, Paul Doumer est rapidement surnommé le « Colbert de l'Indochine »[180]. Un surnom signifiant dans l'histoire administrative française. Les métropoles étant naturellement portées à projeter dans leurs colonies leurs habitudes, y compris les plus mauvaises, l'appareil étatique mis sur pied en Indochine par Paul Doumer est dès l'origine porteur de ses propres inerties[181]. Le nouveau régime se caractérise bientôt par la mise en place d'un carcan administratif très rigide, composé d'une pléthore de fonctionnaires métropolitains[182]. En 1900, il y a par exemple en Cochinchine 290 fonctionnaires européens des services civils, soit 1 pour 7 900 habitants contre 1 pour 76 000 à Java administré par la Hollande[183]... Un quart des recettes est ainsi absorbé chaque année par le personnel européen en Indochine. Avec la tendance naturelle à la sur-administration, la bureaucratie apparaît très vite comme « la sangsue de l'Empire colonial français »[184].

Paul Doumer laisse en métropole une fidèle camarilla de lieutenants pour chanter ses louanges en attendant son retour. Dans cette équipe, Albert Dubreuil, gendre de Noël Auricoste installé par Paul Doumer premier directeur de l'Office colonial dès sa création en 1902 en remerciement des prêts qu'il lui a consentis dix ans plus tôt[185], remplit les fonctions de manager. Courtier, Albert Dubreuil devient le factotum de Paul Doumer à Paris. Il est chargé de préparer, à coups de grosse caisse et de cymbales, le retour en métropole de son patron. On dit de Paul Doumer qu'il a le culte de l'amitié et la bosse de la reconnaissance : la perception du VIe arrondissement de Paris, confortable sinécure, sera confiée plus tard en récompense à Albert Dubreuil[186]. En Indochine, Ulysse Leriche, directeur du journal, *Le Mékong*, est un de ces personnages douteux chargés de battre du tambour en l'honneur de Paul Doumer[187].

Paul Doumer semble vouloir démissionner de ses accaparantes fonctions tout au long de son long quinquennat indochinois (1897-1902). Il ne se prive pas en effet d'exprimer sa lassitude, menaçant à plusieurs reprises de jeter l'éponge. Il n'est toute-

179. P. Héduy, *Histoire de l'Indochine : la perle de l'empire (1624-1954)*, *op. cit.*, p. 397, d'après une photographie.
180. *Ibid.*, p. 398.
181. P. Brocheux *et al.*, *Indochine, la colonisation ambiguë (1858-1954)*, *op. cit.*, p. 86.
182. J. Martin, *L'empire triomphant (1871-1936)*, t. 2, *op. cit.*, p. 230.
183. Colonel F. Bernard, *L'Indo-Chine : erreurs et dangers*, *op. cit.*, p. 43.
184. J. Martin, *L'empire triomphant (1871-1936)*, t. 2, *op. cit.*, p. 230.
185. BAN, E. Lacotte, « Paul Doumer (5 garçons et 3 filles) », *op. cit.*, p. 135.
186. *Ibid.*
187. G. de Gantès, courriel à l'auteur, 20 octobre 2012.

fois pas « viré » d'Indochine, comme cela fut dit sans preuve[188], même si une version circule selon laquelle Paul Doumer aurait pu être démis de ses fonctions de gouverneur général de l'Indochine suite à son projet de conquête de Yunnan par Théophile Delcassé, alors ministre des Affaires étrangères, résolu à liquider un empire d'Extrême-Orient jugé trop coûteux[189]. L'hypothèse ne peut toutefois pas être confirmée, aucune preuve l'étayant ne pouvant être administrée. Apprenant, en février 1902, que les élections, prévues pour le mois de mai, pourraient avoir lieu en avril, Paul Doumer écrit aussitôt à Paul Deschanel, alors président de la Chambre des députés, que cela dérange ses plans[190]. Or il ne peut avancer son retour. Bien qu'activement investi dans sa mission indochinoise, Paul Doumer sait constamment garder un œil attentif en métropole, qui ne l'amène à démissionner de son poste de gouverneur général que le moment opportun venu. Ce sera le 14 mars 1902. L'intéressé lui-même se justifie de son retour en métropole dans les termes suivants :

> « C'est volontairement, à l'heure que j'avais fixée moi-même, que je suis venu reprendre ma place dans l'armée républicaine. [...] Je suis rentré simplement dans le rang, au milieu de mes amis, dans la petite phalange où je combattis naguère, car mes opinions n'avaient pas changé de couleur en voyage. »[191]

Tentative d'auto-persuasion ? La suite de sa carrière montrera le contraire quant à son positionnement politique fluctuant. Dans l'immédiat, une pause semble s'imposer. Un homme de Théophile Delcassé, Paul Beau, diplomate de métier, alors ministre plénipotentiaire à Pékin, est nommé pour succéder à Paul Doumer en Indochine. À peine rentré, ce dernier est assailli de critiques sur le bilan de son mandat indochinois. On lui reproche notamment de s'être insuffisamment occupé de politique indigène en Indochine, lacune que son successeur s'emploiera en partie à combler. La multiplication de sérieuses critiques émises à l'encontre de son action en Indochine oblige Paul Doumer à publier en 1905 un volumineux ouvrage de 392 pages de grand format intitulé *L'Indochine française : souvenirs*[192]. Sa publication, à titre privé, n'est pas une initiative spontanée mais bien plutôt un acte commandé par la polémique qui enfle et pris pour tenter de faire taire les pourfendeurs. Les souvenirs indochinois de Paul Doumer deviendront une lecture de référence pour toute une génération de Français en partance pour l'Indochine. Le seul ouvrage que le maréchal Leclerc parcourt à la dernière minute avant d'embarquer pour l'Indochine le 18 août 1945 est ainsi celui de Paul Doumer[193]. L'amiral Thierry d'Argenlieu en fait autant[194].

---

188. J.-F. Klein, colloque « Le contact colonial : des individus et des groupes », Maison de la recherche de l'Université Paris-Sorbonne, 10 novembre 2007.

189. J.-L. Barré, *Philippe Berthelot, l'éminence grise*, Paris, Perrin, 1998, p. 164.

190. CHAN, 151 AP/35, lettre de P. Doumer, gouverneur général de l'Indochine, à P. Deschanel, président de la Chambre des députés, 8 février 1902.

191. ADA, discours de P. Doumer, député de l'Aisne, Chambre consultative des associations ouvrières de production, 15 mai 1904.

192. P. Doumer, *L'Indo-Chine française : souvenirs*, *op. cit.*

193. P. Galley, petit-fils du maréchal Leclerc, entretien avec l'auteur, 18 avril 2009 ; J.-C. Notin, *Leclerc*, Paris, Perrin, 2005, p. 353.

194. A. d'Argenlieu, petit-neveu de l'amiral d'Argenlieu, entretien avec l'auteur, 4 avril 2006.

L'Indochine de 1902 cesse de coûter au budget français. Elle devient même la salutaire « béquille » du capitalisme français[195]. Une situation inimaginable cinq ans plus tôt. Redressée, auto-suffisante, fortement organisée, elle devient pour la première fois une colonie bénéficiaire, dont le commerce, de plus d'un demi-milliard de francs, double en cinq ans. Élevé plus tard au « panthéon colonial » des « proconsuls de taille » par le général de Gaulle[196], Paul Doumer permet à la France d'affermir significativement sa position impériale en Asie, en particulier dans la course qui l'oppose à l'Angleterre au tournant des XIXe et XXe siècles. Peu à peu, la fierté de l'œuvre accomplie par la République en Indochine et la transformation de cette dernière, suivies avec une surprise mêlée de joie par l'opinion publique française[197], effacent le souvenir traumatisant des humiliations de la guerre franco-allemande de 1870. La question de l'Alsace-Lorraine n'éveille d'ailleurs plus grand écho dans l'opinion[198]. L'ambassadeur allemand à Paris constate en 1902 que la masse des Français est en train d'oublier l'Alsace-Lorraine et l'ancien chef d'état-major allemand Waldersee note la même année dans son *Journal* que « l'idée de revanche ne compte plus beaucoup de fanatiques »[199].

Cinq années (1897-1902) suffisent pour cette transformation en profondeur de l'Indochine. Un bilan dans lequel il demeure difficile de faire la part de souffrance et de progrès. Sous le gouvernement de Paul Doumer est mis sur pied un appareil étatique durablement cohérent, lequel, ne commençant en fait à fonctionner qu'après son départ d'Indochine, subsiste, dans ses traits essentiels, jusqu'à la Seconde Guerre mondiale, ce qui contribue à son intérêt historique. Albert Sarraut, qui occupe le poste de gouverneur général de l'Indochine à deux reprises, de 1911 à 1914 puis de 1916 à 1919 avant de devenir ministre des Colonies (1920-1924 puis 1932-1933), apparaît comme l'héritier en titre de Paul Doumer, son disciple et son laudateur le plus fidèle. Les successeurs immédiats de Paul Doumer à la tête de l'Indochine, Paul Beau (1902-1908) puis Anthony Klobukowski (1908-1911), ne feront que compléter ou retoucher ponctuellement le régime durablement mis en place par Paul Doumer, sans en modifier toutefois les lignes et les structures essentielles.

10. Nouvelles élites républicaines et « école du pouvoir colonial »

Jean-Marie de Lanessan, élu député en 1881, préside la commission parlementaire de la Marine et des Colonies et, à ce titre, conduit en 1886-1887 une mission d'enquête sur les colonies françaises qui le mène de la Tunisie à l'Indochine. À la fois

---

195. J. Marseille, *Empire colonial et capitalisme français : histoire d'un divorce*, Paris, Albin Michel, 1984, rééd. 2004.

196. C. de Gaulle, *Mémoires d'espoir*, vol. 1, « Le renouveau (1958-1962) », Paris, Plon, 1970, « L'outre-mer », p. 49-51.

197. E. Chassigneux, « L'Indochine », *op. cit.*, p. 504.

198. B. Joly, « La France et la revanche (1871-1914) », *op. cit.*

199. Cité par P. Renouvin, *Histoire des relations internationales*, vol. III, « De 1871 à 1945 », Paris, Hachette, 1994, p. 140-141.

radical et libéral, il joue un rôle décisif dans la genèse de la doctrine coloniale républicaine[200]. Selon lui en effet, la loi qui gouverne l'évolution est celle du plus fort. L'idée est simple : l'homme blanc, qui a le savoir et l'esprit mais à qui le climat tropical interdit l'effort physique, conçoit et commande ; l'indigène, qui n'a que ses bras et une constitution adaptée à son milieu, exécute, pioche, laboure et sue… Or pour ses colonies, la IIIe République souhaite de « vrais chefs »[201] : les administrateurs des colonies se seraient en effet forgé une philosophie de l'action, de l'énergie et de la responsabilité — « l'école du pouvoir colonial », influencée par le commandement militaire —, opposée à l'immobilisme parlementaire voire à la décadence de l'État dans le débat métropolitain sur la réforme institutionnelle de la fin des années 1930. Forment-ils, dès lors, une catégorie politique nouvelle voire de nouveaux acteurs politiques ?

La représentation de l'État dans les confins de l'Empire, tant auprès des indigènes que des colons, reste une question délicate. Dans sa grande période impériale de 1880 à 1940 et alors que tous les régimes impériaux européens sont confrontés au problème de la gestion de leurs colonies, la France ne considère jamais que sa fameuse « mission civilisatrice »[202] inclut l'exportation de son modèle d'organisation politique. Ainsi entreprend-t-elle outre-mer l'édification d'un État nouveau — à partir de matériaux anciens — différent de la République démocratique dont le triomphe s'affirme alors en métropole. Cette construction n'est toutefois pas reconnue au point qu'aujourd'hui encore, l'expression et l'existence même d'un « État colonial français » restent discutées[203]. La controverse autour des thèmes de l'assimilation et de l'association[204] a-t-elle pour effet de détourner les esprits de l'inavouable ? Il est difficile en effet à la démocratique IIIe République d'admettre, à l'aube du XXe siècle, qu'elle a recréé outre-mer un État autoritaire présentant, à y regarder de plus près, de fortes analogies avec l'Ancien régime monarchique honni et un risque de dérive autocratique certain. Le discours colonial, quoi qu'il en dise, va ainsi s'efforcer d'occulter cette réalité gênante[205].

Concept ambigu et redoutablement contradictoire, l'assimilation fait du territoire d'outre-mer le prolongement de la métropole selon le raisonnement suivant : l'empire doit avoir un seul et même régime politique, et ses habitants un seul et même statut juridique. On retrouve la passion d'une idée de la France comme État

---

200. D. Deschamps, « Contre le citoyen, pour la République, par le fonctionnaire : l'association, une idéologie coloniale républicaine », *in* M.-O. Baruch *et al.* (dir.), *Serviteurs de l'État : une histoire politique de l'administration française (1875-1945)*, Paris, La Découverte, 2000, p. 202-203.

201. R. Delavignette, *Les vrais chefs de l'empire*, Paris, Vuibert, 1939, rééd. sous le titre *Service africain*, Paris, Gallimard, 1946.

202. D. Costantini, *Mission civilisatrice : le rôle de l'histoire coloniale dans la construction de l'identité politique française*, *op. cit.*

203. J. Frémigacci, « L'État colonial français, du discours mythique aux réalités (1880-1940) », *Matériaux pour l'histoire de notre temps*, 1993, n° 32-33, p. 27-35.

204. R. F. Betts, *Assimilation and Association in French Colonial Theory, 1890-1914*, Londres, New York, Columbia University Press, 1961, rééd. Lincoln, University of Nebraska Press, 2005.

205. O. Saaïdia *et al.* (dir.), *La construction du discours colonial : l'empire français aux XIXe et XXe siècles*, Paris, Karthala, 2009 [A. Lorin, *Histoire@Politique*, n° 11, avril-août 2010].

unitaire en expansion territoriale constante. Mais il s'agit bien, en réalité, d'imposer outre-mer un ordre politique et juridique qui garantit d'abord la prééminence des intérêts de la métropole souveraine. Ainsi l'assimilation nie-t-elle tout à la fois la situation coloniale elle-même et l'abolition de toute distance entre colonisateur et colonisé. Paul Doumer ne prend officiellement et théoriquement position ni pour l'assimilation ni pour l'association. Ne veut-il pas voir que le droit colonial est de plus en plus spécifique, et distinct du droit métropolitain ? Car la loi française ne s'applique pas *ipso facto* outre-mer, les colonies relevant de lois particulières. Ainsi la nécessaire adaptation du discours colonial va-t-elle faire la fortune d'une nouvelle formule : la politique d'association. Il s'agit d'intéresser d'une façon plus active les indigènes à l'administration du pays et de les *associer* au développement des possessions françaises. La synthèse doumérienne entre l'assimilation et l'association se trouve dans l'ouvrage d'Albert Sarraut, *La mise en valeur des colonies françaises*, qui annonce en 1923 toute une politique qui sera celle de l'État néo-colonial[206]. La « mise en valeur » ne se veut pas un simple « programme d'outillage économique » mais bien un plan d'une mise en valeur d'ensemble dans laquelle les améliorations d'ordre moral, intellectuel, politique et social sont étroitement liées aux réalisations d'ordre matériel. Il s'agit ainsi de consolider la domination de la France sur ses colonies par l'association au système d'une élite locale culturellement assimilée. Mais, précision essentielle, il ne s'agit que d'une association aux tâches de gestion.

À Hanoi, capitale coloniale, les apparences monarchiques sont si évidentes au niveau du gouverneur général (palais, cour, intrigues tenant lieu de vie politique, cérémonies, etc.) que la remuante presse des colons agite fréquemment la comparaison. Au-delà de ces apparences, c'est de façon institutionnelle, et dans la pratique même, que le pouvoir s'incarne dans un seul homme, que l'expression énigmatique d'un important décret du 21 avril 1891, obtenu par Jean-Marie de Lanessan à la veille de son embarquement, qualifie de « dépositaire des pouvoirs de la République »[207]. Ce décret fonde l'unité de commandement du gouverneur général, qui, dès lors à la tête de la colonie, gouverne en son nom. Haut fonctionnaire « politiquement irresponsable »[208] car placé sous les seuls ordres du jeune ministère des Colonies créé trois ans plus tôt, le gouverneur général dispose de pouvoirs exceptionnels. Quel rôle joue, dans ces conditions, le ministère des Colonies ? En théorie et en pratique, ses compétences ne sont pas clairement définies. Faiblement organisé et peu considéré, il ne peut donner une ligne politique clairement définie à la IIIe République impériale[209]. D'où, à la fin du XIXe siècle, une immense liberté d'action du gouverneur général, qui peut pratiquer des politiques successivement opposées, chacun ayant naturellement tendance à prendre le contre-pied de son prédécesseur. En outre, le gouverneur général légifère lui-même très largement par des arrêtés. Assisté d'un conseil « supé-

---

206. A. Sarraut, *La mise en valeur des colonies françaises*, Paris, Payot, 1923.
207. P. Brocheux *et al.*, *Indochine, la colonisation ambiguë (1858-1954)*, *op. cit.*, p. 85.
208. E. Sibeud, « L'administration coloniale », *op. cit.*, p. 624.
209. O. Le Cour Grandmaison, *La République impériale : politique et racisme d'État*, Paris, Fayard, 2009 [A. Lorin, *Histoire@Politique*, n° 9, septembre-décembre 2009].

rieur » purement consultatif, dont il contrôle la composition — fonctionnaires et notables qui le composent ne sauraient y manifester la moindre opposition —, le gouverneur général jouit d'une autonomie de décision considérable. Enfin, la confusion du politique et de l'administratif, de l'exécutif et du judiciaire dans l'exercice du pouvoir rend toute distinction difficile. La seule faiblesse de ce « despote éclairé » réside, en définitive, dans la précarité de sa situation. Qualifiant le pouvoir colonial d'« absolutisme administratif »[210], Emmanuelle Sibeud conclut que ce dernier est, « faute d'un contrepoids représentatif effectif, [...] un pouvoir exclusivement et abusivement administratif, [prétendant] régenter sans partage la vie publique locale »[211].

11. « Les colonies forment les chefs »

Le commandement, mode traditionnel d'exercice du pouvoir, d'origine militaire, dont Robert Delavignette, haut fonctionnaire colonial, fait l'apologie dans son ouvrage *Les vrais chefs de l'empire* (1939)[212], connaît son apogée sous le mandat de Paul Doumer, gouverneur général de l'Indochine (1897-1902). Partant du dogme de la supériorité morale du colonisateur, c'est par une « contrainte morale », par son prestige et son énergie — Edward Berenson parle de « charisme »[213] —, que le chef doit s'imposer et entraîner subordonnés et administrés dans la voie qu'il estime être celle du progrès. Louant en 1919 « l'aide donnée par les soldats coloniaux à la guerre européenne, depuis le premier jusqu'au dernier jour des hostilités, en Artois, en Picardie, en Champagne, à Verdun, sur la Somme, sur l'Aisne, sur la Meuse »[214], Paul Doumer, citant ses amis les généraux Gouraud[215], Mangin, Archinard et d'Ollone, déclare que « les colonies forment les chefs et trempent leur caractère »[216]. Manière de s'envoyer des fleurs en référence à sa mission indochinoise ? L'aveu révèle surtout sa conception autoritaire du pouvoir à l'aune de son expérience en Indochine, où il a pratiqué un gouvernement d'action directe s'émancipant des contrôles locaux. La démonstration du glissement politique au centre droit de Paul Doumer — autrement dit de sa droitisation depuis le centre gauche — peut, dès lors, se faire par un examen des « grands votes » parlementaires auxquels il prend part après son retour en métropole : en particulier, s'il s'abstient du vote de la loi du 3 juillet 1905 sur la laïcité en sa qualité de président de la Chambre des députés, il vote en revanche pour la loi du 2 janvier 1907 sur l'exercice public du culte[217] et

---

210. E. Sibeud, « L'administration coloniale », *op. cit.*, p. 625.

211. *Ibid.*

212. R. Delavignette, *Les vrais chefs de l'empire*, *op. cit.*

213. E. Berenson, *Heroes of Empire: Five charismatic Men and the Conquest of Africa*, Berkeley, UCP, 2010 ; *Les héros de l'empire : Brazza, Marchand, Lyautey, Gordon et Stanley à la conquête de l'Afrique*, Paris, Perrin, 2012 [A. lorin, *Revue historique*, n° 664, octobre 2012, p. 1024-1026].

214. M. Besson *et al.*, *L'effort colonial des Alliés*, Nancy, Berger-Levrault, coll. « Les grands problèmes coloniaux », 1919, préface de P. Doumer, p. 6.

215. J. d'Andurain, *Le Général Gouraud, un colonial dans la Grande Guerre*, thèse de doctorat d'histoire, Université Paris IV Paris-Sorbonne, 2009.

216. M. Besson *et al.*, *L'effort colonial des Alliés*, *op. cit.*, préface de P. Doumer, p. 7.

217. C. Bellon, *Délibération parlementaire et phénomène majoritaire sous la Troisième République :*

de nouveau pour la loi du 13 avril 1908 sur la dévolution des biens d'Église[218]. Il vote aussi pour la loi des trois ans le 19 juillet 1913, dont il est rapporteur.

En même temps, Paul Doumer se heurte de plein fouet, dix ans après l'institution d'une Union indochinoise (1887), qu'il réalise dans les faits, à une vive opposition du pouvoir militaire, hérité de la conquête, à ses projets d'organisation administrative, perçus comme une tentative de démilitariser les pratiques de l'administration coloniale. Son quinquennat à la tête de l'Indochine est ainsi émaillé de tensions constantes avec le pouvoir militaire[219], l'armée supportant mal d'être dépendante de l'autorité civile. Alors qu'arbitraire et concussion, facilités par l'éloignement de métropole, caractérisent les pratiques des administrations militaires, particulièrement en Cochinchine, le jeune gouverneur général va rencontrer de vives résistances dans sa tentative de mise au pas de l'armée en situation coloniale[220].

L'exposition d'Hanoi ouvre ses portes de novembre 1902 à janvier 1903 [photographie 13 p. 453]. Voulue par Paul Doumer, elle doit glorifier sa politique de grands travaux et de modernisation de l'Indochine. Mais son concepteur ayant rejoint la France, l'exposition « mort-née » n'a pas le succès escompté. 4 000 participants assurent malgré tout sa tenue[221]. La presse et les parlementaires sont conviés. Des bateaux de plaisir s'organisent. Seuls trois journalistes feront finalement le déplacement. À la section française des Beaux-Arts, c'est le scandale. Des groupes ahuris stationnent sans fin devant une étude de nu de Carolus-Duran, portraitiste mondain des femmes de la haute société de la IIIe République. Tout ce qui, du corps féminin, peut être encore inconnu de l'Annamite, le dernier des coolies l'a sous les yeux. Le défi aux mœurs locales est tel qu'il faut déménager le tableau. Construit pour durer, le grand palais s'effondre au premier typhon, ruinant une inoubliable collection de l'École française d'Extrême-Orient. L'exposition est un fiasco.

Le premier soin de Paul Doumer, débarquant à Marseille le 7 avril 1902, est d'adresser un télégramme à Paul Deschanel, président de la Chambre des députés :

> « Je vous adresse, mon cher président, en ami au moment où je mets le pied sur le sol de notre France, l'expression de mon bien affectueux dévouement. »[222]

Paul Doumer rentre d'abord en métropole pour poursuivre ses ambitions politiques nationales. Bien préparée, sa rentrée est un succès. À toutes les questions qui

---

l'exemple d'Aristide Briand, député de la Loire (1902-1919), thèse de doctorat d'histoire, IEP de Paris, 2009, annexe IV.2.a, p. 833.

218. *Ibid.*, annexe IV.2.c, p. 847.

219. ANOM, MC, IC NF, dossier 2310(1), rapports des pouvoirs civils et militaires en Indo-Chine ; A. Lorin, *Le tremplin colonial : Paul Doumer, gouverneur général de l'Indochine (1897-1902)*, *op. cit.*, « D'égales tensions avec le pouvoir militaire », p. 147-150.

220. A. Lorin, « Démilitariser les pratiques de l'administration coloniale ? Autorités civile et militaire sous le mandat de Paul Doumer, gouverneur général de l'Indochine (1897-1902) », journée d'études « Le rôle et les pratiques des administrations militaires », Institut d'histoire du temps présent, Paris, 20 janvier 2011.

221. ANOM, J. Ajalbert, *Les destinées de l'Indochine*, Paris, Michaud, 1909.

222. CHAN, 151 AP/35, télégramme de P. Doumer, gouverneur général de l'Indochine, à P. Deschanel, président de la Chambre des députés, 7 avril 1902.

lui sont posées, en réunion publique, sur son opinion au sujet de l'affaire Dreyfus, Paul Doumer répond adroitement qu'en Indochine, on n'a jamais entendu parler du capitaine juif. En privé, il se dit toutefois persuadé de son innocence[223]. La conjoncture parlementaire métropolitaine de 1896-1897 aurait très certainement été défavorable à Paul Doumer. Son exil indochinois lui permet d'échapper un temps à la politique intérieure et de prendre quelque salutaire hauteur critique loin des scandales à répétition agitant la République. Il lui permet surtout d'apporter la preuve de ses capacités et de gagner en densité, en maturité comme en visibilité politiques. Dans sa profession de foi au printemps 1902 à ses électeurs de la 2e circonscription de Laon, Paul Doumer se déclare lui-même désormais trop connu pour avoir besoin de « développer un programme »[224]. Il est désormais précédé d'une aura impériale triomphale[225]. Comme l'avait prédit Moloch [document 12 p. 378], Paul Doumer rentre d'Indochine sa pelote faite[226], pour mieux rentrer dans l'arène. Cet homme de gauche glisse progressivement vers la droite anticombiste à partir de 1902. De telle sorte que Jean Jaurès voit désormais en lui un danger pour le parti républicain[227]. L'influence du quinquennat indochinois de Paul Doumer marque ainsi une nette césure de ce point de vue dans son ascension en République.

Pendant cinq ans (1897-1902), Paul Doumer donne la pleine mesure à ses talents, révélant des qualités d'administrateur et de réformateur exceptionnelles. On dit que Paul Doumer, mégalomane, a vu trop grand en Indochine. La vigueur et l'efficacité des divers réseaux coloniaux constitués à Paris dans les sphères parlementaires et para-parlementaires concourent au dessin d'une « génération coloniale », entendue comme une strate autonome dotée d'une identité propre, bâtie autour du credo colonial — même si en son sein coexistent des tempéraments et des sensibilités politiques divers[228]. Cette « génération coloniale » va permettre d'expliquer bien des mécanismes de solidarité politique facilitant l'ascension de Paul Doumer à partir de 1902. Paul Doumer reste attaché sa vie durant à l'Indochine, la partie de sa carrière dont il est le plus fier[229]. En témoignent les multiples ouvrages consacrés à la possession française d'Asie qu'il préface, commande ou auxquels il contribue [« Ouvrages préfacés, commandés par Paul Doumer ou auxquels Paul Doumer a contribué », p. 548-549]. La truelle avec laquelle il inaugure son pont sur le fleuve Rouge en 1902 trônera sur tous les prestigieux bureaux derrière lesquels il s'assiéra après son retour en métropole[230]. Président régulier du banquet des Français d'Indochine, l'ancien gouverneur général continue d'être considéré

223. L. Pasquier-Doumer, entretien avec l'auteur, 31 mai 2005.

224. AAN, Chambre des députés, *Programmes, professions de foi et engagements électoraux*, VIIIe législature, 2e circonscription de Laon, p. 13.

225. C. Benoist, *Souvenirs*, t. 3 (1902-1933), Paris, Plon, 1934, p. 126.

226. BAN, E. Lacotte, « Paul Doumer (5 garçons et 3 filles) », *op. cit.*, p. 141.

227. J. Jaurès, « Lenteurs et intrigues », 22 novembre 1902, *in* R. Pech *et al.* (dir.), *Jaurès : l'intégrale des articles de 1887 à 1914 publiés dans « La Dépêche »*, *op. cit.*, p. 558-559.

228. Sur la notion de « génération », J.-F. Sirinelli, « Génération et histoire politique », *op. cit.*

229. L. Pasquier-Doumer, entretien avec l'auteur, 31 mai 2005.

230. *Ibid.*

comme « le chef de la grande famille indochinoise » selon Pierre Deloncle, secrétaire général du Comité de l'Indochine à partir de 1931[231]. De nombreux Indochinois demeurent en rapport suivi avec lui et le consultent. Parfois la nostalgie des lointaines terres indochinoises s'empare de Paul Doumer, qui caresse le projet de les revoir quand il sera redevenu simple un citoyen après son mandat élyséen[232].

L'actif passage de Paul Doumer en Indochine est ainsi unanimement décrit comme « le grand tournant »[233]. Les réflexions auxquelles Doumer se livre sur la France, contemplée du dehors depuis l'Indochine et dont il sert les ambitions coloniales avec panache, le transforment. C'est d'Indochine que Doumer pense ramener la force qui lui permettra de se propulser au sommet de l'État. Issu de cet espace colonial, formé par « l'école des colonies », Paul Doumer voit son avenir politique changer avec l'Indochine. La France devient cette nation qui construit ses hommes nouveaux dans ce champ d'expérimentation vierge que constitue le domaine colonial[234]. Lyautey voit ainsi dans l'exercice du pouvoir aux colonies la possibilité de « régénérer les élites et, au-delà, la nation entière »[235]. Souverain de l'empire asiatique encore inarticulé et déséquilibré qu'a créé la République, Paul Doumer est « le gouverneur général qui a su tirer les possessions françaises en Asie de l'ornière où elles risquaient de rester enlisées »[236]. Pour autant, son action apparaît trop indochinoise dans un cadre plus largement asiatique, notamment par rapport à la Chine, où l'insurrection des Boxers est contemporaine de son passage au gouvernement général de l'Indochine. Doumer apparaît ainsi davantage comme le promoteur d'une stratégie territoriale de consolidation de l'Indochine et de son environnement immédiat que comme le visionnaire d'une stratégie impériale s'appuyant, par exemple à travers la Banque de l'Indochine, sur la capacité financière de la France. Quoi qu'il en soit, Paul Doumer a fait ses preuves en Indochine selon Paris. Il utilisera habilement cet argument comme un atout politique majeur dans la poursuite de sa carrière politique. Paul Doumer rentre d'Indochine la veille de son quarante-cinquième anniversaire. Il vise les plus hautes fonctions de l'État.

---

231. PPP, EA148(1), P. Deloncle, « Paul Doumer colonial », *in* « Paul Doumer (1857-1932), sa vie, sa mort, ses obsèques nationales », *L'Illustration*, hors-série mai 1932.

232. G. Huisman, « Le président Paul Doumer au travail », *op. cit.*, p. 407.

233. P. Devillers, *Français et Annamites, partenaires ou ennemis (1856-1902) ?*, *op. cit.*, chap. 6 : « Doumer et le grand tournant », p. 420-444 ; A. Lorin, « Le grand tournant : Paul Doumer, "démiurge de l'Indochine française" (1897-1902) », *Ultramarines : archives d'outre-mer, histoire des civilisations*, n° 27, novembre 2009, p. 14-21.

234. P. Blanchard *et al.* (dir.), *Culture coloniale : la France conquise par son empire (1871-1931)*, Paris, Autrement, 2003, p. 15-16.

235. E. Saada, « L'Empire », *in* V. Duclert *et al.* (dir.), *Dictionnaire critique de la République*, *op. cit.*, p. 486.

236. BNF, É. Richet, *L'Indo-Chine française à l'heure présente : l'œuvre de Paul Doumer*, bulletin de la Société royale de géographie d'Anvers, Saigon, 9 novembre 1901, Anvers, De Backer, 1902, p. 3. Ce rapport peut être considéré comme un bilan relativement fiable et impartial, en particulier sur le plan budgétaire, du mandat de P. Doumer en Indochine.

Chapitre V
Le prix des audaces
1903-1909

La réapparition de Paul Doumer dans l'Aisne à son retour d'Indochine en 1902 confirme définitivement cette terre comme son département d'implantation politique. Les chiffres parlent d'eux-mêmes : réinvesti par ses amis le 6 avril 1902, Paul Doumer, sans concurrent après s'être préalablement entendu avec son rival axonais André Castelin[1], est réélu triomphalement député de l'Aisne le 27 avril 1902 par 11 522 voix sur 17 367 votants, soit près de deux tiers des suffrages exprimés. Comme en territoire conquis. Sa campagne électorale est vite réglée. En témoigne sa brève profession de foi :

> « Mes chers concitoyens,
> Les associations républicaines de la circonscription et un grand nombre d'amis ont bien voulu me demander de me présenter à vos suffrages. Ils ont pensé que mon ancien et inaltérable attachement à la République, les services qu'il m'a été permis de rendre au pays, dans les fonctions que je viens d'occuper, seraient des titres à votre confiance.
> Ma vie et mes opinions sont trop connues de vous pour que j'aie à développer un programme. [...] »[2]

Dans quel contexte national s'inscrit ce retour ? Après l'affaire Dreyfus, dont l'onde de choc affecte les républicains, les radicaux, alliés aux socialistes, raffermissent leur position et gagnent les élections de 1902. Candidat du Bloc des gauches en 1902 contre la Défense républicaine du ministère Waldeck-Rousseau — c'est pour sauver la République que se constitue cette coalition et que s'ouvre la lutte contre l'Église, baptisée « défense républicaine »[3] —, Paul Doumer tire profit de ce rapport de circonstances favorable, même si les choses n'étaient pas gagnées d'avance pour lui : son ancien collègue du cabinet Bourgeois, Louis Ricard, est ainsi battu à Rouen à l'occasion du même scrutin.

---

1. BAN, E. Lacotte, « Paul Doumer (5 garçons et 3 filles) », *op. cit.*, p. 142.
2. AAN, D23, dossier personnel du député P. Doumer, profession de foi, 8e législature (1902-1906).
3. M. Ozouf, *L'école, l'Église et la République (1871-1914)*, *op. cit.*, « La lutte contre l'Église », p. 177-184.

Toujours classé radical bien que très affranchi du poids de cette étiquette, Paul Doumer ne tarde pas à donner de nouvelles preuves de son indépendance politique en nouant rapidement des tractations avec la droite pour mieux préparer la suite de sa carrière. En modérant singulièrement ses opinions, son quinquennat en Indochine (1897-1902) a ainsi fait de Paul Doumer un « homme nouveau »[4], ayant notamment acquis une envergure nouvelle. Paul Doumer délaisse les influences doctrinaires des partis pour librement suivre une politique qui tient mieux compte, selon lui, de l'intérêt national. Jean Jaurès, qui dirige alors la *Petite République*, lui reproche, dans ces conditions, de nourrir des « ambitions de pouvoir personnel »[5]. Ses interventions dans la discussion sur le rachat des chemins de fer de l'Ouest et du Midi ; dans les débats sur la situation de la Marine, où il critique sévèrement la politique de Camille Pelletan, ministre de la Marine ; et dans ceux de la politique générale, où il dénonce le sectarisme du ministère Combes, achèvent de consommer sa rupture avec ses anciens amis politiques. Est-elle pour autant irréversible ?

1. Une implantation durable dans l'Aisne

Quelques jours avant Noël 1904, Paul Doumer achète une vaste maison bourgeoise à Anizy-le-Château près de la forêt de Saint-Gobain dans l'Aisne [photographie 16 p. 454]. Il l'a repérée à l'occasion de sa participation à un banquet républicain à Coucy-le-Château le 19 juillet 1903 [photographie 15 p. 454]. Embourgeoisement de « nouveau riche » ? Située à mi-côte en bordure de la vieille rue Saint-Rémi, qui, en sortant du bourg, devient la route de Laon, bâtie avec les dures pierres du Laonnois et couverte d'ardoises, la demeure semble défier le temps. Anizy présente un gros avantage pour Paul Doumer : la présence d'une gare, partagée avec la commune voisine de Pinon, sur la voie ferrée reliant Laon à Paris. Il peut ainsi se rendre chaque vendredi dans la capitale et plus souvent s'il le faut. Paul Doumer y reçoit dans un petit bureau au 7 rue de l'Isly à quelques pas de la gare Saint-Lazare[6].

De grands arbres aux épaisses frondaisons abritent sa calme retraite axonaise, qu'entourent un vaste domaine, un jardin potager, un verger aux fruits savoureux, une serre et de verdoyantes pelouses. L'ensemble, clos de murs, est d'une superficie d'environ deux hectares[7]. L'année suivante, Paul Doumer agrandit encore son domaine en achetant le terrain voisin, d'une superficie de dix ares environ[8]. Au rez-de-chaussée, une grande salle à manger et un grand salon sont doublés d'une petite salle à manger et d'un petit salon. Un grand escalier dessert huit chambres au premier étage. De son cabinet de travail, Paul Doumer peut percevoir le murmure des eaux de l'Ailette, la charmante rivière qui coule en contrebas de vertes prairies[9]. Son

4. C. Charle, *Les élites de la République (1880-1900)*, *op. cit.*, « Les hommes nouveaux », p. 172-179.
5. J.-C. Roman d'Amat *et al.* (dir.), *Dictionnaire de biographie française*, Paris, Letouzey et Ané, t. 11, 1967, p. 682.
6. BAN, Ms 1617 (U 3320), lettre de P. Doumer, député de l'Aisne, 19 octobre 1902.
7. ADA, AD, 271 Q 3173, article n° 9, vente, 10 décembre 1904.
8. ADA, AD, 271 Q 3188, article n° 30, vente, 4 mars 1905.
9. Viste à Anizy-Le-Château, 22 avril 2009.

regard peut s'étendre aussi sur ces collines verdoyantes et sur ce Chemin des Dames dont chaque crête allait être, dans un avenir trop proche, le pivot d'une atroce mêlée[10]. C'est dans ce cadre agréable que l'ancien gouverneur général rédige ses souvenirs d'Indochine[11]. Il installe ses villégiatures familiales et estivales dans « ce coquet petit coin de France »[12], où il est particulièrement bien accueilli [photographie 17 p. 455][13]. Bourg d'un millier d'habitants, le nom d'Anizy-le-Château nom reviendra tel un tragique leitmotiv dans chacun des communiqués de 1914-1918. La gentillesse des enfants et la cordialité des parents y laissent des souvenirs, que les descendants des anciens se remémorent avec des paroles émouvantes[14]. La belle maison de la rue Saint-Rémi (aujourd'hui rue Édouard Herriot) est détruite par les Allemands au cours de la Grande Guerre du fait de la notoriété de son propriétaire [photographie 27 p. 460][15]. Coup dur pour les Doumer, très attachés à leur première maison, chèrement acquise avec le fruit du travail du chef de famille.

Alors que les élections cantonales se profilent en 1904, c'est sans surprise dans le canton d'Anizy-le-Château, où il se sent bien, que Paul Doumer devient conseiller général de l'Aisne. Le cumul des mandats, pratique transpartisane, va alors bon train. Il apparaît comme l'une des caractéristiques majeures de l'évolution parlementaire au début du XXe siècle[16]. Élu le 31 juillet 1904, Paul Doumer succède à Henri Dequin, avocat à la Cour d'appel d'Amiens et agriculteur à Mons-en-Laonnois. Il occupera ce mandat pendant vingt-sept ans sans interruption, soit son mandat électif le plus long. Ce, malgré ses tâches au niveau national. Sa première intervention au conseil général de l'Aisne le 25 août 1904 est destinée à repousser une proposition de motion de son collègue socialiste Ernest Ringuier, proposant de voter des félicitations à l'adresse du président du Conseil Émile Combes sur la séparation des Églises et de l'État. Un an avant la loi de séparation (9 décembre 1905), le contexte national est alors très tendu sur la question[17]. Paul Doumer, conseiller du canton d'Anizy, déclare sévèrement :

> « Le gouvernement, qui est responsable devant les Chambres, ne l'est pas, que je sache, devant les conseils généraux ! Il n'appartient pas aux assemblées départementales de lui donner un vote de confiance ou de défiance car l'un ne va pas sans l'autre ! »[18]

---

10. N. Offenstadt (dir.), *Le Chemin des Dames : de l'événement à la mémoire*, Paris, Stock, 2004.
11. P. Doumer, *L'Indo-Chine française : souvenirs*, *op. cit.*, couronné par l'Académie française (Prix Kastner-Boursault) et la Société de géographie (médaille d'or 1905), avant-propos daté d'Anizy-le-Château (Aisne), 13 août 1903.
12. BAN, Ms 1617 (U 3320), lettre de P. Doumer, député de l'Aisne, 19 octobre 1902.
13. ADA, *Le Matin*, 17 mai 1931.
14. M. Reb, maire honoraire d'Anizy-le-Château, entretien avec l'auteur, 16 avril 2008.
15. ADA, 4° R 157 : J. Chauvin, « Paul Doumer, le président assassiné », *op. cit.*, p. 6.
16. G. Marrel, *L'élu et son double : cumul des mandats et construction de l'État républicain en France du milieu du XIXe siècle au milieu du XXe siècle*, thèse de doctorat de science politique, IEP-Université de Grenoble-II, 2003 ; B. Dumons, « Élites politiques et pouvoirs locaux : regards sur l'historiographie de la France contemporaine », *in* C. Bidégaray *et al.* (dir.), *L'élu local aujourd'hui*, Grenoble, PUG, 2009, p. 11-28.
17. J. Lalouette, *La séparation des Églises et de l'État*, *op. cit.*
18. ADA, AD, bibliothèque administrative (hors-série), délibérations du conseil général de l'Aisne, session du 25 août 1904.

Légalisme ? Excès de rigorisme ? La motion est retirée.

Quelle activité Paul Doumer déploie-t-il au conseil général de l'Aisne ? Le conseiller général d'Anizy-le-Château demande à faire partie de la quatrième commission en charge des routes, canaux, chemins de fer et postes-télécommunications et télégraphes, présidée par Émile Deviolaines, maître de verrerie, maire de Soissons, conseiller général d'Oulchy-le-Château. L'initiateur des voies ferrées d'Indochine et du tramway de Laon présente, au nom de cette commission, un rapport très détaillé sur un projet de tramway à traction électrique entre Anizy et Tergnier[19]. La proposition est aussitôt retenue. Par la suite, Paul Doumer est rapporteur de plusieurs textes concernant les transports, toujours au nom de cette quatrième commission : établissement de lignes d'intérêt local (Séry-les-Mézières/La Fère, avril 1906) ; construction de la ligne dite « de la vallée de l'Ailette » (avril 1909) ; création d'un service d'autobus dans la région de Château-Thierry ; projet de transformation du canal de l'Ourcq en un canal relié au réseau de voies navigables du Nord et de l'Est (mars 1911)[20]. Pour Paul Doumer, les infrastructures de transports, un des piliers de l'appareil idéologique radical, constituent un vecteur essentiel de républicanisation, donc un enjeu essentiel à ses yeux. Indemnité pour frais de bicyclette et exonération de la taxe sur les vélocipèdes pour les instituteurs mariés à des institutrices n'exerçant pas dans la même commune ; emploi de l'amorce vive et de l'amorce métallique à la pêche à la ligne ; sucrage des vins ; destruction des corbeaux ; hannetonnage ; etc.[21] : les sujets à l'ordre du jour des séances du conseil général sont des plus variés et des plus concrets. Loin des coteries parisiennes, ils ancrent le conseiller Doumer dans la réalité vécue des Axonais et, partant, des Français.

Les résultats obtenus par Paul Doumer aux élections cantonales au cours de ses vingt-sept ans de mandat au conseil général de l'Aisne (1904-1931) montrent la profondeur croissante de son ancrage axonais. Alors que le canton, circonscription pour l'élection des conseillers généraux depuis 1833, apparaît comme un espace oublié des partis politiques sous la IIIe République[22], la longévité du mandat de Paul Doumer au conseiller général de l'Aisne frappe : cet échelon politique intermédiaire, entre la commune et l'arrondissement, apparaît ainsi tout à la fois comme sa base électorale et son territoire politique. Cette continuité et cette stabilité sont, dans son cas, porteuses d'un ancrage local fort et structurant. Espace de services administratifs de proximité avec la triade classique juge de paix ; premiers agents du fisc, percepteur et autres ; et brigade de gendarmerie[23], le canton est le lieu de liens resserrés entre les électeurs et le conseiller général, obligeant ce dernier à faire cam-

19. *Ibid.*

20. *Ibid.*, sessions d'avril 1906 à mars 1911.

21. *Ibid.*, sessions de 1904 à 1931.

22. J. Le Bihan, « Plaidoyer pour une réhabilitation : petit essai sur l'histoire du canton dans la France contemporaine », *in* Y. Lagadec *et al.* (dir.), *Le canton, un territoire du quotidien ?* Rennes, PUR, 2009, p. 7-20.

23. M. Agulhon, « La Révolution et l'Empire », *in* G. Duby *et al.* (dir.), *Histoire de la France rurale*, t. 3, « De 1789 à 1914 », Paris, Le Seuil, 1976, p. 45.

pagne et à jouer le jeu d'une sociabilité authentique. « Travail obscur de terrain »[24], le mandat local intermédiaire de conseiller général est pourtant une première étape vers une carrière politique d'envergure. Accomplissant un travail politique essentiel à l'échelle du département, le conseiller général Paul Doumer développe une connaissance des mécanismes d'exercice du pouvoir local qui lui sera très utile dans ses fonctions nationales. Situé à l'articulation stratégique entre le local et le national, le conseiller général de la Troisième République demeure cependant, pour une large part, un notable méconnu[25]. Parlementaire de la Troisième République, Paul Doumer participe dans l'Aisne à l'articulation stratégique, voulue par les républicains, entre le centre et la périphérie, le local et le national. À l'échelle départementale, il incarne le modèle du professionnel en politique[26] représentant les intérêts locaux de sa circonscription.

2. L'affaire des fiches et ses conséquences

Parfois appelée « affaire des casseroles », l'affaire des fiches éclate au grand jour le 4 novembre 1904[27]. Comportant beaucoup d'obscurités, elle concerne une opération de fichage politique et religieux dans l'armée française réalisée par des loges maçonniques du Grand Orient de France à l'initiative du général André, ministre de la Guerre, « profane », c'est-à-dire non-maçon[28]. En établissant au total 25 000 fiches sur les opinions des officiers, le mode d'instruction de leurs enfants, leur milieu familial et leurs fréquentations, il s'agit de républicaniser l'armée en la laïcisant. L'opération, révélée par la presse, s'explique par la peur d'un coup d'État militaire à la suite de l'épisode boulangiste (1888-1889) et le sentiment que l'armée et une partie de l'administration seraient aux mains des réactionnaires. Ayant pris partie avec éclat contre le ministère Combes dans cette affaire[29], conséquence directe de l'affaire Dreyfus qui voit s'opposer deux France, Paul Doumer est (temporairement) exclu de la franc-maçonnerie le 26 janvier 1905 par la loge « La libre pensée »[30]. Motif : « propos antimaçonniques ». En effet, alors que les six autres membres du

---

24. B. Dumons, « Élites politiques et pouvoirs locaux : regards sur l'historiographie de la France contemporaine », *op. cit.*, p. 22.

25. *Ibid.*, p. 11-28.

26. M. Offerlé (dir.), *La profession politique (XIXe-XXe siècles)*, Paris, Belin, 1999.

27. A. Combes, « Radicalisme et franc-maçonnerie », *in* S. Berstein *et al.* (dir.), *Un siècle de radicalisme*, *op. cit.*, p. 71-79; et F.-Y. Le Blanc, « Fiches, affaires et contre-espionnage : le Grand Orient entre en politique (1892-1905) », *Actes du Collège d'histoire maçonnique de l'Aunis et de la Saintonge*, n° 6, août 2007, « Franc-maçonnerie, utopies sociales et reconstruction de la République (1870-1905) », vol. 3, p. 5-22.

28. S. Doessant, *Le général André : de l'affaire Dreyfus à l'affaire des fiches*, Paris, Glyphe, 2009.

29. J.-B. Bidegain, *Une conspiration sous la IIIe République : l'affaire des fiches*, Paris, La Renaissance française, 1910; X. Boniface, *L'armée, l'Église et la République (1879-1914)*, Paris, Nouveau monde, 2012, « Corinthe et Carthage : l'affaire des fiches », p. 322-372.

30. H. Coston (dir.), *Dictionnaire de la politique française*, Paris, Librairie française, 1967, rééd. Limoges, Flanant, 1997, p. 379; J. Lalouette, *La libre pensée en France (1848-1940)*, Paris, Albin Michel, 1997.

conseil de l'ordre du Grand Orient se taisent, Paul Doumer, d'autant plus scandalisé qu'il a été un maçon zélé, dénonce, à la suite de diverses interventions dont celle de Jean Jaurès déplorant l'emploi de « moyens occultes d'information indignes d'un gouvernement républicain », des « procédés de basse police »[31]. Il invoque durement, à cette occasion, la notion de salut public. Mis en accusation devant sa propre loge, Paul Doumer s'exclame haut et fort :

« Dans quelle caverne sommes-nous ? »[32]

Le convent de 1905, survolté et indigné par sa trahison, approuve sa « démission » sanctionnant son indiscipline. Paul Doumer ne remettra jamais les pieds au Grand Orient de France tout en restant « maçon de cœur » (et honoraire). Il en a pourtant été l'un des grands dignitaires, procédant notamment à l'efficace réorganisation de ses finances entre 1889 et 1896[33]. Alexandre Millerand, lui, sera radié du Grand Orient de France dans les mêmes circonstances[34]. L'obédience perd ainsi deux de ses adhérents notables.

Dans ces circonstances, de nombreux politiciens radicaux prennent leurs distances avec le Grand Orient de France, craignant un impact négatif sur l'électorat. À la suite de l'affaire, la franc-maçonnerie elle-même prend ses distances avec le pouvoir et se recentre sur les questions philosophiques, présentées comme sa vocation première. Après son départ de la franc-maçonnerie, on peut lire :

« Le frère Paul Doumer est condamné à mort. »[35]

Vérifiant une règle, le retrait de Doumer de la maçonnerie s'accompagnera de son glissement au centre depuis le radicalisme[36]. Sans que le lien direct de cause à effet puisse être démontré. Dans un appel à ses électeurs aux élections de mai 1905, Paul Doumer affirme ainsi :

« Quand j'entrai dans la franc-maçonnerie, je savais m'affilier à des partisans d'une politique de progrès et de liberté. Peu après, une transformation pernicieuse s'opéra. La franc-maçonnerie est devenue une coterie d'où partit la délation, le bas régime du mouchardage, du favoritisme, de l'internationalisme. »[37]

Avant d'avouer sans appel :

« J'ai rompu avec la franc-maçonnerie afin d'en finir avec cette clientèle déshonorante. »[38]

Ingratitude vis-à-vis d'une institution qui a utilement accompagné et facilité ses débuts en politique ? L'aveu et le désaveu sont aussi énergiques qu'honnêtes.

31 L. Marcellin, *Politique et politiciens*, Paris, La Renaissance du livre, vol. 4, « D'avant-guerre », 1925, p. 124.

32. *Ibid.*, p. 324.

33. J. Estèbe, *Les ministres de la République (1871-1914)*, *op. cit.*, p. 213.

34. S. Doessant, *Le général André : de l'affaire Dreyfus à l'affaire des fiches*, *op. cit.*, p. 309.

35. *Ibid.*

36. A. Combes, « Radicalisme et franc-maçonnerie », *in* S. Berstein *et al.* (dir.), *Un siècle de radicalisme*, *op. cit.*, p. 73.

37. ADA, AD, archives privées, fonds Amédée Piette.

38. *Ibid.*

La vie politique poursuit son cours après l'affaire. Émile Combes, président du Conseil, promet en 1904 aux députés républicains de trois départements, l'Aisne, l'Yonne et l'Aude, d'aller présider en personne des banquets où se donnent rendez-vous les délégués des comités locaux pour une manifestation de sympathie à la politique ministérielle. Cette initiative est interprétée comme une « déclaration de guerre »[39] par Paul Doumer, avec lequel Émile Combes s'est pourtant lié d'amitié à l'époque de la formation du ministère Bourgeois en 1895. Le député de l'Aisne, décrit par Émile Combes comme un « ambitieux sans scrupules »[40], refuse d'aller à Laon entendre l'exposé d'une politique qu'il désapprouve. Le président du Conseil se heurte à la résolution inébranlable de son ancien ami.

3. La première commission du Budget de la Chambre des députés

Après diverses tentatives pour faire inscrire dans le règlement de la Chambre une série de grandes commissions avec compétence nettement définie — notamment une proposition du 19 novembre 1889 de Jules Siegfried et Léon Bourgeois —, la question est tranchée en 1902, sur l'initiative et le rapport de Jules-Louis Breton : la Chambre des députés décide par sa résolution du 17 novembre 1902 de donner un caractère permanent à seize grandes commissions d'études auparavant « spéciales »[41], composées de quarante-quatre membres et à compétence très étendue[42]. Il s'agit d'une mesure considérable, alors que la volonté de réguler et de rationnaliser le travail parlementaire est manifeste à la Belle Époque. Ces commissions parlementaires sont élues pour la première fois en 1903 et en 1904[43]. Le député, auparavant omniscient, se spécialise progressivement désormais. Le 23 juin 1903, Paul Doumer, député de l'Aisne siégeant à la Gauche radicale, parvient ainsi à se faire élire président de la première commission permanente du Budget de la Chambre des députés (pour l'année 1904)[44]. Consécration de son activité parlementaire depuis 1888, il vainc Fernand Dubief, candidat radical-socialiste, défenseur d'une laïcité ardente (il sera ministre de l'Intérieur en 1905-1906 au moment des inventaires des propriétés du clergé). Paul Doumer se fait remettre par un questeur du Palais-Bourbon des clés qui lui permettent de venir travailler de deux heures à cinq heures du matin[45]. Renouvelé à la présidence de la commission du Budget de la Chambre le 19 mai 1904 pour l'année 1905[46], Paul Doumer se plaît à faire observer

39. É. Combes, *Mon ministère : mémoires (1902-1905)*, *op. cit.*, p. 185.

40. *Ibid.*, p. 186.

41. P. Avril *et al.*, *Personnel politique français (1870-1988)*, Paris, PUF, 1989, p. 94 ; AAN, *Annuaire du Parlement*, vol. 2 (1903-1904), Paris, Roustan, 1905, p. 177 ; J. Garrigues (dir.), *Histoire du Parlement de 1789 à nos jours*, *op. cit.*, « L'avènement des commissions », p. 296-297.

42. E. Pierre, *Traité de droit politique, électoral et parlementaire*, Paris, Librairies-imprimeries réunies, 1924, « De la procédure dans les commissions », p. 1064-1120.

43. AAN, *Annuaire du Parlement*, vol. 2 (1903-1904), Paris, Roustan, 1905, p. 177.

44. *Ibid.*, « Les groupes politiques en 1903-1904 à la Chambre des députés », p. 651.

45. ADA, AD, archives privées, fonds Amédée Piette.

46. AAN, *Annuaire du Parlement*, vol. 2 (1903-1904), Paris, Roustan, 1905, p. 178.

que jamais le budget à la Chambre n'a été voté aussi tôt[47]. Il souhaite faire de la commission du Budget de la Chambre « le centre de tout pouvoir »[48]. Mieux que ça, elle deviendra « une Chambre dans la Chambre », selon l'expression du juriste de la IIIe République Joseph Barthélémy[49] : un point névralgique au centre des ambitions politiques de plus en plus convoité, auquel Paul Doumer va contribuer à donner ses lettres de noblesse. Car, au-delà du vote des recettes et des crédits, la commission du Budget a une compétence générale pour tout ce qui concerne les finances publiques, ce qui en fait tout à la fois « la meilleure école d'apprentissage, le laboratoire d'idées et la tour de contrôle de la vie politique »[50]. Paul Doumer est ainsi alors à un poste central, au cœur même du système parlementaire.

Président de la commission du Budget de la Chambre, il demande, à ce titre, de réduire les fonds secrets du ministère de l'Intérieur, « budget de la corruption », selon lui[51]. Cette attitude le met dès lors en butte aux vives attaques de l'extrême-gauche. Un subtil changement s'opère ainsi, format le deuxième tournant politique de sa carrière : porté au compromis, au gradualisme et à la recherche empirique de toute formule de concentration — et en cela davantage un « radical de gouvernement », modéré, qu'un « radical d'opposition », intransigeant[52] —, Paul Doumer est effrayé par les excès et le sectarisme, selon lui, de la politique anticléricale du ministère Combes. Il ne fait pas preuve en effet d'un anticléricalisme virulent pour ne pas heurter les esprits. Alors que l'anticléricalisme est le plus souvent confondu avec la suppression du culte, l'Aurillacois, ennemi de toutes les persécutions religieuses, semble observer une volontaire prudence sur ce sujet pourtant brûlant. Il évoque le spectre de la liberté violée pour justifier son attitude feutrée, rassurant ainsi les catholiques. Même si, sur le fond, il défend sans ambiguïté le principe de la formation des futurs citoyens dans des convictions laïques et républicaines. Toujours est-il que Paul Doumer se distingue nettement par son opposition, qui, dès juillet 1902, le sépare de ses anciens amis politiques radicaux sur cette question laïque précise. Comme d'autres radicaux modérés, Paul Doumer estime qu'Émile Combes donne trop de gages aux socialistes. Tout en dénonçant ses « procédés bonapar-

---

47. *Ibid.*, vol. 3 (1905), p. 135.

48. J. Jaurès, « Le parti de la guerre », 4 mars 1904, *in* R. Pech *et al.* (dir.), *Jaurès : l'intégrale des articles de 1887 à 1914 publiés dans « La Dépêche »*, *op. cit.*, p. 641-642.

49. J. Barthélémy, « Le procès de la commission des Finances », *in Mélanges Carré de Malberg*, Paris, Sirey, 1933, p. 258.

50. J. Garrigues (dir.), *Histoire du Parlement de 1789 à nos jours*, *op. cit.*, « La puissante commission du Budget », p. 275-276.

51. CHAN, procès-verbaux des séances de la commission du Budget de la Chambre des députés sous la présidence Doumer, C.7285 (exercice 1905).

52. Sur ces nuances, P. Waldeck-Rousseau, « Les républicains de gouvernement et le programme radical », discours de Montbrison, 25 octobre 1896, *in Pour la République (1883-1903)*, Paris, Charpentier, 1904, p. 282-302 ; F. Goguel, *Les partis politiques sous la IIIe République*, *op. cit.*, p. 19 ; S. Berstein, « Les radicaux », *in* J.-J. Becker *et al.* (dir.), *Histoire des gauches en France*, *op. cit.*, vol. 2, p. 9-26 ; G. Le Béguec, « Radicalisme de combat et radicalisme de gouvernement », *in* S. Berstein *et al.* (dir.), *Un siècle de radicalisme*, *op. cit.*, p. 85-97.

tistes »[53]. Le résultat est que Paul Doumer, opposé à toute vague d'anticléricalisme, s'éloigne inexorablement du radicalisme — tant du radicalisme « de proconsulat », que représentera Georges Clemenceau, que du radicalisme « de comités », dont Édouard Herriot figurera le type — en même qu'il s'éloigne d'Émile Combes.

L'indépendance et le manque de subordination de Paul Doumer heurtent ses amis radicaux. Or, « dans un grand parti comme le nôtre », rappelle Henri Brisson, « la discipline doit être rigoureusement observée »[54]. La remarque désigne-t-elle Paul Doumer, dont il a de bonnes raisons de se méfier ? Malgré l'amitié ancienne qui lie Émile Combes à Paul Doumer — ce dernier est témoin au mariage de sa fille Charlotte[55] —, Paul Doumer devient « radical dissident » puis « renégat ». Sa mue politique est-elle alors achevée ? A-t-il de toute façon jamais appartenu tout entier à aucun parti ? N'étant pas réputé pour être un de ces hommes qu'un cénacle absorbe, Paul Doumer ne craint pas de dénoncer à la tribune son ancien ami Camille Pelletan comme un « péril national ». Les mots sont durs. Paul Doumer se rapproche alors de Ferdinand Buisson[56], député de la Seine, engagé dans la Ligue de l'enseignement et dans l'association nationale des libres penseurs. Les deux hommes se voient ainsi à plusieurs reprises au cours du premier trimestre 1903[57].

4. Un « boulangisme civil » ?

L'appétit politique de Paul Doumer est-il devenu insatiable ? Il déclare, dans une lettre qu'il adresse le 6 janvier 1905 à Alexandre Ribot, député (centre droit) de Saint-Omer, sa candidature à la présidence de la Chambre des députés, se référant à une « résolution aussi secrète que possible jusqu'au dernier jour » entre eux[58]. Alors que la majorité parlementaire s'effrite, Paul Doumer reçoit les fruits de son opposition au ministère Combes en étant élu président de la Chambre des députés le 10 janvier 1905 contre Henri Brisson[59], président sortant, farouchement anticlérical au point d'avoir retransformé l'église parisienne Saint-Geneviève en Panthéon : par 265 voix, dont celles de la droite et du centre méliniste, contre 240 à son adversaire, et avec l'appoint des droites et de la « radicaille dissidente » (Louis Puech, Louis-Lucien Klotz, Colas Astier, Édouard Lockroy, Alexandre Millerand)[60]. Son élection au « perchoir » provoque un nouveau séisme politique, préparé

53. J.-M. Mayeur, *La vie politique sous la Troisième République*, *op. cit.*, p. 189.

54. BAN, H. de Golen, *Le président Doumer accuse… En marge de l'histoire*, *op. cit.*, p. 36.

55. BAN, E. Lacotte, « Paul Doumer (5 garçons et 3 filles) », *op. cit.*, p. 143.

56. L. Loeffel, *Ferdinand Buisson*, Paris, Hachette, 1999; S. Tomei, *Ferdinand Buisson (1841-1932) : protestantisme libéral, foi laïque et radical-socialisme*, thèse de doctorat d'histoire, IEP de Paris, 2004; A. Prost, « Ferdinand Buisson, libéral laïque dans l'âme », *Le Monde de l'Éducation*, janvier 2008, p. 64-65; V. Peillon, *Une religion pour la République : la foi laïque de Ferdinand Buisson*, Le Seuil, Paris, 2010.

57. SHPF, archives Ferdinand Buisson, 022Y/2 (41) : lettre de P. Doumer, député de l'Aisne, à F. Buisson, député de la Seine, 11 janvier 1903.

58. CHAN, 563 AP/31, lettre de P. Doumer à A. Ribot, 6 janvier 1905.

59. AAN, D23, dossier personnel du député P. Doumer.

60. BAN, E. Lacotte, « Paul Doumer (5 garçons et 3 filles) », *op. cit.*, p. 142.

aussi adroitement que secrètement, neuf ans après sa « trahison indochinoise » [document 23 p. 392]. En remettant la clochette et le coupe-papier à son jeune successeur, Henri Brisson est déconfit de devoir lui céder son prestigieux fauteuil : une succession vécue comme une effronterie par le président sortant[61] et portant un rude coup au Bloc des gauches[62].

Dans quelles circonstances cette élection a-t-elle lieu ? Jean Jaurès, député du Tarn, vice-président de la Chambre en 1902, n'est pas réélu à cette fonction en 1904. Le rapport des forces parlementaires ne lui permet pas alors de prétendre à davantage. Le rapprochement politique avec un gouvernement « bourgeois » allant jusqu'à la participation gouvernementale est condamné par l'Internationale socialiste, dont le congrès de 1904 donne raison au révolutionnaire Jules Guesde contre le réformiste Jean Jaurès. Le dynamisme du Bloc des gauches, coalition fragile, semble s'épuiser au printemps 1904. L'alliance des combistes et des anticombistes se délite et s'accélère suite à l'affaire des fiches. Jean Jaurès, déçu par la lenteur des réformes sociales de la majorité combiste, sort dès lors des alliances qui le lient en particulier à Paul Doumer et Ferdinand Sarrien — une « délégation des gauches », structure intergroupes intégrant les socialistes de Jean Jaurès, coordonne tous les partis majoritaires depuis 1902. Présenté comme « le rouage essentiel de son ministère »[63] par Émile Combes lui-même, cette délégation regroupe des députés élus par chaque groupe de la majorité gouvernementale (l'Union démocratique, qui réunit les républicains modérés du Bloc, les radicaux, les radicaux-socialistes, les socialises jaurésiens du parti socialiste français), proportionnellement à son importance. Elle n'est pas une formation institutionnelle classique. Elle apparaît même comme une « usurpation sur les traditionnelles prérogatives du Parlement »[64], cette instance revenant à faire du gouvernement « l'agent fidèle de la majorité »[65] et contribuant à « rapprocher le régime d'un régime d'assemblée »[66]. Jean Jaurès fonde en 1904 le quotidien *L'Humanité*, qu'il dirige jusqu'à sa mort, et l'utilise pour accélérer l'unité socialiste. Celle-ci est réalisée sous la pression de la Deuxième Internationale au congrès du Globe (avril 1905) avec la création de la Section française de l'Internationale ouvrière (SFIO), unifiant les différentes sensibilités socialistes de France. La dissidence Doumer-Sarrien s'avère gagnante dans le contexte du post-combisme. Suite à l'élection de Paul Doumer à la présidence de la Chambre des députés le 10 janvier 1905, Maurice Rouvier est nommé président du Conseil le 24 janvier 1905 en remplacement d'Émile Combes ; et le radical Ferdinand Sarrien lui succède le 14 mars 1906.

Paul Doumer doit-il son élection à la présidence de la Chambre à la vigueur

---

61. E. Wellhoff, « Doumer le conciliateur », *Vu*, n° 217, 11 mai 1932, p. 9.

62. G. Candar, « Bloc des gauches et gouvernements radicaux (1902-1914) », *in* J.-J. Becker *et al.*, *Histoire des gauches en France*, *op. cit.*, vol. 2, p. 215-226.

63. J.-M. Mayeur, *La vie politique sous la Troisième République*, *op. cit.*, p. 187.

64. *Ibid.*

65. *Ibid.*

66. *Ibid.*

avec laquelle il a flétri tant le système des fiches du général André que les pratiques du ministère Combes ? Une partie de la droite modérée a alors incontestablement voté pour lui le 10 janvier 1905. Le vote pour le fauteuil a ainsi d'abord un sens politique. Alors que le parti radical, vainqueur aux élections législatives de 1902, avait imposé son candidat, Léon Bourgeois, au fauteuil de président de la Chambre des députés le 10 juin 1902, l'élection de Paul Doumer à la présidence de la Chambre des députés marque « une nouvelle étape dans la repolitisation de la fonction sous la IIIe République »[67]. De quelle manière ? D'abord, elle annonce et prépare en effet le départ d'Émile Combes, président du Conseil, dans les semaines qui suivent. Ensuite, la proposition de l'élection du président de la Chambre des députés au scrutin public — et non plus au scrutin secret — est une conséquence de cette évolution[68]. Un texte visant à modifier le règlement en ce sens est en effet déposé le 2 février 1905. Le 12 décembre 1905, une proposition de résolution est déposée. Le président Paul Doumer n'est toutefois pas de cet avis. Il soumet au vote la résolution, qui est repoussée de justesse (278 voix contre 286). La question ne sera plus jamais posée : il est acquis que l'élection du président de la Chambre des députés, bien qu'incontestablement politique, doit avoir lieu au scrutin secret.

La politique anticléricale d'Émile Combes est jugée excessive par Paul Doumer, surtout dans ses méthodes utilisées. Mais cette opposition ne suffit pas à établir que Paul Doumer aurait provoqué le départ d'Émile Combes le 18 janvier 1905. On dit en effet alors que Paul Doumer s'illustre dans un nouveau coup d'éclat en parvenant sur sa lancée à faire tomber le ministère Combes : son geste étant incompris, on parle même à son propos de « boulangisme civil »[69]. L'atmosphère politique est devenue à ce point délétère qu'on le convierait à se placer en opposition avec le régime, autrement dit à rejoindre le camp de la réaction[70]. En réalité, Émile Combes préfère se retirer de son propre chef après plus de trente et un mois de gouvernement[71]. Le combisme tombe ainsi d'abord de ses excès et de ses erreurs politiques, en particulier au sujet de la séparation des Églises et de l'État.

Que représente l'élection de Paul Doumer à la présidence de la Chambre des députés ? Anna Boulaire, doyenne de la maison de gravure Robineau après y avoir passé cinquante ans, savoure, incrédule, les progrès inimaginables du môme, qui y fut apprenti trente-cinq ans plus tôt[72]. En 1905, celui-ci est définitivement devenu « quelqu'un » : un des premiers gestes de Paul Doumer, président de la Chambre des députés, est ainsi d'apporter alors fièrement la Croix d'honneur à son ancien

67. P. Séguin, *240 dans un fauteuil : la saga des présidents de l'Assemblée*, *op. cit.*, p. 926.
68. *Ibid.*, p. 926-927.
69. BAN, H. de Golen, *Le président Doumer accuse… En marge de l'histoire*, *op. cit.*, p. 75.
70. *Ibid.*
71. G. Candar, « Émile Combes », *in* V. Duclert *et al.* (dir.), *Dictionnaire critique de la République*, Paris, Flammarion, 2007, p. 1179.
72. PPP, EA148(1), P.-É. Cadilhac, « L'enfance et la jeunesse exemplaires de Paul Doumer », *in* « Paul Doumer (1857-1932), sa vie, sa mort, ses obsèques nationales », *L'Illustration*, hors-série mai 1932.

patron[73]. Le président de la Chambre des députés n'a-t-il qu'un rôle essentiellement décoratif de faiseur d'ordre en faisant respecter le règlement et en assurant la bonne tenue des débats, comme on serait tenté de le penser à première vue ? Il est en réalité beaucoup plus que cela. Le règlement de 1876 de la Chambre des députés définit ses pouvoirs, qui ne varient guère jusqu'en 1940 :

> « Article 97 : Le président ouvre la séance. Il dirige les délibérations. Il fait observer le règlement et maintient l'ordre. »[74]

Le président exerce la police de la Chambre. Ses pouvoirs comprennent également la préparation de l'ordre du jour qui, sous la IIIe République, relève de la Chambre des députés et non du gouvernement ; la surveillance de la rédaction des divers procès-verbaux ; et la charge de veiller à la sûreté de l'assemblée[75]. Porté au fauteuil par un vote de nature politique, le président de la Chambre des députés est lui-même, de ce fait, un personnage politique. La stabilité au fauteuil épousant les inflexions des majorités parlementaires, son élection (ou sa défaite) résulte du rapport de force, souvent instable, qui prévaut dans la Chambre à un moment donné, d'où la brièveté comme les intermittences de certaines occupations du prestigieux fauteuil :

> « Le président d'une Assemblée politique demeure au fauteuil un homme d'État et un personnage politique. Il a le droit de conserver et d'exprimer, hors du fauteuil, son opinion sur la marche des affaires publiques. »[76]

Une coutume parlementaire recommande toutefois au président de la Chambre des députés de s'abstenir du vote des lois : ainsi Paul Doumer, président de la Chambre des députés du 10 janvier 1905 au 31 mai 1906, s'abstient-il de voter la loi de séparation des Églises et de l'État, votée solennellement le 3 juillet 1905 à la Chambre par 341 voix contre 233 et promulguée le 9 décembre 1905. Plus exactement, le président de la Chambre peut voter s'il le souhaite mais ne peut pas faire d'explication ni de commentaire au cours du vote ou après celui-ci. Suivant la tradition, le président (comme d'ailleurs les vice-présidents) s'abstient de prendre part aux votes, même s'il n'y a sur ce point aucun obstacle réglementaire[77].

La plupart des présidents de la Chambre sous la IIIe République sont ainsi des hommes politiques de premier plan. Quasiment aucun cacique ne manque à l'appel [annexe V : « Les présidents de la Chambre des députés sous la IIIe République (1870-1940) », p. 496-497]. La plupart sont, avant ou après cette présidence, présidents du Conseil ou ministres. Paul Doumer s'inscrit dans cette lignée. Président de la Chambre des députés, il devient à ce fauteuil un des premiers personnages de l'État républicain, ce qu'attestent les honneurs qui lui sont réservés. Le salaire

---

73. « Paul Doumer (1857-1932), sa vie, sa mort, ses obsèques nationales », *L'Illustration*, hors-série mai 1932.

74. AAN, *Règlement de la Chambre des députés*, Paris, Quantin, 1876.

75. P. Séguin, *240 dans un fauteuil : la saga des présidents de l'Assemblée*, *op. cit.*, « Les présidents de la Chambre des députés sous la IIIe République (16 février 1871-9 juillet 1940) », p. 857-862.

76. E. Pierre, *Traité de droit politique, électoral et parlementaire*, *op. cit.*, p. 861.

77. *Ibid.*, « vote : droit d'abstention », p. 1370-1371.

annuel du président de la Chambre des députés est alors de 72 000 francs par an (l'équivalent actuel de 15 000 euros par mois)[78]. Il est écouté religieusement. Il est logé au Palais-Bourbon. Son nom paraît dans tous les journaux. En présidant la Chambre des députés d'une IIIe République éminemment parlementaire, Paul Doumer accède à un nouveau statut politique et à une nouvelle visibilité sociale. Il devient dès lors *consul designatus* (ou personnage consulaire de la République), autrement dit de nouveau ministrable. Cette élection peut être considérée comme la plus audacieuse et la plus importante de sa carrière. Dans un violent article intitulé « Victoire de la trahison » paru le 11 janvier 1905 dans *L'Humanité*, Jean Jaurès, commentateur régulier de la carrière de Paul Doumer, s'étrangle :

> « Ainsi a été élevé sur le pavois l'homme qui, ayant demandé à une première désertion le proconsulat de l'Indochine, obtient la présidence la présidence de la Chambre d'une deuxième félonie. »[79]

Il qualifie Paul Doumer de « saxon »[80], autrement dit de traitre. Quand, le 12 janvier 1905, Paul Doumer paraît au fauteuil pour prononcer son bref discours de remerciements [document 22 p. 390-391], une violente tempête faite d'outrages, de hurlements, d'interruptions, de lazzi et de coups de pupitres éclate spontanément[81]. Elle dure aussi longtemps que ses fauteurs ont du souffle. Une clameur de dégoût, une huée formidable s'élèvent des bancs de la gauche : les anciens compagnons de la gauche radicale de Paul Doumer le considèrent comme un renégat. L'extrême-gauche promet :

> « Nous réformerons les mœurs politiques qui vous ont amené à la présidence ! »[82]

Quand les injures et les cris perdent en intensité, le nouveau président de la Chambre des députés prononce une phrase. Aussitôt, ses ennemis, ayant repris haleine, repartent de plus belle. Imperturbable, le président Doumer, dont on dit qu'il est « fait de porcelaine incassable »[83], attend que l'orage passe, ses feuillets d'une main, l'autre sur sa sonnette qu'il ne perd pas son temps à secouer. L'apaisement se faisant, il dit une nouvelle phrase, s'arrête de nouveau pour laisser la tempête s'exprimer, repart, s'arrête encore. Ainsi arrivé au milieu de son discours, « l'intrigant cynique »[84], devenu « président du mépris »[85] pour *L'Humanité*, demeure maître du terrain. Il peut enfin poursuivre et conclure sans être interrompu :

> « Les élus du suffrage universel veulent aujourd'hui ce que Gambetta voulait alors : que la France donne au monde le spectacle d'une grande démocratie, se gouvernant elle-

---

78. P. Guiral *et al.*, *La vie quotidienne des députés en France de 1871 à 1914*, Paris, Hachette, 1980, p. 257-259.
79. J. Jaurès, « Victoire de la trahison », *L'Humanité*, 11 janvier 1905.
80. G. Candar, courriel à l'auteur, 31 janvier 2010.
81. G. Bertrand, « La rentrée des Chambres : M. Doumer élu de la réaction », *L'Humanité*, 11 janvier 1905.
82. AAN, *Annales de la Chambre des députés*, session ordinaire de 1905, t. 1, première allocution de P. Doumer, président de la Chambre des députés, 12 janvier 1905, p. 3.
83. P. Dolfus, « Paul Doumer », *Vu*, n° 166, 20 mai 1931, p. 2.
84. G. Bertrand, « La rentrée des Chambres : M. Doumer élu de la réaction », *op. cit*.
85. G. Bertrand, « À la Chambre, le président du mépris », *L'Humanité*, 13 janvier 1905.

même avec la conscience de tous ses droits et de tous ses devoirs, éprise de progrès, de justice et de liberté, résolue à être forte pour rester pacifique avec honneur. »[86]

L'extrême-gauche rétorque aussitôt :

« Gambetta n'a jamais été élu par la droite ! [...] Respectez sa mémoire ! »[87]

Lors de son élection, Paul Doumer promet de « rendre plus fécond le travail législatif »[88]. Il n'aura toutefois guère le temps de tenir cette promesse. Comment compte-t-il néanmoins réaliser cet objectif ? Quel président de la Chambre des députés est Paul Doumer ? Sous sa sévère présidence, jamais un ministre ne s'avisera de quitter le banc du gouvernement pour bavarder avec les députés[89]. Critiquant en particulier l'absentéisme, Paul Doumer ne craint pas, à la différence de son prédécesseur, l'abus des séances de nuit[90]. Il redoute, en revanche, que la prolifération des interpellations et des résolutions ne desserve finalement le service du travail de la loi[91]. Technicien du débat parlementaire — manière, pour lui, de faire corps avec la Chambre —, Paul Doumer, très conscient des vices et limites du système, tente d'améliorer l'organisation du travail parlementaire. Il se révèle toutefois, contre toute attente, un président d'assemblée relativement peu présent[92]. On ne trouve rien de véritablement saillant en effet sous ses seize mois de présidence (10 janvier 1905-31 mai 1906), en dehors de quinze observations, cinq allocutions et cinq oraisons funèbres, soit le signe d'un engagement relativement faible dans sa fonction. Bien que prestigieuse, cette présidence n'est-elle pour Paul Doumer qu'un moyen de parvenir à un but ultime ? Marque-t-elle une étape ou un aboutissement de son *cursus honorum* républicain ?

5. Un acte de candidature ? *Le Livre de mes fils*

Paul Doumer franchit une irréversible ligne jaune contraire à la tradition républicaine en étant élu le 10 janvier 1905 président de la Chambre des députés par un vote mêlant voix de gauche et voix de droite. Les conditions de cette élection le déportent d'autant vers la droite. Son succès à la Chambre enhardit Paul Doumer. Homme politique mobile et donc moderne, il se fait notamment photographier sillonnant l'Aisne en automobile [photographie 18 p. 455]. Dans ce contexte, le tombeur d'Henri Brisson achève le 8 septembre 1905 la rédaction du *Livre de mes fils*[93], ouvrage qualifié de « recueil de maximes usées »[94], pétri de truismes et

86. AAN, *Annales de la Chambre des députés*, session ordinaire de 1905, t. 1, première allocution de P. Doumer, président de la Chambre des députés, 12 janvier 1905, p. 3.
87. *Ibid.*
88. P. Séguin, *240 dans un fauteuil : la saga des présidents de l'Assemblée*, *op. cit.*, p. 927.
89. *Ibid.*, p. 862.
90. *Ibid.*
91. *Ibid.*
92. AAN, *Tables analytiques des Annales de la Chambre des députés*, 8e législature (1902-1906), p. 225-226.
93. P. Doumer, *Le livre de mes fils*, *op. cit.*
94. BAN, « Paul Doumer », *in* anonyme, *Ceux qui nous mènent (25 portraits)*, *op. cit.*, p. 144.

d'apophtegmes, catéchisme doctrinaire que l'on dit inspiré de l'œuvre de Plutarque [document 24 p. 393-394]. On peut y lire les développements suivants :

> « À qui veut réussir dans la vie et qui en est digne, il faut souhaiter un caractère fortement trempé. Le reste lui viendra par surcroît.
> C'est un souhait de même nature qu'on doit faire à son pays : qu'il possède en grand nombre des hommes de caractère ! Que les jeunes générations lui en préparent par la culture de la volonté, du courage, de toutes les vertus viriles !
> Chez les nations en décadence, les hommes d'intelligence ne manquent pas, au contraire, pourrait-on dire ; mais ce sont les hommes de caractère qui disparaissent. [...]
> Il y a dans l'homme, dans le Français en particulier puisque c'est lui que je vise, les éléments d'une volonté ferme. Il y a une énergie, un ressort qui, par manque de soins et de culture, restent inemployés, inertes et comme inexistants.
> L'homme physiquement le mieux doué voit ses muscles s'atrophier, son corps s'affaiblir s'il les laisse sans exercice et sans travail. N'en est-il pas de même des facultés morales ? Nous cultivons notre intelligence, au moins pendant la jeunesse. Quand formons-nous notre caractère ?
> Il est temps, pour les jeunes hommes auxquels je m'adresse, de travailler à cette formation, à ce développement moral de leur personne. Ce doit être leur premier et principal souci. Pour arriver à un résultat, pour apprendre à vouloir, il faut s'y attacher avec résolution et avec constance. Il faut exercer sa volonté sans trêve, sans repos, l'appliquer à son propre perfectionnement en même temps qu'à tous les actes de l'existence. [...]
> Sacrifier sa vie à son devoir lorsque les circonstances le commandent, voilà ce qu'il faut savoir consentir sans hésitation et sans regret. [...]
> J'ai senti quelquefois, en Extrême-Orient, la mort me frôler. Je n'en ai eu ni souci ni crainte : j'exerçais mes fonctions, je remplissais mon devoir. [...]
> Comment est-il possible de mieux finir que par une mort acceptée virilement, par devoir ? [...]
> On s'entraîne à l'action tout comme on forme son caractère, en exerçant sa volonté. Il n'est rien qu'on n'obtienne à l'aide d'un effort soutenu. »[95]

Quels peuvent donc être le sens et l'ambition d'une telle publication ? Publié le 22 décembre 1905 sur les conseils de son ami Édouard Julia, qu'il a connu en Indochine, et opportunément doublé quelques mois plus tard d'un *Livre de mes filles*[96], l'ouvrage est davantage accueilli comme un manifeste intéressé que comme un ouvrage sincèrement destiné à la jeunesse de France. Personne n'est vraiment dupe. Sa fin est électoraliste. Jean Jaurès est particulièrement lucide : selon lui, le *Livre de mes fils*, « manuel du parfait arriviste », est « un acte de candidature »[97]. L'auteur n'a, selon lui, d'autre volonté que de parvenir. Pressant l'édition de son volume, Paul Doumer en ordonne en effet l'envoi de mille exemplaires dédicacés à tous les membres du Sénat et de la Chambre[98]. Pour sauver les apparences de pureté, il jus-

95. P. Doumer, *Le livre de mes fils*, *op. cit.*
96. P. Doumer, *Le livre de mes filles*, Paris, Vuibert et Nony, 1906.
97. J. Jaurès, « Un nouveau manuel », *Revue de l'enseignement primaire et primaire supérieur*, 7 janvier 1906.
98. BAN, H. de Golen, *Le président Doumer accuse… En marge de l'histoire*, *op. cit.*, p. 50.

tifie malgré tout la publication de son livre par un aveu autobiographique dans une préface intitulée « Idée de ce livre » :

> « Les livres peuvent avoir, dans la formation des jeunes hommes, une sérieuse influence. J'ai personnellement gardé la mémoire de lectures, faites entre seize et vingt ans, qui ont eu une action réelle sinon décisive sur la direction de ma vie, sur la fixation de règles précises adoptées par moi alors et restées mon invariable guide au cours des trente années maintenant écoulées. »[99]

Conscient des « sévères conseils »[100] que ses pages renferment, Paul Doumer présente le louable objectif de son livre : former « l'honnête citoyen français »[101], rien de moins. Il prolonge ainsi l'exposé de sa démarche :

> « Je souhaite que les jeunes gens qui arrivent à l'âge d'homme se forment une idée élevée du citoyen de notre République et que, les yeux fixés sur ce *modèle*, ils s'attachent à l'imiter, à réaliser en eux-mêmes les qualités et les vertus qu'ils auront mises en lui. »[102]

S'agit-il d'une référence explicite à un modèle républicain prédéfini, à reproduire, dont l'apogée peut être situé entre 1900 et 1930[103] ? On dit du *Livre de mes fils*, accueilli fraîchement car ennuyeux à l'excès selon ses premiers lecteurs, qu'il « occupe dans la littérature morale contemporaine une place analogue à celle du véronal — essentiellement utilisé comme somnifère — dans la thérapeutique »[104]. Malgré tout, les tirages de décembre 1905 et janvier 1906, rapidement épuisés, atteignent trente mille exemplaires. On retrouvera plus tard ce type de traités d'enseignement moral et civique dans la bibliographie de présidents de la République, en particulier Raymond Poincaré et ses *Vingt causeries familières*[105]. Pour accompagner la parution de son *Livre de mes fils*, Paul Doumer, père de famille se voulant exemplaire, pose opportunément avec ses cinq fils devant l'objectif de Nadar [photographie 19 p. 456]. « Art de la réclame » consommé, persifle son premier détracteur Jean Jaurès[106]. Formé à Saint-Cyr, l'aîné des fils Doumer, Fernand, est officier ; Armand sera docteur en médecine : cette forte mobilité sociale descendante fait la fierté de leur père, fils de cheminot, qui mariera une de ses filles à un préfet et une autre à un médecin. Réédité en 1923 et dédié aux quatre fils de Paul Doumer « morts pour la patrie », traduit en russe en 1932, le *Livre de mes fils* est réédité une dernière fois après la défaite française de 1940 à des fins patriotiques. Sa lecture

---

99. P. Doumer, *Le livre de mes fils*, *op. cit.*, « Idée de ce livre », préface, p. 11-21.
100. *Ibid.*, p. 12.
101. *Ibid.*
102. *Ibid.*
103. S. Berstein *et al.* (dir.), *Le modèle républicain*, *op. cit.* ; N. Roussellier, *Vers une histoire de la loi*, mémoire inédit de recherche, dossier pour l'HDR, IEP de Paris, 2006, t. 1, « Du gouvernement de guerre au gouvernement de la défaite : les transformations du pouvoir exécutif en France (1913-1940) », p. 15.
104. ADCS, 3 M 852, A. de Pianelli, « Choses de Corse », *Le Colombo*, 21 juillet 1920.
105. R. Poincaré, *Ce que demande la cité : vingt causeries familières*, Paris, Hachette, v. 1920.
106. J. Jaurès, « Un nouveau manuel », *op. cit.*, 7 janvier 1906.

imposée à l'âge de l'adolescence sera vécue comme un véritable pensum par des générations de jeunes Français[107].

Dans quel contexte politique s'inscrivent, au début de l'année 1906, les ambitions présidentielles encore inavouées de Paul Doumer ? Le président de la République, Émile Loubet, fait connaître son intention de ne pas se représenter à l'élection présidentielle à l'issue de son septennat (1899-1906)[108]. À la veille de ses cinquante ans, Paul Doumer, comme grisé par ses succès, juge le moment venu de briguer la présidence de la République. Publié le 15 novembre 1905, un dessin du caricaturiste Sem présente le président de la Chambre des députés comme un des « présidents possibles » [document 25 p. 395]. Paul Doumer compte sur les forces de la coalition qui l'a porté un an plus tôt à la présidence de la Chambre. Mais l'heureux scénario de 1905 pourra-t-il se reproduire l'année suivante ? Paul Doumer ne peut pas se lancer seul dans une telle aventure. Qui l'entoure alors ? Un comité de soutien à sa candidature est rapidement constitué à Paris par les soins d'Albert Dubreuil, qui avait déjà préparé le triomphal retour en métropole de son patron quatre ans plus tôt. On y trouve quelques autres entremetteurs inconnus. Réunissant les chefs de grosses maisons industrielles et d'établissements de construction navale, des commerçants notables, le comité réunit des fonds considérables, jusqu'à 38 millions de francs pour la fondation d'une banque[109]. Bien que l'affaire n'ait pas de suite, les polémistes dénoncent une « entreprise de corruption à l'américaine »[110]. Décrit comme un personnage vulgaire et cynique, Albert Dubreuil, se voyant déjà secrétaire général de l'Élysée[111], ne serait hanté que par une unique obsession : l'accession de Doumer à la présidence de la République. Trois nouveaux millions de francs sont levés pour les besoins de la campagne présidentielle. Le richissime pharmacien Colas Astier est un contributeur convoité. Pour mieux l'attirer, on lui promettrait le portefeuille du Commerce en cas de victoire de Paul Doumer[112]. Émile Combes qualifie dans ses mémoires d'« inimaginable » ce que le candidat, « séducteur émérite des consciences », distribuerait alors en promesses de portefeuilles et de sous-secrétariats d'État[113].

Un examen plus attentif de l'entourage de Paul Doumer s'impose à ce stade de son ascension en République. Fidèles en « doumérie », les noms d'André Lichtenberger et Édouard Julia, respectivement chef et chef adjoint de son cabinet à la présidence de la Chambre des députés (1905-1906)[114], apparaissent alors en bonne place. Romancier et sociologue né à Strasbourg en 1870, docteur ès lettres, André

107. J.-N. Jeanneney, entretien avec l'auteur, 4 juin 2007 ; J.-L. Marais, lettre à l'auteur, 12 janvier 2008.

108. S. Berstein, *Chef de l'État : l'histoire vivante des 22 présidents à l'épreuve du pouvoir*, Paris, Armand Colin, 2002, p. 92.

109. BAN, E. Lacotte, « Paul Doumer (5 garçons et 3 filles) », *op. cit.*, p. 143.

110. *Ibid.*, p. 144.

111. BAN, H. de Golen, *Le président Doumer accuse… En marge de l'histoire*, *op. cit.*, p. 51.

112. BAN, E. Lacotte, « Paul Doumer (5 garçons et 3 filles) », *op. cit.*, p. 144.

113. É. Combes, *Mon ministère : mémoires (1902-1905)*, *op. cit.*, p. 257.

114. A. Lorin, « Les entourages politiques des présidents d'assemblée sous la IIIe République :

Lichtenberger, très actif sous-directeur du Musée social[115], est le subtil auteur d'une œuvre aussi profuse que variée, notamment d'une thèse sur *Le socialisme au XVIIIe siècle* (1895) et de récits dépeignant finement la psychologie enfantine (*Mon Petit Trott* et *La Petite Sœur de Trott*, 1898). Édouard Julia, rédacteur au journal *Le Temps*, très influent dans les milieux politiques et bancaires, y possède une autorité grandissante. D'une valeur, d'une adresse et d'un discernement incontestables, il y sert les intérêts de Paul Doumer à tous égards. Homme de l'agence Havas, du *Temps*, de la *Journée industrielle* et de la *Revue politique et parlementaire* (dont il assumera la direction après la mort du sénateur Fernand Faure en 1929), Édouard Julia fait figure d'« éminence grise »[116] aux côtés de Paul Doumer.

6. Un transfuge proscrit de tous côtés

Ce dernier, président de la Chambre des députés désormais candidat déclaré à la présidence de la République, ne recule devant aucun stratagème dans sa course à l'Élysée. Il envoie ainsi le jeune Henry de Golen — chez les parents duquel il a dîné dix ans plus tôt — en mission secrète auprès de Léon Douarche[117]. Ce dernier, ancien condisciple d'Henry de Golen au lycée Louis-le-Grand, est attaché au cabinet d'Armand Fallières, président du Sénat, adversaire de Paul Doumer à l'élection présidentielle. Il s'agit, pour le candidat Doumer, d'une occasion rêvée pour infiltrer de l'intérieur le cabinet de son rival Henry de Golen est chargé de rapporter à Paul Doumer le plus de renseignements possibles sur « le ventru », surnom d'Armand Fallières. Une mission qu'il accomplit avec zèle. « N'est-ce pas que le *Livre de mes fils* a dû faire une impression profonde sur le Sénat ? »[118], demande Paul Doumer à Henry de Golen dès son retour de mission. À vrai dire, les occupants du palais du Luxembourg, obsédés par le dilemme « République ou réaction », ne sont pas sidérés pas l'ouvrage. Ils s'en désintéressent même passablement. Plus tard, Henry de Golen confiera son impression amère, selon laquelle Paul Doumer se serait servi de lui.

Comment l'annonce de la candidature de Paul Doumer à l'élection présidentielle est-elle accueillie par ses pairs ? Ulcérée, la gauche socialiste et radicale, Jean Jaurès en tête, flétrit violemment l'attitude de Paul Doumer :

> « Ceux qui se souviennent que, comme proconsul d'Indo-Chine, [Paul Doumer] voulait envahir le Yunnan et donner, au nom de la France, le signal du dépècement de la Chine, savent quel conseiller d'aventure, d'étourderie insolente et de désastre serait cet homme si le destin de la République et de la France lui était livré »[119].

Paul Doumer, président de la Chambre des députés (1905-1906) puis président du Sénat (1927-1931) », *op. cit*.

115. J. Horne, *Le musée social : aux origines de l'État providence*, *op. cit*.
116. BAN, H. de Golen, *Le président Doumer accuse… En marge de l'histoire*, *op. cit.*, p. 152.
117. L. Douarche, *En marge de la Troisième*, Paris, Brunier, 1957.
118. BAN, H. de Golen, *Le président Doumer accuse… En marge de l'histoire*, *op. cit.*, p. 55.
119. PPP, BA2041, J. Jaurès, *La Dépêche de Toulouse*, 4 mars 1904.

Peu d'hommes politiques, dans le camp républicain, suscitent une telle animosité chez Jean Jaurès[120]. Le 30 juillet 1905, ce dernier pense même Paul Doumer capable d'un coup d'État, appuyé sur certains éléments de la haute armée et sur les grandes forces du capitalisme colonial[121]. Ce serait « un danger bien plus grand qu'au temps du boulangisme » car cette fois, prévient Jean Jaurès, « l'ennemi serait dans la forteresse même et au cœur de la place »[122]... Le ver serait-il dans le fruit ? Jean Jaurès parlera de nouveau, dans un article intitulé « La voie est libre », paru le 22 janvier 1906 dans *La Dépêche*, de « boulangisme civil » au sujet de Paul Doumer[123]. L'accusation est lourde. En attendant, Paul Doumer n'est réélu le 9 janvier 1906 à la présidence de la Chambre des députés que de justesse, à une très faible majorité de 18 voix (287 contre 269 à Ferdinand Sarrien). On lui reproche d'être un transfuge et d'avoir contribué à la chute du ministère Émile Combes. Rudes griefs. Éloignant de lui les partis de droite sans pour autant ressusciter la confiance des gauches, Paul Doumer semble être devenu un proscrit, lâché de tous côtés. Malgré cela, sa candidature à la présidentielle de 1906 est désormais engagée. Elle dépasse déjà les habituels clivages partisans en réunissant largement au-delà de sa famille politique d'origine. Paul Doumer déclare alors vouloir « sauver la France »[124]. Le mythe du sauveur est récurrent dans l'histoire politique de la France contemporaine[125]. L'intention est sans doute louable mais cette fois, Paul Doumer se heurte dans sa lancée au bloc sénatorial, gardien du temple. Or ce bloc n'aime ni les sauveurs ni les césars. Quel est l'état des forces en présence à ce moment précis ? La candidature de Paul Doumer est soutenue par tous les anticombistes, en particulier cléricaux[126], mais ce soutien saurait-il suffire ? L'abbé Lemire, député du Nord, crée en particulier un scandale en pleine crise de la séparation en allant présenter ses vœux début janvier 1906 au candidat Paul Doumer[127]. De l'autre côté, les amis d'Alexandre Ribot ne sont pas favorables à Paul Doumer, qui souhaite réaffirmer l'autorité présidentielle[128], sans pour autant développer à ce sujet une argumentation théorique particulière. Georges Clemenceau, enfin, soutient publiquement Armand Fallières parce que l'élu du Lot-et-Garonne a été révisionniste dans l'affaire Dreyfus et parce qu'il s'est engagé à ne pas toucher pas à la Constitution[129], une garantie que n'a pas apportée le candidat Paul Doumer. Quelques semaines

---

120. G. Candar, courriel à l'auteur, 31 janvier 2010.

121. J. Jaurès, « L'amnistie et la politique », 30 juillet 1905, *in* R. Pech *et al.* (dir.), *Jaurès : l'intégrale des articles de 1887 à 1914 publiés dans « La Dépêche »*, *op. cit.*, p. 669-670.

122. *Ibid.*

123. J. Jaurès, « La voie est libre », 22 janvier 1906, *in* R. Pech *et al.* (dir.), *Jaurès : l'intégrale des articles de 1887 à 1914 publiés dans « La Dépêche »*, *op. cit.*, p. 677.

124. BAN, « Paul Doumer », *in* anonyme, *Ceux qui nous mènent (25 portraits)*, *op. cit.*, p. 146 ; H. de Golen, *Le président Doumer accuse… En marge de l'histoire*, *op. cit.*, p. 24.

125. R. Girardet, *Mythes et mythologies politiques*, *op. cit.*, « Le sauveur », p. 63-95 ; J. Garrigues, *Les hommes providentiels : histoire d'une fascination française*, Paris, Le Seuil, 2012.

126. P. Miquel, *La Troisième République*, *op. cit.*, p. 424.

127. J.-M. Mayeur, *L'abbé Lemire (1853-1928) : un prêtre démocrate*, *op. cit.*, p. 317.

128. J.-M. Mayeur, *La vie politique sous la Troisième République*, *op. cit.*, p. 211.

129. J. George *et al.*, *La plus longue des Républiques (1870-1940)*, *op. cit.*, p. 379.

après la promulgation de la loi de séparation des Églises et de l'État (9 décembre 1905), entrée en vigueur le 1er janvier 1906, le climat politique de ce début du mois de janvier 1906 est pour le moins tendu.

L'affrontement met ainsi en scène les présidents des deux Chambres, accompagnés de leurs épouses respectives. Car on s'intéresse également à la personnalité de la future première dame [document 26 p. 396]. Les soutiens de Paul Doumer au Parlement semblent aussi rares que ses déclarations de campagne. Ses amis notent pourtant que « sa candidature paraît en bonne voie [...] et rencontre dans les rangs républicains plus d'adhésions qu'il n'avait espéré »[130]. On regrette en même temps que « cette élection semble laisser l'opinion publique indifférente et qu'il n'y [ait] [finalement] de courant bien déterminé en faveur de personne »[131]... Le duel se termine à l'avantage d'Armand Fallières, président du Sénat depuis sept ans, candidat du Bloc des gauches. Si le caractère de toute façon secret du scrutin empêche de se prononcer de façon certaine sur l'influence exacte du Sénat de la IIIe République lors de l'élection présidentielle, celui-ci est présenté comme « l'antichambre de l'Élysée »[132]. Cette règle n'est pas démentie : le 17 janvier 1906, Paul Doumer est ainsi battu à l'élection à la présidence de la République de 58 voix par « le père Fallières », un « profane » (Fallières n'est pas franc-maçon) [photographie 20 p. 456]. 449 voix pour l'un, 391 pour l'autre. Fallières rend aussitôt à l'Élysée une visite de courtoisie à Loubet[133]. Choisit-on la neutralité pour une magistrature suprême plus morale que politique ? Paul Doumer paie-t-il dans ce résultat le prix de son opposition déclarée à Émile Combes ? L'armée avait pourtant choisi son candidat. Doumer a ainsi reçu le 30 janvier 1906 une lettre du général Lyautey postée du fin fond du Maroc[134]. Ce dernier lui avouait :

> « Ma lassitude écœurée [...] va vers vous, vous attend et vous espère. Vous n'êtes pas la réaction, vous êtes la délivrance. Avec vous, c'est ou bien la guerre abordée en complète préparation ou la paix avec l'honneur. »[135]

Mais, quelque prestigieux puisse être ce soutien, l'opinion de Lyautey n'est pas alors majoritaire.

Il est difficile de se relever d'un échec dans une telle aventure, que seul le succès eût justifiée. Paul Doumer doit ainsi quitter le perchoir le 7 juin 1906, battu par un Henri Brisson heureux de retrouver son trône et prenant ainsi sa revanche. Paul Doumer a-t-il pris son élan trop tôt alors qu'il n'a pas cinquante ans ? Le candidat malheureux rentre dans le rang, redoublant d'activité politique féconde, en

---

130. A. Combarieu, *Sept ans à l'Élysée avec le président Émile Loubet : de l'affaire Dreyfus à la conférence d'Algésiras (1899-1906)*, *op. cit.*, p. 327.

131. *Ibid.*

132. J.-P. Marichy, *La seconde Chambre dans la vie politique française depuis 1875*, Paris, LGDJ, 1969.

133. A. Combarieu, *Sept ans à l'Élysée avec le président Émile Loubet : de l'affaire Dreyfus à la conférence d'Algésiras (1899-1906)*, *op. cit.*, p. 329.

134. D. Rivet, *Lyautey et l'institution du protectorat français au Maroc (1912-1925)*, 3 t., Paris, L'Harmattan, 1988.

135. Fonds A. Doumer, lettre du général Lyautey, commandant de la subdivision Aïn-Sefra (Maroc), adressée à P. Doumer, 30 janvier 1906.

particulier dans le travail des commissions. Dans ce nouvel échec, Doumer sait aussi puiser une énergie nouvelle pour persévérer. Sous le pseudonyme de Jean Frollo, il ronge son frein, notamment dans les colonnes du *Petit Parisien*[136].

Au printemps 1906, dans sa longue profession de foi à l'attention de ses électeurs, Paul Doumer, député de l'Aisne, dit avoir travaillé au Parlement « autant que personne » et avoir agi « avec plus de courage que beaucoup »[137]. Qui vise la comparaison ? Le député sortant n'apporte pas cette précision :

> « Mes chers concitoyens,
> J'ai dit récemment [...] comment m'apparaît, à l'heure présente, la situation politique de notre pays, comment j'entends agir en vue de la rendre meilleure, d'assurer le progrès républicain, la prospérité et la grandeur nationales.
> Votre confiance me permettra de me consacrer à cette tâche.
> Vous me l'avez accordée il y a quatre ans ; je crois l'avoir justifiée depuis. J'ai travaillé au Parlement autant que personne, et peut-être ai-je agi avec plus de courage que beaucoup. Représentant d'une population laborieuse, éclairée et sage, je me suis efforcé de lui faire honneur et d'exécuter fidèlement mon mandat. Il n'est pas une déclaration verbale ou écrite, pas une parole prononcée devant vous, en 1902, qu'on puisse mettre en contradiction avec mes actes au cours des quatre années écoulées.
> Je me présente aujourd'hui à vos suffrages avec les mêmes idées, le même programme qu'alors.
> Je suis resté un républicain convaincu, épris de progrès, d'ordre, de justice et de liberté ; un patriote ardent mettant au-dessus de tout l'intérêt du pays, sa sécurité et sa puissance.
> Je veux toutes les réformes démocratiques réelles et bienfaisantes [...] ; je veux les réformes sociales qui tendent, comme la loi des retraites ouvrières, à protéger les travailleurs, à assurer leur sécurité, à accroître leur bien-être matériel et la dignité de leur vie ; les réformes fiscales basées sur la justice, sur une équitable répartition des charges entre les contribuables ; la réforme judiciaire ; les réformes politiques et administratives, capables de donner à la République une meilleure organisation du pouvoir, une plus grande liberté locale [...]. »[138]

Le candidat est un républicain convaincu doublé d'un patriote ardent : son programme n'a de ce fait pas changé depuis 1902. Se présentant lui-même comme un réformateur, Paul Doumer souhaite des réformes en tous domaines : démocratiques, sociales, fiscales, judiciaires, politiques, administratives et électorales. Ainsi le projet de la représentation proportionnelle, discuté depuis les années 1885-1889, quitte-t-il en 1906 le cercle étroit des spécialistes, juristes ou publicistes, pour apparaître dans les professions de foi de candidats-députés notoires, tels Jaurès, Millerand, Deschanel ou Doumer, tous les quatre partisans de la réforme électorale[139]. Sa

136. BAN, H. de Golen, *Le président Doumer accuse... En marge de l'histoire*, *op. cit.*, p. 75.

137. AAN, Chambre des députés, *Programmes, professions de foi et engagements électoraux*, IXe législature, 2e circonscription de Laon, p. 17.

138. AAN, D23, dossier du député P. Doumer, profession de foi, 9e législature (1906-1910).

139. F. Monnet, *Refaire la République. André Tardieu : une dérive réactionnaire*, Paris, Fayard, 1993, p. 186.

chère circonscription de l'Aisne (la deuxième circonscription de Laon) apporte une approbation éclatante à Paul Doumer : brillamment réélu à son poste de député dès le premier tour le 6 mai 1906 par 11297 voix sur 18841 votants (soit 63 % des suffrages exprimés !), l'heureux candidat se console dans l'Aisne de ses déconvenues parisiennes.

7. Fidèle à ses marottes : l'expansion coloniale et le réarmement

L'indemnité parlementaire, dont le taux est resté fixé depuis 1875 à 9000 francs par an, est relevée en 1906. Signe et reconnaissance de la professionnalisation engagée par le monde parlementaire à la veille de la Première Guerre mondiale[140]. Le 22 novembre 1906, une augmentation sensible de 9000 à 15000 francs est ainsi votée[141]. Elle suscite une vague d'indignation. Notamment dans la presse nationaliste, qui trouve là de quoi alimenter son antiparlementarisme à l'encontre des « QM », les « quinze millistes ». Pour Paul Doumer, père de famille nombreuse, comme pour de nombreux parlementaires, ce relèvement traduit une nécessité économique liée à son recrutement populaire et aux obligations de sa charge. Les allers-et-retours incessants effectués vers les circonscriptions, les coûts de transport, d'hébergement et de courtier qu'ils engendrent sont notamment invoqués pour justifier la mesure : beaucoup de députés font ainsi, en venant à Paris, un sacrifice d'argent[142]. Car le train de vie du député de la IIIe République est bien différent selon qu'il possède une fortune de bon aloi ou qu'il est réduit à son indemnité parlementaire. Sans domicile parisien, couchant chez des amis, dînant au hasard des invitations et notoirement endetté, Paul Doumer ne possède ni fortune personnelle ni fortune conjugale. La charge d'une installation parisienne est alors lourde pour les provinciaux. Le cher-vivre de la capitale est un vrai problème pour un parlementaire du début de la IIIe République. Il faut en effet compter environ 2000 francs de loyer vers 1900 à Paris[143]. Le problème matériel est bien réel : le député sans fortune individuelle est un homme pauvre au début du XXe siècle.

Comment Paul Doumer se remet-il de son échec à l'élection présidentielle de 1906 ? L'ancien gouverneur général de l'Indochine est reçu le 5 décembre 1906 à Saint-Pétersbourg par le tsar Nicolas II. Celui-ci, qui a entendu parler de lui, souhaite le consulter sur son expérience indochinoise, ses compétences financières et en matière de réalisation de travaux publics. La rencontre n'est pas anecdotique : elle signifie bien plutôt que la réputation de Paul Doumer, en devenant internationale, a changé de statut. À la manière d'un consultant, ce dernier est ainsi sollicité hors de France.

140. A. Tardieu, *La profession parlementaire*, Paris, Flammarion, 1937, « Du mandat au métier », p. 14-22.

141. J. Garrigues (dir.), *Histoire du Parlement de 1789 à nos jours*, *op. cit.*, p. 292-293.

142. J. Jaurès, « Les hommes politiques », 9 décembre 1888, *in* R. Pech *et al.* (dir.), *Jaurès : l'intégrale des articles de 1887 à 1914 publiés dans « La Dépêche »*, *op. cit.*, p. 80-81.

143. P. Guiral *et al.*, *La vie quotidienne des députés en France de 1871 à 1914*, *op. cit.*, p. 84.

Inflexible, le député de l'Aisne continue, par ailleurs, de poursuivre deux de ses marottes avec entêtement : l'expansion coloniale et le réarmement de la France. Le 18 décembre 1908, le député de l'Aisne dépose ainsi un rapport, au nom de la commission du Budget, sur le projet de loi portant ouverture sur l'exercice 1908 de crédits supplémentaires concernant les opérations militaires au Maroc[144], trois ans avant le coup d'Agadir qui opposera la France à l'Allemagne (1911) et avant que Paul Doumer lui-même n'accomplisse un voyage au Maroc à la fin de l'année 1913[145]. Partisan intrépide du réarmement de la France, Paul Doumer reçoit, en outre, le 31 octobre 1908 au-dessus du camp d'Auvours (Sarthe) par l'entremise du constructeur automobile manceau Léon Bollée, le baptême de l'air à bord du Flyer III A du pionnier américain de l'aviation Wilbur Wright, dont il est l'un des premiers passagers français [photographie 21 p. 457][146]. Passionné de technologies, Paul Doumer soutient avec enthousiasme l'aviation naissante. Il préside le comité de patronage de l'École supérieure d'aéronautique et des constructions mécaniques, créée en 1908 sous l'impulsion de Paul Painlevé et du colonel Roche, officier du génie en retraite[147]. L'École conçoit puis construit des ballons, des aéroplanes et des moteurs. Elle est la première en France à offrir une formation et à délivrer un diplôme d'ingénieur aéronaute.

L'année 1909 de Paul Doumer n'est marquée par aucun évènement particulier avant que les termes de la longue discussion du budget de 1910 n'éclairent les conflits qui opposent les deux Chambres dans l'immédiat avant-guerre. La discussion piétine en effet tellement que le recours à l'expédient des douzièmes provisoires est rendu nécessaire. Au grand dam de Paul Doumer, qui le tient pour « un régime de désordre financier et de gaspillage »[148], violemment taclé par ses soins. L'habituel aller-retour s'établit entre les Chambres, plus ou moins disposées à faire des concessions. Jusqu'à donner lieu à un bras de fer inédit. Les divergences entre sénateurs et députés portent sur la question des recettes. Paul Doumer, rapporteur général de la commission du Budget à la Chambre, constate avec tristesse que les concessions sénatoriales sont insuffisantes[149] et, dans ces conditions, fustige l'attitude du Sénat :

> « Si une résistance au vote des recettes peut paraître parfois légitime, c'est de la part des représentants directs des contribuables, pas des sénateurs ! »[150]

Le Sénat ne partage pas cet avis. Il revendique bien plutôt ses prérogatives financières. Dans un contexte de susceptibilité exacerbée et de conflit d'attributions

---

144. AAN, Chambre des députés, document parlementaire n° 2194, 18 décembre 1908, p. 233-237.

145. J.-L. Barré, *Philippe Berthelot, l'éminence grise*, *op. cit.*, p. 267.

146. Fonds R. Doumer.

147. A.-L. Anizan, *Paul Painlevé (1863-1933) : un scientifique en politique*, thèse de doctorat d'histoire, IEP de Paris, 2006, p. 134-135.

148. AAN, Chambre des députés, débats parlementaires, séance du 25 novembre 1903, p. 222.

149. *Ibid.*, *Annuaire du Parlement*, vol. 5 (1910-1911), Paris, Roustan, 1912, p. 140.

150. *Ibid.*

entre les deux Chambres de représentation nationale, les sacrifices d'amour-propre semblent difficiles à effectuer.

Le premier trimestre de l'année 1910 est dominé par la préparation des élections législatives générales, qui doivent avoir lieu au printemps. Alors que l'absentéisme des députés du fait de leur enracinement local est souvent regretté par le président de la Chambre, les députés mettent un point d'honneur à venir siéger en janvier 1910 au moment de la fameuse crue de la Seine, empruntant barques ou échafaudages pour gagner le Palais-Bourbon. Paul Doumer, rapporteur général du Budget, proclame alors : « Quand il n'y aura de l'eau dans l'hémicycle, nous monterons dans les gradins ! »[151]. Une nouvelle intervention du député Paul Doumer montre son souci constant des questions sociales et des actes qui comptent. Le 31 mars 1910, alors que la proposition de loi sur les retraites ouvrières et paysannes est discutée à la Chambre des députés, le député de l'Aisne attire l'attention sur l'intervalle de cinq ans sans droits créé de fait entre la loi sur les retraites à 65 ans et la loi d'assistance aux vieillards à 70 ans[152]. Craignant, de ce fait, de priver de l'aide de la société toute une catégorie de travailleurs et que ceux-ci ne soient traités en parias, Paul Doumer et ses collègues décident d'octroyer à ces derniers un droit provisoire à l'assistance par rétrogradation. Les élections générales sont fixées au 24 avril et au 8 mai 1910. Paul Doumer se présente pour la cinquième fois dans l'Aisne. Cette cinquième candidature ne se présente pas sous les meilleurs auspices. Le député se trouve dans une situation inconfortable. D'un côté, les conservateurs qui l'ont jadis appuyé ne le trouvent pas assez souple. De l'autre, les radicaux, qu'il a dédaignés pour poursuivre ses ambitions personnelles, se sont détournés de lui[153]. Autrement dit, le député sortant ne peut s'appuyer ni sur sa gauche ni sur sa droite.

151. J. Garrigues (dir.), *Histoire du Parlement de 1789 à nos jours*, *op. cit.*, p. 293-294.

152. AAN, Annales de la Chambre des députés, débats parlementaires, séance du 31 mars 1910, p. 2307.

153. J. Jaurès, « L'échec de M. Doumer », *L'Humanité*, 12 mai 1910.

Chapitre VI
L'entrée en dissidence ?
1910-1913

Le 8 mai 1910, Paul Doumer perd au second tour son siège de député de l'Aisne. Les déconvenues s'accumulent. Il se retrouve ainsi sans mandat parlementaire pour la première fois depuis vingt-deux ans. Frappé d'ostracisme, devenu infréquentable, Paul Doumer doit s'éloigner de la Chambre. Les véritables difficultés commencent-elles alors pour lui ? Le temps des ruptures voire de son adieu à la politique a-t-il sonné ? Certains annoncent prématurément la mort politique de Paul Doumer. Jean Jaurès prédit dès 1906 :

> « Ceux qui s'isolent pour monter plus vite peuvent bien connaître l'éblouissement des succès rapides mais, quand ils tombent, c'est d'une chute redoutable où ils risquent de se briser à jamais. »[1]

Sa funeste prévision sera-t-elle vérifiée ? André Castelin, candidat indépendant, républicain quoiqu'ancien boulangiste, l'emporte par 9 366 voix contre 8 286 à son adversaire Paul Doumer, qui connaît ainsi un deuxième échec électoral dans l'Aisne et est battu pour la deuxième fois, vingt-et-un ans plus tard, par ce même adversaire. Atteint par son échec dans l'Aisne, Paul Doumer, digne dans la défaite, écrit toutefois le 15 mai 1910 à Alexandre Ribot :

> « J'ai assez travaillé, avec le souci exclusif de l'intérêt du pays, pour subir mon échec en pleine sérénité. »[2]

Pas décisif vers la politisation et la discipline du travail parlementaire, les groupes parlementaires sont reconnus officiellement au Palais-Bourbon à la faveur d'une importante résolution votée le 1er juillet 1910[3]. Le débat sur la nouvelle procédure à établir pour la formation des grandes commissions et de la commission du Budget a lieu lors de cette séance. La Chambre substitue le mot « groupe » au mot « parti » afin de permettre aux membres qui n'étaient inscrits à aucun groupe de se

---

1. J. Jaurès, « La voie est libre », 22 janvier 1906, *in* R. Pech *et al.* (dir.), *Jaurès : l'intégrale des articles de 1887 à 1914 publiés dans « La Dépêche »*, *op. cit.*, p. 677.
2. CHAN, 563 AP/31, lettre de P. Doumer à A. Ribot, 15 mai 1910.
3. Journée d'étude « Les secrétariats administratifs des groupes parlementaires », Centre d'histoire de Sciences Po, 11 juin 2010.

réunir et d'avoir leur place dans les commissions[4]. Dès lors, nul député ne pourra plus désormais figurer à la fois sur la liste de deux groupes[5]. Enfin, la Chambre des députés décide par cette même résolution que le nombre des membres de la commission du Budget serait porté de trente-trois à quarante-quatre[6]. Celle-ci renforce ainsi son rôle huit ans après sa création. On passe progressivement, dans ces conditions, d'une conception individualiste à une conception plus collective et plus organisée de la vie parlementaire. Car, pour être membre d'une commission, il faut désormais appartenir à un groupe. Alors que le modèle traditionnel du parlementaire indépendant s'estompe, Paul Doumer y reste toutefois attaché. Or, si quelques-uns de ses collègues à la Chambre — tels que l'abbé Lemire[7] — partagent son point de vue, son opinion est alors minoritaire. S'il apparaît classé à « gauche » dans l'intergroupe parlementaire de 1909-1910[8], le classement « sans étiquette » de Paul Doumer avant la constitution des groupes parlementaires en 1910[9] confirme son indépendance des partis. Quelles possibilités professionnelles s'offrent à Paul Doumer à ce moment précis ? Briguer un nouveau mandat électif ? Mais lequel ?

1. L'« entre-deux-Chambres » : la lucrative opportunité des affaires

Une nouvelle période de sa vie, où la politique le déserte, commence alors pour Paul Doumer. Se dégage-t-il pour autant complètement de toute activité ? Paul Doumer se lance alors dans les affaires, notamment avec la Russie, trouvant dans celles-ci une compensation à son besoin d'action. Entre 1910 et 1912, Paul Doumer mène ainsi dans le secteur privé sa traversée de désert politique, les électeurs de l'Aisne lui ayant fait, pour un temps, le loisir de s'occuper d'affaires particulières, comme il l'écrit lui-même à Gabriel Deville, ancien député socialiste de la Seine[10]. Il lui avoue, confiant :

> « La chose publique m'a absorbé complètement pendant le long temps où j'ai eu mandat de m'en occuper. Elle me reprendra tout entier un jour. »[11]

Avant de concéder, on ne peut plus clairement :

> « Dans l'intervalle, je soigne un peu mieux mes intérêts privés et cela n'est pas inutile aux miens. »[12]

Paul Doumer comprend en effet que son effacement du Parlement est tout à la fois indispensable et salutaire. Vit-il ce retrait comme un crève-cœur ? A-t-il visé

---

4. E. Pierre, *Traité de droit politique, électoral et parlementaire*, *op. cit.*, p. 1073.
5. *Ibid.*, p. 1075.
6. *Ibid.*, « De la commission des Finances », p. 1102-1119.
7. J.-M. Mayeur, *L'abbé Lemire (1853-1928) : un prêtre démocrate*, *op. cit.*
8. C. Bellon, *Délibération parlementaire et phénomène majoritaire sous la Troisième République : l'exemple d'Aristide Briand, député de la Loire (1902-1919)*, *op. cit.*, p. 890.
9. *Ibid.*, « intergroupes 1906, 1907, 1909 », p. 865.
10. CHAN, 51 AP/1, lettre de P. Doumer à G. Deville, 27 mai 1911.
11. *Ibid.*
12. *Ibid.*

trop haut et commis un pas de clerc ? S'il n'est pas imbu de l'esprit de secte qui fait parfois les partisans, Paul Doumer n'est pas davantage pourvu de l'esprit de souplesse qui fait les conciliateurs. Le mieux pour lui, dans l'immédiat, est sans doute de se faire oublier pendant un temps. Pour continuer à jouer un rôle et ne pas compromettre son avenir, Paul Doumer comprend aussi qu'il doit stratégiquement poursuivre sa spécialisation dans des questions — en particulier financières — sur lesquelles il a établi sa compétence et son autorité. Son action phare en Indochine, notamment l'émission de l'emprunt destiné à financer le chemin de fer du Yunnan, a permis à Paul Doumer de s'attirer la sympathie des grandes banques et des milieux industriels. Le passage aux colonies — sinon le ministère des Colonies — sert de marchepied à de grandes carrières privées[13]. André Lebon et Antoine Guillain, tous les deux passés par la rue Oudinot, vérifient cette tendance, amplifiée par Paul Doumer.

Comment s'organise la nouvelle vie de l'ancien député ? L'affairisme triomphant se développe à partir des années 1880, particulièrement au centre gauche[14]. Paul Doumer va, dans ce contexte, être amené à cumuler la présidence de multiples conseils d'administration. Le passage entre les champs administratif, politique et des affaires bat son plein dans les dernières années du XIXe siècle [document 20 p. 386]. Dans son étude des trajectoires sociales des élites de la République entre 1880 et 1900, Christophe Charle a ainsi calculé que près d'un tiers des individus présents dans l'administration en 1901 étaient passés dans les affaires[15]. À la même date, 3,1 % des individus présents dans le champ des affaires proviennent du champ politique et 9,3 % dans l'autre sens. Le secteur ferroviaire constitue, avec le crédit, un des bastions du phénomène[16]. Il convient d'être parlementaire depuis suffisamment longtemps pour pouvoir monnayer sa position[17]. Dans ce contexte, on retrouve Paul Doumer tous azimuts. Dans quelles proportions s'enrichit-il ces années-là ? Sans preuves ni traces, seules des hypothèses peuvent être formulées[18]. La liste des conseils d'administration présidés par Paul Doumer ou auxquels il siège donne le vertige. À partir de 1911, Paul Doumer préside ainsi l'Union minière et métallurgique de Russie, qui participe en juin 1911 à la juteuse réorganisation des chantiers navals de la mer Noire. En France, il préside la Compagnie générale d'électricité[19] et la Chambre syndicale des fabricants et constructeurs pour chemins

13. J. Garrigues, *La République des hommes d'affaires (1870-1900)*, *op. cit.*, p. 350-351.

14. J. Dubos, « Parlementaires et grands patrons : les liens avec les milieux d'affaires », *in* J.-P. Chaline *et al.* (dir.), *Les parlementaires de la Troisième République*, *op. cit.*, p. 221-239.

15. C. Charle, *Les élites de la République (1880-1900)*, *op. cit.*, « Les trajectoires sociales », p. 131.

16. J. Garrigues, *La République des hommes d'affaires (1870-1900)*, *op. cit.*, p. 206.

17. A.-M. Sohn, « La fortune : une approche originale du personnel politique et de son engagement », *in* J.-P. Chaline *et al.* (dir.), *Les parlementaires de la Troisième République*, *op. cit.*, p. 211-220.

18. La série AQ (« Entreprises ») des Archives nationales contient très peu d'indices sur le rôle effectif de P. Doumer, homme d'affaires.

19. D. Barjot *et al.* (dir.), *Industrie et politique en Europe occidentale et aux États-Unis (XIXe-XXe siècles)*, Paris, PUPS, 2006, p. 38.

de fer et tramways jusqu'en 1914[20], tout en assurant la vice-présidence de la toute puissante Union des industries minières et métallurgiques (UIMM). Ce n'est pas tout. En 1912, Paul Doumer entre au conseil d'administration du Crédit immobilier français et fonde l'association pour la construction du tunnel sous la Manche[21]. Une collection de casquettes et une boulimie qui le fait percevoir par la presse comme « un parasite de toutes les affaires disposées à lui ouvrir leurs conseils »[22]. Ce que l'intéressé semble assumer. La lucrative opportunité est saisie sans scrupule ni remords par Paul Doumer, champion toutes catégories, le faisant plus tard figurer en première place des ministres liés au grand capital pendant le Bloc national (1919-1924), selon une liste établie en mars 1936 par *Le Crapouillot*[23]. Le Comité des forges, avec lequel Paul Doumer est lié depuis l'Indochine, a la réputation d'être généreux. Il sait récompenser après coup les hommes politiques qui lui ont rendu des services en les admettant à « pantoufler », le mot apparaissant précisément à l'époque considérée[24]. L'épouvantail des possédants du gouvernement Bourgeois (1895-1896) est, non sans paradoxe, devenu un représentant de premier plan du monde capitaliste. Paul Doumer inaugure ainsi un nouveau style dominant dans les relations entre les hommes politiques, la haute finance et la grande industrie.

2. La présidence de la Compagnie générale d'électricité

Créée le 21 mai 1898 par Pierre Azaria, administrateur délégué[25], et Charles Herbault, président fondateur jusqu'à sa mort en 1909, la Compagnie générale d'électricité (CGE) — devenue Alcatel aujourd'hui — est l'une des grandes entreprises industrielles françaises de la IIIe République. Parmi toutes les affaires auxquelles Paul Doumer est lié à divers titres, elle constitue de loin la plus importante. La place semble bonne puisque ce dernier y reviendra après chacun de ses épisodes ministériels de l'après-guerre (1921-1922, 1925-1926), jusqu'à son élection à la présidence du Sénat en 1927[26]. Battu aux élections législatives de mai 1910, Paul Doumer est nommé le 27 juin 1910 au conseil d'administration de la CGE[27]. Il en est élu aussitôt président avec entrée en fonctions le 1er juillet 1910. Autant dire qu'il ne perd pas de temps. Pourtant, parmi les filières d'accès aux fonctions dirigeantes, l'accès direct sans aucun lien préalable avec l'entreprise reste rare[28]. Com-

20. J. Garrigues, *Les patrons et la politique : de Schneider à Seillière*, Paris, Perrin, 2002, p. 66.
21. L. Pasquier-Doumer, entretien avec l'auteur, 31 mai 2005.
22. PPP, BA2041, P. Dionne, *La Lanterne*, 1er octobre 1921.
23. J. Garrigues, *Les patrons et la politique : de Schneider à Seillière*, *op. cit.*, « Les ministres bienveillants », p. 155-162.
24. C. Charle, *Les élites de la République (1880-1900)*, *op. cit.*, « Le pantouflage », p. 139-147.
25. J. Marseille, « L'homme qui brancha la France », *L'Expansion*, 16 juin 1994, p. 27-28.
26. ACL, DEEF 41125, assemblées générales de la Compagnie générale d'électricité (CGE) (1898-1936), rapports annuels de la CGE.
27. Y. Bouvier, *La Compagnie générale d'électricité : un grand groupe industriel et l'Etat. Technologie, hommes et marchés (1898-1992)*, thèse de doctorat d'histoire, Université Paris IV Sorbonne, 2005, p. 161.
28. H. Joly, *Diriger une grande entreprise française au XXe siècle : modes de gouvernance, trajectoires*

ment, dès lors, expliquer ce choix et la fulgurance de cette promotion ? Car Paul Doumer, qui accède directement à l'âge de 53 ans à la présidence de la CGE, n'a aucune expérience préalable en entreprise. Il est alors un homme politique de premier plan, étroitement lié avec le monde des affaires[29]. Le rapport annuel aux actionnaires de la CGE qui annonce sa désignation se contente d'indiquer qu'« il semble superflu de rappeler [s]es titres »[30]. Lorsqu'Edmond Rodier est contraint par la maladie de se retirer de la présidence de la CGE en juin 1910 — il décède deux mois plus tard or personne au sein du conseil d'administration n'est alors en mesure de combler cette vacance brutale —, il est, dans ces circonstances, fait appel à une personnalité extérieure. Cette explication suffit-elle ? Le vice-président de la CGE, Nemours Herbault, frère du cofondateur Charles Herbault, entré au conseil d'administration de la Compagnie en 1905 et ancien syndic de la Compagnie des agents de change auprès de la Bourse de Paris, connaît personnellement Paul Doumer. À la recherche d'une personnalité de grande notoriété pour apporter un concours efficace aux questions financières, Nemours Herbault lui propose ainsi un poste au conseil d'administration.

Qu'attend exactement la CGE de Paul Doumer ? Chargé d'appuyer Pierre Azaria, administrateur délégué, dans des négociations exigeant une grande compétence d'ordre administratif et financier, Paul Doumer se voit pour cette mission allouer une somme annuelle de 20 000 francs, versée mensuellement[31]. Il perçoit ainsi, à ce titre, un salaire mensuel supérieur à ce qu'il gagnait en un an en enseignant dans l'enseignement secondaire. Cette fonction doit ainsi permettre à cet homme sans fortune personnelle de maintenir son train de vie. Est-ce tout ? En retour, Paul Doumer appuie la promotion de Pierre Azaria au grade d'Officier de la Légion d'honneur de manière décisive par de multiples courriers à partir de 1913 après l'échec de quatre précédentes demandes[32]. Sa notoriété et sa respectabilité étant reconnues par les milieux d'affaires, Paul Doumer, habitué des banquets de la Fédération des industriels et commerçants français[33], apporte ainsi un « capital social » essentiel pour le prestige de la CGE, Pierre Azaria ne bénéficiant d'aucun réseau familial qui pourrait servir de relais d'influence. Paul Doumer endosse les responsabilités de sa fonction : président de différentes filiales, brièvement de la Compagnie générale du Rhône, plus longuement de l'Energia Electrica de Catalunya, il est un président particulièrement actif. Présidée par Paul Doumer, la CGE devient dès lors une valeur phare de la Bourse de Paris[34].

---

et recrutement, mémoire inédit de recherche, dossier pour l'HDR, EHESS, 2008, « Conditions d'accès, d'exercice et de sortie des fonctions dirigeantes », p. 181-250.

29. Pour des exemples plus anciens d'hommes politiques entrés dans les affaires, J. Lambert-Dansette, *Histoire de l'entreprise et des chefs d'entreprise en France*, t. 2, « Naissance du patronat », Paris, L'Harmattan, 2003, p. 130-135.

30. ACL, DEEF 41125, rapport annuel de la CGE, assemblée générale du 17 décembre 1910, p. 200.

31. *Ibid.*, p. 162.

32. *Ibid.*

33. *Ibid.*, p. 163.

34. *Ibid.*

Les présidents sans délégation ou direction générale peuvent se permettre de se consacrer également à des mandats politiques. Paul Doumer ainsi continue d'occuper la présidence de la CGE lorsqu'il redeviendra parlementaire en 1912[35]. Son activité d'administrateur prend-t-elle le pas sur sa carrière politique ? L'intéressé est amené à interrompre un temps l'exercice de sa présidence pour reprendre des responsabilités ministérielles, comme ministre d'État en 1917 et à nouveau en 1921 comme ministre des Finances. À chaque fois, sans que cela corresponde formellement à une obligation légale, Paul Doumer démissionne du conseil d'administration de la CGE mais retrouve ensuite son siège sans avoir été remplacé à la présidence dans l'intervalle[36]. Ce n'est qu'en 1927, lorsqu'il accède à la présidence du Sénat, que Paul Doumer renonce enfin définitivement à tout mandat à la CGE, dont il sera tout de même resté président pendant dix-sept ans (1910-1927). « Professionnel des affaires » bien que non-héritier du capital — alors que l'héritage, s'il reste un facteur important dans la dévolution de fonctions dirigeantes, n'explique pas la majorité des recrutements —, Paul Doumer devient en cela un « manager » selon la catégorie définie par Hervé Joly[37]. Or l'origine sociale populaire des dirigeants non-héritiers reste rare sous la IIIe République, ce qui classe de nouveau Paul Doumer du côté des exceptions. Ce dernier se fait, enfin, représenter par son lieutenant Édouard Julia dans tous les conseils d'administration des grandes banques où il ne souhaite pas que son nom apparaisse[38]. Devant faire face à une charge de famille nombreuse, Paul Doumer, dépourvu de siège parlementaire depuis 1910, se trouve contraint de solliciter des soutiens financiers auprès de ses entourages élargis. Il doit en particulier consentir à de gros efforts pour scolariser ses enfants à l'école Pascal, boulevard Lannes à Paris[39]. Le cas de Paul Doumer à la CGE est-il isolé ? Eugène Étienne, devenu président des Tréfileries et laminoirs du Havre en 1914, a lui aussi une longue trajectoire politique derrière lui : député républicain de gauche d'Oran depuis 1881, il a été ministre comme Paul Doumer (sous-secrétaire d'État aux Colonies en 1887 et en 1889-1892, ministre de l'Intérieur en 1905-1906)[40].

Ardent promoteur d'un impôt sur le revenu refusé par les conservateurs, craignant qu'il ne risque d'entraver la bonne marche des affaires, Paul Doumer participe pourtant massivement, à gauche, à l'émergence progressive d'un affairisme sur le point de triompher parmi le personnel politique républicain[41]. Même si ce phé-

---

35. ACL, DEEF 41125, assemblées générales de la CGE (1898-1936), rapports annuels de la CGE.

36. *Ibid.*

37. « Reproduction, reconversions et ascensions sociales chez les managers », p. 477-508.

38. BAN, H. de Golen, *Le président Doumer accuse… En marge de l'histoire*, *op. cit.*, p. 209.

39. J.-P. Doumer, entretien avec l'auteur, 11 février 2008.

40. J. d'Andurain, « Réseaux politiques et réseaux d'affaires : le cas d'Eugène Étienne et d'Auguste d'Arenberg », *in* H. Bonin *et al.* (dir.), *L'esprit économique impérial (1830-1970) : groupes de pression et réseaux du patronat colonial en France et dans l'empire*, Paris, SFHOM, 2008, p. 85-102.

41. J. Garrigues, *La République des hommes d'affaires*, Paris, Aubier, 1997 ; *Les patrons et la politique : de Schneider à Seillière*, *op. cit.*

nomène n'est pas à proprement parler un fait nouveau[42]. Faut-il y voir une contradiction dans le cas de Paul Doumer ? Ses activités dans le secteur privé lui offrent non seulement de confortables rétributions, mais aussi une meilleure compréhension du monde des affaires, une sensibilité accrue à ses problèmes voire une complicité amicale avec certains décideurs économiques. Cette dernière va-t-elle jusqu'à la collusion ? Il est impossible de le démontrer. En tout état de cause, le cas de Paul Doumer n'est pas isolé : il participe bien plutôt d'un mouvement plus large qui le dépasse. Comment se réconcilient chez lui la logique patronale de la libre entreprise et celle, politique, du réformateur social ? Paul Doumer réalise une synthèse dans la contradiction. Il semble représentatif du cercle fermé des élites de la IIIe République, nouvelles et anciennes, hauts fonctionnaires coloniaux et ministres, que le scandale de Panama a, le plus souvent avec raison, placés sur la sellette[43]. Il s'agit, pour l'intéressé, d'acquérir pour un temps des positions hautement rémunératrices. Celles-ci lui permettront en particulier de redémarrer brillamment une « deuxième carrière parlementaire » au Sénat deux ans plus tard, sans que la causalité directe entre ces deux faits puisse être établie.

3. Le lancement de *L'Opinion*

Le lancement, en 1910 pour le compte de Paul Doumer par André Lichtenberger — dont il est l'un des anciens collaborateurs à l'hôtel de Lassay (1905-1906) —, de la revue politico-littéraire *L'Opinion* donne la mesure de la variété des activités, multiformes et aux confins de l'univers politique proprement dit, menées par l'ancien député de l'Aisne pendant son « entre-deux-Chambres ». Alors présenté par André Lichtenberger à son « patron » Paul Doumer, Maurice Colrat, marquis de Montrozier, en prend aussitôt la direction[44]. Il l'assurera jusqu'en 1918. Fondateur en 1907 de l'association de défense des classes moyennes[45], Maurice Colrat, ancien secrétaire de Raymond Poincaré au « Palais », passe pour l'un des principaux poulains de son « écurie »[46]. Ami personnel tout à la fois de Joseph Paul-Boncour — ils animent vers 1900-1901 l'Union démocratique républicaine, club politique proche de Waldeck-Rousseau — et d'Henry de Jouvenel — ils sont amis de jeunesse —, Maurice Colrat, avocat de formation et homme du monde, est ainsi considéré au début des années 1910 comme « l'une des valeurs sûres de la jeune génération politique »[47]. Son « sens aigu des phénomènes d'opinion » et son « étonnante

---

42. N. Roussellier, « Les caractères de la vie politique dans la France républicaine (1880-1914) », *in* S. Berstein *et al.* (dir.), *L'invention de la démocratie (1789-1914)*, Paris, Le Seuil, 2002, p. 381-414.
43. J. Garrigues, *Les patrons et la politique : de Schneider à Seillière*, *op. cit.*, p. 66.
44. L. Guitard, *La petite histoire de la IIIe République : souvenirs de Maurice Colrat*, Paris, Les Sept couleurs, 1959, p. 56.
45. G. Le Béguec, « Prélude à un syndicalisme bourgeois : l'association de défense des classes moyennes (1907-1939) », *Vingtième siècle, revue d'histoire*, no 37, janvier-mars 1993, p. 93-104.
46. *Ibid.*, p. 100.
47. *Ibid.*, p. 97.

imagination pour monter des “coups” politiques, inventer des formules d'organisation originales et tisser des réseaux »[48] font de lui un précieux homme d'influence ou, s'il on préfère, « un agent politique de classe exceptionnelle »[49].

« Carrefour politico-intellectuel fréquenté par toute une élite libérale impatiente de renouveler les termes du débat public »[50], *L'Opinion* devient très vite le point de ralliement de la jeune droite libérale parisienne. Le genre du courrier parlementaire y fleurit sous la plume d'Édouard Julia. La rédaction réunit du beau monde et une équipe de premier ordre. Intellectuels barrésiens, Jean de Pierrefeu, Jacques Bardoux, Francis de Croisset et Henri Massis ne sont pas des signatures inconnues. Le supplément littéraire de *L'Opinion* publie d'abord *L'appel des armes* d'Ernest Psichari[51], puis les *Prières* de Charles Péguy et les premiers romans des frères Tharaud[52]. Les lecteurs de *L'Opinion* ont le privilège de lire l'enquête *Les jeunes gens d'aujourd'hui*[53], vite célèbre, qu'Henri Massis et Alfred de Tarde consacrent en 1912-1913 à la jeunesse sous le pseudonyme commun d'Agathon[54]. Du côté radical comme du côté modéré, l'équipe de rédaction de *L'Opinion* devient un des grands réservoirs de talents dont bénéficient, par la suite, les assemblées parlementaires[55]. André Tardieu, André François-Poncet, Édouard Herriot, Louis-Lucien Klotz y signeront, parmi d'autres, quelques articles de leurs brillantes plumes avant d'être appelés à d'éminentes fonctions. La revue joue ainsi un rôle essentiel dans les relations entre le milieu parlementaire et la bourgeoisie intellectuelle de l'entre-deux-guerres.

La créativité de Paul Doumer continue d'être féconde en tous domaines. Le 2 avril 1910, Paul Doumer, son vieux complice Léon Bourgeois et Paul Deschanel, alors président de la commission des Affaires extérieures de la Chambre des députés, fondent l'Office national des Universités et Écoles françaises (ONUEF)[56], alors que le service d'expansion universitaire du ministère de l'Instruction publique n'est pas encore institué. Paul Doumer en rédige les statuts. Attirer en France les jeunes gens qui, au loin, veulent la connaître et, en retour, donner aux jeunes Français le moyen de s'instruire au-delà des frontières est une des tâches dont Paul Doumer et ses collègues comprennent tout à la fois l'urgence et l'utilité. Les liens officiels entre Universités françaises et américaines se multiplient immédiatement : Columbia et Paris dès 1910; Harvard et les Universités de l'Hexagone en 1911[57]. Arrivant tou-

---

48. *Ibid.*
49. *Ibid.*
50. *Ibid.*, p. 99.
51. F. Neau-Dufour, *Ernest Psichari : l'ordre et l'errance*, Paris, Le Cerf, 2001.
52. M. Leymarie, *Jérôme et Jean Tharaud, écrivains et journalistes, des années de formation à la notoriété (1874-1924) : une marche au conformisme*, thèse de doctorat d'histoire, IEP de Paris, 1994.
53. Rééd. par J.-J. Becker, Paris, Imprimerie nationale, 2003.
54. Agathon, *Les jeunes gens d'aujourd'hui*, Paris, Plon-Nourrit, 1912-1913, rééd. Paris, Imprimerie nationale, 1995 (présentation par J.-J. Becker).
55. G. Le Béguec, *L'entrée au Palais Bourbon : les filières privilégiées d'accès à la fonction parlementaire (1919-1939)*, *op. cit.*, p. 195.
56. F. Chaubet, *La politique culturelle française et la diplomatie de la langue : l'Alliance française (1883-1940)*, Paris, L'Harmattan, 2006, p. 78.
57. CHAN, 70 A J, carton 2, 3e rapport d'activité de l'ONUEF, 21 janvier 1914.

jours le premier aux séances, Paul Doumer sera président de l'Office pendant douze ans sans interruption (1910-1922)[58]. En créant des Instituts français à l'étranger, l'Office sert à la fois l'influence française et la coopération internationale. Paul Doumer se manifeste au moment de la création de l'Institut de Florence (1907), premier établissement culturel français à l'étranger, auquel il procure les fonds nécessaires[59].

Un autre dossier atteste de l'entregent de Paul Doumer dans les milieux industriels et financiers : la création, en 1911, de l'Institut français de Saint-Pétersbourg (IFSP), dont il est à l'origine. Le cadre de l'alliance franco-russe (1892) présentant des conditions favorables, le projet d'un Institut français à Saint-Pétersbourg, conçu comme un instrument de l'expansion de « l'intellectualité française »[60], émerge. Une structure d'enseignement — former de futurs professeurs de français — est préférée à la voie préconisant une pure spécialisation scientifique — former des slavisants. L'historien d'art Louis Réau, ami de Paul Doumer, devient le premier directeur de l'IFSP (1911-1913)[61]. Sur la souscription de Paul Doumer, ayant réussi, à la manière d'un éclaireur, à intéresser d'importants groupes industriels et financiers au projet, des fonds très importants arrivent à la caisse de l'Institut[62]. La presse de gauche dénonce la fondation de l'Institut qui, selon elle, sert d'écran à « la haute finance cosmopolite » et salit l'image de l'Université française[63]. D'autant plus qu'en janvier 1911, Paul Doumer vient clairement à Saint-Pétersbourg en qualité de représentant du monde français des affaires. Il parvient alors à un accord sur l'ouverture d'une filiale de la Société générale et obtient du gouvernement russe des commandes pour l'industrie française[64]. Doit-on de nouveau y voir un mélange des genres ? Les appréciations sur cette mission sont très variées dans la presse française. Les journalistes de *L'Humanité* dépeignent Paul Doumer comme un « avide requin » de l'affairisme international. À la veille de la fondation de l'Institut, l'intéressé affirme, dans un article publié dans *Le Matin*, que la tâche première de l'Institut sera bien l'enseignement régulier du français en Russie, enjeu principal du projet[65]. L'idée du rayonnement international de la France revient alors en force. Selon Marcel Mauss, « père de l'anthropologie française », Paul Doumer, « plénipotentiaire des affaires françaises », réussit à embarquer « une foule d'honnêtes universitaires » dans l'aventure. L'historien Ernest Lavisse, le physicien

58. BAN, H. Berr, *Commémoration du président Doumer après vingt ans*, *op. cit.*, p. 5.

59. Le site internet de l'Institut français de Florence désigne par erreur P. Doumer comme « futur premier ministre français ».

60. F. Chaubet, *La politique culturelle française et la diplomatie de la langue : l'Alliance française (1883-1940)*, *op. cit.*, p. 81.

61. O. Medvedkova, « Scientifique ou intellectuel ? Louis Réau et la création de l'Institut français de Saint-Pétersbourg », *Cahiers du monde russe*, 2002/2-3, vol. 43, p. 411-422.

62. *Ibid.*, p. 414.

63. « Un diplomate : M. Doumer fait des affaires, il compromet l'Université dans la finance », *L'Humanité*, 20 février 1911.

64. S. Cœuré, *La grande lueur à l'Est : les Français et l'Union soviétique (1917-1939)*, Paris, Le Seuil, 1999, p. 23.

65. P. Doumer, « L'expansion intellectuelle de la France », *Le Matin*, 27 février 1911.

Arsène d'Arsonval, les économistes Adolphe Landry et Paul Leroy-Beaulieu en sont, presque malgré eux. « Des savants et des hommes politiques sont devenus les otages d'une clique de brasseurs d'affaires ! », tonitruent les journalistes de gauche[66]. En deux mois, l'établissement est doté d'une administration, d'une documentation, d'un comité de patronage. L'Institut français de Saint-Pétersbourg, qui a fêté son centenaire en 2011, devient une réalité en un laps de temps record.

Parmi les soutiens (voire possibles créanciers) de Paul Doumer en ce début des années 1910 alors qu'il a quitté le Parlement, tous ne sont pas des inconnus. Julien Viaud — alias Pierre Loti —, qui pourtant n'est pas franc-maçon, apparaît ainsi à ce moment précis dans ses entourages. L'auteur de *Pêcheur d'Islande* (1886), élu en 1891 à l'Académie française, a la réputation d'avoir l'argent facile. Avant de pouvoir s'appuyer sur Louis Barthou, son grand relais politique par la suite, Pierre Loti, réintégré dans la Marine en 1902 — il s'est pourvu en Conseil d'État après avoir été mis à la retraite deux ans plus tôt —, demande à Paul Doumer d'intercéder dans ses démêlés institutionnels parisiens. Il lui adresse une lettre pressante le 16 décembre 1909 [document 27 p. 397-400] :

> « Cher grand ami,
> J'étais parti si confiant et si heureux après vos bonnes paroles. Et voici le soufflet que je reçois ce soir en arrivant à Paris ! Est-ce sans rémission ? On se passe les croix d'un ministère à l'autre. C'est tout mon rêve de plusieurs années qui s'effondre, et ma sortie de la Marine devient lamentable. J'ai encore recours à vous ; essayez, je vous en supplie… Pardonnez-moi cette lettre, cher ami, et veuillez me croire à vous de tout cœur.
> À la grande chancellerie, si c'est encore le général Florentin et l'amiral Puech, ils ne me sont nullement hostiles, au contraire. Peut-être que s'ils savaient ? Ce n'est pas tous les jours, la sortie de Pierre Loti de la Marine. Croyez-vous qu'une démarche de M. Louis Barthou, ou bien de l'Académie française ? Conseillez-moi, cher ami, et surtout pardonnez-moi !
> Et puis soyez assez bon pour me conserver la lettre du chef de cabinet de l'amiral de Lapeyrère »[67].

L'usage du « cher grand ami », très rare sous la plume de Pierre Loti[68], est le signe d'une réelle proximité entre les deux hommes, alors que ce n'est pas la première fois que Pierre Loti, de son aveu, recourt à Paul Doumer : son insistance oblige l'expéditeur à demander à deux reprises au destinataire de le pardonner. Louis Barthou et l'amiral Auguste Boué de Lapeyrère, auprès desquels Pierre Loti suggère à Paul Doumer d'intervenir, sont alors respectivement ministre de la Justice et ministre de la Marine dans le premier cabinet Briand (1909-1910) ; le général Georges-Auguste Florentin, également mentionné par Pierre Loti dans sa lettre à Paul Doumer, est alors grand chancelier de la Légion d'honneur (1901-1918). Quel

66. V. Rjéoutski, « L'Institut Français de Saint-Pétersbourg (1911-1919) et le rapprochement scientifique franco-russe », *in* P. Tcherkassov (dir.), *La Russie et la France (XVIIIe-XXe siècles)* (en russe), n° 7, Moscou, Naouka, 2006, p. 293-322.

67. Fonds R. Doumer, lettre autographe signée de P. Loti à P. Doumer, 16 décembre 1909 (déposée par l'auteur aux musées municipaux de Rochefort-sur-Mer, Maison Pierre Loti).

68. A. Quella-Villéger, courriel à l'auteur, 29 janvier 2010.

est donc « tout [le] rêve [de Pierre Loti] de plusieurs années qui s'effondre » ? Il s'agit de la Légion d'honneur, qu'il convoite alors qu'il s'apprête à quitter la Marine. L'intervention de Paul Doumer est efficace, preuve de son influence : Pierre Loti est fait Commandeur de la Légion d'honneur le 1er août 1910. Il en reçoit les insignes le 5 novembre 1910 sur le pont du cuirassé « Patrie » à Toulon[69]. Il prend alors sa retraite et retourne à Constantinople.

En reconnaissance, Pierre Loti dédie trois ans plus tard à « Monsieur Paul Doumer », qu'il déclare admirer, son envoûtant récit *Un pèlerin d'Angkor*, journal de son expédition au Cambodge en 1901. Paru en 1912[70], il invitera des générations de lecteurs au voyage :

> « Cher ami,
> Vous gouverniez là-bas — et avec quelles facultés merveilleuses ! — la dernière fois que j'y suis allé. Je dois à votre hospitalité exquise d'avoir pu, en très peu de jours, pénétrer jusqu'à Angkor; veuillez donc accepter la dédicace de ce récit, comme un témoignage de mon affectueuse reconnaissance, et aussi de mon admiration.
> Et puis, pardonnez-moi d'avoir dit que notre empire d'Indo-Chine manquerait de grandeur et surtout manquerait de stabilité — quand vous avez travaillé, si glorieusement et pacifiquement, pour lui assurer la durée ! »[71]

Paul Doumer, qui l'accueille, est alors gouverneur général de l'Indochine. L'éloge appuyé de son action en Indochine dix ans après son retour en métropole est, alors que cette dernière est l'objet d'âpres polémiques, une reconnaissance par Pierre Loti des démarches accomplies par Paul Doumer en haut lieu afin de faire avancer avec succès son dossier de candidature à la Légion d'honneur.

Loin d'avoir été inactives, les deux années (1910-1912) — un an et huit mois précisément, du 8 mai 1910 au 7 janvier 1912 — pendant lesquelles Paul Doumer se trouve dépourvu de siège parlementaire sont bien plutôt, pour lui, l'occasion de se frotter à d'autres réalités professionnelles, en particulier dans le domaine des affaires, de la presse et de la culture. Le surcroît d'expérience ainsi engendré, en particulier par le développement de compétences nouvelles s'inscrivant en dehors du champ politique proprement dit, profite largement à l'intéressé. Tout sauf un temps mort, « l'entre-deux-Chambres » de Paul Doumer représente ainsi un temps essentiel de son ascension en République. Ce dernier va-t-il néanmoins pouvoir rester encore longtemps à l'écart du Parlement ou du gouvernement ?

4. Un rêve avorté : représenter le Cantal

Le nombre d'anciens députés élus au Sénat est assez élevé sous la IIIe République puisque le phénomène concerne un député sur huit[72]. Tout le contraire d'un purga-

69. CHAN, fonds de la Légion d'honneur, LH/2705/91, dossier de J. Viaud (surnom P. Loti) ; A. Quella-Villéger, *Pierre Loti : le pèlerin de la planète*, Bordeaux, Aubéron, 1998, p. 398.

70. P. Loti, *Un pèlerin d'Angkor*, Paris, Calmann-Lévy, 1912, rééd. Paris, Kailash, 1994.

71. *Ibid.*, p. 1.

72. M. Bernard, « D'une Chambre à l'autre : entre Palais-Bourbon et Palais du Luxembourg », *in* J.-P. Chaline *et al.* (dir.), *Les parlementaires de la Troisième République*, *op. cit.*, p. 279-293.

toire destiné à pallier les effets d'un échec, l'élection sénatoriale représente alors une promotion pour un député[73]. En même temps, la Chambre haute doit aussi (voire surtout) son attractivité à sa fonction de refuge : un siège au Sénat semble plus stable qu'un mandat soumis aux caprices du suffrage universel direct et dont la durée épouse celle de la législature. Cet itinéraire, le plus fréquenté dans ce sens, conforte ainsi l'idée d'une hiérarchie symbolique implicite entre la Chambre basse et la Chambre haute. Stade ultime d'une carrière nationale pour un parlementaire, l'élection au Sénat apparaît comme une consécration : le Sénat revêt davantage de prestige que la Chambre des députés aux yeux d'une majorité de parlementaires de la IIIe République. Dans ces conditions, la tentation de couronner une carrière politique par un mandat sénatorial semble progressivement se généraliser et atteindre tous les partis[74].

L'attachement à la circonscription est, par ailleurs, une composante essentielle de la culture politique républicaine, favorisée par un mode de scrutin toujours critiqué mais finalement maintenu. Pour ses défenseurs, il est le garant de la véritable démocratie, celle de la proximité. La célébration des racines est répétée : elle témoigne de la ferveur de l'attachement à la « petite patrie », une des conditions nécessaires à la probité et à l'efficacité de la représentation politique, doublée d'un gage de l'appartenance à la nation. Ce culte de la petite patrie passe par l'éloge de ses vertus : les élus chantent les louanges de cet espace de vie, exaltant la « race » à laquelle ils sont fiers d'appartenir et les innombrables qualités de leur terroir, en particulier là où persiste une forte identité régionale. Or la complémentarité entre la « grande » et la « petite patrie », dont Jean-François Chanet a révélé l'importance dans l'école républicaine[75], trouve dans ces proclamations un écho puissant. Le sentiment d'appartenir au « pays » compte ainsi beaucoup aux yeux de l'électorat : pour éviter d'être perçu comme un « étranger », les professions de foi rappellent avec force le lien avec la « chère patrie ». L'origine géographique du représentant apparaît ainsi comme un élément fondamental sous la IIIe République. Chaque arrondissement souhaite être représenté par un homme issu du terroir. On considère que l'élu défend d'autant mieux sa circonscription qu'il y est né et qu'il y réside.

Ce « très vif localisme arrondissementier » peut, dans le cas exacerbé du Cantal, expliquer en partie le choix des candidatures et le résultat du vote[76]. Alors que les attaches au département d'origine et, partant, le poids des « racines arrondissementières » restent très forts[77], les travaux d'approche que Paul Doumer

---

73. J.-P. Marichy, *La seconde Chambre dans la vie politique française depuis 1875*, *op. cit.*, p. 331-332.

74. M. Bernard, « D'une Chambre à l'autre : entre Palais-Bourbon et Palais du Luxembourg », *op. cit.*, p. 292.

75. J.-F. Chanet, *L'école républicaine et les petites patries*, Paris, Aubier, 1996.

76. L. Teyssandier, *La vie politique et les parlementaires du Cantal (1871-1940)*, *op. cit.*, « Un enracinement politique, une origine cantalienne », p. 148-151.

77. M. Dogan, « La stabilité du personnel parlementaire sous la Troisième République », *op. cit.*, p. 344.

effectue dans le Cantal à la fin de l'année 1911 se révèlent, à son grand dam, infructueux. Paul Doumer, dont les Aurillacois disent qu'il n'est finalement né que « par hasard » à Aurillac[78], n'y sera jamais élu. Alors que son projet d'impôt sur le revenu y a, en 1896, été durement combattu par Armand Bory, député du Cantal (1891-1898, 1910-1914), le qualifiant de « menace »[79], la situation politique départementale et le rapport des forces en présence en 1910 sont défavorables à Paul Doumer. Francis Fesq est le principal opposant à son retour dans le Cantal[80]. Médecin républicain modéré, maire d'Aurillac (1881-1911), conseiller général du Cantal (1893-1913) et député du Cantal inscrit à la Gauche démocratique (1910-1914), il combat âprement par voie de presse — *L'Indépendant du Cantal* puis *Le Cantal républicain*, journal du parti radical et radical-socialiste — l'éventuel retour à Aurillac de Paul Doumer[81], pourtant qualifié de « républicain de principe ».

De ce retour manqué au pays natal, où il compte toujours de fidèles amis et se retire quelques jours chaque été, Paul Doumer conçoit une vive amertume, longtemps restée secrète[82]. Proche du docteur Ramond, d'Arpajon-sur-Cère, Paul Doumer s'y fait soigner. Ce lien avec l'Auvergne, Paul Doumer aime le cultiver[83]. Il répond ainsi toujours présent aux invitations des Auvergnats de Paris, qu'il représente officiellement pendant de longues années[84]. On note que sa fidélité à l'Auvergne est « remarquable »[85]. Membre de la société des lettres, sciences et arts La Haute-Auvergne, fondée en 1898, l'Aurillacois suit également avec grand intérêt les manifestations régionalistes de la Ligue auvergnate, fondée en 1886[86], alors que la solidarité auvergnate est perçue comme une force, non seulement économique mais aussi politique[87]. Paul Doumer aide aussi Aurillac pour la construction du stade, offre un tableau au musée et n'oublie jamais sa ville natale. Préfaçant en 1902 le troisième tome consacré à « L'Auvergne » de l'ouvrage *Les montagnes de France* de son ami Gustave Fraipont, Paul Doumer parle de sa région natale comme du pivot, de l'ossature physique et morale de l'esprit français :

> « C'est autour des montagnes de l'Auvergne que le territoire national s'est constitué. C'est en Auvergne que l'esprit national, l'idée de l'unité de la patrie gauloise s'est fait

78. V. Flauraud, Société La Haute-Auvergne, Aurillac, entretien avec l'auteur, 23 avril 2011.

79. ADC, A BIB 1906, A. Bory, *L'impôt sur le revenu et son application dans le Cantal*, Aurillac, 1896, p. 44.

80. R. Labrousse, Société La Haute-Auvergne, entretien avec l'auteur, Aurillac, 23 avril 2011.

81. ADC, *L'Indépendant du Cantal*, journal du parti radical et radical-socialiste, 12 août 1910-13 octobre 1911 ; *Le Cantal républicain*, journal quotidien du parti radical et radical-socialiste, 13 octobre-19 novembre 1911.

82. L. Pasquier-Doumer, entretien avec l'auteur, 31 mai 2005.

83. A. Lorin, « Agrarisme et politique sous la IIIe République : Paul Doumer (1857-1932), le Cantal et l'Auvergne », *Revue de la Haute-Auvergne*, t. 74, janvier-mars 2012, numéro « Figures politiques », p. 45-60.

84. P. Bastid, député du Cantal, « Paul Doumer », *Revue politique et parlementaire*, *op. cit.*, p. 507.

85. C. Grimmer, *Histoire des rues d'Aurillac*, *op. cit.*, « Doumer (rue Paul-) », p. 69-71.

86. ADC, 223 PER 12, G. Cazes, « L'exceptionnelle destinée de Paul Doumer », *op. cit.*

87. L. Teyssandier, *La vie politique et les parlementaires du Cantal (1871-1940)*, *op. cit.*, « Les facteurs de l'opinion politique cantalienne », p. 13-26.

jour. Le grand Averne Vercingétorix a été le premier des Français. [...] L'Auvergne est la plus ancienne patrie de notre sol, [...] dont la race française est issue. »[88]

Répondant le 9 avril 1905 à un discours de bienvenue que lui adresse la Société parisienne des enfants d'Aurillac, l'enfant du pays revendique hautement ce qu'il pense devoir à ses origines auvergnates :

> « Mon titre d'Auvergnat, je suis heureux de le revendiquer car j'ai conscience de tenir de ma race et de mon berceau les sentiments qui m'ont toujours inspiré : honnêteté, ténacité, travail, fidélité à la démocratie française, dévouement passionné à la grande comme à la petite patrie. »[89]

L'agrarisme, tel qu'il se développe à partir des années 1870 pour s'épanouir durant l'entre-deux-guerres, n'a pas seulement une dimension corporative[90] : il pare en effet l'agriculture de vertus morales, étroitement liées à celle de la nation — réactivées plus tard avec le mythe du « soldat laboureur »[91], que la Première Guerre mondiale généralise dans le discours politique : quantitativement et qualitativement, les soldats paysans, par le sacrifice du plus lourd des impôts, l'impôt du sang, ont sauvé le pays. L'attachement à la paysannerie et à l'agriculture est, dès lors, présenté comme essentiel, d'où le souci de nombreux candidats d'opportunément revendiquer une appartenance sinon une proximité, réelles ou reconstruites, avec le monde rural. L'analyse des proclamations électorales confirme ainsi largement l'hypothèse de l'importance de l'agrarisme dans la culture politique républicaine dominante : loin d'être confiné à quelques groupes idéologiques conservateurs[92], il se diffuse au contraire sur l'ensemble de l'échiquier politique[93]. L'Aurillacois Paul Doumer n'échappe pas à cette tendance générale : il la confirme bien au contraire.

5. « La Corse n'est pas une colonie ! »

Après son échec aux élections générales de 1910, plusieurs offres sont faites à Paul Doumer dans divers départements, émanant de ces derniers sans qu'une liste précise

88. ADC, 2 BIB 5545, G. Fraipont, *Les Montagnes de France*, t. 3, « L'Auvergne », Paris, Laurens, 1902, préface de P. Doumer.

89. ADC, RHA 1931, L. de Ribier, « Hommage au président Paul Doumer », assemblée générale de la Société des lettres, sciences et arts La Haute-Auvergne, 1er juin 1932, *Revue de la Haute-Auvergne*, t. 26, 1931-1932, p. 239.

90. P. Barral, *Les agrariens français de Méline à Pisani*, Paris, FNSP-Armand Colin, 1968, p. 13.

91. G. de Puymège, *Chauvin, le soldat laboureur*, Paris, Gallimard, 1993 ; É. Lynch, « Les usages politiques du soldat laboureur : paysannerie et nation dans la France et l'Europe agrariennes (1880-1945) », *in* J.-L. Mayaud *et al.* (dir.), *Histoire de l'Europe rurale contemporaine : du village à l'État*, Paris, Armand Colin, 2006, p. 332-349.

92. P. Barral, « La terre », *in* J.-F. Sirinelli (dir.), *Histoire des droites en France*, t. 3, « Sensibilités », Paris, Gallimard, 1992, p. 49-69.

93. É. Lynch, « L'agrarisme dans les proclamations électorales de l'entre-deux-guerres : contributions à la définition d'une culture politique républicaine », *in* Rémi Baudouï *et al.* (dir.), *Un professeur en République : mélanges en l'honneur de Serge Berstein*, *op. cit.*, p. 189-199.

puisse toutefois être établie[94]. Car les « candidatures de parti », désignant les cas de candidats envoyés dans les circonscriptions par les comités directeurs des partis, restent minoritaires sous la IIIe République. Il est alors difficile, en effet, d'imposer aux fédérations un candidat étranger à la circonscription. C'est, dans ces circonstances, l'honneur des Corses, dira-t-on par la suite, de ne pas vouloir qu'un homme tel que Paul Doumer reste éloigné du Parlement. Alors qu'il n'a jamais mis les pieds sur l'île de Beauté, l'intéressé ne se serait décidé à accepter une candidature en Corse que sur l'intervention pressante des groupes politiques locaux, très désireux de lui faciliter un retour assuré triomphal dans la vie parlementaire. Une rencontre décisive a lieu en avril 1911 à Paris entre Henri Pierangeli, député de Bastia, et son ami Eugène Étienne, « Notre-Dame-des-Coloniaux », né à Oran de mère corse et député de l'Algérie française depuis 1881. L'idée de la candidature de Doumer en Corse émerge alors[95]. Paul Doumer a conservé des amitiés puissantes. Il est en particulier alors très lié à Philippe Bunau-Varilla, propriétaire du *Matin* dont le frère Maurice est rédacteur en chef[96]. Les banques, notamment la Banque de l'Indochine et la Banque de Paris et des Pays-Bas, seraient également, à ce moment précis, intervenues en faveur de l'ancien président de la Chambre[97].

Renié par les radicaux de l'Aisne, dont il a pourtant fondé le parti, Paul Doumer est vivement combattu à Laon par Pascal Ceccaldi, député de l'Aisne (1906-1917), d'origine corse[98]. Ironie de la situation. Rejeté par sa terre natale auvergnate, dont il s'est trop éloigné, Paul Doumer va ainsi redevenir parlementaire en représentant la Corse au Sénat. « La République ne continuera plus à être privée de ses éminents services »[99], annonce fièrement *Le Journal de la Corse*. Ce parachutage pour le moins inattendu ne va pas de soi, loin s'en faut. Il se transforme pourtant en acclimatation réussie, une relation de confiance se tissant patiemment, au fil des ans, entre Paul Doumer et les Corses[100]. La Corse reste une terre d'élection pour les parlementaires en indélicatesse dans leur circonscription et qui cherchent à conserver ou à retrouver un siège. Pour la Corse, isolée par la mer, il s'agit aussi de faire acte de solidarité nationale : pauvre, avec de grands et légitimes besoins et un peu délaissée, il ne lui est pas inutile d'avoir des défenseurs choisis sur le continent.

Quel est le contexte politique de la Corse du début des années 1910 ? L'île se tient relativement à l'écart des grands débats nationaux dans les années précédant la guerre. Porte-drapeau de l'idée républicaine en Corse, Emmanuel Arène

---

94. ADCS, 1 PER 33, *Le Journal de la Corse*, 6 janvier 1912.

95. C. Castellani, *Le mépris des urnes : la République en Corse (1870-1940)*, Vichy, Aedis, 2001, « Doumer », p. 211-233.

96. G. Loizillon, *Les frères Bunau-Varilla et le canal de Panama*, Paris, 2009.

97. BAN, H. de Golen, *Le président Doumer accuse… En marge de l'histoire*, *op. cit.*, p. 57.

98. E. Gherardi, « Pascal Ceccaldi », *in* A.-L. Serpentini (dir.), *Dictionnaire historique de la Corse*, *op. cit.*, p. 235.

99. ADCS, 1 PER 33, *Le Journal de la Corse*, 6 janvier 1912.

100. A. Lorin, « Paul Doumer, sénateur de Corse (1912-1931) : du parachutage à l'acclimatation », *Études corses*, no 71, décembre 2010, p. 67-88.

concourt malgré tout à implanter la IIIe République dans cette terre bastion du bonapartisme[101]. Or les tensions existant au sein du parti corse des républicains modérés sont telles qu'elles conduisent à plusieurs reprises ses dirigeants à opter pour le choix d'un *outsider*, candidat étranger à la politique insulaire. Surtout, lorsque les partis insulaires disposent de ressources estimées insuffisantes pour mener un combat électoral victorieux, ils proposent à une notabilité continentale de venir se faire élire[102]. Le candidat finance alors sa propre campagne, apporte un appui financier au parti durant son mandat et promet de « rendre des services » en échange de l'engagement des chefs locaux à lui assurer son succès.

La Corse envoie ainsi onze représentants d'origine continentale à la Chambre des députés ou au Sénat sous la IIIe République[103]. L'île compte aussi quelques parachutés dans l'autre sens, tels qu'Horace Sébastiani, par exemple, dans l'Aisne. Ces candidats « exotiques » (on parlera plus tard de « parachutés »), battus dans leur circonscription d'origine, retrouvent ainsi un siège grâce à la complicité et à l'appui des chefs de clan locaux, voire dans certains cas du gouvernement. Ainsi l'île vient-elle au secours de personnalités continentales y trouvant un opportun refuge. Avant Paul Doumer, Jacques Hébrard, originaire du Tarn-et-Garonne, est élu sénateur de Corse en 1894[104]. « Pays charmant qui favorise l'implantation politique »[105], la Corse s'est, sur les conseils d'Emmanuel Arène en 1903, ensuite offert le luxe d'élire pour sénateur « le petit père Combes », président du Conseil. Celui-ci se désiste alors finalement pour la Charente-Inférieure[106], permettant au radical poitevin Arthur Ranc d'être élu sénateur de Corse le 15 février 1903, toujours sur une idée d'Emmanuel Arène[107]. Quel bénéfice la Corse retire-t-elle de ces expériences ? Celles-ci déçoivent les Corses, dès lors réticents à accueillir un nouveau continental. Paul Doumer fera-t-il mieux que ses prédécesseurs ?

Thaddée Gabrielli[108] et Antoine Gavini[109], avocats au barreau de Bastia et parlementaires — le premier est inscrit dès 1909 au groupe de l'Union républicaine du Sénat —, offrent à Paul Doumer l'opportunité de retrouver un siège en conduisant avec eux une liste. Celui-ci dispose-t-il à ce moment de ressources financières importantes ? Réuni sous la présidence d'Émile Combes, le comité exécutif du parti

101. J.-P. Pellegrinetti, « Emmanuel Arène », *in* A.-L. Serpentini (dir.), *Dictionnaire historique de la Corse*, *op. cit.*, p. 68-70.

102. P. Torre, *Le radicalisme en Corse sous la IIIe République*, thèse de doctorat d'histoire, Université Paris-XIII Nord, 2001, p. 896.

103. C. Castellani, *Le mépris des urnes : la République en Corse (1870-1940)*, *op. cit.*

104. J.-P. Pellegrinetti, « Jacques Hébard », *in* A.-L. Serpentini (dir.), *Dictionnaire historique de la Corse*, *op. cit.*, p. 494.

105. ADCS, 3M 852, A. de Pianelli, « Choses de Corse », *Le Colombo*, 21 juillet 1920.

106. G. Merle, *Émile Combes*, Paris, Fayard, 1995.

107. J.-P. Pellegrinetti, « Arthur Ranc », *in* A.-L. Serpentini (dir.), *Dictionnaire historique de la Corse*, *op. cit.*, p. 826.

108. J.-P. Pellegrinetti, « Thaddée Gabrielli », *in* A.-L. Serpentini (dir.), *Dictionnaire historique de la Corse*, *op. cit.*, p. 409-410.

109. J.-P. Pellegrinetti, « Antoine Gavini », *in* A.-L. Serpentini (dir.), *Dictionnaire historique de la Corse*, *op. cit.*, p. 421-422.

radical conclut que « l'élection de Paul Doumer serait une défaite pour le parti radical »[110]. Avant de poursuivre sans appel :

« Le devoir des radicaux et radicaux-socialistes est de combattre cette candidature. »[111]

Émile Combes et Henri Brisson signent une affiche appelant en dernière heure à ne pas voter pour Paul Doumer. L'intervention du comité radical et radical-socialiste, destinée à déstabiliser son ancien poulain, échoue toutefois dans son objectif[112]. Les « puissances maçonniques de la rue Cadet » font également tout, de leur côté, pour empêcher un retour de Paul Doumer au Parlement par la Corse[113]. Camille Pelletan aurait préféré promouvoir en Corse son ami Alphonse Aulard, historien de la Révolution française, radical et franc-maçon, membre de la Ligue de l'enseignement et cofondateur de la Ligue des droits de l'homme, professeur à la Sorbonne et président d'honneur de la Société d'histoire moderne. En publiant, la veille du scrutin, un « télégramme à M. Paul Doumer » dans *Le Journal de la Corse*, l'Alliance républicaine démocratique[114], formation de centre droit dont Doumer est proche et qui le soutient, souhaite mettre fin à un mois de polémiques :

« Nous avons l'honneur de vous informer que la commission centrale exécutive du parti républicain démocratique, auquel vous appartenez et dont vous défendez la politique, a décidé de donner son patronage et tout son appui à votre candidature au Sénat et d'engager les électeurs sénatoriaux de la Corse à vous accorder leurs suffrages. »[115]

Le télégramme, réponse à toute la campagne menée depuis un mois par les adversaires de Paul Doumer, se veut clair : d'une part, le doute sur son républicanisme, mis en cause par le parti radical, n'est plus permis[116] ; d'autre part, Paul Doumer est présenté comme l'un des politiciens qui ont le plus puissamment contribué à améliorer le sort du prolétariat français par son amour des humbles[117].

La presse insulaire titre :

« La Corse n'est pas une colonie ! On ne peut pas se la partager impunément ! »[118]

Le parachutage sur l'île de l'ancien gouverneur général de l'Indochine est aussi vécu par certains Corses comme une injure, que les électeurs sénatoriaux doivent relever. En même temps, avec une tradition et une culture militaires anciennes, la Corse joue un rôle important dans l'empire colonial français, rôle sans commune mesure avec la taille de sa population. Jusqu'aux fameux mots du général Gouraud,

---

110. P. Torre, *Le radicalisme en Corse sous la IIIe République*, *op. cit.*, p. 886.
111. *Ibid.*
112. ADCS, 1 PER 33, *Le Journal de la Corse*, 6 janvier 1912.
113. ADCS, 18 PER 58, *Le Petit Bastiais*, 9 janvier 1912.
114. R. Sanson, *L'alliance républicaine démocratique : une formation de centre (1901-1920)*, Rennes, PUR, 2003.
115. ADCS, 1 PER 33, *Le Journal de la Corse*, 6 janvier 1912.
116. *Ibid.*, 5 janvier 1912.
117. *Ibid.*
118. *Ibid.*, *Bastia Journal*, 4 janvier 1912.

selon lequel « sans la Corse et les Corses, il n'y aurait pas eu de colonisation française »[119]. Paul Doumer écrira lui-même en 1927 :

> « La Corse a moins de ses fils dans l'île qu'elle n'en compte partout ailleurs dans le monde : ce sont des soldats, des marins, des fonctionnaires, des colons. »[120]

Paul Doumer peut-il bénéficier d'un soutien des coloniaux parmi les insulaires au point qu'il pourrait expliquer le succès de son importation ? Acceptable, l'hypothèse reste difficile à démontrer. Ce soutien, s'il a pu jouer, a dû rester marginal pour expliquer le vote en sa faveur.

Les attaques contre le candidat Paul Doumer sont d'autant plus violentes que l'on se rapproche de la date du scrutin. Ses détracteurs appellent les délégués sénatoriaux à ne pas se laisser influencer par ce « politicien sans scrupules, repoussé par les électeurs de l'Aisne, de l'Yonne et du Cantal, financier rongé par une stérile ambition »[121]. La crainte exprimée est que la Corse ne se mette finalement en marge de la République en accueillant l'ex-proconsul, « histrion d'Indochine, vautour d'Auvergne, traitre à son parti, brûlé partout, [...] beau caméléon se démenant comme un diable dans un bénitier »[122]. Les mots sont durs. La fierté corse semble blessée qu'on lui impose ce parachuté exotique. Un article intitulé « Corses debout ! », paru le 6 janvier 1912 dans *Bastia-Journal*, proclame ainsi avec force :

> « La Corse n'est pas dégénérée : elle n'est ni le dépotoir ouvert à toutes les ambitions et à toutes les louches combinaisons, ni le pays des aveugles et des esclaves ! »[123]

6. À l'Union républicaine du Sénat

On vote sous la pluie le 7 janvier 1912. La gendarmerie à cheval encadre la préfecture d'une barrière franchissable par les seuls délégués sénatoriaux. Le vote a lieu dans la salle du conseil de la préfecture. Paul Doumer est confortablement élu sénateur de Corse dès le premier tour de scrutin du 7 janvier 1912 par 457 voix sur 776 votants, soit 59 % des suffrages exprimés [documents 28 et 29 p. 401-403][124]. Il réalise un score supérieur à ceux réalisés par Antoine Gavini, ancien député de Corse (450 voix) et Thaddée Gabrielli, sénateur sortant (426 voix).

---

119. F. Pomponi (dir.), *Le mémorial des Corses*, t. 4, « L'île éprouvée (1914-1945) », Ajaccio, Albiana, 1979 ; C. Dubois, « Pour une histoire des Corses dans le « fait colonial » : sources et champs de recherche », *Ultramarines*, n° 22, 2004, p. 87-99 ; A. Meistersheim (dir.), *Corse, colonies*, Ajaccio, Piazzola, 2004 ; M. Vergé-Franceschi, « Corses et colonies », *Encyclopædia Corsicae*, Bastia, Dumane, 2004, vol. V (*XVIII*e-*XX*e siècles), p. 1129-1139 ; C. Galibert *et al.*, « Les Corses dans l'expansion coloniale française », *Encyclopædia Corsicae, op.cit.*, p. 1140-1153 ; V. Profizi, « Les fonctionnaires d'origine corse en AOF (1900-1920) : approche prosopographique de l'identité régionale en contexte colonial », *Outre-mers, revue d'histoire*, n° 370-371, 1er semestre 2011, « Le contact colonial dans l'empire français : XIXe-XXe siècles », p. 31-42.

120. P. Piazza, *Calvi, plage de rêve : la perle de la Méditerranée*, Paris, 1927, préface de P. Doumer, sénateur de Corse, président du Sénat, p. 11.

121. ADCS, 38 PER 58, *Bastia-Journal*, 4 janvier 1912.

122. *Ibid.*, 6 janvier 1912.

123. *Ibid.*

124. *Ibid.*, *Le Journal de la Corse*, 9 janvier 1912.

« L'entre-deux-Chambres » de Paul Doumer dure ainsi moins de deux ans, soit un temps d'attente relativement bref : ce temps s'élève en effet en moyenne à cinq ans pour les députés qui, comme lui, ne peuvent enchaîner directement les deux mandats[125]. Ce scrutin est un revers électoral pour les radicaux[126]. En dépit de cela, les radicaux insulaires s'efforcent de consolider leur influence autour d'Adolphe Landry, conseiller général et député de Corse (1910), président du conseil général (1921) puis sénateur de Corse (1930).

Cette nouvelle élection de Paul Doumer est-elle exceptionnelle ? Seuls 19 % des députés deviennent sénateurs sous la IIIe République[127]. Parmi ceux-ci, seuls 17 députés (sur les 4892 de la IIIe République) sont élus sénateurs dans un autre département que celui où ils ont été élus députés[128]. Autant dire que le cas de Paul Doumer est très isolé. On ne peut pas dire que l'élection du 7 janvier 1912 a été une élection d'argent. Ce facteur semble n'être intervenu d'aucune manière[129]. On ne peut pas dire non plus que la victoire de la liste Doumer-Gavini-Gabrielli est due à quelque pression administrative. Bien au contraire, elle s'est produite malgré l'opposition de Joseph Caillaux, président du Conseil, qui ne voit pas d'un bon œil le possible retour de Paul Doumer au Parlement. Comment donc expliquer, en dehors de l'argent et de la pression administrative, le résultat du 7 janvier 1912 ? Celui-ci signifie-t-il l'échec de la politique des combinaisons favorisant les intérêts personnels ? Alors qu'une entente, nécessaire, ne peut avoir lieu sur aucun des chefs politiques insulaires, la Corse cherche une personnalité dont le prestige et l'autorité s'imposent, un homme dont la valeur et le nom sont capables de grouper autour de lui toutes les forces républicaines, autrement dit, un catalyseur. Alors qu'ils reprochent aux ministres d'ignorer leur île, les Corses attendent de leur sénateur qu'il se fasse auprès du gouvernement et auprès de ses collègues du Parlement l'interprète des doléances de la Corse et l'avocat de ses revendications[130]. C'est en ce sens que le résultat du scrutin sénatorial de 1912 doit être compris.

Paul Doumer rejoint à partir du 28 janvier 1913 le groupe de l'Union républicaine du Sénat[131], l'un des trois principaux groupes républicains de la Troisième République — alors que les radicaux, auparavant intégrés à l'Union républicaine, créèrent en juillet 1891 au Sénat leur propre groupe de la Gauche démocratique sous la présidence de l'ancien gambettiste Arthur Ranc, sénateur de la Seine (1891-1900). Il y retrouve Antoine Gavini et Thaddée Gabrielli. Le lien entre Paul Doumer et le parti radical n'est pas pour autant définitivement rompu. Le nouveau

125. *Ibid.*, p. 282.

126. P. Torre, *Le radicalisme en Corse sous la IIIe République*, *op. cit.*, p. 203.

127. M. Dogan, « La stabilité du personnel parlementaire sous la Troisième République », *op. cit.*, p. 340.

128. *Ibid.*, p. 341.

129. *Ibid.*, 9 janvier 1912.

130. J.-P. Pellegrinetti *et al.*, *La Corse et la République : la vie politique de la fin du Second Empire au début du XXIe siècle*, Paris, Le Seuil, 2004.

131. AS, 80S 3, Union républicaine du Sénat, procès-verbaux des réunions (1884-1916), réunion du 28 janvier 1913.

sénateur, « dont les manières franches et cordiales provoquent la plus vive sympathie », est reçu avec enthousiasme par les populations des villages corses qu'il traverse, note-t-on[132]. Reparti le lendemain de l'élection en automobile pour Bastia, le sénateur de Corse, fraîchement élu, s'y rembarque par le courrier de Marseille. Présent dès la rentrée au Sénat au moment de la formation des grandes commissions, Paul Doumer annonce qu'il reviendra plus tard en Corse avec sa famille en avril. Interrogé, à son retour à Paris, sur ses premières impressions de Corse, Paul Doumer déclare :

> « La Corse m'a fait un accueil des plus empressés. J'en garderai un souvenir reconnaissant. »[133]

Les élections sénatoriales de Corse provoquent le plus grand retentissement à Paris. En d'autres temps, elles seraient passées assez inaperçues. Mais depuis que Paul Doumer est candidat, les enjeux de ces élections dépassent, en haut lieu, les limites d'une lutte locale. Dès le lendemain, les grands journaux de la capitale commentent abondamment l'élection de Paul Doumer comme sénateur de Corse : *Le Temps* note ironiquement que « le parti de la rue de Valois reçoit pour comble de Corse un camouflet qu'il s'est lui-même attiré »[134] ; *Le Figaro* rappelle l'acharnement avec lequel la rue de Valois a combattu la candidature de Paul Doumer, « radical indépendant, nullement inféodé à ceux qui prétendent diriger la politique contemporaine »[135]. Pour les Corses eux-mêmes, la nuance politique de ses nouveaux représentants n'est qu'une question secondaire. Dans « ce pays où malheureusement on se bat plus souvent pour des personnes que pour des idées »[136], on se moque finalement de savoir si Paul Doumer, de toute façon au-dessus des partis, est radical-socialiste ou modéré[137]. Un tel étiquetage est ressenti comme un travers continental, réducteur. N'appartenant à aucune des factions qui s'agitent en Corse, Paul Doumer est-il finalement, de ce fait, accepté par toutes ? La réalité est plus complexe. La période est dominée sur l'île par la rivalité bipolaire entre le radical Adolphe Landry[138], d'abord contre Paul Doumer puis avec lui ; et le neveu d'Antoine Gavini, François Piétri[139], député de Corse (1924) puis ministre des Colonies (1929-1930, 1933), entre autres postes ministériels dans les gouvernements de droite de l'entre-deux-guerres. Leurs partisans respectifs s'opposent vivement, les incivilités se transformant en incidents déplorés lors des élections sénatoriales du

132. ADCS, 38 PER 58, *Bastia-Journal*, 26 décembre 1911.
133. ADCS, 18 PER 58, *Le Petit Bastiais*, 11 janvier 1912.
134. *Le Temps*, 9 janvier 1912.
135. *Le Figaro*, 9 janvier 1912.
136. ADCS, 18 PER 58, *Le Petit Bastiais*, 9 janvier 1912.
137. ADCS, 18 PER 74, *Le Petit Bastiais*, 12 décembre 1920.
138. J. Hecht (dir.), *Adolphe Landry, économiste, démographe et législateur (1874-1956)*, Paris, INED, 1997 ; J. Dupâquier, « Adolphe Landry », *in* A.-L. Serpentini (dir.), *Dictionnaire historique de la Corse*, Ajaccio, Albiana, 2006, p. 533-534.
139. M. Casta, « François Piétri », *in* A.-L. Serpentini (dir.), *Dictionnaire historique de la Corse*, *op. cit.*, p. 774-775.

11 mai 1930[140]. Seuls importent, dans ce contexte, les résultats tangibles que le sénateur peut apporter en ce qui concerne les intérêts généraux (et supérieurs) de l'île[141].

L'actualité du début des années 1910 rattrape très vite le nouveau sénateur de Corse. Au plan national et international, l'éventualité d'un conflit avec l'Allemagne est envisagée après la crise d'Agadir en juillet 1911. Paul Doumer ne perd pas une occasion, dès lors, de réaffirmer la nécessité, selon lui, de réarmer la France jusqu'aux dents. « C'est par l'acier qu'on sauvegarde l'indépendance d'un peuple »[142], écrit-il dans l'introduction de l'ouvrage *La métallurgie du fer* paru en 1912. La loi militaire allemande du 30 juin 1913 est perçue comme une menace à Paris. Elle permet en effet à l'Allemagne d'accroître sensiblement son armée d'active. La raison est-elle suffisante ? Rapporteur de la commission sénatoriale de l'Armée, Paul Doumer s'emploie avec ses collègues à accroître les effectifs sous les drapeaux. Car une nation pacifique doit d'abord, selon lui, être une nation forte. Celui qui, déjà en 1905, dénonçait la négligence des gouvernements à préparer la guerre, est rapporteur du projet de loi militaire déposé par le cabinet Briand visant à porter la durée du service militaire à trois ans, alors qu'un service de deux ans semble ne plus pouvoir suffire[143]. Or, véritable institution et rite de passage dans la vie des jeunes Français, le service militaire est, en France comme en Allemagne, « une étape majeure dans la formation civique et dans la construction de l'identité virile »[144]. Le conscrit traverse en effet différentes étapes, qui lui permettent de se fondre dans une identité collective. Alors que la loi du 21 mars 1905, votée par le Bloc des gauches et ramenant le service militaire de trois à deux ans, ne fut « jamais véritablement acceptée par les milieux militaires français »[145], la nomination en 1911 d'un nouveau chef d'état-major, le général Joffre, semble l'occasion de revenir enfin sur ce point décisif.

7. Entrer en guerre : le rapport sur le projet de la loi de trois ans

Pourquoi vouloir porter la durée du service militaire à trois années ? Dans quelles conditions la loi de trois ans est-elle élaborée ? Le 4 mars 1913, le général Joffre, chef de l'état-major général de l'armée, propose à la réunion du Conseil supérieur de la Guerre de porter la durée du service militaire de deux à trois ans. Cette loi est officiellement justifiée par l'augmentation récente des effectifs allemands en temps

140. ADCS, 3 M 858, A. Bussière, préfet de Corse, à A. Tardieu, ministre de l'Intérieur, président du Conseil, Ajaccio, 26 avril 1930.

141. ADCS, *Le Journal de la Corse*, 23 janvier 1912.

142. P. Doumer (dir.), *La métallurgie du fer*, Paris, Vuibert, 1912, introduction de P. Doumer, p. 1-10.

143. AS, rapport fait au nom de la commission de l'Armée par le sénateur P. Doumer, *Impressions*, année 1914, n° 73, 25 février 1914.

144. B. Cabanes, « 5 août 1913 : trois ans sous les drapeaux », *in* B. Cabanes *et al.* (dir.), *Larousse de la Grande Guerre*, Paris, Larousse, 2007, p. 18.

145. *Ibid.*, p. 22.

de paix, augmentation elle-même motivée par « la rupture de l'équilibre balkanique » : en effet, la Ligue balkanique (Serbie, Bulgarie, Grèce), constituée sous l'égide de la Russie, vient lors de la première guerre balkanique (octobre 1912-mai 1913) d'enlever à la Turquie presque tous ses territoires d'Europe, en particulier la Macédoine. Dans ces conditions, l'influence de la Russie s'est considérablement renforcée dans les Balkans, au détriment de celle des puissances centrales. Or, certains milieux militaires français croient à la possibilité d'une « attaque brusquée » des Allemands en cas de conflit, attaque qu'une supériorité accrue de leurs effectifs peut rendre possible et plus dangereuse encore. Il semble que l'origine réelle de la loi des trois ans se trouve plutôt dans la volonté de maintenir aux yeux des Russes la croyance en la capacité d'offensive de l'armée française et de contrecarrer ainsi le scepticisme latent du gouvernement russe quant à la solidité de l'alliance avec la France, ratifiée en 1894 par le gouvernement français. Le président de la République Raymond Poincaré, élu le 17 janvier 1913, attache en effet une grande importance au resserrement de l'alliance avec la Russie. L'augmentation de la durée du service militaire en France vise notamment à convaincre les Russes de la force et de la crédibilité du dispositif français.

Présentée le 6 mars 1913 par Eugène Étienne, ministre de la Guerre, la loi est-elle une occasion d'opposer pacifistes et bellicistes ? La réalité est plus complexe. Les antimilitaristes et les pacifistes, qui se trouvent à l'extrême-gauche ou à gauche, sont contre le projet ; les nationalistes sont pour ; et une vaste fraction de l'opinion française, s'étendant du centre gauche à la droite, estime le projet nécessaire, sans pour autant l'assortir de considérations agressives. Dans le lourd climat politique de la France de 1913, l'hostilité à la loi est finalement synonyme d'hostilité à l'intérêt et au devoir national pour ses défenseurs. Elle est vécue comme une trahison au moment où la sécurité du pays leur semble menacée. Ainsi la France se divise-t-elle entre « troisannistes » et « antitroisannistes », deux camps d'importance égale qu'opposent des débats extrêmement vifs. Les « antitroisannistes » sont stigmatisés comme des agents de l'Allemagne. Jamais depuis l'affaire Dreyfus la France n'a semblé autant divisée. Le projet est vivement combattu par les radicaux avec Joseph Caillaux ; et surtout les socialistes avec Jean Jaurès, auteurs d'un manifeste contre le projet de service de trois ans et d'un contre-projet proposé par le député républicain-socialiste Jean-Victor Augagneur, entendant maintenir la loi de deux ans. Ce contre-projet est repoussé par 339 voix contre 214. Le vote de la loi de trois ans entraîne des débats passionnés dans la presse et au Parlement. Les opposants au projet sont essentiellement des socialistes et une partie des radicaux, qui ne croient pas à une « attaque brusquée » et pensent qu'il est préférable de développer des conceptions militaires fondées sur la notion de « nation armée », que l'on retrouve en particulier dans l'ouvrage de Jean Jaurès *L'Armée nouvelle*[146], publié en 1910. Pour eux, une guerre éventuelle ne serait pas le seul fait des unités d'active, mais de l'ensemble des réserves : il faut donc porter l'effort sur un meilleur entraînement des

146. J. Jaurès, *L'Armée nouvelle*, 1910, rééd. Paris, L'Humanité, 1915.

troupes de réserve. La polémique à propos des trois ans dure pendant la guerre et longtemps après, les uns prétendant que cette loi a sauvé la France, d'autres prétendant le contraire[147]. Ceci n'empêche pas que pendant la Grande Guerre, des socialistes soutiendront la politique de défense nationale au sein de l'Union sacrée : face à la montée en puissance d'une minorité pacifiste au sein du parti à partir de 1915, ces majoritaires devront affronter la crise de la conscience socialiste que provoque la guerre[148].

S'agit-il d'une simple question d'organisation militaire, défensive ? L'enjeu idéologique de la loi des trois ans dépasse très vite cette question. Louis Barthou, élu président du Conseil le 18 mars 1913, en parle ainsi comme d'« une question de vie ou de mort ». C'est, dès lors, le cabinet formé par Louis Barthou (22 mars-9 décembre 1913), un ami de Raymond Poincaré, sensiblement plus à droite que le précédent (il comprend moins de radicaux), qui en porte le combat au Parlement avant de le faire voter. Mais « les trois ans ne sont pas apparus brusquement comme la réponse nécessaire à l'effort militaire allemand, leur origine est beaucoup plus lointaine et ils ont été le résultat de divers facteurs, mais l'effort allemand les rendait inéluctables »[149]. L'argumentation du général Joffre, futur commandant en chef, s'articule autour de deux idées assez simples : l'augmentation de leurs effectifs permettrait aux Allemands d'attaquer immédiatement, ce qui rendrait difficile la concentration des forces françaises; en revanche, l'augmentation de ces dernières permettrait le lancement immédiat d'une offensive[150]. On insiste sur la nécessité absolue pour la « défense nationale »[151] d'accroître les effectifs. Leur augmentation n'est plus un problème de technique militaire mais une condition de survie de la patrie. Ainsi, le 29 mai 1913, Paul Doumer expose au Sénat diverses mesures préconisées par ses soins pour renforcer l'armée : en particulier, le maintien sous les drapeaux de la classe 1913, mesure qu'il évalue à 180 millions de francs, permettrait un accroissement net d'effectif de 195 000 hommes et 31 000 chevaux. « Il n'est pas trop tard pour construire des casernes ! », assure le rapporteur[152].

Le vote de la loi des trois ans ne clôt pas le débat. Cette « loi de guerre, lourde pour le pays »[153], est adoptée le 19 juillet 1913 par 358 députés contre 204 — en partie par le manque de discipline des radicaux —, puis approuvée le 5 août 1913 par une large majorité de 244 sénateurs contre 37. Elle est promulguée dès le lende-

---

147. J.-J. Becker, « La gauche et la Grande Guerre », *in* J.-J. Becker *et al.* (dir.), *Histoire des gauches en France*, Paris, La Découverte, 2004, vol. 2, p. 313-328.

148. V. Chambarlhac *et al.* (dir.), *Les socialistes français et la Grande Guerre : ministres, militants, combattants de la majorité (1914-1918)*, Dijon, EUD, 2008.

149. J.-J. Becker, « Les "trois ans" et les débuts de la Première Guerre mondiale », *Guerres mondiales et conflits contemporains*, n° 145, « La France dans la Grande Guerre », 1987, p. 12.

150. *Ibid.*, p. 13.

151. J.-J. Becker, « La Défense nationale », *in* V. Duclert *et al.* (dir.), *Dictionnaire critique de la République*, *op. cit.*, p. 138-143.

152. AS, Annales du Sénat, débats parlementaires, séance du 29 mai 1913, p. 910.

153. AS, 80S 4, Union républicaine du Sénat, procès-verbaux des réunions (1916-1942), réunion du 21 février 1920.

main. Paul Doumer s'oppose en particulier victorieusement à Édouard Herriot. Quel est le rôle exact du premier dans l'élaboration, la discussion et le vote de la loi ? L'alarmisme de Paul Doumer, rapporteur de la loi des trois ans, a pu provoquer l'accélération des discussions, engagées à la Chambre début juin 1913. À ce moment, le Parlement français n'a d'autre choix, affirme Paul Doumer lors de la longue séance au Sénat du 1er août 1913 (soit quatre jours avant le vote de la loi par la Chambre haute), que de suivre, par un effort parallèle, l'effort militaire allemand, de manière à mettre la France en sécurité[154]. Il en va, selon lui, de l'honneur de la République[155]. Et Paul Doumer d'ajouter sous de vifs applaudissements, appelant de ses vœux la formation d'une Union sacrée avant l'heure :

> « Et, dans ces questions, il ne saurait y avoir de considérations de parti : il n'y en a pas ! »[156]

De la loi des « trois ans », étape décisive dans la marche de la France à la guerre qualifiée par ses soins de « loi de salut public » dans un ouvrage qu'il lui consacre un an avant l'appel à la mobilisation générale[157], Paul Doumer écrit qu'elle est « l'œuvre de défense nationale qui s'imposait ». Or le sénateur n'est pas du genre à douter du bien-fondé de ses avis. Car, ajoute-t-il, « le patriotisme est une vertu intangible dans la maison de Jeanne d'Arc »[158]. Charles Humbert, rapporteur de la commission de l'Armée du Sénat, relève à propos des crédits relatifs à la défense nationale que « l'effort que s'impose l'Allemagne depuis longtemps n'a pas été suivi en France avec une attention suffisante »[159]. Ces révélations excitent une profonde émotion dans le Sénat et bientôt, par répercussion, dans tout le pays[160]. Les longs mois de discussion de la loi illustrent les difficultés et lenteurs avec lesquelles, à la veille même de la guerre, ont été votés les crédits de la défense nationale, malgré les formidables armements de l'Allemagne. Défendant l'action du Parlement « de guerre », Paul Doumer tempête :

> « Le Parlement n'est pas responsable de cet état de choses, mais bien l'état-major, dont on ne saurait trop dénoncer l'incurie et l'impéritie ! [...] Le Parlement, si peu préparé qu'il fût à la tâche redoutable qui lui incombait, l'a accomplie avec une conscience et une ténacité qui l'honorent. »[161]

Selon la même commission sénatoriale de l'Armée, on laisse dangereusement croire au pays, que, grâce au vote de la loi de trois ans, la puissance militaire et l'organisation matérielle de la France seront au niveau de celle de l'Allemagne.

---

154. AS, Annales du Sénat, débats parlementaires, séance du 1er août 1913, p. 1588.
155. *Ibid.*
156. *Ibid.*
157. P. Doumer, *La loi militaire du 7 août 1913*, Paris, Dunod et Pinat, 1913.
158. P. Doumer, *Paroles humaines*, Paris, Eugène Figuière, 1929, p. 188.
159. BNF, 8-L57-18116 : R. Samuel, *Le Parlement et la guerre (1914-1915)*, Paris, G. Roustan, 1918, p. 2.
160. *Ibid.*
161. BAN, Ms 1689 (U 4558), *Les cent jours de Paris*, projet d'ouvrage de P. Doumer.

Le temps presse. C'est, selon le rapporteur Paul Doumer, « une question de jours qui se pose »[162]. Car, si la loi n'est pas promulguée dès le début du mois d'août 1913, il sera impossible d'appliquer les mesures transitoires permettant d'incorporer la classe 1913 en novembre[163]. Demandant la parole, le rapporteur Paul Doumer insiste le 1er août 1913 sur deux points : d'une part, l'incorporation du contingent non plus à vingt-et-un ans mais un an plus tôt à vingt ans, pour des raisons non pas d'ordre militaire mais d'ordre civique, social et économique[164] ; d'autre part, l'égalité pour tous devant le service militaire, principe intangible du recrutement de l'armée. Il conclut sous de vifs applaudissements :

> « Dans une nation où la population ne s'accroît plus, nous pouvons, en permettant aux jeunes gens de fonder une famille plus tôt, acquérir l'espoir de voir notre natalité se relever. »[165]

Les Français ne sont pas préparés à s'unir face au danger extérieur : jusqu'au tout dernier moment, les luttes politiques donnent ainsi le sentiment d'un pays profondément divisé. Toutefois, mise à part la Confédération générale du travail (CGT), aucune force politique ou sociale ne veut, lors des débats de la loi de trois ans, mettre en cause l'éventuelle défense nationale[166]. Les socialistes, les premiers, entendent, en combattant cette loi, œuvrer à une meilleure organisation de la défense. Au moment de la crise, si les socialistes ne se rallient qu'une fois la défense de la paix mise en échec, les syndicalistes le font également : le monde ouvrier, dans sa masse, a conscience d'appartenir à la nation et de devoir la défendre.

Les élections qui ont lieu en 1914, tout en marquant une nette poussée socialiste, montrent qu'il existe finalement une majorité assez faible en faveur de la loi de trois ans. L'expérience de la guerre doit prouver que les Allemands ne recourent pas à la fameuse « attaque brusquée » crainte par les Français : ils attendent d'avoir mobilisé leurs réserves avant de tenter une vaste manœuvre à travers la Belgique. Comme le conclut Jean-Jacques Becker, « la loi n'a donc en théorie servi à rien »[167]. Accélérant la conduite des mesures préparatoires, Paul Doumer, son rapporteur, entraîne ainsi le Sénat à adopter rapidement le texte définitif. La loi permet à la France de renforcer ses unités actives, de créer un vingt-et-unième corps d'armée, des régiments nouveaux d'infanterie et d'artillerie et, de cette manière, d'accroître la force de son armée. Sans qu'elle le sache encore, celle-ci va devoir, quelques mois plus tard, résister au choc de l'armée allemande dans un conflit européen puis mondial sans précédent par sa violence. Le président du Conseil Viviani se veut réconfortant : le Parlement a mis à la disposition de l'armée, depuis trois ans,

---

162. AS, Annales du Sénat, débats parlementaires, séance du 1er août 1913, p. 1588.

163. AS, rapport fait au nom de la commission de l'Armée par le sénateur P. Doumer, *Impressions*, année 1914, n° 73, 25 février 1914, p. 4-5.

164. AS, Annales du Sénat, débats parlementaires, séance du 1er août 1913, p. 1586.

165. *Ibid.*

166. J.-J. Becker, *Dictionnaire de la Grande Guerre*, Bruxelles, André Versaille, 2008, « Union sacrée », p. 227.

167. *Ibid.*, « Les trois ans », p. 219-221.

tous les crédits qu'elle a demandés, toutes les mesures destinées à assurer la sécurité du pays ayant été prises : « Il n'y a », selon lui, « aucune raison pour que le pays s'alarme »[168]. On éprouve toutefois, dans les milieux parlementaires, une sorte de malaise et d'énervement que provoque « le pressentiment d'une catastrophe »[169]. La session parlementaire ordinaire de 1914 se clôt, le 15 juillet, sur une impression d'angoisse[170].

168. BNF, 8-L57-18116 : R. Samuel, *Le parlement et la guerre (1914-1915)*, *op. cit.*, p. 2.
169. *Ibid.*, p. 1.
170. *Ibid.*, p. 4.

Chapitre VII
L'épreuve de la Grande Guerre
1914-1918

Le samedi 1er août 1914 à 16 heures, tous les clochers de France font entendre un sinistre tocsin. C'est l'appel à la mobilisation générale. Le même jour, l'Allemagne, avec une longueur d'avance, déclare la guerre à la Russie[1]. Dans le métro parisien, on se presse, on se bouscule, on se heurte. Le visage convulsé, on s'efforce de retenir ses larmes. Croit-on à une guerre de courte durée ? À l'époque des armées de masse, majoritairement formées de civils sous l'uniforme, les belligérants sont convaincus que le conflit ne saurait se prolonger. Stupéfaite par une guerre à laquelle elle n'est nullement préparée sur le plan mental, la population française dans sa masse accepte la guerre, relevant ce qu'elle croit être le défi allemand. Mais son enthousiasme est le plus souvent une donnée surajoutée. « Faire ainsi de la "fleur au fusil" le symbole du départ n'est finalement qu'une légende dorée », tranche Jean-Jacques Becker, qui a fortement nuancé cette affirmation[2]. Les soldats partent résignés, prêts à défendre leur patrie, qu'ils jugent menacée. Ne signifiant nullement adhésion enthousiaste à la guerre, acceptation aveugle et défense joyeuse du territoire, le « consentement patriotique », énigme au cœur des délicates questions posées par la Grande Guerre[3], résulte ainsi d'une alchimie complexe, que résume « l'acceptation ambivalente du conflit »[4].

Paul Doumer, sénateur de Corse, croise par hasard son ami Henry de Golen dans le métro parisien. Tous deux descendent à la station Passy. Paul Doumer ne cache pas son pessimisme :

> « Nous sommes beaucoup moins prêts que les Allemands : ils ont de l'artillerie lourde, que nous ne possédons que fort peu ! Enfin, nous aurons certainement l'Angleterre

---

1. A. Duménil, « 1er août 1914 : la France et l'Allemagne mobilisent », *in* B. Cabanes *et al.* (dir.), *Larousse de la Grande Guerre*, *op. cit.*, p. 31-38.

2. J.-J. Becker, *1914 : comment les Français sont entrés dans la guerre*, Paris, FNSP, 1977 ; et « La fleur au fusil ? Retour sur un mythe », *in* C. Prochasson *et al.* (dir.), *Vrai et faux dans la Grande Guerre*, Paris, La Découverte, 2004, p. 152-165.

3. S. Audoin-Rouzeau *et al.*, *14-18 : retrouver la guerre*, Paris, Gallimard, 2000.

4. C. Prochasson, « La guerre en ses cultures », *in* J.-J. Becker (dir.), *Histoire culturelle de la Grande Guerre*, Paris, Armand Colin, 2005, p. 270.

avec nous. Ils ont une belle marine ! Si on peut résister à la première avalanche, gagner du temps, peut-être pourrons-nous vaincre ! Tout est là ! Mais un homme comme Messimy au ministère de la Guerre en pareil moment, c'est inqualifiable ! Un incapable ! »[5]

« Et Poincaré ? », demande Golen. Réponse de Paul Doumer :

« Celui-là, c'est Moi, encore Moi et toujours Moi ! Lorsque, comme président du Conseil et comme président de la République, on fait une politique impérialiste, au moins doit-on s'assurer qu'on est suffisamment bien armé et outillé pour l'appuyer ! Si nous sommes battus, si la France est envahie, Poincaré aura devant les familles en deuil et devant le pays une lourde responsabilité ! »[6]

Avant d'ajouter :

« Il est vrai qu'il s'en souciera peu : c'est un cœur sec ! »[7]

1. « Je serai un patriote de l'arrière »

Discutant tout en marchant, les deux amis parviennent au 15 boulevard Delessert, au cinquième et dernier étage duquel habite Paul Doumer. Ce dernier regrette sans doute de s'être laissé entraîner à parler plus que de coutume. Il lance à son jeune ami, en lui serrant les mains avec émotion :

« Oubliez tout ce que je viens de vous dire, cher Monsieur. Faites votre devoir de soldat et de Français ! Ayez confiance ! Et que le sort vous soit clément ! »[8]

Celui-ci note que ses yeux s'embuent. Paul Doumer ajoute encore :

« Moi, si l'on veut bien ne pas me tenir à l'écart, je ferai comme mes enfants : je me mettrai au service de la patrie, je serai un patriote de l'arrière. »[9]

Langage plein d'aigres acrimonies. Henry de Golen note que la voix de Paul Doumer, très ému, tremble. Pourtant, inflexible, son attitude personnelle ne variera guère sur la question du devoir patriotique : celui-ci doit être accompli. Jusqu'à la mort s'il le faut.

L'immeuble du 15 boulevard Delessert appartient à René Fayssat, futur député des Alpes-Maritimes (1932-1936), titulaire d'une fortune considérable. À diverses reprises, ce dernier sollicite Paul Doumer pour intégrer son cabinet. Celui-ci finit par y consentir : on retrouvera René Fayssat en avril 1927 comme sous-chef du cabinet de Paul Doumer, président du Sénat [annexe VIII : « Composition des cabinets de Paul Doumer, président de la Chambre des députés (10 janvier 1905-31 mai 1906) puis président du Sénat (14 janvier 1927-9 juin 1931) », p. 502-503][10]. On chuchote que René Fayssat aurait obtenu cette faveur en faisant cadeau

5. BAN, H. de Golen, *Le président Doumer accuse... En marge de l'histoire*, *op. cit.*, p. 70.
6. *Ibid.*, p. 73.
7. *Ibid.*
8. *Ibid.*
9. *Ibid.*
10. A. Lorin, « Les entourages politiques des présidents d'assemblée sous la IIIe République :

à son éminent locataire des termes de deux ans de loyer et que Paul Doumer n'aurait pas de bail[11].

Prolongeant une spacieuse antichambre-galerie, le petit salon d'attente, sombre, est rempli de meubles et d'objets d'art indochinois. Des hommes sévères et importants s'y succèdent. Blanche Doumer, habillée de noir avant l'heure, ne sort jamais l'hiver et rarement l'été. Elle ne quitte pas un petit boudoir vert et blanc plein de fleurs et de soleil, qui communique avec sa chambre conjugale. Un escalier de bois permet d'accéder au bureau de Paul Doumer, ancien atelier de peinture, sorte de belvédère au sixième étage prolongé par un balcon de pierre[12]. La vue s'étend à gauche sur Passy et La Muette, à droite sur les jardins du Trocadéro et la place d'Iéna. Une ample table-bureau est encombrée de lettres et de dossiers. L'encrier, le buvard et le porte-plume sont aussi simples que ceux d'un écolier. Les murs sont tapissés de livres. Dans un coin, une statue équestre de Jeanne d'Arc (signée Frémiet), pour laquelle Paul Doumer nourrit un culte, brandit son étendard vers le ciel de cet austère paradis. L'ensemble, sanctuaire du travail où règne un grand silence sacré, est décrit comme solennel par les rares visiteurs[13]. À l'heure du thé, Paul Doumer descend et retrouve les siens, laissant dans son bureau tous les soucis de la IIIe République[14]. Parfois sa fille Germaine aide son père dans sa correspondance. De leurs fenêtres, les Doumer voient parfois Georges Clemenceau se promener dans son jardin rue Franklin[15]. Serguei Prokofiev, composant alors *Pierre et le loup* (1936), habite aussi le quartier. Blanche, insomniaque, entend la nuit les accords de son piano[16].

Le 4 août 1914, le président du Conseil, René Viviani, lit à la tribune de la Chambre des députés le célèbre message que le président de la République, Raymond Poincaré, adresse aux députés :

> « Dans la guerre qui s'engage, la France [...] sera héroïquement défendue par tous ses fils, dont rien ne brisera devant l'ennemi l'Union sacrée... »[17]

Que signifie cette expression ? Dans un premier temps, on parle plutôt de « trêve des partis ». Toutefois celle-ci ne signifie pas un ralliement à une idéologie unique. L'Union sacrée n'est donc rien d'autre que l'arrêt momentané des luttes et oppositions entre Français, afin de se consacrer à la défense nationale pendant les quelques semaines ou les quelques mois de guerre.

La guerre ne surprend pas Paul Doumer. Il l'a prédite depuis des années et, dans toute la mesure de ses moyens, en particulier parlementaires, en a réclamé l'active

---

Paul Doumer, président de la Chambre des députés (1905-1906) puis président du Sénat (1927-1931) », *op. cit.*

11. A. Doumer, *Mon grand-père Paul Doumer*, *op. cit.*, p. 25.
12. Visite au 15 boulevard Delessert, Paris, 2 avril 2011.
13. BAN, H. de Golen, *Le président Doumer accuse... En marge de l'histoire*, *op. cit.*, p. 95.
14. A. Doumer, *Mon grand-père Paul Doumer*, *op. cit.*, p. 8.
15. L. Pasquier-Doumer, entretien avec l'auteur, 31 mai 2005.
16. *Ibid.*
17. J.-J. Becker, *Dictionnaire de la Grande Guerre*, *op. cit.*, « Union sacrée », p. 226-228.

préparation. En 1914, alors que les armées sont obligées de refluer vers l'intérieur, on parle d'abandonner Paris et d'ouvrir ses portes à l'ennemi. Cette perspective est inenvisageable pour Paul Doumer :

> « Seuls des inconscients et des fous peuvent croire qu'on peut défendre la France sans défendre Paris. »[18]

Enfant en 1870 au milieu des Parisiens qui subirent avec courage le siège de la capitale, Paul Doumer déclare retrouver les mêmes en 1914[19]. La ville, de ses fortifications, de son fleuve, de la masse de ses édifices, devra barrer la route à l'envahisseur, selon lui. En attendant, les événements désastreux se précipitent. Tout va très vite. Invasion de la Belgique, chute de Liège et de Namur, débâcle de Charleroi, investissement de Verdun et de Maubeuge, ruée allemande sur Paris. Dès le début des hostilités, le front français enfoncé, le gouvernement, les Chambres et les grandes administrations fuient éperdument et précipitamment la capitale pour Bordeaux[20]. La situation exige leur départ impératif et immédiat[21]. Il en résulte un grand désarroi dans les services. D'un point de vue politique, le départ du gouvernement à Bordeaux rend le contrôle du pouvoir exécutif insignifiant : « le ministre assiste [en effet], en spectateur lointain, aux péripéties de la bataille »[22]. N'étant plus en état de pourvoir aux besoins de l'armée, le gouvernement renonce à suivre les opérations du front. Dans ces conditions, le pouvoir civil s'efface provisoirement devant le pouvoir militaire. Invoquant les « circonstances » et les « nécessités pressantes », le président de la République signe le 3 septembre 1914 le décret de clôture de la session parlementaire[23]. La vie politique de la France est suspendue. Jusqu'au 22 décembre 1914, le pouvoir exécutif gouverne seul, sans le concours et surtout le contrôle du pouvoir législatif. Le gouvernement concentre entre ses mains tous les pouvoirs. Il est investi d'une « quasi dictature »[24], en dehors de tout contrôle du Parlement. Les (mauvaises) habitudes prises alors provoqueront en 1915 les vives protestations des commissions parlementaires. Dans l'immédiat, la France est envahie. Une grande partie du territoire est dévastée. Trois millions d'habitants sont sous la botte de l'ennemi et dans une misère morale et physique indescriptible. Pourtant, le pays a conscience d'avoir consenti tous les sacrifices qui lui ont été demandés pour assurer la défense nationale. Souvent, ses représentants, Paul Doumer en tête, sont même allés au-delà des demandes du gouvernement.

---

18. BAN, Ms 1689 (U 4558), *Les cent jours de Paris*, projet d'ouvrage de P. Doumer, préface.
19. *Ibid.*
20. L. Marcellin, *Politique et politiciens*, Paris, La Renaissance du livre, vol. 1, « Pendant la guerre », 1923, « Gallieni à Paris, le gouvernement à Bordeaux », p. 35-43 ; A. Ribot, *Lettres à un ami : souvenirs de ma vie politique*, Paris, Bossard, 1924, p. 12.
21. BNF, 8-L57-18116 : R. Samuel, *Le parlement et la guerre (1914-1915)*, *op. cit.*, p. 31.
22. J. Gallieni, *Mémoires du maréchal Gallieni : défense de Paris (25 août-11 septembre 1914)*, Paris, Payot, 1926, p. 172.
23. P. Renouvin, *Les formes du gouvernement de guerre*, Paris, PUF/New Haven, YUP, 1925, p. 92.
24. *Ibid.*, p. 93.

2. « Une envergure d'homme d'État » ? « Je sais commander : je saurai obéir »

Paul Doumer choisit de rester à Paris. Il eût été plus simple de prendre le train. Parmi le honteux désarroi collectif, selon lui, il s'interdit de perdre confiance. Avec quelques parlementaires, il forme un groupe de « représentants de Paris » et de « représentants des départements envahis »[25]. Le 26 août 1914, Adolphe Messimy, ministre de la Guerre dans le premier ministère Viviani, rappelle le général Gallieni, qui vient d'être mis en retraite, et le nomme gouverneur militaire de Paris[26]. Comme au Soudan, comme au Tonkin, comme à Madagascar, Joseph Gallieni, en dépit de moyens relativement faibles, se met à l'œuvre avec acharnement et galvanise les hommes qui l'entourent. Révolté et cherchant à être utile, Paul Doumer se met à la disposition du gouverneur, commandant du camp retranché et des armées de Paris. Il se propose de le décharger de tous les problèmes d'intendance, bref, de tout ce qui ne concerne pas le commandement militaire. Du 3 au 11 septembre 1914, une terrible angoisse pèse sur la population de la capitale, qui s'attend aux horreurs d'un siège[27]. Dans ces circonstances, tout d'un élan, Paul Doumer adresse le 4 septembre depuis le Sénat au gouverneur « un amical et pressant appel » [document 30 p. 404] :

> « Puisque les choses de la politique ont tourné de telle sorte que je n'ai pu participer au pouvoir, à l'heure où le pouvoir est tentant, donnez-moi, je vous prie, la possibilité d'agir et de travailler à la chose publique.
> Appelez-moi auprès de vous à un titre quelconque. Par exemple, créez à votre cabinet un service ou un secrétariat des affaires civiles, et appelez-moi à le diriger.
> Je vous débarrasserai des broutilles, dans la mesure où vous le déciderez, et je vous préparerai les éléments de solution des affaires importantes. »[28]

Ultimes arguments de l'expéditeur au destinataire :

> « Je sais commander : je saurai obéir. [...] Je voudrais pouvoir tomber, en service, à côté de vous et non comme un badaud qui va voir où pleuvent les coups. »[29]

Paul Doumer ajoute enfin dans un post-scriptum :

> « Il va sans dire que si je suis appelé au gouvernement militaire, j'y consacrerai tous mes instants et ne m'occuperai plus de rien d'autre. »[30]

Cet homme, qu'on dit imbu du principe d'autorité, se place ainsi sans broncher, face au danger, sous les ordres du général. Sa lettre, d'une extrême simplicité, révèle son goût du labeur et du risque, ainsi que son patriotisme sincère. Elle trahit aussi toutes ses rancœurs politiques. L'expression « les choses de la politique »

25. BNF, 8-L57-18116 : R. Samuel, *Le parlement et la guerre (1914-1915)*, *op. cit.*, p. 31.
26. M. Michel, *Gallieni*, Paris, Fayard, 1989, p. 274.
27. BNF, 8-L57-18116 : R. Samuel, *Le parlement et la guerre (1914-1915)*, *op. cit.*, p. 31.
28. BAN, lettre de P. Doumer, sénateur de Corse, au général Gallieni, gouverneur militaire de Paris, 4 septembre 1914.
29. *Ibid.*
30. *Ibid.*

révèle l'amertume de Paul Doumer de ne pas faire partie du deuxième gouvernement formé par René Viviani le 26 août 1914. La démarche de Paul Doumer est toutefois inenvisageable tant qu'Adolphe Messimy est rue Saint-Dominique, l'homologation du ministre de la Guerre étant indispensable. Paul Doumer attend ainsi qu'Alexandre Millerand soit devenu ministre de la Guerre (gouvernement René Viviani II, 26 août 1914-29 octobre 1915) pour écrire à Joseph Gallieni. Les deux hommes sont en très bons termes et le resteront. Alexandre Millerand mène une énergique campagne en faveur de Paul Doumer au Sénat. Le ministre engage même sa responsabilité personnelle sur ce dossier[31]. Il lui faut vaincre en effet les méfiances de René Viviani et de plusieurs membres du gouvernement réticents voire hostiles à l'idée de nommer Paul Doumer aux côtés de Joseph Gallieni, notamment Jean-Victor Augagneur, Louis Malvy et Aristide Briand, alors que la débauche bordelaise de ce dernier (parmi une cour de cabotins et de cabotines) finit par indigner Raymond Poincaré et Paul Deschanel[32].

Le général Gallieni observe au sujet de Paul Doumer qu'il a « une envergure d'homme d'État »[33]. Paul Doumer est toutefois connu pour ses antécédents politiques fâcheux. Irrité par de telles tracasseries lointaines, Joseph Gallieni rétorquera plus tard :

> « Je ne connais de M. Doumer que son travail extraordinaire et l'excellent appui qu'il nous a donné pour toutes les réformes vitales qui viennent de nous permettre de ne point périr au premier choc. »[34]

On s'apprête à défendre Paris quartier par quartier. Paul Doumer jure de se faire tuer sur le dernier retranchement. Car l'idée d'inaction lui est insupportable. Il veut être au cœur de l'action, quitte à se sacrifier. Ses arguments directs convainquent le gouverneur militaire de Paris, qui répond au sénateur le jour même[35]. Il se met d'accord avec lui sur l'organisation des services et le personnel qui les dirigera. Pendant ces cent jours décisifs, qui voient notamment le fameux épisode de la bataille et des taxis de la Marne, Paul Doumer, aussi redouté que Georges Clemenceau mais dans un autre style, gère les affaires civiles aux côtés du gouverneur militaire de Paris.

Doumer et Gallieni, c'est la rencontre de deux grandes énergies. Comme Doumer, Gallieni n'a qu'un culte : l'action. De caractère, de comportement, d'origines et de formation, les deux hommes ont de grandes affinités naturelles. De son côté, le général admire les vertus républicaines de Paul Doumer, de huit ans son cadet. Le souvenir de 1870 hante les deux hommes, qui partagent d'autres convergences : même allégeance au groupe des modérés de Waldeck-Rousseau ; même hostilité à la politique d'Émile Combes et du général André ; même passé colonial.

31. P.-B. Gheusi, *Gallieni (1849-1916)*, Paris, Charpentier, 1922, p. 169.
32. BAN, H. de Golen, *Le président Doumer accuse… En marge de l'histoire*, *op. cit.*, p. 78.
33. M. Michel, *Gallieni*, *op. cit.*, p. 284.
34. P.-B. Gheusi, *Gallieni (1849-1916)*, *op. cit.*, p. 171.
35. J. Gallieni, *Les carnets de Gallieni*, publiés par son fils G. Gallieni, Paris, Albin Michel, 1932, p. 74.

Joseph Gallieni est aussi contraint de publier ses *Neuf ans à Madagascar* en 1908 dans une démarche analogue à l'autojustification *L'Indochine française : souvenirs* publiée par Paul Doumer en 1905. Chez les deux hommes, il est impossible de séparer républicanisme, patriotisme et colonisation[36]. Plus tard, Paul Doumer note dans ses carnets qu'il a pour le général, mort en 1916 d'une maladie de la prostate, « une profonde admiration »[37].

3. Un coup d'État avec Gallieni ?

Dans l'immédiat, René Viviani, président du Conseil, envoie, toujours le 4 septembre 1914, une missive au gouverneur militaire de Paris par laquelle il l'informe que s'est manifestée au gouvernement une certaine défiance sur le choix, en de pareilles circonstances, d'un homme politique aussi en vue que l'est Paul Doumer à la tête d'un tel cabinet civil[38]. Doumer et Gallieni sont même accusés à ce moment précis de vouloir fomenter un coup d'État, rien de moins[39]. Une autre version dit que Paul Doumer aurait été chargé par Bordeaux de « surveiller » le général Gallieni, dont on craint la flamboyance[40]...

Dans l'urgence de septembre 1914, le gouvernement met en place une commission de coordination des secours volontaires. Paul Doumer en est élu président[41]. Les Allemands avancent à marche forcée. Le péril se resserre et semble se concentrer sur Paris. En ces jours d'attente anxieuse où les Parisiens croient entendre venir les lourdes bottes étrangères, Paul Doumer, grave mais résolu, donne une impulsion majeure aux travaux de fortification de la capitale et à la mise en train des usines de munitions. Il faut, selon lui, faire de la capitale une forteresse inexpugnable, point d'appui, pivot des mouvements de troupes. Très vite, Paul Doumer, par son activité organisatrice, court-circuite les autorités « normales », en particulier Marcel Delanney, préfet de la Seine, et Émile Laurent, timide préfet de police de Paris[42]. Or en même temps, les pouvoirs conférés au gouverneur militaire de Paris sont extraordinaires, la capitale étant déclarée « en état de siège ». Le général Gallieni s'en sert, réquisitionne soldats et travailleurs civils, contrôle, censure, légifère, en ignorant les hommes de Bordeaux, qui n'avaient qu'à rester à Paris, selon lui. Paul Doumer est chargé de réaliser les gigantesques travaux de défense du camp retranché de Paris, jugés nécessaires par ses soins. Fortifications, ouvrages d'artillerie et d'infanterie, seconde puis troisième lignes de défense : en quelques semaines, Paris devient un véritable camp retranché et présente un front de défense digne de ce nom, assurant les arrières des armées qui vont ainsi pouvoir prendre une offensive

36. M. Michel, « Le ministre de la Guerre », *in* J.-P. Rioux (dir.), *Dictionnaire de la France coloniale*, *op. cit.*, p. 174-176.
37. BAN, Ms 1689 (U 4558).
38. CHAN, 603 AP/1, « La vie de M. Paul Doumer », *Le Temps*, 8 mai 1932 ; J. Jolly (dir.), *Dictionnaire des parlementaires français*, *op. cit.*, p. 1475.
39. BAN, H. de Golen, *Le président Doumer accuse… En marge de l'histoire*, *op. cit.*, p. 99.
40. BAN, « Paul Doumer », *in* anonyme, *Ceux qui nous mènent (25 portraits)*, *op. cit.*, p. 147.
41. C. Benoist, *Souvenirs*, t. 3 (1902-1933), Paris, Plon, 1934, p. 211.
42. M. Michel, *Gallieni*, *op. cit.*, p. 284.

victorieuse et décisive. Jules Méline dira ainsi plus tard de Paul Doumer qu'il a été, pendant la guerre, « un des organisateurs de la victoire »[43]. Malgré toutes les résistances, le général Gallieni sait imposer la bataille qu'il conçoit : il préserve ainsi Paris[44].

Alors que les questions de logistique sanitaire, d'approvisionnement, d'évacuation et d'hospitalisation des blessés de guerre appellent des réponses immédiates, le général Gallieni alerte Paul Doumer sur la désorganisation des services. Cette dernière est telle que des unités nombreuses auraient pu être sauvées. Or celles-ci sont abandonnées pendant plusieurs jours sur les champs de bataille ou dans des fermes, sans soins et sans alimentation[45]. Les trains d'évacuation sont défectueux. Il n'y a pas de médecins, pas d'infirmiers, pas d'alimentation. Des blessés sont évacués vers des centres où l'organisation sanitaire est insuffisante voire inexistante. Or il existe à Paris plus de 10 000 lits disponibles dans les hôpitaux civils, dans les ambulances privées et dans les hôpitaux des Croix rouges. Une situation lamentable, déplore le commandant en chef des armées de Paris, dont se plaignent vivement les familles des soldats engagés dans les batailles voisines de la capitale.

Paul Doumer voulait de l'action ? Il va être servi. Pendant ces journées décisives, il doit prendre quotidiennement mille décisions pratiques. Le temps presse et l'urgence est à l'action directe et efficace. Les ordres du cabinet civil du gouverneur militaire de la capitale sont des plus fermes : mise des locaux du lycée Buffon à disposition de l'hôpital du même nom[46] ; installation du service de santé et de l'administration de l'hôpital américain de Neuilly dans les locaux du lycée Pasteur réquisitionné pour ce faire[47] ; envoi de voitures pour accueillir un train de 400 blessés français arrivant gare du Nord ; suivi d'un autre train de blessés arrivant en gare de Noisy-le-Sec[48] ; organisation d'un convoi d'ambulances pour ramener des blessés de Crépy-en-Valois à Paris[49] ; installation de cantines dans les gares d'évacuation de Juvisy et du Bourget[50] ; etc. Paul Doumer organise, décide et ordonne. Il excelle en administrateur urgentiste.

En pleine bataille de la Marne, le socialiste Albert Thomas, bien représentatif de l'Union sacrée, est dépêché par Bordeaux à Paris. Il en rapporte des nouvelles alarmistes sur le cabinet civil du gouverneur militaire de Paris. Raymond Poincaré

43. ADCS, 38 PER 94, *Bastia-Journal*, 8 mai 1932.

44. M. Besson *et al.*, *L'effort colonial des Alliés*, Nancy, Berger-Levrault, coll. « Les grands problèmes coloniaux », 1919, préface de P. Doumer, p. 6.

45. *Ibid.*, lettre du général Gallieni, gouverneur militaire, commandant en chef des armées de Paris, à P. Doumer, 15 septembre 1914.

46. BAN, Ms 1689 (U 4558).

47. *Ibid.*

48. *Ibid.*, télégramme du cabinet civil du gouverneur militaire de Paris à la police municipale, préfecture de police de Paris, 18 septembre 1914.

49. *Ibid.*, télégramme du cabinet civil du gouverneur militaire de Paris à J. Février, médecin inspecteur général, 15 septembre 1914.

50. *Ibid.*, télégramme du cabinet civil du gouverneur militaire de Paris, 16 septembre 1914.

lui-même a du mal à calmer les inquiets, qui craignent un coup d'État ou un *pronunciamento*[51]. Le général Gallieni tape du poing sur la table. Il est contraint de se défendre de comploter et d'être inféodé à quiconque. Il doit déclarer solennellement pour calmer les esprits :

« Je ne suis l'homme de personne, ni de M. Clemenceau ni de M. Doumer ! »[52]

Les troupes allemandes parviennent au nord-est de Paris aux premiers jours de septembre 1914, notamment dans le département de Seine-et-Marne. Le 2 septembre 1914, poursuivant à marches forcées l'armée française en retraite, les avant-gardes de la 1re armée allemande du général von Klück atteignent Senlis. Le moral des Français, découvrant l'ampleur du recul de leur armée, est alors au plus bas. Le spectre de la défaite est dans tous les esprits. 500 000 Parisiens quittent la capitale, que le gouvernement abandonne le 2 septembre 1914. Les Allemands bivouaquent le 3 septembre 1914 au Plessis-Belleville et des détachements allemands sont signalés à quelques dizaines de kilomètres de Paris seulement. L'état-major français doit trouver une solution express pour envoyer des troupes fraîches afin de réaliser un mouvement tournant, de contenir et détruire les avant-gardes des troupes allemandes. Prévenu le 3 septembre 1914 de l'avance des colonnes du général von Klück sur Meaux, Paul Doumer ne met qu'une heure pour préparer ses ordres à la VIe armée du général Maunoury, faire couper les routes et mobiliser les taxis parisiens. Pour pallier le manque de transports automobiles de l'armée française, diverses réquisitions sont en effet décrétées. Les 6 et 7 septembre 1914, sur ordre du général Gallieni, assisté de Paul Doumer, environ 600 taxis parisiens sont ainsi réquisitionnés pour servir de moyen de transport aux fantassins de la 7e division d'infanterie commandée par le général brestois Trentinian. Les véhicules sont en majorité des Renault AG1 Landaulet roulant à une vitesse moyenne de 25 km/h. Qu'importe. Rassemblés aux Invalides, ils partent au cours de la nuit en deux groupes de 300 véhicules, à raison de cinq hommes par voiture.

Dans la journée du 7 septembre 1914, un second convoi de 700 véhicules quitte les Invalides pour rejoindre Gagny. Il faut reprendre ce gros bourg aux Allemands. Les taxis sont rassemblés à Gagny et Livry-Gargan pour charger les troupes et organiser les convois. Les deux convois partent dans la nuit du 7 au 8 septembre 1914 et sont à pied d'œuvre dès le 8 à l'aube aux portes de Nanteuil-le-Haudouin et de Silly-le-Long. Si cette opération permet d'acheminer rapidement environ 5 000 hommes sur le front, elle ne permet hélas aucunement, contrairement à une idée reçue, de renverser le cours de la première bataille de la Marne, dans lequel le train joue un rôle bien plus déterminant. Le nombre de soldats transportés est en effet dérisoire par rapport aux effectifs mobilisés pour la bataille. La portée de l'évènement est toutefois considérable. Cette manœuvre inédite dans son ampleur a une réelle portée psychologique, sur les soldats français ainsi que sur le commandement

51. M. Michel, *Gallieni*, *op. cit.*, p. 286.
52. *Ibid.*, p. 314 ; J.-C. Allain, *Joseph Caillaux*, t. 2, « L'oracle (1914-1944) », Paris, Imprimerie nationale, 1981, p. 107.

allemand mais surtout sur la population : les « taxis de la Marne » deviennent le symbole de la détermination des Français à poursuivre une guerre dont l'enjeu est désormais la libération des régions envahies. L'épopée devient ainsi rapidement un symbole d'unité et de solidarité nationale. On attribuera la victoire à ces mythiques taxis : la fausse légende aurait, selon Louis Loucheur, été créée par Paul Doumer lui-même[53]. Ce dernier ne cessera, par la suite, de réévaluer son rôle dans l'épisode jusqu'à prétendre avoir lui-même « gagné la victoire de la Marne »[54]. Bataille qui arrête l'invasion du pays, la bataille de la Marne, qui se déroule du 6 au 9 septembre 1914, marque, quoi qu'il en soit, la fin de la guerre de mouvement et le passage à la guerre de positions[55]. Un immense soulagement se manifeste dans l'opinion publique française à l'annonce de la victoire, qui dissipe le cauchemar d'un siège. Si cette victoire n'excite pas, à Paris, l'allégresse attendue[56], on y respire toutefois plus librement.

La présence de Paul Doumer aux côtés de Joseph Gallieni ne fait pas l'unanimité. Chef du cabinet civil du gouverneur militaire de Paris, Paul Doumer est sans doute, à ce titre, le parlementaire qui accède à la fonction la plus importante pour un civil, aux confins du commandement militaire. Son rôle à ce poste est en effet beaucoup plus important que celui d'un simple « officier de liaison »[57]. « Jalousie contre un homme de valeur », note dans ses carnets le général Gallieni à propos de Paul Doumer[58]. Avant de prédire :

> « D'ici quelques temps ou après la guerre, on parlera certainement de lui. »[59]

Et de se justifier :

> « Avec lui, tout se fait vite, bien et sans bruit. »[60]

En attendant, alors que Laon est occupée par les Allemands dès le 30 août 1914, le conseil général de l'Aisne est convoqué pour le 28 décembre 1914 en session extraordinaire à Château-Thierry, sous-préfecture du sud du département. Il y sera hébergé à l'hôtel de ville au cours des terribles années 1915-1918, tandis que les non-combattants des régions occupées subissent les pires violences et que la guerre se présente dès 1914 comme beaucoup plus violente qu'elle ne l'a jamais été auparavant[61]. Les modalités de l'affrontement atteignent en effet « des niveaux de violence sans aucun précédent »[62] ; et la violence, au cœur du premier conflit

---

53. L. Loucheur, *Carnets secrets (1908-1932)*, Bruxelles, Brepols, 1962, p. 134.
54. BAN, « Paul Doumer », *in* anonyme, *Ceux qui nous mènent (25 portraits)*, *op. cit.*, p. 147.
55. A. Duménil, « 9 septembre 1914 : le miracle de la Marne », *in* B. Cabanes *et al.* (dir.), *Larousse de la Grande Guerre*, *op. cit.*, p. 59-70.
56. BNF, 8-L57-18116 : R. Samuel, *Le parlement et la guerre (1914-1915)*, *op. cit.*, p. 32.
57. R. Porte, « Paul Doumer », *in* F. Cochet *et al.* (dir.), *Dictionnaire de la Grande Guerre (1914-1918)*, Paris, Robert Laffont, 2008, p. 354.
58. J. Gallieni, *Les carnets de Gallieni*, *op. cit.*, 13 novembre 1914, p. 118.
59. *Ibid.*, 12 décembre 1914, p. 129.
60. *Ibid.*, 24 décembre 1914, p. 132.
61. En particulier S. Audoin-Rouzeau *et al.* (dir.), *La violence de guerre (1914-1945)*, Bruxelles, Complexe, 2002.
62. S. Audoin-Rouzeau *et al.*, *14-18, retrouver la guerre*, *op. cit.*, p. 38.

mondial, touche autant les soldats que les civils, donnant lieu à une « brutalisation » inédite des sociétés[63].

4. Un administrateur urgentiste : les cent jours de Paris

Le droit d'investigation des commissions parlementaires, dont le principe a été accepté par le gouvernement, peut-il s'exercer sur les territoires soumis à l'autorité militaire ? Le général Joffre se plaint vivement des initiatives du sénateur de Corse auprès d'Alexandre Millerand, ministre de la Guerre. La haine est telle entre Paul Doumer et Joseph Joffre que, dans ses mémoires, ce dernier occulte totalement son rôle pourtant décisif au cours la Grande Guerre[64]. Le 5 février 1915, Paul Doumer demande au ministre de la Guerre un permis de circulation en automobile pour aller à Nancy. Le permis lui est aussitôt accordé. Mais, trois jours plus tard, la présence de Paul Doumer est signalée à Nettancourt, localité de la Meuse située complètement en dehors de la route Nancy-Paris. Le sénateur y est arrivé le 6 février 1915, accompagnant un colonel forestier russe. Paul Doumer, chargé de faire une enquête au sujet du fonctionnement de correspondances militaires ignorée par l'état-major, poursuit sa mission sans autorisation ni laissez-passer au quartier général de l'armée de Châlons-en-Champagne, d'où il demande à se rendre à Jonchery (Marne). Le sénateur, tenant au droit de regard du Parlement sur les services de l'armée, souhaite contrôler lui-même sur place l'exécution du ravitaillement, assister à l'évacuation des blessés et s'informer plus largement auprès des combattants de leurs besoins : un contact direct avec le front, auquel Doumer tient. Furieux, le ministre de la Guerre fait inviter le sénateur itinérant à regagner Paris par la voie la plus directe. Il rappelle que les membres du Parlement sont soumis, en matière de circulation dans la zone des armées, aux mêmes obligations que tous les autres citoyens. Le général Joffre, qui ne veut pas se laisser envahir par les civils, écrit sèchement à Alexandre Millerand, ministre de la Guerre :

> « Je suis étonné que M. Doumer ait cru pouvoir s'affranchir de cette règle et recourir, pour visiter les quartiers généraux où il désirait se rendre, à des prétextes inexacts. »[65]

Cela suffit-il à arrêter Paul Doumer ? Le vice-président de la commission de l'Armée du Sénat récidive dès le mois suivant. Il souhaite maintenant se rendre dans le camp retranché de Verdun avec ses collègues et amis Charles Humbert, sénateur de la Meuse, et Jules Jeanneney, sénateur de la Haute-Saône. Motif : la visite des nouveaux matériels d'artillerie lourde en service. Le général Joffre ne supporte pas ce qu'il considère comme de véritables empiètements sur son autorité. Il s'oppose cette fois catégoriquement à ce projet. La présence, dans la zone des armées, de commissions ou délégations des Chambres, quelles qu'elles soient,

63. G. L. Mosse, *De la Grande Guerre au totalitarisme : la brutalisation des sociétés européennes*, Paris, Hachette littérature, 2000.

64. J. Joffre, *Mémoires du maréchal Joffre (1910-1917)*, Paris, Plon, 1932.

65. BAN, Ms 1657 (Z 973), lettre de J. Joffre, général commandant en chef, à A. Millerand, ministre de la Guerre, 11 février 1915.

est proscrite. Il ne sera fait d'exception à cette règle que pour les seules commissions d'hygiène et du service postal. Le général Pédoya, président de la commission de l'Armée à la Chambre, a beau insister, le maréchal ne reviendra pas sur sa décision[66].

Soucieux de partager les idées qu'il estime justes, Paul Doumer conçoit divers romans, restés à l'état de projets, au début des années 1910 : *La vallée du four*, métaphore de vallée de l'Ailette qu'il aime tant contempler depuis sa maison d'Anizy-le-Château, bientôt détruite par les Allemands ; *Vers la mort*, intrigue intégrant l'idée de sacrifice, au cœur de son système de pensée[67]. Divers ouvrages plus sérieux aussi, *Le gouvernement des peuples* (sur les formes des gouvernements et les régimes politiques) ; *Les États-Unis d'Amérique* ; *Les hommes* (histoire, population) ; *Le travail*. Quelques notes sont prises mais aucun de ces ouvrages ne sera jamais publié.

Dans un ouvrage resté à l'état d'ébauche, *Les cent jours de Paris*[68], Paul Doumer se propose surtout de livrer son expérience et d'évoquer ses souvenirs de collaborateur immédiat du général Gallieni au moment de la bataille de la Marne (1914). Il s'agit de la « déposition d'un témoin », conçue comme un « témoignage pour l'histoire », un peu à la manière de *L'étrange défaite : témoignage écrit en 1940* de Marc Bloch[69]. La sortie du livre est annoncée dès 1919 par la presse. Devant l'oubli injuste qu'on fait de la bataille de l'Ourcq, sans laquelle la bataille de la Marne n'eût été possible, devant le regrettable silence systématique, selon Paul Doumer, fait autour du nom de Joseph Gallieni, sauveur de Paris, le sénateur de Corse souhaite « mettre les choses au point »[70]. Et, comme il le fit déjà à son retour d'Indochine, délivrer son expérience de la Grande Guerre et, ce faisant, sa vérité. Car en 1919, une rivalité semble s'opérer, par leurs hommes interposés, entre Joffre et Gallieni pour capter la mémoire de la guerre.

Dédicacé à « Paris, capitale des peuples », le plan du livre est, après bien des hésitations, arrêté le 13 août 1922. Faut-il détruire les légendes de la guerre ? L'idée même du livre hante Doumer pendant longtemps. Car pour lui, les légendes contraires à toute vérité sont mauvaises et dangereuses. Il lui semble ainsi particulièrement injuste de mettre sur le même plan d'honneur « ceux qui ont contribué à donner la victoire à la France » (comprendre Foch) et « ceux dont l'incapacité comme chef a failli conduire la France à la défaite et à la mort » (autrement dit Joffre). « Sommes-nous donc si entièrement sûrs de ne plus courir de nouveau danger et d'échapper à toute guerre ? »[71], se demande l'auteur dans une interrogation prémonitoire. L'objectif de l'ouvrage est également de tirer des leçons de la

66. *Ibid.*, lettre de J. Joffre, général commandant en chef, à A. Millerand, ministre de la Guerre, 22 mars 1915.

67. BAN, Ms 1689 (U 4558).

68. *Ibid.*

69. M. Bloch, *L'étrange défaite : témoignage pour l'histoire*, rééd. Paris, Gallimard, 1990.

70. BAN, Ms 1689 (U 4558), *La Presse associée*, 6 février 1919.

71. *Ibid.*, *Les cent jours de Paris*, projet d'ouvrage de P. Doumer, préface.

tragédie afin d'éviter qu'elle ne se répète. En 1922, Doumer reçoit l'aide de quelques journalistes pour l'établissement de la chronologie. Son projet est-il isolé ? Divers acteurs de la guerre publient au contraire, dès 1919, des ouvrages sur leur récente expérience. Cartes à l'appui, le général feld-maréchal von Bülow publie en particulier *[Son] rapport sur la bataille de la Marne*[72]. Pour Abel Ferry, député des Vosges mort pour la France le 15 septembre 1918, ce sera, à titre posthume, *La guerre vue d'en-haut et d'en-bas*[73]. Marius Leblond annonce de son côté que *Gallieni parle*[74]. Enfin, le général Percin rend publiques *Les erreurs du haut commandement*[75]. Il ne s'agit que de quelques exemples parmi d'autres.

En attendant, l'enlisement des Flandres ôte tout espoir d'une fin rapide du conflit et nourrit rancœurs et convoitises. Le 4 décembre 1914, Raymond Poincaré relève ainsi en Conseil des ministres que « ce qui est malheureusement sûr, c'est que Gallieni intrigue contre Joffre et que Joffre cherche à brimer Gallieni ». Il ajoute :

> « Gallieni a autour de lui toute une cour de flatteurs et toute une camarilla : Doumer, etc. Il utilise habilement sa popularité et est maître de Paris. »[76]

Les administrations ministérielles reviennent à Paris, sans tambour ni trompette. Le personnel de la Chambre quitte Bordeaux le 16 novembre 1914 et celui du Sénat le 7 décembre[77]. Le 10 décembre, Foch ne se prive pas d'informer Joffre des termes de sa conversation avec Paul Doumer[78]. Celui-ci espère alors être ministre de la Guerre avant peu et pouvoir remplacer Joffre — contre lequel il est « plein de mauvaises intentions » — par Gallieni — dont il est grand partisan. Tout un réseau de dévouements et d'intrigues, continuant d'encombrer la vie parlementaire sous le couvert de l'Union sacrée, est ourdi autour de chaque patron. Foch, comme Joffre, s'est fait à la très grande liberté de manœuvre laissée aux militaires à Paris depuis la fuite du gouvernement à Bordeaux. Or le Parlement, qui ne s'est pas réuni depuis six mois, est convoqué en session extraordinaire le 22 décembre 1914 par décret du président de la République[79]. Avec le rétablissement à peu près normal des discussions parlementaires, les vieilles habitudes de polémiques personnelles ne vont pas manquer de réapparaître… « La rentrée des Chambres », craint Foch, « pourrait être une occasion pour certains politiciens de rentrer en scène »[80]. Son aveu en dit long : craint-il une promotion de Paul Doumer en reconnaissance de ses services auprès du gouverneur militaire de Paris ? Paul Doumer sera déçu. Dès la rentrée du gouvernement à Paris, le cabinet civil

---

72. Général feld-maréchal von Bülow, *Mon rapport sur la bataille de la Marne*, Paris, Payot, 1921.
73. A. Ferry, *La guerre vue d'en-haut et d'en-bas*, Paris, Grasset, 1920.
74. M. Leblond, *Gallieni parle…*, Paris, Albin Michel, 1920.
75. Général Percin, *Les erreurs du haut commandement*, Paris, Albin Michel, 1919.
76. BNF, service des manuscrits occidentaux, site Richelieu (SMO, SR), fonds Poincaré, NAF 16028, note du 4 décembre 1914.
77. BNF, 8-L57-18116 : R. Samuel, *Le parlement et la guerre (1914-1915)*, *op. cit.*, p. 33.
78. J.-C. Notin, *Foch*, Paris, Perrin, 2008, p. 160.
79. BNF, 8-L57-18116 : R. Samuel, *Le parlement et la guerre (1914-1915)*, *op. cit.*, p. 33.
80. BNF, SMO, SR, fonds Foch, 4°33, lettre du général Foch à sa femme, 10 décembre 1914.

du gouverneur militaire de Paris disparaît. Un petit vent d'opposition souffle au Sénat, y compris à la commission des Finances. Paul Doumer, amer, s'y exercerait à chercher une revanche aux dires d'Alexandre Ribot[81].

5. Le Parlement en guerre : la commission sénatoriale de l'Armée

Membre très actif des stratégiques commissions des Finances et de l'Armée, Paul Doumer, sénateur de Corse, fait, par ailleurs, partie du conseil supérieur de l'Aéronautique et du comité technique de l'exploitation des chemins de fer. La Grande Guerre s'accompagne, sous la pression des événements et des circonstances, d'un « développement anarchique et proliférant »[82] de tels organismes étatiques ou semi-étatiques (au caractère juridique incertain), liés à l'apparition de toute une série de « formes nouvelles d'activité »[83]. « La guerre », annonçait déjà Tocqueville, « ne peut manquer d'accroître immensément les attributions du gouvernement civil »[84]. Le *Tableau général des ministères*, publié le 2 février 1918 par le ministère de la Guerre, recense méthodiquement pas moins de 291 « principaux offices, comités ou commissions chargés de questions relatives à l'état de guerre »[85]. Rien qu'auprès du seul ministère de la Guerre, on en compte plus de 80 ! La IIIe République, autrement dit, en a créé moins entre 1875 et 1914 qu'en quatre années de guerre (1914-1918). Une véritable fièvre. Ces nouveaux services se groupent, tant bien que mal, tantôt dans les cadres habituels et déjà existants de l'administration, tantôt dans les cadres nouveaux nés de la guerre. Faute d'une organisation préétablie (« l'édifice a été bâti sans plan d'ensemble, par une série de retouches et d'adjonctions »[86]), leurs attributions relatives ne sont pas toujours bien définies, les chevauchements et les doubles emplois ne manquent pas, la nomenclature est indécise, aboutissant à « la plus étrange complexité »[87]. L'État français, que rien avant 1914 n'avait préparé à la guerre — la Constitution de 1875 n'a prévu aucune mesure spécifique d'organisation des pouvoirs publics en cas de guerre —, s'efforce de gérer ainsi la mobilisation, notamment économique, qu'impose le conflit. Ces organismes répondent à au moins deux objectifs. Premièrement, une nécessité technique : rassembler des informations et exprimer des propositions, en particulier en matière d'approvisionnement. Deuxièmement, une fonction politique : concrétiser l'Union sacrée réalisée au Parlement « en associant à des tâches de mobilisation nationale

81. A. Ribot, *Journal d'Alexandre Ribot et correspondances inédites (1914-1922)*, Paris, Plon, 1936, 22 décembre 1914, p. 25.

82. F. Bock, « L'exubérance de l'État en France de 1914 à 1918 », *Vingtième siècle : revue d'histoire*, n° 3, juillet-septembre 1984, p. 44.

83. J. T. Shotwell, préface, p. 7, *in* P. Renouvin, *Les formes du gouvernement de guerre*, Paris, PUF/New Haven, YUP, 1925.

84. A. de Tocqueville, *De la démocratie en Amérique*, rééd. Paris, Gallimard, 1986, t. III, p. 452. Cité par P. Renouvin, *Les formes du gouvernement de guerre*, *op. cit.*, p. 12.

85. P. Renouvin, *Les formes du gouvernement de guerre*, *op. cit.*, p. 58.

86. *Ibid.*, p. 97.

87. *Ibid.*, p. 64.

des parlementaires jouissant d'une certaine notoriété »[88] — comme Doumer, Barthou ou Bourgeois — mais qui ne participent pas directement à la coalition gouvernementale.

Paul Doumer incarne ainsi un « parlementarisme de guerre »[89] aussi compétent qu'intransigeant vis-à-vis du pouvoir exécutif. L'étude de l'action politique de Paul Doumer dans ces circonstances peut dès lors contribuer à une histoire de l'État français en guerre. La présence, au sein de la commission sénatoriale de l'Armée, de poids lourds de la vie politique et parlementaire (Paul Doumer, Georges Clemenceau, Charles de Freycinet, Léon Bourgeois), confère notamment à cet organe une forte influence. Cette commission affirme son rôle en obligeant l'exécutif à lui rendre compte très régulièrement des orientations et du contenu de sa politique : de décembre 1914 à novembre 1918, la commission procède ainsi à pas moins de cent vingt-cinq auditions de membres du gouvernement[90]. Alors que la vie publique du Parlement est ralentie et que les interpellations se raréfient, « la vie parlementaire se réfugie [en temps de guerre] dans les commissions »[91].

Le travail de la commission sénatoriale de l'Armée repose sur la production de rapports aussi techniques que détaillés[92]. L'objectif est en particulier de vérifier la bonne utilisation des armes et des munitions[93]. Autant le contrôle des fabrications de guerre est l'affaire de la commission sénatoriale de l'Armée, autant le contrôle aux armées est le cheval de bataille de son homologue à la Chambre[94]. Ainsi la guerre ne se gagne-t-elle pas seulement dans les tranchées mais aussi à l'arrière : la capacité des belligérants à mobiliser leur potentiel humain, industriel, économique et à l'exploiter dans la durée constitue un facteur décisif dans un conflit total qui n'engage pas seulement les armées mais l'ensemble des forces humaines et matérielles des pays en guerre. La revendication de ce droit de contrôle parlementaire sur le pouvoir exécutif se double de l'enjeu, ô combien sensible dans la tradition républicaine, du droit de prépondérance du pouvoir civil vis-à-vis de l'autorité militaire, exarcerbé en temps de guerre. Les commissaires se voient ainsi comme « les auxiliaires du gouvernement de guerre »[95]. Or ce dernier est marqué par la rivalité des deux pouvoirs, législatif et exécutif, et les tentatives du second pour conquérir son autonomie au détriment du premier. Dans ses notes, en 1922, en vue de son

---

88. *Ibid.*, p. 45.

89. F. Bock, *Un parlementarisme de guerre (1914-1918)*, Paris, Belin, 2002.

90. A. Duménil, « La commission sénatoriale de l'Armée et les militaires pendant la Grande Guerre », *in* É. Duhamel *et al.* (dir.), *Militaires en République (1870-1962) : les officiers, le pouvoir et la vie publique en France*, Paris, PUPS, 1999, p. 315.

91. P. Renouvin, *Les formes du gouvernement de guerre*, *op. cit.*, p. 126.

92. Général J. Pédoya, *La commission de l'armée pendant la Grande Guerre : documents inédits et secrets*, Paris, Flammarion, 1921.

93. F. Bock, *Un parlementarisme de guerre (1914-1918)*, *op. cit.*, p. 135.

94. *Ibid.*, p. 179.

95. P. Renouvin, *Les formes du gouvernement de guerre*, *op. cit.* ; N. Roussellier, *Vers une histoire de la loi*, mémoire inédit de recherche, dossier pour l'HDR, IEP de Paris, 2006, t. 1, « Du gouvernement de guerre au gouvernement de la défaite : les transformations du pouvoir exécutif en France (1913-1940) », p. 120.

ouvrage *Les cent jours de Paris*, Paul Doumer explique longuement sa conception du « parlementarisme de guerre » :

> « Ce que la ligne de feu attend de nous, c'est que le Parlement, comme le gouvernement, assume courageusement ses lourdes responsabilités, c'est que toutes les décisions nécessaires soient prises à temps, et non avec d'irréparables retards, et que l'exécution en soit poursuivie avec une indéfectible énergie. Il s'agit d'une heure historique où les fautes peuvent avoir des conséquences qui dépassent les prévisions. Pour remplir dignement son rôle, pour prendre ses responsabilités, le Parlement a besoin de savoir. Il attend les explications du gouvernement. »[96]

Pour ôter au gouvernement un moyen de critiquer l'action des commissions parlementaires, tendance trouvant un écho dans une partie de la presse, la commission de l'Armée du Sénat accepte toutefois le principe d'auditions communes des ministres devant les commissions réunies des deux assemblées[97]. Composée de vingt-sept membres (Doumer y siège notamment aux côtés de Jeanneney, Bourgeois, Bérenger et Clemenceau, remplaçant Freycinet à la présidence), la commission sénatoriale de l'Armée se révèle la plus entreprenante dans ses investigations. Elle est, de ce fait, la plus redoutée des ministres. Louis Loucheur, sous-secrétaire d'État à l'Armement à partir de 1917, racontera plus tard dans ses *Carnets secrets*[98] l'appréhension des ministres à comparaître devant ce « sévère aréopage décidé à tout passer au crible »[99]. L'hyperactivité des commissions parlementaires (notamment les enquêtes des deux commissions de l'Armée) suscite de vives polémiques. Leurs adversaires leur reprochent de gêner finalement le travail des ministres par leurs interventions excessives et incessantes[100]. La délibération unique s'impose, dans ce contexte, pour permettre des gains de temps, généralisation de la procédure d'urgence permettant, avant 1914, de procéder à une seule délibération[101]. Le nouveau règlement adopté en pleine guerre en février 1915 par la Chambre des députés introduit ainsi des dispositions visant à accélérer les procédures et à simplifier les débats. L'impératif de l'urgence face à la masse croissante des textes à examiner l'emporte ainsi sur la tradition de l'examen lent et approfondi[102]. Dès janvier 1917, la Chambre institue une « procédure spéciale d'urgence »[103].

L'activité parlementaire de Paul Doumer ne faiblit pas au cours de la Grande Guerre, bien au contraire : il rédige, au cours du conflit, de nombreux rapports dans

---

96. BAN, Ms 1689 (U 4558) : préface, notes de travail, lettres et pièces diverses (v. 1922) pour *Les cent jours de Paris*.

97. A. Duménil, *La commission sénatoriale de l'Armée (août 1914-novembre 1917) : aspects du contrôle parlementaire en temps de guerre*, mémoire de maîtrise d'histoire, Université Paris IV Panthéon-Sorbonne, 1992.

98. L. Loucheur, *Carnets secrets (1908-1932)*, Bruxelles, Brepols, 1962.

99. Cité par M. Winock, *Clemenceau*, Paris, Perrin, 2007, p. 411.

100. P. Renouvin, *Les formes du gouvernement de guerre*, *op. cit.*, p. 120.

101. J. Garrigues (dir.), *Histoire du Parlement de 1789 à nos jours*, *op. cit.*, p. 323.

102. N. Roussellier, « Gouvernement et Parlement dans l'entre-deux-guerres », *in* M.-O. Baruch *et al.* (dir.), *Serviteurs de l'État : une histoire politique de l'administration française (1875-1945)*, Paris, La Découverte, 2000, p. 115.

103. P. Renouvin, *Les formes du gouvernement de guerre*, *op. cit.*, p. 101.

des domaines aussi variés que la mobilisation industrielle, la participation des colonies à l'effort de guerre ou la reconstruction des régions occupées. Le sénateur de Corse se distingue en particulier, à la commission de l'Armée du Sénat, dans la défense tout à la fois de l'aéronautique naissante et des effectifs, envisagés par lui comme l'élément clé de la bataille. Le sénateur reproche notamment au gouvernement, qu'il ne rate pas une occasion d'interpeller sur sa politique militaire, sur la situation des armements et sur la conduite générale de la guerre, de ne pas avoir ce qu'il appelle à plusieurs reprises « la mentalité de la guerre »[104]. Sans préciser le sens exact de cette expression. Le reproche est sévère. Car, pour Paul Doumer, « un ministre doit administrer, c'est-à-dire diriger et gouverner »[105] ! Qui vise la remarque ? La réponse à cette question n'est pas apportée.

L'industrie aéronautique française est la première. Progressivement, les missions de l'aviation vont se diversifier en renseignement, bombardement et chasse chargée d'assurer la maîtrise du ciel pour protéger en particulier les avions de reconnaissance[106]. Les différentes aviations connaissent de grands progrès quant à la vitesse des appareils, l'altitude qu'ils sont capables d'atteindre, la distance qu'ils peuvent couvrir et leur maniabilité. Alliés et Allemands ne cessent de lutter pour la suprématie, prenant l'avantage à tour de rôle. Les pilotes de chasse qui ont de nombreuses victoires à leur actif, les « as », acquièrent une très grande popularité : du côté français, Guynemer, le plus célèbre, disparaît en 1917 à l'âge de vingt-trois ans. En 1918, l'aviation française utilise 150000 hommes (4000 en 1914) et dispose de plus de 7000 avions (les Allemands 4500). C'est-là le résultat d'un formidable effort industriel, soutenu par l'État et le Parlement français. Pratiquement ignorée au début de la guerre, l'aviation joue un rôle croissant pendant celle-ci. Par les progrès réalisés, elle est, sur le plan technique, l'un des plus grands apports de la guerre.

Devant l'apparition de thématiques récurrentes et la multiplication des commissions sénatoriales — sans parler des groupes d'études thématiques, jusqu'à quarante-six dans les années 1910 au Sénat[107] —, Guillaume Poulle, sénateur de la Vienne (1906-1927), réformera le règlement du Sénat en 1921. Par sa résolution du 18 janvier 1921, le Sénat introduira en effet dans le mécanisme de ses travaux le système de la Chambre avec la nomination de onze commissions générales[108]. À partir de cette date, les commissions permanentes y sont généralisées, dix-neuf ans après la Chambre des députés. Les commissions dites « spéciales » — commissions *ad hoc* provisoires spécialement installées afin d'examiner un texte de loi, auquel elles ne survivent pas — deviennent alors exceptionnelles. Elles tendent à disparaître après 1921, progressivement remplacées par les commissions perma-

104. BAN, Ms 1689 (U 4558) : préface, notes de travail, lettres et pièces diverses (v. 1922) pour *Les cent jours de Paris*.

105. *Ibid.*

106. J.-J. Becker, *Dictionnaire de la Grande Guerre*, *op. cit.*, « Aviation », p. 23-25.

107. AS, 80S 38, groupes d'études sénatoriaux (1886-1938).

108. E. Pierre, *Traité de droit politique, électoral et parlementaire*, *op. cit.*, p. 1066.

nentes. Le règlement du Sénat de 1921 prévoit, dans son article 20, qu'aucun sénateur ne peut appartenir simultanément à plus de deux commissions générales (sur onze)[109]. C'est déjà le cas à la Chambre des députés depuis 1885[110]. Seulement, si toutes les commissions de la Chambre sont composées de 44 membres, seule une dizaine d'entre eux est assidue et travaille, regrette-t-on[111]... Sans cette disposition, Paul Doumer serait-il membre de toutes les commissions ?

6. Les effectifs, élément clé de la bataille

Le travail en commission est conçu par le sénateur de Corse comme la quintessence du travail parlementaire. Il s'agit là de sa conception d'un « parlementarisme absolu »[112]. C'est par le travail de ses grandes commissions que le Sénat a, selon lui, conquis une légitime autorité[113]. Ce, d'autant plus que les grandes commissions parlementaires forment sous la IIIe République d'efficaces « pépinières ministérielles »[114], particulièrement, la commission des Finances, pour un député qui a de l'ambition, car le gouvernement est obligé de compter avec elle[115]. Paul Doumer y déploie dès lors une activité étourdissante, partisan d'un rôle renforcé des commissions, véritables organes de délibération et de travail parlementaire, faisant appel à la compétence et à la spécialisation des députés et des sénateurs, appelés à être de véritables gouvernants[116] : ses vœux seront exaucés par diverses résolutions adoptées en 1920, en particulier celle du 27 mai 1920 organisant leurs moyens matériels[117]. Pour Paul Doumer, le travail laborieux et minutieux des commissions sénatoriales permet de réduire d'autant le temps des discussions en séance publique[118]. Le Sénat fait ainsi, selon lui, plus de bien et moins de bruit : double profit !

Soucieux jusqu'à l'obsession de l'utilité et de l'efficacité de son mandat parlementaire, Paul Doumer participe d'autant plus activement à la campagne en faveur de la mobilisation qu'il devient vice-président de la commission sénatoriale de l'Armée à partir de janvier 1915, Freycinet étant élu président par acclamation. Le 26 avril 1915, un rapport de treize pages est fait par Paul Doumer au nom de la commission sur les ressources en matériel, munitions et effectifs[119]. On reproche au

109. AS, *Règlement du Sénat*, Paris, imprimerie du Sénat, 1921, art. 20, p. 16.

110. AAN, *Règlement de la Chambre des députés*, Paris, Quantin, 1885, art. 27, p. 37.

111. *Ibid.*, p. 105.

112. R. Carré de Malberg, *La loi, expression de la volonté générale : étude sur le concept de la loi dans la constitution de 1875*, Paris, Sirey, 1931, p. 196.

113. AS, 80S 3, Union républicaine du Sénat, procès-verbaux des réunions (1884-1916), réunion du 3 juillet 1916.

114. N. Roussellier, entretien avec l'auteur, 16 mai 2008.

115. J. Véran, *Comment on devient député, sénateur, ministre*, *op. cit.*, p. 108.

116. R. K. Gooch, *The French Parliamentary Committee System*, New York, Appleton-Century, University of Virginia, 1935.

117. N. Roussellier, « Gouvernement et Parlement dans l'entre-deux-guerres », *op. cit.*, p. 116.

118. P. Doumer, *Paroles humaines*, *op. cit.*, p. 229 ; AS, Annales du Sénat, débats parlementaires, séance du 15 janvier 1929, p. 8.

119. AS, 69S 113, rapports faits à la commission de l'Armée, rapport n° 39, 26 avril 1915.

général Gallieni d'avoir recommandé Paul Doumer pour la commission sénatoriale de l'Armée. Excédé, le général note en soupirant dans ses carnets :

> « Je n'aurais jamais cru que les intrigues parlementaires (elles me laissent froid) puissent arriver à ce degré. »[120]

La mission est d'autant plus importante que le contrôle parlementaire a été hors d'état de s'exercer depuis août 1914. Conclusion du rapport : il faut créer des unités nouvelles, prêtes à l'action, disponibles pour porter l'effort partout en Europe ; et, pour ces troupes, du matériel, des armes, des munitions. Argument ultime de Paul Doumer :

> « Quand nos fils combattent et meurent pour la patrie, quand ils sont si grands, nous n'avons pas le droit d'être de petits hommes faisant posément, administrativement, de petites choses. »[121]

Qui s'exprime alors ? Le père de famille ou le sénateur ? Une sous-commission du recrutement indigène, qu'il s'agit d'intensifier, est nommée à l'automne 1915. Ancien gouverneur général de l'Indochine, Paul Doumer en est un membre tout désigné. Le premier rapport est rendu le 26 novembre 1915 par Henry Bérenger, sénateur de la Guadeloupe[122].

Dans le grave contexte de la fin 1916, il n'y a, selon le sénateur Paul Doumer, plus de temps à perdre[123]. Alors que, selon lui, l'armée n'a plus de commandement et que le désordre règne à l'administration des munitions perdue par l'usage de trente calibres différents d'artillerie, le Sénat doit avoir le courage d'agir, et vite[124].

Les visites aux armées sur le front rendues par le sénateur de Corse sont fréquentes en 1916-1917 [photographies 23 à 25 p. 458-459]. Pour Paul Doumer, les effectifs demeurent en effet l'élément clé de la bataille. Cette conception se fonde plus sur une certaine notion de l'honneur militaire que sur une évaluation des conditions concrètes de la victoire. Le sénateur déclare ainsi :

> « La France, de même que les autres pays dont la cause est commune, a le devoir de donner au front les effectifs qui permettront de gagner la bataille. »[125]

La commission sénatoriale de l'Armée est soucieuse de conserver l'image de compétence, de sérieux et de modération traditionnellement attachée au Sénat. Sa très grande activité fournit le meilleur argument à ceux qui refusent au Parlement un rôle trop important en temps de guerre[126]. Ainsi Aristide Briand, alors président du Conseil, accuse-t-il à la fin de l'année 1916 les Chambres d'accaparer les ministres pendant les débats en séance publique et lors de trop fréquentes audi-

---

120. J. Gallieni, *Les carnets de Gallieni*, *op. cit.*, 26 mai 1915, p. 169.

121. *Ibid.*

122. « Rapport Bérenger sur le recrutement d'une armée indigène », 26 novembre 1915 : en particulier S. Andrivon-Milton, *La Martinique et la Grande Guerre*, Paris, L'Harmattan, 2005.

123. AS, 80S 4, Union républicaine du Sénat, procès-verbaux des réunions (1916-1942), réunion du 12 décembre 1916.

124. *Ibid.*

125. AS, 69S, commission de l'Armée du Sénat, séance du 3 février 1917.

126. M. Mermeix, *Au sein des commissions*, Paris, Ollendorff, 1924.

tions devant les commissions. Paul Doumer répond à la critique d'Aristide Briand en des termes vifs lors de la séance du 21 décembre 1916, sous les applaudissements de ses collègues :

> « Il y a une époque où l'on ne vous faisait pas perdre votre temps : c'était d'août à décembre 1914 ! Jamais l'inertie n'a été pareille ! Il n'est rien sorti du gouvernement de Bordeaux, rien ! »[127]

Ainsi le conflit, au sein de la commission sénatoriale de l'Armée, entre les partisans, derrière Paul Doumer et Georges Clemenceau, d'une position extrêmement ferme vis-à-vis du gouvernement et les modérés, soucieux de ne pas malmener trop vigoureusement ce dernier, domine-t-il les débats de l'année 1916. Paul Doumer souligne que 40 des 120 divisions d'infanterie ne peuvent être pourvues de canon de 75 et n'alignent que du matériel de 90, incapable d'assurer le tir de barrage, seul susceptible de défendre les positions en cas d'attaque ennemie. La production d'artillerie peine à suivre l'évolution des effectifs. Or des troupes attaquées et dépourvues de canon de 75 sont perdues d'avance. La commission redouble de travail.

7. En campagne contre le général Joffre

Pour Paul Doumer, le contrôle parlementaire est une impérieuse nécessité. Dans le secret des séances des commissions, il lui paraît légitime de critiquer, d'une manière constructive, les choix effectués par l'exécutif, de signaler ce qu'il considère comme des insuffisances ou des erreurs du gouvernement. Ce qu'il ne se prive pas de faire, avec toute la franchise directe qui le caractérise. Paul Doumer estime, comme d'autres parlementaires, que, s'il est légitime que la direction des opérations revienne à l'armée, il est du devoir du gouvernement de conserver la direction de la guerre. Il revendique, de la même façon pour les commissions parlementaires, des pouvoirs de contrôle multiforme et élargi sur l'exécutif. Tant sur les fabrications de guerre que sur l'utilisation des hommes et du matériel et ce, sans restriction. Il rejoint largement en ce sens ses collègues Georges Clemenceau et Paul Painlevé[128]. Les partisans de ce contrôle élargi emportent une première manche à l'automne 1915 avec la chute du cabinet Viviani.

En mars 1915, Paul Doumer mène une si vigoureuse campagne contre le général Joffre qu'elle est remarquée au Sénat[129]. Que reproche Doumer à Joffre ? Le sénateur de Corse est intervenu pour nommer le général de Castelnau premier sous-chef d'état-major, appelé à devenir le major général de Joffre[130]. Paul Doumer reproche à ce dernier d'user par sa méthode les troupes sans profit sérieux, nécessitant l'appel à de tous jeunes gens. Dans ses notes, Paul Doumer accable le général de tous les défauts :

127. AS, 69S, commission de l'Armée du Sénat, séance du 21 décembre 1916.
128. A.-L. Anizan, *Paul Painlevé (1863-1933) : un scientifique en politique*, *op. cit.*, p. 320-321.
129. PPP, BA2041, note de la préfecture de police de Paris, 27 mars 1915.
130. J.-C. Notin, *Foch*, *op. cit.*, p. 68.

> « Lourd, lent, l'intelligence paresseuse, la mentalité de son physique, nigaud dans sa vie privée, s'éprenant d'une fille publique et tentant de se suicider (sans y parvenir) si elle ne veut pas l'épouser, proie des femmes déchues, brave homme méprisable. »[131]

Pendant que le général Pédoya[132] et ses amis radicaux-socialistes sapent eux aussi de leur mieux le général Joffre, qu'ils voudraient remplacer par le général Sarrail[133], Paul Doumer demande comme généralissime le général Foch, qu'il proclame dans les groupes parlementaires « notre premier homme de guerre, bien supérieur au général Joffre ». Poursuivant sa distribution de bons points, Paul Doumer qualifie de « patriotes de théorie », chacun à leur manière, ses contemporains Georges Clemenceau, Louis Barthou, Raymond Poincaré et Alexandre Millerand. Et de s'expliquer sur ce qualificatif :

> « Ceux qui sont patriotes à leur manière, qui ne voient la patrie qu'à travers leur propre personne, l'intérêt national à travers leur intérêt, sont capables de servir la France si cela les sert, sont patriotes dans la mesure où ils sont les maîtres, pour qu'il ne leur en coûte rien. »[134]

La plume du sénateur est amère.

En mai 1915, Paul Doumer, diversifiant toujours ses activités, s'active à créer un grand comité analogue à celui qui existe en Allemagne sous le nom de *Central Verband*, centralisant, à l'usage des industriels allemands, les rapports sur le commerce extérieur lui venant de ses agents, soutenant les industriels en cas de guerre et s'occupant de la préparation des lois économiques et sociales. Calqué sur ce modèle, ce comité serait intitulé « Comité national de défense et d'expansion commerciale »[135]. Pour ce faire, Paul Doumer s'abouche avec Arthur David-Mennet, président de la Chambre de commerce de Paris. L'objectif est de supplanter la Fédération des commerçants et industriels présidée par André Lebon[136], ancien ministre. Car le comité conçu par Paul Doumer, à la différence de cette « Fédération Lebon », ferait de la politique militante et de la préparation électorale en soutenant financièrement certains candidats, soit une différence de taille. André Lebon voit dans ce projet une concurrence à laquelle il s'oppose. Paul Doumer voit grand : son comité, déjà baptisé « comité Doumer », constitué de comités régionaux, soutiendrait l'expansion commerciale française sur le marché mondial. Il discuterait la législation économique, examinerait les projets de traités commerciaux, les questions douanières et les lois sociales.

La guerre s'enlise. Par le décret du 6 août 1915, les places fortes sont mises à disposition du général en chef, ce qui permet de prélever des pièces d'artillerie

131. BAN, Ms 1689 (U 4558).
132. Général J. Pédoya, *La commission de l'armée pendant la Grande Guerre : documents inédits et secrets*, *op. cit.*
133. J. K. Tanenbaum, *General Maurice Sarrail (1856-1929): the French Army and Left-Wings Politics*, Chapell Hill, The University of North Carolina Press, 1974.
134. BAN, Ms 1689 (U 4558).
135. PPP, BA2041, note de la préfecture de police de Paris, 20 mai 1915.
136. J. Dubos, *André Lebon, un homme d'affaires en République (1859-1938) : le patriotisme et l'influence*, Rennes, PUR, 2001.

lourde, dont l'armée manque, et de réduire la garnison des forts de Verdun, largement constituée de territoriaux. Dès l'été 1915, Paul Doumer évoque l'impact qu'aurait sur le moral du pays et de l'armée la perte de places fortes constituant le bouclier du pays[137]. Mais Joffre, qui prépare l'offensive sur la Somme, demeure sourd aux avertissements des membres des commissions parlementaires de l'Armée et du ministre de la Guerre, Gallieni.

Lors d'une délibération le 18 juillet 1916 de la commission sénatoriale de l'Armée sur une proposition de loi déclarée urgente concernant la préparation militaire des jeunes Français, Paul Doumer exprime son souhait de voir l'unanimité se faire au Sénat pour le vote de ladite proposition en discussion[138]. Tout le monde en effet, selon lui, doit reconnaître la nécessité de la préparation militaire. Cette assurance ne supporte guère de contradiction dans ses schémas mentaux. Le sénateur de Corse rappelle que les considérations d'ordre politique ne sauraient prévaloir, selon lui, pour la période de guerre. Quelques semaines plus tard, ses relations russes lui valent une nouvelle mission, officielle cette fois, pour obtenir le précieux appui du tsar dans l'effort de guerre. En novembre 1916, Paul Doumer est ainsi envoyé par le gouvernement français en mission en Russie. Il a su convaincre le tsar. Impatient, Paul Doumer fustige vivement, à son retour en décembre 1916 devant Aristide Briand, président du Conseil, l'inorganisation du grand quartier général, mettant notamment en cause le général Joffre. Le 27 décembre 1916, Joffre est relevé de son commandement et nommé en compensation maréchal de France. Il pourra sommeiller tout à son aise à l'École de guerre, ironisent ses adversaires. Alors que la disparition un an plus tôt de Gallieni a sensiblement diminué son influence, Paul Doumer exulte :

> « J'en suis personnellement heureux et m'honore d'avoir personnellement tout fait pour obtenir cette mesure indispensable. »[139]

L'expérience de guerre de ses fils au front est un canal d'information essentiel pour le sénateur Paul Doumer. De sa violence, de sa souffrance vécue, ce dernier a une connaissance directe et irremplaçable par ses fils, valant le meilleur des rapports parlementaires. Ses fils lui signalent ainsi depuis des mois les scandaleuses fautes commises à Paris : la livraison d'avions mal réglés, mal construits, les envoie, selon eux, délibérément à la mort.

Le sénateur Doumer demande de nouveau la parole le 17 février 1917 lors de la discussion du projet de loi relatif aux exemptés et réformés. Les unités doivent avoir leur effectif au complet pour affronter le champ de bataille dans de bonnes conditions. Il s'agit de donner des soldats à la patrie car, au-dessous de tout, au-dessus des convenances, il y a, dit Paul Doumer, « l'intérêt suprême de la nation »[140]. Il ne saurait, en considération des graves problèmes d'effectifs dont souffre l'armée à ce moment, être question d'exemptions :

---

137. A. Duménil, « 21 février 1916 : Verdun, sous le feu », *in* B. Cabanes *et al.* (dir.), *Larousse de la Grande Guerre*, *op. cit.*, p. 171.
138. AS, Annales du Sénat, débats parlementaires, séance du 18 juillet 1916, p. 754.
139. BAN, H. de Golen, *Le président Doumer accuse… En marge de l'histoire*, *op. cit.*, p. 103.
140. AS, Annales du Sénat, débats parlementaires, séance du 17 février 1917, p. 252.

« Le général Gallieni serait ici, il tiendrait le même langage que le général Lyautey [alors ministre de la Guerre] ! »[141]

La référence, soulignant la fidélité de Paul Doumer au général Gallieni, est accueillie par de vifs applaudissements de ses collègues. En attendant, le « bourrage de crânes » est à l'œuvre. Les deux premières années de guerre sont en effet dominées par des « stratégies de persuasion »[142] mises en place par les États. Les gouvernements sont ainsi amenés à se lancer dans des « opérations de remobilisation »[143]. Le comité bernois de secours aux prisonniers de guerre ne craint pas d'écrire que des journaux comme *Le Temps* publient des notes officieuses ne correspondant pas à la réalité, en ce qui concerne en particulier les représailles inhumaines infligées par les Allemands aux prisonniers de guerre français. On craint que des milliers de prisonniers de guerre français ne meurent en captivité au cours de l'hiver 1916-1917, si froid que des glaçons apparaissent dans la Seine. Malgré les efforts conjugués de Paul Doumer et d'autres, les représailles allemandes dureront jusqu'au seuil de l'hiver 1917, c'est-à-dire plus d'un an encore.

Prévue depuis des semaines et chuchotée dans tout Paris, la grande offensive sur l'Aisne a lieu le 16 avril 1917. Elle échoue au moins partiellement. Alors qu'on compte surprendre l'ennemi, la surprise avorte totalement. Les pertes françaises sont effarantes, incalculables. Les divisions de troupes de couleur de l'armée Mangin perdent 75 % de leurs effectifs. Les députés et sénateurs réunis au quartier général pour voir l'attaque sont épouvantés. Poussé par les interventions de Paul Doumer et d'autres de ses collègues, Paul Painlevé, ministre de la Guerre, se décide quand même à arrêter l'attaque. Les soldats, une nouvelle fois, paient douloureusement les conséquences d'un manque d'organisation, dont l'erreur fondamentale consiste, selon Paul Doumer, à tenir à l'écart de la préparation de la bataille et des projets du haut commandement le personnel technique du service de santé, séparés par des cloisons étanches. Le manque de méthode continue d'engendrer les mêmes douloureuses erreurs, selon le sénateur. Des erreurs devenues « des crimes », condamne gravement Paul Doumer[144].

8. Des erreurs d'organisation devenues des « crimes »

La guerre ne détourne pas Paul Doumer de ses idées politiques. Ce dernier apparaît ainsi tout désigné pour rejoindre en 1916 la commission sénatoriale de l'impôt sur le revenu, nommée le 2 avril 1909[145]. L'impôt général sur le revenu a été institué par la loi du 15 juillet 1914 dans les circonstances dramatiques de l'été 1914 mais les modalités pratiques de sa levée sont loin d'être réglées. L'opinion presque unanimement

141. *Ibid.*, p. 240.
142. C. Prochasson, « La guerre en ses cultures » *op. cit.*, p. 255-271.
143. *Ibid.*
144. BAN, H. de Golen, *Le président Doumer accuse… En marge de l'histoire*, *op. cit.*, p. 121.
145. AS, 124S 1508-1509, commission de l'impôt sur le revenu, procès-verbaux des séances (1909-1916), 7 t.

entre les commissaires est que plus un impôt est lourd, plus ceux qui doivent le subir font d'efforts pour l'éviter. Alors que son projet de 1896 prévoyait de ne frapper les revenus qu'à partir de 2400 francs, la commission de 1909, rappelant qu'il n'existe guère en France que des fortunes moyennes, préconise d'atteindre les revenus dès 1800 francs[146]. Techniques, les travaux des commissaires portent sur le rythme optimal de progression de l'impôt; la largeur des déductions et des aménagements à accorder à la base; les règles d'évaluation des revenus fonciers, des propriétés bâties et non-bâties. Paul Doumer rappelle avec malice que son avis en matière d'impôt sur le revenu, connu depuis longtemps, n'a pas changé[147]. Vingt ans après le renversement du cabinet Bourgeois et pour ses collègues qui ne l'auraient pas encore compris, le sénateur de Corse se dit « partisan d'un impôt sur le revenu global frappant l'ensemble des ressources de chaque contribuable, quelle que soit l'origine, et proportionnant l'imposition de chacun à ses facultés »[148]. Car la fortune de la France, très inquiétante du point de vue des ressources de la trésorerie, se trouve très entamée. Aussi, selon lui, le pays n'a-t-il, dans les circonstances de la guerre, pas d'autre choix que celui, urgent, de cette réforme fiscale : le calendrier législatif et fiscal doit, selon le sénateur, être calé sur celui de la guerre, prioritaire à tous égards[149]. Et, pour ce faire, il convient de tout faire pour éviter un conflit entre les deux Chambres dans ce contexte si tendu. En temps de guerre, alors que la patrie demande aux Français des sacrifices autrement plus sérieux, personne, selon Paul Doumer, ne trouvera excessif une déclaration (obligatoire) de ses revenus sous prétexte qu'il n'y est pas habitué[150].

Sur le front français, les mutineries des soldats, épuisés, se multiplient[151]. Alors que trois ans de guerre n'ont produit aucun résultat significatif, en dehors de pertes immenses, elles affectent plus de la moitié des unités combattantes françaises, surtout dans l'Aisne, puis dans la Meuse et les Vosges, au point d'inquiéter vivement le commandement. La « crise d'indiscipline » de l'armée française, comme furent appelées publiquement les mutineries de 1917, commence le 17 avril 1917. Le fait nouveau est qu'il s'agit d'un acte collectif d'indiscipline. Sans organisation, sans objectifs définis, ces mutineries ne répondent toutefois pas à une tentative révolutionnaire. L'explication tient dans une brutale baisse du moral des soldats à la suite de l'échec désastreux de la bataille du Chemin des Dames, lancée par le général Nivelle en avril 1917; et un sentiment de lassitude devant une guerre interminable. C'est en effet sur le Chemin des Dames que le général Nivelle, qui a remplacé le 16 décembre 1916 le général Joffre à la tête de l'armée française, a promis de percer le front allemand. Le 16 avril 1917, l'offensive française est déclenchée. Les soldats ont l'impression qu'on les envoie à une inutile boucherie. L'offensive

146. *Ibid.*, t. I, p. 79.
147. *Ibid.*, t. IV, p. 5.
148. *Ibid.*
149. *Ibid.*, t. IV, p. 29.
150. *Ibid.*, p. 34.
151 D. Rolland, *La grève des tranchées : les mutineries de 1917*, Paris, Imago, 2005; A. Loez *et al.* (dir.), *Obéir/désobéir : les mutineries de 1917 en perspective*, Paris, La Découverte, 2008; N. Offenstadt, *Les fusillés de la Grande Guerre et la mémoire collective (1914-1999)*, Paris, Odile Jacob, 1999.

n'est en définitive qu'une nouvelle réédition d'une conception de la guerre aussi sanglante qu'inefficace. Le général Nivelle est relevé de son commandement le 15 mai 1917 et remplacé par Pétain.

Le sens et le statut à attribuer aux mutineries qui ébranlent l'armée française sur le front occidental au printemps 1917, objet historique protéiforme s'il en est, sont vivement discutés par l'historiographie, qui en propose de multiples lectures, militaire, sociale et/ou politique, parmi d'autres. Non-réductible à une nature unique, l'événement, dont les circonstances sont complexes et les formes multiples, résiste à toute tentative de simplification. La thèse, partielle et partiale, de l'état-major voyant dans cette crise un complot fomenté par des agitateurs pacifistes et socialistes de l'arrière relayés par des meneurs dans les unités du front fut mise en cause[152]. Avec quelques 250 cas avérés d'indiscipline impliquant au plus 40 000 mutins, la crise des mutineries est considérée comme consécutive à l'échec de l'offensive sur le Chemin des Dames[153], ordonnée le 16 avril 1917, et à l'obstination de Nivelle à transformer l'offensive de rupture en guerre d'usure. Si l'échec de l'offensive est sans doute pour beaucoup dans le mécontentement du printemps 1917, c'est surtout le contexte général qui vient grossir les rangs des mutins. Le printemps 1917 s'inscrit en effet, selon André Loez, dans une « dynamique événementielle »[154] inédite avec la révolution russe ; les débats autour de la conférence socialiste sur la paix qui doit s'organiser à Stockholm ; et le début de grèves ouvrières en région parisienne. Tous ces événements entrent en résonance en mai 1917 pour renforcer « l'espoir d'une fin » chez les soldats. Crise strictement militaire selon Guy Pedroncini, les mutineries « ne sont pas un refus de se battre mais le refus d'une certaine manière de le faire »[155]. Pour Leonard V. Smith, les mutineries sont davantage une phase de négociation entre des citoyens-soldats et leur commandement : dans l'esprit des mutins, il s'agit de renégocier les paramètres de l'autorité en cherchant à peser sur la conduite tactique de la guerre[156]. Finalement, les incidents de 1917 sont considérés comme une crise politique, un sursaut de démocratie directe impliquant des mutins attachés aux valeurs de la République. L'« hypothèse sociologique » est, enfin, retenue, présentant les mutins comme acteurs d'un véritable « mouvement social de type particulier »[157] en temps de guerre.

Quelle est l'attitude personnelle de Paul Doumer au sujet des mutineries ? Il ne formule aucun avis écrit, qui aurait permis de l'apprécier. Toutefois, pour lui, aimer sa patrie veut indiscutablement dire mourir pour sa défense. Ainsi Paul Doumer a-t-il sans nul doute condamné les mutineries de 1917. Ses fils, dont un, André, est tombé dès 1914, ne sont guère concernés par le refus d'obéir et de combattre qui s'exprime alors. En même temps, Paul Doumer n'a pas craint non plus, dès qu'il en a

---

152. G. Pedroncini, *Les mutineries de 1917*, Paris, PUF, 1967, rééd. 1999.

153. N. Offenstadt (dir.), *Le Chemin des Dames : de l'évènement à la mémoire, op.cit.*

154. A. Loez, *14-18, les refus de la guerre : une histoire des mutins*, Paris, Gallimard, 2010, p. 26.

155. G. Pedroncini, *Les mutineries de 1917*, *op. cit.*, p. 312-313.

156. L. V. Smith, *Between Mutiny and Obedience: the Case of the French Fifth Infantry Division during World War I*, Princeton, PUP, 1994.

157. A. Loez, *14-18, les refus de la guerre : une histoire des mutins*, *op. cit.*, p. 26.

eu la possibilité, de condamner en des termes très vifs les erreurs d'organisation, selon lui, de l'arrière.

Ministre d'État dans l'éphémère cabinet Painlevé[158] (13 septembre-13 novembre 1917), président du Comité économique et membre du Comité de guerre, Paul Doumer assure en novembre 1917 l'intérim du ministre de la Guerre. Le sacrifice de deux de ses fils confère déjà à Paul Doumer l'autorité de parler au nom des victimes de la guerre. Il n'est toutefois pas un sésame. Le gouvernement est resserré, non par le nombre de ministres et de secrétaires d'État (respectivement dix-huit et onze), mais par la représentativité politique de ses membres, essentiellement issus du centre gauche et du camp modéré. Cinq membres de l'Alliance républicaine démocratique y figurent, dont Louis Barthou et Paul Doumer, l'un des sénateurs cumulant alors les plus importantes responsabilités dans les commissions sénatoriales[159]. Paul Painlevé veut s'attirer les bonnes grâces de la Chambre haute. Il espère sans doute ainsi obtenir une trêve des attaques de la commission de l'Armée, qui s'est montrée particulièrement virulente au cours de l'été 1917 contre le gouvernement Ribot au sujet du pacifisme et des questions d'espionnage. Les ministres d'État sont des personnalités de premier ordre, qui n'appartiennent pas au cabinet précédent.

Le 8 novembre 1917, Paul Doumer, doublement ministre, dépose au Sénat un projet de loi, adopté par la Chambre des députés, sur le recrutement de l'intendance militaire pendant la durée des hostilités[160]. Mais le ministère Painlevé donne l'impression d'être peu stable. Les scandales des affaires dites de trahison s'amplifient chaque jour. Après Almereyda, d'autres apparaissent. La Sûreté générale et le 2e bureau sont maintenant accusés de collusion avec les espions !

D'une attitude réticente dès qu'il est au pouvoir, Paul Doumer parle plus aisément lorsqu'il ne l'occupe plus. En l'occurrence, il n'a pas l'occasion de mettre longtemps en relief son labeur et sa clairvoyance. Le cabinet Painlevé s'effondre en effet en novembre 1917 deux mois seulement après sa formation. Malgré l'antipathie de Raymond Poincaré pour Georges Clemenceau, le président de la République se résigne à appeler ce dernier à la présidence du Conseil. Joseph Caillaux et Louis Malvy sont déférés à la Haute-Cour et condamnés. Paul Doumer n'est pas reconduit par Georges Clemenceau, qui, onze ans plus tôt dans un article reproduit dans *L'Indépendant du Cantal*, avait qualifié son *Livre de mes fils* de « remarquable échantillon de platitude humaine »[161]. Les deux hommes, pourtant également déterminés dans l'effort de guerre, ne s'apprécient guère. Ils ne semblent pas taillés dans le même bois. Le Tigre voit-il en Paul Doumer, surnommé « Le Renard »[162], un possible adversaire à sa mesure ? Les deux hommes font tout pour s'éviter soigneusement leurs carrières durant et ne se rencontrent finalement jamais.

---

158. A.-L. Anizan, *Paul Painlevé (1863-1933) : un scientifique en politique*, *op. cit.*, chap. 11 : « Une éphémère présidence du Conseil », p. 504-533.

159. R. Sanson, *L'alliance républicaine démocratique : une formation de centre (1901-1920)*, *op. cit.*

160. AS, Annales du Sénat, débats parlementaires, séance du 8 novembre 1917, p. 1110.

161. ADC, *L'Indépendant du Cantal*, 14 janvier 1906.

162. L. Pasquier-Doumer, entretien avec l'auteur, 31 mai 2005.

Georges Clemenceau réalise le commandement unique et nomme Foch généralissime. La France, les alliés et les armées font confiance à ce vieillard de soixante-dix-sept ans, qui galvanise toutes les énergies défaillantes. Après la désastreuse affaire du Chemin des Dames, Paul Doumer est toutefois très irrité contre Foch et Clemenceau. Paris revit les heures tragiques du début de la guerre. Après quatre ans de guerre, la capitale est encore menacée. Il y a en effet une énorme brèche dans le front franco-anglais. Plutôt que de se lamenter, Paul Doumer apporte son concours aux généraux Dubail et Guillaumat. Son fils Marcel, doué pourtant d'une énergie à toute épreuve, vient d'écrire à son père qu'il se débat dans des difficultés matérielles et morales qu'il ne sait comment surmonter[163]. Des égarements criminels, dont il ne tardera pas à tomber victime à son tour. Les Allemands possèdent des Fokker de combat nouveau modèle, très supérieurs à tout ce que possèdent les Français. La question du relèvement de Foch se pose déjà. Qui nommer ? Pétain ? Les Anglais ne l'aiment pas. En dehors de Gallieni, la guerre n'a mis en évidence aucun grand chef, selon Paul Doumer. Il blâme, révélant sa vocation de militaire contrariée :

> « C'est pourtant le métier des officiers supérieurs de se révéler sur les champs de bataille ! Ce n'est pas celui des parlementaires ! »[164]

Georges Clemenceau refuse de relever Foch de son commandement. Un seul homme assez populaire parmi les parlementaires peut réfréner et pacifier des troubles éventuels : Clemenceau. Le bon sens et l'ingénuité populaires ont déjà baptisé le vieillard le « père la Victoire ». En novembre 1917, après une période de trouble et d'inquiétude où les mutineries sont discutées par les parlementaires en comités secrets[165], le ministère Clemenceau affiche ainsi sa volonté de combattre sous toutes ses formes le pacifisme, tenu pour responsable des mutineries du printemps 1917.

9. La perte des fils

Lors de la délibération du comité de ravitaillement le 24 septembre 1914, on apporte une dépêche au président Paul Doumer. Il l'ouvre, la lit, pâlit soudain. Une larme est vue dans ses yeux. Paul Doumer reprend simplement et invite ses collègues à conclure. La séance continue et se termine une heure plus tard. Une fois tout le monde parti, Paul Doumer concède à son collaborateur au gouvernement militaire de Paris :

> « J'apprends qu'un de mes fils vient d'être tué. Le gouverneur est en tournée. Je vous prie de lui dire que je vais, cette nuit, rejoindre ma femme en Touraine. Il ne faut pas que la pauvre mère apprenne par un autre la mort de notre enfant. Je serai rentré demain soir. »[166]

---

163. BAN, H. de Golen, *Le président Doumer accuse… En marge de l'histoire*, *op. cit.*, p. 134.
164. *Ibid.*, p. 135.
165. A. Loez, « Mutinerie : un mythe silencieux », *in* J.-Y. Le Naour (dir.), *Dictionnaire de la Grande Guerre*, Paris, Larousse, 2008, p. 307.
166. P.-B. Gheusi, *Gallieni (1849-1916)*, *op. cit.*, p. 175.

Le général Gallieni note le 25 septembre 1914 dans ses carnets :

> « Doumer est très éprouvé. Un de ses fils vient d'être tué. Le père reste muet sur son deuil personnel. »[167]

Deux mois à peine après le début de la guerre, André Doumer est en effet blessé mortellement le 24 septembre 1914 à Hoéville (Meurthe-et-Moselle). En exposant sa vie pour épargner celle de ses soldats, un éclat d'obus lui a labouré le flanc. Transporté hors de la ligne de feu, André se sent perdu :

> « Vous direz à mon père que je suis tombé à ma place, en faisant mon devoir. Dites-lui aussi que je meurs content et que je suis sur qu'il sera content pour moi. »[168]

S'agit-il d'une description réaliste de la mort sur le champ de bataille ? Il s'agit bien plutôt d'une de ces littératures du deuil, bien connues des spécialistes, mettant en scène le deuil privé : des textes destinés à célébrer la mort glorieuse des combattants de la Grande Guerre et à entretenir leur mémoire[169]. Ils comportent souvent des citations de lettres de camarades du front ou les « dernières paroles » prononcées par les disparus. De la même façon, un livret posthume, *Trois héros : les frères Doumer*, publié en 1920, rapporte que dans la capote déchirée par la mitraille qu'André Doumer porte lorsqu'il est frappé, se trouve une petite photographie de son père sur laquelle il a inscrit cette devise familiale, « Fais ce que tu dois ! »[170]. Une feuille de papier porterait, tracés au crayon, ces vers de Déroulède[171] :

> « Le cœur joyeux, l'âme ravie, au détour de quelque chemin, je tomberai pour la patrie, l'épée en main. »[172]

Lieutenant du 8e régiment d'artillerie en garnison à Nancy, commandant de la 22e batterie, membre de la 70e division d'infanterie formée à Toul sous le commandement du général Fayolle (qui s'illustre dans les batailles rudes et sanglantes livrées en Lorraine au cours des mois d'août et septembre 1914 sous les ordres du général de Castelnau[173]), André, vingt-cinq ans, est fauché en pleine jeunesse. Son frère René le sera à sa suite deux ans et demi plus tard.

Le 26 avril 1917, Andrée, la petite-fille de Paul Doumer, note dans son journal que Bon-papa a l'air « aussi bizarre que le salon ». Paul Doumer ne regarde personne d'autre que Blanche et annonce, d'une voix très grave :

> « René est mort. »[174]

---

167. J. Gallieni, *Les carnets de Gallieni*, *op. cit.*, p. 103.

168. H. Ghilini, « Les stations d'un calvaire : autour d'une grande douleur », *L'Intransigeant*, 13 mai 1932.

169. B. Cabanes, courriel à l'auteur, 1er octobre 2010.

170. AD Aisne, 8° br 707 : *Trois héros : les frères Doumer*, Paris, Vuibert, 1920, p. 29-30.

171. B. Joly, *Déroulède : l'inventeur du nationalisme*, Paris, Perrin, 1998.

172. *Ibid.*

173. Y. Gras, *Castelnau ou l'art de commander*, Paris, Denoël, 1990 ; C. Bonafous, *À la droite de Dieu : la Fédération nationale catholique (1924-1944)*, Paris, Fayard, 2004.

174. A. Doumer, *Mon grand-père Paul Doumer*, *op. cit.*, p. 6.

Blanche devient toute pâle, tend les bras et tombe. On se précipite. Tout le monde pleure. Les larmes deviennent hurlements[175]. Blanche lâche, anéantie dans son effroi :

« Quand cette hécatombe cessera-t-elle ? »[176]

René Doumer, capitaine du 2e bataillon de chasseurs à pied, commandant l'escadrille de chasse no 76 de la Ve armée, vient d'être tué à son tour à l'âge de vingt-neuf ans au nord de Brimont dans la Marne [photographie 26 p. 459]. Dans un combat aérien sans égal, seul contre six avions ennemis, à la manière de Roland Garros et de Georges Guynemer, après avoir, pendant quatorze mois de combats, abattu sept avions allemands et mérité cinq citations éclatantes. Licencié en droit, nommé après concours rédacteur de la Banque de France, René Doumer exerce avant 1914 dans les succursales de la Banque à Reims et Nancy. Frappé d'une balle à la cuisse non loin de Lunéville le 22 août 1914, le lieutenant se relève immédiatement et continue à exercer le commandement sous le feu[177]. Après de longs mois de souffrances et d'opérations successives qui mettent un moment sa vie en danger, René est guéri. Boiteux, il est déclaré inapte à servir dans l'infanterie. C'est toutefois insuffisant pour arrêter cette « âme de preux »[178]. Dans sa convalescence, attaché aux côtés de son père à l'état-major du général Gallieni au gouvernement militaire de Paris, il sollicite l'examen d'un des plus grands chirurgiens de la capitale afin que soit tentée une ultime opération, qui lui rendrait un usage suffisant de sa jambe pour pouvoir être admis dans l'aviation. L'opération réussie, c'est aussitôt chose faite : le jeune lieutenant Doumer entre dans la seule arme où il lui est encore possible de combattre. En deux mois, son instruction est achevée et il obtient son brevet de pilote[179].

Aussitôt la nouvelle de la disparition de René connue, Paul Doumer se rend dans le secteur nord de Reims, sur le front de l'armée dans laquelle évoluait l'escadrille de son fils. L'attente angoissante dure plusieurs semaines. La mort de l'aviateur n'est connue que le 20 mai 1917. Une enveloppe maculée de terre est trouvée. À l'intérieur se trouve une note en allemand, ainsi conçue :

> « Le capitaine Doumer est tombé dans un combat aérien le 26 avril 1917 au nord de Brimont. Il a été enterré dans le cimetière militaire des officiers allemands et les honneurs militaires lui ont été rendus à Asfeld-la-Ville. Deux photographies de la tombe sont jointes à cette lettre, dont une est destinée à Madame Doumer. »[180]

175. *Ibid.*
176. *Ibid.*
177. *Ibid.*, p. 31.
178. M. Colrat, *L'Opinion*, rubrique « Notes et figures », 26 mai 1917.
179. J. Mortane, « Les grands chefs : le capitaine Doumer », *La Guerre aérienne*, 14 juin 1917 ; « Le sourire de René Doumer », *La Guerre aérienne*, 11 octobre 1917.
180. BAN, H. de Golen, *Le président Doumer accuse… En marge de l'histoire*, *op. cit.*, p. 123.

Sur la croix qui surmonte le tertre révélé par une des photographies, est écrite en allemand l'épitaphe suivante :

> « Ci-gît le capitaine René Doumer, chef de l'escadrille 76. Il est mort en héros dans un combat aérien le 26 avril 1917. »[181]

La base aérienne de Doullens, dans la Somme, portera ultérieurement son nom.

On demandera souvent par la suite à Paul Doumer pourquoi il n'a pas cherché à empêcher son fils René de repartir combattre. Interrogations balayées d'un revers de la main par le père, indigné de trouver tant de fils de famille embusqués à l'arrière. Paul Doumer, comme Georges Clemenceau, fait sienne la cause de la « chasse aux embusqués », manière de rappeler le principe républicain de l'égalité dans la lutte contre toute forme de passe-droits[182]. Car, si à la mobilisation générale, tout le monde part rejoindre son corps d'affectation, beaucoup de malins s'arrangent pour demeurer dans les dépôts, les hôpitaux, toutes sortes de formations à l'arrière (sections d'état-major et d'infirmiers). Tandis que les tranchées du front sont concédées aux ingénus du service dit « armé », les fils de la haute bourgeoisie partis au front n'ont qu'un souci dès septembre 1914, celui d'être versés dans le service « auxiliaire », où se retrouvent tous les débrouillards. Ses fils ne sont pas « de ceux-là », répond Paul Doumer avec orgueil :

> « Ils sont d'une témérité folle. J'essaie de les pondérer mais c'est dans leur tempérament ! Ils se réservent toutes les missions les plus périlleuses et le plus souvent sur des appareils qui marchent mal ou ne marchent pas du tout ! Mes pauvres petits ! Si encore ils montaient des appareils au point ! Mais dans l'aviation comme partout, c'est l'incohérence, sans parler des scandales ! Mes fils aiment leur patrie et ils aiment le risque. Je ne me considère pas le droit de les y soustraire. »[183]

Paul Doumer répond également fréquemment à qui veut bien l'entendre que s'il avait élu président de la République en 1906, la France n'en serait pas où elle est car il aurait veillé à ce qu'elle soit prête pour la guerre. Mais il se plaint d'avoir le sort de Cassandre, de n'être entendu et écouté par personne[184]...

La question du consentement patriotique des sociétés à la guerre et de la contrainte et du refus est un jeu complexe, avec toutefois une règle (le consentement, dans tout l'éventail des sens du mot déployé par l'anthropologie culturelle du conflit, recouvre la position de la majorité des soldats : 2 millions de combattants sont présents sur le front) et une exception (la mutinerie concerne 40 000 hommes au total)[185]. L'acceptation de la guerre pendant le conflit repose sur le consentement des soldats, l'acceptation des civils et la mobilisation des nations, fondés sur la croyance en la croisade du bien contre le mal et s'alimentant aux récits

181. *Ibid.*

182. C. Ridel, *Les embusqués*, Paris, Armand Colin, 2007, p. 295.

183. BAN, H. de Golen, *Le président Doumer accuse… En marge de l'histoire*, *op. cit.*, p. 96 et 113-114.

184. *Ibid.*, p. 116.

185. R. Cazals, « 1914-1918 : oser penser, oser écrire », *Genèses*, n° 46, mars 2002, dossier « Débats et controverses », p. 26-43.

des atrocités (réelles ou prétendues) commises par l'ennemi[186]. Dans ce contexte, les cas de « patriotisme exalté » tel que celui de René Doumer sont finalement assez rares, surtout à partir du tournant de 1914-1915[187]. En effet, le champ de bataille industrialisé se dévoile avec une violence inouïe dès le début des hostilités en août 1914. Les troupes font l'expérience de la mort de masse. Les quatre premiers mois du conflit, au cours desquels tombe André Doumer, comptent parmi les plus meurtriers. Côté français, la guerre de mouvement entre août et novembre 1914 enregistre ainsi les pertes les plus élevées de tout le conflit[188]. La mortalité combattante lors de l'année 1914, et de nouveau lors de l'année 1915, a été, dès lors, bien supérieure à celle des années de guerre ultérieures. La France compte 301 000 tués lors de l'année 1914, soit une moyenne de plus de 60 000 morts par mois et de plus de 2 000 par jour. Le coût humain des tout premiers mois de la guerre est ainsi extraordinairement élevé[189]. La longue année 1915 confrontera ensuite les soldats français à la nature particulière du combat industrialisé de la Grande Guerre : elle leur apporte une expérience de la mort de masse sans précédent depuis les guerres napoléoniennes[190]. Comme l'écrit Antoine Prost, retenant cette phrase d'un combattant : « Le soldat de 1916 [...] se bat par honnêteté, par habitude et par force »[191]. En revanche, plus fréquente a été la conscience d'un « devoir inéluctable à accomplir » : devoir envers la France et/ou la République ; devoir envers le petit groupe de camarades, dont la solidarité représente une question de vie ou de mort ; devoir envers sa famille. L'acceptation de leur sort au front, pour les fils de Paul Doumer, résulte de la convergence de ces facteurs. L'un d'eux l'a-t-il emporté à tel ou tel moment ? La force des préceptes du *Livre de mes fils* en tête, les fils de Paul Doumer combattent-ils aussi par devoir envers leur père ? Les cinq fils Doumer consentent à la guerre par devoir pour la patrie, fortement éduqués en ce sens par leur père. La légitimité de la guerre et la notion de sacrifice leur ont été inculqués dès leur plus jeune âge par un père, dont l'autorité et les convictions ne sauraient guère être remises en cause par ses fils.

10. Quatre rubans tricolores sur la table du salon

Le 23 juin 1918, Marcel Doumer prépare le départ de son escadrille pour la grande contre-offensive de l'armée Mangin[192]. Capitaine du 20e bataillon de chasseurs à

186. S. Audoin-Rouzeau *et al.*, *14-18, retrouver la guerre*, *op. cit.*
187. J. Horne (dir.), *Vers la guerre totale : le tournant de 1914-1915*, Paris, Tallandier, 2010 [A. Lorin, *Revue historique*, n° 658, avril 2011, p. 467-469].
188. J. Horne, « De la guerre de mouvement à la guerre de positions : les combattants français », *in* J. Horne (dir.), *Vers la guerre totale : le tournant de 1914-1915*, *op. cit.*, p. 77.
189. S. Audoin-Rouzeau, « L'irruption de la violence », *in* J. Horne (dir.), *Vers la guerre totale : le tournant de 1914-1915*, *op. cit.*, p. 36.
190. J. Horne, « De la guerre de mouvement à la guerre de positions : les combattants français », *op. cit.*, p. 95.
191. *L'Histoire*, n° 106, janvier 1988, p. 7.
192. G. Hanotaux, *Le général Mangin*, Paris, Plon-Nourrit, 1925 ; L.-E. Mangin, *Le général Mangin (1866-1925)*, Paris, Lanore, 1986.

cheval puis commandant l'escadrille de combat Spa. 88 appelée « Les serpents », unité d'élite formée par le capitaine d'Astier de la Vigerie, Marcel est tué, comme son frère René disparu un an plus tôt, en combat aérien le 28 juin 1918 à la lisière de la forêt de Villers-Cotterêts (Aisne)[193]. Il est âgé de trente-et-un ans.

Parmi les grands États belligérants, la France connaît une véritable hécatombe des combattants en 1914-1918 : environ 1,4 millions de morts ou disparus, un peu plus en incluant les pertes jusqu'en octobre 1919, limite officiellement retenue. Soit 18 % des 8 millions de mobilisés, 10 % de la population active masculine, plus de 3 % de la population française. Rares sont ainsi les familles françaises qui n'ont à déplorer aucun décès. Outre ces chiffres, le deuil des soldats de 14-18 est, qualitativement, anormal à plus d'un titre : les vieux pleurent les jeunes. Philippe Ariès parle de « mort inversée »[194] pour qualifier, dans l'histoire du deuil, la mort au combat, en masse de surcroît, des hommes les plus jeunes issus des sociétés belligérantes, inversant l'ordre normal de succession des générations. Le temps du deuil est compliqué et prolongé dans le cas des disparus de la Grande Guerre, rendant impossible le travail de démobilisation culturelle. Car le deuil de guerre n'a que peu de choses à voir avec un deuil ordinaire[195]. En effet, le culte de disparus morts à la guerre rend sans doute bien plus difficile qu'en temps de paix le nécessaire détachement des survivants à l'égard de ceux qu'ils ont aimés et perdus. Les acquis de la psychiatrie contemporaine peuvent se révéler d'une aide précieuse dans la compréhension de la souffrance psychique de parents de soldats morts à vingt ou trente ans. Si la mort d'un enfant apparaît, quel que soit l'âge de ce dernier, comme « un deuil pour toujours », la douleur de la perte est encore accrue lorsqu'il s'agit d'un enfant ayant atteint l'âge d'homme.

Comment expliquer un tel seuil de tolérance à la souffrance ? La « culture de guerre », autrement dit « un système de représentations largement né des conditions nouvelles imposées par le conflit »[196], est définie par Stéphane Audoin-Rouzeau et Annette Becker comme « le champ de toutes les représentations de la guerre forgées par les contemporains »[197] : les soldats, victimes passives de leur destin, auraient été pliés à la guerre, comme agents non consentants, plus qu'ils se seraient pliés à elle. John Horne montre comment la notion de « sacrifice » est soumise, selon les besoins de la mobilisation, à des changements de signification, allant au « sacrifice de soi », renvoyant à une dimension sacrificielle plutôt positive, au « sacrifice des autres », c'est-à-dire ni plus ni moins qu'à leur massacre, donnant

193. AD Aisne, 8° br 707, *Trois héros : les frères Doumer*, Paris, Vuibert, 1920, p. 67.

194. P. Ariès, *Essais sur l'histoire de la mort en Occident du Moyen Âge à nos jours*, Paris, Le Seuil, 1977.

195. S. Audoin-Rouzeau, « Monuments aux morts, commémorations et deuil personnel après la Grande Guerre », *Mélanges de l'École française de Rome*, vol. 112, n° 2, 2000, p. 529-547.

196. C. Prochasson, « La guerre en ses cultures », *op. cit.*, p. 261.

197. S. Audoin-Rouzeau *et al.*, « Violence et consentement : la "culture de guerre" du premier conflit mondial », *in* J.-P. Rioux et J.-F. Sirinelli (dir.), *Pour une histoire culturelle*, *op. cit.*, p. 252.

dès lors à la guerre un tout autre sens, négatif, assimilant la guerre à une « boucherie »[198].

Le deuil personnel demeure malgré tout difficile à historiciser, particulièrement dans le cas de la Grande Guerre. Comment l'historien peut-il rendre compte en effet de l'intensité de la douleur endurée, du vécu de l'endeuillé de guerre et surtout de la dimension intime de la perte ? Jay Winter a proposé la notion de « communautés en deuil » pour tenter d'approcher, dans toute son étendue, la dimension collective du deuil de masse à l'issue de la Première Guerre mondiale[199]. En effet, toutes les structures sociales « prennent le deuil » de ceux de leurs membres qui sont tombés entre 1914 et 1918 : entreprises, administrations, écoles, facultés, clubs sportifs, ont construit, au côté des communautés civiques et religieuses, leurs propres monuments aux morts, organisé leurs propres cérémonies commémoratives, publié leurs propres livres d'or. Toutes les « communautés », tous les « cercles de deuil » étant touchés par le phénomène, le deuil devient collectif, c'est-à-dire porté collectivement : c'est, en définitive, « la quasi-totalité de la société française » qui se trouve dès lors en deuil[200]. Le vécu individuel des étapes du deuil (angoisse de la perte, annonce de la mauvaise nouvelle, réaction immédiate, réponse de la famille) reste délicat à appréhender pour l'historien. Sauf à travers les sources familiales, épistolaires et orales, rares dans le cas de la famille Doumer. Paul Doumer adresse toutefois le 1er juillet 1918 de Clermont-Ferrand une lettre de dix pages à Jeanne, sa belle-fille veuve de son fils Marcel, qu'il appelle « ma fille chérie ». Une lettre bouleversante de dix pages [document 31 p. 405-407], dans laquelle celui que l'on dit insensible à la perte de ses fils confie douloureusement :

> « Je ne vois quoi vous dire dans le malheur soudain et atroce qui vous accable comme nous. [...] Le malheur s'abat sur vous, sur nous, complet, irréparable. L'être chéri qui disparaît est mort au devoir, en accomplissant la tâche la plus belle et la plus haute, en donnant sa vie à la France. [...]
> La croix d'honneur qu'il désirait, qu'il avait vingt fois méritée [...] et qui allait lui être remise dans quelques jours (il le savait), c'est sur son cerceuil qu'on l'a déposée hier. [...]
> Vos enfants, ma chère Jeanne, [...] pourront au moins être fiers de [leur père]. Il aura été un des plus vaillants soldats de la patrie, à laquelle il a tout sacrifié pendant quatre ans, pour lui donner finalement son sang jusqu'à la dernière goutte. [...]
> Votre beau mari, ma chère Jeanne, le vaillant soldat sans peur et sans reproche de cette terrible guerre, a été [...] enveloppé dans son linceul blanc et [...] d'un drapeau tricolore. Il y repose en paix, stoïquement, fièrement.
> Je pleure en vous écrivant, alors que j'ai tant pleuré que je ne le croyais plus pouvoir. »[201]

---

198. J. Horne (dir.), *State, Society and Mobilization in Europe during the First World War*, Cambridge, CUP, 1997.

199. J. Winter, *Sites of Memory, Sites of Mourning: the Great War in European Cultural History*, New York, CUP, 1995.

200. S. Audoin-Rouzeau *et al.*, *14-18, retrouver la guerre*, *op. cit.*, p. 281.

201. Fonds L. Pasquier-Doumer, lettre de P. Doumer à sa belle-fille J. Cattelain, veuve de son fils le capitaine M. Doumer, 1er juillet 1918.

Tous les détails, militaires et officiels, de la disparition de Marcel et de la cérémonie qui s'ensuivit dans la petite église et le cimetière du Déluge (Oise) sont rapportés avec une extrême précision par Paul Doumer à sa belle-fille, le pire étant sans doute, pour les proches de la victime, de ne pas connaître les circonstances de la disparition du combattant. Le devoir patriotique apparaît, pour Paul Doumer, comme la seule réponse à apporter à sa belle-fille au sens du drame de la perte de son mari. L'exaltation des qualités du défunt tente d'apaiser la dureté de la perte. Les récits des témoins d'infortune sont d'autant plus précieux qu'ils compensent, en partie seulement, la distance entre le défunt et ses proches[202]. Car les parents Doumer n'ont pas pu, comme l'immense majorité des familles françaises, assister et accompagner leurs fils mourants dans leur agonie.

Sait-on comment Paul Doumer vit son deuil ? À sa petite-fille Lucile, qui pleurniche au souvenir de son père, son grand-père assène plus tard autoritairement :

« Pas de petits pois à table ! Une Doumer ne pleure pas ! »[203]

Discours brutal d'interdiction du deuil ? Paul Doumer est-il contraint de s'endurcir devant la mort répétée voire banalisée de ses fils ? Pour lui, être trop longtemps et trop douloureusement en deuil, c'est trahir ses fils, trahir la cause pour laquelle les héros sont morts : cette tentative de censurer la douleur a d'autant plus de force que les endeuillés eux-mêmes partagent largement cette représentation du sacrifice de leurs proches. Au nom de leurs fils tués, au nom d'une société qui en assume le deuil collectif, Blanche et Paul Doumer ont le devoir de se montrer dignes et d'assumer une conduite irréprochable : celle de leurs victimes. Or, dans bien des cas, mourir de son deuil n'est pas rare : le sociologue Émile Durkheim meurt ainsi de chagrin un peu plus d'un an après la mort de son fils survenue en décembre 1915[204].

Paul Doumer, peu enclin à l'emphase, a la douleur pudique. Ses états de cœur sont de l'ordre du privé. La douleur du deuil est pourtant encore accrue par la récurrence de la perte. La famille Doumer est, comme de nombreuses autres familles françaises, décimée par la Grande Guerre. Le général de Castelnau et son épouse perdent ainsi leurs trois fils à la guerre[205]. Blanche et Paul Doumer sont, comme eux, personnellement frappés à coups redoublés par le premier conflit mondial, puisqu'ils perdent successivement, en l'espace de quatre ans (1914-1918), trois fils sur le front. Un quatrième, en convalescence dans les Vosges, décèdera cinq ans plus tard (1923) des suites de ses blessures. Sur la table du salon familial, la photographie de René vient rejoindre celle d'André. La guerre continue et frappe toujours. Une main dépose une autre image, celle de Marcel. Les deux derniers sont tombés du ciel, les ailes brisées comme des archanges. Puis la main revient avec

---

202. O. Faron, « Le deuil des vivants », *in* S. Audoin-Rouzeau *et al.* (dir.), *Encyclopédie de la Grande Guerre (1914-1918) : histoire et culture*, *op. cit.*, p. 1113-1123.

203. L. Pasquier-Doumer, entretien avec l'auteur, 31 mai 2005.

204. S. Audoin-Rouzeau *et al.*, *14-18, retrouver la guerre*, *op. cit.*, p. 284.

205. *Ibid.*, p. 288.

celle d'Armand, le plus jeune des fils Doumer. Le salon familial se transforme en autel familial où photographies et souvenirs des fils défunts sont religieusement exposés. Accompagnés des décorations encadrées, les portraits des disparus sont sobrement posés en bonne place dans l'intérieur des Doumer[206]. Sur la cheminée du cabinet de travail de Paul Doumer, les photographies de ses quatre fils défunts dans leurs vingt-cinq ans, épinglés dans le temps par leurs longues moustaches, sont encadrées avec leurs croix de guerre couvertes de palmes[207]. Manifestation du deuil inachevé voire impossible ? Héroïsation des fils morts ?

Au milieu des quatre rubans tricolores, la main tremblante ajoute encore, plus tard, le joli visage d'une jeune femme blonde aux grands yeux noirs. Lucile, deuxième fille de Blanche et Paul Doumer, meurt à vingt-trois ans après avoir mis au monde son deuxième petit garçon et du chagrin d'avoir perdu ses quatre frères chéris[208]. Dans leurs petits costumes marins gris à rayures blanches, les petits-enfants, orphelins de leur pères, traversent cette tourmente de larmes du mieux qu'ils le peuvent. Remerciant Paul Deschanel des condoléances qu'il lui a adressées, Paul Doumer, ministre d'État, lui écrit :

> « Vous savez toujours dire les paroles qui touchent et apaisent ceux qui souffrent le plus douloureusement. »[209]

Au Sénat, ses collègues disent de Paul Doumer que sa douleur est poignante et visible, malgré ses efforts pour la dissimuler. Le *Livre de mes fils* publié par Paul Doumer en 1905, au titre prémonitoire, sera réédité à plusieurs reprises pendant l'entre-deux-guerres. Il prend une toute autre signification et un relief particulier en 1923 avec la dédicace « À la mémoire des mes fils Marcel, René, André, Armand Doumer, morts pour ma patrie », suivie d'un avant-propos intitulé « Après l'épreuve », daté du 15 avril 1923[210]. Alors que la perte d'un enfant est généralement présentée, dans la « hiérarchie des peines », comme surpassant toutes les autres, l'auteur établit qu'« un homme n'est grand que s'il a vu la mort de près et l'a regardée en face, froid et impassible »[211]. Avant d'ajouter :

> « Il faut aimer la patrie jusqu'à lui tout sacrifier, ses biens, sa vie, ses enfants, mais aussi jusqu'à puiser dans cet amour d'elle la force et le courage. »[212]

Le patriotisme de Paul Doumer est non-négociable et jusqu'au-boutiste. Dans cet avant-propos, l'auteur expose l'état de la société française entre 1918 et 1923, soucieuse de vivre « follement »[213] selon lui après les souffrances apportées

---

206. L. Pasquier-Doumer, entretien avec l'auteur, 31 mai 2005.
207. A. Doumer, *Mon grand-père Paul Doumer*, *op. cit.*, p. 13.
208. *Ibid.*, p. 7.
209. CHAN, 151 AP/35, lettre de P. Doumer, ministre d'État, à P. Deschanel, président de la Chambre des députés, 23 septembre 1917.
210. É. Julia, « Le *Livre de mes fils* », *Le Temps*, 12 juin 1923, rééd. *in Papiers (1895-1933)*, Paris, Le Temps, 1936, p. 110-112.
211. P. Doumer, *Le livre de mes fils*, *op. cit.*, p. 15.
212. *Ibid.*, p. 19-20.
213. *Ibid.*, p. 6.

par la Grande Guerre. Un reproche adressé à ses compatriotes en quête des « jouissances matérielles de la vie » :

> « Travail, épargne, probité, décence : vieux mots et vieilles choses. Loisirs et fêtes, spéculations et gaspillages, mœurs et plaisirs grossiers étaient seuls de mode. »[214]

Avant de conclure, sans ambiguïté :

> « L'unique sauvegarde de notre sécurité [...] réside dans la puissance militaire de la France. »[215]

La force de l'aveu annonce le contenu politique de l'après-guerre de Paul Doumer (1918-1932) : la Grande Guerre amplifie en particulier chez ce dernier le credo de l'indispensable armement.

11. Une galerie de douleur quasi-shakespearienne

Paul Doumer observe aux côtés des généraux Gouraud et Pétain la bataille du 15 juillet 1918 au pied des monts de Champagne. Dans une lettre qu'il adresse le 14 octobre 1920 du Sénat à son ami axonais Charles Westercamp, journaliste et éditeur, Paul Doumer rappelle que ses fils Marcel et René sont nés à Laon, que son fils André y fut en garnison et que tous trois ont longtemps habité Anizy, où ils revenaient chaque été : ce sont donc bien, insiste le père triplement endeuillé, de « glorieux enfants de l'Aisne, qui ont concouru à donner la victoire à la France »[216]. Paul Doumer tient à ce que leur mémoire soit conservée sur la terre où ils ont vécu et qu'ils ont aimée. Ainsi la perte des fils se confond-t-elle, chez lui, avec le culte de l'Aisne qui les a vu grandir, département français plus ravagé qu'aucune autre portion du sol de la patrie et qui paie le plus lourd tribut à la « victoire endeuillée »[217].

Le 25 novembre 1918, les conseillers généraux de l'Aisne se retrouvent à Laon pour la première fois depuis plus de quatre ans. L'émotion des retrouvailles et du retour est d'autant plus grande que certains d'entre eux, notamment l'héroïque maire de Laon Georges Ermant (1892-1919)[218], ont vécu sous le joug allemand. Paul Doumer prend la parole le premier :

> « Il n'est pas besoin de scrutin. Nous sommes tous d'accord pour désigner M. Ermant. »[219]

À l'unanimité et par acclamations, ce dernier est désigné président du conseil général de l'Aisne.

Paul Doumer change encore de stature avec la Grande Guerre. Il en devient un « témoin moral »[220] de premier plan, selon la catégorie définie par Antoine Prost

---

214. *Ibid.*
215. *Ibid.*
216 Fonds L. Pasquier-Doumer, lettre de P. Doumer, sénateur de Corse, à C. Westercamp, 14 octobre 1920.
217. B. Cabanes, *La victoire endeuillée : la sortie de guerre des soldats français (1918-1920)*, Paris, Le Seuil, 2004.
218. ADA, *Laon (1790-1945)*, *op. cit.*, p. 19.
219. *Ibid.*
220. A. Prost *et al.*, *Penser la Grande Guerre : un essai d'historiographie*, Paris, Le Seuil, 2004.

et Jay Winter, notamment vis-à-vis des anciens combattants. Il bénéficie désormais en effet, dans certains milieux, plutôt de droite, d'un surcroît d'autorité morale — tout à la fois comme père quadruplement endeuillé et comme fidèle élu de l'Aisne — et d'un capital de sympathie rehaussés par la perte de ses quatre fils à la guerre, « grâce funèbre »[221] faisant de lui un symbole patriotique vivant. Il jouit, autrement dit, d'une surface politique considérable. Ce, presque malgré lui et alors que la place de la « victime de guerre » dans la société française des années 1920 est entourée d'un statut moral forçant un respect unanime sur l'échiquier politique[222].

Les regards de Paul Doumer déchu du radicalisme, se tournent rapidement vers la droite modérée, qui voit en lui un possible successeur de Raymond Poincaré. La perte de ses fils aurait été désignée par Georges Clemenceau comme le « fonds de commerce » politique de Paul Doumer[223]. Le Tigre a-t-il réellement prononcé ces mots si cruels ou n'est-ce qu'un souvenir invérifiable transmis par la mémoire familiale ? L'administration de la preuve ne pouvant être apportée, la seconde hypothèse sera prudemment retenue. Quoi qu'il en soit, on a durement accusé Paul Doumer d'aimer davantage la France (la plus sublime des causes) que ses enfants. Préférant ses fils « morts pour l'honneur » que « vivant dans le déshonneur »[224], celui-ci tire une fierté patriotique de la mort au front de ses fils. Paul Doumer, sénateur en 1914, met-il un point d'honneur à montrer l'exemple en envoyant ses fils à l'abattoir malgré sa situation et son influence ? Il lui était très facile de faire jouer ses relations et d'entreprendre une démarche pour sortir ses fils des tranchées, leur trouver un poste sans danger à l'arrière et ainsi les épargner. Mais son plus grand honneur est de ne pas avoir cherché à tempérer leur vaillance. Cette fierté lui permet de supporter et de dépasser la douleur de la quadruple perte. Vercors, dans *La marche à l'étoile*, déclare n'éprouver que répulsion pour « ces pères qui se font gloire d'avoir donné leurs fils à la France »[225]. Avant de confier durement :

> « Peu d'hommes plus que le vieux Doumer, s'aidant de ses quatre fils tués pour se hisser aux honneurs, ont mérité mon aversion. »[226]

La fierté du patriote l'emporte-t-elle sur la douleur du père ? Paul Doumer déclare à son ami Henry de Golen souffrir lui aussi de ce que le sacrifice de ses fils et de tant de braves gens n'ait pas, dans la paix, la récompense que les morts sont en droit d'espérer en donnant leur vie[227]. Des cinq fils Doumer, seul l'aîné, Fernand, survit à la Grande Guerre. Il en voudra beaucoup à son père d'avoir laissé ses quatre frères, dont il s'est beaucoup occupé pendant que leurs parents étaient en Indo-

221. M. Agulhon, *La République*, t. 1, « L'élan fondateur et la grande blessure (1880-1932) », Paris, Hachette, 1990, p. 371.

222. A. Prost *et al.*, *Penser la Grande Guerre : un essai d'historiographie*, *op. cit.*

223. L. Pasquier-Doumer, entretien avec l'auteur, 31 mai 2005.

224. *Ibid.*

225. J. Bruller, alias Vercors, *La marche à l'étoile* (1943), à la suite de *Le silence de la mer*, Paris, Minuit, 1942, p. 200.

226. *Ibid.*

227. BAN, H. de Golen, *Le président Doumer accuse... En marge de l'histoire*, *op. cit.*, p. 235.

chine, se faire tuer, selon lui, au front[228]. Les proches survivants vont ancrer la mémoire familiale sur le souvenir des défunts. Fernand Doumer vivra le reste de sa vie dans l'ombre écrasante voire culpabilisante de ses quatre frères morts au champ d'honneur[229]. Les anciens combattants restent en effet avant tout des survivants, dont l'identité est inséparable du sentiment de culpabilité qu'ils ressentent[230]. La Première Guerre mondiale, par la suite chevillée au cœur et à l'âme des combattants des tranchées, engendre une « génération du feu », qui traverse dès lors le reste de son âge (en fait une bonne partie du XXe siècle) nantie d'une identité propre : cette notion ne prend son essor en France que dans la seconde moitié des années 1920, au moment où les associations d'anciens combattants connaissent une forte croissance de leurs effectifs[231].

S'il est difficile de pénétrer l'intime, l'héritage de gloire laissé par les héroïques fils Doumer à leurs parents semble agir comme une précieuse compensation à leur douleur et leurs éventuels regrets. La relative résignation patriotique de Blanche et Paul Doumer s'explique-t-elle par l'aspect collectif de l'épreuve ? Par leur sens intransigeant du devoir patriotique ? La religion ne semble d'aucun secours apparent aux Doumer. C'est la foi républicaine inébranlable du couple qui aide à son travail de deuil. Paul Doumer comprend-t-il le bénéfice politique qu'il peut tirer de la perte de ses fils ? Une relation très forte l'unit en particulier aux anciens combattants, avec lesquels il déclare être de tout cœur et parmi lesquels il trouve un ascendant naturel. Or si ceux-ci déclarent souhaiter faire tout, comme au front, sauf de la politique, ils se structurent néanmoins rapidement en associations socialement puissantes et visibles[232]. Fondée en 1918 sur les conseils du père Brottier, aumônier des soldats[233], l'Union nationale des combattants rassemble notamment pas moins de 800 000 membres. Une masse de manœuvre à laquelle il manque toutefois des cadres.

La IIIe République, qui n'a pas touché aux principes de son régime parlementaire depuis 1884, survit finalement à l'épreuve de la Grande Guerre. En sort-elle renforcée ? Malgré les critiques accusatrices visant la faiblesse du pouvoir exécutif, le mode de fonctionnement du régime n'est pas remanié dans l'immédiat après-guerre. L'État républicain a révélé son aptitude à conduire la guerre tout en respectant les institutions et la pratique parlementaires, établies avec les difficultés que l'on sait depuis les années 1880 en France. Les institutions françaises se sont adaptées par des mesures empiriques à l'exceptionnelle situation de crise. Bien plus,

228. J.-P. Doumer, fils de F. Doumer, entretien avec l'auteur, 11 février 2008.

229. *Ibid.*

230. B. Cabanes, « 1927-1928 : sortir de la Grande Guerre », *in* B. Cabanes *et al.* (dir.), *Larousse de la Grande Guerre*, *op. cit.*, p. 462.

231 J.-F. Sirinelli, « La génération du feu », *L'Histoire*, n° 107, janvier 1988, p. 132-136 ; B. Cabanes, « « Génération du feu » : aux origines d'une notion », *Revue historique*, 2007/1, n° 641, p. 139-150.

232. A. Prost, *Les anciens combattants et la société française (1914-1939)*, Paris, FNSP, 3 t., 1977.

233. X. Boniface, *L'aumônerie militaire française (1914-1962)*, Paris, Cerf, 2001.

le régime parlementaire lui-même, en dépit de toutes ses imperfections, a montré qu'il était « compatible avec les nécessités de la défense nationale »[234]. « Le gouvernement de guerre », conclut Pierre Renouvin, « ne se présente pas [en France] comme une rupture brutale avec les principes sur lesquels repose la vie politique du pays »[235]. « L'exubérance de la végétation administrative »[236] entre 1914 et 1918 conduit toutefois à une extension sensible des attributions de l'État, « amené à développer ses moyens d'action et à modifier l'organisation et le groupement de ses services pour les adapter aux nécessités de l'état de guerre »[237] : « l'État moderne, omniprésent et omnipotent serait [ainsi] né en France de la Grande Guerre »[238], la guerre de 1939-1945 l'ayant ensuite fortifié.

Son expérience de guerre et l'épreuve du quintuple deuil familial vécues par Paul Doumer exercent une influence certaine sur la réflexion, l'engagement, l'action et les choix politiques du père endeuillé, qui, sa vie durant, reste très proche des milieux combattants[239]. Contribue-t-elle à le droitiser encore davantage ? La perte de ses quatre fils des suites de la Grande Guerre oriente indiscutablement l'image publique de Paul Doumer. Elle apparaît rapidement comme un élément incontestable de sa popularité aux yeux de l'opinion française. Paul Doumer incarne tout à la fois la famille française endeuillée et la patrie amputée : son deuil privé est devenu public. Alors que l'inégalité devant la mort transcende l'inégalité sociale, un sentiment amer prévaut selon lequel les classes populaires — particulièrement paysannes — auraient payé un tribut singulièrement plus lourd en 1914-1918 que les classes aisées. Or, pour Paul Doumer, « l'impôt du sang » est consubstantiel au processus de démocratisation du service militaire en France depuis la guerre de 1870[240]. Défi pour la République sortant de guerre, l'inégalité devant cet impôt est au cœur des récriminations de l'opinion. La tragédie familiale de Paul Doumer donne une profondeur à son action politique d'après-guerre. Le poids de ses fils morts teinte celle-ci d'une résonance particulière tout autant qu'elle la nourrit et la motive sans doute. Alors que « dans l'ensemble de la classe politique, [...] on assiste à une sorte de refoulement de l'expérience de guerre »[241], la réflexion politique de Paul Doumer prend désormais appui sur son expérience de guerre, aussi ardente que foisonnante. La Grande Guerre devient « l'outillage mental » qu'il se forge à partir du trauma de la perte de ses fils. Elle agit comme une ombre sacrée, qui le rend intouchable. Paul Doumer reçoit comme une onction des larmes de 14-18.

---

234. P. Renouvin, *Les formes du gouvernement de guerre*, *op. cit.*, p. 20.
235. *Ibid.*, p. 143.
236. *Ibid.*, p. 58.
237. *Ibid.*, p. 54.
238. F. Bock, « L'exubérance de l'État en France de 1914 à 1918 », *op. cit.*, p. 41.
239. A. Prost, *Les anciens combattants (1914-1940)*, Paris, Gallimard-Julliard, 1977, « Des partenaires politiques », p. 70 et suivantes.
240. C. Ridel, *Les embusqués*, *op. cit.*, p. 318.
241. F. Bock, « L'exubérance de l'État en France de 1914 à 1918 », *op. cit.*, p. 51.

Conclusion intermédiaire

Destinée à décapiter la gauche radicale dans le contexte politique de 1896, la nomination polémique de Paul Doumer comme gouverneur général de l'Indochine par Jules Méline, président du Conseil de droite, est vécue comme une trahison par ses amis politiques. Les socialistes, en particulier, promettent que la question de l'impôt ne disparaîtra pas parce Doumer a été provisoirement éloigné de Paris. L'Indochine peut tout de suite apporter à Paul Doumer l'argent et la puissance indispensables pour mener sa carrière. C'est, raille-t-on, la chance à saisir pour ce « fils de pauvre ». « Je suis né une deuxième fois ici », confesse, de son côté, l'intéressé. L'aveu révèle la force de la rupture que constitue, à tous égards, l'Indochine dans sa vie et sa carrière. Trouvant à son arrivée une Indochine déficitaire, subventionnée à bout de bras par la métropole, Paul Doumer entend « gouverner partout, n'administrer nulle part ». Finançant une ambitieuse « mise en valeur » de l'Union indochinoise par un emprunt de 200 millions de francs et l'instauration de régies sur le sel, l'opium et l'alcool de riz, le « Colbert de l'Indochine » va jusqu'à projeter d'agrandir l'Empire colonial français en annexant la province chinoise du Yunnan, sans l'aval du gouvernement français. Pendant cinq ans (1897-1902), unanimement décrits comme « le grand tournant » dans l'histoire de l'Indochine française, Paul Doumer révèle des qualités d'administrateur et de réformateur exceptionnelles. Formé par « l'école du pouvoir colonial », le « dépositaire des pouvoirs de la République » en Indochine, haut fonctionnaire « politiquement irresponsable »[242] car placé sous les seuls ordres du ministère des Colonies créé trois ans plus tôt, permet à la France d'affermir significativement sa position impériale en Asie, en particulier dans la course qui l'oppose à l'Angleterre au tournant des XIXe et XXe siècles.

La réapparition de Paul Doumer dans l'Aisne, où il est triomphalement réélu député à son retour d'Indochine en 1902, confirme définitivement cette terre comme son département d'implantation politique. Toutefois, son éloignement pendant cinq longues années (1897-1902) de la vie politique intérieure française a contribué à la distanciation relative de l'ancien gouverneur général de l'Indochine avec le radicalisme. Il permet aussi de mesurer les multiples nuances de ce courant. Toujours classé radical bien que très affranchi du poids de cette étiquette, Paul

242. E. Sibeud, « L'administration coloniale », *op. cit.*, p. 624.

Doumer ne tarde pas à donner de nouvelles preuves de son indépendance politique et de son positionnement partisan finalement très libre en nouant des tractations avec la droite pour mieux préparer la suite de sa carrière. Son indiscipline heurte ses amis politiques. En modérant singulièrement ses opinions, son quinquennat en Indochine (1897-1902) a ainsi fait de Paul Doumer un « homme nouveau ». Paul Doumer délaisse les influences doctrinaires des partis pour librement suivre une politique qui tient mieux compte, selon lui, de l'intérêt national. On lui reproche dès lors de nourrir des « ambitions de pouvoir personnel ». Élu conseiller général de l'Aisne en 1904 (il le sera jusqu'en 1931, son mandat électif le plus long), Paul Doumer continue de développer une connaissance des mécanismes d'exercice du pouvoir local qui lui sera très utile dans ses fonctions nationales. Il participe ainsi à l'articulation stratégique, voulue par les républicains, entre le centre et la périphérie, le local et le national.

Son élection à la présidence de la première commission permanente du Budget de la Chambre des députés (1903) consacre son activité parlementaire. « Chambre dans la Chambre », cette commission, qui a une compétence générale pour tout ce qui concerne les finances publiques, est tout à la fois la meilleure école d'apprentissage, le laboratoire d'idées et la tour de contrôle de la vie politique française. Paul Doumer est exclu de la franc-maçonnerie suite à ses « propos antimaçonniques » dans l'affaire des fiches (1905). Tout en restant « maçon de cœur » (et honoraire), il ne remettra jamais les pieds au Grand Orient de France, dont il a pourtant été l'un des grands dignitaires. Ce retrait contribue au glissement de Paul Doumer au centre puis vers la droite anticombiste depuis le radicalisme. Hostile à la politique anticléricale du ministère Combes, qu'il juge excessive, son élection à la présidence de la Chambre des députés contre Henri Brisson (1905) revêt un sens politique. Elle porte un rude coup au Bloc des gauches, qui se délite d'autant plus. L'atmosphère est devenue à ce point délétère qu'on parle alors à propos de Paul Doumer de « boulangisme civil ». Accédant à un nouveau statut politique et à une nouvelle visibilité sociale, il devient *consul designatus* (ou personnage consulaire de la République), autrement dit de nouveau ministrable. Ce succès enhardit Paul Doumer jusqu'à motiver sa candidature à l'élection présidentielle (1906). Éloignant de lui les partis de droite sans pour autant ressusciter la confiance des gauches, le candidat semble être devenu un proscrit, lâché de tous côtés. Le duel se termine à l'avantage d'Armand Fallières, président du Sénat depuis sept ans, candidat des gauches.

Paul Doumer perd son siège de député de l'Aisne en 1910. Sa mort politique est alors annoncée. Consacrant son « entre-deux-Chambres » (1910-1912) aux affaires, il préside en particulier la puissante Compagnie générale d'électricité, lance le journal *L'Opinion*, fonde un Institut français à Saint-Pétersbourg et crée l'Office national des Universités et Écoles françaises. Le surcroît d'expérience ainsi engendré, par le développement de compétences nouvelles en dehors du champ politique, profite largement à l'intéressé. Après des travaux d'approche infructueux dans son Cantal natal (1911), c'est en représentant la Corse au Sénat (1912) que

Paul Doumer assure son retour au Parlement malgré les obstacles qui lui sont faits par le parti radical. Le sénateur de Corse rejoint le groupe de l'Union républicaine du Sénat. Rapporteur de la loi des trois ans, dont il accélère le vote (1913), Paul Doumer la tient pour « l'œuvre de défense nationale qui s'imposait ». La loi est une étape décisive dans la marche de la France à la guerre.

Celle-ci ne surprend pas Paul Doumer. Il l'a prédite depuis des années et, dans toute la mesure de ses moyens, en particulier parlementaires, en a réclamé l'active préparation. Alors que le gouvernement fuit la capitale pour Bordeaux, Paul Doumer choisit de rester à Paris. Il se met à la disposition du général Gallieni, gouverneur militaire de Paris, dont il dirige le cabinet civil pendant cent jours décisifs à l'automne 1914. L'entente entre les deux hommes, tous deux formés par « l'école des colonies », est si étroite qu'on craint qu'ils ne fomentent ensemble un coup d'État. Doumer, administrateur urgentiste, organise en particulier la réalisation des gigantesques travaux du camp retranché de Paris. Membre très actif des stratégiques commissions sénatoriales des Finances et de l'Armée, le sénateur de Corse incarne un « parlementarisme de guerre » aussi compétent qu'intransigeant vis-à-vis du pouvoir exécutif. Le travail en commission est en effet perçu par Paul Doumer, rendant de fréquentes visites sur le front aux armées, comme la quintessence du travail parlementaire. Pour lui, les effectifs sont, en particulier, l'élément clé de la bataille. Menant une vigoureuse campagne contre le général Joffre (1915-1916), Paul Doumer est directement informé des difficultés du front par ses fils combattants, les erreurs d'organisation de l'arrière devenant en 1917 des « crimes », selon lui. Ministre d'État dans l'éphémère cabinet Painlevé (1917), Paul Doumer assure en novembre 1917 l'intérim du ministre de la Guerre. S'il n'est pas un sésame, la perte de quatre de ses cinq fils des suites de la Grande Guerre lui confère l'autorité de parler au nom des victimes de la guerre. Le devoir patriotique apparaît pour Paul Doumer, faisant sienne la cause de la « chasse aux embusqués », comme le seul sens à apporter à sa tragédie familiale. Paul Doumer change de stature avec la Première Guerre mondiale. Il bénéficie désormais d'un surcroît d'autorité morale et d'un capital de sympathie rehaussés par la perte de ses fils, « grâce funèbre » faisant de lui un symbole patriotique. Il jouit désormais, autrement dit, d'une surface politique considérable. Une relation très forte unit en effet, dès lors, Paul Doumer aux anciens combattants, parmi lesquels il trouve un ascendant naturel, alors que ces derniers se structurent en associations socialement puissantes.

Troisième partie

Des années folles aux années sombres 1919-1932

Chapitre VIII
Le grand argentier d'après-guerre
1919-1922

Au pouvoir de 1919 à 1924, la coalition du Bloc national rassemble la droite et le centre. Dans ce contexte politique, Paul Doumer, sénateur de Corse depuis 1912, poursuit une de ses marottes de prédilection : la défense nationale. De 1919 à 1922, il suit ainsi avec une particulière attention les progrès de la direction des recherches scientifiques et industrielles et des inventions (DRI), créée par Poincaré le 14 avril 1919 afin de favoriser la liaison entre science et industrie et intéressant de près la défense nationale[1]. Ayant amèrement conservé « le souvenir de grenades, meurtrières pour nos soldats et qui n'avaient jamais été examinées par les services techniques de l'artillerie », Paul Doumer, endeuillé de ses fils, fustige « certains matériels de tranchées que l'on a fait fabriquer à grands frais sans que les armées aient pu jamais s'en servir »[2]. Pendant plusieurs mois, il s'oppose ainsi vivement à Jules-Louis Breton, directeur de la DRI, député du Cher, qu'il attaque sur son action alors qu'il était sous-secrétaire aux Inventions en 1916-1917. Dans une correspondance nourrie, Jules-Louis Breton s'efforce néanmoins de défendre celle-ci bec et ongles. Ce domaine de compétences en exclut-il d'autres dans le cas de Paul Doumer ?

Son bilan indochinois fait de Paul Doumer un ministre des Colonies tout désigné. Pourtant, la IIIe République ne lui confie jamais les clés de la « rue Oudinot ». C'est aux Finances, « rue de Rivoli », que Paul Doumer sera appelé à deux nouvelles reprises. À trois moments critiques de son long cours, la IIIe République confie ainsi à Paul Doumer, dont on dit qu'il est « sévère comme le fisc »[3], le portefeuille stratégique des Finances. Formé aux mathématiques et à « l'école classique des finances d'avant-guerre »[4], asseyant sa crédibilité politique sur son dextre maniement des chiffres, Paul Doumer est d'abord et surtout un financier, au double

1. CHAN, 398 AP/17.
2. *Ibid.*, lettre de P. Doumer à J.-L. Breton, 27 août 1919.
3. L. Pasquier-Doumer, petite-fille de P. Doumer, entretien avec l'auteur, 31 mai 2005.
4. G. Bonnet, *Vingt ans de vie politique (1918-1938), de Clemenceau à Daladier*, Paris, Fayard, 1969, « Doumer devant la Chambre », p. 112-114.

sens de technicien des choses de l'argent et de serviteur de la chose publique. Sa compétence a d'emblée et avantageusement technicisé son profil. Pour autant, Paul Doumer est à l'antithèse du profil orthodoxe du « grand commis à la française ». À la différence, par exemple, d'un Wilfrid Baumgartner, inspecteur des Finances, directeur du Trésor puis gouverneur de la Banque de France, chef de cabinet de Paul Reynaud, ministre des Finances, archétype d'une telle figure[5]. Paul Doumer répète sans se lasser ses intraitables discours doctrinaires. Ceux-ci ne s'embarrassent pas de systèmes compliqués : puisqu'il faut des ressources, trouvons-les dans une augmentation générale des taux des impôts ! Comment s'établit la réputation de « grand argentier »[6] de Paul Doumer dans l'immédiat après-guerre ? Comme se structure-t-elle ? Ce dernier défend-t-il, à ce titre, une doctrine économique particulière ?

1. Le droit d'enquête appartient au Sénat

Le sénateur Paul Doumer dépose le 6 février 1919 une proposition de résolution tendant à la nomination d'une commission d'enquête sur les faits de guerre et, le 18 octobre 1919, le rapport correspondant[7]. Car, selon le rapporteur, le pays a le droit de connaître la vérité toute entière et, pour ce faire, le droit d'enquête appartient incontestablement au Sénat[8] : nouvel éclairage sur la conception doumérienne, exigeante, de la Chambre haute.

Régulièrement réélu membre des commissions de l'Armée et des Finances, Paul Doumer est nommé rapporteur général de cette dernière à l'unanimité le 29 janvier 1920, Raphaël Milliès-Lacroix, sénateur des Landes, en étant président pendant sept capitales années consécutives (1919-1926)[9]. Paul Doumer confie :

> « Puisque l'on me presse, si la commission des Finances le désire, j'accepte d'être rapporteur général. »[10]

Gardienne de l'orthodoxie budgétaire, la commission sénatoriale des Finances de l'entre-deux-guerres est considérée comme une « commission-reine »[11]. Dans ce cadre, Paul Doumer se montre très critique à l'égard de Frédéric François-Marsal,

---

5. O. Feiertag, *Wilfried Baumgartner : un grand commis des finances à la croisée des pouvoirs (1902-1978)*, Paris, CHEFF, 2006.

6. A. Lorin, « Paul Doumer, ministre des Finances (1895-1896, 1921-1922, 1925-1926) : le grand argentier de la IIIe République », séminaires d'Histoire de la gestion des finances publiques (P. Masquelier, Comité pour l'histoire économique et financière de la France) et d'Histoire du ministère des Finances au XXe siècle (F. Descamps), École pratique des hautes études, IVe section, Université Paris IV Sorbonne, 14 avril 2008.

7. AS, rapport fait au nom de la commission d'enquête sur les faits de guerre par le sénateur P. Doumer, *Impressions*, année 1919, no 704, 6 février 1919.

8. M. Besson *et al.*, *L'effort colonial des Alliés*, *op. cit.*, préface de P. Doumer p. 3.

9. AS, 14S 46, commission des Finances sous la IIIe République (1876-1916, 1920-1940), séance du 29 janvier 1920.

10. *Ibid.*

11. G. Berstein, « La commission des Finances du Sénat et le budget (1920-1939) », *in La direction du Budget entre doctrines et réalités (1919-1944)*, Paris, CHEFF, 2001, p. 165-193.

ministre des Finances, qu'il juge naïf. Les deux hommes se connaissent pourtant de longue date : ce dernier, détaché de 1901 à 1903 auprès du gouvernement général de l'Indochine, a été chargé de plusieurs missions en Chine du Sud, au Tonkin, au Laos et en Cochinchine[12].

Sa qualité de rapporteur général de la commission sénatoriale des Finances vaut à Paul Doumer de présenter de nombreux rapports, concernant en particulier le budget mais aussi la création de nouvelles ressources fiscales, problème dont l'acuité ne fera que croître au fil des années. Paul Doumer, au nom de la commission des Finances, présente surtout deux rapports qui prennent un sens tout particulier en écho à son histoire familiale.

Un premier rapport a pour objet le dépôt le 11 novembre 1920 à l'Arc de Triomphe des restes, honorés au Panthéon, d'un soldat inconnu, mort pour la France au cours de la Grande Guerre[13]. Cette mesure entend répondre au chagrin des centaines de milliers d'endeuillés privés des dépouilles de leurs proches[14]. Douze ans après l'inauguration de la tombe du Soldat inconnu de la Grande Guerre à l'Arc de Triomphe, le général Weygand rappelle les sentiments qui ont amené à concevoir ce lieu du souvenir :

> « Donner une tombe insigne à un soldat inconnu qui serait "le Fils de toutes les Mères qui n'ont pas retrouvé leur Fils" [...] donner à ces familles [des disparus] une tombe où elles pourraient prier [...]. Cette idée d'honorer les plus modestes et les plus obscurs de nos héros faisant porter l'hommage sur un soldat inconnu répondait à un sentiment universel. »[15]

La Première Guerre mondiale marque ainsi une étape majeure dans l'histoire des tués de la guerre. Les cérémonies du 11 novembre apparaîtront comme « le seul culte républicain peut-être qui ait réussi en France et qui ait suscité une unanimité populaire. »[16]

Un second rapport, déclaré urgent le 12 juillet 1923, concerne les caisses de retraites fondées par les anciens combattants et les victimes civiles de la guerre[17]. Paul Doumer, rapporteur de la commission des Finances, prend la parole : il s'agit de permettre aux combattants de la Grande Guerre, aux veuves, orphelins ou ascendants, de constituer, sous le régime de la loi du 1er avril 1898 sur les sociétés de secours mutuel, des groupements spéciaux assurant le service de la retraite, en les

---

12. M. Rouffet, *Frédéric François-Marsal*, thèse de doctorat d'histoire, Université Paris-I Panthéon-Sorbonne, 1982, p. 28.

13. AS, rapport fait au nom de la commission des Finances par le sénateur P. Doumer, *Impressions*, année 1920, n° 477, 8 novembre 1920.

14. L. Capdevila *et al.*, « Du numéro matricule au code génétique : la manipulation du corps des tués de la guerre en quête d'identité », *Revue internationale de la Croix-Rouge*, décembre 2002, vol. 84, n° 848, p. 751-765.

15. Général Weygand, *Le 11 novembre*, Paris, Flammarion, 1932, p. 131-132.

16. A. Prost, « Les monuments aux morts : culte républicain ? Culte civique ? Culte patriotique », *in* P. Nora, *Les lieux de mémoire*, t. I, « La République », Paris, Gallimard, 1984, p. 214.

17. AS, rapport fait au nom de la commission des Finances pour le sénateur P. Doumer, *Impressions*, année 1923, n° 722, 12 juillet 1923.

faisant bénéficier de la subvention spéciale votée par le Parlement pour la constitution d'une pension ne dépassant pas 1 800 francs[18]. Apparemment non suffisante à l'échelle nationale, c'est à l'échelle et au chevet du département de l'Aisne que Paul Doumer va être appelé à concrètement exercer ses talents financiers dans l'immédiat après-guerre. L'étendue des dégâts ne lui en laisse guère le choix. La tâche de reconstruction y est en effet plus considérable que nulle part ailleurs en France.

2. L'Aisne, « département le plus sinistré de France »

La France du Nord a été particulièrement endommagée par l'occupation et par le front. L'efficacité et l'intensité des moyens militaires utilisés expliquent l'étendue du désastre. Alfred Sauvy estime que le coût global des destructions peut être évalué, en 1921, à 34 milliards de francs, hors les pertes de production agricole et industrielle[19]. L'Aisne est détruite à 90 %[20]. Les ruines sont omniprésentes. Dix-huit villages sont déclarés « morts pour la France »[21]. En particulier, la destruction des villes riches d'un patrimoine historique est perçue comme une atteinte délibérée à l'identité nationale. Président d'honneur du comité de l'Aisne, Gabriel Hanotaux, originaire du département et proche de Paul Doumer, s'interroge tout simplement en octobre 1918 :

> « Comment reprendre la vie ? »[22]

La force de la question révèle l'urgence de la situation. Celle-ci commande de mettre immédiatement à disposition les moyens indispensables pour commencer les travaux avant même le versement des réparations imposées par le traité de Versailles[23]. Car la reprise de la vie économique est la priorité numéro un. Dans l'Aisne, il s'agit de reconstituer « les pays aplatis »[24]. Lucien Saint, préfet de l'Aisne, déclare :

> « De tous les départements ravagés par la guerre, l'Aisne est incontestablement celui qui a plus cruellement souffert. »[25]

Pendant quatre ans, la bataille y fait rage en avances et reculs successifs de l'une et l'autre armée, en « combats en accordéon ». Si bien qu'il n'est pas un mètre carré de son sol qui n'ait été retourné, pilonné, pulvérisé. Les 725 communes

18. AS, Annales du Sénat, débats parlementaires, séance du 12 juillet 1923, p. 1891.

19. A. Deperchin, « Des destructions aux reconstructions », *in* S. Audouin-Rouzeau *et al.* (dir.), *Encyclopédie de la Grande Guerre (1914-1918) : histoire et culture*, *op. cit.*, p. 1125.

20. *Ibid.*

21. *Ibid.*

22. *Ibid.*

23. B. Cabanes, « 28 juin 1919 : le triomphe et l'amertume », *in* B. Cabanes *et al.* (dir.), *Larousse de la Grande Guerre*, *op. cit.*, p. 414-419.

24. D. Voldman, *Reconstructions en Picardie en 1918*, catalogue de l'exposition organisée par les archives départementales de l'Aisne (16 septembre 2000-15 janvier 2001), préface, p. 16.

25. ADA, *La reconstruction de l'Aisne : exposé présenté au conseil général de l'Aisne par Lucien Saint, préfet de l'Aisne*, Paris, Berger-Levrault, 1920, p. 5.

atteintes par les faits de guerre, dont la destruction apparaît plus ou moins complète, sont toutes ruinées dans leurs forces vives. Cette donnée justifie des mesures particulières selon les Axonais. Elle doit faire éclater aux yeux du gouvernement la nécessité de ne pas placer l'Aisne sur le même plan que les autres départements au regard des réparations de toute nature dont sa situation impose la nécessité. Dans ce contexte, alors que la loi du 17 avril 1919 concernant les dommages de guerre crée aux sinistrés, victimes des faits de guerre, un droit à la réparation des dommages qui leur ont été causés, Paul Doumer mène la vie dure au préfet Adrien Bonnefoy-Sibour :

> « Nous sommes très ardents, très exigeants, très désagréables. Nous demandons que vous fassiez non pas tout le possible, c'est trop peu, mais l'impossible ! »[26]

Avant d'ajouter, revenant en arrière :

> « Si nous n'avions pas été obligés à faire ces choses "impossibles", l'armée française n'aurait jamais eu la magnifique artillerie qui lui a permis de vaincre ! »[27]

Au préfet assurant que « les services de la préfecture seront possibles d'ici trois semaines », Paul Doumer, furieux, objecte :

> « Alors faites-le d'ici huit jours ! »[28]

Car dans les premiers temps, l'ampleur de la tâche, la lenteur de la reconstruction et son coût alimentent un contentieux : les populations des régions dévastées ont le sentiment d'être abandonnées et que leur sacrifice est méconnu. La reconstruction des habitations est lente : les habitants des régions dévastées vivent longtemps au provisoire. Les modalités de la reconstruction, techniques, financières et administratives, sont complexes.

Faut-il, dans l'immédiat, indemniser et/ou reconstruire ? Quels enjeux soulèvent ces deux options ? Indemnisation et reconstruction correspondent à deux logiques différentes. Celles-ci continuent de coexister dans la loi du 17 avril 1919, surnommée la « charte des sinistrés »[29]. Une indemnité, égale à la valeur des biens, sera versée au sinistré s'il veut rester libre de la destination des fonds. Son montant sera plus élevé (à hauteur de la valeur de reconstruction) s'il décide de relever les ruines. L'indemnisation correspond pour le sinistré au fait de toucher des dommages de guerre versés par l'État. Le droit des victimes s'impose alors comme un devoir de l'État[30]. Face à l'ampleur des destructions, la « charte des sinistrés » permet pour la première fois d'indemniser largement les victimes de dommages de guerre. L'essentiel de l'effort financier lié à la reconstruction est ainsi assuré par la collectivité nationale, conformément à l'engagement de solidarité formulé pendant la guerre.

---

26. ADA, AD, bibliothèque administrative (hors-série), délibérations du conseil général de l'Aisne, session du 2 mai 1919.
27. *Ibid.*
28. *Ibid.*
29. A. Duménil, « 17 avril 1919 : reconstruire », *in* B. Cabanes *et al.* (dir.), *Larousse de la Grande Guerre*, *op. cit.*, p. 407-413.
30. A. Deperchin, « Des destructions aux reconstructions », *in* S. Audouin-Rouzeau *et al.* (dir.), *Encyclopédie de la Grande Guerre (1914-1918) : histoire et culture*, *op. cit.*, p. 1129.

L'État est désormais responsable des dommages consécutifs au fait de guerre. Comme d'autres mesures en faveur des victimes du conflit, la « charte des sinistrés » témoigne du développement de l'intervention de l'État et des politiques d'assistance publique. Dans l'attente du paiement des réparations allemandes, qui suscitent beaucoup d'espoirs, le gouvernement français engage rapidement les travaux indispensables au relèvement du pays en recourant, pour ce faire, à l'emprunt.

Une proposition de loi envisage en 1915 de conserver à l'état de ruines un certain nombre seulement de villages détruits. En 1917, une commission des vestiges et souvenirs de guerre doit, pour ce faire, dresser la liste des lieux et monuments qui seront gardés tels quels. Ainsi lors de la session d'avril 1917 du conseil général de l'Aisne, Paul Doumer demande solennellement à Alexandre Leullier, préfet de l'Aisne, qu'on laisse Coucy-le-Château dans l'état où l'ont mis les Allemands en tant que « modèle de la destruction sauvage et haineuse de l'ennemi »[31].

Pourquoi une telle demande ? Faut-il garder les traces de la guerre ou au contraire les effacer ? Deux conceptions s'affrontent dans cette optique : doit-on remettre les régions dévastées dans l'état d'avant-guerre (reconstituer) ou saisir l'occasion du chaos pour introduire des progrès qui, dans de nombreux domaines, vont améliorer la vie des populations (reconstruire) ? Une tentation surgit ainsi de façon éphémère mais significative devant l'énormité de l'effort de reconstruction engagé : ne pas reconstruire les villes, villages et monuments détruits, afin qu'ils attestent pour l'éternité de la barbarie de l'ennemi et de la perte subie. Laisser en l'état ce qui est totalement détruit signifie inscrire dans le paysage les souffrances de la guerre, telle une plaie, afin de garder la mémoire de la barbarie ennemie et ne pas démobiliser les esprits : la réflexion sur les ruines préservera les générations futures, pense-t-on, du fléau de la guerre. Cette opinion trouve ses limites dans la réalité économique, qui impose le redémarrage de l'activité des entreprises industrielles et des exploitations agricoles détruites. La nécessité d'un retour à une vie normale des habitants et d'une reprise rapide de la vie économique nationale est en effet conditionnée par la reconstruction agricole et industrielle des régions dévastées. L'aspiration à reconstituer ce que le conflit a bouleversé l'emporte finalement. Un monde nouveau doit sortir des ruines. L'effet « table rase » des destructions ouvre le champ des possibles. En permettant de tourner la page, reconstruction et paix sont ainsi intimement liées. La reconstruction est ainsi presque achevée au début des années 1930.

Paul Doumer s'efforce d'aider l'urgente reconstruction du département déclaré « le plus sinistré de France » [document 32 p. 408] en intercédant auprès des ministres, qu'il n'hésite pas à harceler, notamment Yves Le Trocquer, ministre des Travaux publics (1920-1924), au sujet du canal de l'Oise à l'Aisne détruit pendant la guerre[32]. Comment s'y prend-t-il, concrètement ? Ne craignant pas de faire feu de

31. ADA, 4e br 79 : P. Doumer, « Le département de l'Aisne », *L'Illustration économique et financière*, supplément au numéro du 1er novembre 1924, p. 4-6.

32. ADA, AC, E dépôt 401, archives communales de Laon, 5 O 1.

tout bois, l'ancien gouverneur général de l'Indochine suggère même, pour aider à sa renaissance, le jumelage de la commune de Chavignon (Aisne) avec le grand port indochinois d'Haiphong (actuel Vietnam)[33]. Car Paul Doumer écrit de l'Aisne qu'elle est le département qui se présente plus qu'aucun autre comme « un grand blessé de la guerre », portant à ses flancs « des plaies ouvertes et saignantes »[34]. Pour lui, le département est, d'un point de vue politique, un véritable microcosme, une petite France miniature, exacte de la grande :

> « Cette patrie de tant de bons Français, département nourricier de la population française, est l'image réduite de notre grande patrie. »[35]

Paul Doumer pense cet échelon départemental le plus à-même de résoudre les problèmes des Français. Il s'agit d'une conception politique fortement signifiante dans son cas, éclairant toute l'importance qu'il accorde à ses mandats locaux. Partisan avant l'heure d'une décentralisation, Paul Doumer fait partie, avec Paul Deschanel, Louis Marin, André Tardieu et Albert Lebrun, des « authentiques républicains » à l'origine de la création, en 1900, de la Fédération régionaliste française[36]. Or il estime que la vie politique locale n'est, en France, pas digne d'un pays de liberté[37]. La faute en revient, selon lui, à la faible étendue des départements, qui conduit le pouvoir central à accaparer ce qui ne devrait pas lui revenir. Avec les avis tranchés qui le caractérisent, Paul Doumer ajoute :

> « Ce qui l'encombre de petites affaires et l'empêche de se consacrer aux grandes. »[38]

C'est la raison pour laquelle, comme Michel Debré le proposera en 1947, sa préférence paraît aller à de grands départements de taille significative.

Pour la cérémonie du 17 octobre 1920 présidée par le général Mangin, libérateur de Laon, Paul Doumer, conseiller général de l'Aisne, multiplie les démarches pour accélérer la remise du titre de Croix de guerre à la ville de Laon. Une plaque de marbre relatant que la ville a été délivrée le 13 octobre 1918 par le général Mangin est apposée dans la salle des pas perdus de l'hôtel de ville[39]. La loi Cornudet du 24 mars 1919 impose un plan d'aménagement aux villes de plus de 10 000 habitants. Elle demeure toutefois peu appliquée. Paul Doumer obtient ensuite la construction par l'État d'un hôtel des postes à Laon en 1923, la municipalité n'ayant, « à titre exceptionnel », qu'à fournir le terrain[40]. Agissant comme le « représentant de l'Aisne à Paris », il fait ensuite accélérer jusqu'à l'arrivée du décret au Conseil d'État la déclaration d'utilité publique du plan d'aménagement et

---

33. ADA, « Paul Doumer en Picardie », *op. cit.*, lettre de P. Doumer, conseiller général de l'Aisne, à J. Bouteille, maire de Chavignon, 2 décembre 1918.
34. ADA, 4ºbr 79, P. Doumer, « Le département de l'Aisne », *op. cit.*, p. 4.
35. *Ibid.*
36. C. Prochasson, « Le territoire », *in* V. Duclert *et al.* (dir.), *Dictionnaire critique de la République*, *op. cit.*, p. 603.
37. *Ibid.*
38. *Ibid.*
39. ADA, 1 I 29.
40. ADA, 1 M 84.

d'extension de sa ville protégée[41]. La conjonction de son mandat de conseiller général de l'Aisne et de sa tragique histoire familiale explique la particulière implication de Paul Doumer dans la reconstruction du département, pour laquelle il ne ménage aucun effort. Ce redoublement d'activité politique au chevet de l'Aisne lui permet-il d'oublier ses fils morts pour la France ?

Sur le plan national, membre de la commission sénatoriale chargée d'étudier les questions intéressant spécifiquement les départements libérés de l'invasion, Paul Doumer et ses collègues s'emploient à établir des droits à indemnités de dommages de guerre (en vertu de la loi du 17 avril 1919)[42] ; à autoriser l'ouverture de crédits provisoires au titre du budget spécial des dépenses recouvrables sur les versements à recevoir en exécution des traités de paix ; à accélérer l'indemnisation des sinistrés ; et à simplifier les formalités d'expropriation des immeubles endommagés par faits de guerre afin qu'ils soient rachetés par l'État[43]. Autant de mesures techniques destinées à accélérer le passage du temps de guerre au temps de paix et la laborieuse sortie de guerre des soldats français[44]. Enfin, sur l'insistance de Paul Doumer et plusieurs de ses collègues[45], une commission d'enquête sur les faits de guerre est, dans le maquis foisonnant des commissions sénatoriales, nommée le 11 février 1919[46]. Puis, le 3 juillet 1919, une nouvelle commission, toujours souhaitée par Paul Doumer et ses amis[47], est chargée d'examiner l'application des traités de paix[48]. Le sénateur de Corse est membre élu de ces deux nouvelles commissions avant de présider la seconde.

3. Le salut par les colonies ?

Les commissions parlementaires se multiplient pour aider au redressement du pays. Une commission chargée de procéder à une enquête économique sur les moyens d'accroître et de coordonner les efforts de production des colonies est ainsi nommée le 7 novembre 1918 au Sénat[49]. Paul Doumer est l'un des dix-huit membres avec Albert Sarraut et Eugène Étienne. Production agricole, forestière, minière, maritime : un régime approprié à chacune de ces productions doit être trouvé. Deux ans

41. ADA, 1 O 28.

42. AS, 69S 290, commission chargée d'étudier les questions intéressant spécifiquement les départements libérés de l'invasion, procès-verbaux (1921-1924), séances du 7 juillet et du 18 novembre 1921.

43. *Ibid.*, séance du 3 avril 1922.

44. B. Cabanes, *La victoire endeuillée : la sortie de guerre des soldats français (1918-1920)*, *op. cit.*

45. AS, proposition de résolution n° 31, année 1919, urgence déclarée.

46. AS, 124S 1801, commission d'enquête sur les faits de guerre, 11 février 1919.

47. AS, proposition de résolution n° 316, année 1919, urgence déclarée.

48. AS, 124S 1811, commission chargée d'examiner l'application des traités de paix, 3 juillet 1919.

49. AS, 124S 1790, commission chargée de procéder à une enquête économique sur les moyens d'accroître et de coordonner les efforts de production des colonies, procès-verbaux (1918-1921).

plus tard, un Institut colonial français (ICF) est créé le 11 décembre 1920 à Paris[50] : Paul Doumer en est le naturel parrain. Quelle mission lui est confiée ? L'objectif, ambitieux, est la mise en valeur intégrale du domaine colonial français aux doubles fins du développement agricole, industriel et commercial des colonies elles-mêmes et (surtout) de l'aide qu'elles doivent apporter à la métropole. Car Paul Doumer est, après-guerre, de ceux qui pensent que la France ne pourra se relever que par ses colonies, dont dépend l'avenir vital de la métropole ravagée, affaiblie par sa victoire. Une « maison des colonies », établie 8 rue Goujon à Paris, est ainsi envisagée tout à la fois comme un lieu de rencontre de tous les coloniaux, un espace où ces derniers trouveront toute la documentation, l'aide et les études dont ils auront besoin, et une représentation permanente des colonies à Paris. Après un demi-siècle d'effort colonial auquel Paul Doumer a personnellement participé en Indochine (1897-1902), la France impériale, confrontée à l'urgence des besoins d'après-guerre, ne cache pas son impatience à « récolter les moissons d'hier et multiplier celles de demain »[51].

Un autre sujet permet d'apprécier l'attitude personnelle de Paul Doumer sur les questions qui se posent aux Français dans l'immédiat après-guerre : le débat sur la restitution des corps. Alors que le corps des proches défunts revêt une importance extrême pour les endeuillés de la Grande Guerre[52], un transfert systématique, financé par l'État, des corps aux familles qui en feraient la demande est prévu à l'article 106 de la loi de finance du 31 juillet 1920[53]. Entre 1921 et 1923, 240 000 dépouilles sont ainsi exhumées et déplacées dans toute la France pour être rendues aux parents, soit 30 % des corps alors identifiés[54]. Le débat qui divise la classe politique sur le principe de la restitution des corps partage la société civile de la même manière. La commission nationale des Sépultures militaires, présidée par le général de Castelnau, est chargée d'examiner le projet de loi à soumettre au Parlement dès le premier semestre 1919. Beaucoup s'impatientent d'avoir à attendre que soient identifiées le maximum de dépouilles et retrouvés le plus possible de disparus afin de satisfaire toutes les familles, tel Louis Barthou, député des Pyrénées-Atlantiques, inconsolable depuis le décès de son fils. D'autres, comme Paul Doumer, ne souhaitent pas voir disperser les morts au champ d'honneur[55]. Le sénateur de Corse affirme qu'un fils, officier ou simple soldat, doit « rester au milieu de ceux avec qui il a combattu » :

---

50. CAN n° 1, GGI, M.O, n° 3115, constitution à Paris de l'Institut colonial français (1920-1921).

51. *Ibid.*

52. S. Audouin-Rouzeau *et al.*, « Le corps dans la Première Guerre mondiale. 14-18 : douleur, souffrance, deuil », *Annales, histoire, sciences sociales*, janvier-février 2000.

53. *Journal officiel de la République française*, 2 octobre 1920.

54. J.-C. Jauffret, « La question du transfert des corps (1915-1934) », *in* S. Caucanas *et al.* (dir.), *Traces de 14-18*, Carcassonne, Les Audois, 1997, p. 133-146.

55. L. Capdevila *et al.*, *Nos morts : les sociétés occidentales face aux tués de la guerre (XIXe-XXe siècles)*, Paris, Payot, 2002, p. 90.

« Il a conduit ses hommes au feu et je désire qu'il reste au milieu de ses camarades, que le combat continue pour lui, qu'il soit sur la frontière et qu'il inspire aux générations futures, en cas d'attaque nouvelle, le désir de défendre la patrie. »[56]

L'aspiration à la démobilisation des morts, aussi indispensable à leurs yeux que celle des vivants, amène une partie des vétérans et des parents à demander leur rapatriement. Paul Doumer est-il sur ce point à contre-courant de l'opinion dominante ? Souhaite-t-il se distancier des corps de ses fils tombés pour moins les pleurer ? Les parlementaires décident finalement de laisser le choix aux familles. Pour celles qui souhaitent récupérer le corps, l'État assume la totalité de l'opération, depuis l'exhumation et le transport jusqu'à l'inhumation dans le cimetière choisi par la famille. Cela donne lieu à une grande vague d'obsèques d'après-guerre. Quant aux sépultures militaires demeurées dans les nécropoles nationales comme dans les carrés militaires des cimetières communaux, elles sont entretenues par l'État, donnent droit à un pèlerinage familial annuel financé par la collectivité et, de façon à les rendre plus personnelles et familières aux endeuillés, leur aménagement est « conçu de manière à permettre aux familles d'y déposer tous objets destinés à honorer la mémoire des morts »[57].

4. Un sénateur plus puissant qu'un ministre

En attendant, le calendrier électoral n'en continue pas moins de courir. Paul Doumer est sénateur de Corse depuis neuf ans déjà. Il a amèrement perdu son fauteuil de député de l'Aisne en 1910 et a dû attendre deux ans avant de pouvoir siéger de nouveau au Parlement. Prépare-t-il, de ce fait, l'échéance électorale de 1921 avec une particulière appréhension ? Lors du renouvellement sénatorial du 9 janvier 1921, les petites manœuvres de clan et les savantes combinaisons de l'arrivisme politique sont dénoncées[58]. Amédée Bussière, préfet de Corse (1929-1930), dira plus tard les Corses « fous d'élections »[59]. L'union, prêchée en vain, ne fait que mettre à jour les déchirements. Le scrutin se déroule dans un contexte d'extrêmes tensions[60]. Les forces de police interpellent des hommes armés devant le bureau de vote de la préfecture d'Ajaccio[61]. On reproche à Paul Doumer, « illustre importé »[62], non seulement d'avoir été exempté de tout stage politique local en raison de sa notoriété nationale mais surtout de viser secrètement la présidence du Conseil,

56. CHAN, BB18-2607-1484A18, commission nationale des Sépultures militaires sur le projet de loi interdisant l'exhumation et le transport des corps des militaires français, alliés et ennemis sur le territoire français pendant une période à déterminer, 1919.

57. *Journal officiel de la République française*, 30 septembre 1920.

58. ADCS, 3M 852, A. de Pianelli, « Choses de Corse » *Le Colombo*, 21 juillet 1920.

59. A. Bussière, alors préfet de Corse, *Sur la barque préfectorale*, journal inédit, t. 1, « Le vent en poupe (1914-1940) », p. 30. Avec l'aimable autorisation de J.-F. Sirinelli.

60. P. Torre, *Le radicalisme en Corse sous la IIIe République*, *op. cit.*, p. 233.

61. ADCS, 3 M 852, *La jeune Corse*, 14 janvier 1920.

62. *Ibid.*

autrement dit ses ambitions continentales[63]. Si on s'incline devant ses qualités laborieuses et ses douleurs patriotiques, forçant le respect, on le raille également comme dernier représentant, au Parlement, du « type, en train de disparaître, du redingotard de gauche »[64]. Paul Doumer n'a pas que des amis sur l'île de Beauté, loin de là. Le radical corse Adolphe Landry, n'appartenant pas au clan corse auquel est annexé Paul Doumer, est ministre de la Marine dans le gouvernement alors en place. Un portefeuille non-négligeable pour une île. Pour tenter de contrer son influence prépondérante, Paul Doumer offre sur sa liste une place au parfumeur multimillionnaire François Coty[65], futur maire d'Ajaccio (1931), qui annonce par voie de presse sa rupture avec Adolphe Landry[66]. L'immense fortune du magnat des parfums permet dès 1919 d'amorcer le développement économique de l'île par des investissements massifs dans certains secteurs, alors qu'« une demi-douzaine de merles corses coûtent presque aussi cher à faire venir à Paris qu'une tonne de riz du Tonkin »[67]...

La campagne sénatoriale de l'hiver 1920-1921 est l'occasion d'un bilan du premier mandat sénatorial de Paul Doumer, qui représente l'île depuis bientôt neuf ans au Sénat, dont quatre de guerre. Régime fiscal, ressources départementales, chemins vicinaux, chemins de fer, reboisement, utilisation des eaux, énergie électrique, travaux d'irrigation : le sénateur de Corse n'a pas ménagé sa peine. En 1912-1913, les expropriations induites par les chemins de fer nécessitent pas moins de neuf cent jugements. Le canal du Golo transformera la fertile plaine de la Marana. Le canal d'Aleria sera exécuté dans les mêmes conditions. Autant de solutions exceptionnellement favorables à la Corse obtenues grâce à son sénateur. L'État a encore, sur l'insistance de Paul Doumer, entrepris à ses frais exclusifs l'étude du projet du Lancorne, dont la réalisation assurera à la Corse une station hydro-électrique de premier ordre. Le programme d'adduction des eaux de la plaine orientale a été plus que décuplé par suite de l'extension du réseau. Au cours d'une conférence tenue au mois de février 1919 au ministère de l'Agriculture, une dépense de dix millions de francs est envisagée au lieu de 750 000 francs prévus initialement. Tous les projets sont approuvés jusque et y compris le projet de Bonifacio incorporé dans le programme général par décision du 23 juin 1919. Paul Doumer intervient encore dans le projet d'agrandissement du port de Bastia et, malgré certaines résistances, un projet s'élevant à 13 millions de francs est établi. Sans parler des projets d'ordre secondaire, des subventions accordées à un grand nombre de communes, à l'intervention de l'État obtenue pour les travaux d'irrigation communaux comme ceux de Vivario ou de Ghisoni. Autant de mesures suivies de réalisations concrètes. Toutes

63. ADCS, 18 PER 74, *Le Petit Bastiais*, 12 décembre 1920.

64. *Ibid.*

65 ADCS, 3 M 852, « Élections sénatoriales : M. François Coty sera candidat aux élections sénatoriales sur la même liste que M. Doumer », *Bastia journal*, 22-23 novembre 1920; S. Gregori, « François Coty », *in* A.-L. Serpentini (dir.), *Dictionnaire historique de la Corse*, *op. cit.*, p. 303-304.

66. ADCS, *Le Petit Bastiais*, 21 novembre 1920.

67. ADCS, 18 PER 58, *Le Petit Bastiais*, 9 janvier 1912.

les demandes de Paul Doumer aboutissent : pour ses partisans, l'autorité considérable dont le sénateur jouit à Paris sert indiscutablement les intérêts corses.

Revenant en arrière, on insiste sur le fait que les réformes que Paul Doumer a introduites en Indochine portent surtout sur l'organisation financière et sur le développement de ses voies et moyens de transport, autrement dit de sa « mise en valeur », ce dont précisément la Corse a besoin[68]. Pour l'aménagement de la Gravona, rivière corse dont il s'agit de rectifier le cours, Paul Doumer et Henri Pierangeli sollicitent et obtiennent le concours de l'État[69]. Il s'agit, alors que l'approvisionnement en eau d'Ajaccio est précaire l'été venu, d'une question de la plus haute importance pour l'avenir de la ville. À la suite de nombreuses fuites se produisant tout au long du canal les desservant, des quartiers entiers de la ville se trouvent en effet privés d'eau pendant de longues heures chaque jour. Aussi l'appui que le maire d'Ajaccio est assuré de trouver auprès du sénateur de Corse est-il particulièrement précieux. Les Corses se félicitent des résultats obtenus pour la Corse par Paul Doumer en raison de ses appuis parisiens. Dans le domaine des relations maritimes, commerciales et douanières entre la Corse, le continent et l'Afrique du Nord, le sénateur obtient des avancées décisives. Finalement, au fil des ans, les Corses et Paul Doumer lui-même finissent par trouver un bénéfice mutuel au lien politique de circonstance qui les unit. Pour Paul Doumer, l'assurance, dans des conjonctures électorales difficiles, d'un siège au Parlement et les avantages offerts par une implantation locale conçue comme au service de sa carrière nationale. Pour les Corses, Paul Doumer, « bon unioniste », est un représentant influent à Paris[70]. Il sait y promouvoir avec succès les intérêts insulaires et y faire progresser rapidement les dossiers corses.

Dans le même temps, on reproche au sénateur les trop nombreuses occupations, de portée nationale, qui le retiennent à Paris — revers de la médaille — et l'empêchent d'être suffisamment présent sur l'île[71]. L'intéressé répond au reproche de la lenteur :

« On ne peut transformer la Corse d'un coup de baguette magique ! »[72]

Sa tournée dans les arrondissements d'Ajaccio et Sartène est ainsi sévèrement qualifiée de « hâtive »[73]. Mais aussi, alors que le relèvement économique de l'île exige compétences et capitaux, le sens développé des affaires de Paul Doumer suscite les plus vifs espoirs :

68. ADCS, 18 PER 74, S. Bernstamm, « Paul Doumer », *Le Petit Bastiais*, 25 décembre 1920.

69. ADCS, 3 M 852, « L'aménagement de la Gravona », *Le Colombo*, 22 juillet 1920.

70. *Ibid.*, « Les élections sénatoriales en Corse », *L'Écho de la Corse et des colonies*, organe officiel de l'Union générale des Corses et des amis de la Corse, 14 novembre 1920.

71. ADCS, 3 M 852, « Politique d'affaires », *Le Pascal Paoli*, hebdomadaire républicain, 4 novembre 1920.

72. ADCS, 18 PER 74, H. Pierangeli, « Paul Doumer et la Corse », *Le Petit Bastiais*, 31 décembre 1920.

73. *Ibid.*

« La Corse l'accueille avec confiance et espère en lui. »[74]

Voies de communication à ouvrir ou à refaire, transports en commun à organiser, cours d'eau à utiliser, industries à créer, cultures à développer, tout semble encore à faire en Corse. Le docteur Pierre Angeli, républicain-socialiste établi à Saint-Étienne, résume la situation :

> « Alors que la Corse est dans la plus profonde misère, alors que tout est à créer en Corse, alors que nos populations abattues et si longtemps leurrées n'ont même plus la force de protester [...], alors que la coupe est pleine, je vote pour Doumer ! »[75]

Le sénateur établit une surprenante comparaison historique, trahissant sa vision coloniale de son mandat :

> « La Corse est encore presque dans le même état où Jules César a trouvé la Gaule. Les plaines sont marécageuses, la malaria y sévit. Aléria, qui fut une grande ville au temps de la domination romaine, n'est plus qu'un lieu malsain où il est impossible d'habiter en été. »[76]

Le point de vue économique étant « tout pour la Corse », les représentants politiques corses sont exhortés à dépasser les clivages partisans voire claniques violents qui les divisent pour se rallier unanimement sous la protection rassurante offerte par Paul Doumer[77]. La situation de Paul Doumer au Sénat est devenue à ce point prépondérante au début des années 1920 qu'« il serait insensé de ne pas le conserver dans notre représentation à l'heure où nous aurons à poser devant le Parlement le problème économique corse », peut-on lire dans *La jeune Corse*[78]. L'autorité du rapporteur général des Finances au Sénat, « refusant ou accordant les crédits et donc plus puissant qu'un ministre », ne sera pas inutile pour l'avenir de la Corse[79]. S'il est déclaré que « ses fils tombés ne sont pas des titres à un mandat électoral », le dévouement agissant et sans réserve de Paul Doumer à la Corse est salué par tous :

> « Jamais Paul Doumer n'a hésité à s'employer en faveur des intérêts de la Corse toutes les fois qu'on le lui a demandé. »[80]

De leur côté, près de dix ans après l'avoir éconduit, les républicains du Cantal réunis en congrès à Aurillac en novembre 1920 se décident alors enfin, à l'unanimité, à offrir une candidature à Paul Doumer[81]. Mieux vaut sans doute tard que jamais. Une délégation d'élus cantaliens est immédiatement dépêchée auprès du sénateur. L'Aurillacois cèdera-t-il à leurs arguments ? Très touché de cette proposi-

---

74. *Ibid.*
75. ADCS, 1 PER 33, *Le Journal de la Corse*, 3 janvier 1921.
76. AS, 14S 86, commission des Finances sous la IIIe République (1876-1916, 1920-1940), séance du 7 juillet 1926, p. 221.
77. ADCS, 3 M 852, L. Maestrati, « Les acteurs de la pièce : Paul Doumer », *La jeune Corse*, 25 décembre 1920.
78. *Ibid.*
79. AS, 66S 36, élections sénatoriales de Corse (1912, 1921).
80. *Ibid.*
81. ADCS, 18 PER 74, « Paul Doumer », *Le Petit Bastiais*, 30 décembre 1920.

tion, reconnaissance tardive, et de l'union républicaine réalisée sur son nom, Paul Doumer répond toutefois qu'il choisit de rester en Corse, où il s'est engagé à poser sa candidature pour le renouvellement de son mandat aux élections de janvier 1921 :

« Je ne peux pas abandonner la Corse alors qu'il y a tant à faire ! »[82]

La délégation insiste. Le succès de Paul Doumer dans le Cantal semble assuré d'avance. L'intéressé répond qu'il ne peut trahir la fidélité des électeurs corses et qu'il se représentera en Corse et nulle part ailleurs. Les Cantaliens se sont-ils réveillés trop tard ? Ils ont raté en 1912 l'occasion d'être représentés par le plus illustre des leurs, qui, quoi qu'il en dira par la suite, ne le leur pardonnera que difficilement. Victime de son succès, Paul Doumer est contraint d'apporter la même réponse, irrévocable, à une délégation de l'Aisne et d'opposer le même refus poli aux demandes faites ensuite par les représentants de départements du Centre. Tous lui assurent le succès s'il consent simplement à leur donner son nom. Un nom que l'on s'arrache partout en France ? La situation donne la mesure du poids politique acquis par Paul Doumer dans l'immédiat après-guerre.

Paul Doumer, seul représentant de la droite gaviniste, atteint finalement la majorité sans difficulté, de même qu'Émile Sari, maire radical de Bastia[83]. François Gallini[84], conseiller général, double de peu François Coty grâce au vote frauduleux, invalidé, de deux délégués sénatoriaux de San Nicolao[85]. Au second tour du 10 janvier 1921, Paul Doumer recueille 414 voix sur 792 votants, soit 52 % des suffrages exprimés[86]. Le caractère insoumis de l'Aurillacois, « de ceux qui ne consentiront jamais à s'inféoder à un clan quelconque »[87], plaît sur l'île. Son score est pourtant inférieur à celui (59 %) qu'il avait réalisé neuf ans plus tôt, signe d'un reflux de son ancrage insulaire.

Une protestation contre les opérations électorales qui ont abouti à la réélection de Paul Doumer est déposée à Ajaccio le 11 janvier 1921, cosignée par François Gallini, son adversaire politique dans cette élection[88]. Le texte affirme tout de go que l'élection a été viciée par l'intervention du gouvernement, qui a rappelé le préfet six jours avant le scrutin. Une mesure qui a jeté le trouble. Des griefs de fait sont exprimés : Adolphe Landry, ministre de la Marine, aurait mis son influence de membre du gouvernement au service de ses amis, au premier rang desquels Paul Doumer, en accaparant journaux et imprimeries afin d'« impressionner le corps électoral »[89]. Le voyage que le ministre effectue en Corse avant l'élection n'a d'autre

82. *Ibid.*, 31 décembre 1920.

83. J.-P. Pellegrinetti, « Émile Sari », *in* A.-L. Serpentini (dir.), *Dictionnaire historique de la Corse*, *op. cit.*, p. 901.

84. J.-P. Pellegrinetti, « François Gallini », *in* A.-L. Serpentini (dir.), *Dictionnaire historique de la Corse*, *op. cit.*, p. 416.

85. P. Torre, *Le radicalisme en Corse sous la IIIe République*, *op. cit.*, p. 233.

86. ADCS, 18 PER 75, *Le Petit Bastiais*, 10 janvier 1921.

87. *La Jeune Corse*, 10-11 janvier 1921.

88. AS, 66S 36, élections sénatoriales de Corse (1912, 1921).

89. *Ibid.*

objectif en effet que de soutenir les candidats du parti républicain démocratique. Mais aucun fait précis ne peut être invoqué avec preuves probantes à l'appui de l'accusation. Aussi la protestation est-elle classée sans suite. François Coty tranche fermement :

> « Aucune candidature ne peut, à l'heure actuelle, servir plus utilement les intérêts généraux de l'île que celle de Paul Doumer. »[90]

5. Le septième cabinet Briand : réparer

Les retours les plus inattendus sont-ils possibles ? Celui de Paul Doumer rue de Rivoli laisserait présager les pires craintes, selon certains. Car l'intéressé est précédé d'une réputation d'homme d'ordre. Son fracassant passage au ministère des Finances vingt-cinq ans plus tôt dans le cabinet Bourgeois semble encore présent dans les esprits. « On ne peut pourtant prétendre que la finance soit affranchie de la mathématique », observe Édouard Julia. Avant d'avertir :

> « La seule précaution à prendre est de ne pas nommer un danseur à la place d'un calculateur. »[91]

Un projet de création d'un impôt de 25 % sur le capital est prêté à Paul Doumer par *L'Action française*, qui parle même d'estampillage des billets de banque à 25 %[92]... Les portraits les plus mordants de Paul Doumer sont alors publiés et circulent bon train : personne n'aurait jamais vu ses yeux ; sa barbe n'aurait « pas de couleur » ; cet impavide « buveur d'eau »[93] ne supporterait que « des chefs de bureau ou de cabinet pâles, plats, passifs, tirés par ses soins d'anémiantes perceptions »[94]. Un syllogisme implacable conclut :

> « Il y a trop de gens, en France, qui boivent autre chose que de l'eau pour que Paul Doumer s'accommode de beaucoup de gens. »[95]

Le reproche de l'arrivisme est le plus fréquent. Pour d'autres qui ne voient vraiment pas quel homme d'État pourrait être mis à une telle place en une heure si difficile, Paul Doumer est bien « l'homme de la situation »[96]. L'intéressé méprise ces commentaires. Un bon ministre des Finances est d'abord un comptable exact et minutieux, selon lui, avant d'avertir sévèrement :

> « L'essence des finances est l'ordre. »[97]

---

90. *Ibid.*, sous-commission d'enquête sur les élections sénatoriales de Corse, rapport, 9 février 1921.

91. É. Julia, « Ave, Respublica », *Le Temps*, 3 juin 1924, rééd. *in Chroniques (politiques et économiques du* Temps*)*, t. 1, « 1920-1927 », Paris, Le Temps, 1936, p. 54-57.

92. PPP, BA2041, *L'Action française*, 25 février 1921.

93. V. Adam de Villiers, *Paul Doumer parle*, *op. cit.*, p. 28.

94. PPP, BA2041, *L'Action française*, 25 février 1921.

95. *Ibid.*

96. *Ibid.*, G. Hervé, *Victoire*, 8 septembre 1921.

97. *Ibid.*

Paul Doumer est nommé ministre des Finances du septième cabinet Briand (16 janvier 1921-15 janvier 1922). Quelle est sa feuille de route ? Malgré les circonstances d'après-guerre, le respect du calendrier budgétaire apparaît immédiatement comme un souci fort du ministre : Paul Doumer est en effet particulièrement attentif à ce que le budget soit voté dans les temps. Une obsession dans son cas[98]. Son attachement au principe de l'équilibre budgétaire et son inquiétude face à la notion d'impasse sont ceux des hommes de sa génération. L'équilibre général des recettes et des dépenses de l'État, dont il est garant, est rappelé avec fermeté par le ministre à ses collègues, particulièrement Louis Barthou, ministre de la Guerre, retardataire dans l'envoi de ses propositions rue de Rivoli[99]. Le ministre consacre ainsi tous ses efforts, couronnés de succès, à obtenir en temps utile le vote du budget de 1922 sans recours aux fâcheux douzièmes provisoires. Le budget est ainsi voté à temps, à l'aube du 2 janvier 1922, les pendules du Luxembourg et du Palais-Bourbon ayant été arrêtées pendant trente-deux heures, Paul Doumer lui-même étant resté cinquante-six heures consécutives sans dormir[100]...

L'action de Paul Doumer, ministre des Finances, est largement dominée par la gestion des séquelles de la Grande Guerre. Sans surprise, l'impérieuse nécessité du redressement économique domine l'ordre du jour. Divers syndicats professionnels demandent au ministre de tenir compte des pertes économiques subies pendant la guerre dans leur situation fiscale d'après-guerre. En effet, diverses sociétés se trouvent alors en situation financière délicate voire en liquidation entraînant saisie[101]. Plaintes de contribuables mobilisés et insolvables ; demandes de réintégration de combattants ; demandes d'indemnisation de veuves de fonctionnaires « morts au champ d'honneur » ; dispositions récompensant l'effort de guerre ; assimilation et reclassement des fonctionnaires d'Alsace-Lorraine : l'attention du ministre est appelée sur de multiples situations les plus diverses, individuelles ou collectives, appelant des réponses rapides et pragmatiques. Fédération des ouvriers et ouvrières des manufactures des tabacs de France ; syndicat des fabricants de papiers et cartons de France : des six coins de l'Hexagone, des demandes d'interventions sont adressées à l'efficace ministre par les députés des circonscriptions concernées[102].

La présence à ses côtés du parlementaire Fernand Faure pour directeur de cabinet, enseignant de profession, vaut à Paul Doumer un poids politique important au sein du gouvernement et, revers de la médaille, fait affluer vers la rue de Rivoli des montagnes de requêtes. Fixation de quotités ; de défalcations ; de dégrèvements

98. G. Denoix, premier directeur du Budget et du Contrôle financier (1919-1925), « Souvenirs », *in La direction du Budget entre doctrines et réalités (1919-1944)*, Paris, CHEFF, 2001, p. 521-569.

99. PPP, BA2041, lettre de P. Doumer, ministre des Finances, à L. Barthou, ministre de la Guerre, 17 juin 1921.

100. G. Denoix, « Souvenirs », *op. cit.*, p. 558.

101. CAEF, CMF, 1A 387/1, coopérative de la boucherie de Granville, 20 mai 1921.

102. *Ibid.*, papiers provenant du cabinet de P. Doumer, ministre des Finances (janvier-juin 1921).

partiels et/ou temporaires : en quelques mois, c'est une avalanche de mesures techniques qui sont adoptées en réponse à ces demandes. Dans l'urgence de la situation, le statut juridique des sociétés coopératives de reconstruction et les modalités d'indemnisation des dommages de guerre mobiliers sont précisés par deux lois de juillet 1921. Pour protéger une industrie sinistrée, le tarif des douanes à l'import est relevé cependant qu'est créé un comité consultatif des impôts et revenus publics, chargé de réformer un système fiscal dont le rendement a dangereusement fléchi. D'autre part, Paul Doumer fait sanctionner par les Chambres une importante réforme de structures, qui scinde la trésorerie et la poste aux armées en deux services distincts[103]. Les projets d'emprunts par les municipalités de France sont ensuite calés en vue des réparations les plus urgentes[104]. Enfin, une commission extraparlementaire chargée d'examiner la réforme des impositions locales est mise en place.

Paul Doumer présente un budget ramené de manière drastique de 28 à 20 milliards de francs et tente de renégocier à la hausse le versement allemand annuel. Le dossier de l'épineuse question des réparations semble être traîné comme un boulet. À de la suite de la conférence de Londres (25 février-16 mars 1921), la loi du 21 avril 1921 prévoit le prélèvement de 50 % sur les exportations allemandes (art. 8). Le ministre des Finances s'interroge sur l'opportunité d'appliquer ladite loi ou, au contraire, de laisser les Allemands prélever eux-mêmes le versement dû aux alliés[105]. Pour autant, il n'est pas question, d'un point de vue diplomatique, d'abolir une sanction à laquelle certains des alliés sont attachés. Finalement, l'acceptation par l'Allemagne de l'ultimatum interallié suspend l'exécution des sanctions envisagées à Londres. Quelle est l'attitude personnelle de Paul Doumer sur cette question centrale des réparations ? Malgré cette acceptation, Paul Doumer, intraitable sur la question, ajoute qu'en cas de besoin, ces sanctions devront pouvoir être appliquées sans aucun délai[106]. Prolongeant l'action de Louis Loucheur, les conventions avec Walter Rathenau sont un gros succès pour le ministère et une très bonne affaire pour la France et les régions dévastées. Elles vont en effet permettre au pays de toucher 7 milliards de marks-or de marchandises allemandes jusqu'en 1926[107].

Sur les réformes fiscales à mener après-guerre, le principe de la progressivité, dont l'application est encore limitée aux impôts directs et aux droits de succession, est étendu à la généralité des impôts, en particulier aux contributions indirectes[108]. Il s'agit de graduer le prélèvement fiscal en fonction des facultés du contribuable et non en fonction de la valeur de la transaction particulière ou du bien imposé. Diverses améliorations de détail, tant du point de vue de l'assiette que du recouvre-

103. Loi du 31 janvier 1921.

104. CAEF, CMF, 1A 387/1, réparation de la canalisation d'eau potable de la commune de Minzier, Haute-Savoie, 15 juin 1921.

105. *Ibid.*, lettre de P. Doumer, ministre des Finances, à A. Briand, président du Conseil, ministre des Affaires étrangères, 11 juin 1921.

106. *Ibid.*, note de P. Doumer, ministre des Finances, à la direction générale des Douanes, 11 mai 1921.

107. PPP, BA2041, G. Hervé, « Le cas Doumer », *Victoire*, 8 septembre 1921.

108. *Ibid.*, note de P. Doumer, ministre des Finances, 5 mai 1921.

ment, sont ainsi destinées à accroître le rendement des impôts. Car la priorité numéro un du ministre reste l'équilibre des finances publiques. Elle se double d'un souci d'accélérer le passage du « temps de guerre » au « temps de paix », autrement dit d'une volonté de retour à la normale, autant que faire se peut. Car, bien que circonstance atténuante, la guerre n'explique pas toutes les difficultés françaises, selon Paul Doumer. Elle ne saurait justifier aucun relâchement budgétaire, bien au contraire. Cette réflexion motive ainsi le souhait de faire cesser au plus tôt la distribution d'indemnités pour cherté de vie, qui grèvent lourdement le budget, selon le ministre, et dont le maintien ne s'impose plus en raison de l'abaissement progressif du coût de l'existence[109]. Une diminution du budget de l'État s'impose également. Pour ce faire, le ministre décide que seuls les ministères dont les services ne sont pas concentrés dans un bâtiment unique pourront conserver un véhicule en dehors du véhicule personnel du ministre[110]. Lucien Dior, ministre du Commerce, proteste vigoureusement mais en vain : la rue de Rivoli ne fléchit pas.

Lorsque le conseiller général de l'Aisne redevient ministre des Finances, les Axonais comprennent immédiatement le profit qu'ils pourront sans doute tirer d'une telle situation. Leur message de félicitations se double d'un message de confiance « dans le résultat de ses efforts pour la restauration des finances et le relèvement des régions dévastées »[111]. L'examen de l'ordre du jour des sessions du conseil général de l'Aisne renseigne sur la situation dans laquelle se trouve alors le département : dommages de guerre; accords de subventions; allocations d'indemnités; livraison de fournitures aux sinistrés : la priorité absolue est à la reconstruction. Dès lors, Paul Doumer recueille 979 voix des 995 suffrages exprimés dès le premier tour des élections cantonales de mai 1922, soit 98 %, autrement dit un quasi-plébiscite[112]. Six ans plus tard, lors des cantonales d'octobre 1928, l'unanimité des 1 000 suffrages exprimés se portent sur la candidature de Paul Doumer, républicain radical[113]. La preuve de l'enracinement de son ancrage axonais ne saurait être apportée de manière plus franche. Les Axonais, comme les Corses, ont bien saisi l'avantage d'avoir un ministrable pour représentant : ils placent en Paul Doumer une confiance aveugle, signe sans doute de leur désarroi.

6. Gouverneur général de l'Algérie ?

Auditionné le 24 mai 1921 au Sénat sur les résultats des accords signés lors de la récente conférence de Londres, Paul Doumer, ministre des Finances, déplore que seule la France y ait présenté des données sérieuses, selon lui :

109. *Ibid.*, lettre de P. Doumer, ministre des Finances, à E. Billiet, sénateur de la Seine, vice-président de l'Union des intérêts économiques, 26 avril 1921.

110. CAEF, CMF, 1A 387/1.

111. *Ibid.*, session du 2 mai 1921.

112. ADA, AD, 3 M 17 : élections de 1922 (14 et 21 mai).

113. *Ibid.*, 3 M 19 : élections du 14 octobre 1928.

« C'est sur les dossiers de la France que la discussion a porté car ses dossiers étaient bien faits. »[114]

Alors que les alliés proposent des chiffres minimes, Paul Doumer, avec ses collègues du gouvernement Briand, défend avec une particulière âpreté la fixation du chiffre définitif de 132 milliards de marks-or comme montant des réparations dues par l'Allemagne. Alors que la situation financière de la France ne laisse pas d'inquiéter, le ministre des Finances regrette :

« Nous devons nous contenter d'un chiffre modéré plutôt que de risquer d'être mis en minorité. »[115]

Dès le mois de décembre 1921, prenant argument de ses difficultés financières, le gouvernement allemand fera savoir qu'il ne peut poursuivre ses paiements. Quoi qu'il en soit, la solide réputation d'efficacité de Paul Doumer est, dans l'immédiat, définitivement établie. Elle n'empêche pas une incessante rumeur de remaniement ministériel imminent d'accompagner le septième cabinet Briand tout au long de sa brève durée. Début juin 1921, le ministre des Finances est souffrant depuis plusieurs jours, un fait suffisamment inhabituel pour qu'il soit relevé. Victime d'un accident sans gravité en quittant son automobile, Paul Doumer se blesse légèrement la jambe et n'y prend pas garde, d'où une aggravation de sa blessure[116]. On dit alors, dans ces circonstances, qu'il aurait accepté que son ministère soit divisé en deux : ministère des Finances, d'un côté; et ministère du Trésor, de l'autre[117]. Dans cette hypothèse, il conserverait les Finances et confierait le Trésor au corrézien Charles de Lasteyrie, inspecteur des Finances. Le fardeau des Finances est devenu si pesant que, de l'avis de toutes les compétences, un seul homme ne suffit plus à le porter. Depuis qu'il a émis l'idée de doubler la taxe sur le chiffre d'affaires, proposition aussitôt qualifiée d'extravagante, la « déchéance mentale »[118] de Paul Doumer, « plus grand péril ministériel dont nous ayons jamais été menacés »[119], prendrait un caractère chaque jour plus alarmant. Dans ce contexte, une autre combinaison circule encore : Paul Doumer, dont le point de vue n'est partagé complètement ni par la commission du Budget de la Chambre ni même par ses collègues du gouvernement, démissionnerait et accepterait en compensation le gouvernement général de l'Algérie[120], qui ne sera pas renouvelé à Jean-Baptiste Abel. Comme il accepta jadis le gouvernement général de l'Indochine en quittant de la même façon la rue de Rivoli. Louis Loucheur reprendrait, dans ce cas, le portefeuille des Finances. Rien de tout cela n'aura finalement lieu.

Un nouveau bruit court avec persistance en août 1921, selon lequel Paul Doumer aurait l'intention de se retirer devant la difficulté de sa mission[121]. Est-ce

---

114. *Ibid.*, audition de P. Doumer, ministre des Finances, séance du 24 mai 1921.
115. *Ibid.*
116. PPP, BA2041, « Des bruits de remaniement ministériel », *La Lanterne*, 8 juin 1921.
117. *Ibid.*, note de la préfecture de police de Paris, 8 juin 1921.
118. *Ibid.*, « La réparation des gaffes de Paul Doumer », *La Lanterne*, 2 octobre 1921.
119. *Ibid.*
120. *Ibid.*, P. Aubriot, « Réorganisation », *Le Figaro*, 8 juin 1921.
121. *Ibid.*, note de la préfecture de police de Paris, 29 août 1921.

bien le connaître ? Le 1er septembre 1921, le ministre, irréductible sur la question de la diminution des crédits, est considéré comme « virtuellement démissionnaire »[122]. Il s'oppose en particulier au maréchal Lyautey, dont il souhaite diminuer de moitié les crédits demandés pour le Maroc, souhait aussitôt entériné par la commission du Budget de la Chambre. Mais le maréchal ne fait qu'un bond chez le président du Conseil et menace lui-même de démissionner si ces crédits, indispensables selon lui, ne lui sont pas accordés[123]. Sur ce dossier, Paul Doumer sait finalement se montrer beaucoup plus souple que prévu et accorde au maréchal ce qu'il lui refusait la veille. Apparemment évitée de justesse, la démission n'a donc pas lieu. On note toutefois :

> « La question Doumer subsiste, sans qu'on puisse savoir quand et comment elle prendra fin. »[124]

Le déficit national semble s'alourdir de réunion en réunion, préoccupant la commission du Budget de la Chambre. De nouvelles ressources doivent être trouvées, d'où des impopularités nouvelles à prévoir, ce qui ne va pas pour faciliter la tâche du ministre. De quelle marge de manœuvre Paul Doumer dispose-t-il dans ce contexte tendu ?

Le refus en bloc du gouvernement, début septembre 1921, de ratifier les accords financiers interalliés ravive le bruit de la démission de Paul Doumer, de nouveau sur la sellette. Pourtant, celui-ci « n'est pas décidé à abandonner son portefeuille », titre *Le Peuple* le 4 septembre 1921[125]. Pour au moins deux raisons, doit argumenter l'intéressé. D'une part, les accords n'avaient été acceptés par ses soins que sous réserve de l'approbation du gouvernement. D'autre part, il ne les a pas conclus sans avoir tenu le président du Conseil au courant. Ces accords, imprudemment signés le 13 août 1921, prévoient que la réparation du premier milliard de marks-or payé par l'Allemagne serait répartie entre l'Angleterre et la Belgique. Paul Doumer n'a jamais caché qu'un arrangement en vertu duquel la France ne recevrait rien sur le premier versement allemand ne lui paraissait pas une victoire diplomatique. *L'Écho de Paris* ouvre, dans son édition du 1er septembre 1921, un concours entre ses lecteurs pour savoir qui sera son remplaçant rue de Rivoli[126]... Un « coup de théâtre » est attendu à l'occasion du Conseil des ministres du 2 septembre 1921[127]. Une mise en minorité de Paul Doumer, qui serait remplacé par Louis Loucheur, ministre des Régions libérées, voire une démission de tout le cabinet Briand. Ce scénario restera virtuel lui aussi.

La situation de Paul Doumer rue de Rivoli reste toutefois délicate. Début octobre 1921, le vote de l'augmentation de la taxe sur le chiffre d'affaires cristallise

---

122. *Ibid.*, 1er septembre 1921.
123. *Ibid.*, 29 septembre 1921.
124. *Ibid.*
125. *Ibid.*, « M. Doumer n'est pas décidé à abandonner son portefeuille », *Le Peuple*, 4 septembre 1921.
126. *Ibid.*, *L'Écho de Paris*, 1er septembre 1921.
127. *Ibid.*, M. Hutin, *L'Écho de Paris*, 2 septembre 1921.

toutes les tensions. Un énième bruit court, selon lequel Paul Doumer donnerait sa démission au cas où la Chambre, consultée en dernier ressort, voterait contre la mesure. Pour le ministre, se félicitant que la France ait en matière d'impôts « la carte d'échantillons la mieux fournie du monde », cette mesure est la mieux à même de combler l'écart entre les recettes et les finances[128]. Et de lâcher ce commentaire, se préparant à toutes les hypothèses alors qu'une grève générale des fonctionnaires est crainte :

« Il est honorable, pour un ministre des Finances, de tomber de cette façon. »[129]

Les choses s'enveniment. Beaucoup de critiques s'expriment dans les couloirs de la Chambre sur les travaux de la commission du Budget, dont la résistance aux propositions du ministre risque de compromettre le vote en temps voulu du budget. Autrement dit, d'imposer un retour au fâcheux système des douzièmes provisoires, honni du ministre. Le 19 octobre 1921, la commission du Budget de la Chambre prend la décision de renvoyer le budget au gouvernement. Le projet qu'on lui présente « ne présente pas un équilibre réel », selon elle[130]. La situation, inédite depuis 1887, ressemble à un camouflet infligé à Paul Doumer. Le ministre des Finances est contraint de s'aligner sur les positions définies par la commission : le déficit budgétaire de 2,5 milliards de francs ne serait pas comblé par l'impôt mais par l'emprunt[131]. La commission du Budget de la Chambre est-elle devenue un instrument de contrôle parlementaire dirigé contre le gouvernement ?

7. Une obsession : obtenir la tête de Doumer

La crise, aiguë, révèle l'impopularité dont jouit alors Paul Doumer, occupant une position très précaire et inconfortable au gouvernement. La situation se dégrade de jour en jour. Paul Doumer tente de gagner la partie (c'est-à-dire le temps) par tous les moyens[132]. L'enjeu est de voter le budget avant le 31 décembre 1921 et d'éviter, pour la première fois depuis trente ans, les fameux douzièmes provisoires. On note le 17 novembre 1921 :

« C'est au milieu d'une indifférence complète que Paul Doumer monte à la tribune. »[133]

On refuse désormais toute autorité au ministre des Finances, le considérant comme devant disparaître dans le remaniement qu'on persiste à prévoir comme devant se produire au retour d'Aristide Briand, participant alors à la conférence de Washington (12 novembre 1921-6 février 1922) limitant les armements maritimes. Paul Doumer est catalogué dans le lot de ceux qui doivent partir. Même si rien cependant ne l'intrigue d'une façon particulière, l'expérience enseigne que c'est

---

128. *Ibid.*, note de la préfecture de police de Paris, 5 octobre 1921.
129. *Ibid.*
130. *Ibid.*, 19 octobre 1921.
131. N. Roussellier, *Le Parlement de l'éloquence : la souveraineté de la délibération au lendemain de la Grande Guerre (1919-1924)*, Paris, Sciences Po, 1997, p. 152.
132. *Ibid.*, p. 156.
133. PPP, BA2041, 18 novembre 1921.

sans doute là le plus lourd des arguments contre lui. La Chambre apparaît lassée de cet interminable débat sur la politique financière. Tant de gens, ayant parié cher sur le départ de Paul Doumer, semblent ne pas vouloir avoir tort. Le lendemain, la Chambre écoute froidement le discours du ministre des Finances, qui n'est applaudi un peu que sur la gauche[134]. Le sentiment de malaise est tel que ses collègues du gouvernement offrent à Doumer de venir l'aider en le soutenant de leur présence. Stoïque, l'intéressé décline l'offre, estimant qu'il n'en a pas besoin. Contre toute attente, le ministre obtient une courte majorité. Il s'agit d'une victoire parlementaire inattendue pour Paul Doumer : le budget est voté à la date prévue. Les agités continuent à pérorer mais, pendant la conférence de Washington à laquelle participe Aristide Briand, le sentiment sage prévaut selon lequel on ne saurait gêner en rien l'action gouvernementale. On promet que le règlement de compte se fera dès le retour à Paris du président du Conseil.

La guerre militaire est terminée en 1921 mais la guerre économique ne l'est pas[135]. Du terrain belliqueux et des armes, elle est passée aux négociations chiffrées. Elle n'en est toutefois ni moins âpre, ni moins rude, ni moins dangereuse. Perçue comme une nouvelle modalité de l'affrontement entre les deux nations, la guerre économique n'est pas une vaine métaphore. Pour la France victorieuse mais marquée par la saignée humaine et les destructions[136], c'est désormais cette bataille-là qu'il s'agit de mener. Le Crédit national, chargé de verser et de financer les indemnités de dommage de guerre, est créé en 1919 pour ce faire. Il lève, dans les années qui suivent, plusieurs emprunts et reçoit des fonds avancés par le Trésor. Lancé le 28 février 1920 par Frédéric François-Marsal, ministre des Finances, un « emprunt de la paix » est ainsi rapidement suivi d'un « emprunt de la reconstruction ».

La déception causée par les circonstances préoccupantes du début de ces années 1920 est à la hauteur de l'espoir placé en Paul Doumer. Ce dernier est-il condamné à décevoir ? Pas plus que d'autres, Paul Doumer ne parvient finalement à enrayer la chute du franc. Son impuissance éclaterait en particulier contre le vieil égoïsme traditionnel de l'Angleterre[137]. On dit que Paul Doumer, « banquier et ami de banquiers »[138], n'a pas fait mieux que Frédéric François-Marsal, qu'il avait tant critiqué, lui aussi « banquier et ami de banquiers »... Critique habituelle du « tous les mêmes ». Dans un long exposé, très net et très précis, de la politique financière du gouvernement le 15 juin 1921 devant la commission des Finances de la Chambre, Paul Doumer, ministre des Finances, estimant que « jamais on ne reverra une situation aussi difficile »[139], tient malgré tout à rassurer : imperturbable, le ministre rap-

134. *Ibid.*, 19 novembre 1921.

135. M. Isnenghi, « La guerre après la guerre », colloque « 14-18 : l'empreinte de la Grande Guerre », Bibliothèque publique d'information, Centre Pompidou, 26 novembre 2004.

136. B. Cabanes, *La victoire endeuillée : la sortie de guerre des soldats français (1918-1920)*, *op. cit.*

137. PPP, BA2041, « On demande un grand argentier », *La Lanterne*, 8 septembre 1921.

138. *Ibid.*, A. Oulman, « Évacuez M. Doumer », *Le Petit bleu*, 19 juin 1921.

139. *Ibid.*, « La situation financière : M. Paul Doumer expose ses projets à la commission des Finances », *Le Matin*, 16 juin 1921.

pelle que, pour réaliser l'équilibre budgétaire, il faut avant tout comprimer les dépenses, à commencer par celles des différents ministres. Du côté des recettes, il espère combler le déficit budgétaire avec des ressources nouvelles procurées de quatre manières : les bons de la Défense nationale (l'émission en cours de bons de 6 % à deux ans doit, selon les estimations du ministre, produire 4 milliards de francs environ) ; 500 millions de liquidation de stocks ; les augmentations (1 milliard) attendues des droits de douane suite à l'application de coefficients nouveaux ; et enfin 2,5 milliards résultant de la taxe sur les bénéfices de guerre[140]. « Les impôts devront-ils être augmentés ? », demande la commission au ministre. Si le budget n'est pas rééquilibré dans ces conditions, prévient ce dernier, la proposition récente de relever la taxe sur le chiffre d'affaires devra être reprise, en totalité ou en partie.

Affaire d'État, le scandale de la Banque industrielle de Chine (BIC) éclate alors que Paul Doumer est redevenu ministre des Finances. Les vraies difficultés commencent-elles alors pour lui avec ce complexe imbroglio politico-financier ? L'État, en particulier le ministère des Finances, n'a, à cette occasion, pas trop mal fonctionné, semble-t-il, au service de l'intérêt général[141]. Alors qu'il est invité le 17 janvier 1921 par Aristide Briand, président du Conseil, à « prendre les mesures appropriées pour permettre à la BIC de surmonter les difficultés passagères qu'elle rencontre »[142], Paul Doumer est réticent à faire contribuer le Trésor public à un renflouement évalué à 600 millions de francs au bas mot[143]. Le ministre étant depuis son séjour à Hanoi lié aux intérêts de la Banque de l'Indochine, un établissement rival de la BIC, une liquidation de cette dernière n'est pas exclue par ses soins[144]. Il s'oppose vivement sur ce point au diplomate Philippe Berthelot, sous-directeur de l'Asie au ministère des Affaires étrangères puis secrétaire général du Quai d'Orsay[145] (et surtout frère d'André Berthelot, fondateur en 1913 de la BIC qu'il préside depuis lors) ; et à Horace Finaly, « banquier des radicaux ». Ces derniers défendent en avril 1921 la nécessité du sauvetage d'un établissement essentiel, selon eux, au prestige et à l'influence de la France en Extrême-Orient[146]. Paul Doumer fait de la résistance administrative et rappelle la prééminence de son département. Il s'emploie à lutter contre toute solution de subvention. Il souhaite un vote au Parlement afin de rendre l'affaire publique. Or cette perspective embarrasse Briand[147]... Diverses formules

---

140. *Ibid.*

141. J.-N. Jeanneney, *L'argent caché : milieux d'affaires et pouvoirs politiques dans la France du XXe siècle*, Paris, Fayard, 1981, rééd. Paris, Le Seuil, 1984, p. 129-131.

142. CHAN, F30, 677, lettre d'A. Briand, ministre des Affaires étrangères, président du Conseil, à P. Doumer, ministre des Finances, 17 janvier 1921.

143. J.-N. Jeanneney, *L'argent caché : milieux d'affaires et pouvoirs politiques dans la France du XXe siècle*, *op. cit.*, p. 133.

144. Y. Gonjo, *Banque coloniale ou banque d'affaires : la Banque de l'Indochine sous la Troisième République*, *op. cit.*

145. J.-L. Barré, *Philippe Berthelot, l'éminence grise*, Paris, Perrin, 1998.

146. É. Bussière, *Horace Finaly, banquier (1871-1945)*, Paris, Fayard, 1996, « L'affaire de la Banque industrielle de Chine : consolidation et modération des ambitions », p. 152-161.

147. A. Briand, ministre des Affaires étrangères, président du Conseil, à P. Doumer, ministre des Finances, 27 avril 1921.

sont imaginées, dont celle d'un emprunt chinois en France, dont le montant serait affecté par Pékin au renflouement de la BIC. Le 23 mai 1921, Horace Finaly défend cette formule dans le bureau de Paul Doumer rue de Rivoli en présence d'Albert Sarraut et Louis Loucheur, respectivement ministre des Colonies et ministre des Régions libérées ; Georges Robineau, gouverneur de la Banque de France ; et Maurice Long, gouverneur général de l'Indochine[148]. En vain : Doumer met systématiquement en avant la nécessité incontournable d'un vote du Parlement, auquel le Quai d'Orsay doit, selon lui, demander les crédits souhaités. Une réunion de la dernière chance est tentée avec Doumer le 29 juin 1921. Horace Finaly n'obtient rien. La conception du ministre des Finances, probablement influencée par les difficultés financières dans lesquelles se débat le pays, est plus restrictivement nationale qu'internationaliste. Que nous enseigne cette affaire ? Dans l'immédiat, ce bras de fer illustre les rivalités de compétences en matière de politique économique extérieure entre le quai d'Orsay et la rue de Rivoli, alors que les inspecteurs des Finances, détestés par Paul Doumer, font preuve d'un esprit de corps parfois systématique.

On s'acharne durant tout l'été 1921. La BIC se trouve étranglée. L'idéal, dans ces conditions, serait d'obtenir la tête de Paul Doumer. On le fait attaquer sur un terrain de diversion, celui des négociations sur les réparations, par le truchement de journaux consentants. Le ministre des Finances se cramponne âprement. Il semble impossible de le débarquer, regrette-t-on[149]. Le 2 octobre 1921, le ministre, objet de nouvelles attaques dans la presse se transformant en une violente campagne de calomnies, annonce qu'il traitera désormais directement et personnellement l'affaire[150]. Il avise le Conseil des ministres de sa décision. Le principe d'un emprunt chinois à lancer en France, moyennant qu'une partie notable en soit affectée à des commandes pour l'industrie française, est finalement accepté[151]. Le pataquès, total, ne prend pas fin pour autant. Dans une interpellation le 24 décembre 1921 à la Chambre des députés, le député nationaliste Pierre Taittinger accuse Philippe Berthelot d'avoir utilisé la signature du président du Conseil Aristide Briand afin de cautionner la BIC[152]. Cette accusation grave et manifestement fondée provoque la démission de Berthelot puis la chute du cabinet Briand le 12 janvier 1922. Deux mois plus tard, Philippe Berthelot comparaît devant un conseil de discipline au Quai d'Orsay. Il se voit condamné à dix ans de non-activité dans la fonction publique. L'épilogue peut être interprété à plusieurs niveaux : victoire de la Banque de l'Indochine sur sa concurrente ; de Paul Doumer sur Louis Loucheur ; du centre droit sur le centre gauche ; de Raymond Poincaré sur Aristide Briand ; des milieux d'affaires modérés sur le banquier des radicaux. L'affaire de la BIC continue néan-

148. É. Bussière, *Horace Finaly, banquier (1871-1945)*, *op. cit.*, p. 156.
149. Lettre d'A. Berthelot à sa sœur C. Langlois, 7 septembre 1921, citée par J.-N. Jeanneney, *L'argent caché : milieux d'affaires et pouvoirs politiques dans la France du XXe siècle*, *op. cit.*, p. 144.
150. CHAN, F30, 677.
151. PPP, BA2041, lettre de P. Doumer, ministre des Finances, à H. Finaly, 4 octobre 1921.
152. J. Garrigues, *Les patrons et la politique : de Schneider à Seillière*, *op. cit.*, p. 150.

moins de susciter des remous. Alors qu'un projet de loi relatif à une opération de crédit concernant la sauvegarde des intérêts (matériels et moraux) français en Extrême-Orient est discuté le 2 mars 1922 au Sénat, Adrien Gaudin de Villaine, sénateur de la Manche, évoque, au sujet de cette récente affaire de la BIC, des pressions de l'Élysée et du Quai d'Orsay pour obtenir les sommes nécessaires à son renflouement. Pressions aussitôt et fermement démenties par Paul Doumer :

> « Mon caractère s'y serait mal prêté ! On n'a jamais tenté de m'obliger à faire ce que je ne croyais pas devoir faire ! »[153]

153. AS, Annales du Sénat, débats parlementaires, séance du 2 mars 1922, p. 200.

Chapitre IX
Le sentiment de l'État
1923-1926

Les puissances victorieuses de la guerre se réunissent du 6 au 13 janvier 1922 à Cannes pour dessiner les relations internationales en Europe après les traités de paix. Comment reconstruire le continent ? Quelles relations nouer avec la Russie soviétique ? Faut-il une alliance franco-anglaise et peut-on assouplir le paiement des réparations par l'Allemagne ? Le ministre des Affaires étrangères et président du Conseil, Aristide Briand, se déclare partisan d'accepter un moratoire sur les réparations allemandes en contrepartie d'une garantie britannique en cas d'agression allemande sur le Rhin. Cette éventualité, révélée par la presse, ébranle la classe politique. Le président de la République, Alexandre Millerand, sort de son rôle d'arbitre et désavoue publiquement son président du Conseil. Doumer et Barthou, respectivement ministre des Finances et ministre de la Guerre, sont en désaccord avec Briand et se rangent du côté de Millerand. Sermonné sur le fond de sa politique, Aristide Briand remonte à Paris. Le Conseil des ministres semble lui donner raison. En fait, le consensus est très fragile. Paul Doumer, sentant le vent tourner, a encore le temps de créer une caisse d'amortissement de la dette. Il demande au Sénat un milliard de francs pour l'instituer. Le 12 janvier 1922, il monte à la tribune de la Chambre des députés, défend son œuvre, puis, coup de théâtre, est contraint de démissionner avec tout le gouvernement. Définie par la liberté de vote des députés et sénateurs, la majorité parlementaire tient ainsi une nouvelle fois dans sa main le sort du cabinet, qu'elle oblige à se retirer. La chute du septième cabinet Briand le 15 janvier 1922 constitue une rupture. Effectivement, c'est, politiquement, le retour en force du nationalisme dans la politique étrangère de la France. La position de Doumer par rapport aux réparations dues par l'Allemagne et aux relations avec cette dernière le classe ainsi à droite en fonction des nouveaux critères de classement gauche/droite au début des années 1920.

La question des réparations se dégrade sensiblement au cours de l'année 1923. Le président du Conseil Raymond Poincaré, qui succède à Aristide Briand, envisage de reprendre une politique de sanctions. Le 9 janvier 1923, la commission des réparations prend acte des manquements allemands. Dès le lendemain, le gouvernement français notifie à Berlin sa décision d'occuper la Ruhr. Tandis que la France affiche un déficit budgétaire considérable, le gouvernement convainc en effet l'opinion que tout sera réglé en faisant payer l'Allemagne. Cette hypothèse pourra-t-elle suffire ? Le 11 janvier 1923, malgré l'hostilité britannique, c'est le début de l'occupation de la Ruhr par la France et la Belgique, dont les troupes font leur entrée à Essen, en représailles à la non-exécution par l'Allemagne des clauses du traité de Versailles. Pour les Français, l'occupation de la Ruhr s'inscrit dans la continuité de l'expérience de la Grande Guerre[1]. Le gouvernement allemand réplique par le rappel de ses ambassadeurs, la proclamation de la résistance passive (grève financée par le gouvernement allemand) et la suspension de toute livraison ou paiement au titre des réparations. L'épreuve de la politique de force commence... Intraitable sur ce dossier, Paul Doumer est partisan d'une ligne dure avec l'Allemagne, laquelle n'est pas unanimement partagée par la classe politique française.

Le renversement du septième cabinet Briand ne détourne pas Paul Doumer de ses chevaux de bataille préférés. Parmi eux : la réduction du train de vie de l'État. Alors que la guerre a coûté près de 200 millions de francs à la France, le grand argentier fustige le fait que le pays vive « au jour le jour, comme un petit banquier »[2]. L'anarchie règne selon lui au ministère des Finances. Les services, plus innombrables que jamais, du ministère de la Guerre, installés dans de nouveaux immeubles, déclenchent ses foudres peu amènes[3]. Le 13 novembre 1922, le sénateur lâche :

> « On a perdu le sentiment de ce qu'est l'État. La France n'est pas une maison de commerce ! »[4]

Quels sont ses arguments ? Dans sa vision de stricte orthodoxie financière, tout effort fait à l'intérieur pour rétablir les finances concourt au crédit international du pays. Pour ce faire, aucune dépense nouvelle ne saurait être votée sans réduction correspondante et le plus rigoureux esprit d'économie doit être imposé aux services publics sur toutes les dépenses improductives.

Croyant, enfin, toujours au redressement par les colonies, Paul Doumer appelle de ses vœux la création d'une société savante spécialisée dans les problèmes de l'outre-mer. En février 1922, le journaliste Paul Bourdarie élabore une note expliquant la nécessite d'une telle académie. Des réunions préparatoires se succèdent jusqu'à la tenue, le 8 juillet 1922 au siège de l'Alliance française, 101 boulevard Raspail à Paris, de la réunion décisive, dont l'ordre du jour indique : « Fondation de l'Académie des sciences coloniales »[5]. Trente-huit personnalités, présentes ou excusées, sont considérées comme les pères fondateurs de l'Académie. Le premier

---

1. A. Duménil, « 11 janvier 1923 : la France occupe la Ruhr », *in* B. Cabanes *et al.* (dir.), *Larousse de la Grande Guerre*, *op. cit.*, p. 454-459.

2. AS, 80S 4, Union républicaine du Sénat, procès-verbaux des réunions (1916-1942), réunion du 16 novembre 1920.

3. *Ibid.*

4. *Ibid.*, réunion du 13 novembre 1922.

5. ASOM, comptes-rendus des séances, communications, Paris, Société d'éditions géographiques, maritimes et coloniales.

bureau est en particulier constitué de Gabriel Hanotaux, Paul Doumer, Louis Archinard, Ernest Roume et Auguste Pavie, représentant respectivement le Parlement, l'armée coloniale, l'administration et les explorateurs. Louis Delaporte, ancien membre de la mission Doudart de Lagrée de reconnaissance du cours du Mékong, le général Mangin, le maréchal Joffre, Joseph Chailley, le géographe Henri Lorin parrainent, parmi d'autres, l'Académie. La séance solennelle d'ouverture a lieu le 18 mai 1923 à la Sorbonne sous la présidence d'Albert Sarraut, ministre des Colonies. Paul Doumer préside l'Académie en 1926-1927, qui, devenue l'Académie des sciences d'outre-mer le 7 juin 1957, s'installe au 15 rue La Pérouse dans le XVIe arrondissement de Paris. La permanence des idées politiques de Paul Doumer apparaît ainsi forte malgré les vicissitudes de la vie parlementaire et gouvernementale.

1. Un mouvement politique ancien combattant?

Alors que Georges Clemenceau paraît fini, Paul Doumer, avec ses quatre fils morts au front, semble tout indiqué pour grouper autour de lui le faisceau de toutes les sympathies des anciens combattants. 250 des députés de 1919 sont titulaires de la Croix de guerre[6]. La Chambre d'après-guerre, appelée « Chambre bleu horizon » du nom à la fois de la vareuse des poilus et en référence à la ligne bleue des Vosges, compte plus de deux cents députés anciens combattants en 1919 (soit 44 % de l'effectif), soucieux de rester fidèles à l'esprit des tranchées et de « faire payer l'Allemagne ». L'idée de susciter un mouvement d'opinion en faveur de Paul Doumer parmi les anciens combattants est suggérée par le pasteur Henry Soulié, qui l'a connu au gouvernement militaire de Paris et avec lequel il a fondé une œuvre dénommée « Les amis de la France ». Paul Doumer en est président d'honneur. Les « amis » possèdent un très vaste et luxueux local apte à de grandes réceptions. Les douairières bienfaitrices, notamment la richissime comtesse Frisch de Fels, princesse de Heffingen, issue de la dynastie sucrière des Lebaudy, se révèlent expansives. Une fois par semaine, tous les jeudis, s'y réunissent ambassadeurs, généraux, hommes politiques, hommes de lettres, journalistes, banquiers, femmes et hommes du monde, tout ce que Paris compte comme intellectuels et célébrités. L'objectif, ambitieux, est de faire connaître et aimer la France à l'étranger. C'est, en somme, une œuvre de propagande, approuvée et subventionnée un peu par le ministère des Affaires étrangères. Les « amis » pourront aussi lever des fonds, le moment venu.

Bien implanté localement puisque présent dans les deux tiers des communes françaises[7], le mouvement combattant participe activement à la vie démocratique de l'entre-deux-guerres français. Les anciens combattants français apportent au sentiment pacifiste la cause de leur autorité morale : eux qui parlent d'expérience

6. J. Garrigues (dir.), *Histoire du Parlement de 1789 à nos jours*, *op. cit.*, p. 339.
7. B. Cabanes, « 1927-1928 : sortir de la Grande Guerre », *op. cit.*, p. 463.

disent en effet avec force qu'il faut tout faire pour qu'il n'y ait plus de guerre[8]. Un poncif a longtemps associé les anciens combattants à la tentation fasciste ou au nationalisme. Or, comme l'établit Antoine Prost, « les anciens combattants sont profondément pacifistes. Ils le sont pas réaction viscérale : l'horreur de ce qu'ils ont vécu, l'inutilité de tant de sacrifices, l'ampleur du deuil et des larmes suscitent leur refus immédiat »[9]. L'ancien combattant devient ainsi un nouvel acteur politique dans le contexte d'après-guerre[10].

Ces anciens combattants ne forment pas un ensemble homogène. Toutes les opinions politiques sont en effet représentées parmi eux. Les clivages politiques et sociaux, que la guerre a rarement effacés, jouent toutefois moins que la différence capitale entre blessés et valides. La multiplication des associations atteint plusieurs milliers[11]. Une confédération nationale des anciens combattants et victimes de la guerre se constituera en 1927. Elle ignore les plus petites et les plus spécialisées et en regroupe déjà une cinquantaine. Cette diversité aurait pu constituer un facteur de faiblesse : elle n'a pas pourtant empêché le « mouvement combattant » — c'est ainsi qu'il se désigne lui-même — de faire aboutir ses revendications. Quelles sont-elles ? Les anciens combattants mènent une action efficace de *lobbying* auprès des pouvoirs publics pour obtenir des pensions, des retraites ou des avantages matériels. La France se singularise ainsi par l'ampleur du dispositif en faveur des anciens combattants[12]. La loi du 31 mars 1919 a un rôle central, en prévoyant l'indemnisation des victimes de guerre telles que les veuves, les orphelins et les ascendants, grâce à un ministère des Pensions créé par un décret de janvier 1920. L'État français se montre particulièrement généreux tant il est, une fois de plus, convaincu que « l'Allemagne paiera ». En créant des « victimes de guerre », il définit un certain nombre de personnes secourues. Les mutilés obtiennent ainsi, par la loi du 31 mars 1919, des pensions substantielles : l'invalidité est réputée provenir de la guerre, sauf si l'armée peut prouver le contraire, et les litiges sont tranchés par un tribunal spécial, avec un juge mutilé. Le principe est celui d'un « droit à réparation ». Plus d'un million de blessés seront ainsi pensionnés, dont environ 100 000 grands invalides de guerre (85 % d'invalidité et au-delà). D'autre part, pour reconnaître symboliquement leur participation à la guerre, une carte du combattant est délivrée à tous les mobilisés qui la demandent et qui ont effectivement passé trois mois dans une unité combattante (3 400 000 renouvelés en 1934).

Les associations des anciens combattants contribuent à la diffusion dans l'espace public de quelques grands thèmes, hérités de la guerre. En France, « c'est un antiparlementarisme fondé sur l'opposition mythique entre le monde politicien et

8. A. Prost, « Pacifismes de l'entre-deux-guerres », *in* S. Audoin-Rouzeau *et al.* (dir.), *Encyclopédie de la Grande Guerre (1914-1918) : histoire et culture*, *op. cit.*, p. 1215-1227.

9. A. Prost, « Les anciens combattants », *op. cit.*, p. 1095.

10. M. Winock, « Un "nouvel acteur politique" : l'ancien combattant », *in* S. Berstein *et al.*, *La République recommencée : de 1914 à nos jours*, Paris, Le seuil, 2004, p. 65-74.

11. A. Prost, « Les anciens combattants », *op. cit.*, p. 1091.

12. *Ibid.*, p. 1093.

le monde des soldats, ce sont le refus des divisions, celui des débats stériles et, à l'inverse, ce sont des promesses de renouveau de la politique par la "génération du feu" »[13]. Les hymnes à l'union des anciens combattants ont pour corollaire le mépris de la « politicaille », des disputes de partis, de « l'infecte politique qui nous divise »[14].

Dans ce contexte, le pasteur Henry Soulié, proche de Paul Doumer, va, dès ce début des années 1920, jusqu'à suggérer sa candidature « naturelle » à l'élection présidentielle en raison de son lien personnel avec la Grande Guerre[15]. Celui-ci peut-il toutefois suffire et tenir lieu de programme ? Alors que Paul Doumer vient d'être nommé ministre des Finances dans le cabinet Briand (1921-1922), la suggestion est accueillie avec faveur chez les anciens combattants sondés par le pasteur[16]. Avec un homme de sa trempe, « tous les espoirs sont permis », disent ces derniers. À l'inverse, on dit que jamais les anciens combattants ne permettront à Briand de se rendre à l'Arc de Triomphe sur la tombe du Soldat inconnu en qualité de président de la République[17].

La construction de l'image politique du Paul Doumer d'après-guerre est en partie le fait de ses entourages proches, qui s'y emploient activement. Ainsi en 1921 Doumer préside-t-il la kermesse du château de la Muette au milieu d'une débauche d'oriflammes et d'une foule de mutilés, parés de toutes sortes de rubans, de croix, de médailles et d'insignes[18]. Paul Doumer lui-même paraît agréablement surpris du succès et touché de la sympathie qui l'environne. Il serre la main avec véhémence, félicite, exprime sa gratitude, gambade d'allégresse. Ses amis, Soulié en tête, envisagent au début des années 1920 l'organisation d'un « réseau d'influence politique » dans tout le pays dont Paul Doumer serait le président[19]. Le nom « Les camarades patriotes et démocrates » est finalement retenu, « camarade » sonnant plus ancien combattant que « citoyen ». Une action commune d'envergure est projetée aux élections de 1924. Un local est aménagé au 105 rue de Miromesnil. Des statuts, des bulletins d'adhésion, des cartes d'identité du groupement politique sont imprimés. À la fin de 1922, les « amis de la France » donnent un grand déjeuner présidé par Paul Doumer à l'hôtel Crillon. Au café et aux liqueurs, un petit discours du pasteur Soulié résume brièvement le but poursuivi dans l'intérêt de la France. Tout le monde applaudit. Des conciliabules ont lieu.

Paul Doumer et ses amis souhaitent engendrer un grand parti libéré des vieilles rengaines politiques usuelles : un parti d'action, « parti des victimes de la guerre et des mécontents », légion en France au début des années 1920 alors que la cherté

13. B. Cabanes, « 1927-1928 : sortir de la Grande Guerre », *in* B. Cabanes *et al.* (dir.), *Larousse de la Grande Guerre*, *op. cit.*, p. 464.

14. A. Prost, *Les anciens combattants (1914-1940)*, *op. cit.*, p. 201-209.

15. BAN, H. de Golen, *Le président Doumer accuse… En marge de l'histoire*, *op. cit.*, p. 157.

16. *Ibid.*, p. 164.

17. H. Lémery, *D'une République à l'autre : souvenirs de la mêlée politique (1894-1944)*, Paris, Table ronde, 1964, p. 136.

18. BAN, H. de Golen, *Le président Doumer accuse… En marge de l'histoire*, *op. cit.*, p. 165.

19. *Ibid.*, p. 171.

de la vie augmente tous les jours. L'atmosphère d'inquiétude et de ressentiment du pays à l'égard de ses dirigeants et des vieilles étiquettes politiciennes d'avant-guerre semble alors admirable à exploiter au nom de l'esprit combattant. Le plan conçu consiste dès lors à créer un grand parti politique « à formules nouvelles »[20] (sans qu'il soit précisé lesquelles), appuyé sur les anciens combattants. Le projet, aussi vague que séduisant (déclencher un mouvement politique ancien combattant), avorte toutefois rapidement. Car, bien qu'il s'en défende, Paul Doumer demeure attaché aux formules politiques d'avant-guerre, aux petits clans, aux petites chapelles, aux petits groupes, qu'il dénonce pourtant. L'expérience malheureuse qu'il a faite en 1906 le rend circonspect et prudent. Paul Doumer est essentiellement « concentrationniste », partisan de la « concentration républicaine » chère à Jean Jaurès[21]. Il est contre toute alliance avec les extrêmes. S'il ne demande qu'à entrer à l'Élysée, Paul Doumer ne veut pas s'aventurer toutefois. Or ce projet de parti national presque sans frontières, conçu par ses amis, l'effraie sans doute plus qu'il ne le laisse paraître. Il se contente de déclarer :

> « Il nous faut un territoire politique large mais, tout de même, avec des démarcations nettes. »[22]

Ses amis, déconfits, ont le sentiment qu'ils sont de nouveau embourbés dans l'ornière des vieilles formules, ce qui advient. Quelques petites réunions au siège social, quelques vagues meetings de banquets de quartiers ne suffisent pas. On palabre beaucoup et on piétine surtout. Les « camarades patriotes et démocratiques » se muent en « Ligue d'action civique des anciens combattants et victimes de la guerre ». Changer de nom changera-t-il quelque chose ? La harangue de Paul Doumer provoque de chaleureux applaudissements mais les vieux routiers de la politique semblent plus forts que lui dans le jeu des forces politiques alors en présence. En juillet 1923, les amis partent en vacances et se séparent. L'argent indispensable et suffisant n'a pas été trouvé. Paul Doumer n'est alors ni ministre ni président d'Assemblée. Il n'a par conséquent à sa disposition aucun fonds secrets, présentant lui-même ces derniers comme une source de financement qui, dans ces circonstances, lui fait alors défaut[23]. De précis qu'ils semblaient à l'origine, les projets politiques de la « doumérie » deviennent nébuleux. Le projet de parti national conçu par Paul Doumer et ses mis s'évanouit. Disparaît-il définitivement pour autant ? Près d'un Français sur deux est un ancien combattant de la Grande Guerre dans la France de 1930, plus précisément entre les élections de 1919 et celles de 1936[24]. Au début des années 1930, les anciens poilus de la Grande Guerre représentent 45 % des hommes de plus de 20 ans, qui constituent alors le corps

20. *Ibid.*, p. 177.

21. J. Jaurès, « Concentration républicaine », 23 septembre 1888, *in* R. Pech *et al.* (dir.), *Jaurès : l'intégrale des articles de 1887 à 1914 publiés dans « La Dépêche »*, *op. cit.*, p. 72.

22. BAN, H. de Golen, *Le président Doumer accuse… En marge de l'histoire*, *op. cit.*, p. 180.

23. *Ibid.*, p. 237.

24. A. Prost, *Les anciens combattants (1914-1940)*, *op. cit.*, « Le poids social », p. 73 et suivantes.

électoral[25]. Autant dire que le lien politique qui unit spécialement Paul Doumer aux anciens combattants est loin d'être rompu par l'échec du mouvement qu'il a conçu.

2. Partisan de la « concentration républicaine »

Les élections législatives de 1924 sont une véritable lame de fond qui amène à la Chambre des députés une importante majorité de gauche. Coalition des partis de l'opposition (socialistes SFIO, républicains socialistes, radicaux-socialistes et gauche radicale), un Cartel des gauches est formé et animé par Édouard Herriot jusqu'en 1926. Sa victoire entraîne la démission du président Alexandre Millerand. Dans ce contexte, les inflexibles projets fiscaux de Paul Doumer sont froidement accueillis sur les bancs du Cartel, les 320 députés cartellistes ayant promis à leurs électeurs la suppression de la taxe sur le chiffre d'affaires. Paul Doumer se heurte alors vivement à Vincent Auriol, leader financier du parti socialiste, dont il critique le contre-projet. Mais l'Aurillacois est devenu le « grand argentier » incontournable de la IIIe République. Quand, le 14 février 1924, le président et le rapporteur général de la commission des Finances du Sénat, Raphaël Milliès-Lacroix et Henry Bérenger, visitent Édouard Herriot pendant deux heures au sujet du bordereau de coupons — une mesure technique destinée à lutter contre la fraude dans la déclaration des revenus de valeurs mobilières —, ils sont accompagnés de Paul Doumer, une « autorité du Luxembourg » dont ils ne sauraient se passer. Preuve du capital de compétence dont jouit ce dernier au sein de la classe politique aux commandes dans les années 1920[26]. Quand encore, le mois suivant, le 13 mars 1924 précisément, le truquage de bilans permet aux banques de consentir des avances à François de Wendel, Paul Doumer, devenu un expert indispensable, est de nouveau présent dans les multiples consultations qui accompagnent cette nouvelle affaire[27].

Le Cartel semble aussi donner des idées à la « doumérie ». Les entourages proches de Paul Doumer lui proposent alors en effet de créer sous sa présidence un nouveau grand parti de « concentration et d'évolution démocratique et sociale », formule chère à l'Aurillacois[28]. Un déjeuner est prévu au Café de Paris. L'intention est exprimée de constituer un groupe sous le nom de « L'action républicaine ». Paul Doumer accepte sans se faire prier le moins du monde. Il est de toute façon acquis, par avance, à toute organisation politique susceptible de le mettre en vedette et de servir ses ambitions. « L'action républicaine » ne connaît pas une fortune plus heu-

---

25. A. Prost, « Les anciens combattants », *in* S. Audoin-Rouzeau *et al.* (dir.), *Encyclopédie de la Grande Guerre (1914-1918) : histoire et culture*, *op. cit.*, p. 1088.

26. J.-N. Jeanneney, *Leçon d'histoire pour une gauche au pouvoir : la faillite du Cartel (1924-1926)*, Paris, Le Seuil, 1977, p. 90.

27. J.-N. Jeanneney, *François de Wendel en République : l'argent et le pouvoir (1914-1940)*, *op. cit.*, p. 209.

28. *Ibid.*, p. 200.

reuse que la « Ligue d'action civique », un parti de concentration semblant n'intéresser personne en effet. Paul Doumer en a le sentiment dès juin 1924. L'avenir de « L'action républicaine » s'avère définitivement compromis lorsqu'en novembre 1924, Alexandre Millerand fonde « la Ligue républicaine nationale », coalition rassemblant les droites républicaines et parlementaires face au Cartel des gauches au pouvoir. Dès le début de 1925, les réunions de « L'action républicaine » cessent.

Dans le même temps, et cela publiquement, Paul Doumer donne un net coup de barre à gauche. Alors que le Sénat de l'entre-deux-guerres, vivier de ministrables, apparaît comme « la forteresse du radicalisme »[29], le sénateur de Corse quitte en effet sans vergogne le groupe de l'Union républicaine démocratique, dont il fait partie depuis 1913, pour s'inscrire, en novembre 1924, au groupe sénatorial de la Gauche démocratique, radicale et radical-socialiste, présidé par Jean-Baptiste Bienvenu-Martin. Les hommes se connaissent déjà. Jean-Baptiste Bienvenu-Martin a en effet remplacé Paul Doumer à son siège de député de l'Yonne (première circonscription d'Auxerre) avant son départ en Indochine au début de l'année 1897[30]. Alors que le rôle politique de la gauche démocratique s'affirme alors[31], Paul Doumer ne quittera ce groupe politique qu'en janvier 1931. Comment voir dans ce changement de groupe politique autre chose que de l'opportunisme ? Sinon, quelles raisons profondes peuvent motiver ce choix ? L'intéressé, qui n'a jamais présidé de groupe parlementaire, ni à la Chambre ni au Sénat, donne l'impression de passer sans états d'âme d'un groupe politique à un autre selon le sens des conjonctures et des majorités parlementaires. Il ne manque pas d'alimenter en cela le moulin de ses sicaires. Léon Blum, en particulier, stigmatise Paul Doumer comme un « déraciné de la politique » dans ses *Lettres sur la réforme gouvernementale*[32]. Son indépendance des partis et des structures politiques organisées est tout à la fois une force et une faiblesse. En attendant, le retour en 1924 de Paul Doumer vers le radicalisme, majoritaire à la Haute-Assemblée, lui permettra de se faire élire président du Sénat trois ans plus tard.

L'épineuse question des réparations continue de parasiter l'agenda politique. Le plan Dawes, plan provisoire de cinq ans que Stresemann fait accepter à Poincaré, est adopté le 9 avril 1924. Le paiement des réparations dues par l'Allemagne est dorénavant conditionné au respect de l'équilibre économique du pays. Les versements allemands sont garantis par une hypothèque sur les chemins de fer et l'in-

---

29. G. Berstein, « Les radicaux du Sénat dans l'entre-deux-guerres », *in* S. Berstein *et al.* (dir.), *Un siècle de radicalisme*, *op. cit.*, p. 113-135.

30. P. Avril *et al.*, *Personnel politique français (1870-1988)*, Paris, PUF, 1989, p. 94 ; P.-R. Ambrogi *et al.*, *Sénateurs de la gauche démocratique au rassemblement démocratique et social européen (1891-2001) : un siècle au Sénat de la République*, Biarritz, Atlantica, 2001, p. 444-452.

31. J.-P. Thomas, « L'affirmation du rôle politique de la gauche démocratique », *in* P.-R. Ambrogi *et al.*, *Sénateurs de la gauche démocratique au rassemblement démocratique et social européen (1891-2001) : un siècle au Sénat de la République*, *op. cit.*, p. 205-206.

32. L. Blum, *Lettres sur la réforme gouvernementale*, Paris, 1918, rééd. sous le titre *La réforme gouvernementale*, Paris, Grasset, 1936 : voir, sur ces *Lettres*, S. Berstein, *Léon Blum*, Paris, Fayard, 2006, p. 147-153.

dustrie allemande. L'Allemagne versera des annuités progressives allant de 1 à 2 milliards et demi de marks-or, échelonnées sur 59 ans, les transferts étant opérés par un agent fédéral des réparations, américain. Selon le souhait d'Aristide Briand, les questions à régler avec l'Allemagne passent du plan interallié au plan international. La Société des nations est ainsi désormais chargée de traiter la question du désarmement.

La position hégémonique de Paul Doumer comme grand argentier de la République ne fait que s'accroître au fil des années : le 2 avril 1924, la commission sénatoriale des Finances le désigne ainsi à l'unanimité vice-président en remplacement de Germain de Selves[33]. L'illustration est éclatante. Les commentaires et supputations sur la carrière de Paul Doumer ne cessent pas pour autant. En dépit de ses dénégations, sa candidature dans l'Aisne pour le siège sénatorial libéré par Eugène Touron, décédé le 27 décembre 1924, est ainsi annoncée début février 1925[34]. Que lit-on alors ? Paul Doumer redouterait d'affronter le suffrage des Corses, qu'il aurait trompés ; il serait patronné par des radicaux et se présenterait avec cette étiquette dans l'Aisne ; le remplacement de parlementaires défunts serait devenu une des spécialités de ce « politicien félon »... Paul Doumer l'a pourtant dit et le répète : il restera fidèle à la Corse. C'est finalement sur l'île de Beauté que Paul Doumer trouve enfin, en tant que parlementaire, une base électorale stable. Sa fidélité ne s'applique-t-elle alors qu'à la Corse ?

Il apparaît au contraire que la fidélité de Paul Doumer s'applique également aux affaires. De 1924 à 1927, Paul Doumer adresse en effet pas moins de trente-quatre lettres à son ami Édouard de Marcère, haut-fonctionnaire — fils d'Émile de Marcère, dernier sénateur inamovible de la IIIe République[35]. Il s'agit d'un ami de longue date, connu également dans l'Yonne, où Édouard de Marcère était préfet (1896-1898), avant que Paul Doumer ne quitte la première circonscription d'Auxerre pour l'Indochine. Cette correspondance assidue fait clairement état des intérêts du sénateur de Corse dans la cokerie La Providence, société sidérurgique située à Marchienne, près de Charleroi en Belgique, ville surnommée le « Longwy belge ». Paul Doumer écrit à son ami Édouard de Marcère le 23 octobre 1924 :

> « Les francs belges que je recevrai de la Providence me suffiront pour prendre part à l'augmentation de son capital. »[36]

Ces activités sont-elles, pour le parlementaire, plus discrètes de l'autre côté de la frontière dans le Hainaut wallon qu'en France ? Alors que la sidérurgie est une industrie prospère ces années-là, la réputation d'affairiste de Paul Doumer ne se trouve pas démentie par son intéressement dans cette florissante cokerie belge.

33. PPP, « Informations parlementaires », *L'Écho national*, 3 avril 1924.
34. PPP, BA2041, *Le Petit journal*, 3 février 1925 ; *L'Ère nouvelle*, 11 février 1925.
35. CHAN, 619 AP/1. Le fonds *Émile* de Marcère (1828-1918) contient aussi des archives privées d'*Édouard* de Marcère, son fils.
36. *Ibid.*, lettre de P. Doumer, sénateur de Corse, à É. de Marcère, 23 octobre 1924.

3. Le huitième cabinet Briand : redresser

La tentative, en octobre 1925, de Paul Painlevé, président du Conseil, de prendre des mesures financières acceptables tant pour les socialistes que pour les radicaux échoue dès le mois suivant : la défection de la gauche radicale entraîne le renversement de son gouvernement. Édouard Herriot ne parvenant pas à obtenir la participation socialiste, c'est à Aristide Briand qu'incombe la tâche délicate de former un énième gouvernement. Toute la stratégie de Briand consiste, dans ce contexte, à substituer à la majorité de Cartel une majorité de concentration fondée sur l'alliance des radicaux et des modérés[37]. Reçu par ce dernier le 16 décembre 1925, on ne croit guère que Paul Doumer, élu président de la commission des Finances du Sénat le 13 juillet 1925, a des chances sérieuses d'assumer la succession de Louis Loucheur[38] au ministère des Finances. Les groupes de gauche qui se réunissent sont en effet hostiles à sa candidature. Les deux passages de Paul Doumer rue de Rivoli en 1895-1896 et 1921-1922 ont laissé l'amer souvenir d'un homme particulièrement sévère[39]. En même temps, on loue en lui un « trésorier modèle »[40], dont les actes sont en harmonie avec les paroles, professant le goût des économies et de la modération, aimant les comptes présentés clairement, les budgets votés en temps et en heure, songeant avant tout, en matière fiscale, au rendement. Paul Doumer est-il davantage en cela un ministre du Trésor, sachant le garnir, qu'un ministre des Finances ? Sur l'insistance d'Aristide Briand, Paul Doumer accepte finalement le « maudit portefeuille » pour la troisième fois de sa carrière. Dans ces circonstances, le président du Conseil passe outre les avis contraires qu'il a reçus du Cartel des gauches[41]. Cette fois, Aristide Briand promet que la politique financière ne sera plus « celle d'un homme » — manière de reconnaître qu'elle le fut en 1921-1922 ? — mais bien « celle du gouvernement tout entier »[42]. La promesse augure-t-elle un changement d'orientation ?

Que pense, dans l'immédiat, l'intéressé de son retour au gouvernement ? Paul Doumer et les siens retrouvent la rue de Rivoli trois ans après l'avoir quittée, sans s'y sentir davantage chez eux. Le ministre réprimande durement ses petits-enfants, jouant à la marelle sur le balcon du ministère, qu'abîmeraient des traces de craie ; goûtant ensuite dans un service en porcelaine de Sèvres, qu'ils sont terrorisés d'ébrécher[43]. Que trahit cette sévère nervosité ? Alors que le franc commence à précipiter son inexorable chute, la tâche de Paul Doumer, redevenu ministre des Finances, est extrêmement délicate. Paul Doumer connaît les angoisses d'une tréso-

37. S. Berstein, *Léon Blum*, *op. cit.*, p. 286.

38. S. D. Carls, *Louis Loucheur : ingénieur, homme d'État, modernisateur de la France (1872-1931)*, Villeneuve d'Ascq, PUS, 2000.

39. G. Normand, *Les avenues du pouvoir : esquisse d'un recensement des compétences politiques du temps*, Paris, Perrin, 1925, p. 281.

40. *Ibid.*

41. PPP, BA2041, note de la préfecture de police de Paris, 16 décembre 1925.

42. *Ibid.*

43. L. Pasquier-Doumer, entretien avec l'auteur, 31 mai 2005.

rerie aux abois, dramatiquement basse, et la menace d'une fermeture des guichets. Avec une rude franchise, le ministre entreprend une « politique de vérité » et refuse de céder au début de panique qui envahit les places boursières[44]. Il défend une situation des plus critiques par un effort soutenu, une résistance aux surenchères, un sens des réalisations qui n'a d'égal que son mépris du verbalisme et des formules dilatoires. L'heure n'est pas non plus aux débats idéologiques théoriques, macroéconomiques ou autres. Paul Doumer dit ainsi son intention de pratiquer une politique de « retour à la confiance » et d'orthodoxie financière la plus stricte.

Aux prises, comme ses prédécesseurs, avec une terrible crise financière, Paul Doumer réussit néanmoins à faire voter deux lois salutaires. L'une crée une banque d'émission à Madagascar. La seconde réorganise le crédit maritime mutuel. Le gouvernement se présente comme un gouvernement de réalisation immédiate. La chute du franc s'accélère, le déficit atteint 4 milliards et demi de francs. Le redressement rapide des finances publiques est la priorité des priorités. Car pour soutenir pendant quatre ans la plus redoutable des luttes puis pour réparer ses ruines, la France s'est chargée d'une dette immense. Retrouvant volontiers ses accents de professeur, le ministre martèle :

> « Pas de budget équilibré sans budget stable ! Pas de monnaie stable sans équivalence complète des recettes permanentes et des dépenses totales ! [...] Car tout s'enchaîne : poids de la dette, volume de la circulation monétaire, niveaux des prix et des changes, montant des dettes publiques ! »[45]

Diverses nouvelles dispositions fiscales sont dès lors envisagées par Paul Doumer, jamais à court d'idées en la matière, en vue d'assurer l'équilibre du budget de 1926. Le ministre n'y va pas par quatre chemins : la France doit régler son train de vie pour restaurer ses finances. Une taxation du luxe est en particulier proposée : droits sur les dancings ; impôts sur les automobiles ; droits de garantie sur les matières d'or et d'argent ; impôts sur les spectacles, sur les capitaux improductifs et les biens oisifs ; création d'une supertaxe frappant les revenus affectés à des dépenses somptuaires ; impôt spécial sur la parfumerie[46].

Comme le premier cabinet Herriot (1924-1925) et les deuxième et troisième cabinets Painlevé (1925) qui l'ont précédé, le huitième cabinet Briand (1925-1926) est en proie avec une crise qui est d'abord une crise de confiance, selon le diagnostic de Paul Doumer. Le franc précipite sa chute à une cadence de désastre. Le ministre des Finances se rend parfaitement compte de la gravité de la situation. Il quitte si tard son cabinet que les pompiers de service, circulant à travers le ministère, lui demandent fréquemment des explications sur sa présence insolite en pleine nuit dans les couloirs[47]... Le 29 décembre 1925, Paul Doumer dépose à la Chambre des députés un projet de loi instituant des mesures destinées à assurer le redresse-

44. B. Yvert (dir.), *Dictionnaire des ministres de 1789 à 1989*, Paris, Perrin, 1990, p. 441.
45. CAEF, LF, B 43.282, note de P. Doumer, ministre des Finances, 22 décembre 1925.
46. CAEF, LF, B 43.284.
47. G. Huisman, « Le président Paul Doumer au travail », *Revue politique et parlementaire*, n° 451, 10 juin 1932, p. 403.

ment financier de la France[48]. L'exposé des motifs ne tourne pas autour du pot : augmentation du prix des tabacs ; extension aux affaires d'exportation de la taxe sur le chiffre d'affaires ; majoration de l'impôt général sur le revenu et des impôts cédulaires ; développement des services de contrôle des administrations financières. Alors que l'aile cartelliste du parti radical rend la vie intenable au gouvernement, continuant d'incliner vers le centre, le projet cingle[49].

Le gouvernement élabore un projet créant de nouvelles ressources fiscales au moyen de diverses taxes de consommation, d'une taxe sur les paiements, de la majoration de l'impôt sur les bénéfices agricoles et du droit de timbre sur les opérations de Bourse. La première série de taxes pressure la classe ouvrière selon *L'Humanité*[50]. Ce projet est adopté par la Chambre des députés puis modifié par le Sénat. De retour devant une Chambre très mécontente, il est l'occasion de violentes discussions, qui se prolongent tard dans la longue séance de nuit du 5 mars 1926. La bataille décisive se livre à propos de la taxe sur les paiements. En dépit des efforts de Paul Doumer, la Chambre repousse cette mesure le 6 mars 1926 par 274 voix contre 221. La question de confiance ayant été posée, le huitième ministère Briand est (déjà) renversé... Il ne fait pas plus long feu que les autres. André Tardieu spécule alors sur la disparition du parti radical[51]. Il déclare à Belfort : « Les radicaux n'existent plus »[52]. Parmi l'affolement du Parlement et de la nation, les ministères semblent tomber comme des châteaux de carte. Les trois mois suivants, la France change trois fois encore de ministre des Finances ! Le huitième cabinet Briand échoue au port pour avoir commandé, en face du déficit, de la dette et de la chute monétaire, des remèdes que l'on acceptera par la suite de Raymond Poincaré. L'instabilité ministérielle (notamment celle des ministres des Finances) n'est jamais aussi grande qu'au moment où la crise économique est la plus forte. Doit-on y voir la faute d'un Parlement en pleine transition ?

4. La « Maison Blanche »

Pour remplacer sa maison d'Anizy-le-Château qu'il aimait tant, détruite en 1915 par les Allemands du fait de la notoriété de son propriétaire [photographie 27 p. 460], Paul Doumer, redevenu ministre, acquiert en 1925 une propriété à Cosne-sur-Loire dans la Nièvre [photographie 28 p. 460][53]. Souhaite-t-il marquer de cette manière

48. *Projet de loi instituant des mesures destinées à assurer le redressement financier présenté par Paul Doumer, ministre des Finances, à la Chambre des députés, séance du 29 décembre 1925*, Paris, Imprimerie nationale, 1925.

49 J.-N. Jeanneney, *François de Wendel en République : l'argent et le pouvoir (1914-1940)*, *op. cit.*, « L'épisode Paul Doumer », p. 275-276 ; S. Berstein, *Édouard Herriot ou la République en personne*, Paris, FNSP, 1985, p. 143.

50. PPP, BA2041, *L'Humanité*, 14 janvier 1927.

51. F. Monnet, *Refaire la République. André Tardieu : une dérive réactionnaire*, Paris, Fayard, 1993, p. 117.

52. *Ibid.*

53. J.-P. Doumer, entretien avec l'auteur, 11 février 2008.

son retour au gouvernement, pensé durable ? Tenter d'oublier la perte de ses fils ? Surplombant un beau terrain arboré route de Port-Aubry en direction de Nevers, baptisée plus tard « rue des quatre fils Doumer », la « Maison Blanche » domine la Loire[54] : grille blanche, jardin à la française dont chaque pelouse est ourlée de trois rangs de rosiers, pelouse glissant jusqu'au fleuve majestueux en contrebas, la longue résidence sans étage de style Louis XVI, dont les hautes portes-fenêtres s'ouvrent sur une terrasse en roseraie, a fière allure. Alors que Paul Doumer, ministre, pourrait descendre à Cosne en voiture avec chauffeur, il y vient par le train depuis Paris[55]. Paul Doumer passe ses vacances en famille à Cosne, s'y repose (rarement) et s'y adonne à la marche. L'atmosphère de la maison, pesante, est celle d'une famille endeuillée, terriblement éprouvée par la Grande Guerre[56]. On envoie les enfants se coucher plus tôt pour mieux préparer la suite de la carrière du chef de famille.

Paul Doumer achète la « Maison Blanche » non pas en raison de ses ambitions présidentielles, comme ne manquent pas de l'écrire alors ses détracteurs, mais parce que la maison porte le prénom de son épouse. La famille Doumer se plaît tant à Cosne que Germaine, la « petite dernière », née en Indochine en 1897, épouse un médecin de Cosne, le docteur Lemaire. Une des premières résistantes actives dès le 17 juin 1940, faite chevalier de la Légion d'honneur le 25 avril 1971, Germaine Doumer assistera son mari lors de dizaines d'amputations suite au bombardement, par les Allemands, du pont de Cosne franchissant la Loire. Elle rejoindra très tôt le gaullisme comme ses neveux René et Jean-Pierre Doumer, actifs dans le groupe de Saint-Loup-de-Naud (Seine-et-Marne)[57]. Les Doumer participeront à diverses actions de sabotage pour retarder les troupes allemandes remontant en mai 1944 vers la Normandie. Personnalité haute en couleurs, Germaine Doumer tuera par représailles un Allemand de ses propres mains dès que l'occasion se présente. Vivant avec un pistolet chargé chez elle, elle se lance après-guerre dans un élevage de cobras. Très proche de son père,s dont elle a hérité un caractère bien trempé, la « petite dernière » sera l'exécuteur testamentaire de Paul Doumer[58].

Depuis Cosne, Blanche Doumer, diabétique, descend chaque saison en cure à Bourbon-l'Archambault dans l'Allier, dont les eaux thermales jouissent d'une grande réputation. Les Doumer en font leur villégiature, située au cœur du bocage bourbonnais et arrosée de petites rivières. Ils y reviennent jusqu'en 1931, descendant toujours à l'hôtel du Parc sans rien changer à leurs habitudes de vie[59]. Blanche, qui, dès qu'il est enrhumé, cherche à empêcher son mari de voyager[60], y fait ses ablutions pendant vingt-et-un jours.

---

54. Visite à Cosne-sur-Loire, 11 février 2008.
55. J.-P. Doumer, entretien avec l'auteur, 11 février 2008.
56. *Ibid.*
57. Fonds R. Doumer, lettre de R. Doumer à C. Jacob, député-maire de Provins (Seine-et-Marne), 30 mars 2002.
58. P. Nivet-Doumer, entretien avec l'auteur, 20 décembre 2007.
59. BNF, G. Boppe, « Paul Doumer à Bourbon-l'Archambault », *in Trois hôtes thermaux à Bourbon-l'Archambault au XXe siècle*, Moulins, Imprimeries réunies, 1957, p. 16-19.
60. CHAN, 619 AP/1, lettre de P. Doumer, sénateur de Corse, à É. de Marcère, 24 février 1924.

C'est après un déjeuner au cours de leur premier séjour à Bourbon-l'Archambault que, le 4 août 1923, Blanche et Paul Doumer apprennent la mort d'Armand, leur quatrième fils victime de la guerre. Décédé à l'âge de trente-deux ans de « maladie contractée dans la guerre », Armand, médecin aide-major de réserve, avait en fait inhalé des gaz asphyxiants au front dans l'exercice de ses fonctions de médecin, refusant de se mettre à l'abri pour secourir des blessés. Depuis cinq ans, il soignait ses poumons gazés au Val d'Ajol, station verte des Vosges méridionales, alors que les gaz asphyxiants tuent à long terme et dans de terribles souffrances[61]. Avec stoïcisme, les parents surmontent la douleur et, pour la quatrième fois, annoncent qu'ils ont « l'honneur » de faire part de la perte cruelle de leur fils[62] [document 33 p. 409]. La famille est devenue une galerie de douleur quasi-shakespearienne. Les époux Doumer trouvent-ils dans l'Allier un réconfort à leur tragédie familiale ? C'est également à Bourbon-l'Archambault que Blanche et Paul Doumer, amputés de cinq de leurs enfants, fêteront sobrement leurs noces d'or le 13 août 1928, mesurant le chemin accompli depuis leur mariage cinquante ans plus tôt à la mairie du IIe arrondissement de Paris[63].

5. La présidence du Conseil ?

Paul Doumer a soixante-neuf ans. Libéré de ses obligations gouvernementales, il ne reste pas longtemps inoccupé. Il redevient en effet membre de la commission des Finances du Sénat dès le 30 mars 1926. Le désarroi dans les milieux politiques semble cependant tel qu'on ne sait plus qui appeler à la présidence du Conseil… Le président de la République, Gaston Doumergue, qui n'a pour Paul Doumer qu'une sympathie modérée, le charge néanmoins de constituer un cabinet dans le courant de l'été 1926[64]. L'intéressé accepte en principe. Pendant quarante-huit heures, il peut espérer être président du Conseil[65]. Avec ses proches Jules Jeanneney et Édouard Julia, réunis par ses soins à son domicile boulevard Delessert, il fait des pointages de voix et aligne sur une feuille de papier des noms de parlementaires susceptibles de lui apporter leur concours. Ceux-ci sont-ils alors insuffisamment nombreux ? Quelle équipe gouvernementale Paul Doumer espère-t-il réunir ? Paul Doumer ne sera jamais président du Conseil. Une explication mathématique est qu'il ne dispose pas alors de majorité parlementaire suffisante pour le devenir. Si cette explication peut être retenue, elle n'est sans doute pas suffisante. D'un point de vue plus politique, les récentes expériences de Paul Doumer rue de Rivoli furent

61. A. Duménil, « 22 avril 1915 : première attaque au gaz toxique », *in* B. Cabanes *et al.* (dir.), *Larousse de la Grande Guerre*, *op. cit.*, p. 86-93 ; J. Horne (dir.), *Vers la guerre totale : le tournant de 1914-1915*, *op. cit.*, p. 317.

62. Les faire-parts de décès sont ainsi une source privilégiée pour historiciser le deuil privé : B. Cabanes, courriel à l'auteur, 2 avril 2011.

63. *Inauguration du buste de Paul Doumer*, Fondation pour la science, Centre international de synthèse, hôtel de Nevers, 21 avril 1934, allocution d'H. Berr, p. 10.

64. BAN, H. de Golen, *Le président Doumer accuse… En marge de l'histoire*, *op. cit.*, p. 220.

65. *Ibid.*

lourdement compromises par l'instabilité ministérielle et, surtout, minées par la question des réparations. Or sur celle-ci, Paul Doumer n'entend rien lâcher. Il recommande ainsi à la commission des réparations la plus grande fermeté dans l'application des traités[66]. Son intransigeance sur ce dossier l'isole-t-il ?

Le 23 juillet 1926, Raymond Poincaré redevient finalement président du Conseil pour la quatrième fois. Cette fois-ci, il occupera le poste jusqu'en 1929. Il constitue un ministère dit « d'union nationale », réunissant notamment Aristide Briand, Édouard Herriot et André Tardieu, soit un amalgame disparate de grands hommes, qui durera pourtant trois ans contrairement au pronostic pessimiste de Paul Doumer. Amer, ce dernier n'est pas sollicité. Les principaux leaders de la presse, ceux qui passent pour faire l'opinion publique, présentent alors Paul Doumer comme « un homme de seconde zone », manquant des qualités nécessaires pour inspirer confiance à la nation. L'intéressé se lamente :

> « Ce sont tous ces plumitifs qui me font échouer. »[67]

Les mêmes journalistes, qui lui dénient en 1926 l'autorité indispensable à un président du Conseil, « découvriront » en Paul Doumer les capacités essentielles lorsqu'il sera de nouveau candidat à la présidence de la République cinq ans plus tard...

La séance du 2 août 1926 de la commission des Finances du Sénat est l'occasion d'une franche passe d'armes entre Raymond Poincaré, ministre des Finances, président du Conseil depuis dix jours, et Paul Doumer, ancien ministre des Finances, qui réaffirme ses vues, considérant l'impôt comme la « pièce essentielle » de la fiscalité de tous les États aux finances bien organisées[68]. Trouvant choquant de dégrever de 50 % les contribuables les plus fortunés à l'heure où des sacrifices sont demandés à l'ensemble de ceux-ci, Paul Doumer, ne mâchant pas ses mots, impute la chute vertigineuse du franc au déséquilibre du budget. Il assène vertement à son successeur au ministère des Finances :

> « On n'obtient la confiance que par de bonnes finances ! »[69]

6. Commémorer le deuil ?

Un monument aux morts est inauguré à l'occasion de la célébration du huitième anniversaire de la libération de Laon — appelée « délivrance » —, organisée le 10 octobre 1926 sous la présidence d'André Tardieu, ministre des Travaux publics et des régions libérées[70]. S'agit-il d'un monument isolé ? Acmé du partage du deuil, trente mille monuments aux morts sont bien au contraire construits en France

66. CHAN, 56 AP/1, commission des réparations (octobre 1925-avril 1926).
67. *Ibid.*, p. 221.
68. AS 14S 87, commission des Finances sous la IIIe République (1876-1916, 1920-1940), séance du 2 août 1926.
69. *Ibid.*, p. 35.
70. ADA, « Laon rend hommage à ses morts et fête l'anniversaire de sa délivrance », *La Dépêche de l'Aisne*, 13 octobre 1926.

entre 1920 et 1925 à l'initiative des conseils municipaux avec une petite aide de l'État[71], soit quinze par jour pendant cinq ans. Le deuil individuel est si massif avec 1,4 millions de familles françaises éprouvées qu'il est devenu collectif et social[72]. Le 30 juillet 1919, une proposition de loi relative à la glorification des morts pour la France est adoptée par le Sénat[73]. Paul Doumer intervient longuement pour exposer le sens de cette mesure : dans chaque commune de France, des monuments plus ou moins considérables, selon l'importance de la commune et l'ampleur de ses ressources, seront élevés en l'honneur de ses morts[74]. Très vite, l'érection des monuments aux morts s'effectue en France, « comme si elle répondait à une nécessité contagieuse ou à une évidence unanime »[75].

L'intense activité commémorative des années 1920 et 1930 se veut un moyen pour alléger le poids du deuil, autant que faire se peut. On crée ainsi dans les années vingt « une immense chaîne de mémoire »[76], locale et nationale, privée et publique, où chacun se réapproprie à son niveau son mort ou sa souffrance. Car il s'agit avant tout de lutter contre ce qu'Apollinaire a appelé « l'invisibilité » de la grande tuerie[77]. Dans cette chaîne de souvenirs et de regrets, le monument aux morts, à la fois un lieu de l'identification avec un héros et de la justification de son sacrifice, tient ainsi une place absolument centrale. Sur le monument aux morts de Laon — une Minerve, déesse de la Sagesse, au pied de laquelle s'étale l'affirmation « La conscience révoltée des peuples condamne à jamais les conflits sanglants » —, le patronyme Doumer est inscrit trois fois à la rubrique « militaires » : « Doumer René; Doumer Marcel; Doumer André »[78]. La lecture de la liste des disparus est ponctuée de l'invariable réponse « mort pour la France ». Car « nommer est l'élément majeur : les noms rappellent les individus, leur redonnent existence, quand la disparition sur le champ de bataille les vouait au néant »[79]. Cette cérémonie coïncide avec la remise par le général d'Ollone de la Croix de guerre à trente-sept communes du département de l'Aisne, déclaré « le plus meurtri par la guerre ». Paul Doumer accepte l'invitation qui lui est adressée dans les termes les plus chaleureux. Il écrit à son ami Léon Nanquette, maire de Laon pendant deux décennies (1919-1929), qu'il s'efforce d'obtenir l'acceptation de Gaston Doumergue, président de la République[80]. Plus de 15 000 personnes assistent à cette cérémonie bouleversante,

---

71. J.-J. Becker, *Dictionnaire de la Grande Guerre*, *op. cit.*, « Monuments aux morts », p. 138-139.

72. J.-Y. Le Naour, « Deuil », *in* J.-Y. Le Naour (dir.), *Dictionnaire de la Grande Guerre*, *op. cit.*, p. 189-190.

73. AS, Annales du Sénat, débats parlementaires, séance du 30 juillet 1919, p. 1358.

74. A. Becker, *Les monuments aux morts : mémoire de la Grande Guerre*, Paris, Errance, 1988.

75. A. Prost, « Les monuments aux morts : culte républicain? Culte civique? Culte patriotique », *op. cit.*, p. 199.

76. A. Becker, « Des monuments différents? La commémoration dans le nord de la France, 1914-1940 », *Mélanges de l'École française de Rome*, vol. 112, nº 2, 2000, p. 517.

77. A. Becker, *Guillaume Apollinaire : une biographie de guerre 1914-1918*, Paris, Tallandier, 2009.

78. Visite à Laon, 11 novembre 2010.

79. A. Becker, « Le culte des morts, entre mémoire et oubli », *in* S. Audoin-Rouzeau *et al.* (dir.), *Encyclopédie de la Grande Guerre (1914-1918) : histoire et culture*, *op. cit.*, p. 1104.

80. ADA, 1 I 29, lettre de P. Doumer, président du Sénat, à L. Nanquette, maire de Laon, 13 décembre 1925.

magnifique journée républicaine et pacifiste au-dessus de laquelle un aéroplane exécute de spectaculaires acrobaties[81]. Les sonneries retentissent et le président des anciens combattants apporte, au nom de leurs frères d'armes, un suprême hommage aux morts de la ville. La chorale municipale exécute de puissants chants avant le discours du maire :

> « L'orphelin, la veuve, les pères [se tournant vers Paul Doumer], les mères, les mutilés, tous ceux qui ont souffert dans leur chair, dans leurs affections les plus chères, dans leur cœur, sont là [se tournant de nouveau vers Paul Doumer] pour nous rappeler, si nous pouvions l'oublier, qu'il est des blessures qui ne se cicatrisent jamais et des ruines morales pour lesquelles aucune réparation n'est possible. »[82]

L'Union sacrée est ainsi réexprimée dans le discours d'inauguration du monument aux morts de Laon. Pour Paul Doumer, liturgies politiques et deuil privé sont tout à la fois imbriqués et complémentaires : les mots prononcés lors des cérémonies, les images offertes sous forme d'inscriptions et de monuments commémoratifs entretiennent le souvenir de ses fils défunts. En traçant des cercles de deuil et de commémoration allant des individus aux États, les monuments aux morts locaux sont ainsi, « un élément fondamental et souvent fondateur de cette chaîne qui relie [...] champs de batailles et arrières »[83]. Ils représentent la mort et le deuil fichés dans tous les espaces, publics et privés, des anciens belligérants. Et Annette Becker de conclure : « Les cérémonies commémoratives locales, autour des monuments aux morts, ou nationales, autour des soldats inconnus, ont partout un indéniable contenu spirituel : chacun peut trouver dans les différents éléments de la commémoration de quoi nourrir son travail de deuil personnel et trouver la force de continuer après l'épreuve malgré la douleur. »[84]

Le conseiller général Paul Doumer tient à l'installation, dans chaque village de son canton, de stèles commémoratives des victimes de la guerre. Que signifie cette volonté ? Les ferveurs de guerre se prolongent dans le désarroi par le culte des morts. Comme le rappelle Annette Becker, « il faut multiplier les chiffres des monuments visibles sur les places publiques par quatre ou cinq au moins pour donner une idée de la tension commémorative des années 1920 »[85]. Chacun des morts a droit à son nom gravé publiquement dans sa commune, son entreprise, son école, sa paroisse.

Cette intense activité commémorative peut-elle être considérée comme « le moyen trouvé par les contemporains pour vivre le deuil collectivement et en alléger [ainsi] le poids »[86] ? Les formes de l'activité commémorative ne sont-elles pas finalement un obstacle à la « résolution » des deuils de guerre ? L'héroïsation constante des morts empêche, en définitive, la nation d'enterrer ses cadavres. Les liens entre les

---

81. ADA, *L'Aisne*, 14 octobre 1926.

82. *Ibid.*, « Laon rend hommage à ses morts et fête l'anniversaire de sa délivrance », *La Dépêche de l'Aisne*, 13 octobre 1926.

83. A. Becker, « Le culte des morts, entre mémoire et oubli », *op. cit.*, p. 1102.

84. *Ibid.*, p. 1111.

85. *Ibid.*, p. 1103.

86. S. Audoin-Rouzeau, « Monuments aux morts, commémorations et deuil personnel après la Grande Guerre », *Mélanges de l'École française de Rome*, vol. 112, n° 2, 2000, p. 530.

expressions des communautés de deuil et la dimension intime de la perte rendent extrêmement difficile le « travail de deuil ». Le quadruple deuil des Doumer se trouve-t-il soulagé par l'intense activité commémorative de l'après-guerre ? « Le doute sur l'efficacité de la commémoration pour le travail de deuil individuel est d'autant plus légitime », tranche Stéphane Audouin-Rouzeau, « que la commémoration des morts au combat n'a pas été sans une héroïsation marquée du sacrifice dans tous les pays concernés »[87]. L'investissement public de Paul Doumer, son engagement politique sont-ils pour lui des moyens de dépasser le trauma de la perte de ses fils ? Sa frénésie d'action, une fuite en avant pour essayer d'oublier ? Dans son cas très particulier, les niveaux privé et public, intime et officiel, sont douloureusement confondus dans ses fonctions de représentation. Les cérémonies d'inauguration des monuments aux morts mêlent inextricablement la douleur de son deuil privé aux rituels commémoratifs. Ces derniers l'aident-ils à surmonter son deuil de père en le faisant sortir de sa stricte sphère privée ? La démonstration du deuil, l'inscription de la perte dans une dimension collective et commémorative, ne font que cacher l'essentiel : la douleur intime, qui, pour sa part, reste soigneusement, indiciblement enfouie.

7. Le plébiscite de la commission sénatoriale des Finances

Le 19 novembre 1926, l'heure de la retraite sonne pour Raphaël Milliès-Lacroix, président de la commission des Finances du Sénat depuis 1919. Ainsi qu'il le lui a promis quelques mois plus tôt à son retour au sein de la commission après son dernier passage rue de Rivoli, c'est à son ami Paul Doumer qu'il passe le relais à la présidence[88]. Il s'agit du fauteuil le plus élevé et le plus recherché[89]. Une vive approbation s'exprime alors que la candidature de Paul Doumer est posée[90]. Celle-ci prend des allures de plébiscite. Le président d'âge demande :

> « La désignation de M. Doumer comme candidat à la présidence reflétant l'avis de la commission toute entière (*assentiment*), est-il nécessaire de procéder à l'élection dans les formes ordinaires ? »[91]

Aux « non » unanimes et enthousiastes des commissaires, Paul Doumer est proclamé et non pas élu à ce fauteuil (il l'a déjà été le 13 juillet 1925), « que nul n'occupera avec plus de talent et de dignité que lui »[92]. Paul Doumer, peu sensible aux éloges et à ce bel hommage de ses collègues, se refuse toutefois à un discours. Il lâche sans barguigner :

---

87. *Ibid.*, p. 542.

88. AS, 14S 88, commission des Finances sous la IIIe République (1876-1916, 1920-1940), séance du 19 novembre 1926.

89. J. Barthélémy, *Essai sur le travail parlementaire et le système des commissions*, Paris, Delagrave, 1934 « Le président de la commission des Finances », p. 287-290.

90. AS, 14S 88, commission des Finances sous la IIIe République (1876-1916, 1920-1940), séance du 19 novembre 1926, p. 3.

91. *Ibid.*

92. *Ibid.*

« Ce qu'il faut, c'est du travail, ce sont des actes : commençons donc tout de suite à travailler consciencieusement selon les traditions du Sénat et de la commission ! »[93]

Avec ses vieux amis Henry Chéron comme rapporteur général et Jules Jeanneney comme rapporteur spécial, c'est une troïka expérimentée qui prend alors les rênes de la commission des Finances du Sénat. À ce moment de sa carrière, Paul Doumer incarne mieux que personne la « méthode sénatoriale »[94] : rigueur pour mieux résister aux éventuelles imprudences de l'autre assemblée ; intransigeance doctrinale et étude minutieuse des réalités budgétaires et fiscales ; esprit de négociation et sens de la tractation.

Le projet de loi, adopté par la Chambre des députés, portant création de nouvelles ressources fiscales est examiné par la commission sénatoriale des Finances. Les nouvelles ressources, dont le vote a été obtenu par Paul Doumer, ministre des Finances tout juste renversé, s'élèvent à pas moins de 1437 millions de francs[95]. Henry Chéron, rapporteur général de ladite commission, note, vivement approuvé :

« Il n'est que juste de remercier Paul Doumer car c'est grâce à sa courageuse initiative que ce résultat a été enfin obtenu. »[96]

Dans le contexte financier de ces années-là, la reconnaissance par ses pairs semble sincère. Nullement intimidé ni flatté, l'intéressé, peu enclin à se reposer sur ses lauriers, répond aussitôt : « Malheureusement l'effort accompli est encore insuffisant ! »[97]

Avec la conjonction inédite de sa très grande compétence financière, unanimement reconnue par la classe politique française, et de sa figure de patriote endeuillé de ses fils, la surface politique de Paul Doumer est devenue considérable. Parvenu à ce stade, les présidences les plus prestigieuses de l'État républicain semblent dès lors se présenter comme naturellement à lui.

---

93. *Ibid.*, p. 4.

94. F. Goguel, *Le rôle financier du Sénat français : essai d'histoire parlementaire*, Paris, Sirey, 1937, p. 251-260 ; J.-P. Marichy, *La seconde Chambre dans la vie politique française depuis 1875*, Paris, LGDJ, 1969, « Le rôle du Sénat de la IIIe République », p. 410, et « Les pouvoirs financiers du Sénat de la IIIe République », p. 422.

95. AS, 14S 85, commission des Finances sous la IIIe République (1876-1916, 1920-1940), séance du 1er avril 1926.

96. *Ibid.*

97. *Ibid.*

Chapitre X
Les honorariats républicains
1927-1931

Paul Doumer acquiert très vite une situation considérable au Sénat, où il devient, note-t-on, « l'âme de la commission des Finances »[1]. Il vient d'être réélu par acclamation à la présidence de la commission des Finances du Sénat quand l'échec de Germain de Selves (Union républicaine), non réélu dans le Tarn-et-Garonne le 9 janvier 1927, oblige les sénateurs à se chercher un nouveau président. Paul Doumer est alors pressenti, mais pas immédiatement. L'Union républicaine du Sénat donne en effet d'abord son investiture à Albert Lebrun, l'homme de Raymond Poincaré, et à Henry Chéron. Mais ceux-ci, apprenant la candidature de Paul Doumer, à laquelle ils reconnaissent un indiscutable caractère d'union nationale, se retirent finalement la veille du scrutin. Paul Doumer pense qu'il aura des concurrents parmi le groupe de la Gauche démocratique radicale et radicale-socialiste — dont il fait partie depuis 1924 —, notamment son ami Jules Jeanneney. Aussi maître de lui qu'il veut paraître à ses amis, Paul Doumer frémit d'espoir :

> « Si mes collègues du Sénat me font l'honneur de m'élire à la présidence, ils peuvent au moins être assurés que je ne finirai pas mes jours dans une maison galante... »[2]

La saillie est tout à fait inhabituelle de la part d'un homme d'ordinaire si prudent et réfléchi. Qui vise-t-elle ? Aristide Briand ? Désigné par les gauches, puis par les autres groupes, comme « le plus digne parmi les plus dignes »[3], Paul Doumer, sans concurrent, est triomphalement élu président du Sénat le 14 janvier 1927 par 238 voix sur 273 votants, soit 87 % des suffrages exprimés, sous les vifs applaudissements, larges, de la gauche, du centre et de la droite[4]. Les journaux rapportent qu'à l'issue du vote, Paul Doumer et Jules Jeanneney s'embrassent. Leur amitié demeure. Le Sénat doit jouer un rôle complémentaire de contrepoids modérateur aux projets des républicains avancés de la Chambre des députés.

---

1. BAN, « Paul Doumer », *in* anonyme, *Ceux qui nous mènent (25 portraits)*, *op. cit.*, p. 147.
2. *Ibid.*, p. 227.
3. L'expression est attribuée à L. Jenouvrier, sénateur d'Ille-et-Vilaine (1907-1932), président de la séance en sa qualité de vice-doyen du Sénat.
4. AS, Annales du Sénat, débats parlementaires, séance du 14 janvier 1927, p. 16.

Quelle est l'image dont jouit alors Paul Doumer, à la veille de son soixante-dixième anniversaire, dans le jeu des forces politiques en ce début de l'année 1927 ? Personnalité atypique de la classe politique française, sage respecté mais aussi contesté incarnant tout à fois le patriotisme, la rigueur budgétaire et la République de la modération, Paul Doumer réunit sur son nom une très large majorité voire un quasi-consensus républicain à la fin de sa carrière. Pour autant, sa rigidité ne force pas la sympathie. Candidat de la Gauche démocratique, il bénéficie du désistement de la droite, sa position politique ayant clairement évolué jusqu'au centre-droit.

La première allocution le 16 janvier 1927 de Paul Doumer, président du Sénat, enfonce le clou de son credo. L'Union sacrée qui a prévalu au cours de la Grande Guerre doit perdurer dans la haute assemblée [document 34 p. 410][5] :

> « Mes chers collègues,
> [...]
> Dans le Sénat, les préférences personnelles et les intérêts de partis s'effacent dès que l'intérêt national est en jeu.
> La démonstration en avait été faite aux heures tragiques de la guerre. [...] Il en fut de même dans la période consécutive, où les difficultés financières surgirent [...].
> Nous aurons trop d'occasions encore de faire preuve de la même vertu, du même désintéressement des hommes et des groupes. La situation des finances publiques et la situation économique générale appellent une vigilance de tous les instants. [...] Notre concours ne fera pas défaut au gouvernement pour obtenir ce résultat.
> C'est dans le même sentiment de [...] solidarité nationale que le Sénat va aborder [...] le grave problème des assurances sociales [...] afin d'accroître le bien-être des travailleurs. [...] Assurer à tous, quels que soient la santé, l'âge et les revers immérités, un minimum d'existence, une sécurité du lendemain, est devenu une obligation dans nos sociétés civilisées. [...] La paix intérieure en dépend.
> [...] La République française est une démocratie foncièrement pacifique. [...] Elle veut organiser la paix, en obtenant que le droit domine souverainement les rapports internationaux.
> [...] La force de la France est l'élément essentiel de la paix européenne. Vouloir que l'armée française soit puissante, parce que puissamment organisée et pourvue, c'est vouloir d'abord assurer une sécurité dont nous ne pouvons laisser le soin à personne ; c'est aussi contribuer à préserver l'humanité des catastrophes que nous-mêmes avons subies. Le Sénat qui, par l'organe de ses commissions, réclame depuis longtemps des lois d'organisation militaire, a l'espoir d'être bientôt saisi des projets du gouvernement. Cette grande tâche de reconstitution de l'armée, il l'abordera avec la conscience d'un impérieux devoir à accomplir, en élevant sa pensée vers la belle jeunesse française de 1914, décimée par la guerre [...]. »[6]

Solidarité nationale, assurances sociales, organisation de la paix et donc organisation militaire : le discours résume les idées politiques de Paul Doumer, tant en matière de politique intérieure qu'en matière de politique étrangère. Régime de la souveraineté nationale, la République, selon Paul Doumer, doit lutter en effet

5. *Ibid.*, séance du 16 janvier 1927, p. 19.
6. *Ibid.*

contre la dictature des individus ou des factions. Pour autant, précisera-t-il plus tard, « l'union en politique ne veut pas dire l'atonie »[7] ! Souhaitant reconstituer l'armée, le président élève sa pensée en conclusion de son discours d'installation « vers la belle jeunesse française de 1914, décimée par la guerre »[8]. Allusion pudique à ses fils tombés. Réélu à chaque renouvellement du bureau, Paul Doumer, toujours sans concurrent, occupera le prestigieux fauteuil jusqu'au 9 juin 1931. Autrement dit, il n'en redescendra que pour une ultime présidence, celle de la République, qui ne peut être que l'étape suivante. Car le président du Sénat fait alors fonction de vice-président de la République. Il est le second personnage de l'État et se tient en toutes circonstances à la droite du président de la République. Lorsque ce dernier disparaît, l'autre prend la place médiane. C'est un avancement régulier et quasi-automatique. Émile Loubet, Armand Fallières, Gaston Doumergue en ont notamment bénéficié avant Paul Doumer.

1. La double présidence du Sénat et du conseil général de l'Aisne

De qui Paul Doumer s'entoure-t-il dans l'immédiat à la présidence du Sénat ? L'apparition en avril 1927 de Gaétan Pirou, agrégé d'économie politique, au poste de chef de cabinet de Paul Doumer, président du Sénat[9], confirme la place importante prise par les professeurs d'économie politique sous la IIIe République[10]. Ces derniers, à l'instar de Charles Rist (au lendemain du premier conflit mondial comme au début de la crise des années 1930), deviennent en effet des experts de renom dans les entourages politiques des gouvernants, signe de l'importance des préoccupations économiques du moment.

Succédant à Paul Deschanel et Raymond Poincaré, Paul Doumer préside l'Alliance française de 1925 à 1930[11]. Bien qu'il constitue un second choix après le refus du diplomate et historien Jean Jusserand, un des fondateurs de l'Alliance en 1883, le patronage de Paul Doumer est recherché, témoignant de la visibilité et du poids politiques qu'il a alors acquis. Les collaborateurs étrangers de l'Alliance sont notamment, grâce à Paul Doumer, régulièrement invités à la prestigieuse visite du Sénat à partir du 14 janvier 1927. Le 27 mai 1927, le Sénat, très agité, reçoit ainsi à son arrivée à Paris le pionnier américain de l'aviation Charles Lindbergh. Paul Doumer est un passionné d'aviation. Myron Herrick, ambassadeur des États-Unis en France, s'entretient longuement avec le président du Sénat, qui aime les Américains. Ceux-ci disent que son idéologie politique est finalement assez proche de la

7. *Ibid.*, séance du 20 janvier 1931, p. 12.

8. *Ibid.*, séance du 16 janvier 1927, p. 20.

9. A. Lorin, « Les entourages politiques des présidents d'assemblée sous la IIIe République : Paul Doumer, président de la Chambre des députés (1905-1906) puis président du Sénat (1927-1931) », *op. cit.*

10. O. Dard, « L'économie », *in* V. Duclert *et al.* (dir.), *Dictionnaire critique de la République*, *op. cit.*, p. 836-837.

11. F. Chaubet, *La politique culturelle française et la diplomatie de la langue : l'Alliance française (1883-1940)*, Paris, L'Harmattan, 2006, p. 182.

leur. Doit-on chercher des arrières-pensées dans l'américanisme d'inspiration coloniale, patriarcale et commerciale de Paul Doumer ? Ce dernier serait ainsi semblable à l'authentique Américain de 1900, puritain, dédaigneux du plaisir, laborieux, direct et tenace. Un journaliste résume étonnamment :

> « Paul Doumer nous revient d'Indochine avec, dans sa poche, l'évangile de Roosevelt. »[12]

La consécration sénatoriale s'accompagne de la consécration départementale, qui fait au moins autant plaisir à Paul Doumer que la première. Le 29 septembre de la même année 1927, le président du Sénat redevient aussi président du conseil général de l'Aisne, son département chéri, fauteuil qu'il occupera jusqu'au 11 juin 1931. L'assemblée départementale compte parmi les siens le deuxième magistrat de la République, un prestige tel que la présidence du conseil général semble devoir lui revenir de fait. L'effigie de Paul Doumer est placée dans la salle des délibérations du conseil général de l'Aisne le 31 octobre 1931[13]. Le président du conseil général de l'Aisne et président du Sénat utilise sa double casquette et son carnet d'adresses nationales pour défendre vigoureusement son département d'adoption. Comment s'illustre cette protection ? Tout juste élu président du Sénat, Paul Doumer inaugure en personne l'hôtel de ville reconstruit de Vailly-sur-Aisne le 14 février 1927 en sa qualité de président du conseil général de l'Aisne [photographie 29 p. 461]. Il se bat en particulier pour que les importantes divisions et garnisons militaires basées à Laon, centre de mobilisation d'infanterie et d'artillerie de premier ordre, y restent affectées, alors qu'une réorganisation est engagée par l'état-major général de l'armée après l'évacuation de la Rhénanie[14]. Il n'a, de ce fait, de cesse d'insister sur la remarquable situation stratégique de la ville, centre ferroviaire en arrière-plan de Sedan, les familles des officiers et des agents militaires des centres mobilisateurs constituant une clientèle appréciable pour le commerce de la ville. Fidèle à Laon, Paul Doumer joue de toute son autorité à Paris pour faire aboutir les projets favorables à sa ville, en déclarant lui-même à son ami Léon Nanquette avoir fait « tout son possible » dans le dossier des réductions et suppressions d'effectifs[15]. Il obtient ainsi, par décision du ministre de la Guerre en date du 28 août 1928, le transfert de Soissons à Laon du précieux commandement du deuxième groupe de subdivisions[16]. Une efficacité telle que Léon Nanquette, présentant à dessein ses administrés comme « une population très calme et bourgeoise », sollicite encore l'intervention du protecteur de la ville de Laon (appelé « votre haute personnalité »), afin d'y faire placer un peloton de gendarmerie mobile nouvellement créé[17].

---

12. A. Doumer, *Mon grand-père Paul Doumer*, *op. cit.*, p. 20.
13. ADA, AD, session du 31 octobre 1931, rapport d'A. Chiappe, préfet de l'Aisne.
14. ADA, AC, E dépôt 401, archives communales de Laon, 2 H 2, lettre de P. Doumer, président du Sénat, à L. Nanquette, maire de Laon, 28 juillet 1928.
15. *Ibid.*, 2 H 24.
16. *Ibid.*, lettre de G. Bègue, préfet de l'Aisne, à L. Nanquette, maire de Laon, 10 septembre 1928.
17. *Ibid.*, lettre de L. Nanquette, maire de Laon, à P. Doumer, président du Sénat, président du conseil général de l'Aisne, 6 septembre 1928.

Paul Doumer change-t-il de mode de vie une fois élu président du Sénat ? Plus de cinquante ans après avoir quitté la maison Robineau rue de Turenne, le président du Sénat reçoit au Palais du Luxembourg une délégation de ses anciens collègues d'atelier. Il écrit le 1er août 1929 au directeur de la maison Robineau qu'il serait heureux de revoir les ateliers où il a passé six ans de sa vie [document 35 p. 411]. Le couple Doumer continue de descendre en cure à Bourbon-l'Archambault, où il séjourne chaque été depuis 1923. Très matinal, Paul Doumer consacre les premières heures de la journée à une longue promenade, dont le circuit totalise parfois plus de quatre kilomètres et fatigue tous ses accompagnateurs essoufflés. Le célèbre hôte est alors septuagénaire. Il semble défier les années. Les paysans du coin peuvent croiser un simple curiste, « type Français moyen »[18], plutôt timide, emprunter la route de Saint-Plaisir et gagner la côte dite de Beauvoir, d'où l'on découvre, à son sommet, l'un des plus beaux points de vue de la région[19]. De là, en effet, un vaste panorama permet de reconnaître facilement le Puy-de-Dôme, attrait de cette promenade favorite de l'Aurillacois. Une autre promenade que Paul Doumer affectionne est la visite de la forêt de Grosbois. Il s'agit alors d'une promenade en voiture. À différentes reprises, Paul Doumer se rend aussi en compagnie de Charles-Auguste Petit, concessionnaire de l'établissement thermal, à la forêt de Tronçais. Paul Doumer aime s'entretenir avec les cultivateurs qu'il rencontre et qui ne le reconnaissent pas toujours, s'intéressant aux questions agricoles qui lui sont pourtant peu familières. Malicieusement, il évoque un jour avec un cultivateur, qui ne l'a pas reconnu, conduisant un char de foin traîné par deux bœufs, les soucis de celui qui dirige ce qu'il appelle « le char de l'État »[20]... Aussitôt rentré de sa promenade matinale, vers dix heures, Paul Doumer se met au travail. Il dépouille son volumineux courrier et, jusqu'au déjeuner, simple et sans protocole, en tête-à-tête avec Blanche, son écriture court sur le papier. Une écriture fine, ferme et régulière, qui, pas plus que son caractère, n'a jamais varié. À la Roseraie, villa annexe de l'hôtel, un petit appartement composé de trois pièces est réservé à Blanche et Paul Doumer : chambre, salon et cabinet de travail[21]. Un drapeau tricolore marque son passage, remarqué par bon nombre de curistes surpris. Paul Doumer n'aime pourtant rien autant que de passer inaperçu à Bourbon-l'Archambault.

2. L'enjeu national du renouvellement sénatorial de 1929

Le renouvellement sénatorial de 1929 ne se présente pas sous les meilleurs auspices en Corse. Paul Doumer, sénateur de Corse depuis 1912, ne saurait pourtant perdre son précieux siège. Le gouvernement s'intéresse alors de nouveau à Paul Doumer.

18. BNF, G. Boppe, « Paul Doumer à Bourbon-l'Archambault », *op. cit.*, p. 17.
19. Visite à Bourbon-l'Archambault, 30 décembre 2008.
20. BNF, G. Boppe, « Paul Doumer à Bourbon-l'Archambault », *op. cit.*, p. 18.
21. Une plaque de marbre rouge rappelle, à l'angle nord-est de la villa La Roseraie : « Le président Paul Doumer et Madame ont été les hôtes de cette villa. Président du Sénat et de la République, 1931-1932 ». Visite à Bourbon-l'Archambault, 30 décembre 2008.

Le sénateur, lui, semble se désintéresser de la Corse depuis sa dernière élection[22]. Il hésite à se représenter ou à tenter sa chance dans un autre département, mais lequel ? Il ne se décide qu'après beaucoup d'hésitations. Diminué, le landrysme envisage avec appréhension le scrutin. La droite, dynamisée par ses résultats, aborde la campagne électorale profondément divisée. Plusieurs postulants, dont François Coty, briguent un mandat aux côtés du sénateur sortant Paul Doumer. La lutte est très serrée et, pour ce dernier, le risque de ne pas être réélu est considéré comme sérieux. On envisage, pour placer Paul Doumer au-dessus des partis, ce qu'il est de toute façon en tant que président du Sénat, de faire figurer son nom sur les deux listes en présence. Personne n'ignore alors que, s'il est réélu dans de telles conditions, sa candidature à la présidence de la République n'en sera que renforcée. Mais la combinaison échoue « malgré les interventions ministérielles pressantes », avoue le préfet Amédée Bussière[23]. Malgré la puissance d'Adolphe Landry, Paul Doumer n'a, dans ce contexte, d'autre ressource que de prendre la tête de la liste piétriste. Le préfet Amédée Bussière donne du Paul Doumer de 1929 la description suivante :

> « Majestueux vieillard encore alerte, souriant dans sa barbe patriarcale, Paul Doumer semble quelque peu détaché des choses d'ici-bas. »[24]

Paul Doumer mène une campagne rapide. Inquiet de la menace d'une non-réélection du président du Sénat, André Tardieu, ministre de l'Intérieur, président du Conseil, envoie télégramme sur télégramme « à déchiffrer par le préfet lui-même » à Amédée Bussière, préfet de Corse :

> « Il faut que le président soit réélu ! »[25]

L'enjeu de la lutte est de taille : un échec de Paul Doumer lui fermerait tout simplement les portes de l'Élysée. Les bruits les plus fantaisistes circulent alors à Paris, selon lesquels le gouvernement voudrait torpiller Paul Doumer pour lui barrer la route vers la présidence de la République deux ans avant la fin du mandat de Gaston Doumergue. Pour ce faire, Amédée Bussière, ancien directeur de cabinet d'Henry Chéron[26] au ministère des Finances (1928-1930), aurait été envoyé comme préfet en Corse, Chéron souhaitant l'échec de Doumer pour le remplacer à la présidence du Sénat et briguer les suffrages élyséens... Scénario tordu, démenti par Amédée Bussière, qui reconnaît malgré tout que, s'il ne peut rien dans une élection législative, un préfet, lié avec les maires, peut avoir quelque influence dans une élection sénatoriale[27]. Paul Doumer écrit ainsi à de nombreuses reprises au préfet, lui témoignant la confiance qu'il a placée en lui et lui laissant entendre qu'il saurait, le moment venu, lui prouver sa reconnaissance. La technique est éprouvée. Paul

---

22. A. Bussière, alors préfet de Corse, *Sur la barque préfectorale*, *op. cit.*, p. 30.
23. *Ibid.*
24. *Ibid.*
25. *Ibid.*
26. Y. Robert, *Henry Chéron, un grand nom de l'histoire normande*, Paris, Cahiers du temps, 2010.
27. A. Bussière, *Sur la barque préfectorale*, *op. cit.*, p. 30.

Doumer ne doit finalement sa réélection qu'à cinq courtes voix de majorité. Si les Landrystes n'avaient pas panaché, il eût été battu[28].

La confiance du Sénat à l'égard de Paul Doumer ne se dément pas non plus. Ce dernier en sera régulièrement réélu président le 12 janvier 1928, le 10 janvier 1929, le 16 janvier 1930 et le 15 janvier 1931. Pendant quatre ans, le fauteuil, semblant fait pour lui et taillé à sa mesure, lui sied parfaitement [photographie 31 p. 462]. On écrit du président du Sénat qu'il donne, à ce poste, « l'exemple de la plus digne tenue politique »[29], en insistant sur son « tempérament sénatorial »[30]. Bien que vieux routier des manœuvres de couloir, sa conception du Sénat comme au-dessus de tout, en particulier des partis politiques, convient particulièrement bien à Paul Doumer au soir de sa carrière. Quelles idées politiques Paul Doumer défend-t-il une fois parvenu aux grands honorariats républicains ? La tribune de président du Sénat lui permet de réaffirmer avec force ce en quoi il croit et dont il ne démord pas, en particulier :

> « Le paiement des dommages de guerre par l'ennemi, pour le relèvement de la France, pour le devoir envers des populations meurtries, humiliées, sans foyer et sans travail est une impérieuse nécessité. »[31]

Devenue obsessionnelle, l'inflexibilité de Paul Doumer sur la question des réparations s'explique en partie par la perte de ses fils. Le président du Sénat rappelle lors de la séance du Sénat du 17 janvier 1928 :

> « C'est le culte des fils de France et des soldats de la République que nous servons. »[32]

Ensuite, s'arc-boutant sur ses opinions, le bien-fondé, selon lui, de la présence coloniale française ne saurait également souffrir aucune remise en question ni opinion contradictoire. Au sujet de Madagascar, l'ancien gouverneur général de l'Indochine affirme en 1926 — soit vingt-et-un ans seulement avant la grande insurrection malgache de 1947 — que « la France est bien chez elle dans la grande île africaine et ses dépendances »[33]. Paul Doumer ajoute :

> « Personne ne l'a contesté après son intervention militaire indispensable de 1895. Personne [non plus] aujourd'hui ne peut songer à élever la voix pour protester contre une entreprise coloniale que les réserves justifient pleinement. »[34]

Son ami Joseph Gallieni, à qui la France doit le victorieux redressement de septembre 1914, fut, selon lui, « comme gouverneur [général de Madagascar, 1896-1905], ce qu'il devait être comme chef de guerre ». Le lien entre les deux expériences, coloniale et militaire, est au cœur du système de pensée de Paul

---

28. *Ibid.*
29. P. Doumer, *Paroles humaines*, *op. cit.*, F. de Joannis, avant-propos, p. 10.
30. *Ibid.*
31. AS, Annales du Sénat, débats parlementaires, séance du 17 janvier 1928, p. 231-232.
32. *Ibid.*, p. 236.
33. G. Julien, *Madagascar et ses dépendances : trois siècles de persévérance française dans la mer des Indes (îles Comores, archipels de Kerguélen et Crozet, Terre Adélie, îles Saint-Paul et Amsterdam*, vol. VII, Paris, Notre domaine colonial, 1926, préface de P. Doumer, p. 7-8.
34. *Ibid.*

Doumer : les deux champs, colonial et militaire, se rejoignent en effet dans ses conceptions héritées de la conquête coloniale, autrement dit datées, à la fin des années 1920.

Les fenêtres du bureau de Paul Doumer ont vue sur le jardin du Luxembourg. Ses petites-filles, Andrée et Lucile, y jouent au tennis[35]. Cette apparence de bonheur relatif semble bien éphémère. Le président du Sénat aime à se promener quotidiennement dans le jardin au bras de Blanche, arpentant les allées du Luxembourg gravement vêtue de noir de la tête aux pieds [photographie 30 p. 461]. Pour Blanche, la vie ne semble plus avoir aucune saveur. Le noir, dans un dégradé vers le gris évoluant peu avec le temps, est devenu sa tonalité dominante. Il faut pouvoir afficher le deuil. Dans l'allocution qu'il prononce le 17 janvier 1928, le président du Sénat, grave, annonce :

« Les dangers qu'une terrible guerre a accumulés n'ont pas tous disparu. »[36]

À l'heure des repas, la famille Doumer se retrouve en dehors du temps. Contrastant avec l'agitation de l'hémicycle, dont certaines séances tournent au pugilat — la chute du ministère Steeg dure vingt-quatre heures en janvier 1931 ! —, « la conversation est aussi calme que si la maison et son jardin flottaient entre la terre et la lune », note Andrée, petite-fille de Paul Doumer[37]. Dans cette grande maison aussi retirée de Paris qu'une abbaye, Blanche Doumer impose chaque soir une partie de dominos à son mari. Le président s'exécute docilement en soupirant[38]. Il s'octroie un bref moment de détente avant de retourner travailler très tard dans la nuit.

Dans la France des années 1920, la mémoire de la Grande Guerre ne cesse d'être entretenue par des cérémonies, des fêtes nationales, des dépôts de gerbes, des minutes de silence. Ses grands chefs disparaissent les uns après les autres. Les funérailles du maréchal Foch sont ainsi célébrées le 25 mars 1929. Elles réunissent une foule immense de Notre-Dame aux Invalides après avoir rassemblé la veille des centaines de personnes autour de l'Arc de Triomphe[39]. Georges Clemenceau meurt à son tour dans la nuit du 23 au 24 novembre 1929. Un petit registre est déposé dans la loge de la concierge de la rue Franklin. Ému, Paul Doumer salue, dans le petit appartement, la dépouille du vieillard qui a su gagner la guerre. Il prononce au Sénat, en sa qualité de président, une vibrante allocution suite à ce décès[40]. Pour la mort du Tigre, le Renard Paul Doumer verse une larme. Il confie à son ami Henry de Golen, qu'il invite à monter avec lui dans sa voiture quittant Passy :

« C'était quand même un grand bonhomme et un caractère indomptable. »[41]

35. Nécrologie d'A. Turner-Doumer (1913-1997), Dracy-le-Fort, *Le Journal de Saône-et-Loire*, 8 octobre 1997, p. 16.

36. AS, Annales du Sénat, débats parlementaires, séance du 17 janvier 1928, p. 7.

37. A. Doumer, *Mon grand-père Paul Doumer*, *op. cit.*, p. 20.

38. *Ibid.*, p. 25.

39. M. Winock, « Un « nouvel acteur politique » : l'ancien combattant », *op. cit.*, p. 72.

40. AS, Annales du Sénat, année 1929, p. 1139.

41. BAN, H. de Golen, *Le président Doumer accuse… En marge de l'histoire*, *op. cit.*, p. 240.

Georges Clemenceau a refusé les obsèques nationales. Ce dernier refus est, dit-on, bien de lui. Son corps sera emporté dans la nuit à Saint-Vincent-sur-Jard. Le 1er décembre 1929, le défilé, devant la dalle du soldat inconnu à l'Arc de Triomphe, des associations de combattants, a lieu en l'honneur de sa mémoire. Paul Doumer commente, solennel :

« C'est le plus bel hommage qui peut lui être réservé. »[42]

3. Gaston Doumergue ne se représente pas

Le président Gaston Doumergue est pressé par son entourage de briguer le renouvellement de son mandat, qui arrive à son terme en 1931[43]. « Gastounet », très populaire en effet, annonce pourtant à ses amis pantois :

> « Je ne me représenterai pas. J'en ai assez. J'ai été prisonnier. Je ne suis pas d'avis à encourager les réélections. J'estime que ce n'est pas heureux. Je ne demande qu'à aller planter mes choux et ça vaut mieux pour tout le monde. Il ne faut pas prendre des habitudes qui sont des mauvaises habitudes. Sept ans, c'est bien mais c'est assez. Ma résolution est prise : je m'en vais ! »[44]

Dans sa lancée, Gaston Doumergue ne leur cache pas qu'il soutiendra discrètement la candidature de Paul Doumer si ce dernier se présente[45]. Quand son souhait de ne pas rempiler devient certain, la question se pose de savoir qui on lui donnera comme successeur. Dans le courant de mars 1931, on commence, dans les salons politiques, les rédactions de journaux et les couloirs de la Chambre et du Sénat, à faire des pronostics. Les spéculations les plus folles s'expriment allègrement. En sa qualité de président du Sénat, Paul Doumer apparaît comme le successeur présomptif de Gaston Doumergue. On dit que la présidence de la République a été l'ambition de toute sa vie. D'autres noms reviennent en échos : Briand, Painlevé, Bérard, Maginot, Hennessy, Tardieu, Laval, Lebrun, Chéron, Barthou, Leygues. Les aspirants potentiels sont légion. À partir du printemps 1931, Blanche et Paul Doumer donnent de nombreux dîners et des réceptions à la présidence du Sénat, ce qui est peu dans leurs habitudes[46]. Les « amis de la France » enregistrent un regain d'activité. Paul Doumer en préside tous les banquets. Des déjeuners ont également lieu chez des amis personnels de Paul Doumer, en particulier Édouard Julia et Philippe Bunau-Varilla. Alertée, la « doumérie » s'active. La campagne est lancée. On prédit que Paul Doumer aura une grosse majorité.

Quel accueil est réservé à la candidature de Paul Doumer à l'élection présidentielle dans le contexte politique du printemps 1931 ? Celle-ci est froidement accueillie par quelques parlementaires de gauche et d'extrême-gauche, dont l'intention, d'abord voilée, bientôt affichée, est de ménager une élection triomphale à

42. *Ibid.*, p. 241.
43. Colonel J. Rupied, *Élysée (1928-1934) : anecdotes et souvenirs*, Paris, Peyronnet, 1952, p. 126.
44. J. Rives, *Gaston Doumergue : du modèle républicain au sauveur suprême*, *op. cit.*, p. 244.
45. *Ibid.*, p. 245.
46. BAN, H. de Golen, *Le président Doumer accuse… En marge de l'histoire*, *op. cit.*, p. 243.

Aristide Briand, ministre des Affaires étrangères depuis six ans. Or celui-ci, également appuyé par un certain nombre de modérés (tels qu'Eugène Étienne et Gaston Thomson) en plus du soutien socialiste, est indécis. Ses goûts personnels, qui répugnent à la représentation protocolaire, le rôle qu'il joue à la Société des nations, où sa présence est considérée comme indispensable, paraissent l'éloigner de toute visée élyséenne. Ses amis, néanmoins, multiplient leurs démarches, insinuant que Paul Doumer est le représentant du nationalisme et de la réaction. Si bien que le 7 mai 1931, rompant le silence absolu qu'il a jusqu'alors observé, le sénateur de Corse est contraint d'affirmer dans une note publique qu'il n'est nullement l'adversaire d'une politique de paix ni l'homme d'un quelconque parti[47]. Jusqu'à l'avant-veille du scrutin, Paul Doumer est le seul candidat. L'âge n'a pas émoussé son ambition. Les parlementaires de gauche et d'extrême-gauche qui lui sont hostiles multiplient les intrigues. Le 11 mai 1931 dans l'après-midi, Aristide Briand va rendre visite à son « ami » Paul Doumer au Palais du Luxembourg. La vieille amitié entre les deux hommes, de caractère très dissemblable, serait une légende, une fable à laquelle les hasards de la politique d'après-guerre auraient donné une apparence. En effet, Paul Doumer juge en privé Aristide Briand amoral, déloyal et fourbe[48]. Pendant la guerre, il a parlé de lui comme d'un « homme de la temporisation perpétuelle, doublé d'un sous-politicien de canton, à la main molle »[49]. Il a pour lui des mots très durs :

> « Briand ne respire à l'aise que parmi les atmosphères les plus insalubres. Il est né dans un estaminet de Nantes, un bouge, une sorte de maison de passe pour routiers et filles soumises. Tous les relents de stupre, dont son enfance a été imprégnée, sont demeurés agglomérés en lui et s'y sont fécondés. »[50]

Mais publiquement, Paul Doumer dissimule son antipathie pour Aristide Briand sous une courtoisie hypocrite et conventionnelle. Ce dernier affirme, de son côté, qu'il ne se présentera pas contre Paul Doumer. Mais, le 11 mai 1931, la situation change. Un dîner parisien réunit, entre autres convives, Louis Loucheur, Aristide Briand et André Maginot[51]. On insiste avec une telle ténacité auprès d'Aristide Briand pour qu'il accomplisse un « geste national » que celui-ci finit par céder en se laissant forcer la main. « *Alea jacta est* », lance « le pèlerin de la paix ». Il accepte ce soir-là d'y aller, mais demande à une délégation d'aller annoncer sa décision à Paul Doumer, évitant ainsi une démarche désagréable. Aristide Briand souffre alors déjà d'une urémie qui doit l'emporter un an plus tard et le fait souvent somnoler à son banc[52]. La manœuvre de dernière heure est-elle trop maladroite pour réussir ? Une note publiée par son cabinet explique que « l'interprétation

47. CHAN, 603 AP/1, « La vie de M. Paul Doumer », *Le Temps*, 8 mai 1932.
48. L. Pasquier-Doumer, entretien avec l'auteur, 31 mai 2005.
49. BAN, H. de Golen, *Le président Doumer accuse… En marge de l'histoire*, *op. cit.*, p. 93-94.
50. *Ibid.*, p. 99.
51. L. Loucheur, *Carnets secrets (1908-1932)*, *op. cit.*, p. 171.
52. G. Bonnet, *Vingt ans de vie politique (1918-1938), de Clemenceau à Daladier*, *op. cit.*, p. 136.

donnée à sa candidature ne lui permet pas de se dérober à son appel »[53]. Quittant le Quai d'Orsay, une délégation conduite par l'Oranais Gaston Thomson, un des doyens de la Chambre — député de Constantine depuis 1877, soit le mandat le plus long de la IIIe République —, se rend à la présidence du Sénat. Informé par elle du brusque revirement du ministre des Affaires étrangères, Paul Doumer lui fait sèchement observer que les considérations invoquées lui paraissent peu fondées et qu'elles ne sont point de nature à modifier ses intentions[54]. Impassible, le président du Sénat écoute toutefois la harangue avec un visage de bois[55]. L'entretien est cordial mais sans résultat. La volte-face d'Aristide Briand est vécue comme une palinodie détestable par Paul Doumer. Sans y mettre beaucoup de façons, le président du Sénat envoie promener les délégués. Il s'égosille, acrimonieux :

> « Vétilles ! Politicailleries à courtes vues ! Querelles picrocholines ! C'est au Congrès de départager les candidats ! »[56]

4. Un face-à-face inattendu avec Aristide Briand

Les quinze jours qui précèdent l'élection du 13 mai 1931 ont une physionomie extraordinaire. Tous les coups sont permis. D'un côté comme de l'autre, l'argent est prodigué pour acheter les voix, les consciences, les écrits, les propos. Doumer est baptisé ? Briand aussi ! Doumer est franc-maçon ? Briand aussi ! Alors qu'en réalité, il ne l'est pas. Doumer est un prévaricateur, qui a tripoté en Indochine et partout ? Briand, mentalité de souteneur, serait de toutes les souillures ! Ce qui est également faux. Le spectre belliqueux est enfin agité : Briand, c'est la paix ! Doumer, c'est la guerre ! Avant de riposter aussitôt le contraire. Dans le camp doumérien, Édouard Julia dirige et surveille toutes les intrigues[57]. En 1906, Paul Doumer avait fait figure d'épouvantail. Cette fois-ci, c'est Aristide Briand qui fait peur tandis que Paul Doumer, un des derniers représentants de la « génération des républicains d'avant-guerre » avec Raymond Poincaré et Gaston Doumergue, rassure les parlementaires à la manière d'un repère. Le candidat annonce ainsi :

> « La France est le pays de la mesure : il faut, avant tout, éviter de l'effrayer. »[58]

Deux concurrents de premier plan sont ainsi en ligne lorsque le Congrès se réunit à Versailles. La lutte entre eux est vive. Une fois de plus, Paul Doumer se trouve rejeté presque malgré lui vers la droite. Convaincu qu'il serait chargé par Aristide Briand de la présidence du Conseil, Alexis Léger (alias Saint-John Perse), directeur des affaires politiques du Quai d'Orsay, est le grand manager de la candi-

---

53. PPP, EA148(1), « La présidence de la République », *in* « Paul Doumer (1857-1932), sa vie, sa mort, ses obsèques nationales », *L'Illustration*, hors-série mai 1932.
54. *Ibid.*
55. G. Bonnet, *Vingt ans de vie politique (1918-1938), de Clemenceau à Daladier*, *op. cit.*, p. 136.
56. *Ibid.*
57. BAN, H. de Golen, *Le président Doumer accuse… En marge de l'histoire*, *op. cit.*, p. 257.
58. *Ibid.*, p. 264.

dature d'Aristide Briand[59]. Il dirige mille travaux souterrains et manœuvriers. Les parlementaires amis d'Aristide Briand (Joseph Caillaux, Louis Loucheur, Camille Chautemps, Auguste Champetier de Ribes) se livrent à une campagne passionnée et par là dangereuse car elle donne à la candidature d'Aristide Briand un caractère partisan, inhabituel aux élections présidentielles sous la IIIe République[60]. La plus grande erreur en ce sens est sans doute commise par Léon Blum, qui, dans *Le Populaire*, loue avec trop d'insistance la politique du ministre des Affaires étrangères[61]. Non seulement l'appui du leader socialiste n'apporte à Aristide Briand aucune voix qui ne lui est déjà acquise mais, en étant de nature à effrayer les parlementaires modérés, il se révèle finalement compromettant.

Toutes les ficelles semblent bonnes à tirer. Les proclamations d'affection et de dévouement en faveur de l'agriculture permettent ainsi de mobiliser, pour un homme ou un parti, les vertus positives attribuées à la terre et au paysan qui la travaille[62]. La paysannerie est d'autant plus célébrée en 1931 qu'elle incarne, face aux masses ouvrières et urbaines gagnées par l'extrême gauche, la quintessence de l'identité nationale. Paul Doumer ne manque pas, dans ce contexte, d'abondamment puiser dans le réservoir des vertus paysannes. En se revendiquant auvergnat, Paul Doumer cherche-t-il à opportunément légitimer, en 1931, son lien personnel au territoire voire au terroir ? Alors que le discours agrarien bat son plein dans l'entre-deux-guerres, particulièrement dans le contexte de la crise économique du début des années 1930 — l'agrarisme cherche en effet à atteindre les mentalités et à définir les images, les jugements, les représentations qui opposent le monde rural au monde citadin[63] —, la mobilisation par Paul Doumer de poncifs voire de stéréotypes ne peut que jouer en sa faveur. Il cultive à dessein son image « terrienne » — cinquante ans avant le clocher de la « Force tranquille » de François Mitterrand, candidat à la présidentielle de 1981. Un Auvergnat notera, lors de l'inauguration par le président Paul Doumer du salon des peintres de montagne au début de l'année 1932 au Cercle de la librairie, boulevard Saint-Germain à Paris :

> « Ce président *si auvergnat*, que certains disent froid et taciturne, apparaît toujours souriant et fort aimable à qui l'approche pour lui parler d'autre chose que de la situation politique. »[64]

---

59. R. Meltz, *Alexis Léger dit Saint-John Perse*, Paris, Flammarion, 2008.

60. J.-J. Chevallier, *Histoire des institutions et des régimes politiques de la France de 1789 à nos jours*, Paris, Dalloz, 2009, p. 312.

61. A. Dansette, *Histoire des présidents de la République, de Louis-Napoléon Bonaparte à Georges Pompidou*, *op. cit.*, chap. XIV : « Paul Doumer ou la vertu romaine (13 juin 1931-6 mai 1932) », p. 260.

62. É. Lynch, « L'agrarisme dans les proclamations électorales de l'entre-deux-guerres : contributions à la définition d'une culture politique républicaine », *op. cit.*, « Les vertus de la terre », p. 196.

63. P. Barral, *Les agrariens français : de Méline à Pisani*, *op. cit.* ; et « Les aspects régionaux de l'agrarisme français avant 1930 », *Le Mouvement social*, 1969.

64. ADC, 121 PER 1932, « Monsieur Paul Doumer au salon des peintres de montagne », *Auvergne littéraire, artistique et historique*, n° 62, mars-avril 1932, p. 59-60.

Au soir de sa vie, Paul Doumer descend chaque été en train à Aurillac. Comme un étudiant en vacances, sans préparation, il passe quelques heures avec ses amis auvergnats, dont il est prompt à louer les vertus[65]. Ceux-ci demeurent émerveillés et confondus par le nombre de lettres manuscrites qu'ils reçoivent de Paul Doumer, devenu un des grands hommes d'État de la République, qui s'occupe, sans effort apparent, de leurs besoins. Et surtout sans mandat de représentation officiel.

L'apparente « figure de second plan »[66] de Paul Doumer sera-t-elle préférée à celle d'Aristide Briand, un des chefs politiques les plus en vue au début des années 1930 ? Si la tradition veut que le président du Sénat soit toujours le candidat le mieux placé dans la course présidentielle, il est toutefois indispensable que le président candidat puisse compter sur la quasi-unanimité des voix sénatoriales. Le Sénat de 1931 est un cercle magnifique, rutilant de dorures, où les élus terminent leur carrière politique en ne travaillant pas beaucoup (deux petites séances par semaine), en menant leurs électeurs se réconforter à la buvette, admirablement servis, ou en faisant visiter les couloirs rouge et or du palais de Marie de Médicis tout embaumés des senteurs d'une incomparable eau de Cologne maison[67]. Les sénateurs aiment que le président du Conseil, les ministres et naturellement le président du Sénat consentent à venir perdre leur temps, dans la salle des conférences, à des bavardages sans fin. Détestant « faire les couloirs », Paul Doumer accepte néanmoins de désormais traverser plus fréquemment la cour du Luxembourg et d'escalader en quelques bonds le grand escalier conduisant à cette salle. Il consent aussi, dans ses oraisons funèbres, à décerner plus d'éloges à ses collègues disparus... Finalement, à force de contacts aussi patients qu'intéressés avec les vieux sénateurs, la quasi-totalité du Sénat marche aux urnes de Versailles uni comme un seul homme derrière son président.

Qu'en est-il au Palais-Bourbon ? Par contraste, la majorité radicale et socialiste de la Chambre des députés n'a aucune sympathie particulière à l'endroit de Paul Doumer. Celui-ci en effet a toujours affiché une complète indifférence à l'égard des partis, dont il s'est révélé en permanence incapable d'accepter les impératifs. Les députés républicains, rancuniers, n'ont pas oublié son insubordination. Pour engager les députés catholiques à voter pour Aristide Briand au Congrès de Versailles, on leur dit, en outre, que Paul Doumer, qui n'a pas été baptisé, est athée ; et que, s'il est élu et vient à mourir durant son septennat, le spectacle d'« obsèques civiles » à l'Élysée serait inenvisageable. Cette campagne ayant été connue du candidat, celui-ci est contraint de s'empresser, pour en montrer la fausseté, de faire circuler parmi les parlementaires bien pensants son acte de baptême, délivré le jour de

65. P. Bastid, député du Cantal, président de la commission des Affaires étrangères de la Chambre des députés, « Paul Doumer », *Revue politique et parlementaire*, *op. cit.*, p. 507.

66. N. Roussellier, « Paul Doumer », *in* J.-F. Sirinelli, *Dictionnaire historique de la vie politique française au XXe siècle*, Paris, PUF, 1995, p. 304.

67. Fonds A. Doumer, G. Huisman, *À l'Élysée avec le président Paul Doumer (1931-1932)*, texte inédit, 1948, p. 65.

sa naissance le 23 mars 1857 par l'évêché de Saint-Flour (Cantal)[68]. Il doit même prendre envers eux l'engagement suivant :

> « Si, étant président de la République, un malheur m'arrivait, j'affirme sur l'honneur qu'on trouverait dans mes papiers un testament dans lequel je réclame le concours du clergé. »[69]

On peut aussi se demander si l'élément maçonnique important du Parlement n'obéit pas à un réflexe de conservation à la crainte de « l'aventure briandiste ». Le choix de Paul Doumer, comme avant lui, de Gaston Doumergue, rentre bien, semble-t-il, dans cette perspective sans qu'il soit possible de davantage mesurer le poids de cet élément.

On dit de Paul Doumer avec ironie :

> « Il se présente à la présidence de la République tous les vingt-cinq ans et est élu une fois sur deux. »[70]

On dit aussi que son élection a été faite d'avance par l'agence Havas, *Le Matin*, *Le Journal*, *Le Temps*, *L'Intransigeant*, la *Revue parlementaire et politique* et quelques grandes banques, tous organismes dont les intérêts sont enchaînés[71]. La veille de l'élection présidentielle, Paul Doumer tient à assister personnellement aux obsèques à Boulogne de l'explorateur Guillaume Capus, auquel il a jadis confié en Indochine la direction de l'Agriculture[72]. Signal opportunément envoyé au lobby colonial ?

5. Le 13 mai 1931, jour d'élection à Versailles

Le 13 mai 1931, le Congrès se réunit à Versailles au milieu d'un déploiement de forces inusité : 5 000 fantassins, 1 200 cavaliers, des voitures de pompiers. Les Parisiennes tiennent à être à Versailles ce jour-là. C'est une magnifique première au milieu d'une assistance mondaine et cosmopolite. Anna de Noailles, Joséphine Baker, Madame Citroën pavoisent. Au Trianon, le gilet de Sacha Guitry rivalise de blancheur avec l'hermine qui enveloppe Yvonne Printemps[73]. L'important est d'être vu. Les salons connaissent la cohue des grands jours. Leur atmosphère surchauffée est devenue comparable au va-et-vient d'une fourmilière. C'est, sous un chaud soleil, un avant-goût de Deauville[74]. N'en déplaise à Paul Doumer, qui, malgré lui, déchaîne les passions autour de lui. Arrivé tôt, ce dernier, impassible, déjeune dans le palais. Une foule noire, vibrante, agitée d'incessants remous,

---

68. Acte de baptême délivré par J. de la Vaissière, secrétaire général de l'évêché de Saint-Flour, registre de catholicité de Notre-Dame-aux-Neiges, année 1857, n° 24, 23 mars 1857, jour de la naissance de P. Doumer.
69. ADA, AD, archives privées, fonds A. Piette.
70. Colonel J. Rupied, *Élysée (1928-1934) : anecdotes et souvenirs*, *op. cit.*, p. 145.
71. BAN, H. de Golen, *Le président Doumer accuse… En marge de l'histoire*, *op. cit.*, p. 210.
72. BAN, H. Berr, *Commémoration du président Doumer après vingt ans*, *op. cit.*, p. 6.
73. *Le Petit Parisien*, 14 mai 1931.
74. A. Doumer, *Mon grand-père Paul Doumer*, *op. cit.*, p. 25.

envahit l'hémicycle. Les tribunes sont pleines à craquer. Les conversations se fondent en un murmure continu, ponctué par les exclamations et les rires. La voix de l'huissier, chargé d'appeler les noms des votants, parvient à le dominer au prix d'un extraordinaire effort. Tandis que le président du Sénat dépose sereinement le bulletin à son nom dans l'urne rituelle, les communistes et les socialistes hurlent :

> « À bas le satrape ! »[75]

Paul Doumer semble ne pas entendre. Au premier tour de scrutin, Aristide Briand n'obtient que 401 voix contre 442 à Paul Doumer. Jean Hennessy, jeune candidat de 57 ans, se désiste en faveur de Paul Doumer après n'avoir obtenu que 15 voix au premier tour, à peine plus que le candidat communiste Marcel Cachin (10 voix) et surtout bien peu étant donné le nombre de déjeuners qu'il a offerts dans le dessein d'être élu[76]. Aucun candidat n'ayant la majorité absolue, un second tour est nécessaire. Le ministre des Affaires étrangères s'est désisté. Paul Doumer est élu président de la République par 504 voix contre 334 à Marraud, candidat improvisé par ses adversaires [annexe IX p. 504; documents 37 et 41 p. 413 et 418]. Voilà vingt-cinq ans qu'il attend la couronne républicaine dont il a voulu trop ardemment être coiffé. À l'annonce de son élection, le vacarme est infernal. La sonnette présidentielle est impuissante à dominer le tumulte, devenu fou[77]. La droite et le centre applaudissent longuement, debout, le nouveau chef de l'État, soutenu par Louis Marin et l'Union républicaine démocratique, avant que la gauche n'entonne *L'Internationale*. L'état de fureur des vaincus est indescriptible. Anatole de Monzie lance :

> « C'est l'affaire Dreyfus qui recommence ! »[78]

Dans l'allocution qu'il prononce à Versailles, Fernand Rabier, vice-président du Sénat, président de la séance de l'Assemblée nationale du 13 mai 1931 ayant nommé Paul Doumer président de la République pour sept ans, dit à ce dernier :

> « Votre longue carrière, tout entière consacrée à la grandeur de la France, justifie hautement la confiance qui vous est accordée. »[79]

Fernand Rabier insiste ensuite sur trois points, vivement applaudis, expliquant, selon lui, le résultat du scrutin présidentiel :

> « Dans les conseils du gouvernement, vous avez toujours placé l'intérêt général au-dessus des intérêts individuels et des discussions de parti.
>
> Vous avez fait de l'Indochine, par votre labeur continu, votre esprit de décision, votre science de l'organisation, une des plus prospères de nos colonies.

75. *Ibid.*, p. 258.
76. G. Bonnet, *Vingt ans de vie politique (1918-1938), de Clemenceau à Daladier*, *op. cit.*, p. 137; F. Dubasque, *Jean Hennessy (1874-1944) : argent et réseaux au service d'une nouvelle république*, Rennes, PUR, 2008, p. 273-274.
77. C. Morice, « La séance du Congrès », *Le Petit Parisien*, 14 mai 1931.
78. *Ibid.*
79. CHAN, fonds de la présidence de la République, 1 AG 87, allocutions prononcées après l'élection présidentielle de P. Doumer le 13 mai 1931 à Versailles.

Quand éclata le grand drame de 1914, non seulement vous avez donné au pays le meilleur de vous-même, vous avez encore sacrifié vos admirables fils, modelés à votre exemple des vertus civiques et patriotiques. »[80]

Indépendance des partis ; succès du quinquennat indochinois (selon Paris) ; sacrifice patriotique des fils : cette équation est présentée par Fernand Rabier lui-même comme la clé de l'ascension finale de Paul Doumer en République.

6. « Candidat de la guerre » contre « candidat de la paix » ?

Quels sont les premiers mots de Paul Doumer, président de la République ? Répondant aux allocutions de Fernand Rabier, vice-président du Sénat, et Pierre Laval, président du Conseil, le président fraîchement élu insiste sur « le calme et la dignité qui conviennent à nos institutions »[81] [document 38 p. 414-415] :

« Mes chers présidents,
Je suis infiniment sensible à vos félicitations et je me réjouis que cette nouvelle consultation des représentants de la nation se soit déroulée dans le calme et la dignité qui conviennent à nos institutions, sans laisser aucune trace des divisions momentanées que comporte le jeu du régime démocratique, sans porter non plus atteinte à mes vieilles amitiés.
En remerciant le Parlement du grand honneur qu'il m'a fait, je crois être son interprète en déclarant que la France entend rester fidèle à la politique de paix qu'elle a suivie et que les Chambres ont toujours approuvée.
M'inspirant des exemples donnés par la lignée déjà longue de mes prédécesseurs et en particulier par celui de M. le président de la République Gaston Doumergue, qui a voulu abandonner à son heure la magistrature qu'il a occupée avec tant d'autorité, je m'efforcerai, en dehors et au-dessus des partis, de maintenir la paix intérieure et extérieure souhaitée par tous les Français. »[82]

Malgré cette exhortation, la proclamation des résultats donne lieu à quelques manifestations sans conséquences. Georges Mandel, soulagé, exulte :

« C'est la revanche de Clemenceau. »[83]

Léon Blum, de son côté, offre aux regards le visage d'un homme qui a manqué son coup[84]. Son expression est sinistre. Dans la galerie des Présidents, où il apprend son échec, on voit Aristide Briand s'asseoir un instant puis se ressaisir. Une sorte de pâleur verte envahit son visage. Il manque de s'évanouir[85]. Ses amis l'avaient convaincu de son succès. Avant de quitter Versailles, le vaincu tient à assurer au vainqueur que le résultat du scrutin n'entamera en rien leur vieille amitié, sincère ou feinte. En rentrant à Paris, le candidat malheureux lâche ce commentaire :

---

80. *Ibid.*
81. *Ibid.*
82. *Ibid.*
83. A. Philipp, « L'impromptu de Versailles », *Vu*, n° 166, 20 mai 1931, p. 7.
84. « La défaite de Briand », *Aux écoutes*, n° 678, numéro spécial, 16 mai 1931, p. 6.
85. *Ibid.*

« Mon entourage m'a fait faire une bêtise... »[86]

Aristide Briand aurait pu conclure sa longue carrière par l'élection à la présidence de la République. Mais, lorsque l'occasion se présente en mai 1931, il apparaît trop marqué par ses soutiens à gauche. La majorité de centre droit dominant le Sénat et la Chambre lui préfère ainsi le président du Sénat Paul Doumer. Aristide Briand l'aurait-il emporté s'il s'était décidé plus tôt ? Son échec n'en est pas moins dans la logique des élections présidentielles. En effet, alors que le chef de l'État doit symboliser la permanence des grands intérêts nationaux, sa politique étrangère, qui n'a pas fait l'unanimité, a agi comme un facteur de division de l'opinion française. Selon une partie de celle-ci, les déconvenues de l'Anschluss seraient en particulier dues aux faiblesses et aux reniements du ministre des Affaires étrangères. La droite lui est hostile et le Sénat reste inaccessible à son accent mystique, qu'illustre la formule célèbre :

« Tant que je serai là, il n'y aura pas de guerre. »[87]

Le Luxembourg n'admet pas d'installer cette politique à l'Élysée et de risquer de compromettre la présidence dans une éventuelle aventure. Aristide Briand, à la suite de son échec, songe d'abord à démissionner, mais son mouvement d'humeur est de courte durée. Il finit par se rendre aux instances qui lui sont faites et conserve son portefeuille dans le cabinet Laval que le nouveau président investit aussitôt, dès sa prise de possession de l'Élysée le 13 juin 1931. Touché dans ses œuvres vives et gravement abattu par son échec, l'homme de Genève ne se remettra toutefois jamais du coup qu'il vient de recevoir[88]. Si la pudeur de Paul Doumer lui interdit d'afficher tout signe extérieur de triomphe, son adversaire, lui, est accablé. Tenant le socialiste pour responsable de son écroulement, le vaincu déclare :

« Blum m'a tué. »[89]

Léon Blum accuse, de son côté, Édouard Herriot d'avoir fait échouer Aristide Briand à l'élection présidentielle[90]. Chacun cherche-t-il à se renvoyer la balle de la responsabilité de la défaite ? Cette accusation, fort peu vraisemblable sans preuve sérieuse, apparaît surtout comme une réaction de mauvaise humeur. Elle achève de dégrader les relations entre socialistes et radicaux. Briand, titubant et accablé, quitte la maison du roi par la galerie des Bustes. Jamais l'Européen n'a paru plus voûté. Gaston Doumergue, pour le consoler, lui dit que les « grands hommes d'État », citant les exemples de Jules Ferry, Pierre Waldeck-Rousseau, Paul Painlevé et Georges Clemenceau, ont rarement été présidents de la République, un rôle fina-

86. A. Dansette, *Histoire des présidents de la République, de Louis-Napoléon Bonaparte à Georges Pompidou*, *op. cit.*, p. 261.
87. C. Bellon, *Briand l'Européen*, Paris, La Documentation française, 2009, chap. VI : « Le « pèlerin de la paix » (1918-1932) », p. 85-102.
88. P. Miquel, *La Troisième République*, *op. cit.*, p. 652.
89. « La défaite de Briand », *Aux écoutes*, n° 678, numéro spécial, 16 mai 1931, p. 9.
90. S. Berstein, *Léon Blum*, *op. cit.*, p. 325.

lement symbolique[91]. Paul Doumer apprécie au passage la remarque de son prédécesseur... En parvenant à l'émouvoir, Gaston Doumergue réussit en tout cas à convaincre Aristide Briand de ne pas démissionner. Après avoir été fêté, applaudi et aimé par le monde entier, le « pèlerin de la paix » quitte le ministère des Affaires étrangères le 12 janvier 1932 à l'occasion de la mort de son collègue André Maginot cinq jours plus tôt[92]. Il se retire à Cocherel au bord de l'Eure au milieu d'une indifférence ingrate. « L'enchanteur » décède quelques mois plus tard, le 7 mars 1932, tristement, presque en exil[93]. Paul Doumer assiste avec la IIIe République réunie au grand complet à ses obsèques nationales le 12 mars 1932 [photographie 46 p. 469].

Quel est le sens profond du 13 mai 1931 ? Ce qui est signifiant, pour les contemporains, n'est pas tant l'élection de Paul Doumer que l'échec d'Aristide Briand, dont la disparition, quelques mois après son échec à la présidentielle, a valeur de symbole. S'agit-il d'une défaite du « candidat de la paix » contre celui de l'affrontement, autrement dit « de la guerre » ? Simpliste, binaire, l'opposition est tentante. Si Paul Doumer est élu, prédisent ses adversaires, ce sera assurément la guerre. Pourquoi ce pronostic ? Le contexte international de 1931 a de quoi inquiéter. Survenant alors que s'écroulent des pans entiers du traité de Versailles ; que le président américain Hoover prépare un moratoire général des dettes intergouvernementales enterrant les réparations (signé le 20 juin 1931) ; alors que la réconciliation franco-allemande est en berne ; que la Société des nations voit ternir son éclat ; alors que la crise, partie des États-Unis, déferle sur l'Europe ; que la livre sterling, colonne de la société capitaliste, est à la veille de subir une forte dévaluation ; que les principes du libéralisme sont âprement remis en question ; que partout les nationalismes s'exaspèrent ; que le nazisme se fait menaçant ; qu'enfin, sous la direction de Staline, la Russie communiste s'organise et se redresse, cet échec d'Aristide Briand matérialise la fin d'un cycle, l'évanouissement d'illusions dont la majorité des Français se bercent depuis l'armistice[94]. L'échec d'Aristide Briand, c'est ainsi la disparition du prophète de l'Europe unie et l'effacement de l'initiateur des accords de Locarno, qui, conclus le 16 octobre 1925, ont inauguré une détente franco-allemande, en l'occurrence bien éphémère.

Paul Doumer élu, tous les grands quotidiens publient les passages les plus saillants de son *Livre de mes fils*, qu'on s'arrache. Ses grands principes, sa vertu sont encensés. Comment le 13 mai 1931 est-il reçu hors de France ? Les rédactions étrangères hésitent sur l'interprétation à donner à l'élection de Paul Doumer. L'issue du scrutin surprend outre-Rhin, où l'on tenait pour certaine l'élection

---

91. J. Rives, *Gaston Doumergue : du modèle républicain au sauveur suprême*, *op. cit.*, p. 246.

92. G. Candar, « Aristide Briand », *in* V. Duclert *et al.* (dir.), *Dictionnaire critique de la République*, *op. cit.*, p. 1162.

93. É. Julia, « La mort de l'enchanteur », *Le Temps*, 10 mars 1932, rééd. *in* É. Julia, *Papiers (1895-1933)*, préface de P. Valéry, Paris, Le Temps, 1936, p. 219-222.

94. J. Chastenet, *Histoire de la Troisième République (1870-1940)*, t. V, « Les années d'illusion (1918-1931) », Paris, Hachette, 1960, p. 210.

d'Aristide Briand, tout comme en 1920, Georges Clemenceau, une des figures les plus notables de la guerre alors au zénith de sa réputation, fut vaincu par Paul Deschanel, un adversaire relativement peu connu. Représentant typique de ce « radicalisme national du Sénat » entretenant, dans l'après-guerre, « le patriotisme voire le chauvinisme de la bourgeoisie française d'avant-guerre » selon la *Gazette de Cologne*[95], Paul Doumer — plutôt qu'Aristide Briand — annonce pour les Allemands des divergences de vues qui ne seront pas particulièrement faciles à atténuer. Le *Reinisch Westfaelische Zeitung*, journal de la grosse industrie allemande, titre sans ambages :

« Nous n'avons aucune raison de voir en Doumer un ami de l'Allemagne. »[96]

La paix sort-elle raffermie de la décision prise Versailles le 13 mai 1931 ? Les douméristes pensent que désormais l'Allemagne ne pourra plus impunément violer le traité de Versailles. Pour eux, le 13 mai 1931 neutralise les saboteurs de la victoire, autrement dit les briandistes[97].

95. PPP, EA148(1), « L'hommage de l'étranger », *in* « Paul Doumer (1857-1932), sa vie, sa mort, ses obsèques nationales », *L'Illustration*, hors-série mai 1932.

96. *Ibid*.

97. « La défaite de Briand », *Aux écoutes*, n° 678, numéro spécial, 16 mai 1931, p. 17.

Chapitre XI
L'acmé d'une vie : l'Élysée, sans plastronner 1931-1932

La magistrature suprême est relativement dépourvue de pouvoirs effectifs sous la IIIe République. « Je suis la reine d'Angleterre », disait avec autodérision le président Félix Faure à Raymond Poincaré[1]. Pour autant, le rôle personnel du chef de l'État dépend beaucoup, finalement, de l'autorité morale qu'il possède à son arrivée à l'Élysée. Quels sont les premiers actes de Paul Doumer, fin connaisseur des traditions républicaines et des grandes questions d'intérêt général, en ses fonctions de président de la République ? Le lendemain de l'élection, dans les premières heures du 14 mai 1931, Paul Doumer se rend sur la tombe de ses fils au cimetière de Vaugirard[2]. Le rêve perlé de sa vie se réalise-t-il le 13 mai 1931 ? Le président semble avoir une obscure prescience du sort qui le guette. Rentrant de Versailles alors qu'il vient d'être élu et que les escadrons de la Garde républicaine galopent autour de sa voiture, Paul Doumer se penche vers l'un de ses collaborateurs et lui murmure :

> « Je ne verrai pas la fin de mon septennat. Je serai assassiné. »[3]

De retour de Versailles, où le Parlement réuni en Congrès l'a élu président de la République, Paul Doumer est accueilli avec anxiété par Blanche, qui a préparé un pâté d'alouette, le plat préféré de son mari devenu président. Blanche Doumer a confié quelques jours plus tôt à ses amis bourbonnais :

> « Pourvu que mon mari ne soit pas élu ! »[4]

Son vœu sera malheureusement contrarié. Elle soupire tout de même :

> « Un beau parcours… Je l'ai bien suivi en Indochine, je le suivrai encore jusque-là ! »[5]

Blanche Doumer, qui a pour son mari une foi de charbonnier, est à la fois inquiète et terrifiée à l'idée de l'emprisonnement qui la guette. Petite femme

1. Lettre de R. Poincaré au *Temps*, 9 août 1920.
2. A. Doumer, *Mon grand-père Paul Doumer*, *op. cit.*, p. 34.
3. *Ibid.*, p. 32.
4. BNF, G. Boppe, « Paul Doumer à Bourbon-l'Archambault », *op. cit.*, p. 19.
5. *Ibid.*, p. 30.

« fagotée comme l'as de pique » et ne portant jamais un bijou, la toujours triste première dame sera la risée des élégantes parisiennes[6]. La mine grave, Paul Doumer retrouve les siens sans plastronner. Nul « enfin » dans sa bouche. Pas d'explosion de joie non plus. Doumer vient pourtant de gagner sa guerre. Est-il heureux ? Fier ? Des colifichets du pouvoir, des gracieusetés de cour, il n'a cure. Considérée par lui comme un aboutissement naturel, son élection à la présidence de la République est à peine fêtée en famille[7]. Le chef s'y est préparé et ne semble tirer aucune joie particulière de l'événement [photographie 33 p. 463]. Affichant une mine grave [document 39 p. 416], le nouveau président est bien plutôt inquiet, à combien juste titre, de la situation de la France en ce début des années 1930, tant interne qu'internationale. Paul Doumer change-t-il de mode de vie une fois élu président de la République ? Un de ses petits-enfants se réjouit :

> « Maintenant, grand-père, tu vas changer notre vieille automobile ? »[8]

Le grand-père répond à son petit-fils :

> « Mais pas du tout ! Cette vieille auto nous suffisait bien : elle continuera ! »[9]

Félicité par ses anciens collègues de la maison Robineau après son élection à l'Élysée, l'ancien apprenti, devenu président de la République, leur répond le 26 mai 1931 [document 40 p. 417]. Il leur rend quelques jours plus tard une visite particulièrement émouvante rue de Turenne devant les habitants réunis au grand complet[10]. Il tient à franchir jusqu'à la cour les chasse-roues en pierre destinés à faciliter l'entrée des charrettes, comme pour mieux mesurer le chemin accompli depuis son apprentissage ouvrier.

1. Cinq treize de mauvais augure...

Précédant Georges Pompidou, cantalien, et Valéry Giscard d'Estaing, originaire du Puy-de-Dôme, Paul Doumer inaugure sans le savoir une lignée de trois présidents auvergnats de la République. La série est suffisante pour établir la légende d'une Auvergne où il y aurait, selon Alexandre Vialatte, « plus de montées que de descentes »[11], ce qui formerait efficacement le caractère d'un homme ; et d'une terre proprement gauloise, produit, au cœur de la France, « des présidents de la République, des fromages et des volcans »[12]. Élu à la présidence de la République à l'âge de soixante-quatorze ans, Paul Doumer devient le président le plus âgé que les Français élisent depuis la réélection de Jules Grévy le 28 décembre 1885. Ce dernier est alors âgé de soixante-dix-neuf ans. Entre les deux, des présidents beaucoup plus jeunes se sont succédés à l'Élysée : quadragénaires (Jean Casimir-Perier),

6. V. Adam de Villiers, *Paul Doumer parle*, *op. cit.*, p. 3.
7. J.-P. Doumer, entretien avec l'auteur, 11 février 2008.
8. L. Pasquier-Doumer, entretien avec l'auteur, 31 mai 2005.
9. *Ibid.*
10. *Ibid.*
11. A. Vialatte, *L'Auvergne absolue*, Paris, Julliard, rééd. 1983, p. 9.
12. *Ibid.*

quinquagénaires (Sadi Carnot, Félix Faure, Raymond Poincaré) et sexagénaires (Émile Loubet, Armand Fallières, Paul Deschanel, Alexandre Millerand, Gaston Doumergue).

Paul Doumer est élu à la présidence de la République le 13 mai 1931 au cours de la treizième législature. Le résultat du scrutin est annoncé à 13 heures. Le président prend officiellement ses fonctions le 13 juin et devient le treizième président de la IIIe République française. Est-il superstitieux ? La conjonction de ces cinq treize lui fait tenir des propos prémonitoires :

> « Avec des chiffres pareils, je ne peux être qu'assassiné ! »[13]

L'Élysée accueille un ascète, jamais malade : « l'homme de sa fonction »[14], note-t-on. Avant d'ajouter que « les peuples n'ont que les représentants qu'ils méritent »[15]. Paul Doumer succédant à Gaston Doumergue, un humoriste pronostique qu'à ce train-là, si une syllabe est perdue à chaque élection, le président suivant s'appellera « Monsieur Dou »[16]. Les chansonniers prolongent : « Puis nous n'aurons plus rien du tout ! »[17]. Le septennat de Paul Doumer commence ainsi par une boutade. Toutefois le nouveau président conserve sur son visage le masque de la douleur. On dit que l'ombre de sa longue moustache sur sa longue barbe lui permettrait de n'extérioriser ni ses souffrances ni ses joies. On dit encore que « les pommettes si spéciales qu'il a ramenées d'Indochine »[18] et ses « paupières asiatiques »[19] lui permettent d'avoir le même regard invariable et serein, jusqu'à lui donner « une vague et subtile ressemblance de bonze annamite »[20]...

La Corse, qu'il représente au Sénat depuis vingt ans, est fière de son avènement à la magistrature suprême de la République[21]. La presse insulaire salue l'événement[22]. *Bastia-Journal* titre « Vive Doumer ! » à la une de son édition du 17 mai 1931 :

> « Pour nous, Français de Corse qui, trois fois au Sénat, envoyâmes Doumer à l'Élysée, c'est un pur symbole plus encore qu'un homme : c'est le peuple qui monte dans l'ordre et le travail, c'est aussi le peuple qui consent à mourir, c'est la famille française qui, quatre fois présente, dans le bruit du canon, à l'appel de la mort, se trouve encore debout pour servir dans la paix. »[23]

---

13. L. Pasquier-Doumer, entretien avec l'auteur, 31 mai 2005.
14. ADCS, 38 PER 94, *Bastia-Journal*, 8 mai 1932.
15. *Ibid.*
16. J. de Rovera, *Comedia*, 13 mai 1931, p. 5.
17. D. Frémy, *Quid des présidents de la République*, Paris, Robert Laffont, 1981, rééd. 1987, p. 356.
18. E. Wellhoff, « Doumer le conciliateur », *Vu*, no 217, 11 mai 1932, p. 8.
19. S. Ratel, « Chez le président de la République : les dernières journées de M. Doumer », *Vu*, no 217, 11 mai 1932, p. 30.
20. *Ibid.*
21. *Ibid.*, 14 mai 1931.
22. S. Florence, « En 1931, Paul Doumer, sénateur de Corse, est élu président de la République », *La Corse*, 28 avril 1997.
23. *Ibid.*, 17 mai 1931.

La Corse, qui a donné un empereur à la France, se targue de lui avoir donné un deuxième chef d'État avec Paul Doumer, escorté de « quatre ombres glorieuses, déléguées par 150 000 autres »[24].

Le nouveau président regagne Paris en voiture de gala, une rutilante « 40 chevaux » découverte envoyée pour la circonstance à Versailles par un grand constructeur automobile[25]. Débouchant à 22 heures avenue Foch, le cortège présidentiel passe place de l'Étoile et contourne l'Arc de Triomphe éclairé par des projecteurs. La voiture présidentielle ralentit. Paul Doumer salue d'un geste large le tombeau du Soldat inconnu[26]. Jusqu'au 13 juin 1931, date à laquelle le président prendra officiellement ses fonctions, le Palais du Luxembourg est le centre d'une grande agitation. Des visiteurs innombrables encombrent ses antichambres et ses salons. Pour féliciter puis pour solliciter. Des gerbes de fleurs sans cesse renouvelées font du Palais une serre. Un courrier volumineux, venant des quatre coins de France, des colonies et de tous les points du monde, occupe les secrétaires débordés. On doit même demander du renfort à l'Élysée[27].

Qui trouve-t-on auprès de Paul Doumer à l'Élysée ? Brillant conseiller au statut de quasi-sherpa, Édouard Julia sera remercié par Paul Doumer de sa fidélité : ce dernier, parvenu à l'Élysée, cherchera en effet à le placer à la direction-générale du *Temps*, vacante à la suite de la mort subite de Louis Mill, en recommandant vivement sa candidature auprès de son ami François de Wendel, propriétaire du journal[28]. En vain toutefois. Pourtant, l'influence de Paul Doumer n'est, en général, pas inutile à ses collaborateurs. Elle leur permet de gravir rapidement les échelons de l'avancement dans les administrations d'État[29]. Récompensé de son parcours en doumérie, Georges Huisman est nommé officier de la Légion d'honneur en 1907 à l'âge de quarante-trois ans. Sachant tirer profit de la très grande amitié qui unissait Paul Doumer à Jules Jeanneney, Georges Huisman est directeur du cabinet de ce dernier à la présidence du Sénat (1932-1942), avant d'être nommé en 1934 directeur général des Beaux-Arts[30]. Il termine sa carrière bien remplie au Conseil d'État[31]. Proche collaborateur de Paul Doumer, Maurice Colrat fait également, de son côté, une belle carrière politique bien que brève après avoir quitté la direction

---

24. *Ibid.*

25. D. Frémy, *Quid des présidents de la République*, *op. cit.*, p. 356.

26. C. Morice, « Le retour à Paris », *Le Petit Parisien*, 14 mai 1931.

27. Colonel J. Rupied, *Élysée (1928-1934) : anecdotes et souvenirs*, *op. cit.*, p. 133.

28. J.-N. Jeanneney, *François de Wendel en République : l'argent et le pouvoir (1914-1940)*, *op. cit.*, p. 460-461.

29. A. Lorin, « Les entourages politiques des présidents d'assemblée sous la IIIe République : Paul Doumer, président de la Chambre des députés (1905-1906) puis président du Sénat (1927-1931) », *op. cit.*

30. A. Lorin, « Pouvoir politique et hauts fonctionnaires de l'art dans les années 1930 : Georges Huisman (1889-1957), une personnalité de l'art formée dans l'entourage politique de Paul Doumer », proposition de communication, séminaire « Arts et sociétés » (L. Bertrand Dorléac), Centre d'histoire de Sciences Po.

31. G. Le Béguec, « Les entourages du chef de l'État sous la IIIe et la IVe Républiques », *Histoire @politique*, n° 8, mai-août 2009, p. 5.

de *L'Opinion* en 1918 : député de Seine-et-Oise (1919-1928), sous-secrétaire d'État (Intérieur puis présidence du Conseil, 1921-1922), ministre de la Justice (1922-1924, 1928), il perd son siège en 1928 et se consacre alors au journalisme (*Le Temps*, *Le Petit Journal*).

Le choix des sujets abordés par le président Doumer dans ses premiers discours est instructif. Habit brodé et rebrodé d'or, bicorne à plumes blanches, Pierre de Fourquières, chef du protocole, salue le président gravissant les marches du perron d'honneur de l'Élysée entre une double de haie de gardes. Dans le salon de la Rotonde, le grand chancelier Dubail passe au président Doumer le ruban de Grand-Croix de la Légion d'honneur[32]. Dans son discours, Gaston Doumergue, le président sortant, loue le patriotisme, le caractère et le labeur acharné de son successeur. Dans sa réponse courtoise mais ferme, Paul Doumer, le président entrant, surprend l'assemblée en raillant de nouveau « les crises politiques qui tiennent aux rivalités des partis »[33]. Parole de mépris ? Revanche sur les difficultés qui lui ont été faites ? Invoquant « la suprême légalité républicaine »[34], Paul Doumer ne manque pas une occasion, y compris ce jour-là, d'exprimer son aversion des pratiques partisanes dont il a souffert et dont il semble avoir triomphé. Car, pour lui, il y a deux façons de faire de la politique, sur les cimes et dans le caniveau (des partis). Arbitre impartial, le président se réjouit d'avoir l'autorité qui va lui donner le moyen, pense-t-il, de rétablir en France la collaboration des partis.

2. La dimension méritocratique du modèle républicain

Le même jour, le nouveau président est reçu solennellement à l'hôtel de ville de Paris [photographie 34 p. 463]. Cette tradition a été instituée le 18 février 1913 pour Raymond Poincaré[35]. Salué par Jean de Castellane, président du conseil municipal de Paris, comme « un parangon des qualités françaises et des vertus républicaines », Paul Doumer revient sur son parcours dans un discours très émouvant[36]. Tel un bon élève, il exprime sa reconnaissance envers l'école, gardant le souvenir le plus vif de son école communale de la rue Ramey, où il est revenu maintes fois au cours de sa carrière. Avant la guerre, il en a même été nommé président de l'association des anciens élèves[37] :

32. *Ibid.*, p. 138.

33. CHAN, 1 AG 87, remise des pouvoirs présidentiels, discours du président rentrant, 13 juin 1931.

34. *Ibid.*

35. PPP, EA148(1), « M. Paul Doumer, treizième président de la République, a été reçu à l'hôtel de ville le samedi 13 juin 1931 », *La Cité*, n° 243, 19 juin 1931.

36. *Ibid.*

37. PPP, EA148(1), P.-É. Cadilhac, « L'enfance et la jeunesse exemplaires de Paul Doumer », *in* « Paul Doumer (1857-1932), sa vie, sa mort, ses obsèques nationales », *L'Illustration*, hors-série mai 1932.

« J'ai eu les livres pour premiers professeurs. Tout en travaillant de mes mains, j'ai fréquenté la Sorbonne, le Collège de France, le populaire mais savant Conservatoire des Arts et Métiers. »[38]

Quittant l'hôtel de ville à 18 heures 30, le président s'avance sur la tombe du Soldat inconnu. Geste personnel, en dehors du programme. Le chef de l'État se recueille un instant. Paul Doumer, président de la République, dont quatre fils sont morts au front, ranimera la flamme du souvenir sous l'Arc de Triomphe le 11 novembre 1931 aux côtés du général Gouraud, gouverneur militaire de Paris, et de Pierre-Étienne Flandin, ministre des Finances [photographie 41 p. 467]. « Au nom de toutes les mères françaises », Blanche la discrète tient également le 11 novembre 1931 à raviver la flamme du Soldat inconnu aux côtés de son mari président de la République[39]. Son geste bouleverse la France entière.

Le président explique lui-même son ascension par l'éducation et le diplôme. Un message du président Doumer est lu aux Chambres, par Pierre Laval, président du Conseil, le 17 juin 1931 à la Chambre des députés et par Léon Bérard, garde des Sceaux, ministre de la Justice, le même jour au Sénat. Dans ce message dense, reproduit presque intégralement dans l'édition du *Temps* du 17 juin 1931, Paul Doumer livre son credo politique :

« Depuis que j'ai atteint l'âge d'homme, je m'efforce de servir notre pays, la nation et l'État, de toute mon âme, ne mettant rien au-dessus de l'intérêt public et du bien de la patrie. Aujourd'hui tenu de rester en dehors de la lutte des partis et des groupes, je demeurerai leur arbitre impartial. »[40]

Insistant sur la dimension méritocratique du modèle républicain, dont il offre lui-même un des meilleurs exemples vivants, Paul Doumer poursuit :

« L'instruction libéralement dispensée doit permettre aux travailleurs sans distinction de gravir l'échelle sociale suivant leurs mérites et leurs aptitudes. La démocratie n'admet ni privilèges ni castes. Elle a le devoir d'assurer à tous les citoyens une égale liberté. »[41]

Pour Paul Doumer, l'idéal méritocratique doit être couplé avec un souci de démocratisation des élites (la fin des notables) et combattre la formation d'une aristocratie nouvelle sous la forme, par exemple, d'une caste administrative[42].

La plupart des chefs d'État accomplissent leur premier déplacement, officiel ou officieux, dans une terre dont ils sont originaires, par la naissance ou l'élection[43]. Cette visite « chez soi » est devenue une véritable tradition, une sorte de passage

38. CHAN, 1 AG 87, discours de P. Doumer, président de la République, à l'occasion de sa réception solennelle à l'hôtel de ville de Paris, 13 juin 1931.

39. « Les obsèques de Mme Paul Doumer », *Le Matin*, 8 avril 1933.

40. CHAN, 1 AG 90, message du président Doumer aux Chambres, 17 juin 1931.

41. *Ibid.*

42. H. Carnot, *D'une école d'administration*, Versailles, Aubert, 1878, p. 37 ; C. Charle, *Les élites de la République (1880-1900)*, *op. cit.*, « Naissance de la méritocratie », p. 42-60.

43. N. Mariot, *C'est en marchant qu'on devient président : la République et ses chefs de l'État (1848-2007)*, Paris, Aux lieux d'être, 2007, « Devenir président : retours et détours par chez soi », p. 112-141.

obligé succédant à l'investiture à la magistrature suprême, à la manière d'un pèlerinage[44]. L'objectif est de montrer que l'élection n'a pas changé le président, qu'il saura rester proche et ne s'enfermer dans aucune tour d'ivoire. Temps fort de la mise en scène du pouvoir, la pratique du voyage présidentiel de reconnaissance républicaine en province se ritualise sous la IIIe République, devenant partie intégrante de la fonction même. Il s'agit en effet d'opérer une identification entre la République et son président[45]. Quelle destination choisit Paul Doumer pour son premier déplacement en qualité de président de la République ? C'est à Laon qu'il souhaite effectuer ce premier déplacement le dimanche 26 juillet 1931[46]. Antonin Magne remporte le vingt-cinquième tour de France ce jour-là. Voyage simple pour une destination proche : Paul Doumer ne se rend à Laon que pour prendre congé du conseil général de l'Aisne dont il est membre depuis... 1904. Le nouveau président de la République demande à s'arrêter à Anizy. Il y fleurit le monument aux morts sur lequel figure le nom de ses quatre fils[47] avec les trente-cinq autres « enfants d'Anizy morts pour la patrie » — les noms des fils Doumer sont ainsi inscrits sur deux monuments aux morts (Anizy et Laon) dans le même département —, puis dépose une rose sur les décombres de son ancienne maison[48]. À la préfecture de l'Aisne, le président est accueilli avec fierté et émotion par ses anciens collègues du conseil général. Les conseillers municipaux de Laon se joignent à la cérémonie. Quarante-quatre ans plus tôt, le président fut aussi des leurs. Reconnaissance du président pour les aînés qui l'ont formé et auto-retour en arrière sur un parcours dont il n'a pas oublié les étapes. Avant l'échange de chaleureux toasts, on remet au président un lourd bronze d'Alexandre Falguière, *Le char de Minerve*[49], en souvenir de sa longue carrière dans l'Aisne.

3. Philémon et Baucis

Le palais de l'Élysée, où s'installe le président Doumer, est une maison austère, plus solennelle qu'habitable. Conçu au XVIIIe siècle pour la villégiature, l'hôtel particulier, cerné de murs et de grilles, n'est pas fait pour le travail. Paul Doumer le déteste au moins autant qu'il l'a désiré. Le chauffage central n'existe pas encore dans toutes les pièces du palais. Les moindres faits et gestes du président y sont régis selon une étiquette surannée, que chaque président depuis Adolphe Thiers a acceptée sans penser à l'assouplir. Or elle exaspère Paul Doumer en lui faisant

---

44. R. Sanson, « La République en représentation : à propos des voyages en province des présidents de la IIIe République (1879-1914) », *in* C. Charles *et al.* (réunis et publiés par), *La France démocratique : mélanges offerts à Maurice Agulhon*, Paris, PUPS, 1998, p. 371-378.

45. *Ibid.*

46. CHAN, 1 AG 39 : maison civile, voyages officiels du président de la République en France et à l'étranger (1896-1940).

47. Visite à Anizy-le-Château, 11 novembre 2010.

48. ADA, AD, archives privées, fonds A. Piette.

49. E. Schwartz, *Les sculptures de l'École des Beaux-Arts de Paris : histoire, doctrines, catalogue*, Paris, ENSBA, 2003.

parfois penser à la rigueur de l'Escurial[50]. Avant-scène présidentielle à l'Opéra et au Français, concours du Conservatoire, Grands Prix de Longchamp et d'Auteuil, etc. : les invitations pleuvent mais sont systématiquement refusées par Doumer. La IIIe République lui offre tout mais joyeusement, il n'accepte rien.

À quoi ressemble une journée de travail de Paul Doumer à l'Élysée ? Le palais dort encore lorsque le président se met tous les matins à sa table de travail, vers cinq heures, à pas feutrés. Il tient à ouvrir lui-même les volets de son cabinet au rez-de-chaussée. Un garde municipal couchant chaque nuit au bas de l'escalier qui conduit aux appartements présidentiels, un coup de sonnette suffirait pourtant pour que le militaire de service mette le cabinet officiel en état. Mais le président a horreur de déranger qui que ce soit et sait se passer de serviteurs pour les tâches les plus humbles. Il est ravi d'être tranquille et seul dans la grande maison endormie pour s'occuper d'abord de son courrier. Car Paul Doumer répond immédiatement, très clairement, brièvement et de sa main, à toutes les lettres qu'il reçoit, ignorant, pour son courrier personnel, l'existence de la machine à écrire et calligraphiant, de sa belle écriture ferme et appliquée, enveloppes et feuillets. Ladite écriture, intrigante, sera en mai 1931 soumise à l'expertise de deux graphologues auxquels on fait dire ce que l'on souhaite[51]. Aux familiers qui lui reprochent doucement de consacrer trop de temps à cette besogne, Paul Doumer répond qu'il a toujours agi ainsi et qu'il est trop tard, à son âge, pour changer de méthode. Il envoie aimablement promener tous ses collaborateurs qui lui conseillent de dicter ses lettres. Il ajoute en riant qu'il prend plaisir à s'occuper ainsi de ses « paperasses »[52]. Il éprouve de fait un tel besoin de régularité dans le travail qu'il souffre qu'une réponse ne soit pas faite sur le champ au moindre papier. Aux huissiers qui se précipitent sur ses dossiers pour les porter, le président répond :

« Laissez donc, c'est le seul exercice qui me soit permis ! »[53]

Tous les matins jusqu'à sa dernière heure, le président s'assoit pieusement à sa table avec le lever du jour. Il est resté le petit écolier résolu qu'il a été. Dans la tranquillité matinale, Paul Doumer lit les documents parlementaires, les projets et propositions de lois déposés devant les Chambres, et tous les rapports budgétaires dont l'ancien ministre des Finances, l'ancien président des commissions des Finances de la Chambre des députés et du Sénat ne peut se passer. Dès qu'une question lui paraît d'importance, le président constitue, pour sa documentation personnelle, un dossier qu'il range soigneusement à portée de main[54]. Classés comme dans un bureau d'études, le nombre de ses dossiers va sans cesse croissant.

---

50. Fonds A. Doumer, G. Huisman, *À l'Élysée avec le président Paul Doumer (1931-1932)*, *op. cit.*, p. 66.
51. « Ce qu'on voit dans l'écriture de M. Doumer », *Vu*, n° 166, 20 mai 1931, p. 30.
52. G. Huisman, « Le président Paul Doumer au travail », *op. cit.*, p. 405.
53. G. Poisson, *L'histoire de l'Élysée : de Madame de Pompadour à Jacques Chirac*, Paris, Perrin, 1997, « Paul l'ascète », p. 208-210.
54. *Ibid.*

Entre sept et huit heures, le président remonte dans ses appartements privés, déjeune en tête à tête avec Blanche accablée par les douleurs familiales et qui, le cœur toujours en deuil, ne joue son rôle de première dame que pour faire plaisir à son mari. C'est un bon vieux ménage que la fortune a comblé, avec une égale indifférence, des honneurs les plus brillants et des malheurs les plus atroces. Les deux époux, soudés par le deuil de leur quatre fils et de leur fille, sont demeurés aussi près l'un de l'autre qu'au temps de leurs débuts lointains. Tendrement surnommés « Philémon et Baucis » — couple de vieillards phrygiens de la mythologie grecque transformés par Zeus en deux arbres mêlant leurs branches —, Blanche et Paul descendent le grand escalier à l'impériale de l'Élysée en se donnant le bras sous l'œil attendri des huissiers à chaîne et les lambris de la Pompadour. À un familier qui lui reproche de ne pas avoir installé son bureau dans la pièce la plus confortable de son appartement, le président répond en soupirant :

> « Ma femme a eu tellement de peine que tout ce qu'il y a de mieux ici doit être pour elle. »[55]

Le président veille sur la santé de Blanche, lui épargnant les fatigues inutiles. Stoïque *Mater Dolorosa*, l'héroïque Blanche Doumer a fait don de quatre de ses fils à la patrie. Une de ses filles est morte de chagrin d'avoir perdu ses frères. Blanche se révolte-t-elle devant tant d'injustice ? Est-elle prostrée devant le désastre en maudissant la guerre ? La mère porte en elle cinq plaies vives que ni les succès électoraux de son mari, ni le confort des palais de la République ne pourront jamais adoucir. « La mort (la donner, la subir) est le lot des hommes », écrit Françoise Thébaud; « le courage des femmes est de l'accepter comme autant de sentences fatales »[56]. Le déjeuner du dimanche rassemble à la table familiale les petits-enfants qui partent souvent, avec leur grand-mère, à quelque matinée théâtrale[57]. Quand ils peuvent s'échapper de leur prison dorée, les époux Doumer profitent d'une heure de soleil pour parcourir ensemble les allées du bois de Boulogne ou du parc de Saint-Cloud sans que personne ne vienne troubler leur conversation. Ce besoin total de demeurer librement un mari, un père, un grand-père, pousse Paul Doumer à quitter l'Élysée incognito pour aller déjeuner seul chez quelques amis intimes, sans que nul fonctionnaire de la Sûreté, attaché à sa personne, ne soit prévenu. Le président est ainsi vu dans un café de la Madeleine au grand étonnement des badauds pensant à juste titre le reconnaître[58]. Il brûle la politesse à son escorte, marche ou circule seul en automobile à travers Paris, surpris que tous les passants se retournent [photographie 45 p. 469]. En août 1931, le président quitte Rambouillet sans l'autorisation de personne pour aller voir sa fille Germaine à Cosne-sur-Loire, loin de son empyrée élyséen, avant de pousser jusqu'en Auvergne[59]. Quand à son retour, on lui reproche

55. BAN, H. Berr, *Commémoration du président Doumer après vingt ans*, *op. cit.*, p. 21.
56. F. Thébaud, « La guerre et le deuil chez les femmes françaises », *in* J.-J. Becker *et al.* (dir.), *Guerre et cultures (1914-1918)*, Paris, Armand Colin, 1994, p. 106.
57. L. Pasquier-Doumer, entretien avec l'auteur, 31 mai 2005.
58. V. Adam de Villiers, *Paul Doumer parle*, *op. cit.*, p. 2.
59. Colonel J. Rupied, *Élysée (1928-1934) : anecdotes et souvenirs*, *op. cit.*, p. 156.

respectueusement ses infractions au protocole établi, Paul Doumer riposte en riant que toute surveillance est inutile, qu'aucun attentat ne doit être redouté. Par une ironie du destin, il doit périr en pleine foule au milieu de ceux-là même qui ont pour mission de veiller sur sa sécurité. Le président conclut en riant :

« Je recommencerai. »[60]

Le président commence sa journée officielle dans son cabinet vers neuf heures, heure à laquelle ses collaborateurs arrivent. Les dossiers, annotés de la main du président, sont en ordre sur la table. La moitié du travail a déjà été expédiée. Paul Doumer reçoit tour à tour chacun de ses collaborateurs, accueillis avec autant de courtoisie et de prévenances que s'il eût retrouvé de vieux amis après une longue absence. Il se plaît aussi à entrer à l'improviste, souvent et familièrement, dans leurs bureaux. Se souvenant qu'il a commencé tout en bas de l'échelle sociale, le président est d'une amabilité extrême avec les huissiers, les valets de chambre, les chauffeurs. Il a pour ses serviteurs des pensées touchantes. Il fait ainsi acheter (de ses deniers, naturellement) des cols d'astrakan pour les chauffeurs des voitures, redoutant qu'ils ne prennent froid en le conduisant l'hiver à Rambouillet[61]. Quand il accepte de monter en voiture, il s'assied à côté du chauffeur, n'aimant pas être à l'arrière. Le vieil homme, se retournant sur son propre parcours, est-il déboussolé ? À l'Élysée, Paul Doumer demeure exactement l'homme qu'il a été durant toute sa carrière : ni les pompes officielles ni les servitudes protocolaires ne modifient son tempérament simple. Que signifie cette permanence ? Parvenu par ses mérites à gravir tous les échelons des honorariats républicains, Paul Doumer se refuse à admettre que le chef de l'État soit condamné à une vie différente de celle de ses concitoyens. Auprès des officiers de sa maison militaire qui, suivant la règle, l'escortent jusqu'à sa voiture et l'accompagnent dans la plupart de ses sorties, il s'excuse presque chaque jour de leur imposer un surcroît d'occupations[62]. L'ancien apprenti graveur conserve toute sa sollicitude pour les travailleurs et pour les humbles. Il étudie souvent avec angoisse les statistiques du chômage et les indices sur le coût de la vie, souhaitant qu'on améliore, par tous les moyens, le sort des classes populaires, dont il a personnellement connu les misères.

On apporte les journaux au président, qu'il parcourt rapidement, se contentant de la revue de presse préparée chaque jour à l'aube par des fonctionnaires de la préfecture de police et remise à tous les membres du gouvernement. Il demande au secrétaire général :

« Pourquoi voulez-vous que je perde mon temps à lire les journaux ? Je sais mieux que leurs rédacteurs ce qui se passe en France et dans le monde ! »[63]

Les matinées se passent soit à présider le Conseil des ministres, soit à recevoir des personnalités importantes ou des délégations. Le président note soigneusement

60. *Ibid*.
61. BAN, H. Berr, *Commémoration du président Doumer après vingt ans*, *op. cit.*, p. 21.
62. G. Huisman, « Le président Paul Doumer au travail » *op. cit.*, p. 402.
63. *Ibid*.

chaque renseignement, chaque requête, et, en retour, remet une petite note à chacun de ses collaborateurs selon leurs attributions. Cinq jours sur sept, le président reçoit des personnalités françaises et étrangères dans la salle à manger Murat. Plus rarement, il peut déjeuner tranquillement dans sa salle à manger personnelle entre sa femme et quelques parents ou amis très intimes du couple présidentiel. Blanche, dont les deux sœurs Jeanne et Marthe sont hôtelières à Pléneuf-Val-André (Côtes d'Armor)[64], trouve bien imposant et solennel le service qui préside aux repas modestes du ménage et un peu ridicules, ce maître d'hôtel impeccable et ces valets de pied en livrée apportant, avec des façons de cardinaux en exercice, le potage du soir. Une ordonnance à la rigidité pesante. Le couple présidentiel regarde avec un intérêt amusé la présentation recherchée des plats tout en les renvoyant poliment en cuisine. Blanche aurait préféré, après une vie politique si bien remplie, une retraite plus modeste qui leur aurait permis de finir leur vie dans le calme et la paix. Elle a installé à côté de sa chambre un charmant petit coin salon dans lequel toute la famille se réfugie avec un soupir de soulagement[65].

4. Bien commander ses organes

Paul Doumer est absolument indifférent à la qualité des mets : il ne consomme pas de viande et se contente d'un petit pichet de thé froid à côté de son verre. Jamais une cigarette, jamais une goutte d'alcool ni de vin, même pour boire à la santé du personnage le plus important du monde. Le président se contente de faire le geste. Paul Doumer ignore tout de la noblesse des vins mais tient à faire honneur à ses hôtes par la qualité de sa table. Où qu'il soit, le président a l'habitude de ne manger que du premier plat, après quoi, aux services suivants, il fait semblant de manger et picore dans son assiette pour ne pas désobliger la maîtresse de maison. Le présient mange de ce premier plat comme par obligation, sans jamais prêter la moindre attention au menu. Une habitude qui lui vaudra une indigestion lorsque des huîtres ouvertes trop longtemps à l'avance furent un jour mangées de lui seul[66]... Il répète à sa petite-fille Andrée, pour mieux corriger sa gourmandise :

« Pour bien se porter, nous devons quitter la table en ayant encore faim. »[67]

L'après-midi comporte généralement quelques visites d'exposition ou quelques cérémonies publiques et de nouvelles audiences. Et la journée s'achève rarement sans un dîner officiel ou une représentation jusqu'à onze heures du soir ou minuit. Le sommeil apparaît à Paul Doumer un besoin superflu. Son entourage a pour consigne absolue de le prévenir, en cas d'urgence, à toute heure de la nuit[68]. Son éternel besoin d'être en avance amuse son cabinet. Au bout de trois mois de présidence, ses

64. Mairie de Pléneuf-Val-André (Côtes d'Armor), lettre à l'auteur, 16 octobre 2008.
65. A. Doumer, *Mon grand-père Paul Doumer*, *op. cit.*, p. 37.
66. Fonds A. Doumer, G. Huisman, *À l'Élysée avec le président Paul Doumer (1931-1932)*, *op. cit.*, p. 67.
67. *Ibid.*, p. 24.
68. *Ibid.*, p. 403.

collaborateurs savent que le nouvel hôte de l'Élysée arrive toujours et partout cinq minutes en avance. Comportement d'un homme de sa génération ? À soixante-quinze ans, le président Doumer travaille seize ou dix-huit heures par jour, toute l'année, en ignorant les dimanches et les jours de fête[69]. Sa puissance de travail éreinte son cabinet. Sa résistance tient du prodige. On dit ce laborieux fait « en acier trempé »[70]. Il semble n'avoir jamais besoin de repos et s'interdit le moindre ménagement. Pour toute pause, il s'accorde par moment un quart d'heure de loisir afin de parcourir un volume d'histoire ou de science[71]. Avec sa réserve coutumière, le président demande un jour à Georges Huisman s'il est encore possible d'acheter sans trop de frais une bonne édition de la fameuse *Encyclopédie*. Le secrétaire général va aussitôt chez un libraire célèbre de la rive gauche et lui rapporte pour une somme insignifiante un exemplaire de l'édition originale de *L'Encyclopédie*. Il voit rarement Paul Doumer aussi joyeux, feuilletant chaque volume tel un enfant, lisant une notice ou une autre, commentant longuement les planches[72]. En 1932, le Centre international de synthèse organise une exposition sur « L'Encyclopédie et les Encyclopédistes » à la Bibliothèque nationale rue de Richelieu[73]. Il est prévu que le président l'inaugure fin mai 1932.

Paul Doumer est, en revanche, indifférent à l'art sous toutes ses formes. Il prétend aimer la sculpture et l'art de la médaille mais, en la matière, traditionnaliste et conformiste. La peinture est pour lui un monde hermétiquement clos. Les moindres audaces picturales lui paraissent des énormités révolutionnaires. Quelques toiles de Marie Laurencin le mettent au comble de l'indignation lors d'une exposition[74]. Le président juge inutile de dormir toutes les fois qu'une séance de nuit importante a lieu à la Chambre ou au Sénat. À ses collaborateurs qui l'adjurent de prendre du repos, Paul Doumer répond que nul d'entre eux n'a besoin de rester debout. Le lendemain matin, il leur raconte gaiement qu'il n'a pas quitté son cabinet de la nuit et que toutes les demi-heures, il a demandé aux téléphonistes des nouvelles précises des débats parlementaires[75]. Le président s'étonne que les civils et les militaires de son entourage demandent à partir en « vacances », un mot inconvenant selon lui. Parcourir chaque jour huit à dix kilomètres dans les allées et les sentiers de Rambouillet [photographie 44 p. 468], y admirer les bergeries lui tient lieu de vacances parfaites. Une valise bourrée de dossiers fait la navette entre les services demeurés à l'Élysée et Rambouillet.

Un budget de 3,6 millions de francs est affecté à l'Élysée par le Parlement[76]. Un

69. *Ibid.*, p. 404.
70. BAN, H. de Golen, *Le président Doumer accuse… En marge de l'histoire*, *op. cit.*, p. 156.
71. *Ibid.*
72. Fonds A. Doumer, G. Huisman, *À l'Élysée avec le président Paul Doumer (1931-1932)*, *op. cit.*, p. 71.
73. *Ibid.*, p. 3.
74. *Ibid.*
75. *Ibid.*
76. Fonds A. Doumer, G. Huisman, *À l'Élysée avec le président Paul Doumer (1931-1932)*, *op. cit.*, p. 67.

président qui veut représenter la France avec quelque éclat est, ainsi, sûr de s'endetter. Tous les déplacements, particulièrement à l'étranger, paraissent inutiles à Paul Doumer. Son humeur est devenue casanière. Le fringant gouverneur général de l'Indochine, bon cavalier, a vieilli. Le président est stupéfait lorsque Paul Reynaud, ministre des Colonies, lui annonce qu'il va partir en avion avec son chef de cabinet effectuer la première liaison France-Indochine :

> « Ce n'est pas le rôle d'un ministre d'aller faire une inspection si lointaine ! Les inspecteurs des Colonies sont faits pour inspecter ! Le ministre n'a qu'à demeurer rue Oudinot et étudier ses dossiers ! »[77]

Son étonnement est tout aussi immense lorsqu'un de ses collaborateurs tombe malade. Le président, d'une vigueur peu commune, consulte un médecin pour la première fois de sa vie à l'âge de soixante-quatorze ans avant d'entrer à l'Élysée. La santé lui paraît une simple question de volonté. Il voit dans la maladie une regrettable faiblesse morale. Il répète à ses collaborateurs ahuris :

> « Savez-vous bien commander vos organes ? »[78]

Le président s'impose à l'Élysée un emploi du temps rigoureux, coupé de quelques promenades solitaires dans le beau jardin, dont, matin et soir, il fait plusieurs fois le tour de son pas de chasseur à pied, en félicitant de leurs plantations les jardiniers surpris. Une marche d'un temps fixe, immuable, arpentant les salons quand il pleut.

5. L'homme de sa fonction

Dès son entrée en fonctions à l'Élysée, Paul Doumer y imprime sa marque et son mode de vie. Les Français se reconnaissent dans ce couple présidentiel éprouvé, frappé à coups redoublés par la Grande Guerre [photographie 37 p. 465]. On avait regretté que Gaston Doumergue, président célibataire, ne se marie que treize jours avant la fin de son mandat[79]. On se réjouit de l'arrivée d'un père de famille nombreuse — bien que décimée — à l'Élysée, pour la troisième fois depuis l'avènement de la IIIe République [photographie 36 p. 464]. Par contraste avec les politiciens vieux garçons fréquemment raillés, Paul Doumer représente la famille française. Il s'agit pour lui d'un atout supplémentaire. Alors que le sentiment prévaut selon lequel « les finances d'une nation doivent être gérées en père de famille »[80], Paul Doumer semble de nouveau l'homme de la situation. Le programme élyséen de Doumer peut se résumer en trois mots : travail, économies, pudeur. L'impact familial de la mort est à la mesure des pertes subies par les époux Doumer. La gravité et la tristesse contenue des expressions saisies par les photographies en ce jour si parti-

77. A. Dansette, *Histoire des présidents de la République, de Louis-Napoléon Bonaparte à Georges Pompidou*, *op. cit.*, p. 267.

78. Fonds A. Doumer, G. Huisman, *À l'Élysée avec le président Paul Doumer (1931-1932)*, *op. cit.*, p. 62.

79. M. Sementéry, *Les présidents de la République française et leur famille*, *op. cit.*, p. 16.

80. E. Weber, *La France des années 30 : tourments et perplexités*, Paris, Fayard, 1995, p. 41.

culier de leur installation à l'Élysée rendent les stigmates du deuil encore plus saisissants. Rien, pas même la victoire à l'élection présidentielle du chef de famille, n'achèvera jamais l'impossible deuil des cinq enfants. Paul Doumer, chantre des vertus familiales, tient malgré tout la famille nécessaire au pays menacé de dépopulation. Apprenant la naissance d'un quatrième enfant au foyer d'un de ses collaborateurs, le président lance :

> « C'est un joli commencement ! »[81]

Tel Caton l'Ancien luttant contre le luxe à Rome, le président annonce qu'il donnera personnellement l'exemple en réduisant le nombre et le faste des réceptions à l'Élysée. Avec Paul Doumer, l'Élysée devient un foyer austère. La vie mondaine au « château » est réduite à sa plus stricte expression, les dépenses d'entretien à la seule nécessité. L'ancien palais conserve son décor d'un âge révolu. Les Doumer comprennent qu'ils ne se sentiront jamais chez eux dans cette longue enfilade de mornes petits musées, avec ses vingt-cinq domestiques, son jardin peigné par une armée de spécialistes gonflés d'importance. Les salons, aux plafonds alourdis de « pâtisseries » dorées, rappellent des salles d'attente. Particulièrement la grande salle des fêtes construite sous Carnot. « Allons à la gare ! », soupire le président, les soirs de gala[82]... Son cabinet lui montre en vain les projets de transformation établis par l'architecte Tronchet. Le président repousse les plans et les devis sans même les examiner[83]. Il préfère bien plutôt s'attacher à représidentialiser sa fonction. Comment s'y prend-t-il ?

Il innove ainsi en tenant à honorer de sa présence le 2 octobre 1931 la séance solennelle de rentrée de la cour d'appel de Paris et en y recevant la prestation de serments des nouveaux magistrats[84]. On le voit aussi à d'autres manifestations officielles, inaugurations, banquets, etc., dont ses prédécesseurs s'étaient tenus absents. Le président aime faire visiter le palais présidentiel à quelques amis intimes. « Vous habitez une bien jolie demeure », le complimentent-ils. Ce à quoi Paul Doumer répond invariablement :

> « Mais elle est autant à vous qu'à moi puisqu'elle appartient à la France ! Je n'y suis qu'un locataire provisoire ! »[85]

Paul Doumer est un vieux jacobin. Tout ce qui appartient à l'État, tout ce qui relève des finances publiques, c'est « l'Arche d'alliance intouchable »[86].

Après une vie entière consacrée aux affaires publiques, Paul Doumer s'est constitué, sur les questions financières, les questions de défense nationale ou de

---

81. ADC, 43 M 8, télégramme officiel (urgent) du ministère de l'Intérieur (Sûreté générale) aux préfets et sous-préfets de France et d'Algérie, 7 mai 1932.

82. PPP, EA148(1), G. Imann-Gigandet, « Le meurtre du président Doumer », *Le Journal de la France*, n° 93, février 1971, p. 2588-2592.

83. Fonds A. Doumer, G. Huisman, *À l'Élysée avec le président Paul Doumer (1931-1932)*, *op. cit.*, p. 72.

84. F. Chauvaud, « La magistrature », *in* V. Duclert *et al.* (dir.), *Dictionnaire critique de la République*, *op. cit.*, p. 746.

85. Fonds A. Doumer, G. Huisman, *À l'Élysée avec le président Paul Doumer (1931-1932)*, *op. cit.*, p. 69.

86. BAN, H. Berr, *Commémoration du président Doumer après vingt ans*, *op. cit.*, p. 21.

politique étrangère, un credo qu'il est inutile de discuter avec lui. Peuplé de ses idées, réflexions et doctrines, le président s'est créé un univers bien à lui. Des finances saines, un budget bien équilibré lui paraissent la première condition de la prospérité du pays. Le budget doit être voté à temps. On retrouve là son vieux souci d'éviter les douzièmes provisoires qui le taraudait rue de Rivoli. Président du Sénat, il a continué la tradition de faire arrêter la pendule de la salle des séances dans la nuit du 31 décembre au 1er janvier afin que la fiction d'un budget voté avant la fin de l'année soit respectée. Et, dans ces circonstances, les pendules pouvaient être arrêtées vingt-quatre ou trente-six heures... Président de la République, il étudie le budget comme s'il était encore à la commission des Finances du Sénat. Il sait par cœur tous les chiffres comme au temps où il était rapporteur général du Budget. Sa fonction lui interdit de prendre position en ces matières vis-à-vis de l'exécutif mais les ministres sont surpris de constater, lors des discussions du Conseil, qu'il connaît les moindres détails financiers des débats et rapports parlementaires. Paul Doumer prend plaisir à discuter dans son cabinet avec les spécialistes des questions financières. Membre très influent de la commission des Finances de la Chambre, Vincent Auriol lui témoigne une respectueuse affection. Et le président suit avec sympathie les débuts prometteurs d'un jeune député du Vaucluse, Édouard Daladier.

6. Une alliance indissoluble avec l'Angleterre

Quelles sont les vues du président Paul Doumer en matière de défense et de politique étrangère ?

D'abord, les Français ne seraient plus rien sans leur empire coloniale, selon lui. Plus exactement, ils ne seraient plus qu'une proie facile pour leurs voisins. Inaugurée le 6 mai 1931, l'Exposition coloniale de 1931 marque, dans ce contexte, l'apogée de l'idée coloniale dans l'histoire de la France contemporaine[87]. On assiste en effet, par rapport à la période antérieure, à un très sensible accroissement de l'intérêt témoigné à l'empire d'outre-mer[88]. Parallèlement, tend à s'établir une doctrine relativement cohérente de l'impérialisme français : cette doctrine est fondée sur le principe de la « plus grande France », c'est-à-dire sur l'extension de la notion traditionnelle de souveraineté nationale à l'ensemble des territoires d'outre-mer. Cependant, ces années d'apothéose sont aussi celles où s'expriment les premières grandes inquiétudes coloniales, que Paul Doumer, si intimement persuadé du bien-fondé de la colonisation française qu'il ne le remet jamais en cause, ne pressent ni ne voit. S'il reste difficile de mesurer l'exacte portée de ces courants, le mouvement de contestation prend essentiellement trois formes pourtant visibles : la campagne « anti-impérialiste » du parti communiste français ; la dénonciation des abus et des

87. A. Lorin, « Exotiques expositions : les expositions universelles et les cultures extra-européennes, France (1855-1937) », *Histoire@Politique*, n° 11, mai-août 2010 ; et « Paris se met à l'heure de ses colonies », *Historia*, n° 775, juillet 2011, p. 48-53.

88. R. Girardet, « L'apothéose de la « plus grande France » : l'idée coloniale devant l'opinion française (1930-1935) », *Revue française de science politique*, n° 6, 1968, p. 1085-1114.

scandales coloniaux ; enfin la remise en cause du postulat de la primauté et de la suprématie culturelle[89].

Appliqués à la question coloniale, les clivages de la vie politique française demeurent peu pertinents[90]. La bipolarisation « droite-gauche », à partir de laquelle on a souvent trop tendance à vouloir reconstruire l'histoire de la France contemporaine, est loin en effet d'embrasser l'extrême complexité des sensibilités au sujet de la question coloniale. Une certaine droite autoritaire et anti-étatiste rejette ainsi avec horreur une colonisation de fonctionnaires et de marchands ; et condamne l'ethnocentrisme sûr de lui et dominateur qui imprègne à un moment la majorité des forces de gauche. Ainsi la colonisation ne fait-elle pas l'objet d'un clivage net entre gauche et droite au début de la IIIe République. Nombre de républicains sont en effet aussi d'ardents partisans de l'expansion coloniale de la France[91]. Cette politique rencontre toutes sortes d'oppositions dans le pays. Elle suscite en particulier, au sein du courant républicain, donc à gauche, une opposition fondée sur l'argumentation traditionnelle de la pensée des Lumières, c'est-à-dire le refus du principe des conquêtes et de la domination coloniale au nom des droits de l'homme et d'un idéal de liberté universelle. Même si c'est simultanément de républicains qu'émanent de plus en plus, tout au long de la IIIe République, les critiques de la politique coloniale. En particulier, le malaise des socialistes français face à la question coloniale et à la montée des nationalismes d'outre-mer paraît remonter pendant l'entre-deux-guerres[92]. La vieille tradition humanitaire de la gauche française insiste sur le respect des droits de l'homme et du droit des peuples à disposer d'eux-mêmes. Des arguments contraires sont échangés quant aux avantages et aux inconvénients politiques, économiques et moraux de l'expansion coloniale, la légitimité des nationalismes d'outre-mer et la notion même de « mission civilisatrice », créant des contradictions inextricables.

Quel est l'avis de Paul Doumer sur la question coloniale, sur laquelle il a en partie construit sa carrière ? On ne trouve, dans ses discours, télégrammes et publications en qualité de président de la République, nulle condamnation des violences coloniales et nulle reconnaissance de la nécessité de réformer l'empire colonial français[93]. Pour Paul Doumer, le fait colonial est indiscutable et irréversible, sous peine d'un déclin inexorable de la France. Après avoir pensé que le projet colonial républicain risquait de détourner de la revanche sur l'Allemagne, l'ancien gouverneur général de l'Indochine (1897-1902) salue en lui un moyen d'aguerrir l'armée, d'étendre la puissance française et de donner au peuple d'autres rêves que les luttes sociales.

---

89. C.-R. Ageron, *L'anticolonialisme en France (1871-1914)*, Paris, PUF, 1973.

90. J. Marseille, « La gauche, la droite et le fait colonial en France : des années 1880 aux années 1960 », *Vingtième siècle, revue d'histoire*, n° 24, octobre-décembre 1989, p. 17-28.

91. G. Manceron, « La gauche et la colonisation », *in* J.-J. Becker *et al.* (dir.), *Histoire des gauches en France*, *op. cit.*, vol. 1, p. 531-544.

92. M. Semidei, « Les socialistes français et le problème colonial entre les deux guerres (1919-1939) », *Revue française de science politique*, n° 6, 1968, p. 1115-1154.

93. CHAN, fonds 1 AG : présidence de la République, IIIe République (1871-1940).

Élu président de la République le 13 mai 1931, Paul Doumer s'empresse de visiter l'Exposition coloniale internationale et des pays d'outre-mer (son intitulé complet) quelques jours plus tard en compagnie de son ami le maréchal Lyautey, son commissaire général[94] [photographie 38 p. 465]. Il a donné quelques jours plus tôt au Sénat communication d'une lettre de Paul Reynaud, ministre des Colonies, relative à l'inauguration de l'Exposition[95]. Comme le rappellera André Tardieu, président du Conseil, le 12 mai 1932 au Panthéon dans les circonstances tragiques des funérailles nationales de Paul Doumer, l'Exposition coloniale de 1931 revêt une grande importance pour Paul Doumer :

> « Cette présidence si courte fut éclairée d'une grande joie, l'Exposition coloniale. [...] Le président Doumer aimait à s'y dépouiller des obligations officielles de sa charge. Il y venait en expert, en ami. L'expression éclatante et concrète donnée à la France d'outre-mer, qu'il avait contribué à fonder, réjouissait son esprit et réchauffait son cœur au contact des souvenirs et des espérances. »[96]

7. Le double point d'orgue de l'Exposition coloniale de 1931

En raison de l'événement, double point d'orgue de la France impériale et de la carrière de Paul Doumer en partie construite dans les colonies, on a voulu donner un caractère exotique au défilé du 14 juillet 1931[97]. Bao Dai, dernier empereur d'Annam, alors étudiant à l'École libre des sciences politiques, se tient à la droite du président Doumer place de la Concorde [photographie 40 p. 466]. Intronisé le 8 janvier 1926 à Hué en présence de Paul Doumer[98], le jeune souverain trouve un mentor affectueux et attentionné auprès de l'ancien gouverneur général de l'Indochine[99]. Le régiment de spahis de Senlis défile sur les Champs-Élysées. Enfin, on imagine de reconstituer des échantillons de différentes troupes ayant pris part aux expéditions coloniales, en particulier les marins de l'amiral Courbet, les soldats de la conquête du Tonkin et ceux du général Duchêne à Madagascar[100]. Ce cortège costumé est très apprécié du public parisien. Paul Doumer, président de la République, reçoit les chefs des colonies françaises à l'Élysée à l'occasion de l'Exposition coloniale de 1931. Une « photo de famille » immortalise ce moment [photographie 39 p. 466]. L'ancien gouverneur général constate en 1931 à l'Exposition coloniale la réussite de l'Indochine française (du point de vue métropolitain), qu'il a largement contribué à organiser au tournant du siècle. La colonisation française

94. C. Hodeir *et al.*, *L'Exposition coloniale de 1931*, Bruxelles, André Versaille éditeur, 2011.

95. AS, Annales du Sénat, année 1931, p. 938.

96. *L'Intransigeant*, 13 mai 1932, rééd. *in* A. Tardieu, *Devant le pays*, Paris, Flammarion, 1932, p. 229-247.

97. C.-R. Ageron, « L'exposition coloniale de 1931 : mythe républicain ou mythe impérial ? » *in* P. Nora, *Les lieux de mémoire*, vol. 1, « La République », *op. cit.*, p. 561-591 ; M. Lagana, *Le parti colonial français : éléments d'histoire*, *op. cit.*, « L'exposition coloniale internationale de 1931 », p. 147-157.

98. L. Stefanini (ministère des Affaires étrangères), album photographique de l'intronisation de Bao Dai, empereur d'Annam, Hué, 8 janvier 1926.

99. D. Grandclément, *Bao Dai ou les derniers jours de l'empire d'Annam*, Paris, Lattès, 1997.

100. Colonel J. Rupied, *Élysée (1928-1934) : anecdotes et souvenirs*, *op. cit.*, p. 150-151.

apparemment triomphante est pourtant remise en cause par des voix de plus en plus nombreuses, tant en métropole que dans les colonies, réclamant des réformes.

C'est encore en raison de l'Exposition coloniale que Sidi Mohamed Ben Youssef, sultan du Maroc (père de Mohamed V), est reçu à Rambouillet par le président. Magnifique demeure calme et claire, longues perspectives, vastes allées s'enfonçant dans la forêt bruissante : à Rambouillet, la famille Doumer retrouve un semblant de liberté. Un grand déjeuner y est donné le 7 août 1931 en l'honneur du sultan. Un Italien caché et armé est découvert dans les jardins du château[101]. Plus tard, lors du dîner de clôture de l'Exposition coloniale le 14 décembre 1931 qu'il préside [document 43 p. 420], on tente d'empoisonner Paul Doumer[102]. Le président a failli mourir pendant la nuit. Le docteur Ramond — d'Arpajon-sur-Cère (Cantal) — qui le soigne dit que le poison, s'étant heurté à un organisme de fer, n'a pas pu faire son œuvre jusqu'au bout. Le président est livide mais droit. Son esprit est clair. Paul Doumer interdit que le bruit se répande. Les murs de l'Élysée seront muets comme une tombe. Léon Blum, mis au courant, concède toutefois à la Chambre :

« Nous retournerons à Versailles dans moins d'un an. »[103]

Cette phrase de mauvais augure inspire une caricature prémonitoire à Sennep [document 42 p. 419].

Brûlant de foi patriotique, le président Doumer a, par ailleurs, une véritable religion de l'armée. Il est inutile que marins ou aviateurs, artilleurs ou fantassins tentent de lui présenter des chiffres inexacts ou des statistiques erronées : il en sait plus que chacun d'eux en n'importe quelle matière. Animateur, pendant toute la guerre 1914-1918, de la commission sénatoriale de l'Armée, Paul Doumer connaît en effet depuis cette époque les plus infimes détails de tous les problèmes de personnel et de matériel, mieux que ses interlocuteurs techniciens. Il a entretenu des contacts avec tous les grands chefs militaires de la IIIe République. La seule vraie colère, épouvantable, qu'il pique à l'Élysée s'exprime au retour d'une visite à Villacoublay, où les dirigeants de l'aviation du moment l'ont invité à venir voir leur nouveau matériel. La plus invraisemblable foire d'échantillons qu'on puisse imaginer est alors rassemblée sur le terrain. Avions de tous types, avions courants, prototypes à l'étude, appareils à l'essai. Pour le président, un tel système conduit à la catastrophe. Blême, les yeux fixes, le visage contracté, il écoute sans répondre les explications qui lui sont données. La visite terminée, refusant les rafraîchissements préparés en son honneur, Paul Doumer remonte vivement en voiture et donne libre cours à une colère qui, se souvient le secrétaire général, se prolonge longtemps sous les lambris de l'Élysée[104].

---

101. A. Doumer, *Mon grand-père Paul Doumer*, *op. cit.*, p. 41.
102. *Ibid.*, p. 39.
103. *Ibid.*
104. Fonds A. Doumer, G. Huisman, *À l'Élysée avec le président Paul Doumer (1931-1932)*, *op. cit.*, p. 75.

Patriote enflammé, Paul Doumer sent tôt les dangers qui s'accumulent sur le monde. Sa politique extérieure tourne résolument le dos à l'Allemagne. En matière de rapprochement franco-allemand, Paul Doumer est absolument buté. Son credo est d'armer la France jusqu'aux dents pour la faire craindre de son puissant voisin. Le président Doumer se refuse à prendre contact avec aucun officiel allemand. Lorsqu'un ministre allemand vient en visite officielle à Paris, il refuse énergiquement de l'inviter à l'Élysée, comme le protocole le lui demande pourtant. Il déclare durement :

> « Un homme qui a perdu des fils dans une guerre contre l'Allemagne ne reçoit pas à sa table un Allemand, quel qu'il soit est. D'ailleurs, je ne peux pas infliger ce supplice à Blanche, qui ne pourrait pas avaler une bouchée. »[105]

Finalement, après bien des objurgations, le président consent à accorder une audience protocolaire dans son cabinet audit ministre allemand, que les personnalités catholiques conduisent à un office à Notre-Dame-des-Victoires. Ce refus intraitable de Paul Doumer d'accueillir un dignataire allemande à l'Élysée, en lien avec son inflexibilité sur la question des réparations, n'est pas anecdotique : il est bien plutôt le signe d'un refus de se démobiliser, quatorze ans après 1918, comme le suggèrent les récents travaux de John Horne autour de la notion de « démobilisation culturelle »[106] : dans le cas de Doumer, cette mobilisation constante opère tout à la fois aux niveaux individuel, familial et public, d'où le renforcement de sa permanence.

Toutes les espérances de Paul Doumer pour la paix reposent sur une alliance indissoluble avec l'Angleterre. Le président souhaite faire revivre, dans son esprit et dans sa forme, cette Entente cordiale (1904) dont il a été un des premiers défenseurs. Pour ce faire, il reçoit fréquemment et longuement à l'Élysée Lord Tyrrel, ambassadeur de Grande-Bretagne en France, prié d'entrer par la porte de la rue de l'Élysée afin de ne pas être remarqué. Ce, alors que l'ambassade américaine est en construction au coin de la rue Boissy d'Anglas et de l'avenue Gabriel[107]. Il ne faudrait pas que la relation transatlantique souffre de l'anglophilie marquée du président Doumer. Celui-ci accueille également à l'Élysée, à diverses reprises et avec une sympathie affectueuse, le duc et la duchesse d'York, futurs roi George V et reine Elizabeth d'Angleterre. Paul Doumer tient à préparer lui-même des indications pour le grand voyage que cette dernière s'apprête à faire en Afrique australe. Quand le président apprend en septembre 1931 que l'Angleterre est contrainte de dévaluer la livre, il reçoit la nouvelle avec une douleur comparable à celle que lui aurait inspiré un brusque effondrement du franc. Pour Paul Doumer, la solidarité entre les deux pays doit être totale. Une conception qui lui fait pardonner les pires gaffes. À un dîner officiel, l'ambassadrice de Grande-Bretagne, placée à sa droite, se penche pour lui demander :

---

105. *Ibid.*

106. J. Horne, « Démobilisations culturelles après la Grande Guerre », dossier, *14-18 Aujourd'hui Today Heute*, n° 5, 2002, p. 45-53.

107. *Ibid.*, p. 169.

« Monsieur le président, qui est donc ce nègre que vous avez placé à côté de moi ? »[108]

Paul Doumer, imperturbable :

« C'est le président du Conseil, Madame. Il s'appelle Pierre Laval. »[109]

8. La barbe rassurante des républicains de 1870

Le mandat de Paul Doumer sera un des plus courts (après celui de Casimir-Perier, 6 mois et 20 jours) de ceux des vingt-et-un présidents de la République qui se sont succédé depuis 1848. Cette brièveté fait qu'il est difficile d'apprécier une action politique qui n'a même pas pu s'exercer sur une année entière, particulièrement en politique intérieure. Animé par le patriotisme des républicains de 1870, Paul Doumer est, quoi qu'il se défende de toute filiation[110], fortement inspiré par les idées de Léon Gambetta et Jules Ferry, figures tutélaires de la République auxquelles il se réfère fréquemment dans ses discours [documents 11, 21 et 22 p. 371-377, 387-389 et 390-391], « pères fondateurs » porteurs d'un « vaste projet d'émancipation de l'individu »[111]. La politique extérieure et la défense nationale intéressent beaucoup plus Paul Doumer que les dessous de la politique intérieure. Les potins de la Chambre des députés lui sont indifférents. Les combinaisons politiciennes lui paraissent très souvent étrangères. S'il aime à recevoir à l'Élysée ses anciens collègues du Sénat (surtout son très vieil ami Jules Jeanneney), c'est pour leur parler moins des groupes, dont il se moque, que de l'avenir du pays, qui le préoccupe.

Devant la gravité des difficultés s'accumulant sur la France, on reproche toutefois rapidement au vieux Paul Doumer, sourd comme un pot, de manquer de clairvoyance et d'être sénescent. Le président aurait, selon l'adage, « les qualités de ses défauts ». Ses paupières tombantes, sa barbe blanche et une certaine pudibonderie font de lui un homme d'un autre âge. Lui qui aurait volontiers épousé la carrière militaire, dont il loue la rectitude, aurait ainsi hérité de la fréquentation de ses nombreux amis militaires (Castelnau, Fayolle, Lyautey, Gouraud, pour ne citer qu'eux) un autoritarisme teinté de rigidité. Sa famille est ainsi façonnée au moule de son chef[112]. Sa vraie ambition de jeunesse était d'entrer à l'Observatoire. Préférant les chiffres aux mots[113], il regrette de ne pas avoir suivi ses premiers penchants scientifiques et, malgré les contraintes de sa carrière, ne s'est jamais vraiment détaché des problèmes célestes qui le passionnent[114].

---

108. G. Poisson, *L'histoire de l'Élysée : de Madame de Pompadour à Jacques Chirac*, *op. cit.*, « Paul l'ascète », p. 208-210.

109. *Ibid.*

110. L. Bantigny *et al.* (dir.), *Hériter en politique : filiations, générations et transmissions politiques (Allemagne, France et Italie, XIXe-XXe siècle)*, Paris, PUF, 2011.

111. P. G. Nord, « La IIIe République », *in* V. Duclert *et al.* (dir.), *Dictionnaire critique de la République*, *op. cit.*, p. 53.

112. V. Adam de Villiers, *Paul Doumer parle*, *op. cit.*, p. 3.

113. É. Quellenec, *Le Brésil et ses ports*, Paris, Larose et Ténin, 1907, préface de P. Doumer.

114. É. Julia, « Avec le président Doumer », *op. cit.*

Joyeuses petites-filles, Lucile et Andrée s'efforcent d'alléger de leur mieux, du haut de leurs vingt ans, la lourde atmosphère de cette famille endeuillée, cloîtrée dans l'austère Vatican de la République. Devenues pupilles de la nation à la mort de leur pères respectifs, Lucile et Andrée ont leur grand-père pour tuteur[115]. S'il rit parfois de bon cœur avec elles, le grand-père convoque ses petits-fils, qui le craignent beaucoup, pour de régulières mises au point[116]. Dans tous les cas, le président craint toujours d'abandonner trop longtemps ses papiers. La rigidité morale du président et son ignorance des mœurs contemporaines amusent son entourage. Paul Doumer demande un jour à un de ses collaborateurs :

> « Est-il vrai qu'il existe à Paris des restaurants où des jeunes femmes appartenant à des familles honnêtes peuvent danser avec n'importe qui ? Où il y a des entraîneurs appointés par ces établissements ? Et où il règne une familiarité et une promiscuité indécentes ? De pareilles mœurs sont-elles possibles ? »[117]

Louis Barthou, qui se meut avec satisfaction dans la polissonnerie, s'amuse un jour à le scandaliser. Président de l'association des journalistes républicains, il invite le chef de l'État à une matinée théâtrale donnée au Casino de Paris au profit d'œuvres sociales. Il prend soin que la présentation soit aussi riche en propos pimentés qu'en déshabillés excessifs. Paul Doumer reste impassible mais s'en va à l'entracte et, rentré à l'Élysée, laisse libre cours à son indignation :

> « Bourgeoisie pourrie ! Une société qui se plaît à de pareils spectacles est une société pourrie ! Il faudrait y porter le fer rouge ! Ils auraient mérité que des ouvriers entrent et les chassent à coup de pied dans le derrière ! »[118]

Paul Doumer oppose la vertu ouvrière à la décadence bourgeoise[119]. Le plaisir physique, sous quelque forme que ce soit, semble lui demeurer étranger. Le président abhorre tout laisser-aller. On ne s'étonne pas dès lors que son rigorisme s'étende aux finances de la présidence. Les Français, accoutumés au sourire de Gaston Doumergue, sont dans les premiers temps déroutés par l'apparente froideur de l'abord de leur nouveau président. Pourtant sa popularité va en augmentant. Sur son passage, les acclamations se font de plus en plus nourries[120]. Chaque dimanche en fin de journée, le président retrouve dans son bureau son vieil ami Henri Berr, philosophe, fondateur de la *Revue de synthèse historique* (1900), lié par alliance à Émile Durkheim. Créateur de la collection encyclopédique *L'Évolution de l'humanité*, dans laquelle s'affirme la nouvelle école historique française — avec notam-

---

115. P. Nivet-Doumer, entretien avec l'auteur, 20 décembre 2007.
116. J.-P. Doumer, entretien avec l'auteur, 11 février 2008.
117. A. Dansette, « Il y a vingt-cinq ans : le président Doumer était assassiné », *Historia*, n° 126, mai 1957, p. 412-418.
118. BAN, H. Berr, *Commémoration du président Doumer après vingt ans*, *op. cit.*, p. 19.
119. Pour une définition du « bourgeois français de l'entre-deux-guerres », M. Bloch, *L'étrange défaite*, *op. cit.*, p. 194-195.
120. BAN, H. Berr, *Commémoration du président Doumer après vingt ans*, *op. cit.*

ment les ouvrages de Marc Bloch[121] et de Lucien Febvre[122] —, Henri Berr est soucieux de former un style de recherche ensuite qualifié d'« interdisciplinaire ». Il crée, pour ce faire, une Fondation pour la science (1925) doublée d'un Centre international de synthèse. Ses projets sont fortement soutenus par Paul Doumer. Celui-ci croit aux vertus bienfaisantes de la science :

> « Le bien que l'on fait par la science a des racines plus profondes que celui qui vient de toute autre source. »[123]

Dès 1903, la tentative de Doumer de créer une chaire « pour la synthèse » au Collège de France pour son ami Henri Berr est bloquée par Jean Jaurès, qui contribue à faire manquer l'affaire[124]. S'il n'avait pas été ce qu'il est devenu, ses amis scientifiques disent de Paul Doumer, grand naturaliste, qu'il aurait peut-être été professeur au Muséum national d'histoire naturelle. À défaut, il préside pendant dix ans la Société des amis du Muséum (1922-1932) et contribue, par un de ses derniers actes, à la création du parc zoologique de Vincennes, inauguré en 1932 par son successeur le président Albert Lebrun[125]. Il s'agit, pour Paul Doumer, de doter la France d'un zoo digne de son empire colonial[126]. Gouverneur général de l'Indochine, Paul Doumer adresse au Muséum des quantités importantes d'animaux rares[127]. Au hasard de ses promenades dans le Jardin des plantes, le visiteur peut encore aujourd'hui trouver sur une cage ou sur un parc une étiquette portant la mention « Don de M. le gouverneur général Doumer »[128]. Vice-président depuis 1922 du Comité de la Société française des fouilles archéologiques, dont il suit volontiers et efficacement les séances, Paul Doumer en devient président d'honneur en 1931. Par une subvention de l'État, le président contribue à faire sortir du sol le musée de Saint-Bertrand-de-Comminges (Haute-Garonne), riche en objets gallo-romains. Plus encore, il admire le site d'Alésia, dont il préside également la Société des fouilles[129].

---

121. M. Bloch, *Écrire « La Société féodale » : lettres à Henri Berr (1924-1943)*, présentées par J. Pluet-Despatin, Paris, IMEC, 1992.

122 L. Febvre, *De la « Revue de synthèse » aux « Annales » : lettres à Henri Berr (1911-1954)*, présentées par G. Candar et J. Pluet, Paris, Fayard, 1997.

123. EFEO, lettre de P. Doumer, président du Sénat, à G. Cœdès, directeur de l'École française d'Extrême-Orient, 6 août 1930.

124. AAN, Annales de la Chambre des députés, débats parlementaires, 27 novembre 1903.

125. BAN, H. Berr, *Commémoration du président Doumer après vingt ans*, *op. cit.*, p. 4.

126. A. Lorin, « Paris se met à l'heure de ses colonies », *op. cit.*

127. *Inauguration du buste de Paul Doumer*, Fondation pour la science, Centre international de synthèse, hôtel de Nevers, 21 avril 1934, allocution d'H. Berr, p. 23.

128. Visite au Jardin des plantes, Paris, 2 avril 2010.

129. ASOM, comptes-rendus des séances, t. XIX, 1933, Paris, Société d'éditions géographiques, maritimes et coloniales, 1934, séance du 13 mars 1933, p. 28.

9. Une idée fixe : l'union !

Le 28 octobre 1931 a lieu la première chasse diplomatique du président Doumer[130]. Un exercice très « Ancien Régime », qu'il a en horreur. Répondant le 31 décembre 1931 à S. E. Mgr Maglione, nonce du Saint-Siège apostolique, doyen et interprète du corps diplomatique, lors de l'échange des vœux de Nouvel An, ses premiers en tant que président de la République, Paul Doumer, parlant des conséquences sociales de la crise économique, d'une ampleur exceptionnelle, qui s'est abattue sur le monde, conclut ainsi son discours :

> « Par ses institutions comme par ses soins, la France doit se préoccuper constamment de la situation des hommes dont le labeur quotidien est une saine mais dure condition d'existence et que la crise économique touche profondément. »[131]

L'enfant d'Aurillac n'a pas oublié d'où il vient. Il lance sévèrement après un moment de réflexion devant une assistance grave :

> « Car un pays dans lequel les inégalités sociales progressent est un pays qui régresse. »[132]

Le verdict est sans appel. Soucieux d'une société plus juste, Paul Doumer s'efforce d'œuvrer pour des réformes qui contribuent à rallier l'immense majorité du pays à la République.

L'année 1932 s'ouvre sous le signe du malaise. Le rapprochement tenté avec l'Allemagne échoue. Le moratoire Hoover qui, le 20 juin 1931, propose un ajournement d'un an pour les dettes de guerre et les réparations sonne le glas de ces dernières, annulées par la conférence économique de Lausanne (16 juin-14 juillet 1932). Les Allemands se montrent habiles diplomates. Pour le Français moyen, la couleuvre est difficile à avaler. Après la chute du troisième cabinet Laval, mis en minorité au Sénat le 16 février 1932 à la suite d'un mouvement d'humeur des sénateurs radicaux, le premier acte du président Doumer est de faire appel à Paul Painlevé[133]. Pourquoi choisir ce dernier ? Il s'agit d'un acte de gratitude à l'égard d'un homme politique qu'il apprécie. Paul Painlevé convie André Tardieu et ses amis, dont Paul Reynaud, à son domicile rue de Lille. Son fume-cigarette à la bouche, André Tardieu annonce à Paul Painlevé :

> « Nous avons constitué un gouvernement : je vais au Quai d'Orsay, Reynaud à la Justice, Piétri à la Défense nationale, Flandin aux Finances, Laval à l'Intérieur. »[134]

Paul Painlevé, paraissant de plus en plus étonné au fur et à mesure de cette énumération, lance naïvement :

> « Et moi ? »[135]

---

130. Colonel J. Rupied, *Élysée (1928-1934) : anecdotes et souvenirs*, *op. cit.*, p. 165.

131. CHAN, 1 AG 87, discours de P. Doumer, président de la République, cérémonie des vœux du Nouvel An au corps diplomatique, 31 décembre 1931.

132. *Ibid.*

133. BAN, H. de Golen, *Le président Doumer accuse… En marge de l'histoire*, *op. cit.*, p. 260.

134. G. Bonnet, *Vingt ans de vie politique (1918-1938), de Clemenceau à Daladier*, *op. cit.*, p. 139-140.

135. *Ibid.*

Réponse d'André Tardieu :

« Nous n'avons pas pensé à vous ! Vous pourriez peut-être aller à l'Instruction publique ? »[136]

Tout accord entre les deux hommes s'avère impossible. Mais Paul Painlevé poursuit sa tentative en s'efforçant de former un ministère appuyé sur la gauche. Il en informe Paul Doumer, qui veut alors lui ôter l'investiture en lui rappelant qu'il lui a donné pour mission de former un ministère de concentration. Paul Painlevé refuse de se ranger à cet avis. Jusqu'en 1939, la définition la plus pertinente du mot « gouvernement » implique la collaboration entre les trois principaux organes de l'État : le Sénat ; la Chambre des députés ; et le conseil des ministres. Ce dernier forme une sorte de « troisième chambre »[137], égale mais non supérieure aux deux assemblées législatives. L'ensemble formait ce qu'il était convenu d'appeler le « gouvernement parlementaire ». Le 20 février 1932, Paul Doumer tente, contrairement à tous les usages, de réunir dans son cabinet André Tardieu et Paul Painlevé pour obtenir d'eux qu'ils constituent un gouvernement « de conciliation républicaine »[138]. Signe d'une volonté de représidentialiser sa fonction, l'action personnelle du chef de l'État est capitale au cours de cette crise. Pour autant, Paul Doumer ne paraît pas concevoir un projet de redressement de la fonction présidentielle, à la manière de Poincaré en 1913. La théorie constitutionnelle n'est pas son affaire. Soumis aux pressions de leurs entourages politiques respectifs, pris entre les exigences des radicaux à obtenir les principaux ministères et les résistances de la majorité à en être dépossédée, les deux hommes reviennent sur leur parole. Paul Doumer en conçoit un vif dépit.

La charge de constituer un ministère est finalement confiée à André Tardieu. Son gouvernement est, tel qu'il le projetait — à la seule différence qu'un sénateur du Nord, Albert Mahieu, est mis à l'Intérieur pour calmer la haute assemblée —, installé le 21 février 1932. Paul Doumer ne cesse de prêcher l'union : la concorde républicaine est, selon lui, garante du redressement de la France. Malgré son souhait d'un gouvernement de concentration, un gouvernement modéré succède à un gouvernement modéré... Paul Doumer insiste auprès d'André Tardieu pour qu'il s'adjoigne Pierre-Étienne Flandin comme ministre des Finances et quasi « vice-président du Conseil ». Paul Doumer a en effet une très grande estime en effet pour ce dernier, qu'il connaît de longue date : son père, Étienne Flandin, fut député de l'Yonne (1893-1898 et 1902-1909) comme lui jadis. Les deux hommes s'y sont beaucoup côtoyés et appréciés. Les originaires des départements de l'Aisne et de l'Yonne bénéficient toujours de toute la bienveillance de Paul Doumer. Tel Pierre Perreau-Pradier, député républicain de l'Yonne (1912-1940), dont le fils, Jean, devient en 1929 le benjamin du cabinet de Paul Doumer, président du Sénat[139],

136. *Ibid.*
137. N. Roussellier, « Gouvernement et Parlement dans l'entre-deux-guerres », *op. cit.*, p. 111-126.
138. A.-L. Anizan, *Paul Painlevé (1863-1933) : un scientifique en politique*, *op. cit.*, p. 763.
139. A. Lorin, « Les entourages politiques des présidents d'assemblée sous la IIIe République :

qu'il suit à l'Élysée et que ce dernier, président de la République, impose à André Tardieu en qualité de sous-secrétaire d'État aux Finances en février 1932.

André Tardieu, pour donner satisfaction au monde ouvrier, voudrait rendre obligatoire le congé payé annuel. Une fois de plus, devant l'hostilité du Sénat, la réforme est enterrée. Il faudra attendre le Front populaire (1936-1938) pour qu'elle soit introduite. Mais le 11 mars 1932, le Sénat ratifie un projet obligeant tous les employeurs (sauf les agricoles) à adhérer à une caisse de compensation d'allocations familiales. Il s'agit de généraliser et de systématiser une pratique déjà courante alors que 480 000 familles françaises bénéficient déjà d'allocations familiales en 1930. Cette aurore des premières mesures sociales revêt un sens tout particulier pour Paul Doumer, père de famille nombreuse.

La date du mariage de Lucile, petite-fille adorée de Paul Doumer, est fixée au 6 juillet 1932[140]. Le couple présidentiel projette ensuite de séjourner de nouveau à Bourbon-l'Archambault au cours de l'été 1932. Comme il l'écrit en janvier 1932 à la propriétaire de l'hôtel du Parc, pour rien au monde le président n'irait se reposer ailleurs que dans ce « tranquille coin de terre »[141]. Le fiancé de Lucile, Marcel Pasquier, pose avec celle-ci et son grand-père, président de la République, à l'automne 1931 à Rambouillet [photographie 42 p. 467]. Paul Doumer se réjouit que le prétendant soit travailleur et intelligent. Et, surtout, qu'il n'ait pas une grande fortune personnelle[142]. Car l'argent est la bête noire de Paul Doumer. Le président, refusant que la fête de famille ait lieu à l'Élysée, demande à son secrétaire général de louer une salle :

« L'Élysée n'est pas à moi mais à l'État ! »[143]

Georges Huisman, que le président regarde les sourcils froncés, est stupéfait. Les événements de mai 1932 empêcheront ce dernier de lui en reparler.

Paul Doumer, président de la Chambre des députés (1905-1906) puis président du Sénat (1927-1931) », *op. cit.*

140. L. Pasquier-Doumer, entretien avec l'auteur, 31 mai 2005.

141. *Ibid.*, lettre du directeur adjoint du cabinet du président de la République à B. Voisin, hôtel du Parc, Bourbon-l'Archambault, 18 janvier 1932.

142. *Ibid.*

143. Fonds A. Doumer, G. Huisman, *À l'Élysée avec le président Paul Doumer (1931-1932)*, *op. cit.*, p. 72.

Chapitre XII
Le président assassiné
6 mai 1932

En 1932, Suzanne Deutsch de la Meurthe, descendante d'un passionné d'aviation, fait don à l'État de l'usufruit du domaine de Boulains en Seine-et-Marne, à 70 km de Paris. Une maison de convalescence y est installée pour le personnel de l'armée de l'Air et de l'aviation civile. Lui-même fou d'aviation, le président Doumer tient à inaugurer en personne la « maison des Ailes » le 2 avril 1932. Léon Noël, alors directeur de la Sûreté générale et secrétaire général du ministère de l'Intérieur, l'accompagne dans ce déplacement[1]. Pendant le trajet, le président s'étonne des mesures d'ordre. Elles lui semblent excessives et superflues. Léon Noël invoque la nécessité d'éviter aux carrefours tout obstacle susceptible de compromettre une exactitude à laquelle le président est particulièrement attaché. Après un instant de silence et de méditation, Paul Doumer répond doucement à Léon Noël :

> « À mon âge, ce serait une belle fin de mourir assassiné. »[2]

Quelques semaines plus tard, à la fin du mois d'avril 1932, Édouard Julia, le plus fidèle soutier du doumérisme, fait observer au président que s'exposer dans des foules mêlées représente un danger[3]. Doumer récidive. Il répond dans les mêmes termes à son ami de trente ans, ébahi :

> « Que voulez-vous ? À mon âge, s'il m'est donné de tomber pour le pays, qu'espérer de mieux ? »[4]

Ses mots trahissent-ils une pensée sincère et une conception stoïque, débarrassées de toute emphase lyrique ? Ou bien Paul Doumer se sait-il alors déjà menacé ? Dans sa tenue morale, Paul Doumer intègre le sacrifice, non pas de renoncement ou

---

1. Y. Beauvois, *Léon Noël, de Laval à de Gaulle via Pétain (1888-1987)*, Villeneuve d'Ascq, PUS, 2001.

2. Lettre de L. Noël, ambassadeur de France, membre de l'Institut, à H. Berr, directeur du Centre international de synthèse, 29 octobre 1953, *in* H. Berr, *Commémoration du président Doumer après vingt ans*, *op. cit.*, p. 9.

3. C. de Kémoularia [gendre d'É. Julia], *Une vie à tire-d'aile : mémoires*, Paris, Fayard, 2007, p. 87 ; BAN, H. de Golen, *Le président Doumer accuse… En marge de l'histoire*, *op. cit.*, p. 152.

4. É. Julia, « Avec le président Doumer », *Le Temps*, 11 mai 1932, rééd. *in* É. Julia, *Papiers (1895-1933)*, Paris, Le Temps, 1936, p. 229-232.

d'effacement mais de défi et de dédain. Le président répète souvent à son ami Julia :

« Pour bien vivre, il faut toujours être prêt à bien mourir. »[5]

Un enseignement transmis à ses fils, prônant l'holocauste à la manière de ces Romains mettant l'honneur au-dessus de toute affection. La mort, liée au devoir, Paul Doumer semble presque l'appeler. Une seule angoisse peut le faire fléchir : la séparation de son épouse au grand cœur, qui, pendant plus d'un demi-siècle, est le miroir de sa conscience, à travers tous les espoirs et toutes les douleurs qu'ils ont vécus et partagés ensemble.

Le 1er mai 1932, Paul Doumer paraît soucieux. Il hésite avant de sortir pour sa promenade matinale quotidienne. Une lettre est sur la table du vestibule. Nerveux, il la prend et la repose plusieurs fois. C'est une menace de mort portant une signature de consonance étrangère. Quelques jours plus tôt, le commissariat de police du VIIIe arrondissement de Paris a reçu une lettre du colonel russe Fedossenko de retour de Berlin, annonçant la préparation d'un attentat contre le président de la République française[6]. Cette accumulation d'indices ne laisse rien présager de bon. Le président annonce la mine grave :

« Peu de chose, c'est sans importance. »[7]

1. Le salon des écrivains combattants

Un grand déjeuner réunit la « doumérie » le 6 mai 1932 en l'honneur de l'émir Faysal d'Irak, en visite officielle en France. Parmi les invités, on note la présence de Si Kaddour Ben Ghabrit, recteur de la mosquée de Paris, du maréchal Franchet d'Espérey, des généraux Gamelin, Gouraud et Weygand, de Jean Chiappe, préfet de police de Paris [document 47 p. 423]. Détestant traîner à table, le président demande que le service ne soit pas trop long en raison de sa pressante obligation à 15 heures : l'inauguration du salon des écrivains combattants, à laquelle il tient particulièrement. Celui-ci a lieu à l'hôtel Salomon de Rothschild, 11 rue Berryer dans le VIIIe arrondissement de la capitale, situé sur le terrain d'une ancienne propriété d'Honoré de Balzac où celui-ci mourut en 1850 et démolie depuis[8]. Union des « revenants » de la guerre, l'association des écrivains combattants est fondée le 27 juin 1919. Parmi les objectifs exposés dans son manifeste, poursuivre « l'ardente fraternité nouée sur le front »[9]. Roland Dorgelès, Claude Farrère, Maurice Genevoix comptent parmi ses présidents d'honneur. Depuis le 12 décembre 1925, l'association organise chaque année un après-midi du livre au cours duquel les auteurs les

5. *Ibid.*
6. A. Jevakhoff, *Les Russes blancs*, Paris, Tallandier, 2007, note 18, p. 565.
7. ASOM, comptes-rendus des séances, t. XIX, 1933, Paris, Société d'éditions géographiques, maritimes et coloniales, 1934, séance du 13 mars 1933, p. 35.
8. CHAN, 1 AG 72, maison militaire, sorties du président de la République.
9. N. Beaupré, *Écrire en guerre, écrire la guerre : France, Allemagne (1914-1920)*, Paris, CNRS, 2006, p. 240-241.

plus marquants viennent eux-mêmes vendre leurs ouvrages en les dédicaçant au nom de l'acheteur. Les bénéfices de ces après-midis alimentent les caisses de solidarité et de secours de l'association.

D'ordinaire hostile aux manifestations officielles, le président Doumer, bibliophile passionné, est heureux de se retrouver le 6 mai 1932 parmi des gens de lettres, ses confrères et d'anciens soldats, ses amis, dans un milieu essentiellement français. Une élégante et mondaine assistance anime les salons de l'hôtel. Le public, généreux, semble oublier la crise pendant quelques heures. L'inauguration officielle par le président de la République a été fixée à 15 heures par le protocole. Claude Farrère, président de l'association, auteur des *Civilisés* (prix Goncourt 1905)[10], accueille le président, accompagné du capitaine de vaisseau Le Bigot, membre de la maison militaire de l'Élysée. Des ministres, François Piétri, Paul Reynaud, Auguste Champetier de Ribes, sont également à ses côtés. Claude Farrère est une vieille connaissance de Paul Doumer. Alors officier de vaisseau, il sert en effet dès 1898 à l'état-major du vice-amiral de Beaumont, commandant l'escadre française d'Extrême-Orient. Paul Doumer est alors gouverneur général de l'Indochine depuis un an, ce qui fait dire à Farrère :

> « Dans le chef de l'État, je reconnais toujours le gouverneur général d'il y a trente-quatre ans, pareillement alerte, si jeune que c'en est paradoxal. »[11]

Arrivé dès 14 heures parmi les premiers à l'hôtel de Rothschild, un homme à lunettes noires, prétendument blessé des yeux, se fait remarquer par son comportement étrange. Il est accueilli par ces mots malheureux :

> « Vous êtes notre premier visiteur ! Vous allez nous porter bonheur ! »[12]

Après avoir acheté deux livres et s'être présenté sous le faux nom de Paul Brède, Pavel Gorguloff[13] continue en effet de rôder autour du stand de Claude Farrère. On lui demande de s'écarter à l'arrivée du président. Suivant l'usage, Paul Guichard, directeur général de la police municipale de la ville de Paris, précède le président en compagnie de Serge Leroux, commissaire divisionnaire du service de sécurité de l'Élysée : ses anges gardiens ? D'un geste, Paul Doumer les écarte, n'aimant guère être entouré et entendant se mêler à la foule :

> « J'aime mieux être bousculé que de faire bousculer les autres. »[14]

Le président traverse la première salle au milieu d'une nombreuse assistance. Alors qu'il est sur le point de pénétrer dans la seconde, un puis deux coups de feu se font entendre. Le visage du président change d'expression. Ses genoux flé-

---

10. C. Farrère, *Les civilisés*, Paris, Ollendorff, 1905, prix Goncourt 1905, rééd. Paris, Kailash, 1997.

11. A. Quella-Villéger, *Le cas Farrère : du Goncourt à la disgrâce*, Paris, presses de la Renaissance, 1989, p. 301-311.

12. D. Vicheney, « Le tragique destin de Paul Doumer », *Bulletin de la Société historique et archéologique du XVe arrondissement de Paris*, n° 28, automne 2006, p. 59.

13. « Gorguloff » est parfois écrit « Gorgulov », « Gorgoulov » ou encore « Gorgouloff ». Son prénom « Pavel » est aussi parfois francisé en « Paul ».

14. BAN, H. Berr, *Commémoration du président Doumer après vingt ans*, *op. cit.*, p. 20.

chissent. Paul Doumer s'écroule. Trois autres coups de feu suivent. Les petites détonations n'arrêtent plus, toujours menues, espacées, tranquilles, infernales[15]. L'homme continue très froidement de tirer, coup par coup, sur le président abattu, évanoui, à terre. S'ensuit un tumulte atroce, effarant. Une confusion indescriptible. La foule se rue. Des femmes hurlent. D'autres s'évanouissent. Une voix interroge :

« Y a-t-il un médecin dans la salle ? »[16]

Une infirmière volontaire, la princesse tonkinoise Hoang Thi The, fille du De Tham et filleule de Paul Doumer « dévouée à la France »[17], prodigue les premiers soins à son parrain [document 48 p. 424]. Une balle a traversé la région de la base du crâne et est sortie au niveau de la pommette droite. L'autre est rentrée au niveau de l'aisselle et ressortie derrière l'épaule. Elle a complètement sectionné l'artère axillaire, en provoquant une très abondante hémorragie. Grièvement blessé, le président septuagénaire est rapidement transporté à l'hôpital Beaujon tout proche, 208 rue du faubourg Saint-Honoré [photographies 51 et 52 p. 472]. L'interne renseigne la fiche d'admission d'urgence [document 49 p. 425]. Profession : « président de la République ». Adresse : « palais de l'Élysée ». Le président a déjà perdu deux litres de sang. À son arrivée, la résistance du blessé stupéfie les médecins :

« Nous allons le sauver, il a un cœur de quarante ans ! »[18]

Le blessé manifeste entre-temps des signes de conscience. Venant à peine de recouvrer l'usage de la parole, Paul Doumer demande anxieusement :

« Ce n'est pas un Français, n'est-ce pas ? »[19]

Ses premiers mots. Tomber sous les coups d'un Français serait pour lui une cruelle injustice, doublée d'une amère déception. Tandis que tomber, comme ses fils, pour la France, sans doute est-ce, pour Paul Doumer, la mort idéale. Toujours soucieux de son devoir, le président ajoute :

« Dommage : nous avions une après-midi chargée ! »[20]

2. Stupeur et polémiques

La nouvelle de l'assassinat du président, transmise vers 16 heures par la TSF[21], se répand rapidement dans tout le pays, soulevant une émotion et une indignation très grandes[22]. Le crime constitue l'objet unique et central des conversations. Les signes de deuil s'affichent spontanément au domicile des particuliers. Paris devient étran-

15. C. Farrère, *6 mai 1932*, brochure éditée par l'association des écrivains combattants et dédiée à Mme Paul Doumer « en hommage ému des écrivains combattants », Paris, 1932, p. 21.

16. *Ibid.*

17. BAN, Ms 1686 (PB 9970), lettre de P. Doumer, président du Sénat, à F. Piétri, ministre des Colonies, 18 février 1930, recommandant la princesse annamite pour un emploi.

18. BAN, H. Berr, *Commémoration du président Doumer après vingt ans*, *op. cit.*, p. 20.

19. *Ibid.*, p. 21.

20. *Ibid.*

21. Ce terme, abréviation de « télégraphie sans fil », désigne par extension la radio.

22. PPP, EA148(1), « L'émotion dans les départements », *Le Petit Matin*, 7 mai 1932.

gement silencieuse. Une foule muette stagne aux points de renseignements. Les rumeurs les plus folles circulent. Des groupes disent que le président a été abattu dans la rue ; que l'assassin, lynché par la foule, n'en aurait pas réchappé[23]. On attend avec anxiété l'arrivée des premières feuilles, qui disparaissent en quelques minutes. Des éditions spéciales sortent en fin d'après-midi. La presse est alors à l'apogée de ses tirages[24]. Les kiosques à journaux sont pillés. À chaque nouvelle édition, c'est une ruée sur les cyclistes. On espère que tous les détails seront donnés et, surtout, dans l'immédiat, que Paul Doumer ne succombera pas. La nouvelle effarante de l'assassinat du président de la République française fait également la une de la presse internationale [document 51 p. 427-428].

Que signifient ces réactions immédiates ? La présidence de la République a une importance particulière aux yeux des Français parce qu'elle représente une certaine stabilité du pouvoir[25]. Surmédiatisation dans la presse quotidienne, mobilisation d'autres moyens d'information — tels qu'affiches placardées sur les murs de Paris offrant au passant le résumé des audiences du procès, croquis et commentaires hostiles au Russe, etc. —, profusion d'articles, poèmes, dessins et gravures consacrés à l'événement témoignent de sa résonance exceptionnelle[26]. Ainsi la mort de Paul Doumer ne suscite-t-elle pas que des discours institutionnels et politiques : elle suscite aussi une parole populaire. Les réactions de la population française à la nouvelle de l'assassinat du président sont mises en scène par la presse : incrédulité, recherche fébrile d'information, réprobation, colère d'une foule survoltée réclamant justice, puis tristesse et émotion. Un peuple en larmes bat les murs de l'hôpital où agonise le président de la République, étendu sur la table d'une salle de chirurgie, sanglant mais lucide et calme. Son vieil ami Édouard Julia choisit de répondre par un mensonge à la question que lui pose Paul Doumer sur les circonstances qui l'ont jeté là :

> « Est-ce bien la vérité ? Vous savez que je suis homme à tout entendre. »[27]

Paul Doumer accepte la fable de son ami, se demandant seulement si « l'accident » dont il a été victime n'a pas été intentionnel tant cette éventualité est admise par lui. Le président murmure dans un délire où passent les dernières prières de sa mystique nationale :

> « Les Français ne peuvent pas me vouloir de mal. »[28]

Commence une longue veillée funèbre. Écrasée de douleur, Blanche Doumer est soutenue par ses deux filles. À 22 heures, le ministre de l'Intérieur publie le communiqué suivant :

---

23. V. Adam de Villiers, *Paul Doumer parle*, *op. cit.*, p. 69.
24. D. Kalifa, « La presse », *in* V. Duclert *et al.* (dir.), *Dictionnaire critique de la République*, *op. cit.*, p. 779-785.
25. « La présidence de la République », *Revue des deux mondes*, t. 50, 1939, p. 346.
26. A. Lorin, « Un paranoïaque abat le président Doumer », dossier « Complots : ces meurtriers qui ont bousculé l'Histoire », *Historia*, n° 747, mars 2009, p. 25-27 ; « On a tué le président ! », *L'Histoire*, n° 375, mai 2012, p. 32-33.
27. É. Julia, « Avec le président Doumer », *op. cit.*
28. *Ibid.*

« À six heures du soir, alors que les phénomènes du choc étaient atténués grâce à plusieurs transfusions, les chirurgiens ont procédé à la ligature de l'artère axillaire que la balle avait complètement sectionnée. Actuellement, température 37°2, pouls 120. État toujours grave. »[29]

Quarante minutes plus tard, un nouveau communiqué est donné à la presse :

« État stationnaire. Pas d'amélioration. Pas d'aggravation. »[30]

Le même communiqué est reproduit à minuit. Mais à 1 heure 55, Albert Mahieu, ministre de l'Intérieur, donne lecture à la presse d'un communiqué plus inquiétant :

« Les phénomènes cérébraux en rapport avec la lésion à la base du crâne s'accentuent. La faiblesse augmente. L'état du président est de plus en plus grave. »[31]

Puis, à 2 heures 30 :

« Le président est entré dans le coma. »[32]

Le 7 mai 1932 à 4 heures 37, dans l'aube qui blêmit, le décès du président Paul Doumer des suites de ses blessures est officiellement constaté et enregistré à l'état-civil de la mairie du VIIIe arrondissement de Paris. Le réveil est déchirant pour la famille du président dans la « maison du malheur »[33]. Les robes noires, déjà sur les chaises, doivent être essayées et portées pour pénétrer dans le salon vert[34]. Les proches de Paul Doumer sont livrés en spectacle dans leur immense chagrin. Figée dans la douleur, Blanche est comme partie avec son mari. Plus rien ne pourra jamais plus l'atteindre. Poussant soudain des cris d'orfraies, elle annonce :

« Je refuse le Panthéon ! Ils me l'ont pris tout sa vie, ils me l'ont tué ! Je veux au moins être avec lui dans la mort ! »[35]

Blanche tient à ce que Paul rejoigne au cimetière de Vaugirard trois de leurs fils décédés avant lui [photographie 57 p. 475]. Elle tient une main froide dans les siennes. C'est tout ce qui lui reste de cinquante-quatre ans de bonheur.

Les paroles lucides prononcées par Paul Doumer après son assassinat laissent supposer que sa plaie céphalique n'est pas irrémédiable. Ces éléments plaident, selon le docteur Jacques Couvreur, en faveur d'un « décès par anémie, dépassée »[36]. Les circonstances dans lesquelles les premiers soins sont administrés au président sont toutefois évoquées dans le milieu médical comme un exemple d'erreurs à éviter en traumatologie d'urgence… On insiste en particulier sur le retard fatal avec lequel la plaie de l'aisselle est explorée. L'hémorragie due à la lésion subie à l'artère axil-

29. *Ibid.*
30. *Ibid.*
31. *Ibid.*
32. *Ibid.*
33. C. Pompidou parlera en 1987 de l'Élysée comme de la « maison du malheur » treize ans après la disparition de son mari.
34. A. Doumer, *Mon grand-père Paul Doumer*, *op. cit.*, p. 52.
35. *Ibid.*
36. D. Vicheney, « Le tragique destin de Paul Doumer », *op. cit.*, p. 64.

laire aurait pu facilement être stoppée si l'interne de garde avait rapidement « clampé » celle-ci, c'est-à-dire placé un clamp, sorte de pince permettant d'interrompre temporairement la circulation du sang dans un vaisseau. Ainsi une première polémique sur les mauvais soins apportés au président après l'attentat ne tarde-t-elle pas à éclater, parmi d'autres[37]. Un chirurgien anonyme rapporte ainsi implacablement :

> « Le président de la République française est mort, en 1932, treize heures après sa blessure dans un poste chirurgical moderne, d'une hémorragie artérielle tardivement traitée. Le diagnostic était certain (hémorragie, disparition du pouls). Il fallait lier l'artère d'extrême urgence et faire une ou deux transfusions. La ligature d'une artère est une opération simple, classique. Elle aurait dû être faite immédiatement avant tous les autres soins. »[38]

Raté par l'assassin, on dit que le président Doumer a été achevé à coups de gaffes :

> « Aucune des deux balles n'était mortelle. Un simple péquenaud ramassé dans la rue et soigné par le plus humble des médecins de campagne s'en fût tiré. »[39]

Une seconde polémique accable le service de sécurité du président, accusé de manquements. Aucune précaution particulière n'a en effet été prise le 6 mai 1932. Parmi les conséquences immédiates de l'assassinat du président Doumer, le décret du 21 mai 1932 rattache le service de Sûreté de la présidence de la République à la préfecture de police de Paris[40]. Les choses ne traînent pas. Les différents responsables sont réunis le 13 mai 1932 dans le cabinet d'André Tardieu, président du Conseil. Raison de fait : le président réside généralement dans la capitale. C'est donc à la préfecture de police, pourvue des moyens matériels les plus immédiats et les plus puissants, que doit incomber la surveillance du palais de l'Élysée. Raison de droit : la question de la répartition de la dépense étant secondaire en l'espèce pour les Français, un compromis interviendra plus tard entre la ville de Paris et l'État à ce sujet. Cette mesure constitue en fait un retour à une situation existant avant 1893. À cette date, le conseil municipal de Paris ayant refusé de voter les crédits nécessaires à la préfecture de police pour la surveillance de l'Élysée, on décida alors de confier celle-ci à la Sûreté générale. On regrette ainsi qu'il ait fallu attendre le tragique assassinat du président Paul Doumer pour revenir à la tradition historique[41]. La polémique est relancée à l'occasion de l'assassinat du président américain John F. Kennedy le 22 novembre 1963 à Dallas. On assure :

> « Un tel attentat serait impossible en France : toutes les fenêtres sont surveillées, tous les immeubles sont visités. »[42]

37. CHAN, 603 AP/4.
38. *Ibid.*, *Les Écoutes*, 10 mai 1932.
39. *Ibid.*
40. PPP, DB531.
41. *Ibid.*, *Le Petit Parisien*, 24 mai 1932.
42. *Ibid.*, A. Burnat, *L'Intransigeant*, 27 novembre 1963.

3. Le désarroi de la communauté russe de France

Quelle peut être la réaction des Russes de Paris ? Alors que le stéréotype emblématique du « grand prince devenu chauffeur de taxi » nourrit le mythe français du « Russe blanc », l'émigration russe se sent fragilisée par l'assassinat du président Doumer[43]. D'autant plus qu'à partir de 1932-1933, des informations sur le développement d'un mouvement profasciste et les infiltrations d'agents hitlériens parmi les antibolchevistes russes parviennent de plus en plus fréquemment à la police française[44]. Dans un réflexe xénophobe, celui de la France du début des années 30, l'origine étrangère de Pavel Gorguloff, « un de ces farouches assassins échappé de ces pays barbares auxquels la France trop généreuse, trop accueillante, ouvre si largement ses frontières »[45], est aussitôt stigmatisée. Au temps du grand afflux d'étrangers en France (2,7 millions au recensement de 1931), l'argumentaire xénophobe classique (délinquance, instabilité, absence d'insertion, parasitisme social, etc.) joue contre l'assassin.

L'arme du crime utilisée par Pavel Gorguloff est un revolver Browning S 15 cm (Herstal, Belgique) [photographie 50 p. 471], soit ce qui se fait alors de mieux et qu'il n'aurait pas pu se procurer seul. Ceci accrédite la piste affolante d'un tueur bras armé d'une organisation, mais laquelle ? D'autant plus qu'une deuxième arme identique (canon de 12 cm) est retrouvée sur lui[46]. Rapidement maîtrisé, Pavel Gorguloff est arrêté par la police non sans avoir été sérieusement tabassé par les témoins de son acte [photographie 53 p. 473]. Ses lèvres tuméfiées marmonnent d'interminables monologues incohérents. L'homme se débat violemment avec l'espoir, peut-être, de fuir dans la terrible confusion. La rumeur présente aussitôt Pavel Gorguloff comme « un anarchiste », ce qu'il n'est nullement. L'étiquette posthume lui colle longtemps à la peau[47]. Comme si, aussitôt un attentat commis en France, l'auteur ne pouvait être qu'anarchiste[48]. Pavel Gorguloff est bien plutôt le fondateur (et unique membre) d'un parti fasciste russe tôt doté d'un hymne et d'un emblème [documents 45 et 46 p. 422], ce qui, du point de vue des idées politiques et dans le contexte de l'Europe du début des années 1930, ne revêt pas du tout la même signification. Il est conduit au commissariat voisin de Saint-Philippe-du-Roule, où il est interrogé par le commissaire Marcel Guillaume, qui aurait inspiré à Georges Simenon la création du personnage de Maigret. Le commissaire est relayé dans son interrogatoire par M. Fougery, doyen des juges d'instruction, qui vient d'être chargé de cette affaire de tout premier ordre. Après ces préliminaires, l'assassin est incarcéré à la prison parisienne de la Santé dans le XIVe arrondissement de la capitale.

---

43. C. Gousseff, *L'exil russe : la fabrique du réfugié apatride (1920-1939)*, Paris, CNRS, 2008, « Les Russes dans la capitale : une présence remarquée », p. 123-153.

44. S. Cœuré, *La grande lueur à l'Est : les Français et l'Union soviétique (1917-1939)*, Paris, Le seuil, 1999, p. 207.

45. ADCS, 38 PER 58, *Bastia-Journal*, 7 mai 1932.

46. PPP, musée de la préfecture de police de Paris.

47. L. Pasquier-Doumer, entretien avec l'auteur, 31 mai 2005.

48. V. Bouhey, *Les anarchistes contre la République : contribution à l'histoire des réseaux sous la Troisième République (1880-1914)*, Rennes, PUR, 2008.

Soumis à une série d'interrogatoires, Gorguloff affirme avoir agi seul et avoir été poussé à tuer Paul Doumer en raison d'une force quasi-hypnotique correspondant à une idée fixe : sauver la Russie du bolchévisme[49]. À la question « Pourquoi s'en prendre au président français ? », réponse :

> « La France est complice des autorités soviétiques, elle a laissé tombé les armées blanches qui combattaient le bolchévisme, elle a reconnu le gouvernement soviétique en 1924, elle a signé des traités avec l'URSS. »[50]

Les exilés russes vivant en France, particulièrement nombreux depuis 1917[51], craignent que ne se reproduisent, dans l'émotion, les mêmes réactions de la part des Français que celles qui virent le jour contre les Italiens après l'assassinat du président Sadi Carnot, poignardé le 25 juin 1894 par l'anarchiste Sante Caserio lors de l'exposition de Lyon : nombreuses agressions physiques contre ces nouveaux immigrés, devenus des « ritals », pillage et destruction de magasins tenus par des Italiens[52]. Un lourd climat anti-italien s'installa alors en France, attribuant à un groupe humain tout entier la responsabilité collective d'un crime commis de façon isolée par un de ses membres. L'explosion de haine xénophobe qui se manifeste en 1894 à l'encontre des Italiens, jugés responsables du crime commis par leur compatriote, aboutit parfois à de véritables pogroms, notamment à Grenoble, Marseille, Avignon, Chambéry, Nancy et la région lyonnaise, poussant ainsi de nombreux travailleurs transalpins à réclamer leur rapatriement[53].

Rien de tout cela n'arrive en 1932, sauf quelques exceptions, comme celle d'un docker bordelais ayant tout de même poignardé son collègue russe pour venger Paul Doumer[54]. Le préfet de police de Paris prend des mesures d'ordre afin d'assurer la sécurité de la communauté russe émigrée. Aucune manifestation hostile n'est toutefois recensée. Malgré tout, les milieux anarchistes italiens de la région parisienne appréhendent que le gouvernement applique des mesures de répression à l'égard de tous les réfugiés politiques en France sans distinction[55].

Dans l'immédiat, il est recommandé à la communauté russe de faire profil bas, d'éviter de parler russe ou de déployer ostensiblement un journal russe en public. Ces précautions n'empêchent pas l'expression par les Français de nombreuses remarques désobligeantes à l'encontre des Russes qu'ils côtoient, voisins, commerçants, collègues, camarades d'école. Valérian Dovgalevsky, ambassadeur de l'URSS à

---

49. M. Moncel, « Il y a cinquante ans : le docteur Gorguloff, l'étrange assassin du président Doumer », *Historia*, n° 426, mai 1982, p. 86-95.

50. *Ibid.*

51. K. Foshko, *France's Russian Moment: Russian Émigrés in Paris and Interwar French Society*, thèse de doctorat d'histoire, Université Yale, 2008, en particulier chap. 4; et « The Paul Doumer Assassination and the Russian Diaspora in Interwar France », *French History*, vol. 23, n° 3, septembre 2009, p. 383-404.

52. P. Harismendy, « L'assassinat du président Sadi Carnot à Lyon », *in* B. Garnot (dir.), *Ordre moral et délinquance de l'Antiquité au XXe siècle*, Dijon, publications de l'Université de Bourgogne, 1994, p. 357-365.

53. P. Milza, *Voyage en Ritalie*, Paris, Plon, 1993.

54. D. Vicheney, « Le tragique destin de Paul Doumer », *op. cit.*, p. 63.

55. PPP, BA1683, note de la préfecture de police de Paris, 9 mai 1932.

Paris, assure le gouvernement français que cet « abominable attentat » a été accueilli avec « une indignation unanime » en Russie. Les organisations d'émigrés sont promptes à condamner ce crime et à assurer la France de leur fidélité. Le lendemain de l'attentat, une réunion de protestation est organisée dans les locaux de la rédaction du journal russe *La Renaissance*, 2 rue de Sèze à Paris[56]. Tous les représentants des organisations russes sont invités à y assister afin de témoigner sa solidarité à l'opinion française. Environ 200 personnes représentant 80 organisations russes de la capitale y assistent[57]. Une lettre de condoléances est adressée à Blanche Doumer. Le comité central des réfugiés russes, créé en 1925 et présidé par Basile Maklakoff, condamne le crime odieux en publiant un communiqué[58]. Il est suivi par l'avocat Alexandre Zagorsky, président de l'association des intellectuels russes en France[59].

Le métropolite Euloge, haut dignitaire de l'Église orthodoxe, fait célébrer une messe de requiem à la mémoire de Paul Doumer le 12 mai 1932 à la cathédrale orthodoxe de la rue Daru à Paris[60]. Un millier de personnes y assistent, dont de nombreuses personnalités de l'émigration russe. Alexandre Kazem-Bek, chef du parti des « Jeunes Russes » (« Mladorossy » en russe), fait participer ses membres en uniforme aux funérailles du président Doumer[61]. Le 9 mai 1932, la presse russe puis française annonce le suicide de Serge Dimitrieff, ancien sous-lieutenant de cavalerie russe : ne pouvant supporter le déshonneur d'être le compatriote de Pavel Gorguloff, il se serait défenestré du cinquième étage de son domicile[62]. Sur sa table, reproduisent les journaux, son carnet aurait été retrouvé avec ces quelques mots :

« Je meurs pour la France. »[63]

Cette version des circonstances de la mort de Serge Dimitrieff a toutefois été récemment remise en cause par plusieurs historiens russes. Son décès aurait pu, selon eux, être présenté à dessein comme un sacrifice purificateur par des journalistes russes afin de calmer les ressentiments antirusses en France[64].

4. Les obsèques nationales et l'inquiétude dans le monde

Paris offre à Paul Doumer son hommage le plus rare : le silence, écrasant, bouleversant[65]. Une foule grave et belle s'étend à perte de vue rue du faubourg Saint-Honoré

---

56. *Ibid.*, *La Renaissance*, 7 mai 1932.
57. PPP, BA2041, note de la préfecture de police de Paris, 8 mai 1932.
58. PPP, EA148(1), *Le Petit Matin*, 7 mai 1932.
59. *Ibid.*
60. *Ibid.*, note de la préfecture de police de Paris, 12 mai 1932.
61. *Ibid.*
62. *Ibid.*
63. « Désespéré par l'assassinat de M. Doumer, un Russe se suicide », *Le Populaire*, 9 mai 1932 ; « Un ancien lieutenant russe se suicide à Paris à cause du crime commis par un compatriote », *Le Petit Parisien*, 9 mai 1932. L'état-civil de la mairie du IVe arrondissement de Paris enregistre effectivement ce décès, survenu le 7 mai 1932 à 18 heures à l'Hôtel-Dieu.
64. D. Vicheney, « Le tragique destin de Paul Doumer », *op. cit.*
65. A. Doumer, *Mon grand-père Paul Doumer*, *op. cit.*, p. 54.

[photographie 55 p. 474]. Les pèlerins s'engouffrent avec le vent dans l'Élysée, dont les draperies noires se gonflent comme des voiles de malheur. Le peuple de France couvre de sa procession le long tapis funèbre qui indique le chemin à travers les salons et le jardin d'hiver jusqu'à la dépouille mortelle du président [photographie 54 p. 473]. 150000 personnes passent, ouvriers en costume de travail, mutilés se traînant sur leurs béquilles, enfants et vieillards déposant des monceaux de frêles petits bouquets[66]. Des funérailles nationales sont organisées le 12 mai 1932 à la cathédrale Notre-Dame de Paris et au Panthéon [document 55 p. 432][67]. À huit heures précises, les six chevaux du corbillard conduits en main par des laquais en grande livrée de deuil se mettent en marche funèbre. À Notre-Dame, le cardinal Verdier, archevêque de Paris, donne l'absoute devant 6000 personnes[68]. La *messe en fa* de Widor est jouée par les grandes orgues, les trompettes de la Garde républicaine et la société des concerts du Conservatoire. Puis le *Libera me* de Fauré s'élève en plain-chant. En signe de deuil national, les drapeaux sont mis en berne sur les bâtiments publics pendant un mois[69]. Dans toutes les écoles de France, une minute de silence est observée[70]. Tout Paris fait la haie, de l'Élysée à Notre-Dame, de la cathédrale au Panthéon [photographie 56 p. 474], où les mutilés de la Grande Guerre sont venus rendre hommage au chef de l'État[71]. Le pays tout entier escorte son président assassiné. Le peuple français témoigne son immense pitié dans ce père malheureux, qui, quatre fois, a suivi tête baissée le corps meurtri de ses fils, vieil homme sorti de ses rangs à qui soixante ans de labeur ont coûté plus de larmes que d'honneur. Et son sang, pour finir :

> « Français de modeste naissance ayant mérité, par son labeur et son civisme, d'être élevé au rang du patriciat [...], Paul Doumer résume en lui les facultés et les sentiments de la France. »[72]

Comment le gouvernement doit-il gérer l'événement ? Les autorités cherchent à exploiter les funérailles de Paul Doumer, en leur offrant la plus grande lisibilité possible : le convoi funèbre emprunte les grandes avenues de la capitale, au rythme d'une lenteur calculée. Il se donne à voir, revêt les signes de la nation (les drapeaux tricolores abondent), cherchant ainsi à rassembler. Après la cérémonie religieuse, le cortège reconstitué se rend au Panthéon. Entre les colonnes du péristyle, le catafalque dresse très haut le cercueil symbolique drapé de tricolore, tandis que la bière elle-même trouve sa place dans le soubassement. L'éloge, retransmis par la TSF et

---

66. A. Ben-Amos, *Funerals, Politics and Memory in Modern France (1789-1996)*, Oxford, OUP, 2000, p. 293.
67. P.-Y. Baudot, « La fabrication d'une cérémonie funèbre : la mort d'un président de la République en France (1877-1996) », *Frontières*, vol. 19, n° 1, automne 2006, p. 43-48.
68. PPP, SD6807.
69. ADC, 43 M 8, télégramme officiel (extrême urgence) du ministère de l'Intérieur (Sûreté générale) aux préfets et sous-préfets de France et d'Algérie, 7 mai 1932 ; A. Ben Amos, « Les funérailles républicaines », *in* V. Duclert *et al.* (dir.), *Dictionnaire critique de la République*, *op. cit.*, p. 871-878.
70. H. Lorin et C. Lorin, entretien avec l'auteur, 25 décembre 2006.
71. R. Dorgelès, *6 mai 1932*, *op. cit.*, « Les obsèques », p. 21.
72. CHAN, 603 AP/1, *Le Temps*, 8 mai 1932.

reproduit dans *L'Intransigeant* du 13 mai 1932, est prononcé par André Tardieu, président du Conseil [document 56 p. 433-434]. Il retrace les grandes étapes de la carrière de Paul Doumer tout en délivrant quelques messages politiques :

> « Pour la seconde fois en soixante et un ans, la République a la douleur de conduire au tombeau son chef assassiné. Crime odieux, crime absurde, et par la fonction qu'il vise, et par l'homme qu'il atteint, car la fonction est d'arbitrage et de conciliation ; l'homme était de paix, de sagesse et de bonté. [...] Paul Doumer, pour trois quarts de siècle, fut le vivant témoignage de ce qu'est et de ce que peut la démocratie. Fils du peuple, c'est le peuple entier qu'il représentait. [...] Des rigueurs que la vie inflige à tous les hommes, et celles aussi qu'elle réserve aux humbles, il n'a rien ignoré. [...]
> Jamais il n'a reculé d'un pas. Il était, par son caractère, mal préparé à subir le lit de Procuste[73] des partis et des groupes, c'est pourquoi, tour à tour, tous se sont attaqués à lui. Il avait connu, aux côtés de Léon Bourgeois, le reproche d'extrémisme de gauche et la chute du Sénat. Il connut ensuite, à la Chambre, le grief de la réaction parce qu'il voulait, pour la France extérieure, une politique d'expansion et parce qu'il réprouvait les fiches de délation. Toute conscience indépendante est exposée à ces agressions successives. [...]
> Présent dans Paris menacé d'être investi, il offrit ses services à Gallieni, qui, aussitôt les accepta. De prudents adversaires s'essayèrent, de très loin, à dresser contre ce geste de patriote les soupçons de la politique. [...] La guerre dura et lui fut cruelle. À coups redoublés, la mort frappe au seuil de l'heureuse famille formée quarante ans plus tôt. [...] Qui n'a pas vu le père au travail supporter choc après choc et dire : « La mort n'est rien si elle est utile » ?
> Quand sonne le clairon de l'armistice, Paul Doumer a soixante et un ans. Ni l'âge ni le deuil n'ont mordu sur lui. [...] Commencent les difficultés de l'après-guerre. [...]
> Il gardait dans la forme une grande discrétion qui cachait une résolution ferme. Pour assurer le succès des solutions qu'il croyait sages, il n'hésitait pas à sortir des traditions et des rites. [...]
> Paul Doumer, au long de sa carrière, n'avait jamais cherché la popularité. Il n'avait ni les dons du tribun, dont les masses subissent la puissance verbale, ni l'habilité publicitaire, par laquelle tant de médiocres suppléent au prestige. [...]
> Tombé, comme un soldat, face au danger qu'il a, toute sa vie, dédaigné, Paul Doumer nous lègue deux devoirs, dont l'accomplissement eût été le seul hommage qu'aurait accepté sa modestie : celui d'aider les siens, par notre affection, à porter leur deuil ; celui d'aider la France à remplir son destin par les vertus de l'union et les vertus de l'action. »[74]

Au premier rang des princes qui suivent le cercueil de Paul Doumer, on remarque un jeune homme grave aux traits fin. Sa Majesté Bao Dai, empereur d'Annam, est bouleversée. Sa présence apporte « l'hommage filial de l'Indochine

73. Personnage de la mythologie grecque, Procuste est devenu le symbole du conformisme et de l'uniformisation. On parle de « lit de Procuste » pour désigner toute tentative de réduire les hommes à un seul modèle, une seule façon de penser ou d'agir.

74. *L'Intransigeant*, 13 mai 1932, rééd. *in* A. Tardieu, *Devant le pays*, Paris, Flammarion, 1932, p. 229-247.

au défunt gouverneur général »[75], écrit Pierre Deloncle, secrétaire général du Comité de l'Indochine, un an après l'Exposition coloniale, dans une appréciation très paternaliste. Parmi les innombrables délégations qui assistent aux obsèques du président, celle des Croix de feu regroupe pas moins de 2000 de ses membres, avec à sa tête le colonel de la Rocque. Le comité France-Orient, dont Doumer fut président, est également représenté par une importante délégation.

L'hommage n'est-il que parisien ? Toutes les villes de France tiennent bien au contraire, en s'associant aux cérémonies de la capitale, à affirmer le caractère de deuil national de cette journée. Au 48e congrès national de la Ligue de l'enseignement, qui s'ouvre le 12 mai à Toulouse, au Capitole, Étienne Billières, maire de la ville, prononce l'éloge funèbre du président défunt en dehors de toute solennité et au lieu des discours prévus[76]. Les délégués des soixante fédérations départementales de la Ligue communient ainsi dans le deuil national, saluant l'ardeur avec laquelle Paul Doumer, professeur dans les Vosges (1879-1883), avait soutenu les progrès de la jeune Ligue de l'enseignement cinquante ans plus tôt. À Marseille, tous les établissements publics et privés ont leurs drapeaux en berne, ainsi que les bateaux ancrés dans les ports. À Bordeaux, le maire fait sonner la grosse cloche du beffroi de l'ancien hôtel de ville Saint-Éloi, qui ne retentit qu'aux dates solennelles de l'histoire de France. La municipalité du Val d'Ajol (Vosges) et la Légion vosgienne des anciens combattants font célébrer un office à l'église. À l'issue du service, les anciens combattants, toute la population du village et les enfants des écoles se rendent au cimetière sur la tombe du docteur Armand Doumer, fils du président défunt, où des gerbes sont déposées.

L'assassinat du président provoque une « véritable consternation »[77] en Corse, dont la préfecture à Ajaccio est submergée de messages de condoléances[78]. L'île s'enorgueillit d'avoir su, en 1912, remettre le grand citoyen à la place qu'il méritait[79]. Diverses manifestations de reconnaissance s'expriment sur l'île. Un comité est constitué par Henri Pierangeli[80], ancien conseiller général et député, en vue d'ériger un monument à la mémoire du président Doumer, quai du Nouveau-port à Bastia[81]. Un buste en marbre du président Doumer est commandé par la ville de Bastia au sculpteur Yves Borghesi[82]. Une « fontaine Paul Doumer, président de la République (1932) » est érigée dans le village de Guargualé (Corse-du-Sud) [pho-

75. PPP, EA148(1), P. Deloncle, « Paul Doumer colonial », *in* « Paul Doumer (1857-1932), sa vie, sa mort, ses obsèques nationales », *L'Illustration*, hors-série mai 1932.

76. PPP, EA148(1), « Les émouvantes funérailles du président Paul Doumer », *Le Petit Parisien*, 13 mai 1932.

77. ADCS, 1 M 333, assassinat du président Doumer (1932), télégrammes et cahiers de condoléances.

78. ADCS, 38 PER 94, *Bastia-Journal*, 8 mai 1932.

79. *Ibid.*

80. J.-P. Pellegrinetti, « Henri Pierangeli », *in* A.-L. Serpentini (dir.), *Dictionnaire historique de la Corse*, *op. cit.*, p. 771-772.

81. ADCS, 1 M 333, P. Séguin, préfet de Corse, aux maires du département, Ajaccio, 23 février 1933.

82. P.-C. Giansily, « Approches de la sculpture en Corse aux XIXe et XXe siècles », *Études corses*,

tographie 59 p. 476] : le maire appartient-il au réseau de l'ancien sénateur de Corse ? Souhaite-t-il remercier le bienfaiteur de son aide à la municipalité ? Paul Doumer serait passé à Guargualé au cours de son mandat sénatorial et aurait fait don à la commune de 5 francs-or pour ériger une fontaine publique[83]. Le nom du commanditaire et la date de la commande restent toutefois inconnus[84]. Certaines municipalités, telles que Viggianello (Corse-du-Sud), refusent en revanche de mettre le drapeau en berne le jour des funérailles officielles du président Doumer, ce qui est dénoncé au préfet par quelques citoyens anciens combattants.

En Indochine, l'odieux attentat soulève également une indignation profonde. Les réjouissances publiques prévues à l'occasion de la Fête de Jeanne d'Arc sont annulées et les édifices publics sont cravatés de crêpe noire[85]. Un flot de condoléances annamites, dont les administrateurs rendent compte aux résidents supérieurs, fuse des provinces de toute l'Union[86] : les mandarins et principaux notables expriment leur « sincère affliction devant la disparition du grand Français et du grand Indochinois, dont le nom restera étroitement lié à celui de la colonie »[87]. Le 19 mai 1932, une oraison funèbre est prononcée à la pagode Dong Thuan (Haiduong) à la mémoire de Paul Doumer. Cette imposante cérémonie bouddhique est célébrée à la demande des autorités communales indigènes[88]. Le 8 juin 1932, le conseil municipal d'Hanoi décide de baptiser un quai Paul Doumer à Hanoi[89].

Comment la nouvelle du 6 mai 1932 est-elle reçue hors de France ? Des lettres et télégrammes de condoléances affluent des autorités du monde entier, reflétant l'émotion doublée d'inquiétude de la communauté internationale devant l'assassinat du président de la République française. De nombreuses cérémonies religieuses et solennelles sont célébrées en Europe en son honneur. À Rome, la messe pour le repos de l'âme de Paul Doumer est célébrée dans l'église nationale de Saint-Louis-des-Français. Mussolini y est représenté par Dino Grandi, ministre des Affaires étrangères. Une messe de requiem est dite en l'église Saint-Paul de Berlin en présence du chancelier Brüning, délégué par le président Hindenburg. Le chancelier rend une visite personnelle à André François-Poncet, ambassadeur de France à Berlin[90]. Otto Meissner, secrétaire d'État à la présidence du Reich, accomplit une

---

nº 61, décembre 2006, p. 106. Ce buste du président Doumer est conservé au musée de Bastia : É. Cornetto, conservateur en chef, courriel à l'auteur, 7 novembre 2008.

83. J. Bouygues, lettre à l'auteur, 3 juin 2011.

84. M.-M. Graziani (ADCS), courriel à l'auteur, 23 mai 2011.

85. CAN nº 1, MH, D.84, nº 3238, circulaire de P. Pasquier, gouverneur général de l'Indochine, aux chefs d'administration locale et aux chefs des services généraux, 7 mai 1932.

86. CAN nº 1, MH, D.84, nº 3238, décès de P. Doumer, président de la République française.

87. *Ibid.*

88. CAN nº 1, RST, D.84, nº 71651, décès de P. Doumer, président de la République française, ancien gouverneur général de l'Indochine.

89. *Ibid.*

90. A. François-Poncet, *Souvenirs d'une ambassade à Berlin (septembre 1931-octobre 1938)*, Paris, Flammarion, 1947.

démarche analogue[91]. L'hommage de l'étranger est unanime. *Le Petit Matin* note dans son édition du 8 mai 1932 :

« Paul Doumer est partout présenté comme l'exact représentant des vertus françaises. »[92]

La presse allemande n'oublie pas toutefois que le président Doumer fut un patriote ardent ni qu'il a été, à la présidence de la République, le candidat de partis nationaux défenseurs du « diktat » de Versailles. En Italie, la presse fasciste proteste avec indignation contre les informations voulant à tout prix présenter l'auteur de l'attentat comme un fasciste. Ce qu'il est pourtant. Le *Messagero* écrit notamment :

« La signification calomnieuse de cette affirmation arbitraire ne mérite pas d'être relevée. »[93]

5. L'assassin et ses mobiles

Pourquoi ce crime ? En abattant Paul Doumer, Pavel Gorguloff veut tout à la fois punir la France, qui aurait, selon lui, sous-réagi à la révolution bolchevique de 1917, et attirer l'attention du monde sur les malheurs du peuple russe. L'objectif est doublement atteint. Supprimer le chef de l'État en pleine effervescence électorale peut terriblement bouleverser un pays. Pourtant les motivations de Pavel Gorguloff ne rejoignent pas les préoccupations principales de la société française de 1932, davantage préoccupée par les premières manifestations de la crise économique et par le développement des ligues factieuses. Dans les carnets retrouvés sur l'assassin, on peut lire des phrases délirantes du genre :

« Et à présent, écoute-moi, ô France ! Moi, chef des fascistes russes, je tue moi-même le président de la République française Paul Doumer... Et maintenant, j'ai accompli mon devoir envers ma patrie, la Russie nationale ! »[94]

Devant ce fatras mystico-patriotique, l'idée qui va guider ses avocats pour sauver la tête de leur client sera de plaider la folie. Ceux-ci sont au nombre de trois, commis d'office : maîtres Marcel Roger, Pierre Xardel et Henri Géraud. Ce dernier n'est pas un inconnu[95] : un des ténors du barreau, il s'est fait connaître en plaidant dans des affaires célèbres. Il a en particulier obtenu l'acquittement de Rémi Couillard, domestique de Madame Steinheil, maîtresse du président de la République Félix Faure, accusé de complicité dans le meurtre de sa patronne ; puis surtout, en 1919, de Raoul Villain, assassin de Jean Jaurès le 31 juillet 1914[96].

91. PPP, EA148(1), *Le Petit Matin*, 8 mai 1932.

92. *Ibid.*

93. PPP, EA148(1), « L'hommage de l'étranger », *in* « Paul Doumer (1857-1932), sa vie, sa mort, ses obsèques nationales », *L'Illustration*, hors-série mai 1932.

94. D. Vicheney, « Le tragique destin de Paul Doumer », *op. cit.*, p. 57.

95. A. Falk, « Un tueur nommé délire : l'assassinat du président Doumer (6 mai 1932) », *in* G. Guilleminault, *Les années difficiles*, Paris, Denoël, coll. « Le roman vrai de la Troisième République », 1958, p. 154.

96. J. Rabaut, *Jaurès et son assassin*, Paris, Centurion, 1967.

D'emblée, une grosse pression s'exerce sur le dossier, attestée par l'innombrable correspondance reçue par maître Géraud[97], des autorités religieuses lui demandant sa clémence aux milliers de lettres de citoyens français bouleversés par l'attentat du président Doumer — ainsi Myriam, « une petite Française qui a bien de la peine » —, des mots anonymes d'insultes aux messages de confrères ou d'aliénistes viennois psychoanalyticiens.

La folie de Pavel Gorguloff aurait pu être admise par la justice car son comportement en prison est des plus étranges : tantôt il tient à ses gardiens des discours décousus et prophétiques, tantôt il se plonge dans un mutisme total et lit les Évangiles[98]. Qui est le meurtrier de Paul Doumer ? Quel a été son parcours avant le 6 mai 1932 ? À travers toutes ces élucubrations, le patient juge Fougery réussit toutefois à reconstituer ce que fut la vie de Gorguloff jusqu'au 6 mai 1932. La mère de Gorguloff habite en URSS, où, comme en France, on se passionne pour cette affaire. Contactée par des journalistes soviétiques, elle reconnaît formellement son fils sur les photos de lui. Né le 29 juin 1895 dans une « stanitsa » (village de cosaques) de la ville de Labinsk (Caucase), Pavel Gorguloff entreprend des études de médecine à Ekaterinodarsk[99]. La guerre de 1914 l'empêche de les mener à terme. Il est en effet alors mobilisé dans un régiment de cosaques. À la première révolution de 1917, il se rallie à Kerinsky[100] avant de se ranger aux côtés des blancs et de devoir émigrer en Pologne puis à Prague en 1921. Ses épouses (il est alors double bigame) se plaignent d'être battues par lui. Il achève ses études de médecine et ouvre un cabinet médical, connu pour avoir pratiqué des avortements clandestins.

Pavel Gorguloff publie divers livres et se lance en politique, fondant un parti fasciste « vert ». Celui-ci prévoit un programme extravagant, notamment la création d'un *triumvirat*, dont il aurait été le président. Le dédain avec lequel ministères et directeurs de journaux accueillent le programme du parti de Gorguloff décide ce dernier à l'imposer par un éclat. Dans son esprit tourmenté germe alors la pensée du crime. Expulsé de Tchécoslovaquie en 1930, Pavel Gorguloff se réfugie en France. Il habite d'abord à Billancourt chez un certain Nekrassoff dans le quartier peuplé d'ouvriers russes de Renault. Les anciens gardes blancs et officiers de l'armée tsariste sont alors très nombreux dans les polices d'usines : celle de Renault, par exemple, a embauché un certain Kroutchoff, bras droit de Pavel Gorguloff[101]. Gorguloff déménage ensuite à Paris dans un hôtel situé au 31 rue du Commerce portant le nom de « Pensez-y »[102]. Il y ouvre de nouveau un « cabinet médical » destiné aux nombreux émigrés russes de ce quartier et fait paraître des annonces dans le quotidien monar-

97. CHAN, 603 AP, fond H. Géraud.

98. D. Vicheney, « Le tragique destin de Paul Doumer », *op. cit.*,, p. 57.

99. A. Falk, « Un tueur nommé délire : l'assassinat du président Doumer (6 mai 1932) », *op. cit.*, p. 151.

100. A. Richard, *Alexandre Kerensky, the first love of the Revolution*, New York, CUP, 1987.

101. J. Pardieux, *Dans les bagnes industriels français : provocation et mouchardage*, Paris, bureau d'éditions, 1933. Cité par D. Kalifa, *Naissance de la police privée : détectives et agences de recherches en France (1832-1942)*, Paris, Plon, 2000, p. 257.

102. Le « Printemps hôtel » existe toujours au 31 rue du Commerce (XVe arrondissement de Paris).

chiste d'extrême-droite *La Renaissance* pour les réunions politiques de son parti [document 44 p. 421]. Expulsé de France en décembre 1931 pour exercice illégal de la médecine, Pavel Gorguloff revient à Paris le 4 mai 1932 pour s'installer rue Victor Cousin dans un hôtel proche de la Sorbonne. Le 5 mai 1932, il va prier longuement à Notre-Dame et passe le reste de la journée à s'enivrer de bar en bar. Le 6, il se rend dès le matin à l'association des écrivains combattants et se fait délivrer, au nom de Paul Brède, une carte d'entrée pour la vente des livres organisée par cette association.

Comment juger l'assassin de Paul Doumer ? Les autorités manifestent une volonté d'exemplarité. Celle-ci se caractérise d'abord par la rapidité de l'instruction (un mois). Les autorités judiciaires cherchent à prendre Pavel Gorguloff de vitesse avant qu'il ne puisse présenter son second pourvoi en cassation. La volonté est de punir le crime à tout prix. La sanction doit être à la mesure de l'exceptionnalité du crime. Le procureur général évoque la nécessité du « châtiment suprême ». D'où ce refus de la folie du criminel, afin de le soustraire au jeu des circonstances atténuantes. La responsabilité de Pavel Gorguloff est établie, certes à l'issue d'une expertise médicale, mais partiale et catégorique : face aux signes apparents de démence, les experts officiels se contentent d'évoquer les bizarreries ethniques des slaves — pour le docteur Génil-Perrin, la « mentalité particulière » de l'assassin ne tient pas à des « causes pathologiques » mais à des « causes ethniques », c'est-à-dire la « mentalité slave »[103] —, et le parquet rejette la demande de contre-expertise demandée par la défense. Ses trois avocats demandent au juge d'instruction de faire procéder à une expertise médicale sur l'état mental de Pavel Gorguloff. Tâche délicate, pour la justice des hommes, que de juger le brouillard d'une conscience. Le 31 mai 1932, une commission d'experts comprenant les psychiatres Génil-Perrin, Truelle et Rogues de Fursac, médecins en chef des asiles publics d'aliénés de la Seine, examine l'accusé et ne trouve pas de trace de folie au sens de l'article 64 du Code pénal de 1810[104]. Celui-ci précise :

> « Il n'y a ni crime ni délit lorsque le prévenu était en état de démence au temps de l'action ou lorsqu'il a été contraint par une force à laquelle il n'a pas pu résister. »

Un rapport médico-légal de quatre-vingts pages est versé au dossier[105]. L'hypothèse du crime par passion politique est examinée mais Pavel Gorguloff, ne présentant ni troubles mentaux ni anomalies psychiques susceptibles d'atteindre sa responsabilité pénale, est déclaré entièrement responsable de ses actes[106]. Les avocats demandent aussitôt une contre-expertise. Effectuée par les docteurs Logre et Lorrain, elle conclut dans un sens diamétralement opposé :

---

103. CHAN, 603 AP/4, expertises médicales contradictoires de Gorguloff (1931-1932).

104. V. Fau-Vincenti, « La bataille de l'article 64 », *L'Histoire*, numéro spécial « Le crime », n° 168, juillet-août 1993, p. 95-97 ; colloque « 1810-2010 : bicentenaire du Code pénal », association française pour l'histoire de la justice, Sénat/Cour de cassation, 25-26 novembre 2010.

105. CHAN, 603 AP/3, tribunal de la Seine, rapport médico-légal des docteurs Truelle, Rogues de Fursac et Genil-Perrin, 31 mai 1932.

106. *Ibid.*, p. 44.

« Pavel Gorguloff est un psychopathe délirant, une sorte de demi-fou lucide de type régicide. »[107]

Le cas-frontière semble inédit. Les débats des experts sont ceux d'une discipline en pleine construction[108]. Pourrait-il aussi s'agir d'un crime d'Œdipe ? Freud est également convoqué. Pavel Gorguloff aurait tué en Paul Doumer un père, père de famille nombreuse et père de la patrie française, vieillard à la barbe blanche, symbole de paternité. Dans ces conditions, la responsabilité se trouverait, à leurs yeux, très atténuée. Pour appuyer la thèse de la folie, les avocats invoquent le fait que le surnom de « Brède », pris par Pavel Gorguloff, signifie « délire » en russe. La preuve est-elle suffisante ?

6. Le procès et l'exécution publique

Le procès de l'assassin du président Doumer s'ouvre le 26 juillet 1932 devant la cour d'assises de la Seine [photographie 58 p. 475]. Des mesures d'ordre exceptionnelles sont prises. C'est, annonce-t-on, un roman à la Dostoïevski qui va se dérouler[109]. Tous les ingrédients sont réunis pour passionner l'opinion publique mondiale. L'affaire déchaîne les passions. Journaux américains et anglais se disputent le droit de publier des extraits du manuscrit de Gorguloff, *Le roman d'un cosaque*[110]. Dans la salle des assises, de nombreux écrivains et journalistes sont dépêchés par les rédactions du monde entier. Aux bancs de la presse, diverses plumes célèbres, Pierre Mac Orlan[111] ou encore Pierre Dominique, l'un des collaborateurs de *L'Action française* de Charles Maurras[112]. Derrière la cour, l'écrivain et journaliste russe Ilya Ehrenbourg, envoyé à Paris pour le compte des *Izvestia*[113] avant de devenir l'année suivante le correspondant à Paris de la *Pravda*[114]. L'attentat, politique, frappe les esprits car il prend pour décor la rue, la place publique.

La prison a eu beau le faire fondre, amenuiser ses traits, on devine une structure de brute, de gorille aux instincts primitifs, note-t-on de l'assassin[115]. Les descriptions qui sont faites de Gorguloff dans la presse insistent toutes sur son apparence bestiale. Ses mains énormes, ses méplats accentués, son regard de bête traquée sous le cheveu rebelle témoignent, à n'en point douter, de sa brutalité[116]. Le tout trempé

107. CHAN, 603 AP/4, expertises médicales contradictoires de Gorguloff (1931-1932).

108. « La journée des aliénistes au procès de Gorguloff », *Le Journal*, 27 juillet 1932.

109. « Le procès Gorguloff », *Aux écoutes*, 26 juillet 1932.

110. CHAN, 603 AP/1, *Paris-Midi*, 13 mai 1932.

111. J.-C. Lamy, *Mac Orlan, l'aventurier immobile*, Paris, Albin Michel, 2002 ; « Pierre Mac Orlan », *Roman 20-50*, n° 47, PUS, juin 2009.

112. G. et S. Berstein, *Dictionnaire historique de la France contemporaine (1870-1945)*, Bruxelles, Complexe, 1995, « Chiappe, Jean (1878-1940) », p. 146-147.

113. L. Marcou, *Ilya Ehrenbourg*, Paris, Plon, 1992 ; I. Ehrenbourg, *Les deux pôles : souvenirs*, Paris, Gallimard, 1964, t. IV, p. 286-290 (*Memoirs (1921-1941)*, Cleveland, World Publishing, 1964, p. 217 et 219.

114. S. Cœuré, *La grande lueur à l'Est : les Français et l'Union soviétique (1917-1939)*, *op. cit.*, p. 188.

115. « Le procès Gorguloff », *Aux écoutes*, 26 juillet 1932.

116. *Ibid.*

de cet évangélisme slave où le sadisme côtoie le masochisme[117]. D'étranger, Pavel Gorguloff devient non-civilisé. La mystérieuse âme slave est assurément différente de la logique cartésienne. Les portraits se focalisent sur ce caractère, révélant l'état de la société française de 1932. Finalement, « Gorguloff ne serait-il pas un simulateur ? », titre *Le Figaro* du 27 juillet 1932. Gorguloff n'est pas fou, son comportement tient simplement au fait qu'il appartient à une ethnie différente de la « nôtre ». D'où cette réplique des avocats :

« S'il était Français, on le mettrait à l'asile ! »[118]

Le procureur Donat-Guigue réclame le châtiment suprême dans un réquisitoire sévère aux dramatiques accents hugoliens. Les avocats ont alors la lourde tâche de défendre leur client. En vain. Pavel Gorguloff est condamné à mort le 27 juillet 1932. Il accueille le verdict avec indifférence, « le cou nu comme déjà prêt au supplice »[119]. Toutes les circonstances atténuantes sont repoussées. Son pourvoi est rejeté par la Cour de cassation. Les avocats tentent alors, de nouveau en vain, de provoquer une révision du procès. Il ne reste plus que l'hypothèse d'une grâce présidentielle de la part du nouveau président de la République, Albert Lebrun. Appuyés par Victor Basch au nom de la Ligue des droits de l'homme[120], les avocats introduisent une telle demande. Ils sont reçus à Rambouillet par le président Albert Lebrun, qui les écoute très attentivement et demande à réfléchir. Il se dit dans l'opinion que cela dépendra finalement de Madame Doumer, qu'elle seule pourra sauver « le malheureux »[121]. La commission des recours rend un avis défavorable. *L'Humanité* réclame alors la révocation de Jean Chiappe, préfet de police de Paris, proche de l'extrême-droite[122]. Le 13 septembre 1932, le président Albert Lebrun refuse solennellement la grâce de Pavel Gorguloff. La clémence, même envers un fou, semble inconvenante. L'opinion publique ne l'accepterait pas. À l'aube du 14 septembre 1932, celui-ci est amené à la guillotine dressée boulevard Arago devant la prison de la Santé. Auparavant, il reçoit la visite du pope Léon Gillet, auquel il se confesse et qui le fait communier. On ajoute à cela deux verres de rhum. Le Russe refuse la cigarette. Les dernières paroles de Gorguloff sont :

« Russie, sainte Russie, ma patrie ! »[123]

Les exécutions capitales restant publiques jusqu'en 1939, la foule parisienne, évaluée à 3 000 personnes[124], est venue en masse pour assister à l'exécution. Elle se

---

117. *Ibid.*
118. *Ibid.*
119. PPP, BA1683, « Gorguloff est condamné à mort », *Le Quotidien*, 28 juillet 1932.
120. CHAN, 603 AP/1, C. Vautel, *Le Journal*, 31 juillet 1932 ; E. Naquet, « La Ligue des droits de l'homme de l'affaire Dreyfus à 1940 : engagement et culture politique républicaine », *in* R. Baudouï *et al.* (dir.), *Un professeur en République : mélanges en l'honneur de Serge Berstein*, *op. cit.*, 2006, p. 58-66.
121. CHAN, 603 AP/3.
122. PPP, BA1683, « L'affaire Gorguloff n'est point terminé : Chiappe doit être révoqué ! », *L'Humanité*, 11 août 1932.
123. PPP, BA1683, « On a tué un fou : l'exécution de Gorguloff a eu lieu hier matin », *Le Peuple*, 15 septembre 1932.
124. PPP, BA1683.

presse sur tout le boulevard Arago entre la rue Saint-Jacques et la place Denfert-Rochereau. Des grappes humaines sont même juchées sur le Lion de Belfort pour ne rien perdre du spectacle de la décapitation de Gorguloff. L'exécution a lieu à 5 heures 57 entre deux haies de cavaliers, sabre au clair. Avec une rapidité qui surprend même les habitués de ces scènes dramatiques[125]. Il ne se passe pas dix secondes en effet entre le temps où Gorguloff apparaît dans l'ouverture du fourgon, mené par deux chevaux noirs, et celui où le couperet tombe. Il ne se passe pas une minute non plus avant que le panier d'osier dans lequel le corps roule et où l'un des aides verse la tête soit lui-même fermé, notent les observateurs avec précision[126]. « Une tête mal taillée », fait remarquer le bourreau Deibler, exécuteur en chef des arrêts criminels de France, sa besogne faite[127]. Remarque énigmatique : le couperet a-t-il tranché de travers ou le bourreau considère-t-il que son client manquait de raison ? Le corps est transporté dans le fourgon qui s'en va vers le cimetière d'Ivry. Là a lieu un simulacre d'inhumation. À 6 heures, le boulevard Arago est déblayé. La machine est nettoyée, démontée et emportée. Les barrages rompus, la foule se précipite vers l'endroit où a eu lieu l'exécution. Du sable frais marque la place où la guillotine de la République, quelques instants plus tôt, a fait expier son crime à Pavel Gorguloff[128]. L'occasion est rêvée pour une certaine presse étrangère, en particulier britannique, de publier des articles tendancieux réactivant les vieux clichés de la folie révolutionnaire française[129]. Des scènes de désordre voire d'orgie expiatoire pendant l'exécution du criminel sont décrites, des femmes chantant et dansant autour de l'échafaud encouragées par une foule hystérique[130]. Pour Ilya Ehrenbourg, le procès de Pavel Gorguloff est, plus sérieusement, une introduction psychologique aux dix années qui suivent :

> « Le mot de guerre se fait familier. Les hommes commencent partout à sombrer dans la cause. Plane une odeur de sang. »[131]

7. Un complot?

Paul Doumer est le deuxième chef de l'État de la IIIe République qui meurt assassiné mais l'unique président de la République victime d'un attentat au XXe siècle[132].

125. *Ibid.*, « La guillotine a fonctionné », *La dernière heure*, 15 septembre 1932.

126. PPP, BA1683, « Les derniers instants de l'assassion Gorguloff exécuté hier matin », *Le Journal*, 15 septembre 1932.

127. PPP, EA148(1), É. Marlotte, « Le "dictateur vert" assassine le président de la République », série « Les monstres sacrés du crime », *Paris-jour*, 1er décembre 1961 ; F. Foucart, *Anatole Deibler, profession bourreau*, Paris, Plon, 1992.

128. *Ibid.*

129. G. Rudé, *La foule dans la Révolution française*, Paris, Maspéro, 1982.

130. PPP, BA1683.

131. I. Ehrenbourg, *Les deux pôles : souvenirs*, *op. cit.*, p. 290.

132. Colloque « Régicide et meurtre de l'homme d'État : histoires, formes, représentations », Université Paris X Nanterre, ENS Saint-Cloud, Société pour l'histoire de la justice, Université Paris I Panthéon-Sorbonne, novembre 1995.

Avant lui, Sadi Carnot est en effet poignardé le 25 juin 1894 à Lyon par l'anarchiste italien Caserio. Plus chanceux, le président Émile Loubet échappe miraculeusement, à sa sortie de l'Opéra rue de Rohan le 31 mars 1905, à un attentat, alors qu'il accompagne le roi Alphonse XIII d'Espagne, à qui est destinée la bombe. Le 14 juillet 1922 avenue des Champs-Élysées, l'anarchiste Charles Jouvet tire plusieurs coups de revolver sur la voiture du préfet de police de Paris, qu'il prend à tort pour celle d'Alexandre Millerand, président de la République. La liste des hommes politiques assassinés sous la IIIe République française ne s'arrête pas là. Jean Jaurès est assassiné le 31 juillet 1914 au Café du Croissant à Paris par Raoul Villain, un étudiant nationaliste. Louis Barthou, ministre des Affaires étrangères, tombera le 9 octobre 1934 à Marseille alors qu'il accueille le roi Alexandre Ier de Yougoslavie. Lors de l'attentat commis par un révolutionnaire macédonien contre le roi Alexandre, un policier français riposte et blesse grièvement, par erreur, le ministre, qui décède peu après.

L'assassinat de Paul Doumer intervient deux jours avant le second tour d'élections législatives, auxquelles un raz de marée de la gauche est annoncé. Il est tentant, dans ce contexte politique, de présenter le meurtre comme un complot[133] : tentative de différer les élections et saisir l'occasion d'une prise de pouvoir musclée ? Complot blanc étayant l'idée d'un « contre-État » des Russes blancs[134] en France ? Complot rouge ourdi par l'Internationale communiste ? Complot brun, les nazis manipulant l'assassin ? Les lectures du crime sont plurielles et confuses[135]. Les différentes campagnes de propagande autour de conjurations imaginaires indiquent cependant l'importance du choc éprouvé par l'opinion publique et sont signifiants en cela. Dans ce contexte anxieux, l'acte purement individuel d'un déséquilibré est l'hypothèse la plus rassurante. C'est cette thèse qui finit par s'imposer, notamment grâce aux efforts du jeune Hubert Beuve-Méry, trente ans, futur fondateur du *Monde* (1944), envoyé par la rédaction du *Matin* et en complet désaccord avec elle sur ce point[136].

La tentative unitaire entreprise par les autorités françaises à l'occasion des obsèques nationales de Paul Doumer échoue. Parce que, tout d'abord, le sens de certaines paroles a changé. En 1932, le thème d'union nationale ne fédère plus l'ensemble des Français car il est un thème à connotation partisane. Notion accaparée par la droite depuis la formation du Bloc national au lendemain de la guerre[137], elle était par ailleurs développée antérieurement à l'attentat par Tardieu et ce, encore le jour même du crime[138]. Après la mort de Paul Doumer, l'appel à l'union sera repris principalement par des journaux de droite, comme *Le Temps*, *Le Figaro* ou encore

133. F. Monier, *Le complot dans la République : stratégies du secret de Boulanger à la Cagoule*, Paris, La Découverte, 1998.

134. A. Jevakhoff, *Les Russes blancs*, *op. cit.*

135. S. Cœuré et F. Monier, « Paul Gorgulov, assassin de Paul Doumer (1932) », *Vingtième siècle, revue d'histoire*, n° 65, janvier-mars 2000, p. 35-46.

136. H. Beuve-Méry, *Paroles écrites : mémoires*, Paris, Grasset, 1991, p. 51-55 ; L. Greilsamer, *Hubert Beuve-Méry*, Paris, Fayard, 1990, p. 56-64.

137. R. Rémond, *Les droites en France*, Paris, Aubier, 1982, p. 184-185.

138. A. Tardieu, « Pour l'Union nationale », *Le Figaro*, 6 mai 1932.

Le Journal. Ce thème coexiste avec une réutilisation partisane du meurtre, qui doit beaucoup au contexte dans lequel il s'est produit. L'attentat de Pavel Gorguloff survient en effet entre les deux tours des élections législatives, dans une atmosphère de fièvre électorale, d'oppositions politiques exacerbées, comme en témoignent les articles de presse extrêmement virulents qui précèdent l'attentat. Loin de calmer les oppositions, l'attentat du président de la République va devenir un élément de la bataille électoraliste. Dans ces circonstances, l'affaire se politise aussitôt.

Quelques heures après l'attentat, un communiqué du ministère de l'Intérieur affirme que Gorguloff est un provocateur soviétique, auteur d'une brochure marquée d'un emblème néo-bolchevique et porteur, lors de son arrestation, d'une carte de membre du parti communiste. Déclarations en parfaite contradiction avec les aveux de l'assassin et, surtout, avec les premiers éléments de l'enquête : aucune carte de membre du PC n'a été trouvée sur Pavel Gorguloff et les reproductions ultérieures de l'insigne illustrant la brochure montrent que celui-ci n'offrait qu'une similitude très lointaine avec le sigle communiste. Cette lecture officielle du meurtre, pour laquelle on ne peut retenir l'hypothèse de la mésinformation ou de l'erreur, a-t-elle été orchestrée par André Tardieu afin de discréditer le parti communiste à la veille du second tour des législatives ? Relayée par la presse de droite, la thèse du complot soviétique, à laquelle s'oppose une virulente contre-propagande communiste faisant état d'un complot gouvernemental impliquant le préfet de police de Paris et les milieux russes blancs émigrés en France, disparaîtra au lendemain des élections. Les articles publiés par *L'Humanité* au sujet de l'assassinat du président de la République sont inspirés par les dirigeants de l'Internationale communiste, qui suivent de près la marche de l'affaire[139]. Chaque jour, la direction du parti communiste français reçoit des directives du Komintern prescrivant aux communistes français d'intensifier leur campagne contre les Russes blancs et de dénoncer la complicité voire la responsabilité du gouvernement d'André Tardieu. L'attentat serait « une manœuvre tendant à précipiter la guerre contre l'URSS »[140]. Le parti communiste français édite des affiches invitant les travailleurs parisiens à s'unir, à manifester et à lutter [documents 50 et 52 p. 426 et 429]. Il s'agit d'exploiter l'assassinat à des fins révolutionnaires. Le gouvernement français est ainsi accusé par les communistes internationaux français et internationaux d'avoir lui-même organisé le meurtre du président de la République pour préparer l'opinion publique à une répression sans précédent à l'égard des organisations révolutionnaires et à une intervention armée contre l'Union soviétique[141]. Le 11 mai 1932, la société des amis de l'URSS fait éditer 100 000 exemplaires d'un tract intitulé « L'Union soviétique en danger, le Sarajevo français, c'est la guerre contre l'URSS »[142].

Le numéro du 12 juillet 1932 de *L'Humanité* publie, sur deux pages spéciales, un vibrant réquisitoire sur l'affaire Gorguloff signé Henri Barbusse, auteur du *Feu*,

139. PPP, BA2041, note de la préfecture de police de Paris, 11 mai 1932.
140. *Ibid.*, *L'Humanité*, 11 mai 1932.
141. S. Cœuré, *La grande lueur à l'Est : les Français et l'Union soviétique (1917-1939)*, *op. cit.*
142. PPP, BA2041.

président de l'association républicaine des anciens combattants[143]. Dans cet article violent, hardiment intitulé « J'accuse » — en référence au célèbre précédent d'Émile Zola trente-quatre ans plus tôt dans l'affaire Dreyfus[144] —, l'auteur entend démontrer que l'heure est grave. Le président du Conseil serait en effet « le véritable responsable de l'assassinat » du président de la République, selon lui :

> « J'accuse tous les gouvernements français qui se sont succédés depuis la guerre d'avoir accueilli, encouragé, aidé, payé et armé les sociétés de moins en moins secrètes de gardes blancs, qui constituent une organisation internationale de criminels ayant pour but le meurtre et la guerre. J'accuse les gouvernements d'être responsables des assassinats successivement commis par ces bandits, dont les énormes, multiples et opulents groupements étendent leurs tentacules sur le monde entier et ont leur foyer en France. »[145]

Quel crédit porter à de tels propos ? L'enquête du juge d'instruction Fougery est formelle : le crime de Pavel Gorguloff est le fait d'un solitaire[146]. Il n'aurait pas été payé. Il n'aurait pas obéi non plus à des suggestions d'autrui (agents soviétiques ou cosaques blancs). Il n'y aurait pas eu de ramifications politiques. Il n'y aurait eu ni complice ni complot. Or pour de nombreux observateurs, il est évident que Gorguloff est l'exécuteur des ordres d'une organisation politique puissante.

Les autorités françaises ont, quoi qu'il en soit, intérêt à régler l'affaire au plus vite sinon à l'étouffer, ce qui fait dire à certains commentateurs que l'instruction du juge Fougery aurait été frelatée. Le vrai procès a-t-il été escamoté ? Personne en France ne saura finalement jamais si Pavel Gorguloff était partisan des Russes blancs ou des Soviets et pour le compte de qui il a agi et même s'il a agi pour quelqu'un ou non. Ses confidences laissent supposer des liens étroits avec les milieux d'extrême-droite des émigrés russes. Pavel Gorguloff professe en outre une grande admiration pour Mussolini et pour Hitler. S'appuyant sur ces zones d'ombre, Henry Franklin-Marquet — pseudonyme emprunté par Pierre Laurent-Darnar, cadre du parti communiste français[147] —, dans un livre préfacé par le député communiste Paul Vaillant-Couturier et intitulé *La vérité sur l'affaire Gorguloff*[148], s'aligne sur la thèse soviétique selon laquelle l'assassinat de Paul Doumer résulterait d'une action montée par les organisations paramilitaires des émigrés russes de tendance monarchiste, les fameux « gardes blancs »[149]. L'auteur affirme que le juge d'instruction Fougery, chargé de l'affaire, logerait un cosaque et aurait un chauffeur-garde blanc...

---

143. A. Prost, *Les anciens combattants et la société française (1914-1939)*, *op. cit.* ; J. Relinger, *Henri Barbusse, écrivain combattant*, Paris, PUF, 1994.

144. É. Zola, « J'accuse », *L'Aurore*, 13 janvier 1898.

145. H. Barbusse, « Un réquisitoire implacable : j'accuse ! », *L'Humanité*, 12 juillet 1932, rééd. Paris, bureau d'éditions, 1932.

146. M. Descaves, « Gorguloff va être jugé », *Vu*, 10 juillet 1932.

147. CHAN, F7, 15960/3 ; G. Bourgeois, « Laurent-Darnar », *in* C. Pennetier (dir.), *Dictionnaire biographique du mouvement ouvrier français*, Paris, éditions ouvrières, t. 33, 1988.

148. H. Franklin-Marquet, *Ceux qui ont tué Paul Doumer : la vérité sur l'affaire Gorguloff*, préface de P. Vaillant-Couturier, Paris, Bureau d'éditions, 1932 : PPP, BA1683, « Un livre révélateur sur l'assassinat de Paul Doumer », *L'Humanité*, 23 juillet 1932.

149. CHAN, 603 AP/1, *L'Action française*, 7 mai 1932.

Un silence absolu sur le crime est ordonné dans les journaux soviétiques[150]. Staline fait répondre autoritairement au correspondant du *Daily Chronicle* qu'il ne peut dire quoi que ce soit sur l'assassinat de Paul Doumer[151].

Pavel Gorguloff aurait été choisi en raison de son caractère exalté et de sa relative faiblesse d'esprit. Selon une autre version circulant « sous le manteau », Paul Doumer, de toute façon connu pour sa détermination à réarmer la France le plus vite possible face à la montée des périls qu'il pressentait, non sans raison, était dans le collimateur des mouvements d'obédience fasciste et nazie. Léon Daudet, polémiste de *L'Action française* ne ratant pas une occasion de s'en prendre à la République, dresse plus tard un parallèle périlleux entre les affaires Gorguloff et Stavisky :

> « Le transfuge Doumer aurait été condamné à mort par des policiers de la rue des Saussaies, sentence exécutée par le policier Gorguloff, de même que l'escroc Stavisky devait être mis à mort sur ordre de Camille Chautemps affolé. »[152]

Loin de ce scénario tordu, l'affaire Gorguloff n'en continue pas moins de frapper les esprits. En 1999, le romancier russe Sergueï Koudriavtsev publie ainsi *Une version de l'affaire Gorguloff*, roman étrange essentiellement composé de documents mais n'apportant rien de neuf à l'épais dossier[153].

Quelques faits troublants peuvent étayer la thèse du complot, quelle qu'en soit la couleur. Cette idée, reformulée au fur et à mesure des événements, perdure ainsi tout au long des années 1930[154]. Le témoignage de Lucile, la petite-fille du président Doumer, est éclairant. Invitée avec sa cousine Andrée par leur grand-père à assister au salon du livre des écrivains combattants du 6 mai 1932, elles en sont finalement tenues à l'écart au dernier moment par ce dernier[155]. Prémonition ? Paul Doumer se sait de plus en plus menacé. Veut-il épargner à ses petites-filles chéries le risque de scènes violentes ? Les circonstances de l'assassinat du président Paul Doumer continuent de jeter le trouble dans les esprits. Ce dernier serait tombé sous les balles de tous ceux qui, craignant une deuxième guerre mondiale qui aura toutefois lieu, ne veulent pas d'une France forte, militarisée, se préparant à la guerre.

8. La vacance du pouvoir et l'urgence de la succession

Devant l'émotion suscitée par l'assassinat de Paul Doumer et la vacance angoissante du pouvoir à la tête de l'État, André Tardieu, président du Conseil, publie un

---

150. *Ibid.*, général Brémond, « Attentats », *Vu*, 10 juillet 1932.

151. Archives de l'Internationale communiste, Moscou, Centre russe de conservation et d'étude des documents en histoire contemporaine, fonds 495, inventaire 30, dossier 777, p. 1-4, « Secret : au sujet d'une campagne ultérieure autour de l'assassinat de Doumer », 15 mai 1932.

152. PPP, BA2041, L. Daudet, « La maçonnerie et l'assassinat de Paul Doumer », *L'Action française*, 17 avril 1934.

153. S. Koudriavtsev, *Une version de l'affaire Gorguloff* (en russe), Moscou, Gileïa, 1999.

154. A. Monniot, « Paul Doumer », *in Les morts mystérieuses : les crimes de la mafia*, Paris, nouvelles éditions nationales, 1934, p. 224-230.

155. L. Pasquier-Doumer, entretien avec l'auteur, 31 mai 2005.

« message à la nation » dès le 8 mai 1932. Le texte, bref, paraît en particulier en première page de l'édition du 8 mai 1932 du *Petit-Matin*. L'objectif est de rassurer le peuple français auquel le message est adressé [document 53 p. 430] :

> « M. le président de la République vient d'être assassiné. La France entière est frappée de stupeur et plongée dans la consternation.
> Elle pleure l'illustre vieillard, dont la vie fut à son service et dont quatre fils sont morts pour sa défense.
> Elle s'incline devant la veuve douloureuse, qui fermait ce matin, sur un lit d'hôpital, les yeux de son mari tombé, lui aussi, au champ d'honneur.
> Rendons au chef de l'État, par notre calme et notre dignité, le seul hommage qu'il eût souhaité.
> Demain le pays élira ses représentants. Mardi l'Assemblée nationale désignera le nouveau président. Jeudi le peuple de Paris conduira Paul Doumer de l'Élysée au Panthéon.
> Dans le souvenir d'un grand serviteur et dans l'exécution de la loi, la France saura affirmer sa douleur et son unité.
> Vive la France ! Vive la République ! »[156]

Le succès des partis de gauche est confirmé aux élections du 8 mai 1932 [document 54 p. 431]. La gauche totalisant 334 députés contre 259 pour la droite[157], la nouvelle Chambre des députés est ainsi plus à gauche que celle de 1924[158]. Le parti radical, dont l'expérience politique s'est avérée être un échec lors du Cartel des gauches (1924-1926), apparaît six ans plus tard comme de nouveau porteur de l'espoir des Français. On dirait une loi permanente de pendule, commente-t-on. Le scrutin débouche apparemment sur un « nouveau cartel ». Il y a cependant beaucoup moins d'objectifs communs entre radicaux et socialistes qu'il n'y en avait en 1924[159]. Édouard Herriot, rendu plus prudent par l'expérience, ne fera guère d'efforts pour obtenir la participation de la SFIO à son gouvernement, repoussant notamment tout son programme de nationalisations. L'instabilité et l'impuissance gouvernementales vont profondément secouer le régime. Dans les milieux officiels américains, qui suivent la situation française de près, on espère que le glissement vers la gauche, accusé par le résultat des élections, exercera une influence pacifique sur la situation internationale[160]. Vœu pieux. Paul Doumer tragiquement assassiné, il convient dans l'immédiat, afin d'éviter une inimaginable vacance du pouvoir, de procéder sans tarder à l'élection d'un nouveau président de la République. La suppléance dévolue automatiquement au président du Sénat, instituée sous la présidence du général de Gaulle, n'existe pas encore. Le Congrès est convoqué de sang-froid à Versailles pour le mardi 10 mai 1932, surlendemain du second tour des

---

156. Paru en première page de l'édition du 8 mai 1932 du *Petit-Matin* sous le titre « Un message à la nation », entre autres sources.

157. S. Berstein, *La France des années 30*, *op. cit.*, « La victoire des radicaux aux élections de 1932 », p. 56-58.

158. PPP, BA 1683, « La composition de la nouvelle Chambre : élections législatives des 1er et 8 mai 1932 », *Le Matin*, 10 mai 1932.

159. N. Castagnez *et al.* (dir.), *Socialistes et radicaux : querelles de famille*, *op. cit.*

160. PPP, BA 1683, « L'impression à Washington », *Le Matin*, 10 mai 1932.

élections législatives, soit trois jours seulement après le décès de Paul Doumer. La République peut difficilement réagir plus vite.

Divers scénarios s'échafaudent dans l'urgence de la situation. Anatole de Monzie veut faire d'Henry de Jouvenel, son ami d'enfance, un président de la République. C'est une de ses vieilles idées : Jouvenel chef de l'État et lui-même chef de gouvernement[161]. Mais le temps passe, les idées se fanent et meurent comme les hommes. Deux candidats apparaissent spontanément à droite et à gauche : à droite, Albert Lebrun, président du Sénat depuis le 11 juin 1931, déjà successeur de Paul Doumer à la présidence de la chambre haute ; à gauche, Paul Painlevé, ancien président du Conseil et ancien président de la Chambre[162]. Un face-à-face bipolaire garant d'équilibre démocratique. En raison toutefois des circonstances dramatiques dans lesquelles intervient cette élection, une sorte d'Union sacrée se fait, aux termes de laquelle ne subsiste qu'une candidature unique[163]. Les journaux de gouvernement, comme *Le Temps*, souhaitent faire de l'élection du successeur de Paul Doumer « un geste d'unanimité nécessaire, exprimant une parfaite solidarité nationale »[164]. Paul Painlevé se désiste (avant de mourir l'année suivante), de telle sorte qu'Albert Lebrun est élu au premier tour de scrutin à une forte majorité de 633 voix sur 826 votants contre 8 à Marcel Cachin, l'éternel candidat communiste, 114 au socialiste Paul Faure, 12 à Painlevé (bien qu'il se soit désisté) et 10 à divers candidats isolés[165]. Le remplacement du président de la République défunt se fait ainsi avec « cette facilité automatique, cette courbe impeccable, où triomphe la Constitution de 1875 »[166], en dépit de la crise profonde des institutions internationales. En choisissant Albert Lebrun pour remplacer Paul Doumer à l'Élysée, la République ne peut sans doute pas choisir un parlementaire plus soucieux des règles constitutionnelles et des volontés parlementaires, ni d'homme plus respectable mais aussi plus timoré[167]. Né le 29 août 1871 à Mercy-le-Haut en Lorraine non annexée, Albert Lebrun, polytechnicien et ingénieur des Mines, est élevé dans la connaissance des durs problèmes de sécurité nationale qui se posent pour la France et ses provinces frontalières. Une connaissance dont il va avoir besoin.

9. Crime de lèse-nation et « régicide républicain »

Comment qualifier l'assassinat du président Doumer ? Quel sens profond revêt-il ? Dans l'émotion, la référence au régicide réapparaît spontanément en 1932, aussi

161. L. Guitard, *La petite histoire de la IIIe République : souvenirs de Maurice Colrat*, *op. cit.*, p. 139 ; A. de Monzie, *Mémoires de la tribune*, Paris, Correa, 1943 ; C. Manigand, *Henry de Jouvenel*, Limoges, PULIM, 2000.

162. A.-L. Anizan, *Paul Painlevé (1863-1933) : un scientifique en politique*, *op. cit.*, p. 763.

163. *Le Matin*, 10 mai 1932 ; É. Bonnefous, *Histoire de la Troisième République*, *op. cit.*, p. 121-123.

164. « Unanimité nécessaire », *Le Temps*, 9 mai 1932.

165. *Journal officiel de la République*, 10 mai 1932.

166. A. Thibaudet, « Après Albert Thomas », *Nouvelle revue française*, 25 mai 1933.

167. H. Lémery, *D'une République à l'autre : souvenirs de la mêlée politique (1894-1944)*, *op. cit.*, p. 143.

surprenante puisse-t-elle sembler en raison de la nature du régime. C'est en effet la personne visée qui constitue l'élément rattachant le « présicide » au régicide. Le procureur Donat-Guigue déclare ainsi :

> « On ne manquera pas de comparer Gorguloff à la longue série des régicides dont l'histoire a enregistré les sanglants exploits. »[168]

Mis en parallèle avec ses précédents historiques, le 6 mai 1932 est intégré dans la lignée des attentats contre les présidents de la République : on évoque immédiatement le crime commis par Caserio[169], mais également ceux commis à l'encontre d'Émile Loubet ou d'Alexandre Millerand[170]. L'assimilation peut être expliquée par le besoin, face à un événement imprévu, de le relier à ce qui est déjà vécu et connu. D'où la référence à ce que l'on juge comme équivalent. Crime de lèse-nation, l'attentat commis par Gorguloff acquiert ainsi la dimension d'un véritable « régicide républicain »[171]. Preuve en est la fréquence dans les commentaires des références à Jacques Clément et François Ravaillac, respectivement assassins d'Henri III et Henri IV, rois de France. Or, suscitant tout un ensemble de paroles et de comportements réflexes, le régicide, évènement inattendu et traumatique, met véritablement à nu la société qui y est confrontée. Le crime commis par Pavel Gorguloff est-il exceptionnel ? S'il stupéfie les contemporains, son originalité mérite sans doute d'être relativisée à l'aune de l'histoire du régicide en République sur une plus longue durée[172].

Le régicide, entendu au sens de l'attentat envers le souverain (« *rex caedere* », littéralement « tuer le roi »), est une atteinte profonde à l'ordre et à l'autorité. Attaquant directement l'État, il le blesse dans sa chair à travers le corps de celui qui le représente, le symbolise voire l'incarne. Il peut ainsi, à juste titre, être considéré comme une des plus grandes agressions auxquelles le pouvoir est susceptible d'être confronté. Le poids politique et symbolique de la personne visée lui confère en effet une charge émotionnelle considérable. Le roi d'Ancien Régime, le monarque constitutionnel, l'empereur et le président de la République ont ceci de commun qu'ils représentent les valeurs sur lesquelles se fonde l'État, et qu'ils occupent une place à part dans le jeu institutionnel, celle d'une figure qui rassemble, unit la multitude de citoyens dans un grand collectif transcendant (le peuple ou la nation). Représentant le principe d'autorité[173], gardien de la constitution, au-dessus des querelles politiques et des intérêts partisans, le président de la République remplit une fonction essentiellement symbolique sous la IIIe République, régime qui se construit

---

168. *La revue des grands procès*, 1933, t. 39, p. 8.

169. K. Vincent, « Le régicide en République : Sadi Carnot, 24 juin 1894-Paul Doumer, 6 mai 1932 », *Crime, histoire et sociétés*, vol. 3, n° 2, 1999, p. 73-93.

170. *Le Journal*, 7 mai 1932 ; *Le Temps*, 8 mai 1932 ; *Le Figaro*, 9 mai 1932.

171. A. Lorin, « Un "régicide républicain" : Paul Doumer, le président assassiné (6 mai 1932) », *Criminocorpus : histoire de la justice, des crimes et des peines*, 17 novembre 2011.

172. K. Vincent, *Le régicide, de Saint-Réjant à Gorguloff (1800-1932) : perception et représentations*, thèse de doctorat d'histoire, Université de Bourgogne, 2000.

173. B. Lacroix *et al.* (dir.), *Le président de la République : usages et genèses d'une institution*, Paris, FNSP, 1992.

en partie en opposition à toute incarnation personnelle du pouvoir. C'est précisément pour cette raison que sa mort revêt une dimension particulière, ce, malgré la faiblesse relative de ses attributions.

Malgré cela, aucune disposition n'existe dans le droit pour qualifier l'assassinat du président de la République. Avec l'avènement de la IIIe République, l'article 86 du Code pénal, sanctionnant l'attentat contre l'empereur et, accessoirement, la famille impériale, est considéré comme tacitement abrogé[174]. Il faut toutefois attendre un décret-loi du 29 juillet 1939 pour que l'on entérine définitivement sa suppression du Code pénal. Pénalement, on considère l'attentat contre le président de la République sur le même plan que l'atteinte à un individu ordinaire. Aussi Pavel Gorguloff est-il, comme le fut Sante Caserio, jugé par une Cour d'assises. On retrouve de la part des autorités, déterminées à assurer au crime un châtiment exemplaire, un refus de l'assimilation pénale au crime politique, soustrait à la peine de mort depuis 1848. Une démarche d'autant plus aisée que la notion même de « crime politique » n'a jamais été définie par la loi. Un arrêt de la Cour de cassation tranche la question en 1932. Il fait suite au pourvoi formé par Pavel Gorguloff après sa condamnation à mort. Celui-ci stipule :

> « En violation des articles 5 de la Constitution du 4 novembre 1848, 1er de la loi du 8 juin 1850 et 86 du Code pénal, l'arrêt de la Cour d'assises de la Seine avait appliqué la peine de mort à un crime dont le caractère politique ressortait de l'acte d'accusation et des termes mêmes de la déclaration du jury. »

L'appel est rejeté le 20 août 1932 sous le motif suivant :

> « L'article 5 de la Constitution [...] ne profite qu'aux crimes et aux délits politiques et non à l'assassinat qui, par sa nature et quels qu'en aient été les motifs, constitue un crime de droit commun. »[175]

Son geste pénalement relégué à un simple homicide, Pavel Gorguloff va pouvoir payer de sa vie l'offense qu'il a faite à l'État.

10. Un martyre républicain ?

Une génération spontanée de thuriféraires se forme sitôt Paul Doumer éteint. Le panégyrique de la victime va bon train. La prise de deuil national va de pair avec la construction d'une image consensuelle de l'auguste vieillard, dans laquelle l'ensemble de la nation républicaine doit pouvoir se reconnaître. La mort tragique du président insuffle un esprit de communion dans le recueillement à travers tout le pays. Car, en perdant toute signification politique ou partisane, la représentation posthume de Paul Doumer touche aux fondements mêmes du modèle républicain : la vertu civique, le devoir patriotique, l'ascension sociale par le mérite. Dès lors, en l'assassinant, Pavel Gorguloff a tué non seulement le chef de l'État mais l'incarnation même de la République française.

---

174. É. Garçon, *Code pénal annoté*, t. 1, Paris, Sirey, 1952, p. 415
175. Reproduit *in* É. Garçon, *Code pénal annoté*, *op. cit.*, p. 415.

L'image *post mortem* de Paul Doumer rappelle, dès lors, la figure mythique du sauveur politique « à la romaine », inspirée par Cincinnatus, réputé pour l'austérité de ses mœurs, très présente, selon Raoul Girardet, dans la France des années 1920 et du début des années 1930 :

> « L'image légendaire du sauveur est celle d'un vieil homme qui s'est illustré en d'autres temps dans les travaux de la paix ou de la guerre, ayant exercé avec honneur de hautes charges, de grands commandement. »[176]

Ayant fait don de sa personne à la patrie, la tâche du sauveur est d'apaiser et de protéger. Les vertus qu'on lui attribue correspondent très exactement au terme global utilisé par les Latins pour désigner une certaine forme d'exercice de l'autorité politique, celui de *gravitas* : la fermeté dans l'épreuve, l'expérience, la prudence, le sang-froid, la mesure, la modération, la sagesse circonspecte. D'où, dans les discours sur Paul Doumer, la place essentielle occupée par les principes de continuité et de stabilité, les valeurs de permanence et de conservation, dessinant les contours de son magistère dont l'autorité s'est exprimée sous la forme de préceptes de morale sociale. On trouve ainsi des références à des *exempla* venus de la Rome antique dans les panégyriques du président défunt. Il est notamment comparé à Auguste, enfant du peuple parvenu au sommet de l'État[177]. Tout oppose la vie droite, loyale, entourée d'estime de la victime à la vie incohérente, embrouillée, mystérieuse de l'assassin[178].

La construction de la mémoire de Paul Doumer s'active jusqu'à en faire un véritable martyre républicain. Consécration d'une vie toute entière gouvernée par le don de soi, la mort de Paul Doumer est présentée comme un sacrifice pour la République. Une véritable martyrologie républicaine se construit rapidement autour du défunt. Les stratégies qui se mettent en place visent à susciter une dynamique unitaire. Pour ce faire, les éloges funèbres développent une image consensuelle et apolitique de la victime, dans laquelle chaque citoyen peut se reconnaître. À ce titre, les origines modestes de Doumer, « fils du peuple », sont mises en exergue par la quasi-totalité des discours, transformant le défunt en symbole de la réussite républicaine, et rappelant les possibilités offertes par le régime. Paul Doumer est défini par ses vertus civiques. Sa mort doit fédérer, rassembler. André Tardieu, Alexandre Millerand et Paul Reynaud appellent à une sorte d'Union sacrée. Paul Reynaud déclare ainsi dans *L'Intransigeant* du 8 mai 1932 :

> « À la veille de la guerre, le sang de Jaurès a cimenté l'Union sacrée : puisse le sang de Paul Doumer avoir la même vertu ! »[179]

Toutefois, loin de se référer uniquement à des points consensuels de l'idéologie républicaine et nationale, les discours funèbres prononcés à l'occasion des obsèques de Paul Doumer s'intègrent également dans une entreprise partisane. Ceux-ci, sous

---

176. R. Girardet, *Mythes et mythologies politiques*, Paris, Le seuil, 1986, p. 73.
177. É. Coornaert, « Les présidents de la IIIe République », *Politique*, n° 5, 15 mai 1931, p. 415
178. *Un an après… Toute la vérité sur l'assassinat de Paul Doumer*, Paris, imprimerie de la Seine, 1933, p. 11.
179. *L'Intransigeant*, 8 mai 1932.

couvert de la célébration du défunt, procèdent souvent à la légitimation d'un programme politique. Alors que s'ouvrent à Genève les travaux de la Conférence pour la réduction et la limitation des armements (1932-1934), les propos élogieux de Paul Doumer sur l'armée sont ainsi rappelés :

> « Du jour où les fils de France cesseraient d'être des vaillants soldats, ils pourraient s'attendre à voir leur pays rayé de la carte du monde. »

Le Temps en profite pour justifier une politique d'apaisement doublée de vigilance à l'égard de l'Allemagne, reprenant ainsi l'argument selon lequel le désarmement ne peut être assuré que si la sécurité de la France est assurée :

> « Sur le plan des antagonismes internationaux, [Paul Doumer] ne cessera non plus d'être un conseiller de sagesse, de loyauté, de modération. [Il] fut, par excellence, le Français pacifique qui veut fonder la paix sur l'honnêteté. »[180]

Si l'on célèbre avec insistance en Paul Doumer le « démocrate »[181], c'est par opposition au mouvement communiste et à l'essor du fascisme, deux constantes de l'idéologie de la « nouvelle droite » défendue par André Tardieu. En soulignant, lors du discours qu'il prononce aux obsèques de Paul Doumer, que ce dernier n'avait pas « les dons du tribun, dont les masses subissent la puissance verbale », André Tardieu semble opérer une critique implicite du communisme et du socialisme, dont les récents succès aux élections l'inquiètent. Mieux, en ajoutant que, « durant la coute année qu'il occupa le siège présidentiel », Paul Doumer, « pour assurer le succès des solutions qu'il croyait sages, [...] n'hésitait pas à sortir des traditions et des rites », il fait sans doute allusion à la tentative de Paul Doumer d'interdire à Paul Painlevé la formation d'un ministère de gauche en février 1932, et ainsi d'imposer ses choix au président du Conseil; tentative qui avorta en partie puisque, bien que Paul Doumer, par respect de la tradition, ait dû s'incliner, Painlevé échoua. Il fut remplacé le 20 février 1932 par André Tardieu, qui procéda à la formation d'un ministère à droite. Ce dernier, par cette remarque, tente sans doute aussi de légitimer sa propre philosophie politique, développée quatre ans plus tard dans *Le souverain captif*[182], c'est-à-dire l'idée d'un renforcement des pouvoirs de l'exécutif par le biais de ceux du président de la République. On est bien loin ici de la célébration du modèle de la constitution Grévy.

11. « Mort pour la France », comme ses fils

Le 3 juin 1932, le conseil municipal d'Aurillac donne le nom de Paul Doumer à l'ancienne rue des Tanneurs; et un groupe scolaire est appelé Paul Doumer dans le nouveau quartier de la gare[183]. Le paquebot « président Doumer » est lancé à La Ciotat le 22 janvier 1933 par la Société provençale de constructions navales

180. *Le Temps*, 8 mai 1932.
181. *Ibid.*
182. A. Tardieu, *La révolution à refaire*, t. 1, « Le souverain captif », Paris, Flammarion, 1936.
183. C. Grimmer, *Histoire des rues d'Aurillac*, *op. cit.*, « Doumer (rue Paul-) », p. 69-71.

[document 58 p. 437]. En présence de nombreuses personnalités — en particulier Fernand Bouisson, président de la Chambre des députés, le maréchal Pétain, le contre-amiral Le Bigot, Alexandre Millerand — et d'une affluence énorme. Blanche Doumer, accablée, a accepté le parrainage de la cérémonie mais abrite finalement sa douleur dans un isolement sévère. Le 27 janvier 1933, Louis Dauzier, maire d'Aurillac, sénateur du Cantal, lance une souscription nationale pour l'érection d'un monument en l'honneur de Paul Doumer à Aurillac. La ville de Laon est, le même jour, la première de France à répondre aussitôt à l'appel aurillacois[184]. En 1934, après l'assassinat du président « mort à la peine, comme un soldat », c'est un buste de Paul Doumer sculpté par Raymond Sudre qui est érigé dans la salle des délibérations du conseil général de l'Aisne [document 36 p. 412][185]. Le souvenir de Paul Doumer, « artisan de la reconstruction de l'Aisne en 1918 »[186], s'y transforme en culte. À Paris, l'avenue de la Muette, dont l'ouverture est amorcée en 1912 et achevée entre 1924 et 1933, reçoit le 12 mai 1933 le nom du président de la République Paul Doumer [photographie 63 p. 478][187]. Ensuite, une plaque est apposée en 1933 sur le monument de Navarin (Marne), inauguré en 1924 par le général Gouraud, proche de Paul Doumer : la mémoire du président assassiné rejoint celle de « ses quatre fils morts pour la France » [document 62 p. 442]. Dans un parallèle avec l'expérience combattante de ses fils en 1914-1918, réactivant ainsi le souvenir de la Grande Guerre, Paul Doumer a déjà été déclaré le 8 mai 1932 « tombé au champ d'honneur » par André Tardieu, président du Conseil, « la mort au champ d'honneur gardant la plus grande noblesse » du côté des discours officiels sur les morts[188]. Martyre de la République, Paul Doumer meurt ainsi en soldat, à son poste. Enfin, la poste française rend hommage au président Paul Doumer en émettant un timbre à son effigie en 1934 [document 59 p. 438].

Inauguré le 22 juillet 1934 par Albert Lebrun, président de la République[189], accompagné de plusieurs ministres, le monument en l'honneur de Paul Doumer à Aurillac [document 57 p. 435-436] est dû à l'architecte Labro et au sculpteur Armand Martial[190]. Il se compose d'un long fût cylindrique de granit sur lequel une grande figure élève une couronne d'immortelles vers l'effigie du grand mort, dont le profil est coulé dans le bronze [photographie 60 p. 476]. À la base, quatre bas-reliefs circulaires évoquent les qualités prêtées au président défunt : la volonté, la probité,

---

184. ADA, AC, E dépôt 401, archives communales de Laon, 2 I 95, correspondance Laon-Aurillac, 27 janvier 1933.

185. *Ibid.*, session du 23 avril 1934.

186. *Ibid.*, session du 7 mai 1952, à l'occasion du vingtième anniversaire de la disparition de P. Doumer.

187. J. Hillairet, *Dictionnaire historique des rues de Paris*, Paris, Minuit, 1997, 10ᵉ édition, p. 244.

188. L. Capdevila *et al.*, *Nos morts : les sociétés occidentales face aux tués de la guerre* (*XIXᵉ-XXᵉ siècles*), *op. cit.*, p. 30.

189. « Le président de la République en Auvergne : inauguration du monument Paul Doumer à Aurillac », *Le Temps*, 23 juillet 1934.

190. ADC, 2 O 14-7, archives communales de la ville d'Aurillac, monument à la mémoire du président Doumer (3 novembre 1934).

le devoir, la bonté. Entre ces bas-reliefs, deux inscriptions, dont celle-ci, s'efforcent de camper le personnage [photographie 61 p. 477] :

> « Enfant du peuple, travailleur infatigable, il allia à la plus grande bonté la ténacité et la volonté, dont il reste le magnifique exemple. Il éleva le sentiment du devoir jusqu'au renoncement en sacrifiant la vie de quatre fils sur l'autel de la patrie. Paul Doumer symbolise les vertus de l'âme antique. »[191]

Le choix même des mots, dans le contexte troublé de l'année 1934, est tout sauf anodin. Les gens d'Aurillac vénèrent la dignité austère de la vie de Paul Doumer, « lointain successeur de Vercingétorix »[192]. Probe et laborieuse, elle demeure « l'un des plus parfaits miroirs de l'âme auvergnate »[193]. Les plus beaux enfants d'Aurillac sont choisis pour fleurir le monument devant le président de la République[194]. Un *hymne à Paul Doumer*, parfaitement hagiographique, est composé et joué pour l'occasion le 22 juillet 1934 [document 61 p. 440-441] :

« Quelle fierté pour la terre auvergnate
D'avoir vu naître et grandir Paul Doumer !
L'humble maison montre au passant la date
Et semble encore sourire au nom très cher.
Fils d'ouvrier, il entre dans la vie
Sans autre lot que l'amour du labeur,
La volonté tenace et sans envie,
Mais ces vertus l'ont toujours fait vainqueur.

D'abord astreint, pour vivre, aux travaux rudes,
À l'atelier maniant le burin,
Il poursuivait, en secret, ses études,
Se préparant un merveilleux destin.
Bientôt, nanti de science et de diplômes,
Il fut, en chaire, un maître vénéré,
Et certain jour, élu parmi les hommes,
Il dut servir un régime sacré !

Servir, ce mot fut certes sa devise.
Pour le pays, ses quatre fils sont morts.
Dans la douleur un tel cœur ne se brise :
Doumer garda le front calme des forts.
Toujours plus grand devant l'autel civique
Héros modeste et martyr jusqu'au bout,
Au premier rang de notre République,
Il ne devait succomber que debout !

---

191. Visite à Aurillac, 2 avril 2008.
192. ADC, 2 BIB 10308, *Cérémonies et fêtes en l'honneur de Paul Doumer*, plaquette-souvenir des cérémonies du 22 juillet 1934, ville d'Aurillac, 1934, p. 28.
193. *Ibid.*, p. 17.
194. A. Garrigoux et B. Gineste, entretien avec l'auteur, Aurillac, 23 avril 2011.

La France entière
Reconnaît son idéal
En l'âme altière
Dont l'essor fut triomphal
La pure gloire
D'un pays riche d'histoire
C'est l'exemple offert
En symbole clair
Honneur à Paul Doumer ! »[195]

Des drapeaux tricolores sont accrochés à toutes les fenêtres de la ville [photographie 60 p. 476]. Les délégations de toutes les provinces de France, en costumes régionaux, rendent hommage au président défunt. Les prestations de la Bourrée d'Aurillac et de la philharmonique municipale se succèdent. Un groupe artistique de Lorraine exécute rondes et chants, cédant la place aux « reines de Nice », aux Bigoudines et aux Poitevines, puis à la Société de folklore de Saumur. Avant que les Alsaciens ne chantent une symbolique *Marseillaise* à gorge déployée et ne déposent à leur tour une gerbe de fleurs. Cabrettes, binious, tambourins et cornemuses accompagnent farandoles et gavottes : la France entière défile au pied de la statue du président[196]. Une Aurillacoise note :

> « Le monument Doumer, l'avenue de la République, le palais de Justice, le square étaient illuminés, embrasés, éblouissants. [...] Partout des lanternes vénitiennes, des chants, des danses. Partout une foule très serrée : 50000 personnes étaient venues à Aurillac ce jour-là. »[197]

Dans l'émotion, l'hagiographie est totale. Le faste et les symboles déployés lors de la cérémonie du 22 juillet 1934 prennent tout leur sens dans le contexte politique national de l'année 1934. Quelques mois après le 6 février 1934, qui a failli la faire vaciller[198], la République, réunie autour du souvenir de Paul Doumer, réaffirme avec force sa foi en son modèle ce jour-là. Le texte même des plaques commémoratives apposées après l'assassinat de Paul Doumer — « enfant d'ouvrier devenu [...] président de la République », « fils du peuple », etc. — sur sa maison natale à Aurillac [photographie 2 p. 447], sur l'école où il fut scolarisé à Montmartre [photographie 4 p. 448], etc., participent de la construction de sa mémoire *post-mortem* à un moment où la République, fragilisée, cherche à rappeler un de ses credos de base : la méritocratie. L'image de Paul Doumer, si on la déconstruit, est ainsi utilisée par certains de ses contemporains à des fins d'édification morale et d'éducation républicaine de la jeunesse[199].

---

195. ADC, 2 BIB 10308, *Cérémonies et fêtes en l'honneur de Paul Doumer*, *op. cit.*
196. *Ibid.*
197. C. Astruc, entretien avec l'auteur, Aurillac, Société La Haute-Auvergne, 23 avril 2011.
198. S. Berstein, *Le 6 février 1934*, Paris, Julliard, 1975 ; et *Léon Blum*, *op. cit.*, « L'ébranlement du passage politique : l'affaire Stavisky et l'émeute du 6 février 1934 », p. 385-392.
199. BNF, H. Pellier, *Paul Doumer*, *op. cit.*

12. La mémoire de Paul Doumer

Jean Perreau-Pradier, benjamin du cabinet de Paul Doumer à l'Élysée, préfet puis conseiller technique au secrétariat d'État aux Anciens combattants[200], s'efforce de perpétuer le souvenir de Paul Doumer. Organisant chaque année une cérémonie commémorative le 6 mai au cimetière de Vaugirard avec l'association des écrivains combattants, Jean Perreau-Pradier est, pendant cinquante ans, la cheville ouvrière en France de la mémoire de Paul Doumer[201]. Jusqu'à la guerre de 1939-1945, l'association des écrivains combattants dépose ainsi une couronne de fleurs le 6 mai de chaque année sur la tombe du président Doumer[202]. Le culte perdure après-guerre. Sous la présidence de René Coty, l'association commémore le centenaire de sa naissance le 22 mars 1957[203]. À cette occasion, un texte hagiographique de Maurice Genevoix, académicien et écrivain combattant, est lu aux écoliers, collégiens et lycéens de France [document 63 p. 443] :

> « Mes enfants,
> [...]
> Lorsqu'éclate la guerre de 1914, ses quatre fils partent se battre. Il les a tous élevés dans ce haut sentiment du devoir et de l'honneur. Il a écrit, à leur intention, le *Livre de mes fils*, tout entier inspiré de ce noble sentiment-là. Aucun d'eux ne s'y dérobera, mais un sort particulièrement cruel semblera s'acharner sur cette famille, sur ce père et cette mère français. L'un après l'autre, trois de ses fils seront tués ; le quatrième, au lendemain des batailles, succombera lui aussi aux suites de ses graves blessures.
> Le président Doumer eût pu alors renoncer, se replier sur sa douleur. Mais il continua de se vouer au bien public, d'y consacrer ses forces et sa vie. Sénateur, ministre, président du Sénat, président de la République enfin, il tombera, un an après son élection, sous les balles d'un assassin.
> Ainsi, jusqu'au dernier instant, il aura lutté et servi. Comprenez-vous pourquoi les écrivains anciens combattants de France ont voulu que le centenaire de la naissance de ce grand Français soit célébré dans notre pays avec une ferveur respectueuse ? Beaucoup d'entre nous, blessés et mutilés, se rappellent qu'ils se sont battus pour défendre les valeurs humaines auxquelles, vous l'avez vu, le président Doumer a consenti tant de sacrifices.
> Vous grandissez, vous êtes tournés vers l'avenir. Mais il n'y a pas d'avenir sans traditions et sans mémoire. Puisse votre avenir à tous se souvenir et s'inspirer de leçons et d'exemples comme ceux que nous a légués ce grand serviteur de la France !

---

200. F. Neau-Dufour, conseillère mémoire, secrétariat d'État à la Défense et aux Anciens combattants, courriel à l'auteur, 2 avril 2010.

201. P. Nivet-Doumer, entretien avec l'auteur, 20 décembre 2007.

202. A. Lorin, « Paul Doumer et l'association des écrivains combattants (1919-1939) », *L'écrivain combattant*, septembre 2008, n° 115, p. 12.

203. *Ibid.*

Et puisse aussi le monde d'aujourd'hui, méditant sur la noble vie de ce Français assassiné, se souvenir des sacrifices que notre cher et grand pays si éprouvé et si meurtri a généreusement consenti à l'avenir de tous les hommes. »[204]

Le trente-cinquième anniversaire de la mort tragique de Paul Doumer est célébré le 6 mai 1967 au cimetière de Vaugirard, toujours par l'association des écrivains combattants. Ainsi le souvenir de Paul Doumer n'est-il plus guère célébré que dans le cercle restreint d'associations particulières. Pierre Chanlaine retrace alors les étapes du *cursus honorum* de Paul Doumer[205] : si, dit-il, Paul Doumer avait pu conduire son septennat jusqu'à son terme (1938), le cours de l'histoire n'aurait sans doute pas été tout à fait le même. En particulier, beaucoup de choses auraient changés, selon lui, dans l'histoire militaire de la France.

Jean-Pierre et René Doumer — fils de Fernand, seul fils survivant de Paul Doumer — n'ayant pas eu de garçon, le patronyme Doumer est en voie de disparition. René porte le prénom de son oncle mort au combat. Un décret présidentiel du 3 juin 1935 permet ainsi à Philippe Nivet, fils d'Andrée Doumer, futur attaché parlementaire de Pierre Messmer, d'ajouter le patronyme Doumer à son nom de famille[206]. Blanche Doumer meurt quelques mois après Paul, non pas des suites d'un « accident de voiture » comme il est écrit à peu près partout, mais de chagrin [document 60 p. 439]. Elle ne se trouve pas non plus dans une « situation financière difficile » à la mort de Paul Doumer, comme cela est alors écrit[207]. Elle laisse bien plutôt à ses descendants un héritage important, en particulier une coquette somme de près de 2,5 millions de francs[208]. Le 5 avril 1933, les journaux nationaux rendent tous unanimement hommage à « cette grande et noble Française », symbole et modèle de dignité des épouses et des mères françaises, dont on dit qu'elle a touché le fond de la douleur humaine[209]. La foule déférente vient nombreuse saluer le cercueil de la veuve de l'ancien chef d'État sur le parvis de l'église Notre-Dame-de-Grâce de Passy.

Autant le bref séjour élyséen de Paul Doumer n'a été troublé par aucun fait marquant avant que ne survienne son tragique assassinat, autant le long mandat d'Albert Lebrun, contraint à se retirer en juillet 1940, connaîtra une succession interrompue de graves évènements de tous genres, tant à l'intérieur que surtout à l'extérieur, précipitant l'Europe puis bientôt le monde entier dans un second conflit mondial. La période qui s'ouvre après la disparition de Paul Doumer va désormais être vécue comme une irrépressible marche à la guerre. Le meurtre du président

204. AEC, texte de M. Genevoix, académicien et écrivain combattant, lu le 22 mars 1957 aux écoliers, collégiens et lycéens de France à l'occasion du centième anniversaire de la naissance de P. Doumer.

205. PPP, EA148(1), « Le souvenir de Paul Doumer », *Le Figaro*, 8 mai 1967.

206. P. Nivet-Doumer, entretien avec l'auteur, 20 décembre 2007.

207. D. Frémy, *Quid des présidents de la République*, *op. cit.*, p. 352.

208. ADP, DQ7 / 33907, 9e bureau, 7 octobre 1933, no 1692, déclaration de succession de B. Richel, veuve du président P. Doumer.

209. *Le Figaro*, 5 avril 1933.

Paul Doumer apparaît ainsi comme un événement charnière. Le 6 mai 1932 marque une nette césure dans l'entre-deux-guerres français (1919-1939)[210]. Cette date clôt en effet un intense cycle républicain, de « l'élan fondateur » à « la grande blessure », selon les mots Maurice Agulhon[211], avant « la décadence » puis « l'abîme », selon ceux Jean-Baptiste Duroselle[212]. Quatorze ans après la « der des ders », la France passe tragiquement le 6 mai 1932 de l'après-guerre à un nouvel avant-guerre. Le changement de climat n'échappe à aucun contemporain[213]. Si le terrorisme n'est pas une invention du XXe siècle — conspirateurs, régicides, anarchistes développent en effet au XIXe siècle une politique de la violence comme seul fondement possible de la libération de l'oppression[214] —, le début des années 1930 voit l'invention du crime politique moderne, où se noue le lien entre violence politique et États[215].

Le 6 mai 1932 révèle ainsi l'existence d'au moins deux phénomènes nouveaux : la manipulation à grande échelle des opinions publiques; et la crainte d'un terrorisme organisé par les États eux-mêmes. Les hypothèses sur le meurtre de Paul Doumer révèlent le désarroi des contemporains et l'état de fébrilité de la société française du début des années 1930. Des États, rendus responsables occultes de sa mort, sont accusés du meurtre. Cette peur collective, nouvelle, suppose l'existence d'une violence d'État pouvant conduire à la guerre. Hitler devient chancelier du Reich le 30 janvier 1933. La Société des nations étant impuissante, les États-Unis sont plus que jamais isolationnistes. L'Angleterre est farouchement opposée à tout engagement continental. La sécurité de la France ne repose en fait que sur le maintien de la démilitarisation de la rive gauche du Rhin, que les Allemands n'acceptent pas. Sur le plan intérieur, la crise économique commence à faire sentir ses effets : l'État s'endette dangereusement, la production fléchit, la prospérité Poincaré s'éloigne. La société française se réduit peu à peu à une façade.

210. A. Lorin, « 6 mai 1932 : Paul Doumer, le président assassiné », *L'Histoire*, n° 375, mai 2012, p. 32-33.

211. M. Agulhon, *La République*, t. 1, « L'élan fondateur et la grande blessure (1880-1932) », Paris, Hachette, 1990.

212. J.-B. Duroselle, *La décadence (1932-1939)* et *L'abîme (1939-1945)*, Paris, imprimerie nationale, 1979 et 1982.

213. B. de Jouvenel, *Un voyageur dans le siècle (1903-1945)*, Paris, Robert Laffont, 1979, p. 107-110.

214. J.-C. Caron, « Violence », *in* C. Delporte *et al.* (dir.), *Dictionnaire d'histoire culturelle de la France contemporaine*, *op. cit.*, p. 845-849.

215. F. Ford, *Le meurtre politique : du tyrannicide au terrorisme*, Paris, PUF, 1990, p. 21.

Conclusion générale

Paul Doumer n'est-il finalement représentatif que de lui-même ? Se crée-t-il un parcours qui lui est propre ou celui-ci est-il le fruit des influences et des possibilités de son époque ? Son itinéraire apparaît à la fois représentatif de certains aspects structurels de la IIIe République et à maints égards singulier.

La IIIe République ne discourt guère sur la réduction de l'inégalité des chances. Elle la pratique, dans les faits. Si elle est aussi aidée par les circonstances, l'ascension de Paul Doumer, bénéficiaire et l'un des porte-paroles du modèle républicain[1], est ainsi d'abord permise par ses structures, concourant en cela à l'expression d'un moment républicain[2], décrit par d'aucuns comme un âge d'or[3]. Paul Doumer accrédite en cela la conception, fortement ancrée dans la culture républicaine du XXe siècle, selon laquelle l'école joue un rôle fondamental dans la possibilité de promotion sociale. En rendant une telle histoire possible pour les plus méritants de ses citoyens, la République, envisagée comme le régime de tous, ne craint pas d'appeler « les meilleurs de ses fils »[4] à la conduite des affaires publiques. Elle s'enracine ce faisant dans les classes moyennes et fédère le plus grand nombre autour d'elle[5]. La réalisation de l'écosystème social parvient alors à son apogée, tout particulièrement parce qu'il envisage comme partie intégrante de son programme et prolongement des valeurs qu'il prône la promotion des « petits »[6]. Dans ce contexte, on dit de Paul Doumer qu'il a acquis le devoir du peuple honnête dont il est né, que la morale des « braves gens » est la sienne[7]. Et que, précisément, c'est ce qui plaisait aux Français. S'il semble simple et naturel que du peuple sortent les chefs d'État, la voie est toutefois escarpée, la brèche, étroite. Se remémorant de graves souvenirs d'enfance

1. S. Berstein *et al.* (dir.), *Le modèle républicain*, *op. cit.*

2. P. G. Nord, *The Republican Moment: Struggles for Democracy in Nineteenth-Century France*, *op. cit.*, 1995.

3. P. Baquiast (dir.), *L'âge d'or des républicains (1863-1914)*, *op. cit.*

4. ADA, AD, bibliothèque administrative (hors-série), délibérations du conseil général de l'Aisne, session du 17 mai 1932, H. Lamarre, président du conseil général de l'Aisne, p. 7.

5. S. Berstein, « L'enracinement de la République au sein des classes moyennes au début du XXe siècle », *in* C. Bidégaray *et al.* (dir.), *Des républiques françaises*, Paris, Economica, 1988, p. 261-283.

6. S. Berstein *et al.* (dir.), *Le modèle républicain*, *op. cit.*, p. 9.

7. H. Lémery, *D'une République à l'autre : souvenirs de la mêlée politique (1894-1944)*, *op. cit.*, p. 137.

qui l'humilièrent, Paul Doumer lui-même lance ainsi au soir de sa vie à son confident Édouard Julia :

« Songez à ce qu'il faut parfois faire pour sortir de son milieu... »[8]

Type même du méritocrate par excellence, sans équivalent dans l'histoire des chefs d'État français[9], Paul Doumer est pourvu d'au moins trois des qualités qui garantissent une longue carrière politique : la persévérance; le goût du combat; et une conscience indépendante. Une conviction devenue instinct l'attache sa vie durant au régime républicain. Mais l'Aurillacois ne se contente pas de croire aux possibilités offertes par ce dernier. Il en fait une réalité vivante bien que marquée du sceau de la rareté, ne doutant jamais ni du droit ni du fait. Son élection à la présidence de la République prouve en effet que chaque citoyen français, si pauvre soit-il à la naissance, peut prendre ce que l'on appelle en 2013 « l'ascenseur social ». Ce, alors que l'espoir de promotion sociale constitue l'aspiration la plus puissante de la société française et, qu'en réponse à celui-ci, la IIIe République offre une promesse de progrès social graduel. Ainsi la République selon Paul Doumer ne doit-elle pas être un mot vide de substance. Elle doit, bien plus, être une réalité bienfaisante pour ceux que le sort n'a pas favorisés.

Une carrière telle que celle de Paul Doumer a-t-elle pu s'improviser ? La subtilité de l'âpre jeu politique dans le forum permet difficilement de reconnaître les traits de la personnalité profonde sous le masque du personnage. On ne devient sans doute pas, ceci dit, homme politique par hasard ou involontairement. On n'est sollicité que si l'on attire l'attention. Car, d'où que l'on parte socialement, il faut le vouloir. Même si, par pudeur ou souci de modestie, on ne l'avoue pas. Pour être ministre sous la IIIe République, il faut être député. Pour être député, il faut être candidat. Louis Barthou écrit ainsi en 1923 :

« Un mandat porte au mandat et l'on va ainsi du petit au grand. »[10]

Parti de rien, artisan, par l'exemple pédagogique qu'il offre, de la fixation populaire de la République, Paul Doumer n'est pas épargné par les épreuves, du pouvoir comme de la vie, loin s'en faut. Il doit se cuirasser beaucoup pour pouvoir les supporter puis les dépasser. Ennemi du faste, des palabres et de l'apparat, le Paul Doumer d'après-guerre est qualifié tout à la fois de « républicain sévère »[11] et de « pur Français de France, paré de toutes les vertus les plus délicieusement françaises »[12] par son ami Édouard Herriot, dont il aime la culture et l'autorité. Souvent représenté comme embaumé et engourdi dans une ennuyeuse rigidité magistrale,

8. É. Julia, « Avec le président Doumer », *op. cit.*

9. S. Berstein, « Les dix-huit présidents de la République », *Les Cahiers de l'histoire*, n° 50, octobre 1965; *Chef de l'État : l'histoire vivante des 22 présidents à l'épreuve du pouvoir*, *op. cit.*

10. L. Barthou, *La politique*, Paris, Hachette, 1923, p. 15.

11. Lettre d'É. Herriot, maire de Lyon, président de l'Assemblée nationale, à H. Berr, directeur du Centre international de synthèse, 28 octobre 1953, *in* H. Berr, *Commémoration du président Doumer après vingt ans*, *op. cit.*, p. 8.

12. É. Herriot, préface d'A. Doumer, *Mon grand-père Paul Doumer*, *op. cit.*, p. 3. Une définition du « caractère français » est proposée par A. Siegfried, *Tableau des partis en France*, *op. cit.*, p. 28-38.

Paul Doumer évoque à ses concitoyens une austérité de bon aloi, où n'entre que le respect d'une règle qu'on s'impose à soi-même, sans la faire peser à autrui. Préférant la solidité à l'éclat, le travail à la flamboyance, les résultats concrets aux applaudissements, Paul Doumer, libre de vanité, n'est pas de ces hommes politiques qui, par éloquence ou par démagogie, s'efforcent de conquérir une popularité bruyante.

Mené à la force du poignet, imbriquant constamment des niveaux nationaux et locaux, métropolitains et coloniaux, ponctué tour à tour de temps forts et de temps morts, de chance et de malchance, de passages à vide, de rebondissements et de brutaux coups d'accélérateur, choisis (les élections aux présidences des deux Chambres de représentation nationales) ou subis (l'exil indochinois, la perte des fils), le parcours téméraire suivi sur le fil par Paul Doumer souhaite ouvrir une voie, ouvrir *la* voie : il se veut en d'autres termes exemplaire. L'énergie doumérienne est puisée dès l'enfance dans les difficultés de la vie et forgée dans l'adversité : toutes les résistances du corps social, toutes les oppositions de la classe politique, tous les coups, nombreux, reçus sur le chemin, tous les drames personnels qu'il traverse sont transformés par l'intéressé en force voulue invulnérable selon le processus psychologique de la résilience, expliquant à l'origine la résistance des matériaux aux chocs et dont les premières applications dans le domaine de la psychologie humaine datent de 1939-1945[13]. L'Aurillacois, franchissant tous les obstacles et vainquant tous les conservatismes, semble remonter la hiérarchie sociale à rebrousse-poil. Sa solidité à toute épreuve est nourrie par une conscience sociale forte (Paul Doumer sait d'où il vient), une connaissance vécue des inégalités sociales et tragiquement redoublée dans la douleur du deuil. La carrière de Paul Doumer est ainsi ponctuée d'âpres batailles électorales, parsemée de succès chèrement conquis (1888, 1891, 1912) comme de cuisantes défaites (1889, 1910), qui le contraignent parfois à aller chercher fortune dans des activités professionnelles annexes, en dehors de la sphère politique (1910-1912). C'est sans doute à force de ténacité — d'entêtement tout auvergnat, diront certains — que Paul Doumer accède tour à tour aux grandes présidences de l'État républicain — à l'exception notable de la présidence du Conseil —, alors que rien ne l'y prédispose *a priori*.

Se lancer en politique sans fortune est un handicap de départ sous la IIIe République. Les appuis que Paul Doumer a su développer lui permettent de réussir trois parachutages dans des départements aussi différents que l'Aisne, l'Yonne et la Corse. L'enracinement local est davantage conçu comme une ressource, garantie de longévité politique et amortisseur d'échec, que comme une contrainte par l'intéressé. Dès lors, les deux dimensions de son action — ancrage local et carrière nationale — ne peuvent être isolées l'une de l'autre. Conjuguées par l'intéressé, elles se

---

13. B. Cyrulnik, *Un merveilleux malheur*, Paris, Odile Jacob 2002 ; B. Cyrulnik *et al.* (dir.), *La résilience ou comment renaître de sa souffrance*, Paris, Fabert, 2004. L'utilisation de ce terme, avec toutes les préventions méthodologiques qui s'imposent, tient compte de l'historicité des catégories psychologiques, afin d'éviter tout risque d'anachronisme.

nourrissent bien au contraire mutuellement. Disposant, dans les années 1880, d'une base financière personnelle restreinte voire inexistante, Paul Doumer, « fils de pauvre »[14], a besoin de réseaux pour assouvir son ambition. Alors que la notabilité — et, par extension, l'assurance de ressources financières —, héritage du XIXe siècle, reste une condition importante au cours du premier XXe siècle pour s'aventurer en politique[15], Paul Doumer l'insoumis ne peut toutefois se passer de l'appui d'un parti et ce, bien malgré lui. D'où sa grande ambivalence par rapport aux partis politiques alors en formation : il en a besoin mais il s'accommode mal de leur vocabulaire et s'en tient donc à distance. Paul Doumer, qui ne s'encombre guère davantage des traditions parlementaires, s'évertue ainsi sa carrière durant à faire cavalier seul et à dépasser les clivages partisans, dont il se tient à l'écart avec un mépris à peine voilé, en particulier à partir de 1905.

Cette carrière à la vaste ouverture de compas (de l'Aisne à l'Indochine) est aussi marquée le plus souvent par la fugacité des fonctions et des mandats exercés : ministre pendant moins de deux ans, Paul Doumer ne préside la Chambre des députés que dix-sept mois et la République moins de onze. Il ne dure finalement qu'au Sénat : quatre ans. Faut-il y voir un symbole de la précarité de la IIIe République ou d'un personnel politique auquel les électeurs et le Parlement ne laissent pas le temps de marquer leur passage ? Bien plutôt, s'il est un homme politique très présent, Paul Doumer n'est pas pour autant un homme de combinaisons ministérielles. Doit-on y voir le signe d'un caractère entier, lui interdisant — à la différence en particulier d'Aristide Briand — de transiger ? Paul Doumer aime le répéter :

> « Seule une vraie intégrité rend heureux. »[16]

Si elle vise probablement une personnalité comme Aristide Briand, l'expression « *condottiere* », utilisée par Léon Blum dans ses *Lettres sur la réforme gouvernementale*[17], convient bien à Paul Doumer également. Son indépendance des partis et des structures politiques organisées est en effet tout à la fois une force et une faiblesse. Or ce « déraciné de la politique »[18], stigmatisé par Léon Blum dans ses mêmes *Lettres*, se fait fort de pouvoir proposer voire incarner à lui seul une « synthèse républicaine ». Y parvient-il ? Paul Doumer, dont la virulence sans concession est tant redoutée de ses adversaires, aime les hommes qui, comme lui, sortent du rang. « Président dont on a pu dire à la fois qu'il est sorti du rang et qu'il reste dans le rang »[19], il entend, dans ces conditions, compenser son isolement social parmi les « grands » par ses relations, transversales, et sa puissance de travail, phénoménale. Une exhortation au labeur à laquelle il n'aura de cesse de se plier un peu plus

---

14. C. Fourniau, *Vietnam : domination coloniale et résistance nationale (1858-1914)*, *op. cit.*, p. 587.
15. C. Charle, *Les élites de la République (1880-1900)*, *op. cit.*, « Le modèle des notables », p. 34-42.
16. L. Pasquier-Doumer, entretien avec l'auteur, 31 mai 2005.
17. L. Blum, *Lettres sur la réforme gouvernementale*, *op. cit*.
18. *Ibid*.
19. A. Thibaudet, « À propos d'Albert Thomas », *Nouvelle revue française*, 1er juillet 1932.

chaque jour pour survivre dans cette IIIe République « des camarades »[20], « des professeurs »[21], « des ducs »[22], « des universitaires »[23], « des hommes d'affaires »[24], des « diplomates »[25], « des avocats »[26]. Plus précisément, sa dextérité avec les chiffres apparaît d'abord comme la compétence qui installe sa réputation puis comme la carte qu'il joue opportunément à chaque carrefour périlleux de sa carrière, lui permettant de se distinguer de ses pairs. L'ascension heurtée de Paul Doumer, tout sauf rectiligne, facilitée par des amitiés, réelles et politiques, suit ainsi une courbe d'activité *crescendo*. Dans des circonstances bien précises (l'expansion coloniale en Extrême-Orient, la Première Guerre mondiale, les contraintes budgétaires de l'immédiat après-guerre, la crise financière des années 1920), la République fait appel à ses compétences reconnues, sur lesquelles elle peut fidèlement et précieusement compter à des moments parfois critiques de son histoire.

Singulière combinaison de facteurs conjoncturels et structurels, endogènes et exogènes, d'ordre psychologique (le caractère, le tempérament, la trempe), politique, économique ou technique ; rencontre d'une ambition personnelle, d'une puissance de travail, d'une compétence et de circonstances, la carrière de Paul Doumer, marquée par la fluctuation politique, est le résultat d'une alchimie complexe. Il s'agit d'une équation à plusieurs inconnues, fruit d'un écheveau de paramètres entremêlés, dont il demeure difficile de mesurer le poids propre : fidélité à un secteur de spécialisation (les chemins de fer) ; à un métier de départ (les chiffres) ; à une compétence technique (les finances publiques) ; à un credo (le patriotisme) ; à un style (la mesure) ; à une éthique (la probité) ; à des réseaux, parallèles ou successifs (la franc-maçonnerie, le lobby indochinois et colonial, les Auvergnats). L'importance jouée par ces derniers dans l'ascension en République de Paul Doumer se double du rôle individuel joué par au moins quatre personnalités : son beau-père Clément Richel, qui accompagne ses débuts professionnels dans l'enseignement en l'obligeant à passer une licence de mathématiques, condition fixée pour épouser sa fille Blanche ; William Waddington, « baptiseur de ministres », qui parraine son entrée en franc-maçonnerie ; Charles Floquet, président de la Chambre des députés, qui l'adjoint à son cabinet pendant deux ans avant de le parrainer dans l'Yonne ; Léon Bourgeois, père du solidarisme, qui le nomme ministre des Finances à l'âge de trente-huit ans, jouent, chacun à leur manière en l'accompagnant à des moments charnières de son parcours, un rôle décisif de mentor pour Paul Doumer.

Cette carrière est également menée en fin stratège : à au moins deux reprises, alors qu'il est gouverneur général de l'Indochine (1902) puis, près de trente ans plus

20. R. de Jouvenel, *La République des camarades*, Paris, Grasset, 1914.
21. A. Thibaudet, *La République des professeurs*, *op. cit.*
22. D. Halévy, *La République des ducs*, Paris, Grasset, 1937.
23. C. Charle, *La République des universitaires (1870-1940)*, *op. cit.*
24. J. Garrigues, *La République des hommes d'affaires*, *op. cit.*
25. L. Vilatte, *La République des diplomates : Paul et Jules Cambon*, *op. cit.*
26. G. Le Béguec, *La République des avocats*, *op. cit.*

tard, président du Sénat (1927), Paul Doumer attend (parfois plusieurs mois) le moment opportun pour démissionner et ne pas manquer « l'ascenseur » qui le fera monter à l'étage supérieur. Dès lors, la question de l'opportunisme supposé de Paul Doumer, de sa prétendue « stratégie de carrière », très tôt audacieusement tendue vers les sommets, reste difficile à trancher. Cette dernière est-elle programmée dès le départ par l'intéressé ? À au moins quatre reprises (1887, 1888, 1891 et 1896), Paul Doumer remplace des défunts dans des circonstances aussi opportunistes que funèbres. La gestion de sa carrière par l'intéressé lui-même donne ainsi le sentiment tout à la fois de maîtrise et d'oubli de soi derrière le service de la chose publique, la *res publica*. Cette vie semble finalement davantage utiliser les événements qu'elle n'est utilisée par eux.

Paul Doumer, à qui la presse et la députation ont servi de leviers, serait-il parvenu à l'Élysée sans son passage déterminant en Indochine ou s'il n'avait pas perdu quatre de ses cinq fils des suites de la Grande Guerre ? Séduisant, le recours à l'approche contrefactuelle — uchronie ou « What If History » — s'avère difficile à mener. La dette tant de l'Indochine que du deuil de ses fils à l'aboutissement présidentiel de sa carrière reste délicate à peser en termes de causalité[27]. Ainsi une partie de l'énigme survit-elle aux questions. Face aux résistances du corps social métropolitain et à la relative permanence au pouvoir d'une aristocratie[28], l'Indochine joue indiscutablement un double rôle de terrain de formation et de tremplin politique et social pour Paul Doumer, représentant des nouvelles élites républicaines. Étape indispensable du *cursus honorum* sous la IIIe République et voie d'acculturation républicaine en cela, le « service colonial » lui permet-il de contourner les frileuses structures hexagonales pour mieux revenir en métropole cinq ans plus tard auréolé du prestige impérial ? Oui et non : huit ans après son retour d'Indochine, Paul Doumer est donné pour mort politiquement après son échec à la présidentielle de 1906 puis la perte de son siège de député de l'Aisne en 1910.

Enfant de la défaite de 1870, Paul Doumer appartient à une génération d'hommes politiques nourris des idéaux du XIXe siècle finissant, pour qui la fidélité aux grands principes de la Révolution française reste un souci fort. Ne s'agit-il que d'un trait générationnel marqué ? Dogme de base du modèle républicain, l'antivedettariat (c'est-à-dire le refus de l'exposition systématique, rappelant un bonapartisme et plus largement un monarchisme honnis par la République), sied parfaitement à Paul Doumer en toutes ses fonctions successives de grand représentant républicain : discrétion, pudeur, probité, honnêteté, loyauté, vaillance, fidélité au service de l'intérêt général sont autant de qualités unanimement reconnues au treizième président de la IIIe République française. Ces qualités morales, comportementales et personnelles font partie intégrante de la République : ses représentants, élus, doivent s'effacer devant l'intérêt général. En effet, une réelle méfiance règne

27. A. Lorin, « Un présidentiable formé par "l'école des colonies" : Paul Doumer en Indochine (1897-1902) », *Outre-mers, revue d'histoire*, n° 372-373, 2e semestre 2011, p. 195-204.

28. M. Dogan, « La stabilité du personnel parlementaire sous la Troisième République », *op. cit.* ; et « Les filières de la carrière politique en France », *op. cit.*

envers les présidents de la République dont la trop forte personnalité suscite contre eux le soupçon de vouloir redonner à la fonction présidentielle un lustre perdu, de vouloir imposer leurs idées voire d'intervenir dans le champ du politique. La IIIe République n'a finalement jamais cessé de craindre la dictature. Ainsi Jules Ferry sera-t-il progressivement écarté car considéré comme trop saillant[29]. Ainsi encore Léon Gambetta, en raison de son rôle pendant le gouvernement de la Défense nationale, restera-t-il perçu comme « un dictateur en puissance » par une opinion publique échaudée et méfiante[30]. À sa fougue oratoire, les Français préfèrent la réserve méticuleuse de Paul Doumer. L'histoire individuelle, le discours, le mode de vie de l'auguste vieillard incarnent mieux que personne la République, née du rejet du Second Empire et chassant de ce fait toute forme de culte de la personnalité comme de personnalisation du pouvoir chez ses représentants. De tempérament discret, Paul Doumer est tout néanmoins sauf un politicien falot. Il sait quand il le faut faire preuve des audaces les plus étonnantes.

Passion de servir ou volonté de dominer ? « Héros » de l'exception ou homme de la normalité ? Il serait sans doute absurde, entre ces bornes liminaires, de vouloir résumer à une formule un Paul Doumer pétri de tant de contradictions, porteur d'une culture politique de toute façon hybride et syncrétique car enrichie d'apports multiples[31], comblé de tous les honneurs que la vie publique peut réserver à un homme en même temps qu'investi de toutes les charges qu'elle peut imposer à une conscience. Envers et endroit d'une même étoffe. Des invariants demeurent toutefois du début à la fin parmi les thèmes portés par ses soins. Peut-on dès lors parler de « doumérisme » ? Quels en sont, dans ce cas, les contours ? Le doumérisme renvoie non seulement à un corpus idéologique (l'impôt, les chemins de fer, l'interventionnisme de l'État, la défense et la paix par l'armement, l'expansion coloniale), mais, bien plus, à une manière de faire de la politique, une manière d'être en politique, finalement, à une conception de la République et de la fonction de dirigeant politique. Cette conception est en particulier marquée par deux traits : rigueur budgétaire et rectitude morale sur les principes du modèle républicain. Car la culture politique de Paul Doumer, tout à la fois républicain convaincu, réformateur hardi et patriote ardent, se confond intimement avec la culture républicaine telle que l'a définie Serge Berstein[32].

Synthèse du solidarisme et du patriotisme, entre autres idées politiques, Paul Doumer est-il finalement « de gauche » ou « de droite » ? Son intérêt constant pour les questions sociales, son attachement viscéral au modèle républicain, sa conception de l'impôt comme principal outil correctif à l'inégalité des fortunes, son histoire personnelle, font naturellement de lui, sans ambiguïté avec le radicalisme

---

29. J.-M. Gaillard, *Jules Ferry*, Paris, Fayard, 1989.

30. F. Goguel, *Les partis politiques sous la IIIe République*, *op. cit.*, p. 38.

31. S. Berstein, « Le modèle républicain : une culture politique syncrétique », *in* S. Berstein (dir.), *Les cultures politiques en France*, *op. cit.*, p. 113-143.

32. S. Berstein, « La culture républicaine dans la première moitié du XXe siècle », *in* S. Berstein *et al.* (dir.), *Le modèle républicain*, *op. cit.*, p. 159-187.

pour mamelle, un « homme de gauche », que tout contribue à situer de ce côté de l'échiquier politique[33]. Ce positionnement est en particulier permis par le marqueur de la question laïque. Malgré cela, le député radical évolue politiquement vers le centre droit au gré de ses pérégrinations électorales et des majorités parlementaires. Il devient un sénateur modéré (1913-1924) à son retour d'Indochine. Au jeune député réformateur des années 1880-1890 succède, au début des années 1930, le président d'un « grand conseil des communes de France », attaché à défendre plutôt qu'à rénover, dans l'esprit d'une République sage et ordonnée. « Schizophrénie française »[34] ? Paul Doumer lui-même déclare être resté radical « de tempérament et de doctrine »[35]. Ses convictions se trouvent-elles amollies sous le poids des contingences, notamment politiques ? Paul Doumer se droitise-t-il sous l'effet de la modification inexorable des circonstances ou les données politiques évoluent-elles autour de sa personne stable ? Dans le contexte très évolutif de la France de la IIIe République, l'Aurillacois se droitise sous le triple effet de son expérience coloniale en Indochine (1897-1902), matrice structurante de sa carrière ; de sa carrière parallèle en entreprise, notamment à la présidence de la Compagnie générale d'électricité (1911-1927) ; et de son engagement politique et personnel dans la Grande Guerre, en amont comme en aval de celle-ci (1913-1932) — même si, plus largement, l'hypothèse du début d'un renforcement du pouvoir exécutif marqué par la Grande Guerre reste discutée par l'historiographie[36]. La droitisation de Paul Doumer, faisant de lui un homme original voire inclassable politiquement, explique notamment son intervention directe dans la formation du gouvernement Tardieu en février 1932. Malgré cela, il semble porté par un électorat qui apprécie surtout sa personne et son parcours, mais qui, finalement, semble attacher peu d'importance à son appartenance partisane et lui pardonne toutes ses acrobaties politiques, y compris les plus sensationnelles. De la même façon qu'Édouard Herriot incarne la « la République en personne »[37], Paul Doumer, « ni avancé ni conservateur, termes pour théoriciens, mais praticien, auvergnat »[38], endosse, par l'exemple de sa personne, un modèle républicain transpartisan.

Enfin, la contradiction fondamentale que représente la domination coloniale pour une République qui se veut démocratique est particulièrement bien incarnée par Paul Doumer, au croisement stratégique de ces deux entreprises parallèles — la République et l'Empire —, non pas opposées mais bien plutôt inextricablement constitutives l'une de l'autre, tout à la fois « comme modèles et comme formes

33. A. Corbin, « L'homme de gauche au XIXe siècle », *in* J.-J. Becker *et al.* (dir.), *Histoire des gauches en France*, *op. cit.*, vol. 1, p. 545-554.

34. E. Suleiman, *Schizophrénies françaises*, Paris, Grasset, 2008.

35. A. Doumer, *Mon grand-père Paul Doumer*, *op. cit.*, p. 19.

36. N. Roussellier, « La guerre a-t-elle vraiment marqué le début d'un renforcement du pouvoir exécutif ? », séminaire « La Grande Guerre comme rupture ? Mise à l'épreuve d'un lieu commun historiographique (1850-1950) », ENS, 14 janvier 2013.

37. S. Berstein, *Édouard Herriot ou la République en personne*, Paris, FNSP, 1985.

38. A. Thibaudet, *Les idées politiques de la France*, Paris, Stock, 1932, p. 69.

concrètes liées à des ensembles de pratiques »[39]. Ainsi la IIIe République est-elle indissociable de sa face impériale. Malgré cela, la coupure entre les historiographies métropolitaine et impériale reste importante[40]. Plus précisément, le comportement très « républicain » de Paul Doumer dans la sphère du Parlement contraste avec l'exercice très autoritaire de sa fonction de gouverneur général de l'Indochine (1897-1902). Cette discontinuité entre les principes (républicains) et leurs applications (coloniales) s'explique-t-elle par le seul éloignement de l'épicentre métropolitain ? Homme d'assemblée méfiant du pouvoir exécutif — et donc « républicain » en ce sens —, Paul Doumer pratique un exercice autoritaire de ce dernier quand il lui est confié, en situation coloniale d'abord, puis à la présidence de la République (1931-1932). Il est bien porteur en cela de toutes les contradictions françaises dans la conception du pouvoir étatique[41], l'empire colonial français apparaissant comme « le lieu de projection d'une République [y déployant] toutes ses tensions et contradictions »[42]. Cette double nature existant à l'intérieur d'un seul et même personnage reflète finalement la double tendance de la IIIe République elle-même entre « républicains plus parlementaires », hommes d'assemblée restant méfiants à l'égard tout à la fois des ambitions du pouvoir exécutif et des personnalités fortes émergeant de leur propre parti, et « jacobins plus autoritaires »[43]. Il y aurait ainsi, selon Maurice Agulhon, au moins « deux façons d'être républicain »[44] tout au long la IIIe République, voire même, par extension, « deux définitions du républicanisme »[45], en partie communes et en partie différentes : une définition maximale, la plus ancienne, incluant, avec l'adhésion à la République, « l'attachement aux droits du Parlement et l'allergie aux hommes forts »[46]; et une définition minimale, plus récente et plus timide, n'incluant rien d'autre que l'acceptation de « la forme du régime et de l'État de droit »[47], et permettant d'être, par ailleurs, présidentialiste.

Qu'apporte, pour résumer, l'étude du parcours de Paul Doumer à notre connaissance de la IIIe République ? Le fidèle rapport au modèle républicain de l'homme politique d'origine modeste; sa rupture avec le radicalisme de parti et, plus largement, sa distance croissante prise avec les partis politiques; l'indéniable tremplin que lui a offert l'Indochine, avec l'ambiguïté d'une pratique autoritaire des fonctions exécutives à son retour en métropole, complètent, notamment, notre lecture

---

39. E. Saada, « L'Empire », *op. cit.*, p. 481.

40. A. Lorin, « Pour une histoire coloniale, circonstanciée », *H-France Review*, vol. 6, n° 54, mai 2006; et « Pour une histoire coloniale, nuancée », *Outre-mers, revue d'histoire*, n° 366-367, 1er semestre 2010, p. 369-377.

41. N. Roussellier, *Vers une histoire de la loi, op. cit.*, t. 1, « Du gouvernement de guerre au gouvernement de la défaite : les transformations du pouvoir exécutif en France (1913-1940) ».

42. E. Saada, « L'Empire », *op. cit.*, p. 486.

43. N. Roussellier, courriel à l'auteur, 30 mai 2011.

44. M. Agulhon, « "Républicain" à la française », *Revue Tocqueville*, vol. XIII, n° 1, 1992, p. 114.

45. *Ibid.*

46. *Ibid.*

47. *Ibid.*, p. 115.

de la plus longue de nos Républiques. Dernier président de la République à porter redingote et barbe taillée au carré[48], Paul Doumer, âme digne des *Vies des hommes illustres* et des *Œuvres morales* de Plutarque, est aussi présenté comme « le dernier des stoïciens ». On regrette, avec sa disparition, « sa simplicité, son humour autant que ses capacités »[49]. Sous la carapace de l'homme d'autorité se cache une sensibilité pudique. Fils de l'Auvergne dont il garde la rugosité, l'écorce épaisse et la sensibilité secrète, Paul Doumer, insensible à la flagornerie, reste étranger aux usages et aux nuances du monde complexe, cruel et raffiné des palais républicains parisiens où ses compétences et son ambition l'ont propulsé.

Paul Doumer aime les phrases nettes et précises, tranchantes au besoin. Se retournant sur son vertigineux parcours, il concède, fustigeant les facilités des héritiers et les inaltérables ficelles du favoritisme politique et social :

« J'ai finalement davantage mérité qu'hérité. »[50]

À une lettre près, la différence est de taille. Héritier d'aucune manière, ni sociale ni politique — l'héritage étant défini comme ce qui est « transmis comme par succession »[51] —, Paul Doumer ajoute, citant Goethe :

« Toute ma vie, j'ai été un homme, c'est-à-dire un lutteur. »[52]

En même temps, son apparente insensibilité, pour ne pas dire son cynisme, aurait, selon ses détracteurs, conduit Paul Doumer à préférer l'intérêt bien compris de sa carrière à ses fidélités, politiques et amicales.

La loi du 25 octobre 1932 déclare officiellement que Paul Doumer a « bien mérité de la patrie ». Cette reconnaissance posthume de la nation est rappelée sur sa tombe au cimetière de Vaugirard dans le XVe arrondissement de Paris [photographie 57 p. 475]. Par-delà les légendes, les ignorances ou les images d'austérité qui entourent sa personnalité complexe, la vie politique de Paul Doumer accompagne toujours courageusement les débats de son temps. Aux heures tragiques, ce dernier sait, comme Georges Clemenceau[53], qu'il admire, ne jamais désespérer. Sa volonté l'amène à soutenir des positions parfois difficiles, éventuellement impopulaires, ce qu'il ne craint pas. En particulier, l'impôt sur le revenu et le réarmement ne suscitent guère l'enthousiasme dans l'insouciante France de la Belle Époque. Paul Doumer en a-t-il fait trop ? Ses proches disent aussi que cette fonction de gêneur, à rebours de l'opinion publique dominante, aurait pu entraîner son assassinat[54].

48. D. Frémy, *Quid des présidents de la République*, *op. cit.*, p. 353.
49. B. Yvert (dir.), *Dictionnaire des ministres (1789-1989)*, *op. cit.*, p. 441.
50. L. Pasquier-Doumer, entretien avec l'auteur, 31 mai 2005.
51. L. Bantigny *et al.* (dir.), *Hériter en politique : filiations, générations et transmissions politiques (Allemagne, France et Italie, XIXe-XXe siècle)*, *op. cit.*, p. 2.
52. L. Pasquier-Doumer, entretien avec l'auteur, 31 mai 2005.
53. J.-J. Becker *et al.* (dir.), *Clemenceau et la Grande Guerre (1906-1929)*, Paris, Geste éditions, 2010.
54. A. Doumer, *Mon grand-père Paul Doumer*, *op. cit.*, p. 39.

Les similitudes avec le parcours d'un Pierre Bérégovoy (1925-1993) sous la Ve République ne manquent pas de spontanément venir à l'esprit[55]. Même origine sociale modeste; mêmes rapports ambivalents avec celle-ci; même isolement et atypisme apparents parmi le personnel politique alors dirigeant; même fin tragique, dans des circonstances certes très différentes. La comparaison, anachronique, ne peut toutefois guère être conduite plus avant.

La France est privée le 6 mai 1932 d'un grand président, figure tout à la fois de père et de grand-père de la nation. Le mythique Front populaire (1936-1938) et les dramatiques évènements de la Seconde Guerre mondiale achèveront d'éclipser la mémoire de Paul Doumer.

Il y a quatre-vingts ans, le 13 mai 1931, la IIIe République française a su hisser jusqu'à son ultime niveau un fils de cheminot. Une vie dont l'acmé, indépassable, est alors atteint. Les étudiants de 2012 demandent comment Paul Doumer a « fait » et, surtout, si la même histoire, image d'Épinal au scénario de conte de fées, pourrait être répétée aujourd'hui. Puissent-ils, sans anachronisme alors que la crise du modèle républicain sur la longue durée ne cesse d'être regrettée[56], avoir trouvé quelques éléments de réponse dans les lignes qui précèdent.

Malo-les-Bains, le 19 octobre 2012

---

55. Colloque « Pierre Bérégovoy en politique », Centre d'histoire de Sciences Po, 28-29 mai 2010.

56. P. Pettit, *Républicanisme*, Paris, Gallimard, 2004; O. Galland, *Les jeunes Français ont-ils raison d'avoir peur?*, Paris, Armand Colin, 2009; C. Obadia, « L'élitisme républicain en crise », *La Croix*, 12 mai 2009; C. Laborde, *Français, encore un effort pour être républicains!*, Paris, Le Seuil, 2010; S. Audier, « Rafraîchir la République », *Le Monde*, 4 mai 2010; L. Chatel, « La méritocratie est en panne », *L'Express*, no 3086, 25 août 2010, p. 8-10.

Documents

RÉPUBLIQUE FRANÇAISE

PRÉFECTURE DU CANTAL

Télégramme

Préfet CANTAL à Secrétaire Général Présidence République

Acte naissance Monsieur le Président de la République.

L'an mil huit cent cinquante sept, le vingt trois mars, devant Emile Geneste, premier adjoint d'Aurillac, la demoiselle Constance Sarribe, accoucheuse a présenté un enfant du sexe masculin né la veille à trois heures du matin, fils légitime de Jean DOUMER employé dans les chemins de fer et de dame Victorine, France, Alexandrine David, sans profession, domiciliés à Aurillac, auquel elle a déclaré vouloir donner les prénoms de Joseph, Athanase. Déclaration faite en présence de Pierre Toulze et de Joseph Barthélémy, tanneurs.

[illegible]

Aurillac – 7 mai 1932.

1. Acte de naissance de Paul Doumer (Aurillac, 23 mars 1857) : télégramme du préfet du Cantal au secrétaire général de la présidence de la République le jour du décès du président Doumer (Aurillac, 7 mai 1932)
(*Archives départementales du Cantal*)

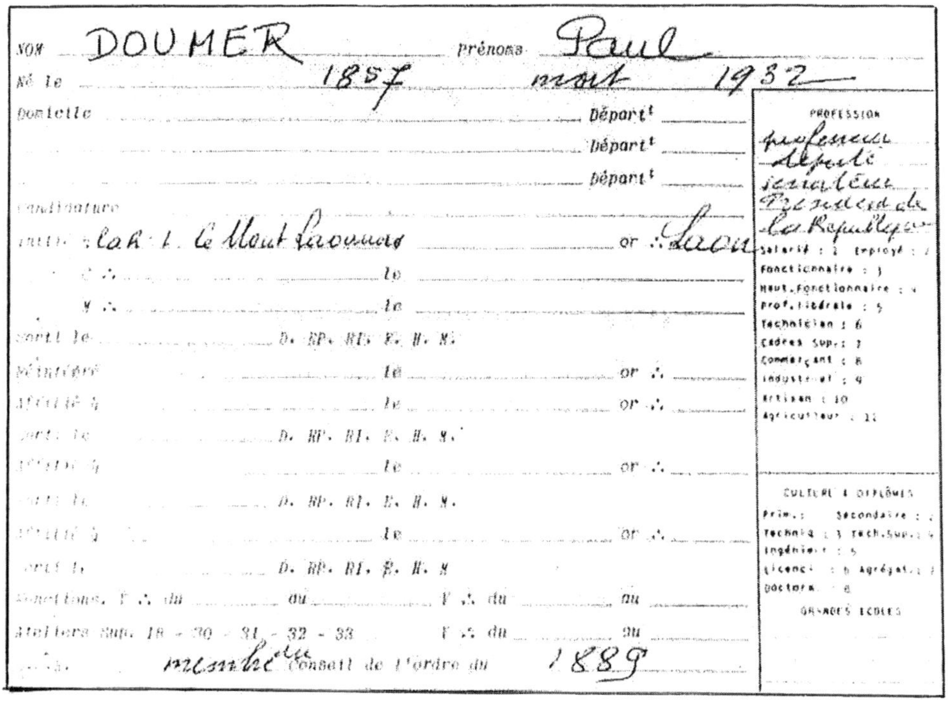

NOM DOUMER Prénoms Paul
Né le 1857 mort 1932
Domicile Départ
Départ
Départ
Candidature
Init. ∴ la R∴ L∴ le Mont Laonnois or ∴ Laon
C∴ le
M∴ le
Sorti le D. RP. RI. E. H. M.
Réintégré le or ∴
Affilié à le or ∴
Sorti le D. RP. RI. E. H. M.
Affilié à le or ∴
Sorti le D. RP. RI. E. H. M.
Affilié à le or ∴
Sorti le D. RP. RI. E. H. M.
Fonctions. F∴ du au F∴ du au
Ateliers Sup. 18 - 30 - 31 - 32 - 33 F∴ du au
membre du Conseil de l'ordre du 1889

PROFESSION
professeur
député
sénateur
Président de la République
Salarié : 1 Employé : 2
Fonctionnaire : 3
Haut.Fonctionnaire : 4
Prof. libérale : 5
Technicien : 6
Cadres Sup. : 7
Commerçant : 8
Industriel : 9
Artisan : 10
Agriculteur : 11

CULTURE & DIPLÔMES
Prim. : Secondaire : 2
Technique : 3 Tech.Sup. : 4
Ingénieur : 5
Licence : 6 Agrégat. : 7
Doctorat : 8
GRANDES ECOLES

2. Fiche du « Frère Doumer » au Grand Orient de France (Paris) :
Paul Doumer est initié le 1er décembre 1879 à la loge L'Union fraternelle ;
il sera exclu de la Loge La Libre pensée suite à l'affaire des fiches (1905)
(*Archives du Grand Orient de France*)

Sonner le clairon à l'avant-garde de l'armée démocratique

AU LECTEUR

La création de *La Tribune* n'a pas eu et ne doit pas avoir pour effet de provoquer une scission dans le camp républicain du département de l'Aisne.

Nous voulons réagir contre la méthode trop préconisée et trop suivie qui consiste à remettre les destinées de la République aux mains de ses amis de dernière heure, de ses amis les plus tièdes, les plus imbus des doctrines monarchiques.

[...]

Notre ambition est, dans la marche comme dans la bataille, de sonner le clairon à l'avant-garde de l'armée démocratique.

Nous pensons que le Progrès de la loi humaine, la loi des sociétés civilisées, qu'il doit être continu, sans arrêt comme sans secousse.

[...]

La grave question des rapports de l'État avec les diverses églises est depuis longtemps pendante. L'opinion publique est insuffisamment préparée à la seule solution possible : la suppression du budget des cultes. Nous ne demandons pas que cette suppression soit effectuée sans délai, mais nous en tenant au principe qui a toujours été celui des républicains et des libéraux, nous recommanderons toute mesure qui nous rapprochera du but.

[...]

C'est le pays qu'il faut convertir, c'est à lui que nous nous adresserons plus qu'au législateur.

En résumé, qu'entendons-nous créer au chef-lieu du département ? Une feuille indépendante et ferme dans laquelle tous les dévouements républicains trouveront un appui et la coordination de leurs efforts.

Paul Doumer

3. Le premier éditorial du journaliste Paul Doumer,
paru dans le premier numéro de *La Tribune du département de l'Aisne* (6 janvier 1885),
journal quotidien cofondé par ses soins
(*Archives départementales de l'Aisne*)

Election législative du 25 Mars 1888.

PAUL DOUMER

ADJOINT AU MAIRE DE LAON

Candidat Républicain

Aux Electeurs du département de l'Aisne,

CITOYENS,

La réaction qui semblait **terrassée se relève.**

Elle engage la lutte à la **veille du scrutin.**

Elle vient vous proposer de voter pour l'orléaniste Jacquemart, **affublé du masque** conservateur.

La réaction espérait tirer **profit de la division** que pouvait créer la **candidature du général** Boulanger.

Elle en sera **pour sa** courte honte.

CITOYENS,

Le général Boulanger n'est plus candidat dans l'Aisne.

Ses amis ont retiré sa candidature.

Il ne reste plus maintenant en présence qu'un républicain et un monarchiste.

Votre devoir est tout tracé.

Vous ne voudrez pas que dans ce département où par trois fois **vous avez condamné la politique réactionnaire,** un **orléaniste** vienne **planter l'étendard monarchique et ramener** chez nous **le** gouvernement **des curés avec ses** hontes et ses **privilèges.**

Fidèles à la discipline républicaine, vous voterez **pour** la **République et la Liberté,** contre **la réaction et la** tyrannie.

Vous **voterez** pour **le candidat du** Congrès **républicain.**

Vous voterez pour

PAUL DOUMER.

Au nom du Congrès départemental.

Les membres du bureau :

Fouquet, Conseiller, général, Ancien Député, *Président.*

Bonnot, Maire, Président du Comité Républicain de Laon, *Assesseur.*

Beauchamps, Président du Comité Républicain de Soissons, *Assesseur.*

Dermenghom, Secrétaire du Comité Républicain de Saint-Quentin, *Secrétaire.*

4. Paul Doumer, adjoint au maire de Laon, candidat républicain à l'élection législative du 25 mars 1888, s'adresse aux électeurs de l'Aisne (*Archives départementales de l'Aisne*)

DEUXIÈME ÉDITION

SUPPLÉMENT
À
L'ARGUS SOISSONNAIS

ÉLECTIONS LÉGISLATIVES DU 8 AVRIL 1888

RÉSULTAT POUR LE DÉPARTEMENT DE L'AISNE

MM. DOUMER	42,244 voix.	ÉLU.
JACQUEMART	33,344	—
BOULANGER	11,611	—
LANGRAND	3,121	—

ARRONDISSEMENT DE SOISSONS

RÉPARTITION DES SUFFRAGES

Inscrits, 18,695. — *Votants*, 12,685. — *Suffrages exprimés*, 12,535.

MM. DOUMER	5,841	voix.
JACQUEMART	5,006	—
BOULANGER	1,247	—
LANGRAND.	238	—

VILLE DE SOISSONS

MM. DOUMER, 577 ; — JACQUEMART, 577 ; — BOULANGER, 104 ; — LANGRAND, 57.

5. Paul Doumer est élu député de l'Aisne le 8 avril 1888 suite au retrait du général Boulanger après cinq ans de patiente implantation dans le département (*Archives départementales de l'Aisne*)

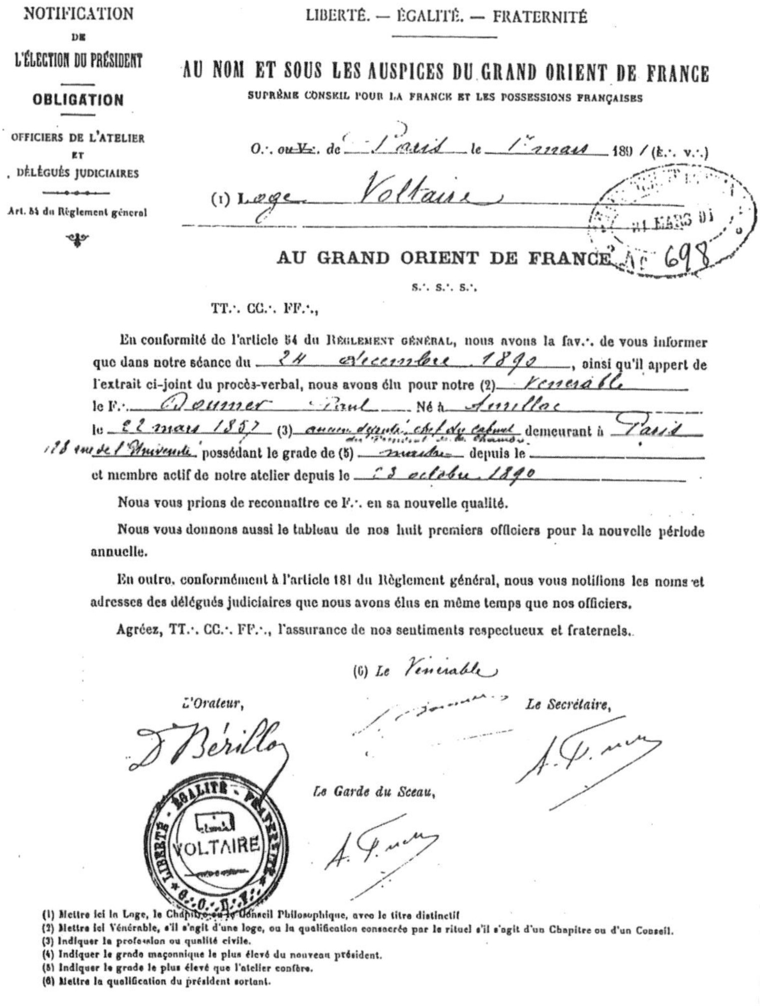

NOTIFICATION DE L'ÉLECTION DU PRÉSIDENT

OBLIGATION

OFFICIERS DE L'ATELIER ET DÉLÉGUÉS JUDICIAIRES

Art. 54 du Règlement général

LIBERTÉ. — ÉGALITÉ. — FRATERNITÉ

AU NOM ET SOUS LES AUSPICES DU GRAND ORIENT DE FRANCE

SUPRÊME CONSEIL POUR LA FRANCE ET LES POSSESSIONS FRANÇAISES

O.·. ~~ou V.·.~~ de Paris le 1er mars 189 / (È.·. V.·.)

(1) Loge Voltaire

AU GRAND ORIENT DE FRANCE

S.·. S.·. S.·.

TT.·. CC.·. FF.·.,

En conformité de l'article 54 du Règlement général, nous avons la fav.·. de vous informer que dans notre séance du 24 décembre 1890, ainsi qu'il appert de l'extrait ci-joint du procès-verbal, nous avons élu pour notre (2) Vénérable le F.·. Doumer Paul Né à Aurillac le 22 mars 1857 (3) ancien député, chef du cabinet du Président de la Chambre demeurant à Paris 128 rue de l'Université possédant le grade de (5) maître depuis le et membre actif de notre atelier depuis le 23 octobre 1890

Nous vous prions de reconnaître ce F.·. en sa nouvelle qualité.

Nous vous donnons aussi le tableau de nos huit premiers officiers pour la nouvelle période annuelle.

En outre, conformément à l'article 181 du Règlement général, nous vous notifions les noms et adresses des délégués judiciaires que nous avons élus en même temps que nos officiers.

Agréez, TT.·. CC.·. FF.·., l'assurance de nos sentiments respectueux et fraternels.

(6) Le Vénérable

L'Orateur, D Bérillon

Le Secrétaire,

Le Garde du Sceau,

LIBERTÉ · ÉGALITÉ · FRATERNITÉ · VOLTAIRE · O.·. D.·. P.·.

(1) Mettre ici la Loge, le Chapitre ou le Conseil Philosophique, avec le titre distinctif
(2) Mettre ici Vénérable, s'il s'agit d'une loge, ou la qualification consacrée par le rituel s'il s'agit d'un Chapitre ou d'un Conseil.
(3) Indiquer la profession ou qualité civile.
(4) Indiquer le grade maçonnique le plus élevé du nouveau président.
(5) Indiquer le grade le plus élevé que l'atelier confère.
(6) Mettre la qualification du président sortant.

6. Notification d'élection du « Frère Doumer » à la loge Voltaire du Grand Orient de France (Paris, 24 décembre 1890), loge prestigieuse, politique par excellence, fondée avec ses amis radicaux Léon Bourgeois[1], Camille Chautemps[2] et Charles Floquet[3] (*Archives du Grand Orient de France*)

1. L. Bourgeois (1851-1925), théoricien du solidarisme, préfet de police de Paris (1887), député de la Marne (1888-1905), ministre des Affaires étrangères (1896, 1906, 1914), président du Conseil (1895-1896), président du Sénat (1920-1923), entre autres fonctions.

2. C. Chautemps (1885-1963), député radical-socialiste d'Indre-et-Loire (1919-1928) puis du Loir-et-Cher (1929-1934), sénateur du Loiret (1934-1940), président du Conseil (1930, 1933-1934, 1937-1938), entre autres fonctions.

3. C. Floquet (1828-1896), avocat, plusieurs fois député, sénateur, préfet, ministre, président du Conseil (1888-1889), entre autres fonctions.

République française — préfecture de l'Yonne

Élection d'un député

Arrondissement d'Auxerre — 1re circonscription

comprenant les cantons d'Auxerre-Est ; Auxerre-Ouest ; Chablis ; Ligny-le-Châtel ; Saint-Florentin et Seignelay

DÉCRET DE CONVOCATION

Le président de la République française,

Sur la proposition du ministre secrétaire d'État au département de l'Intérieur ;
Vu la loi organique du 30 novembre 1875 sur l'élection des députés ;
Vu la loi du 13 février 1889, qui a rétabli le scrutin uninominal et fixé les circonscriptions électorales ;
Vu les décrets organique et réglementaire du 2 février 1852 ;
Vu la loi du 17 juillet 1889, qui interdit les candidatures multiples ;
Vu le décret du 28 août 1889, portant convocation de tous les collèges électoraux ;
Attendu le décès de M. René Laffon, député de la 1re circonscription de l'arrondissement d'Auxerre (Yonne)

Décrète :

Art. 1er – Le collège électoral de la première circonscription de l'arrondissement d'Auxerre (Yonne) est convoqué pour le DIMANCHE VINGT-CINQ OCTOBRE 1891, à l'effet d'élire un député.
Art. 2 – L'élection aura lieu suivant les formes déterminées par les lois et décrets ci-dessus visés.
Art. 3 – Les maires des communes où, conformément à l'article 8 du décret réglementaire du 2 février 1852, il y aurait lieu d'apporter des modifications à la liste électorale arrêtée le 31 mars dernier, publieront, cinq jours avant la réunion des électeurs, un tableau des dites modifications.
Art. 4 – Le ministre de l'Intérieur est chargé de l'exécution du présent décret.

Fait à Fontainebleau, le 1er octobre 1891.

CARNOT
par le président de la République
le ministre de l'Intérieur
CONSTANS

copiée certifiée :
pour le préfet de l'Yonne en congé
le secrétaire général,
G. SALLES

Auxerre, imprimerie Albert Gallot, rue de Paris, 47. – 10-91.

7. Un parachutage dans l'Yonne dicté par les circonstances : le décret préfectoral de convocation à l'élection d'un député dans la première circonscription d'Auxerre (1er octobre 1891) (*Archives départementales de l'Yonne*)

NOTIFICATION
DE
L'ÉLECTION DU PRÉSIDENT
OBLIGATION
OFFICIERS DE L'ATELIER
ET
DÉLÉGUÉS JUDICIAIRES
Art. 54 du Règlement général

LIBERTÉ. — ÉGALITÉ. — FRATERNITÉ

AU NOM ET SOUS LES AUSPICES DU GRAND ORIENT DE FRANCE

SUPRÊME CONSEIL POUR LA FRANCE ET LES POSSESSIONS FRANÇAISES

O.·. ~~ou V.·.~~ de *Paris* le *1er mars* 189*1* (È.·. v.·.)

(1) *Loge Voltaire*

(21 MARS 91)

AU GRAND ORIENT DE FRANCE N° *698*

S.·. S.·. S.·.

TT.·. CC.·. FF.·.,

En conformité de l'article 54 du Règlement général, nous avons la fav.·. de vous informer que dans notre séance du *24 décembre 1890*, ainsi qu'il appert de l'extrait ci-joint du procès-verbal, nous avons élu pour notre (2) *Vénérable*
le F.·. *Doumer Paul* Né à *Aurillac*
le *22 mars 1857* (3) *ancien député, chef du cabinet du Président de la Chambre* demeurant à *Paris 128 rue de l'Université* possédant le grade de (5) *maître* depuis le
et membre actif de notre atelier depuis le *23 octobre 1890*

Nous vous prions de reconnaître ce F.·. en sa nouvelle qualité.

Nous vous donnons aussi le tableau de nos huit premiers officiers pour la nouvelle période annuelle.

En outre, conformément à l'article 181 du Règlement général, nous vous notifions les noms et adresses des délégués judiciaires que nous avons élus en même temps que nos officiers.

Agréez, TT.·. CC.·. FF.·., l'assurance de nos sentiments respectueux et fraternels.

(6) Le *Vénérable*

L'Orateur, *D. Bérillon*

Le Secrétaire, *A. F...*

Le Garde du Sceau, *A. F...*

LIBERTÉ · ÉGALITÉ · FRATERNITÉ · VOLTAIRE · G.·. O.·. D.·. F.·.

(1) Mettre ici la Loge, le Chapitre ou le Conseil Philosophique, avec le titre distinctif
(2) Mettre ici Vénérable, s'il s'agit d'une loge, ou la qualification consacrée par le rituel s'il s'agit d'un Chapitre ou d'un Conseil.
(3) Indiquer la profession ou qualité civile.
(4) Indiquer le grade maçonnique le plus élevé du nouveau président.
(5) Indiquer le grade le plus élevé que l'atelier confère.
(6) Mettre la qualification du président sortant.

8. Déclaration de candidature de Paul Doumer aux élections législatives dans la première circonscription d'Auxerre en exécution de la loi du 17 juillet 1889 sur les candidatures multiples (9 octobre 1891)
(*Archives départementales de l'Yonne*)

Cinquante et unième année. SUPPLÉMENT AU N° 260. 9 Novembre 1891.

L'YONNE

JOURNAL DU DÉPARTEMENT

ARCHIVES DÉPARTEMENTALES YONNE

SCRUTIN DE BALLOTTAGE DU 8 NOVEMBRE 1891

PREMIÈRE CIRCONSCRIPTION D'AUXERRE

Inscrits, 16,740. — Votants, 13,289

PAUL DOUMER, républicain radical. . 7,714
DENORMANDIE, orléaniste-clérical. . 5,143
RINGUIER. 208

M. DOUMER EST ÉLU

VILLE D'AUXERRE

PAUL DOUMER. 1,785
DENORMANDIE. 949
RINGUIER. 76

ARCHIVES DE L'YONNE

RÉSULTATS PAR COMMUNES

CANTON D'AUXERRE (OUEST)

	Inscrits	Votants	Doumer	Denorm.	Ringuier
Appoigny,	487	396	259	124	7
Auxerre (ville),	2213	1602	1001	530	35
Chaibuy,	413	313	220	92	1
Ponceau, Chevannes,	461	366	222	143	2
Orgy, Monéteau,	284	224	80	132	2
Perrigny,	172	140	85	52	1
St-Georges,	181	145	113	30	2
Vallan,	230	206	111	85	6
Vaux,	120	103	54	45	1
Villefargeau,	135	102	62	40	»
	4691	3597	2207	1273	57

CANTON D'AUXERRE (EST)

	Inscrits	Votants	Doumer	Denorm.	Ringuier
Augy,	125	112	49	63	»
Auxerre (ville),	1830	1287	784	419	41
Champs,	202	169	106	58	»
Quenne,	159	144	86	57	1
St-Bris,	483	430	319	107	1
Venoy, Montallery,	372	264	152	108	2
	3171	2406	1496	812	45

CANTON DE CHABLIS

	Inscrits	Votants	Doumer	Denorm.	Ringuier
Aigremont,	52	44	20	24	»
Beines,	210	185	83	101	1
Chablis,	673	528	377	129	7
Chemilly,	114	100	73	25	2
Chichée,	207	178	88	84	2
Chitry,	198	172	70	98	1
Courgis,	187	159	50	110	1
Fontenay,	111	102	52	49	1
Fyé,	40	37	10	25	1
Lichères,	102	95	60	35	»
Milly,	62	59	30	26	2
Poinchy,	69	56	23	32	»
Préhy,	63	57	41	16	»
St-Cyr,	239	201	88	111	1
	2327	1973	1065	865	19

CANTON DE LIGNY

	Inscrits	Votants	Doumer	Denorm.	Ringuier
Bleigny,	137	120	36	81	1
La Chapelle,	70	60	54	5	1
Lignorelles,	117	98	47	51	»
Ligny,	432	367	206	112	3
Maligny,	366	296	205	76	7
Méré,	111	98	37	61	»
Montigny,	250	225	128	93	2
Pontigny,	267	218	110	106	1
Rouvray,	110	85	64	19	2
Varennes,	149	131	59	70	2
Venouse,	105	84	69	15	»
Villeneuve,	79	63	41	20	2
Villy,	51	45	33	11	1
	2244	1890	1089	760	22

CANTON DE SAINT-FLORENTIN

	Inscrits	Votants	Doumer	Denorm.	Ringuier
Avrolles,	211	155	93	57	2
Bouilly,	95	81	46	33	1
Chéu,	202	179	52	119	4
Germigny,	187	152	114	33	5
Jaulges,	133	108	52	55	1
Rebourseaux,	93	78	42	35	1
St-Florentin,	734	512	361	119	12
Vergigny,	138	110	65	41	4
	1793	1375	825	492	30

CANTON DE SEIGNELAY

	Inscrits	Votants	Doumer	Denorm.	Ringuier
Beaumont,	116	100	51	47	1
Chemilly,	184	147	52	88	6
Cheny,	312	251	160	80	6
Chichy,	24	23	14	9	»
Gurgy,	206	187	76	108	2
Hauterive,	102	84	51	26	3
Héry,	469	376	175	186	4
Mont-St-Sulpice,	359	302	177	115	3
Ormoy,	237	184	122	60	1
Seignelay,	369	311	130	170	6
Sougères,	106	83	21	54	2
	2484	2048	1032	943	34

VIVE LA RÉPUBLIQUE !

Dans le Nord, M. Lafargue est élu par 6,470 voix contre 5,175 à M. Depasse.

Le Gérant, L. LELIÈVRE

Auxerre. — Imprimerie ALBERT GALLOT.

9. Élection de Paul Doumer, député de l'Yonne (première circonscription d'Auxerre)
(*L'Yonne*, 9 novembre 1891)
(*Archives départementales de l'Yonne*)

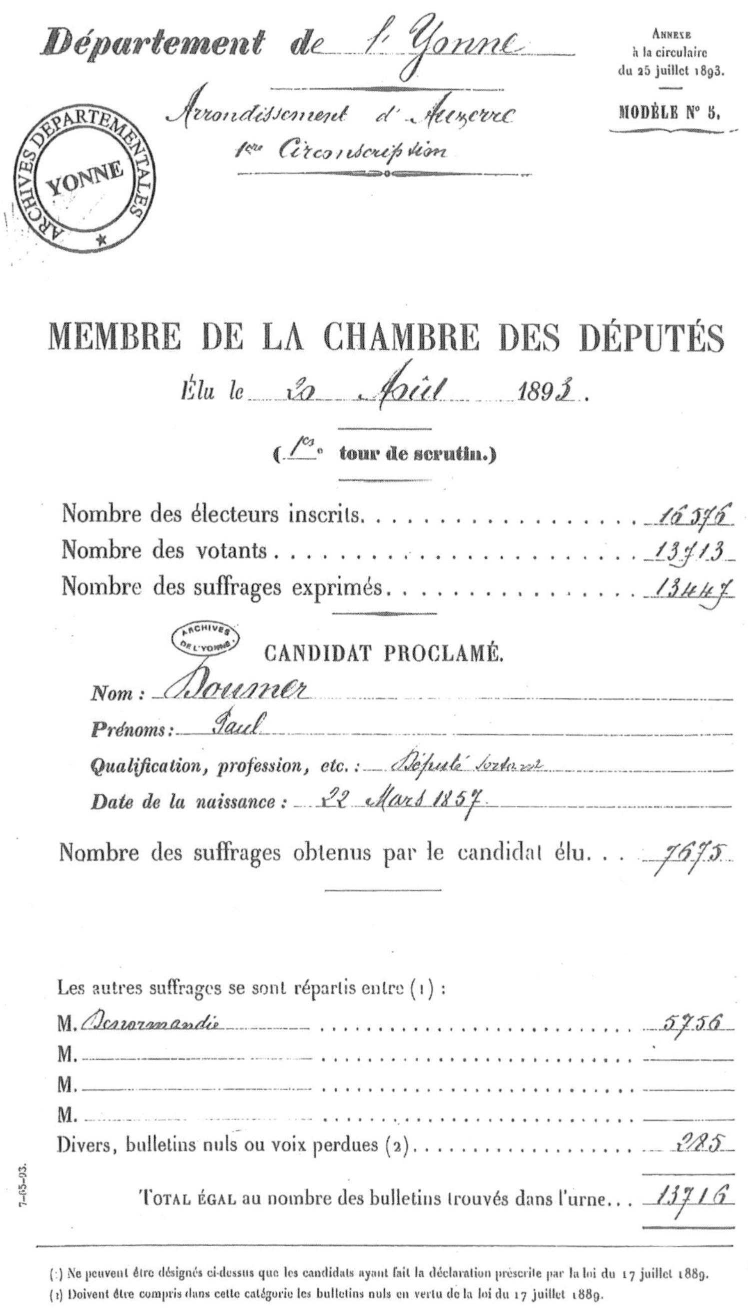

Département de l'Yonne

Annexe
à la circulaire
du 25 juillet 1893.

MODÈLE N° 5.

Arrondissement d'Auxerre
1re Circonscription

ARCHIVES DÉPARTEMENTALES YONNE

MEMBRE DE LA CHAMBRE DES DÉPUTÉS

Élu le 20 Août 1893.

(1er tour de scrutin.)

Nombre des électeurs inscrits. 16576
Nombre des votants 13713
Nombre des suffrages exprimés. 13447

ARCHIVES DE L'YONNE

CANDIDAT PROCLAMÉ.

Nom : Doumer
Prénoms : Paul
Qualification, profession, etc. : Député sortant
Date de la naissance : 22 Mars 1857

Nombre des suffrages obtenus par le candidat élu. . . 7675

Les autres suffrages se sont répartis entre (1) :
M. Desnormandie 5756
M. . . . .
M. . . . .
M. . . . .
Divers, bulletins nuls ou voix perdues (2). 285

Total égal au nombre des bulletins trouvés dans l'urne. . . 13716

7-65-03.

(1) Ne peuvent être désignés ci-dessus que les candidats ayant fait la déclaration prescrite par la loi du 17 juillet 1889.
(2) Doivent être compris dans cette catégorie les bulletins nuls en vertu de la loi du 17 juillet 1889.

10. Réélection de Paul Doumer, député de l'Yonne (première circonscription d'Auxerre), le 20 août 1893 (*Archives départementales de l'Yonne*)

M. Paul Doumer, ministre des Finances : « Messieurs, [...] Le gouvernement s'est hâté de mettre la commission du budget en état d'examiner ses propositions, pour que la Chambre pût aborder rapidement la discussion de l'impôt sur le revenu. Mais la discussion vient dans des conditions que nous n'attendions pas. [...] C'est, en effet, une interpellation sur la politique financière du Gouvernement : nous sommes prêts à y répondre et nous ne voyons aucun inconvénient à ce qu'on lui donne les développements les plus étendus. [...] C'est [...] sur une politique financière générale que nous vous demandons de vous prononcer (*vifs applaudissements à l'extrême gauche et sur plusieurs bancs de divers côtés*). »

Au centre : « Pourquoi un certain nombre de députés ont-ils changé de place ? »

M. le président[1] : « Veuillez, Messieurs, faire silence et permettre à l'orateur de continuer son discours. »

M. le ministre : « Deux politiques [...], à l'heure présente, se disputent vos suffrages : [...] le système financier actuel, auquel le Gouvernement entend apporter une réforme profonde ; [...] le maintien d'un *statu quo* plus ou moins modifié, qui n'en est pas moins le maintien de notre régime fiscal (*nouveaux applaudissements à l'extrême gauche, sur plusieurs bancs à gauche et sur quelques bancs au centre*). »

À droite : « Voilà le centre qui applaudit ! »

[...]

M. le ministre : « Ainsi, la situation est bien nette. [...] En face de la politique financière qui consiste à réformer notre système d'impôts, en face de la politique que le Gouvernement vous propose de suivre, une autre vous est présentée, et il est tout naturel qu'elle le soit par une formule de pure négation. [...] (*rumeurs au centre, nouveaux applaudissements sur divers bancs à gauche et à l'extrême gauche et sur quelques bancs au centre) (un membre de la droite va prendre place sur l'un des bancs de l'extrême gauche, applaudissements ironiques au centre et à droite, bruit prolongé*). »

M. Dupuytrem[2] : « Personne ici n'est à sa place ! »

M. le ministre : « Nous nous efforcerons de tenir la nôtre, voilà tout (*on rit*) ! »

À droite : « Vous devriez prier vos amis de reprendre leurs places habituelles ! »

M. le président : « Messieurs, [...] il me paraît que la Chambre pourra se rappeler que les assemblées délibérantes se déterminent, non pas suivant les places occupées par leurs membres, mais uniquement en vertu des arguments qui leur sont présentés [...] (*vifs applaudissements*). »

M. le ministre : « Je disais donc qu'en face de la politique de réformes fiscales du Gouvernement, il s'en trouve une [...], c'est la politique d'opposition à tous les progrès et à toutes les réformes démocratiques (*réclamations au centre et à droite, applaudissements à gauche et à l'extrême gauche*). »

M. du Breil, comte de Pontbriand[3] : « Il faudrait, monsieur le ministre, apporter de meilleurs arguments (*bruit*) ! »

M. le président : « Si la Chambre ne veut pas que le débat continue (*mais si !*), je lèverai la séance. J'invite encore une fois mes collègues au silence (*très bien ! très bien !*). »

M. le ministre : « Je prie à mon tour mes collègues de la droite, si opposés qu'ils soient à la thèse que je soutiens, de m'accorder un moment de silence (*parlez ! parlez !*).

1. La Chambre des députés est alors présidée par H. Brisson (1835-1912).
2. R. Dupuytrem (1863-1927), député de la Vienne (1889, 1893-1902).
3. F. du Breil de Pontbriand (1848-1916), député de Loire-Inférieure (1889-1901).

Il s'agit donc pour la Chambre, disais-je, de prendre une détermination et de dire si elle estime qu'il convient de maintenir notre système fiscal actuel ou s'il est nécessaire d'y apporter des réformes profondes. Toute la question est là (*applaudissements à gauche et à l'extrême gauche, interruptions à droite et au centre*) ! »

M. Rouzaud[4] : « Mais pas du tout ! Il s'agit de savoir si l'on est pour ou contre votre projet ! »

[...]

M. le ministre : « Je suis donc obligé [...] d'exposer les raisons qui nous ont déterminés à proposer la réforme de notre système fiscal. [...] Ce n'est pas la première fois que j'ai l'honneur de m'en expliquer dans cette enceinte ; je l'ai fait lors de la discussion de la loi sur le régime fiscal des successions, je l'ai fait autrefois de mon banc de député ; je n'insisterai donc pas. Je me bornerai à vous rappeler que nous appartenons à un pays excessivement chargé d'impôts ; l'impôt y est plus lourd peut-être que dans tout autre pays. Or, plus le poids des taxes est écrasant pour le contribuable, plus il importe que la justice règne dans la répartition de l'impôt. Il ne faut pas que, dans un pays surchargé comme l'est le nôtre, il y ait des contribuables qui payent trop et d'autres qui ne payent pas assez. Et c'est cependant ce qui se passe dans notre système fiscal actuel. La proportion exagérée des contributions indirectes qui viennent faire peser sur le petit contribuable, sur les travailleurs de toutes catégories, les charges les plus lourdes, détruit absolument l'équilibre. On ne le contestera pas. [...] M. Léon Say[5] a reconnu, dans ses ouvrages et dans les discussions qui ont eu lieu ici, que les taxes indirectes, les taxes de consommation notamment, pesaient de tout leur poids sur les petits contribuables et amenaient une perturbation complète dans la répartition des charges fiscales. Je ne crois pas devoir refaire cette démonstration. [...] Tout le monde en convient. C'est la vérité, c'est l'évidence même. »

À droite : « Non ! »

M. le ministre : « [...] Ces contributions indirectes, qui, dans notre pays, sont si lourdes, dont l'improportionnalité n'a d'équivalent nulle part ailleurs, amènent, je le répète, une telle perturbation dans la répartition des charges qu'il est indispensable d'établir un impôt de correction, un impôt qui vienne réclamer aux contribuables jusqu'ici allégés, jusqu'ici privilégiés, la rançon de leur privilège (*applaudissements à l'extrême gauche et à gauche*). [...] La proportion entre les contributions directes et les contributions indirectes a été déplacée. [...] On a fourni par là un grief légitime aux classes laborieuses. [...] Et nos contributions directes, est-ce qu'elles viennent corriger dans une mesure quelconque les inégalités, je dirais même les iniquités de nos taxes indirectes ? Est-ce qu'elles rétablissent dans une mesure quelconque cette proportionnalité entre les facultés des contribuables et les taxes qu'ils payent à l'État ? C'est le contraire qui a lieu. Oui, nos contributions directes sont assises de telle sorte que, tout en ayant une apparence de proportionnalité, elles aggravent encore les charges des petits au bénéfice des grands. [...] Est-ce que ces contributions ne frappent pas les petits beaucoup plus que les gros contribuables ? »

[...]

M. Jules Dansette[6] : « Pas du tout ! »

[...]

4. H. Rouzaud (1855-1935), député de l'Aude (1893-1898).
5. L. Say (1826-1896), économiste, ministre des Finances (1872-1873, 1875-1879), député des Basses-Pyrénées (1889-1896), entre autres fonctions.
6. J. Dansette (1857-1917), député du Nord (1895-1917).

M. le président : « Enfin, Messieurs, si suivant que les orateurs sont « pour » ou « contre » le projet, la même intolérance se manifeste successivement sur des bancs différents, on pourra dire que tout débat est véritablement impossible (*applaudissements*). »

[...]

M. le ministre : « Quand les orateurs de l'opposition étaient à la tribune, ils se plaignaient avec amertume des interruptions. Aucun n'a été soumis à un régime tel que celui que certains de mes collègues m'infligent (*applaudissements à gauche et à l'extrême gauche*). D'ailleurs, je resterai à la tribune tant que M. le président me maintiendra la parole. »

M. le président : « Non seulement je vous maintiendrai la parole, mais je prie encore une fois la Chambre de permettre au Gouvernement de donner les explications qu'on lui demande depuis trois jours (*applaudissements*). »

M. Chenavaz[7] : « Ce n'est pas de la gauche que viennent les interruptions. »

M. le ministre : « Je ne crois pas avoir à insister. Je puis [...] déclarer que toutes nos contributions, les taxes indirectes surtout, forment une série d'impôts progressifs à rebours, progressifs avec la misère des gens qui les supportent (*applaudissements à gauche et à l'extrême gauche*). Eh bien ! Messieurs, il s'agit de savoir si l'on veut maintenir ce système ; toute la question est là (*vifs applaudissements à gauche et à l'extrême gauche*). Toute la question est là, elle n'est que là. [...] Il y a longtemps, alors que certains républicains ne trouvaient pas pour leurs motions des amis aussi chauds qu'à l'heure présente (*nouveaux applaudissements*), il y a longtemps, dis-je, que le parti républicain a pensé et a dit qu'il était de son devoir, de son honneur, d'apporter un remède à une pareille situation, qu'il n'était pas permis de laisser durer de pareilles iniquités (*applaudissements à gauche et à l'extrême gauche*). Encore une fois, je tiens à dénoncer ces iniquités, moi qui ai la responsabilité des finances de mon pays, et à affirmer qu'elles ne peuvent pas être tolérées plus longtemps (*vifs applaudissements sur les mêmes bancs*). [...] Je dis tout de suite que ce que nous présentons, c'est ce qui a toujours été dans la tradition du parti républicain. Oui, le parti républicain a toujours considéré qu'il était de son devoir de réformer notre système d'impôts ; il a toujours considéré que la formule, que l'instrument nécessaire de cette réforme, était l'impôt général sur le revenu (*applaudissements sur les mêmes bancs*). Cette réforme a toujours été inscrite dans le programme du parti républicain. Libre à ceux qui veulent aujourd'hui renier ce programme de ne pas nous suivre. Mais nous, nous le maintenons intégralement (*applaudissements à l'extrême gauche et à gauche*). En douteriez-vous, Messieurs ? Il faudrait vraiment bien peu connaître l'histoire de ces vingt-cinq dernières années. [...] À l'Assemblée nationale, le groupe républicain a toujours été unanime pour demander l'impôt général sur le revenu. [...] Toujours la doctrine du parti républicain a été invariable. C'était la doctrine de Gambetta (*applaudissements à l'extrême gauche et sur divers bancs à gauche*). »

M. Joseph Reinach[8] : « C'était l'impôt sur les revenus que proposait Gambetta, ce qui est différent de l'impôt sur le revenu global (*bruit*). »

M. le ministre : « Oui, je sais bien qu'on va me dire que Gambetta, en 1877, lorsqu'il avait établi son premier projet d'impôt sur le revenu, avait divisé les revenus en cédules. [...] Il est évident qu'il est utile, nécessaire même, de faire la distinction entre les revenus, de les analyser pour ainsi dire ; c'est ce que nous avons fait dans le projet. [...] L'impôt

7. O. Chenavaz (1855-1912), député républicain radical puis radical-socialiste de l'Isère (1895-1910).

8. J. Reinach (1856-1921), député des Basses-Alpes (1889-1898, 1906-1914).

sur le revenu, pour Gambetta, c'était la formule de la démocratie. Dans un discours prononcé en 1881, Gambetta ajoutait : « Je crois qu'il faudrait encore pousser plus loin les recherches et se demander une bonne fois et résolument si le moment n'est pas venu de tenter l'essai de l'impôt le plus juste, le plus équitable, le plus moral de tous : je veux parler de l'impôt sur le revenu, de celui qui a pour but de mesurer la charge de l'impôt à la faculté du contribuable (*applaudissements à l'extrême gauche et à gauche*) ». Il disait encore : « Je crois que cet impôt, en dehors de l'avantage que j'indiquais tout à l'heure et qui était inscrit dans la Déclaration des droits l'homme — « Nul ne doit contribuer à l'impôt que proportionnellement à ses facultés » —, que cet impôt est moralisateur, en ce sens que ceux qui se soustraient à l'impôt aujourd'hui seront obligés d'y contribuer proportionnellement à leurs ressources et que nous ne verrons plus ce scandale de gens logeant en garni ayant 100 000 livres de rente et ne payant rien. Il y a là une réforme conservatrice de l'ordre. Il faut que ceux qui payent l'impôt ne soient pas disposés à dire qu'il est injuste, mal réparti. [...] Cet impôt existe dans beaucoup de pays et n'y a pas donné lieu aux récriminations et aux plaintes dont on nous menace d'avance ». Je n'insiste pas. Je ne tenais qu'à indiquer particulièrement aux républicains qui m'écoutent, que le parti républicain a toujours considéré comme étant l'idée première de ses principes fiscaux l'établissement d'un impôt sur le revenu, parce que cet impôt seul peut permettre de réparer l'injustice de la répartition des charges actuelles. Voilà ce qui n'est pas contestable, voilà ce qui est la vérité même, la vérité éclatante et ce que personne n'a jamais pu contester. [...] L'impôt sur le revenu est considéré comme nécessaire dans tous les pays où il y a de lourdes charges résultant des impôts indirects. [...] Il y a un vent de réaction qui passe sur ce pays (*vifs applaudissements à l'extrême gauche*)... »

M. Louis Jourdan : « Pas sur le pays, mais sur la Chambre ! »

M. le ministre : « ...et qui fait que je vois confondus aujourd'hui – et je m'en désole – dans ces attaques contre des principes républicains, des républicains démocrates, de très bons républicains dont la principale force est dans la minorité réactionnaire (*nouveaux applaudissements sur les mêmes bancs*) »

M. de Lasteyrie[9] : « Et votre force, à vous, où est-elle ? La voilà (*désignant l'extrême gauche*) ! »

M. le ministre : « Monsieur de Lasteyrie, notre première force est de n'avoir avec nous aucun ennemi de la République (*vifs applaudissements à l'extrême gauche*) »

M. de Lasteyrie : « Vous avez avec vous les ennemis de la société (*interruptions à l'extrême gauche, applaudissements au centre*) ! »

M. Lavy[10] : « Nous avons défendu la République contre toutes les réactions, vous le savez bien. »

[...]

M. le ministre : « Je regrette d'être obligé de contrister encore certains de nos honorables collègues en faisant une nouvelle citation, mais il y a un traité classique entre tous, en matière financière, c'est le *Traité de la science des finances* de M. Leroy-Beaulieu[11], économiste, membre de l'Institut. [...] Dans le livre de M. Leroy-Beaulieu, je lis ce qui suit

9. C. de Lasteyrie (1877-1936), député de Corrèze (1919-1924) et de la Seine (1928-1936), ministre des Finances (1922-1924).

10. J.-B. Lavy (1850-1921), député de la Seine (1890-1898).

11. Les travaux de P. Leroy-Beaulieu (1843-1916), titulaire de la chaire d'économie politique au Collège de France, sont utilisés comme caution scientifique par P. Doumer pour justifier

touchant l'impôt sur le revenu : « Cet impôt est essentiellement une taxe complémentaire, une taxe d'appoint et de compensation, [...] qui est destinée à rétablir la justice dans un système fiscal et à demander aux classes aisées et riches un supplément de contribution, parce que ces classes sont trop ménagées par les impôts indirects. Afin de rétablir l'équité, il est bon qu'il y ait une taxe qui ne soit payée que par les personnes aisées et opulentes ; mais précisément parce que cette taxe ne doit porter que sur une partie de la société, elle doit être fort légère ; elle ne saurait, sans abus, sauf dans les moments de grande crise nationale, dépasser 5 ou 6 % (*applaudissements à l'extrême gauche et sur divers autres bancs*). [...] L'impôt général sur le revenu est donc un impôt de redressement et de compensation. [...] C'est une des pièces essentielles [...] du système fiscal d'un grand État moderne. Il est essentiel en ce sens que, sans lui, il n'y a pas de justice dans un régime fiscal (*applaudissements à l'extrême gauche et à gauche*) ». [...] Si vous nous traitez de révolutionnaires avec M. Leroy-Beaulieu, nous sommes en bonne compagnie. [...] Je crois que la démonstration du principe de l'impôt général sur le revenu, tel que l'a compris le Gouvernement, est assez exactement faite dans le passage que je viens de vous lire pour que je n'insiste pas. [...]

Je vous ai exposé quelle était [...] la pensée première du gouvernement. J'ai à vous dire maintenant comment il a songé à la réaliser. Nous avons cru tout d'abord qu'il était nécessaire de laisser toute une catégorie de contribuables en dehors du nouvel impôt : c'est celle des contribuables ayant moins de 2 500 francs de revenu. [...] Si nous avons proposé cette exemption, c'est parce que cette classe de prétendus privilégiés qui, n'ayant pas 2 500 francs de revenus, ne payeront pas le nouvel impôt, forme précisément la catégorie des contribuables déjà surchargés et qui, même après la réforme, le seront encore plus que les autres citoyens (*vifs applaudissements à l'extrême gauche*).

Si la Chambre le veut bien, j'accepterais volontiers quelques instants de repos. »

M. le président : « L'orateur désire une suspension de séance. Il n'y a pas d'opposition (*non ! non !*) ? La séance est suspendue (M. *le ministre des Finances, en regagnant sa place, est vivement applaudi et félicité*). »

La séance est suspendue vingt-cinq minutes.

M. le président : « La parole est à M. le ministre des Finances pour continuer son discours. »

M. le ministre des Finances : « Messieurs, [...] parmi les reproches contradictoires faits au projet, [...] il en est un qui consiste à dire : en exemptant tous les contribuables ayant moins de 2 500 francs de revenus, vous allez dispenser de l'impôt un très grand nombre de personnes qui sont dans une situation relativement aisée. [...] Je maintiens que le chiffre de 2 500 francs se justifie, qu'il ne va pas du tout partager les contribuables en deux classes, car les petits contribuables qui seront dispensés de l'impôt sur le revenu continueront à payer les autres impôts d'État, les impôts départementaux et communaux ; ce ne sont pas du tout des privilégiés, je vous en donne l'assurance. Nous avons en outre établi une certaine progression dans l'impôt sur le revenu. [...] C'est une progression très limitée et qui ne saurait effrayer personne...

Dans les dispositions du projet de loi relatives à la taxation et au contrôle des déclarations, le gouvernement croit avoir fait preuve d'un grand libéralisme, en mettant les représentants des contribuables en majorité et les agents du fisc en minorité dans une commission. [...] Nous l'avons chargée de taxer avec soin et avec modération les décla-

---

son projet d'impôt sur le revenu. Doumer est familier de son œuvre, Leroy-Beaulieu étant, par ailleurs, le seul économiste libéral favorable à l'expansion coloniale.

rations qui pourraient lui être faites, mais nous ne lui avons nullement donné le droit de s'ingérer dans les affaires des contribuables, d'exiger des productions de pièces, de se livrer aux inquisitions vexatoires dont on a parlé. À aucun moment [...] il n'y a place à une ingérence possible de cette sorte. [...] Toutes ces dispositions secondaires pourront être examinées et amendées; si vous estimez qu'il faut peu à peu, pour ainsi dire acclimater l'impôt général sur le revenu en France, et s'il vous paraît que ces dispositions sont trop précises, trop étroites et de nature à effrayer quelques esprits, je suis prêt à admettre dans l'application les modifications qui pourront nous être proposées (*exclamations ironiques au centre et à droite*, *vifs applaudissements à l'extrême gauche*). »

À droite : « Vous jetez du lest ! »

M. Maurice Binder[12] : « Le pouvoir a du bon ! »

M. René Gautier[13] : « Alors, vous vous ralliez ! »

M. le ministre : « En aucune façon ! »

M. Jaurès[14] : « Plus on leur fait de concessions, plus ils sont tristes (*applaudissements et rires à l'extrême gauche*). »

M. le ministre : « Si nous tenions un autre langage, si nous disions a priori, sans avoir eu avec la commission chargée d'examiner notre projet, les entrevues nécessaires pour l'étude des modifications possibles, sans avoir examiné les amendements qui ont été ou seront présentés, si nous vous disions que notre loi tout entière est intangible et que c'est le bloc que nous vous demandons de voter, il n'y aurait pas assez de protestations pour condamner une pareille attitude (*vifs applaudissements à l'extrême gauche et sur divers bancs à gauche*, *bruit au centre et à droite*) !

M. Maurice Binder : « Vous l'avez dit ! »

M. le ministre des Finances : « Jamais je ne l'ai dit ! »

M. Francis Charmes[15] : « Alors, vous apporterez un autre projet. »

M. le ministre : « Non, monsieur Charmes, je n'en apporterai pas d'autre; le projet qui est en discussion me semble bon, et j'espère que les modifications auxquelles il pourra donner lieu n'auront pas pour résultat de dénaturer le principe que nous y avons introduit (*nouveaux applaudissements à gauche et à l'extrême gauche*). [...]

Je ne veux pas — je crois en effet que cette discussion est déjà de ma part fort longue — dire tout ce que j'aurais eu le désir de répondre aux considérations présentées à propos de l'impôt sur le revenu dans d'autres pays; je dirai cependant un mot de l'Angleterre. [...] On a dit que l'impôt progressif sur les fortunes, comme on l'appelle, avait révolutionné ce pays, qu'il avait fait fuir tous les contribuables. [...] La vérité est qu'il y a dix ans, quand l'impôt a été établi[16], le parti conservateur, à l'encontre du parti radical, a fait une campagne ardente, violente, contre l'établissement de cet impôt. Nous avons fait interroger les chefs des conservateurs et ils nous ont répondu : « Nous reconnaissons que les craintes que nous avions manifestées ne se sont pas réalisées » (*applaudissements à gauche et à l'extrême gauche*). [...] La suppression de cet impôt, d'abord violemment combattu par le parti conservateur, n'est plus inscrite aujourd'hui au programme d'aucun

---

12. M. Binder (1857-1944), député de la Seine (1893-1924), entre autres fonctions.
13. R.-F. Gautier (1851-1936), député de Charente (1880-1898), entre autres fonctions.
14. J. Jaurès (1859-1914), député socialiste du Tarn (1893-1898, 1902-1914), entre autres fonctions.
15. F. Charmes (1848-1916), député du Cantal (1881-1885, 1889-1898), entre autres fonctions.
16. L'impôt progressif sur le revenu est établi en 1886 au Royaume-Uni.

parti. S'il y a des émotions très vives au début d'un nouvel impôt, si les partis se font une arme de cet instrument de justice que nous voulons établir, une fois que l'impôt fonctionnera, qu'il sera appliqué, vous-mêmes n'en réclamerez plus la suppression, j'en ai la certitude (*applaudissements à l'extrême gauche et à gauche*). [...]

Je touche, Messieurs, au terme de ce que j'ai à vous dire. Je vous ai exposé comment nous entendons le fonctionnement de l'impôt sur le revenu et les résultats que nous en attendons. [...]

Il y a une chose que je constate : depuis que j'apporte à la tribune des documents probants, la droite proteste avec plus d'énergie encore (*applaudissements à gauche et à l'extrême gauche*). »

M. le baron de Mackau[17] : « Personne ne proteste ici ; on s'étonne, voilà tout ! »

[...]

M. le ministre : « Que nos évaluations aient une précision absolue, je me garderai bien de l'affirmer (*exclamations à droite*). [...] Pourtant nous avons lieu de les croire suffisamment exactes... Voilà les résultats que j'avais à vous donner (*applaudissements à l'extrême gauche et à gauche*). Il ne me reste plus qu'à me placer en face de cette question : que vous propose la commission du budget ? C'est bien simple : elle vous propose de repousser par la question préalable, sans examen, le projet du Gouvernement (*applaudissements*). [...] Il faut dire si l'on veut détruire les injustices, les iniquités fiscales que je vous ai signalées ou si l'on entend, par une échappatoire, mettre nos contributions directes dans une série de cédules et ne rien changer du tout (*applaudissements à l'extrême gauche*). [...]

Messieurs, j'ai terminé. Vous pensez, je crois, que la question est maintenant nettement posée ; par les expériences successives qui ont été faites nous sommes arrivés à cette conviction, ou qu'il faut accepter un impôt général sur le revenu, ou qu'il faut rester dans le *statu quo* actuel ; toute autre solution ne pourra être que vœu platonique ; vous n'aboutirez pas, nous en avons eu les preuves. C'est une opinion soutenable que de vouloir rester dans la situation présente, mais je me demande ce que le pays pourrait penser de ses représentants si, quand on leur apporte une réforme, ils répondaient : « Non, nous voulons autre chose ! ». [...] Ou vous accepterez l'impôt sur le revenu, ou vous maintiendrez la situation actuelle de nos impôts avec toutes leurs inégalités (*applaudissements à l'extrême gauche et à gauche*). [...] À diverses reprises, la Chambre, à la suite des interpellations qui nous ont été adressées, a approuvé par des votes successifs la politique de réforme du Gouvernement. Le moment est venu pour elle de dire si, quand elle arrive à l'heure de la réalisation (*vifs applaudissements à l'extrême gauche et à gauche*), quand elle se trouve en présence de solutions qu'il ne s'agit pas d'adopter ou de repousser en bloc, mais d'examiner, le moment est venu, dis-je, pour la Chambre, de déclarer si elle avait donné sa confiance au Gouvernement pour qu'il ne fasse rien ou si, lorsqu'il veut faire des réformes, elle entend la lui retirer (*applaudissements répétés et prolongés à l'extrême gauche et à gauche. M. le ministre, en retournant à son banc, reçoit de nombreuses félicitations*).

11. L'impôt sur le revenu : le grand discours de Paul Doumer, ministre des Finances, à la Chambre des députés (25 mars 1896)
(*Service des archives et de la recherche historique parlementaire de l'Assemblée nationale*)

---

17. Baron A. de Mackau (1832-1918), leader monarchiste et boulangiste, député de l'Orne (1866-1918).

12. Paul Doumer croqué par Moloch en costume tonkinois et faisant sa pelote devant le ministère des Finances, qu'il a dû quitter dans le fracassant renversement du cabinet Bourgeois par le Sénat (23 avril 1896), avant d'être nommé gouverneur général de l'Indochine (31 décembre 1896)
(*Fonds L. Pasquier-Doumer*)

13. L'Indochine française, carte historique (les étapes de la formation) (P. Brocheux et D. Hémery, *Indochine, la colonisation ambiguë (1858-1954)*, Paris, La Découverte, 1995, p. 23)

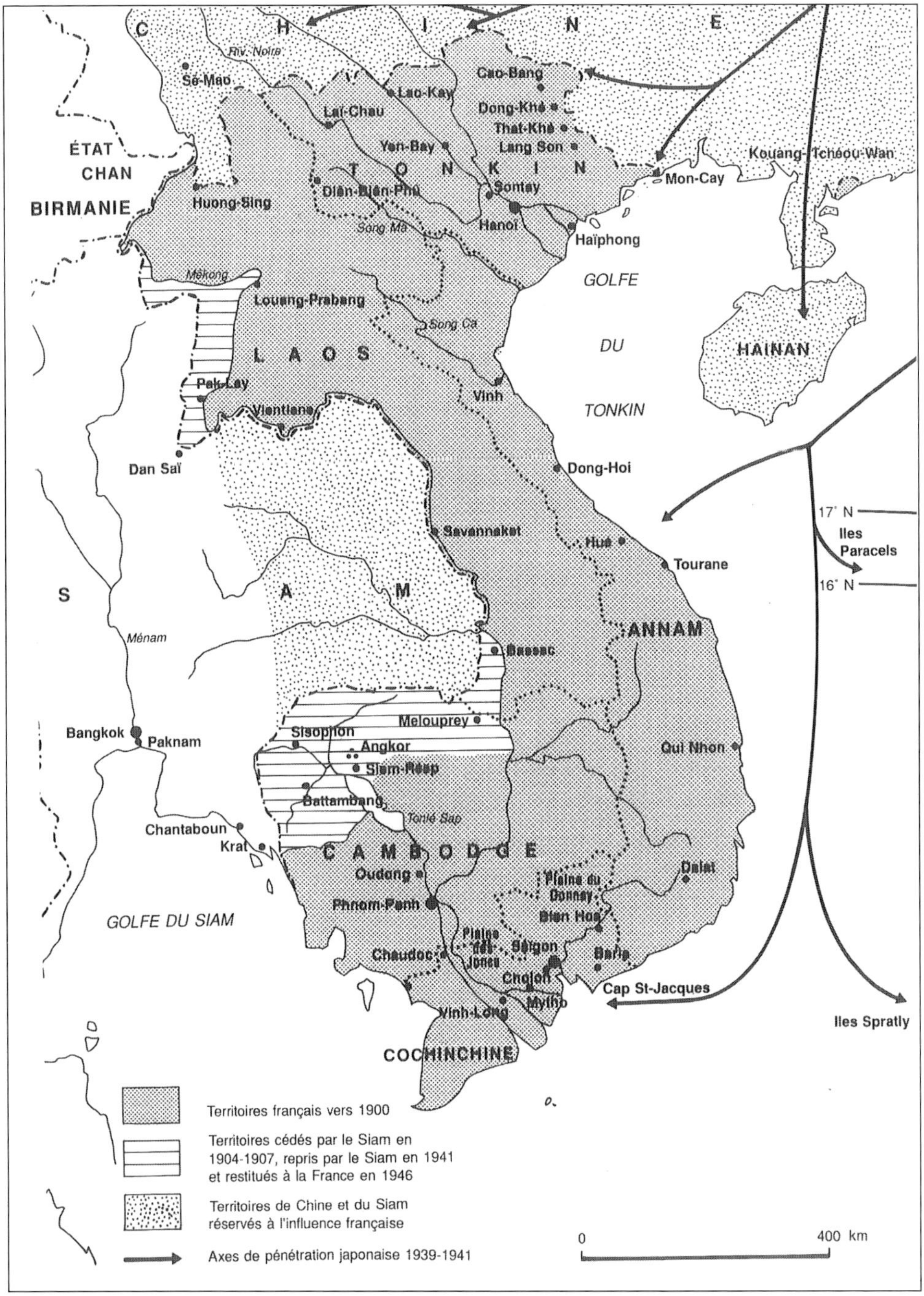

14. L'Indochine française, carte politique
(J. Binoche, *La France d'outre-mer (1815-1962)*, Paris, Masson, 1992, p. 109)

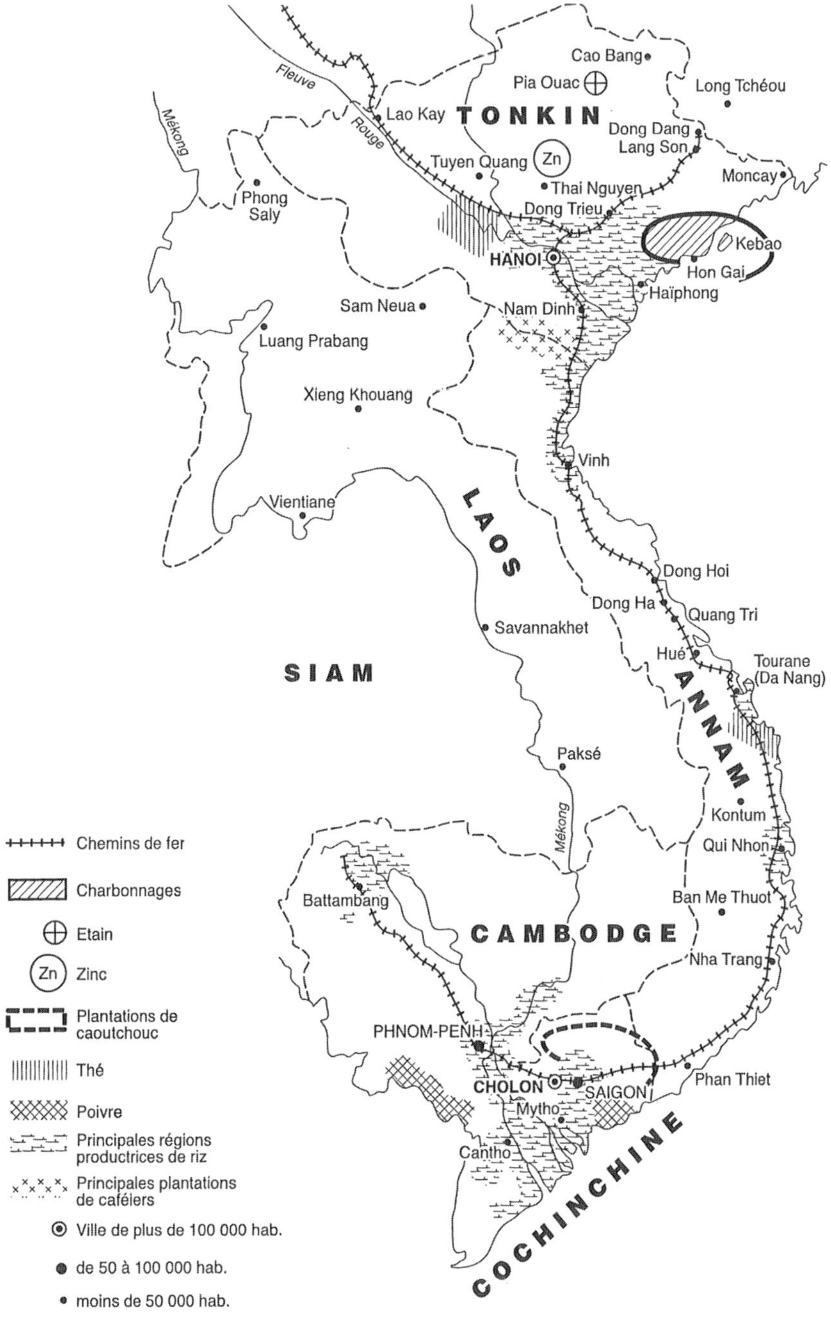

15. L'Indochine française, carte économique
(P. Brocheux et D. Hémery, *Indochine, la colonisation ambiguë (1858-1954)*,
Paris, La Découverte, 1995, p. 176)

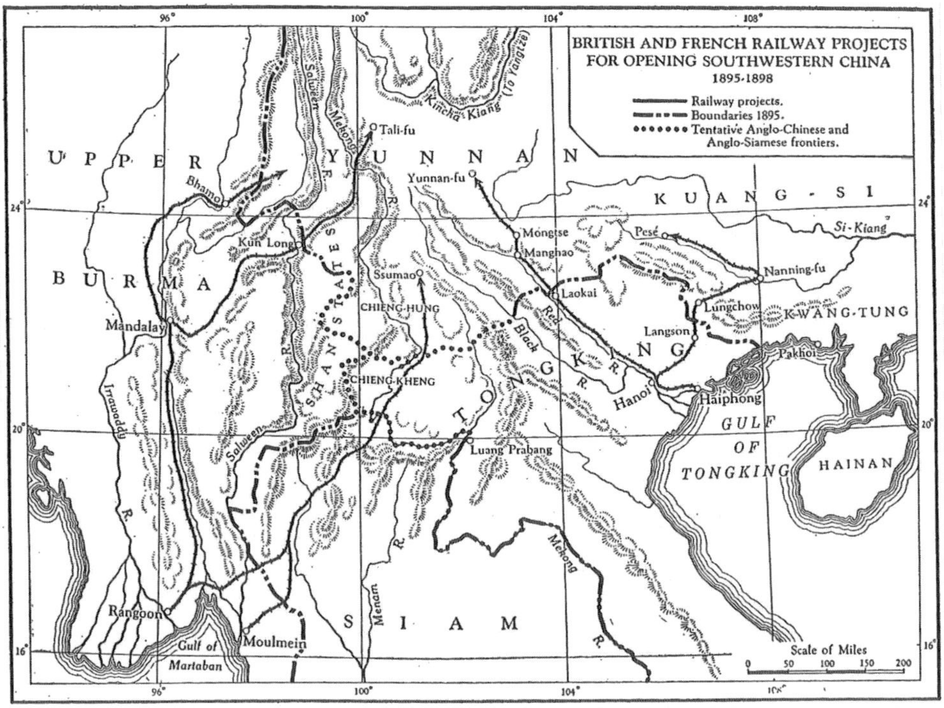

16. Projets ferroviaires britanniques et français dans le sud-ouest de la Chine (1895-1898)
(W. L. Langer, *The Diplomacy of Imperialism (1890-1902)*,
vol. 1, New York-Londres, Knopf, 1935, p. 391)

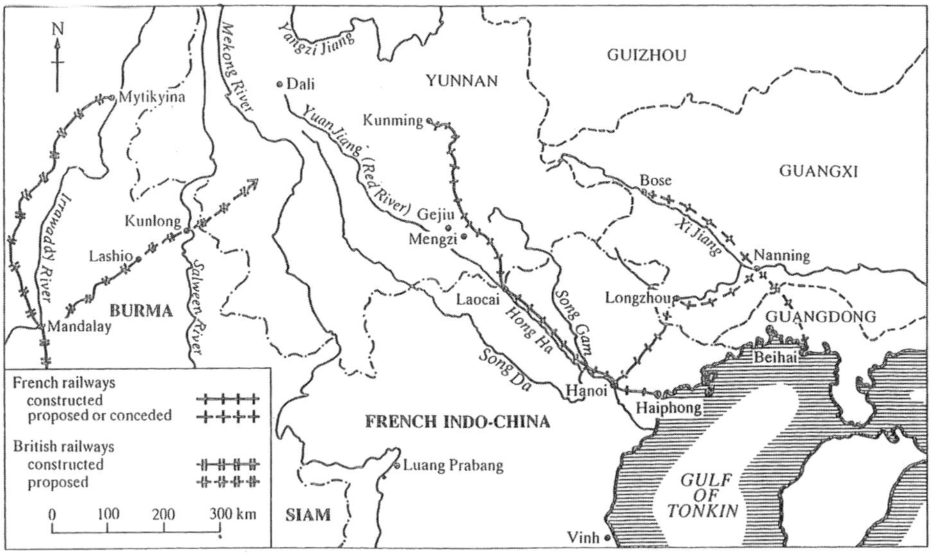

17. Lignes de chemins de fer construites dans le sud-ouest de la Chine (1890-1910)
(R. S. Lee, *France and the Exploitation of China (1885-1901): a Study in Economic Imperialism*, Hong Kong-Oxford-New York, OUP, 1989, p. 157)

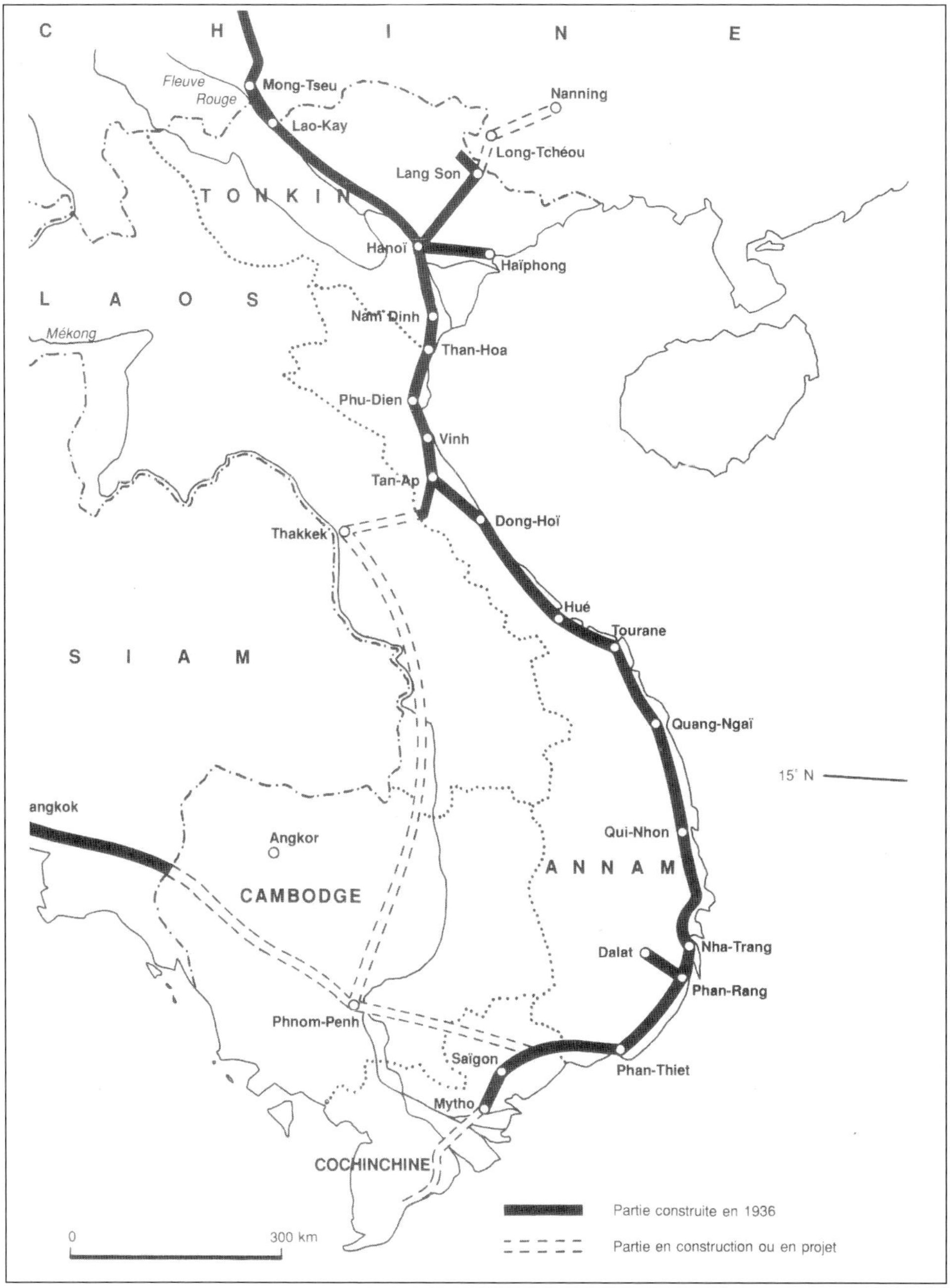

18. Les chemins de fer de l'Indochine et du Yunnan, dont la construction est décidée par Paul Doumer, gouverneur général de l'Indochine (1897-1902), fils de cheminot selon lequel « la civilisation suit la locomotive » (J. Binoche, *La France d'outre-mer (1815-1962)*, Paris, Masson, 1992, p. 145)

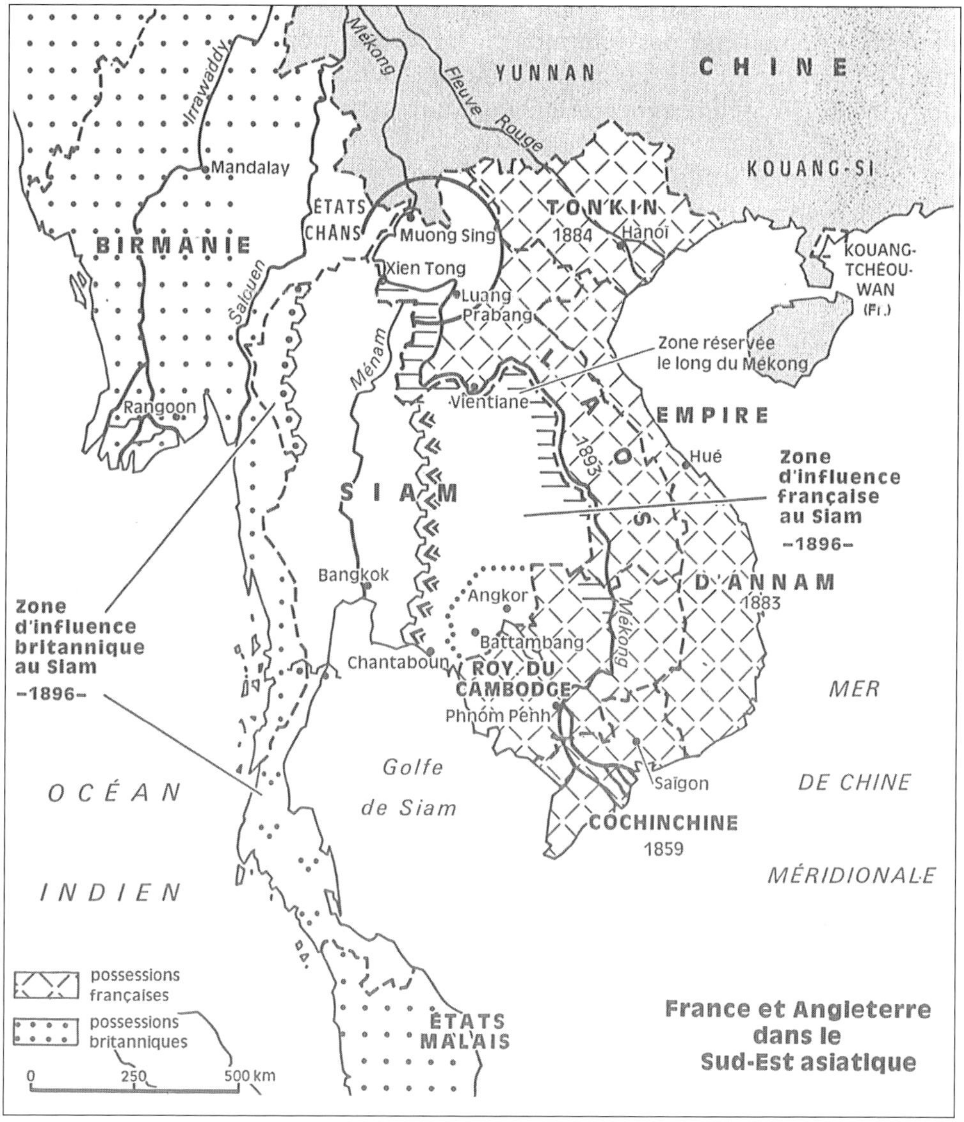

19. France et Angleterre dans le sud-est asiatique
(P. Guillen, *L'expansion (1881-1898)*, Paris, Imprimerie nationale,
coll. « La politique étrangère de la France (1871-1969), 1984, p. 364)

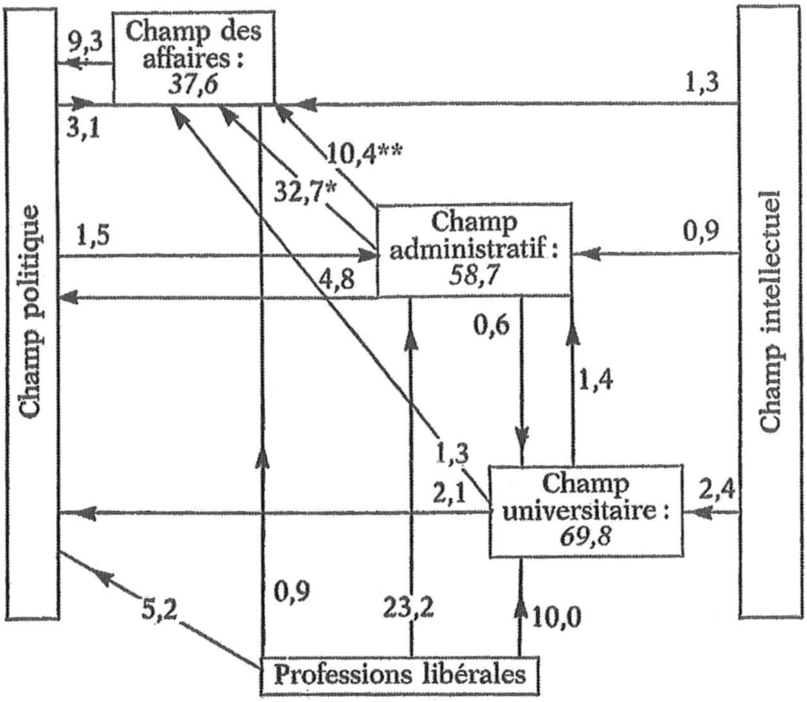

* Pourcentage d'individus dans les affaires en 1901 venant du champ administratif.

** Pourcentage d'individus dans l'administration en 1901 passés dans les affaires.

N.B. Le pourcentage souligné indique la proportion d'individus d'un champ qui n'ont pas changé d'activité au cours de leur carrière. Les pourcentages sont calculés par rapport à la population d'arrivée.

20. Le passage entre les champs politique et des affaires (1901)
(C. Charle, *Les élites de la République (1880-1900)*, Paris,
© Librairie Arthème Fayard 1987, 2006, « Les trajectoires sociales », p. 131)

Messieurs,

Je remercie tous les invités de la Chambre consultative [...] d'être venus s'enfermer avec nous par une si belle journée. [...] Depuis de longues années, nous savons, vous et moi, que nous pouvons compter sur un concours réciproque. Nous sommes de ceux que rien ni personne ne pourra jamais séparer (*vifs applaudissements*).

J'étais tranquille en venant ici. Je savais que toutes les attaques et toutes les calomnies tomberaient au seuil de cette porte. Depuis vingt ans que vous connaissez toutes mes pensées[1], depuis vingt ans que nous travaillons ensemble, car moi aussi, j'ose le dire, je suis un travailleur (*longs applaudissements*), ma vie est toute droite et toute unie, et je ne crois pas qu'il soit nécessaire, pour m'affirmer, de prendre le ton de ces hommes qui excommunient les autres (*applaudissements*) ; de ces hommes que nous voyons passer d'une conviction à l'autre avec une facilité que notre conscience nous interdit. [...]

Oui, mes amis, je me suis momentanément éloigné de vous. J'ai vécu cinq ans dans ces régions lointaines où se jouent peut-être, à l'heure qu'il est, les destinées de l'humanité. Mais c'était dans l'unique but de servir mon pays. C'était afin d'essayer de donner à la France, en Extrême-Orient, la base économique et politique qui lui est indispensable pour exercer sa légitime influence, pour développer son commerce et son activité. [...]

Il s'est trouvé des censeurs sévères pour me le reprocher. Mais, mes amis, vous dont la poignée de main chaleureuse me réconfortait au moment du départ, dans votre émotion vous compreniez que je partais... pour la mort peut-être, pour le devoir en tout cas (*applaudissements*). [...]

Eh bien, me voilà ! Je ne suis pas mort, et c'est volontairement, à l'heure que j'avais fixée moi-même, que je suis venu reprendre ma place dans l'armée républicaine. Oui, je suis rentré simplement dans le rang, au milieu de mes amis, dans la petite phalange où je combattais naguère, car mes opinions n'avaient pas changé de couleur en voyage. Il y a, paraît-il, des gens que cela étonne (*rires et applaudissements*) ! Comme autrefois, mon principal souci est toujours d'aider de tout mon pouvoir les associations ouvrières, surtout celles qui, comme la vôtre, laissant les phrases creuses aux rhéteurs, marchent courageusement dans la voie des réalisations pratiques. [...]

Nous nous sommes mis à la besogne. On a rendu un juste hommage à l'initiative de Charles Floquet[2], auteur du premier projet de loi. [...] Cette loi que nous avions préparée visait deux questions : la coopération ouvrière et la participation aux bénéfices. [...]

Dans le Parlement, les discussions ont été longues, parfois orageuses. [...] Les bons ouvriers de la première heure ont eu à surmonter des obstacles formidables. [...] Ils ont accompli ce tour de force de faire passer dans les mains mêmes du travailleur cet instrument indispensable de toute production qui s'appelle le capital. Ce ne sont pas des utopistes, Messieurs : ils ne méprisent pas le capital, ils savent très bien que sans lui, l'homme, avec ses seuls bras, est désarmé. Ils font bien mieux que de déclamer contre le capital, puisqu'ils font du travailleur lui-même un capitaliste (*vifs applaudissements*). [...]

Et ce que je dis des coopératives, je le dis aussi de cette tentative si intéressante qu'on appelle la participation aux bénéfices. C'est la même idée sous une autre forme, puisqu'il s'agit toujours d'intéresser l'ouvrier au résultat de son travail. [...] Qu'est-ce, par exemple,

1. Soit depuis 1884. L'entrée en politique de P. Doumer date précisément de son élection comme conseiller municipal de Laon le 30 octobre 1887 sous l'étiquette de républicain radical.

2. C. Floquet (1828-1896), un des parrains en politique de P. Doumer, président de la Chambre des députés (1885-1888, 1889-1893), entre autres fonctions.

que ce familistère de Guise[3], si ce n'est une grande et salutaire opération qui a fait passer peu à peu le capital entre les mains des producteurs eux-mêmes ?

Voilà ce que de courageux citoyens ont accompli de leurs propres forces. Eh bien ! Je vous le demande, convient-il que le gouvernement assiste à leurs efforts les bras croisés ? Peut-il se désintéresser d'une pareille évolution ? Ne doit-il pas la faciliter par tous les moyens possibles et, tout d'abord, en modifiant les vieilles lois hostiles qui découragent, au lieu de la seconder, l'initiative des citoyens (*très bien ! bravos*) ? Que d'entraves ! Que de règlements surannés ! [...] Aujourd'hui encore, combien de sociétés ont été tuées dans leur germe par cette absurde exigence légale qui fait de l'ouvrier l'associé de la perte aussi bien que du bénéfice ; comme si le salarié qu'un simple chômage jettera demain sur le pavé pouvait subir tous les risques du capital ! [...]

Je n'en finirais pas, Messieurs, si j'énumérais toutes les bizarreries de la loi. Notre premier soin doit être de les faire disparaître, et de hâter ainsi la transformation graduelle du salariat, c'est-à-dire la plus grande révolution des temps modernes (*applaudissements prolongés*).

Mais, Messieurs, ce n'est pas assez de préparer, par de bonnes institutions, un avenir meilleur au travailleur. Il faut nous occuper de lui dans le présent. Le travail est un champ de bataille sur lequel il y a des victimes, tous ceux que la vie a vaincus, ceux qui succombent sous le poids des infirmités ou des ans. [...] Mais ce n'est pas assez de parler : il faut aboutir (*vifs applaudissements*). [...]

Il y aura la question des retraites. N'est-ce pas une honte, Messieurs, que nous soyons en retard, en pareille matière, sur la plupart des pays voisins ? [...]

Mais c'est bien peu de chose encore en présence des réformes fiscales à accomplir. Il semble que toute l'ingéniosité du gouvernement se soit employée à les éluder, ces réformes, à les rejeter aux calendes grecques. Si les mêmes ressources de ténacité et d'habileté avaient été dépensées à les faire aboutir, nous ne serions pas où nous en sommes. [...] Nous tiendrions enfin ce fameux impôt sur le revenu, dont je ne peux pas croire que la France soit le seul pays incapable de supporter l'établissement : impôt, non d'inquisition ou de vexation comme on le croit trop souvent, mais impôt de justice, de redressement, mieux approprié aux forces et aux ressources des contribuables (*applaudissements*). [...]

N'est-il pas triste que dans nos controverses politiques si ardentes, parfois si superficielles, on perde de vue la nécessité de développer les forces productives de la France, de compléter son outillage économique, de la doter des instruments indispensables pour lutter contre les concurrences formidables qui l'entourent ? L'accroissement des forces productives du pays doit être la constante préoccupation du gouvernement républicain. [...]

Les réformes ouvrières sont intimement liées à la richesse générale du pays. Ce n'est que dans un pays riche, en plein essor, que l'on peut travailler efficacement à élever le bien-être, la sécurité matérielle et la dignité morale du plus grand nombre (*applaudissements répétés*). [...]

Il faut de toute nécessité que la France soit une grande nation, ou qu'elle cesse de vivre (*longs applaudissements*) ! [...] Nos destinées sont entre nos mains. [...] Il n'y a pas de contradiction entre la France généreuse, humaine, celle de la Révolution, et la France

3. Le familistère de Guise (Aisne) est le nom donné aux bâtiments d'habitation que J.-B. Godin fit construire pour y loger ses ouvriers et leurs familles de 1858 à 1883 selon un principe de coopération.

armée pour sa défense : ce sont les deux faces indissolubles du génie national (*applaudissements prolongés*). [...]

Comme tout le monde, nous voulons la paix ; mais nous ne l'aurons qu'à la condition d'être assez forts pour l'imposer. Autrement, nos adversaires seront les maîtres de l'heure. [...]

Chacun de nous, dans sa sphère, doit prêcher la fidélité à [...] la véritable tradition républicaine. Cette tradition tient, tout entière, dans une idée très simple, à savoir que le progrès intérieur de la France est inséparable de sa grandeur extérieure. Elle est l'honneur des hommes qui ont fondé la République, au sortir de la plus formidable tourmente que jamais un peuple ait subie. Nous l'avons reçue de nos devanciers comme un dépôt précieux, chèrement acquis au prix d'une expérience douloureuse. Nous lui demeurerons fermement attachés, et nous répéterons avec Gambetta[4] : « Oui, nous sommes des républicains, des démocrates ; mais nous sommes avant tout des patriotes, et nous ne mettrons rien au-dessus de ce titre » (*applaudissements prolongés*).

21. La question ouvrière : discours de Paul Doumer, député de l'Aisne, Chambre consultative des associations ouvrières de production (Paris, 15 mai 1904) (*Archives départementales de l'Aisne*)

4. L. Gambetta (1838-1882), président de la Chambre des députés (1879-1881) entre autres fonctions, figure tutélaire de la IIIe République à laquelle se réfère fréquemment P. Doumer.

Mes chers collègues,

En prenant possession des hautes et délicates fonctions auxquelles vous m'avez appelé [*rumeurs et bruits à l'extrême-gauche*],... »

François Fournier[1] : « Grâce à la réaction ! »

Le président Paul Doumer : « ...je ne m'illusionne pas sur les motifs de votre choix : si, en dehors de toutes considérations politiques [*bruit à l'extrême-gauche, applaudissements au centre et sur plusieurs bancs à gauche et à droite*], le mérite et les services rendus [*rumeurs à l'extrême-gauche, applaudissements au centre et sur plusieurs bancs à gauche et à droite*] l'avaient seuls dicté, ce n'est pas à moi que serait allé cet honneur. L'homme de parfaite probité, de grande valeur morale [*interruptions à l'extrême-gauche, applaudissements à gauche, au centre et à droite*] qui m'a précédé au fauteuil[2] avait droit à vos suffrages unanimes quand les questions de personnes se trouvaient uniquement en jeu. Il n'en a pas été ainsi cette fois. Mais, l'élection faite, le souvenir des luttes dont elle est le résultat doit s'effacer [*bruit à l'extrême-gauche*]. Du moins celui que vous avez honoré de votre vote... »

À l'extrême-gauche : « C'est la droite qui vous a nommé ! »

Le président Paul Doumer : « ...est-il décidé à les oublier pour puiser seulement dans la force et la sincérité mêmes de ses opinions le respect des opinions d'autrui, pour assurer avec impartialité à chacun le moyen de les développer librement devant vous. C'est par un constant souci de maintenir la liberté et la dignité des discussions, de dégager d'elles la volonté de l'Assemblée que votre président peut gagner la confiance de tous. J'ai l'espoir d'y parvenir et d'obtenir la bienveillance de mes collègues ; j'en ai besoin, car ce n'est pas sans une vive émotion que je viens occuper un poste où tant d'hommes éminents se sont succédés, où quelques-uns ont laissé une mémoire glorieuse. »

À l'extrême-gauche : « C'est une deuxième trahison ! Vous y êtes habitué ! »[3]

Le président Paul Doumer : « L'exemple qu'ils ont donné, la leçon à tirer de leur vie et de leur magistrature ne sauraient être perdus. J'aurai à cœur de m'en inspirer et je serais heureux que la Chambre me permît de placer mes efforts sous l'égide de la belle et noble figure du président Charles Floquet[4], dont je fus, ici même, le collaborateur[5] [*bruit prolongé à l'extrême-gauche, applaudissements à gauche et au centre*]. Avec le concours de toutes les bonnes volontés, avec l'aide des compétences et des talents si nombreux dans cette Assemblée, et par malheur si incomplètement utilisés, je m'efforcerai de faire aboutir les projets préparés par vos commissions, de rendre fécond le travail législatif. Mon temps et

1. F. Fournier (1866-1941), député socialiste du Gard (1901-1919).

2. H. Brisson (1835-1912), président de la Chambre des députés (1881-1885, 1894-1898, 1904-1905, 1906-1912) entre autres fonctions, que P. Doumer, de vingt-deux ans son cadet, a accompli l'exploit de – temporairement – détrôner du fauteuil, très prisé, de président de la Chambre des députés, sans doute son élection politique la plus audacieuse.

3. Les députés d'extrême-gauche se souviennent ici de la nomination controversée de P. Doumer au poste de gouverneur général de l'Indochine, le 28 décembre 1896 par J. Méline, président du Conseil de droite, vécue comme une trahison par les amis politiques de P. Doumer, en particulier É. Combes. P. Doumer démissionna en effet la veille de cette nomination de son siège de député radical de l'Yonne (1891-1896).

4. C. Floquet (1828-1896), un des parrains en politique de P. Doumer, président de la Chambre des députés (1885-1888, 1889-1893), entre autres fonctions.

5. P. Doumer fut le chef de cabinet de C. Floquet, président de la Chambre des députés, du 19 novembre 1889 au 15 novembre 1891.

mon énergie y seront exclusivement employés, espérant justifier par là, dans une certaine mesure, le témoignage de confiance que vous m'avez donné. La Chambre arrive, en effet, à la période dernière de l'exercice de son mandat. Il est temps pour elle d'aboutir, de donner à la démocratie dont elle est issue les justes satisfactions qu'elle réclame pour réaliser les réformes... »

À l'extrême-gauche : « Nous réformerons les mœurs politiques qui vous ont amené à la présidence ! »

Le président Paul Doumer : « ...depuis longtemps inscrites au programme républicain. Le suffrage universel demande à bon droit autre chose que des promesses, des formules vaines ou des discours retentissants. L'idéal de justice, d'émancipation et de solidarité humaine qu'il a conçu ne lui fait pas perdre de vue les exigences de la vie nationale, ne lui fait dédaigner aucune des réalisations qu'il peut conquérir sur sa route. C'est parce que le pays a vu dans la République l'instrument même du progrès social, comme le gage de son indépendance, qu'il l'a enracinée profondément et de façon indestructible sur le sol de France, qu'il s'est prononcé avec une vigueur et une foi grandissantes pour le régime de la souveraineté populaire et la liberté. En le constatant à cette place, il y a tantôt vingt-cinq ans, le plus illustre de vos présidents, Gambetta... »

À l'extrême-gauche : « Gambetta n'a jamais été élu par la droite ! »

Le président Paul Doumer : « ...tenait un langage souvent cité depuis et que je vous demande la permission de rappeler : « Je ne veux tirer », disait-il, « qu'un enseignement de ces manifestations réitérées du pays en faveur de la République »... »

À l'extrême-gauche : « Respectez sa mémoire ! »

Le président Paul Doumer [citant Gambetta] : « ... "c'est que pour répondre aux intérêts comme aux volontés de la France, il nous faut entourer la République, que nous avons fondée, d'institutions de plus en plus libérales et démocratiques pour réunir tous les patriotes, tous les Français". Ces paroles du grand citoyen, si prématurément ravi aux espérances de la démocratie républicaine, méritent d'être entendues et applaudies à l'heure actuelle comme le jour où elles furent prononcées. Les élus du suffrage universel veulent aujourd'hui ce que Gambetta voulait alors : que la France donne au monde le spectacle d'une grande démocratie, se gouvernant elle-même avec la conscience de tous ses droits et de tous ses devoirs, éprise de progrès, de justice et de liberté, résolue à être forte pour rester pacifique avec honneur. »

22. Première allocution de Paul Doumer,
président de la Chambre des députés (12 janvier 1905)
(*Service des archives et de la recherche historique parlementaire de l'Assemblée nationale*)

23. Une du *Petit Journal* (22 janvier 1905) célébrant l'élection de Paul Doumer, député de l'Aisne, à la présidence de la Chambre des députés, sans doute son élection la plus audacieuse (*Bibliothèque de l'Assemblée nationale*)

I. L'homme

A. La volonté et le caractère

À qui veut réussir dans la vie et qui en est digne, il faut souhaiter un caractère fortement trempé. Le reste lui viendra par surcroît.

C'est un souhait de même nature qu'on doit faire à son pays : qu'il possède en grand nombre des hommes de caractère ! Que les jeunes générations lui en préparent par la culture de la volonté, du courage, de toutes les vertus viriles !

Chez les nations en décadence, les hommes d'intelligence ne manquent pas, au contraire, pourrait-on dire ; mais ce sont les hommes de caractère qui disparaissent. [...]

Il y a dans l'homme, dans le Français en particulier puisque c'est lui que je vise, les éléments d'une volonté ferme. Il y a une énergie, un ressort qui, par manque de soins et de culture, restent inemployés, inertes et comme inexistants.

L'homme physiquement le mieux doué voit ses muscles s'atrophier, son corps s'affaiblir s'il les laisse sans exercice et sans travail. N'en est-il pas de même des facultés morales ?

Nous cultivons notre intelligence, au moins pendant la jeunesse. Quand formons-nous notre caractère ?

Il est temps, pour les jeunes hommes auxquels je m'adresse, de travailler à cette formation, à ce développement moral de leur personne. Ce doit être leur premier et principal souci.

Pour arriver à un résultat, pour apprendre à vouloir, il faut s'y attacher avec résolution et avec constance. Il faut exercer sa volonté sans trêve, sans repos, l'appliquer à son propre perfectionnement en même temps qu'à tous les actes de l'existence.

B. Le devoir

Sacrifier sa vie à son devoir lorsque les circonstances le commandent, voilà ce qu'il faut savoir consentir sans hésitation et sans regret. [...]

J'ai senti quelquefois, en Extrême-Orient, la mort me frôler. Je n'en ai eu ni souci ni crainte : j'exerçais mes fonctions, je remplissais mon devoir. [...]

Comment est-il possible de mieux finir que par une mort acceptée virilement, par devoir ?

C. L'action et le travail

Le jeune homme qui se sent enclin à l'inaction, à la mollesse doit, de toutes les forces de sa volonté, combattre cette tendance. Il doit énergiquement réagir s'il ne veut pas qu'un simple penchant devienne, avec le temps, une habitude invétérée qui annihilerait toutes ses qualités naturelles ou acquises, qui le mettrait hors d'état de remplir ses devoirs actifs.

On s'entraîne à l'action tout comme on forme son caractère, en exerçant sa volonté. Il n'est rien qu'on n'obtienne à l'aide d'un effort soutenu.

II. La famille

A. L'amour

Peu de jeunes gens se complaisent à la débauche. Il y faut un esprit bas, des sentiments vulgaires qui heureusement sont assez rares. [...]

Celui qui aura le respect de soi, la délicatesse des sentiments et une volonté développée ne succombera pas à de pareilles tentations. Il portera haut la tête sans voir la boue qui est à ses pieds, sans se laisser jamais attirer par elle. Il se conservera jeune de cœur et jeune de corps pour l'amour vrai et sain qui élève l'homme au-dessus de lui-même, tandis que la corruption le ravale au-dessous de l'animal. [...] Rien n'est plus beau et pur comme l'amour du jeune homme et de la jeune fille, comme le couple rayonnant de grâce et de charme que forment deux fiancés !

B. Les enfants

Il faut avoir des enfants.

Il faut les désirer et accueillir avec résolution et avec joie ceux que la nature nous donne. Si lourds que puissent être les soins et les charges qu'ils imposent à une famille peu fortunée, on doit les accepter résolument parce que c'est le devoir, joyeusement parce que c'est le bonheur.

24. Extraits du *Livre de mes fils*,
publié par Paul Doumer avant l'élection présidentielle de 1906
(Paris, Vuibert, 1905, rééd. 1923 dédiée à ses quatre fils morts pour la patrie)
(*fonds L. Pasquier-Doumer*)

25. « Les présidents possibles : M. Paul Doumer, président de la Chambre des députés », dessin de Sem (*Je sais tout*, 2e semestre 1905, 15 novembre 1905) (*Fonds L. Pasquier-Doumer*)

Suppléments de ce numéro : 1° Une gravure hors texte : LE CONCERT, d'après le tableau de Terburg ;
2° Musique : VALSE, par Widor, et fragment de LA COUPE ENCHANTÉE, par G. Pierné ;
3° Le 8e fascicule du roman de J.-H. Rosny : LA TOISON D'OR.

L'ILLUSTRATION

Prix du Numéro : 75 Centimes. SAMEDI 13 JANVIER 1906 *64e Année — N° 3281*

Madame Paul Doumer, entourée de son mari et de trois de ses enfants.

Madame Fallières, en landau avec son mari. — *Voir l'article, page 32.*

QUI SERA PRÉSIDENTE ?

26. « Qui sera présidente ? » Mesdames Doumer et Fallières font la une de la presse avant l'élection présidentielle de 1906 (*L'Illustration*, 13 janvier 1906) (« 1906, année pipolitique », *Les dossiers du Canard*, n° 108, juillet 2008, « Ces premières dames qui nous gouvernent », p. 66)

PALAIS D'ORSAY
GRAND HÔTEL
de la Gare du Quai d'Orsay
· PARIS ·
Adresse Télégraphique
PALAIORSAY

TÉLÉPHONE PARIS 729·00
Pour téléphoner de la Province 728·41

Paris, le 16 Décembre 1909

Cher grand ami,

J'étais parti si confiant et si heureux après vos bonnes paroles. Et voici le soufflet que reçois ce soir en arrivant à Paris! Est-ce

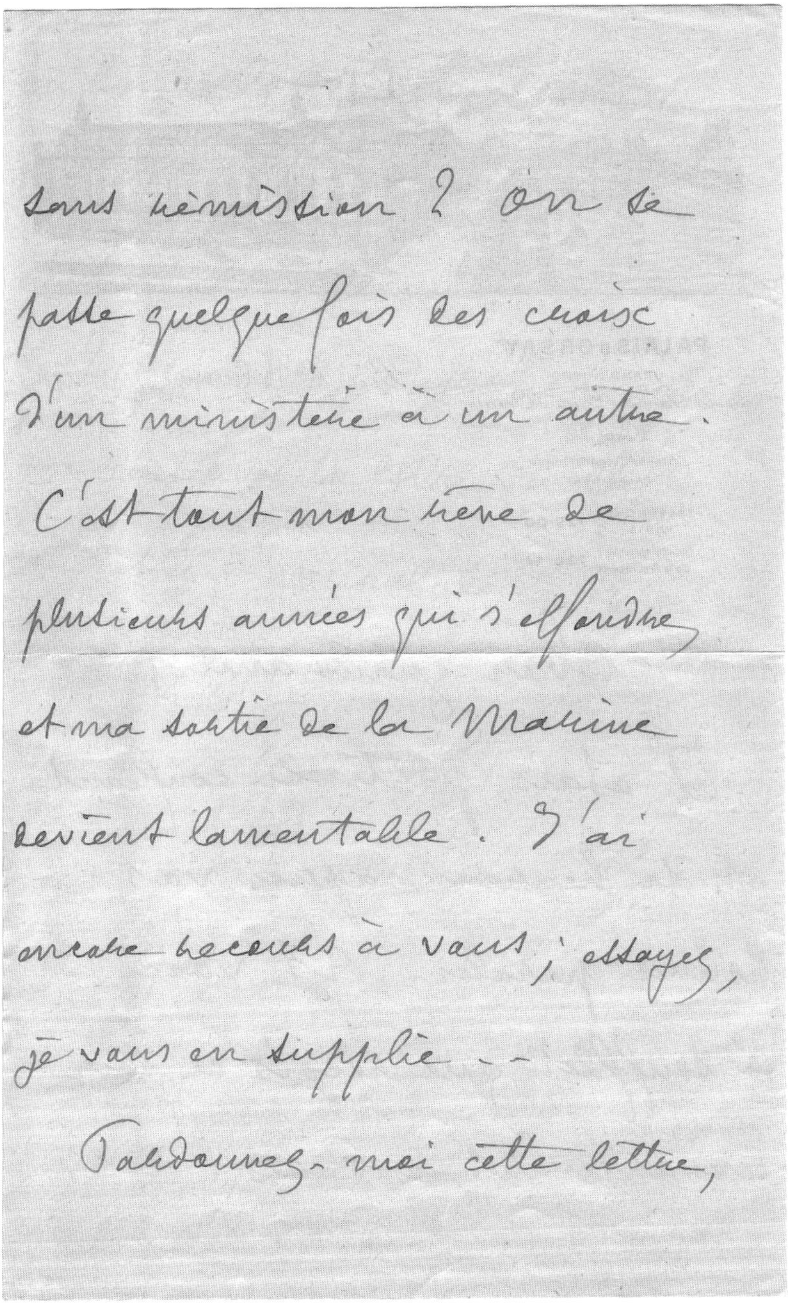

sans rémission ? On se
passe quelquefois des croix
d'un ministère à un autre.
C'est tout mon rêve de
plusieurs années qui s'effondre
et ma sortie de la Marine
devient lamentable. J'ai
encore recours à vous ; essayez,
je vous en supplie...
Pardonnez-moi cette lettre,

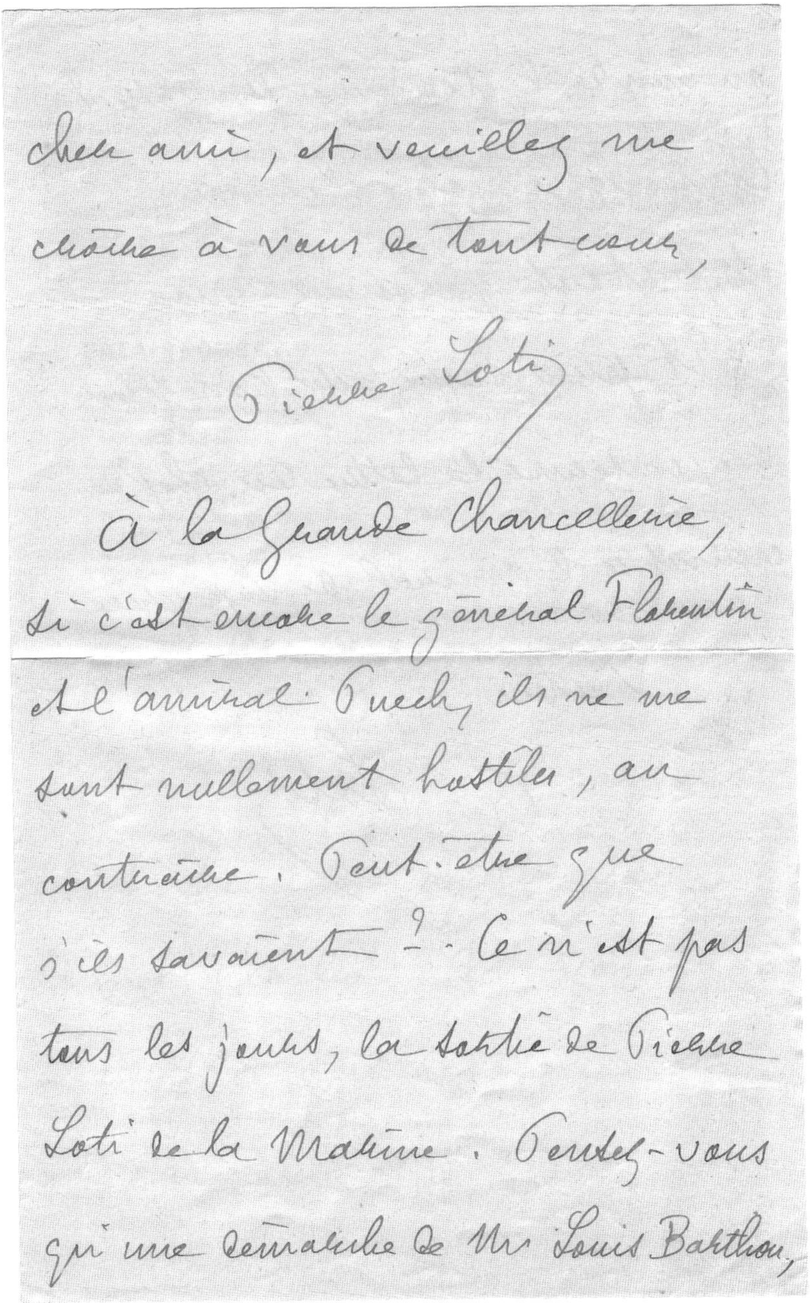

cher ami, et veuillez me
croire à vous de tout cœur,

Pierre Loti

À la Grande Chancellerie,
si c'est encore le général Florentin
et l'amiral Puech, ils ne me
sont nullement hostiles, au
contraire. Peut-être que
s'ils savaient ?.. Ce n'est pas
tous les jours, la sortie de Pierre
Loti de la Marine. Pensez-vous
qu'une démarche de Mr Louis Barthou,

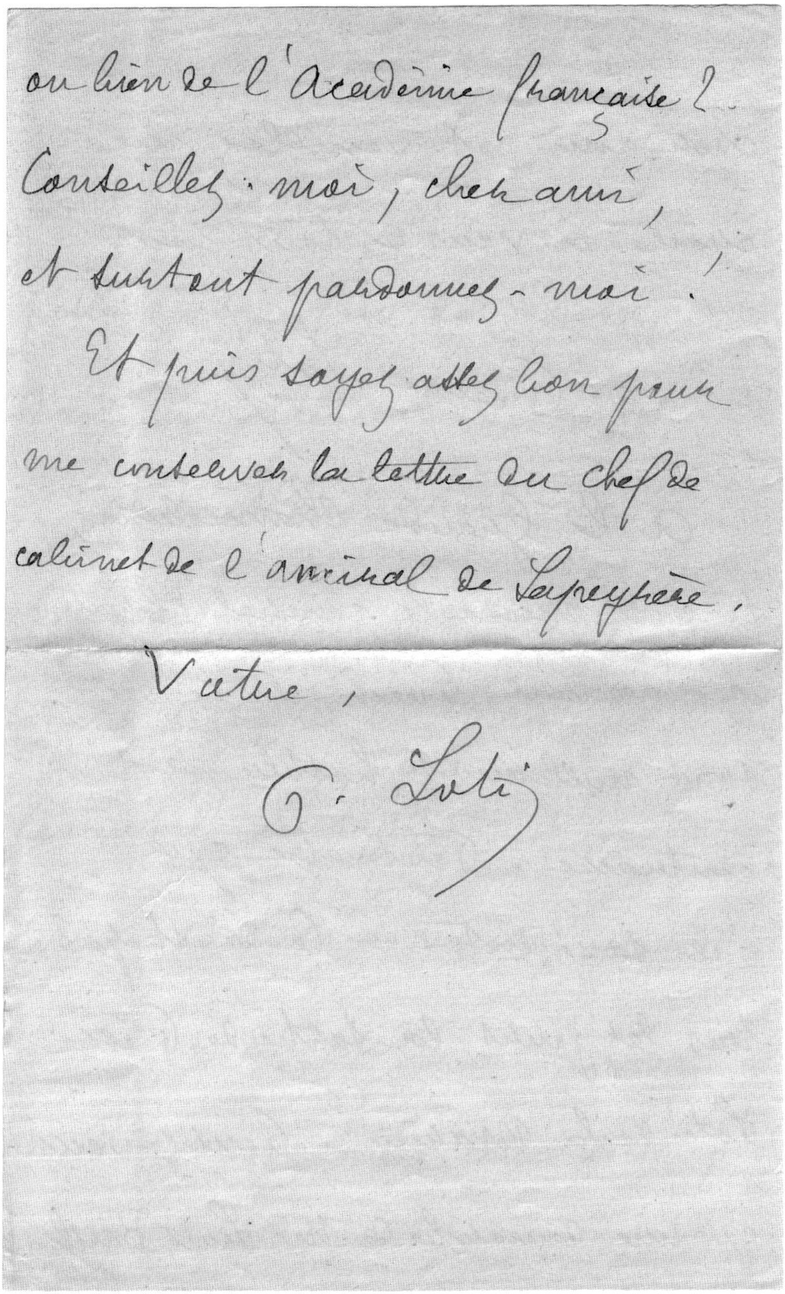
ou bien de l'Académie française ?

Conseillez-moi, cher ami,

et surtout pardonnez-moi !

Et puis soyez assez bon pour

me conserver la lettre du chef de

cabinet de l'amiral de Lapeyrère.

Votre,

P. Loti

27. Lettre autographiée signée de Pierre Loti à Paul Doumer (16 décembre 1909) :
Pierre Loti lui demande d'intercéder en vue d'obtenir la Légion d'honneur
(*Fonds et legs R. Doumer*)
(*déposée par l'auteur aux musées municipaux de Rochefort-sur-Mer, Maison Pierre Loti*)

MARDI 9 JANVIER 1912

Le Petit Bastiais

5 CENTIMES — JOURNAL QUOTIDIEN — 5 CENTIMES

ABONNEMENT

Le nouveau Sénateur de la Corse

M. PAUL DOUMER

28. Une du *Petit Bastiais* (9 janvier 1912) :
« À Monsieur Doumer, sénateur républicain de la Corse »
(*Archives départementales de la Corse-du-Sud*)

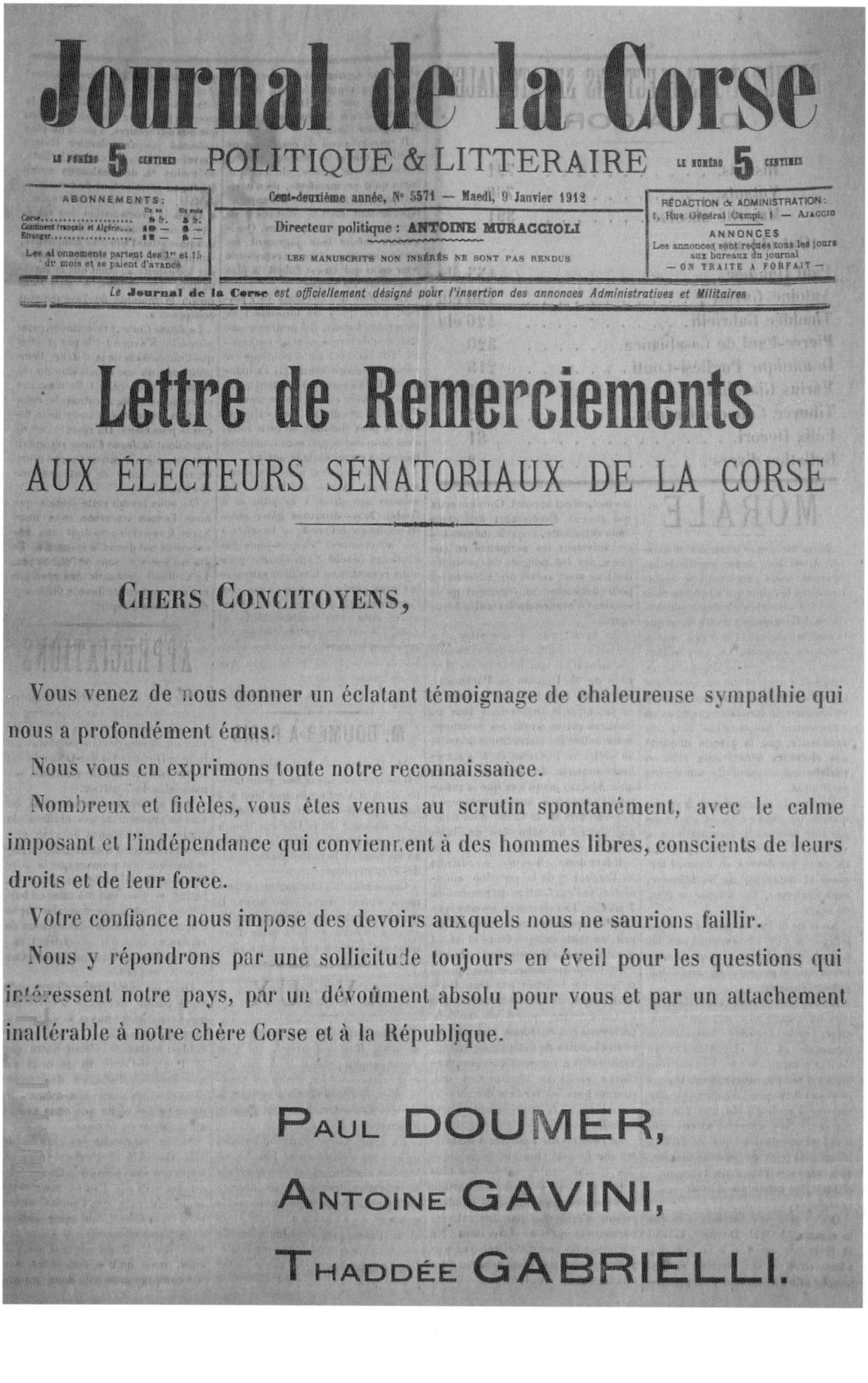

Journal de la Corse

POLITIQUE & LITTERAIRE

LE NUMÉRO 5 CENTIMES — LE NUMÉRO 5 CENTIMES

ABONNEMENTS :

	Un an	Six mois
Corse	9 fr.	5 fr.
Continent français et Algérie	10 —	6 —
Etranger	12 —	8 —

Les abonnements partent des 1er et 15 du mois et se paient d'avance

Cent-deuxième année, N° 5571 — Maedi, 9 Janvier 1912

Directeur politique : **ANTOINE MURACCIOLI**

LES MANUSCRITS NON INSÉRÉS NE SONT PAS RENDUS

RÉDACTION & ADMINISTRATION : 1, Rue Général Campi, 1 — AJACCIO

ANNONCES

Les annonces sont reçues tous les jours aux bureaux du journal

— ON TRAITE A FORFAIT —

*Le **Journal de la Corse** est officiellement désigné pour l'insertion des annonces Administratives et Militaires*

Lettre de Remerciements

AUX ÉLECTEURS SÉNATORIAUX DE LA CORSE

CHERS CONCITOYENS,

Vous venez de nous donner un éclatant témoignage de chaleureuse sympathie qui nous a profondément émus.

Nous vous en exprimons toute notre reconnaissance.

Nombreux et fidèles, vous êtes venus au scrutin spontanément, avec le calme imposant et l'indépendance qui conviennent à des hommes libres, conscients de leurs droits et de leur force.

Votre confiance nous impose des devoirs auxquels nous ne saurions faillir.

Nous y répondrons par une sollicitude toujours en éveil pour les questions qui intéressent notre pays, par un dévoûment absolu pour vous et par un attachement inaltérable à notre chère Corse et à la République.

PAUL DOUMER,

ANTOINE GAVINI,

THADDÉE GABRIELLI.

M. Levie, président du bureau électoral, proclame les résultats du scrutin :

Electeurs inscrits : 792

Votants 776

Majorité absolue. . 389

Ont obtenu :

MM.

DOUMER Paul, ancien président de la Chambre des Députés . 457 voix

GAVINI A., anc. député. . 450 —

GABRIELLI, sénateur sort. 426 —

DE CASABIANCA P.-P., ancien sénateur . . . . 320 —

PUGLIESI-CONTI, député . 213 —

GIACOBBI, sénateur sort. . 211 —

CUNEO D'ORNANO Tiburce, 122 —

DECORI Félix, avocat . . 81 —

MM. *Paul Doumer Gavini, et Gabrielli* ayant obtenu la majorité absolue, sont proclamés sénateurs de la Corse.

29. Une du *Journal de la Corse* (9 janvier 1912)
(*Archives départementales de la Corse-du-Sud*)

[SÉNAT]

Paris, 4 septembre 1914

Boulevard Delessert, 15
Téléphone 78-76

Mon cher général,

Je viens vous faire un amical et pressant appel. Puisque les choses de la politique ont tourné de telle sorte que je n'ai pu participer au pouvoir, à l'heure seule où le pouvoir est tentant, donnez-moi, je vous prie, la possibilité d'agir et de travailler à la chose publique.

Appelez-moi auprès de vous à un titre quelconque. Par exemple, créez à votre cabinet un service ou un secrétariat des affaires civiles, et appelez-moi à le diriger.

Je vous débarrasserai des broutilles, dans la mesure où vous le déciderez, et je vous préparerai les éléments de solution des affaires importantes. Je sais commander : je saurai obéir. Et puis, ce qui me fait vous demander cela avec insistance, c'est que la défense de Paris peut devenir difficile, que les heures tragiques peuvent arriver, et que je voudrais pouvoir tomber, en service, à côté de vous et non comme un badaud qui va voir où pleuvent les coups.

Si vous prenez tout de suite une décision favorable, envoyez-moi simplement un ordre. Sinon, donnez-moi l'occasion de vous voir.

Votre tout dévoué,

Paul Doumer

P.-S. – Il va sans dire que si je suis appelé au gouvernement militaire, j'y consacrerai tous mes instants et ne m'occuperai plus de rien d'autre.

30. Lettre de Paul Doumer, sénateur de Corse,
au général Gallieni, gouverneur militaire de Paris (4 septembre 1914)
(*Bibliothèque de l'Assemblée nationale*)

Clermont-Ferrand, 1er juillet 1918

Ma fille[1] chérie,

Je ne vois quoi vous dire dans le malheur soudain et atroce qui vous accable comme nous. Notre bien-aimé Marcel, qui était à vous de tout son cœur, qui adorait vos chers petits, [...] s'endort loin de vous de son éternel et glorieux sommeil. Le malheur s'abat sur vous, sur nous, complet, irréparable. L'être chéri qui disparaît est mort au devoir, en accomplissant la tâche la plus belle et la plus haute, en donnant sa vie à la France. Il est tombé sous le beau succès que nous avons remporté, vendredi, près de Villers-Cotterêts, après y avoir contribué avec son escadrille.

La croix d'honneur qu'il désirait, qu'il avait vingt fois méritée, à la Marne, en Artois, à Verdun, à Soissons, etc., et qui allait lui être remise dans quelques jours (il le savait), c'est sur son cercueil qu'on l'a déposée hier. Quelle abominable cruauté de sort !

Voici la copie, faite pour vous, de la citation qui accompagnera, à *L'Officiel*[2], le décret de nomination. La nomination était prête, avec la même citation à l'ordre de l'armée, sauf les deux lignes qui y ont été ajoutées vendredi. Vos enfants, ma chère Jeanne, s'ils auront à souffrir de la perte de leur père, pourront au moins être fiers de lui. Il aura été un des plus vaillants soldats de la Patrie, à laquelle il a tout sacrifié pendant quatre ans, pour lui donner finalement son sang jusqu'à la dernière goutte.

C'est vendredi soir, vers huit heures et demie, lorsque je rentrais chez moi, venant du gouvernement militaire de Paris, que j'ai trouvé le colonel directeur de l'aéronautique militaire qui m'attendait pour m'annoncer que Marcel était blessé grièvement et qu'il avait été porté à l'ambulance de Bourbonne près de Villers-Cotterêts. Je pris la voiture du colonel et partis aussitôt pour Bourbonne, dans quelle angoisse, je n'ai pas besoin de vous le dire, mais avec l'espoir que Marcel pourrait être sauvé. À Ivors, à deux ou trois kilomètres de Bourbonne, je rencontrai le commandant du corps d'armée. Il m'apprit que mon bien-aimé fils avait succombé dans la journée. L'espérance, à laquelle je m'étais accroché dans le douloureux voyage, s'écroulait pour laisser place à la réalité horrible.

Je sus que Marcel menait, le matin, le combat avec son escadrille, au-dessus des lignes ennemies, qu'il prenait le dessus de façon évidente sur les forces aériennes allemandes, quand on le vit quitter les siens et se diriger vers les lignes françaises. On eut conscience qu'il avait été frappé et ne voulait pas tomber aux mains des ennemis. Il put diriger un moment son appareil, jusqu'à revenir au-dessus de nos positions, mais il dut s'évanouir et lâcher ses commandes. L'avion piqua vers le sol de façon désordonnée et vint s'y écraser. Marcel eut le crâne fracturé et ne reprit pas connaissance. Le général me disait que mieux valait qu'il fût trouvé ainsi, que cela lui avait évité de grandes souffrances. Il avait des blessures qui ne pardonnaient pas.

Sans recouvrer un instant sa connaissance, sans souffrir par conséquent, il vécut ainsi quelques heures dans une sorte de coma... Ce répit de la mort permit de signer le décret préparé qui le faisait chevalier de la Légion d'honneur.

Peu après midi, notre pauvre et bien-aimé Marcel s'endormait pour toujours.

1. J. Cattelain, dont le père est administrateur du Bon Marché, est en fait la belle-fille de P. Doumer.

2. C'est-à-dire au *Journal officiel*.

C'est à minuit passé que j'arrivais à Bourbonne, où m'avait accompagné le commandant du corps d'armée. Là, dans une petite salle de la maison du village qui servait d'ambulance, dans une nuit noire que les clartés du canon éclairaient seules, je trouvai le corps de notre chéri, étendu dans un cercueil de bois hâtivement fait. Il reposait l'air calme et fier, des bandelettes entourant sa tête et une partie du visage, ses mains blanches croisées sur sa poitrine. Je l'ai embrassé pour vous, pour ses petits, pour sa mère et pour moi. Je lui ai dit tout bas, pendant que le général priait, et comme s'il m'entendait, notre tendresse et notre douleur, notre fierté aussi de sa conduite de soldat et de chef. Votre beau mari, ma chère Jeanne, le vaillant soldat sans peur et sans reproche de cette terrible guerre, a été ensuite enveloppé dans son linceul blanc et [...] d'un drapeau tricolore, ou plus jamais des yeux humains ne le reverront. Il y repose en paix, stoïquement, fièrement.

Je pleure en vous écrivant, alors que j'ai tant pleuré que je ne le croyais plus pouvoir.

Marcel, qui était venu subitement à Villers-Cotterêts pour le combat du 28, avait sa base près de Méru, [...] à l'ouest, non loin de Beauvais. Le commandant de l'aviation obtint qu'au lieu d'être enterré à Villers-Cotterêts, comme il avait été tout d'abord décidé, le corps de Marcel serait inhumé près de son escadrille. Celle-ci fit faire un solide cercueil de chêne doublé de métal, où fut placé le corps, et une automobile l'emporta là où il avait vécu ses derniers jours, au village du Déluge (Oise), à une dizaine de kilomètres au nord de Méru. C'est là que je l'avais vu, au hameau de Val Heureux, le dimanche 23 juin, et c'est là qu'on a fait hier ses obsèques.

[...] En dehors de l'aviation, un régiment de cavalerie cantonné dans les environs a demandé à participer aux honneurs rendus à l'ancien cavalier qu'était le chef aviateur. Les officiers de son escadrille n'avaient voulu laisser à personne le soin de porter son cercueil, que ses lieutenants ont eu dans leurs mains jusqu'au bout. Il était recouvert d'un drapeau tricolore et de sa capote sur laquelle on avait attaché la croix de guerre.

Les commandants de l'aviation et son grand chef, le général Duval, étaient venus assister aux obsèques, ainsi qu'un officier représentant le général Mangin, chef de l'armée où il avait livré son dernier combat, après avoir été sous ses ordres à Verdun.

La cérémonie, dans la petite église et le cimetière du village du Déluge, a été empreinte d'une véritable grandeur. Les officiers et les soldats de Marcel, qui l'aimaient et l'admiraient, pleuraient sa perte. Le nombre des officiers et soldats des escadrilles groupées aux environs de Méru était grand. Les cavaliers en armes assuraient le convoi et formaient l'escorte. Dans l'église, où une partie seulement du cortège, debout, en rangs serrés, avait pris place, la cérémonie a été touchante. Une quarantaine de soldats chantaient la messe. Tout était grand et impressionnant dans cet appareil militaire.

Au cimetière, de chaudes et brèves paroles ont été prononcées successivement par les chefs directs de notre cher Marcel. Le général est venu ensuite, au nom du président de la République, déposer la croix d'honneur sur son cercueil, qui était couvert de fleurs et de couronnes.

Marcel repose, jusqu'à la fin de la guerre[3], dans le petit cimetière de Déluge, où votre pensée, la nôtre, vont constamment le bercer dans son glorieux sommeil.

Rentré à Paris hier soir, j'ai pris le train pour Clermont-Ferrand, afin de passer quelques heures auprès de votre mère, mêler nos douleurs et nos larmes.

Nous pensons à vous, ma fille chérie, à vos délicieux enfants. Nous vous aimons avec une tendresse accrue par notre commun malheur. Nous sommes vôtres entièrement.

3. Le corps du capitaine M. Doumer repose désormais au cimetière Vaugirard (Paris XVe).

Je m'arrangerai, un jour prochain, pour aller voir à Escorches, parler avec vous de Marcel, de l'avenir, hélas ! auquel il faut penser, pour vous donner des détails encore.

Au revoir, ma chère Jeanne. Embrassez pour moi, pour nous tous, petite Lucile et petit André, votre chère mère aussi, que je suis heureux de savoir près de vous.

Je serai à Paris demain matin et je verrai aussitôt votre père, à qui j'ai télégraphié.

Tous nos baisers bien douloureux, bien tendres, ma chère fille.

Paul Doumer

31. Lettre de Paul Doumer à sa belle-fille Jeanne Cattelain, jeune veuve de son fils le capitaine Marcel Doumer[4] (10 pages)
(*Fonds L. Pasquier-Doumer, fille de la destinataire*)

4. M. Doumer, deuxième fils et troisième enfant de P. Doumer, décède le 23 juin 1918 à Déluge (Oise) à l'âge de trente-et-un ans.

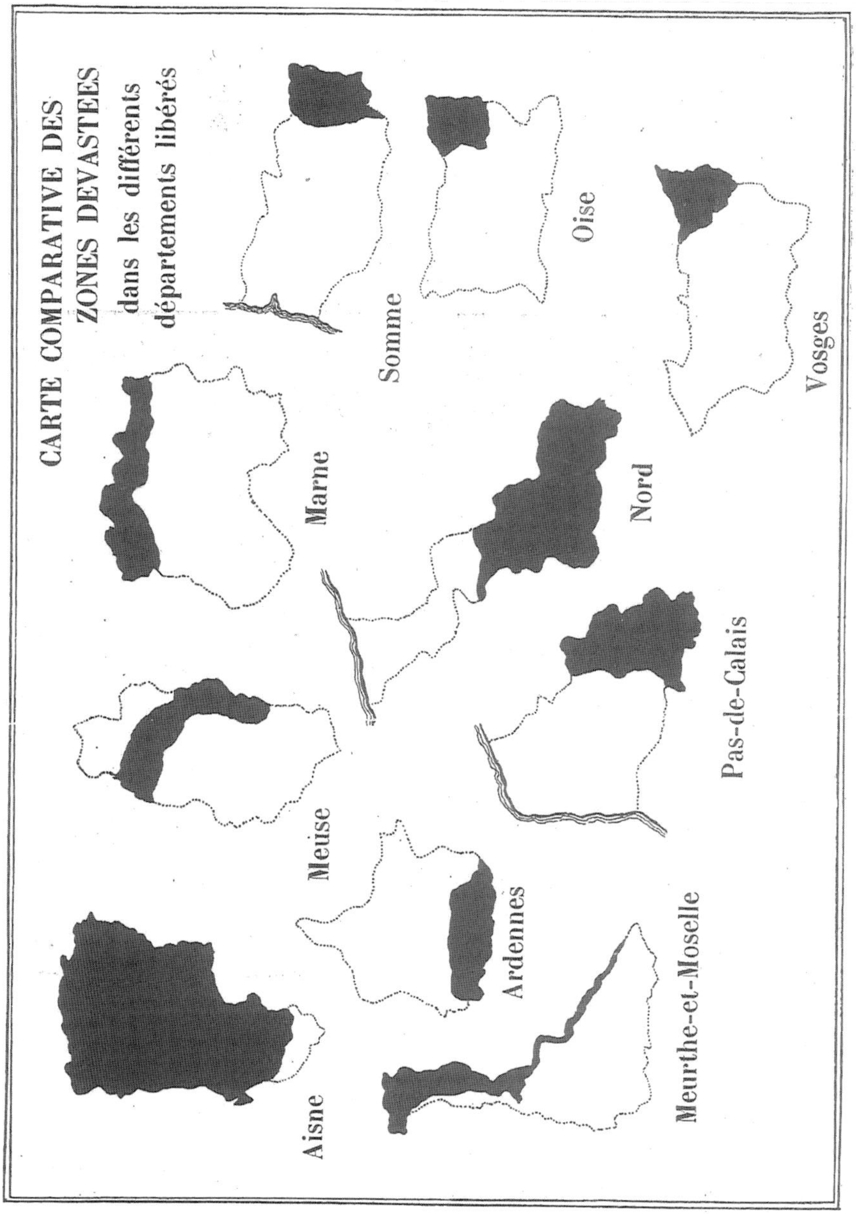

32. Une carrière politique en partie construite dans l'Aisne, département déclaré « le plus sinistré de France » après 1914-1918 : Paul Doumer, « bienfaiteur de l'Aisne », sera conseiller général du canton d'Anizy-le-Château pendant vingt-sept ans (1904-1931), son mandat électif le plus long (*Archives départementales de l'Aisne*, La reconstruction de l'Aisne : exposé présenté au conseil général de l'Aisne par Lucien Saint, préfet de l'Aisne, *Paris, Berger-Levrault, 1920, p. 124*)

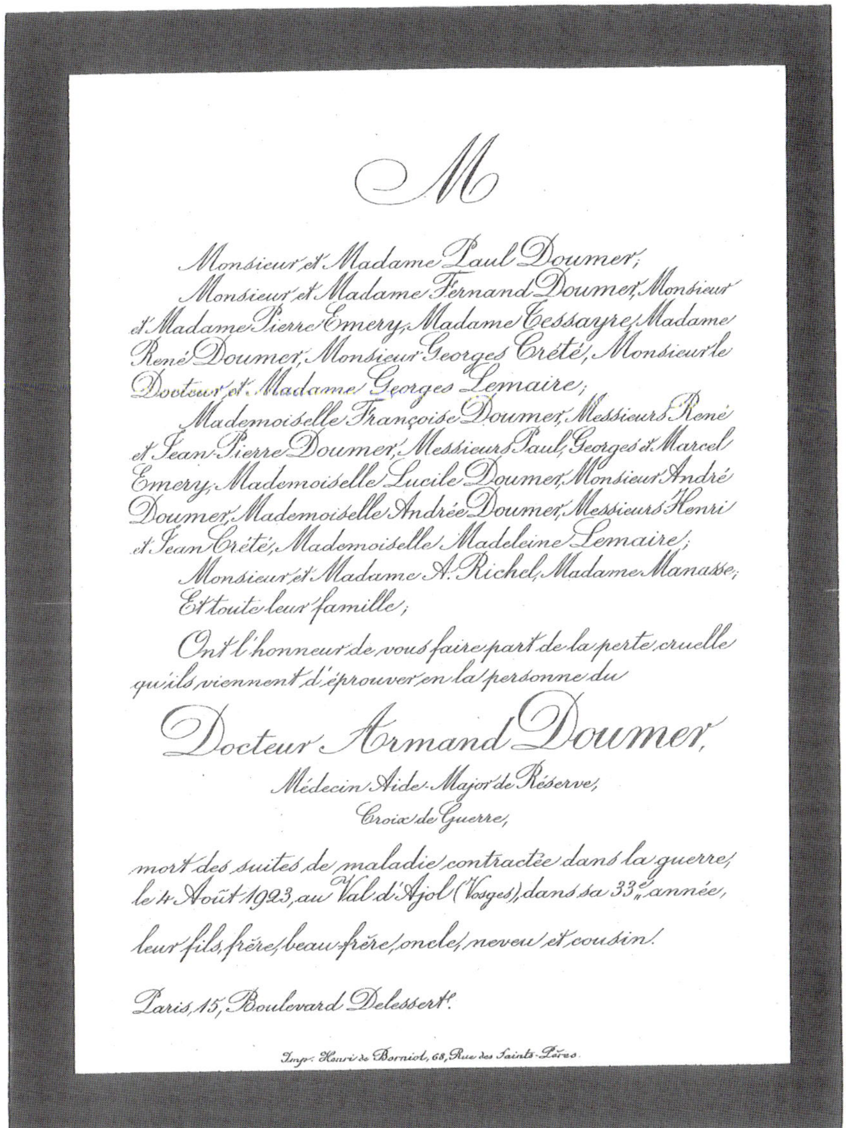

M

Monsieur et Madame Paul Doumer,

Monsieur et Madame Fernand Doumer, Monsieur et Madame Pierre Emery, Madame Cessayre, Madame René Doumer, Monsieur Georges Crété, Monsieur le Docteur et Madame Georges Lemaire,

Mademoiselle Françoise Doumer, Messieurs René et Jean-Pierre Doumer, Messieurs Paul, Georges et Marcel Emery, Mademoiselle Lucile Doumer, Monsieur André Doumer, Mademoiselle Andrée Doumer, Messieurs Henri et Jean Crété, Mademoiselle Madeleine Lemaire,

Monsieur et Madame A. Richel, Madame Manasse,

Et toute leur famille,

Ont l'honneur de vous faire part de la perte cruelle qu'ils viennent d'éprouver en la personne du

Docteur Armand Doumer,

Médecin Aide-Major de Réserve,

Croix de Guerre,

mort des suites de maladie contractée dans la guerre, le 4 Août 1923, au Val d'Ajol (Vosges), dans sa 33e année,

leur fils, frère, beau-frère, oncle, neveu et cousin.

Paris, 15, Boulevard Delessert.

Impr. Henri de Borniol, 68, Rue des Saints-Pères.

33. Une famille frappée à coups redoublés par la Grande Guerre :
Blanche et Paul Doumer ont « l'honneur » d'annoncer le décès de leur quatrième fils, Armand, des suites de « maladie contractée dans la guerre »[1] (4 août 1923)
(*Fonds L. Pasquier-Doumer*)

1. A. Doumer, décédé à l'âge de trente-deux ans, a en fait inhalé des gaz asphyxiants dans l'exercice de ses fonctions de médecin au front, en refusant de se mettre à l'abri pour secourir des blessés. Il soignait depuis cinq ans ses poumons gazés au Vol d'Ajol (337 m-687 m), station verte des Vosges méridionales.

Mes chers collègues,

[...]

Dans le Sénat, les préférences personnelles et les intérêts de partis s'effacent dès que l'intérêt national est en jeu.

La démonstration en avait été faite aux heures tragiques de la guerre. [...] Il en fut de même dans la période consécutive, où les difficultés financières surgirent [...].

Nous aurons trop d'occasions encore de faire preuve de la même vertu, du même désintéressement des hommes et des groupes. La situation des finances publiques et la situation économique générale appellent une vigilance de tous les instants. [...] Notre concours ne fera pas défaut au gouvernement pour obtenir ce résultat.

C'est dans le même sentiment de [...] solidarité nationale que le Sénat va aborder [...] le grave problème des assurances sociales [...] afin d'accroître le bien-être des travailleurs. [...] Assurer à tous, quels que soient la santé, l'âge et les revers immérités, un minimum d'existence, une sécurité du lendemain, est devenu une obligation dans nos sociétés civilisées. [...] La paix intérieure en dépend.

[...] La République française est une démocratie foncièrement pacifique. [...] Elle veut organiser la paix, en obtenant que le droit domine souverainement les rapports internationaux.

[...] La force de la France est l'élément essentiel de la paix européenne. Vouloir que l'armée française soit puissante, parce que puissamment organisée et pourvue, c'est vouloir d'abord assurer une sécurité dont nous ne pouvons laisser le soin à personne ; c'est aussi contribuer à préserver l'humanité des catastrophes que nous-mêmes avons subies. Le Sénat qui, par l'organe de ses commissions, réclame depuis longtemps des lois d'organisation militaire, a l'espoir d'être bientôt saisi des projets du gouvernement.

Cette grande tâche de reconstitution de l'armée, il l'abordera avec la conscience d'un impérieux devoir à accomplir, en élevant sa pensée vers la belle jeunesse française de 1914, décimée par la guerre [...].

34. Première allocution de Paul Doumer, président du Sénat (16 janvier 1927)
(*Service de la bibliothèque, des archives et de la documentation étrangère du Sénat, division des archives*)

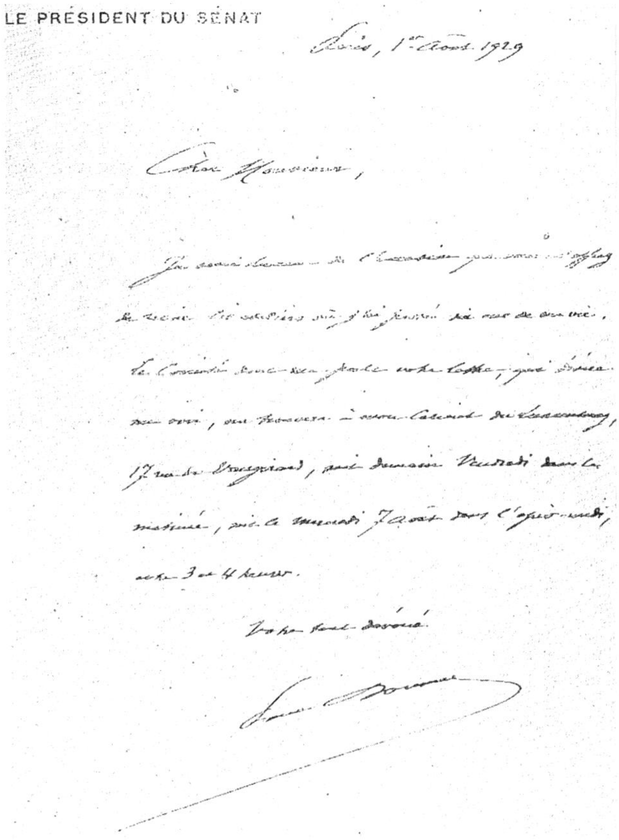
LE PRÉSIDENT DU SÉNAT

Le président du Sénat

Paris, 1er août 1929

Cher Monsieur,

Je serais heureux de l'occasion que vous m'offrez de revoir les ateliers où j'ai passé six ans de ma vie.

Le comité dont me parle votre lettre, qui désire me voir, me trouvera à mon cabinet du Luxembourg, 17 rue de Vaugirard, soit demain vendredi dans la matinée, soit le mercredi 7 août dans l'après-midi, entre 3 et 4 heures.

Votre tout dévoué,

Paul Doumer

35. Lettre adressée par Paul Doumer, président du Sénat, à la direction de la maison Robineau, graveur de médailles, 129 rue de Turenne dans le Xe arrondissement de Paris (1er août 1929) : sa mère, veuve désargentée, fut contrainte de l'y placer en apprentissage (1870-1876) à l'âge de douze ans (*L'Illustration*, hors-série, mai 1932)

36. Paul Doumer par Raymond Sudre :
buste placé dans la salle du Conseil du Centre international de Synthèse (Fondation pour la science), Hôtel de Nevers, 12 rue Colbert, Paris, inauguré le 21 avril 1931 : Paul Doumer fut président (1925-1931) puis président d'honneur (1931-1932) du conseil d'administration de ce Centre
(*Fonds L. Pasquier-Doumer*)

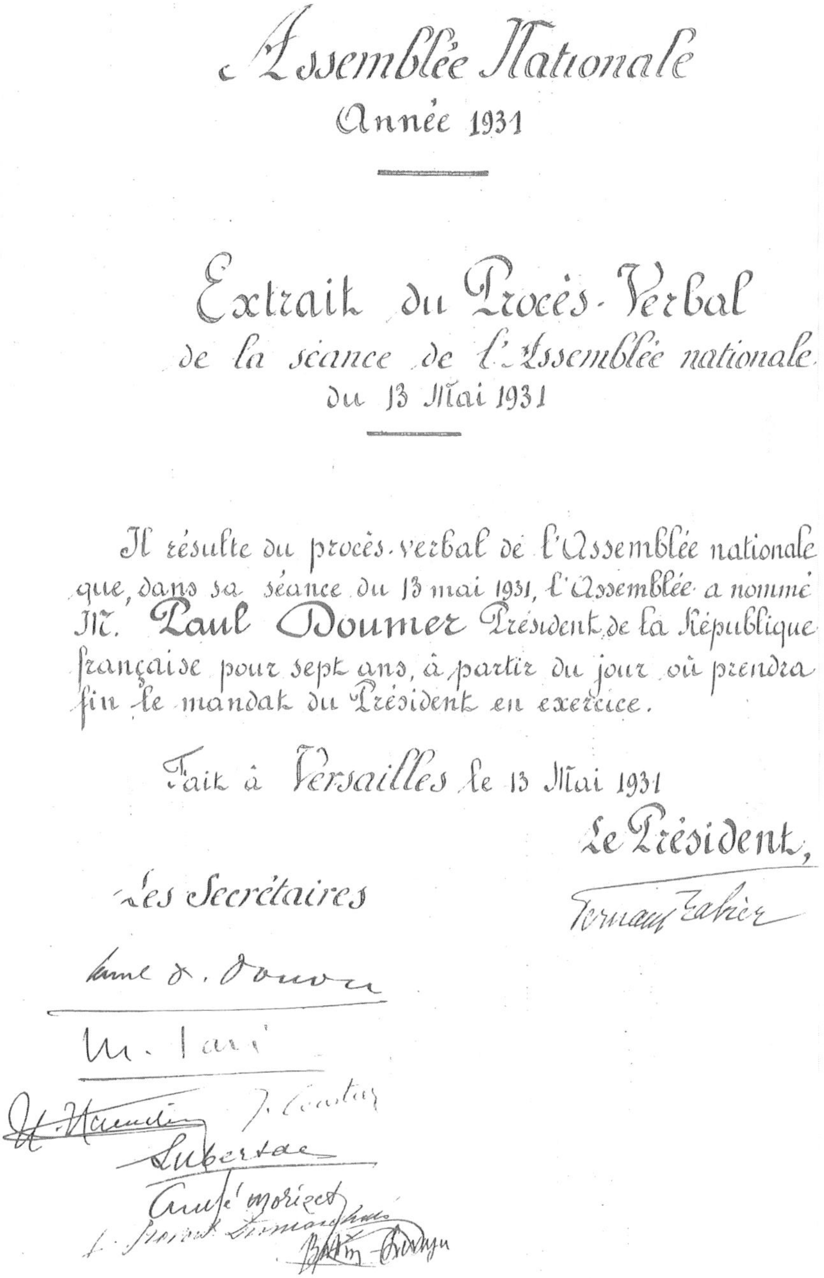

Assemblée Nationale
Année 1931

Extrait du Procès-Verbal
de la séance de l'Assemblée nationale
du 13 Mai 1931

Il résulte du procès-verbal de l'Assemblée nationale que, dans sa séance du 13 mai 1931, l'Assemblée a nommé M. Paul Doumer Président de la République française pour sept ans, à partir du jour où prendra fin le mandat du Président en exercice.

Fait à Versailles le 13 Mai 1931

Le Président,

Les Secrétaires

37. Procès-verbal de la séance de l'Assemblée nationale du 13 mai 1931 ayant nommé Paul Doumer président de la République pour sept ans (extrait) (*Service de la bibliothèque, des archives et de la documentation étrangère du Sénat, division des archives*)

1) Allocution de Fernand Rabier, vice-président du Sénat

Monsieur le président et cher ami,

Les suffrages des membres de l'Assemblée nationale viennent de vous appeler à la suprême magistrature de la République et M. le président du Conseil va vous remettre l'acte authentique consacrant cette décision.

Je ressens à son prix l'honneur qui m'échoit de vous adresser, le premier, les félicitations et les vœux de l'Assemblée nationale et de son bureau.

Au seuil de cette salle, l'oubli tombe définitivement sur les polémiques et les compétitions d'hier. Vous êtes, à cette heure, par la voix des représentants de la nation, le chef incontesté de la grande démocratie française, son tuteur et son guide.

Votre longue carrière, tout entière consacrée à la grandeur de la France, justifie hautement la confiance qui vous est accordée.

Dans les conseils du gouvernement, vous avez toujours placé l'intérêt général au-dessus des intérêts individuels et des discussions de parti. Vous avez fait de l'Indochine, par votre labeur continu, votre esprit de décision, votre science de l'organisation, une des plus prospères de nos colonies.

Quand éclata le grand drame de 1914, non seulement vous avez donné au pays le meilleur de vous-même, vous avez encore sacrifié vos admirables fils, modelés à votre exemple des vertus civiques et patriotiques.

[vifs applaudissements]

Le pays, qui n'ignore rien de vos convictions démocratiques et de votre labeur, qui sait la générosité de votre cœur et votre souci permanent de souveraine équité, ratifiera notre choix, assuré de trouver en vous le respect loyal et profond de la Constitution et, avec la haine de la guerre qui vous a tant coûté, la recherche obstinée de la paix.

[nouveaux applaudissements]

Il me sera permis, en qualité de vice-président du Sénat, de rappeler de quelle affection, à la fois émue et respectueuse, vous entourent vos collègues d'hier. Ce sentiment sera demain celui de tous les citoyens. Je salue en vous, avec respect, le premier citoyen de France, ardent défenseur de la République et de la paix.

[vifs applaudissements prolongés]

2) Allocution de Pierre Laval, président du Conseil

Monsieur le président,

Je remets entre vos mains l'acte authentique par lequel l'Assemblée nationale vient de vous confier l'exercice du pouvoir exécutif.

Il m'est agréable d'adresser, comme chef du gouvernement, mes respectueuses félicitations au chef de l'État. Dans une démocratie, les suffrages sont libres. Ils se sont exprimés en votre faveur. Désormais, vous représentez la France et vous la représentez avec une grande dignité, pour avoir mis à son service vos belles qualités de droiture, de ténacité, de clairvoyance, et lui avoir donné vos enfants qui avaient été formés à la plus haute école du devoir.

Respectueux de nos institutions, je sais que vous en serez le gardien fidèle. Votre expérience de la vie publique facilitera votre rôle d'arbitre. Laissez-moi maintenant, de tout cœur, exprimer le vœu, au début de votre septennat, que votre élection soit pour notre pays, tant à l'intérieur qu'à l'extérieur, un gage de paix, de concorde et de bonheur.

[vifs applaudissements]

3) Réponse de Paul Doumer, président de la République

Mes chers présidents,

Je suis infiniment sensible à vos félicitations et je me réjouis que cette nouvelle consultation des représentants de la nation se soit déroulée dans le calme et la dignité qui conviennent à nos institutions, sans laisser aucune trace des divisions momentanées que comporte le jeu du régime démocratique, sans porter non plus atteinte à mes vieilles amitiés.

En remerciant le Parlement du grand honneur qu'il m'a fait, je crois être son interprète en déclarant que la France entend rester fidèle à la politique de paix qu'elle a suivie et que les Chambres ont toujours approuvée.

M'inspirant des exemples donnés par la lignée déjà longue de mes prédécesseurs et en particulier par celui de M. le président de la République Gaston Doumergue, qui a voulu abandonner à son heure la magistrature qu'il a occupée avec tant d'autorité, je m'efforcerai, en dehors et au-dessus des partis, de maintenir la paix intérieure et extérieure souhaitée par tous les Français.

38. Allocutions prononcées après l'élection présidentielle de Paul Doumer le 13 mai 1931 à Versailles
(*Centre historique des archives nationales, fonds de la présidence de la République*)

39. Carte postale immortalisant Paul Doumer
dans la série des présidents de la République française
(*Fonds R. Doumer*)

LE PRÉSIDENT DU SÉNAT Paris, le 26 Mai 1931

Cher Monsieur,

Je vous remercie, ainsi que vos Collaborateurs, des aimables félicitations que vous avez bien voulu m'adresser. J'en suis très touché.

J'espère avoir quelque occasion de passer rue de Turenne et d'entrer voir la maison et ses hôtes.

Croyez, Cher Monsieur, à mes sentiments très dévoués.

40. La fidélité de Paul Doumer, tout juste élu président de la République, à la maison Robineau, graveur de médailles, 129 rue de Turenne dans le Xe arrondissementde Paris, où il fut placé en apprentissage à l'âge de douze ans par sa mère, veuve désargentée (1870-1876) : lettre adressée à la direction de cette maison (26 mai 1931) (*L'Illustration*, hors-série, mai 1932)

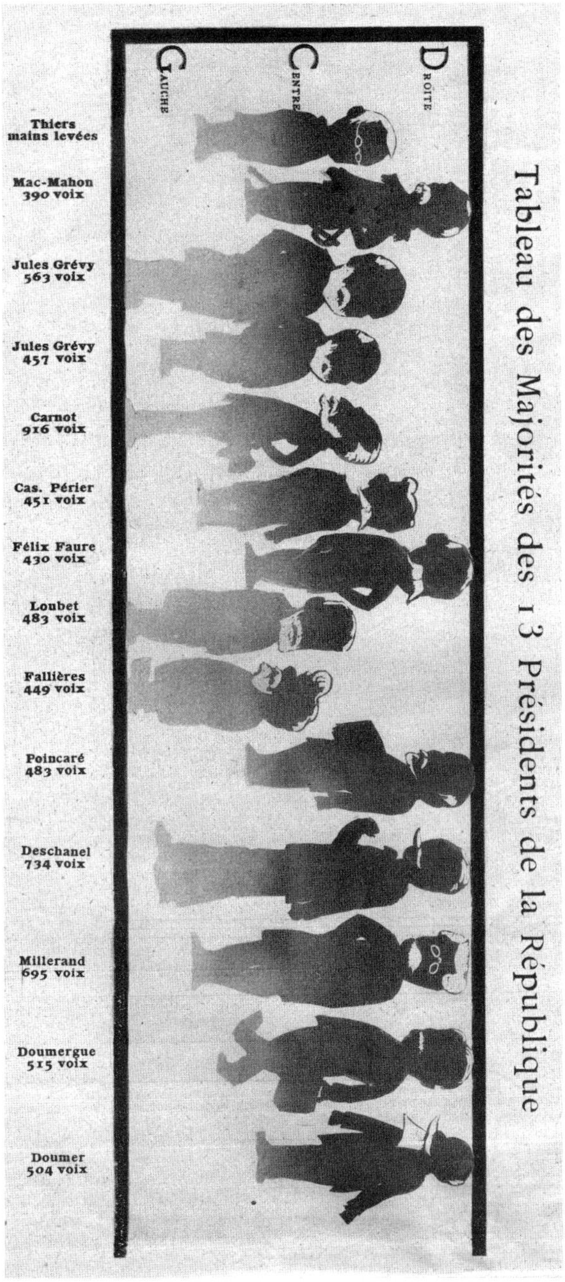

41. Les majorités présidentielles des treize premiers présidents de la IIIe République (1931)
(*Bibliothèque de l'Assemblée nationale*)

La dimension des silhouettes présidentielles est proportionnelle au nombre de voix obtenues. Le haut du cadre représente la droite ; le bas représente la gauche.

42. Un dessin prémonitoire de Sennep (1931)
(Jean Sennep *et al.*, *Histoire de France (1918-1938)*, Paris, Mana, 1938)

43. L'Exposition coloniale de Paris, double point d'orgue de la France impériale et d'une carrière construite en partie aux colonies : Paul Doumer, président de la République, préside le dîner de clôture du 14 novembre 1931, au cours duquel on tente de l'empoisonner
(*Fonds L. Pasquier-Doumer*)

« La devise des nazis verts est :
“Le bien de la patrie est l'idéal suprême”.
Parti panrusse national et paysan,
“Les Verts”. »

« Dimanche 27 décembre 1931 à deux heures de l'après-midi
au café, premier étage,
27 boulevard de la Tour-Maubourg
Métro La Tour-Maubourg ou Invalides,
Paris VIIe,

le chef des nationalistes verts,
Pavel Gorguloff[1],

fera une conférence sur le sujet :
“Qu'est-ce que c'est que les Verts ?
Quel est l'objet de leurs luttes ?”
Et “La future Russie nationale”.
Entrée libre.
Mais la discipline du parti n'admet ni discussions ni protestations.
Le programme des nazis verts,
remis à tous gratuitement,
répond à toutes les questions. »

44. Annonce parue le 10 décembre 1931 dans le quotidien *La Renaissance*
(titre traduit du russe), publié à Paris
(*Centre historique des archives nationales*)
(*traduit du russe*)

1. Assassin le 6 mai 1932 de P. Doumer, président de la République.

« Mer des nations slaves !
Vie de la classe paysanne !
Notre mer la Russie ne mourra pas
sous les tyrans et leur machiavélisme.
Au peuple héroïque,
donnez des forces, donnez des volontés !
Aidez-nous à rompre notre infirmité.
Nous jurons d'obtenir un meilleur sort
pour la Russie !
Déjà nous ne croyons plus dans les scélérats.
Nous ne voulons pas être esclaves.
Nous croyons en Dieu.
Nous croyons en la terre
et en nos élus.
Mère des nations slaves,
Vie de la classe paysanne,
Notre mère la Russie ne mourra pas
sous les tyrans et leur machiavélisme. »

45. Hymne populaire de la nouvelle Russie nationale des « verts » fascistes, fondée par Pavel Gorguloff, assassin du président Paul Doumer (*Centre historique des archives nationales*) (*traduit du russe*)

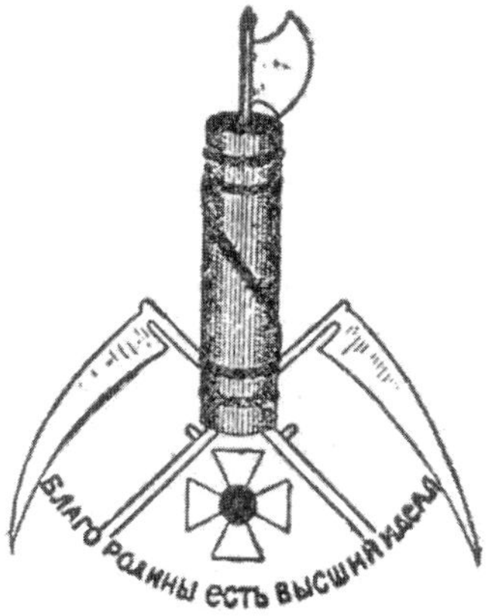

46. Emblème de la Nouvelle Russie nationale des verts fascistes, parti fondé par Pavel Gorguloff, assassin du président Paul Doumer ; devise (en russe) : « Le bonheur de la patrie est l'idéal suprême » (*Centre historique des archives nationales*)

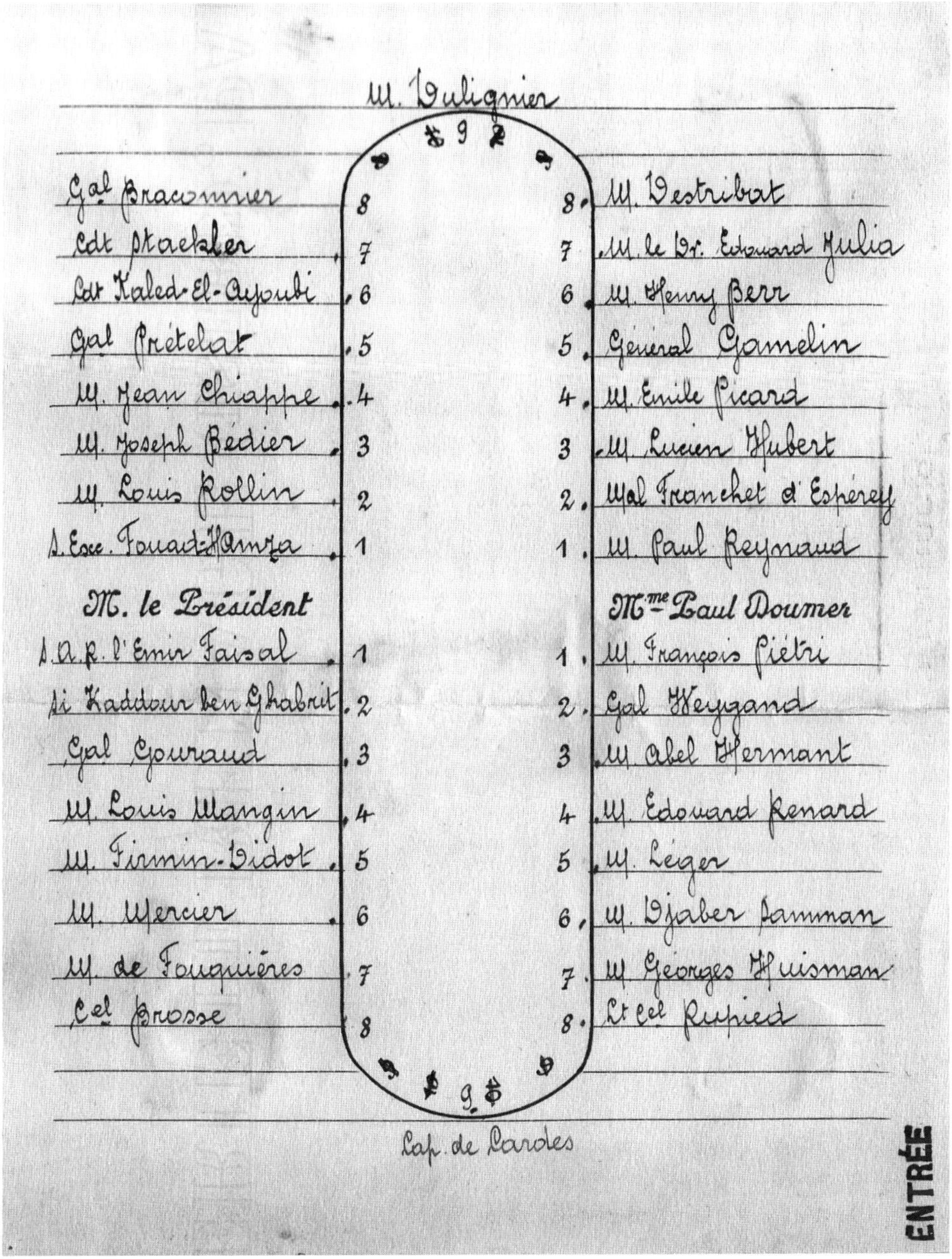

47. Le dernier déjeuner du président Doumer le 6 mai 1932 avant son assassinat à 15 heures 10 : donné en l'honneur de l'émir Faysal d'Irak, il rassemble la « doumérie » (*Fonds L. Pasquier-Doumer*)

48. L'assassinat de Paul Doumer, président de la République, le 6 mai 1932
(*dessin de Paul Coze, témoin oculaire du drame*)
(*Fonds L. Pasquier-Doumer*)

Le président Doumer étendu, la tempe ensanglantée.
Penchée sur lui, sa filleule la princesse Hoang Thi The.
À droite, le groupe formé par le meurtrier, les spectateurs qui tentent de le lyncher et les agents : dans ce groupe, le capitaine de vaisseau Le Bigot (maison militaire du président) et Paul Guichard, directeur de la police municipale.

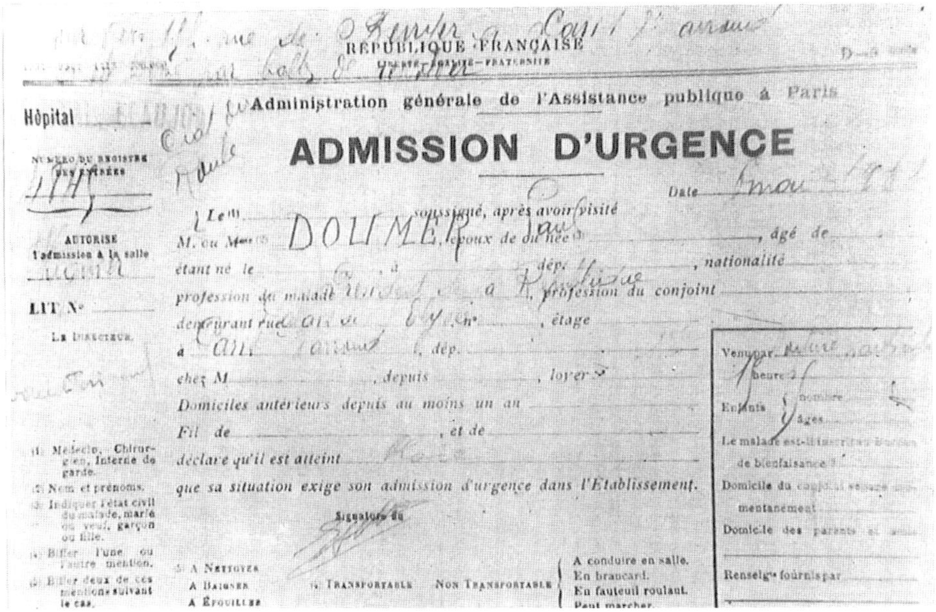

RÉPUBLIQUE FRANÇAISE

Administration générale de l'Assistance publique à Paris

Hôpital

ADMISSION D'URGENCE

Date

Le soussigné, après avoir visité

M. ou Mme DOUMER époux de ou née, âgé de

étant né le, à, dép., nationalité

profession du malade, profession du conjoint

demeurant rue, n°, étage

à, dép.

chez M., depuis, loyer

Domiciles antérieurs depuis au moins un an

Fil de, et de

déclare qu'il est atteint

que sa situation exige son admission d'urgence dans l'Établissement.

Signature du

AUTORISE l'admission à la salle

LIT N°

LE DIRECTEUR

(1) Médecin, Chirurgien, Interne de garde.

(2) Nom et prénoms.

(3) Indiquer l'état civil du malade, marié ou veuf, garçon ou fille.

(4) Biffer l'une ou l'autre mention.

(5) Biffer deux de ces mentions suivant le cas.

(5) A NETTOYER, A BAIGNER, A ÉPOUILLER

(4) TRANSPORTABLE, NON TRANSPORTABLE

A conduire en salle. En brancard. En fauteuil roulant. Peut marcher.

Venu par, heure

Enfants : nombre, âges

Le malade est-il inscrit au bureau de bienfaisance ?

Domicile du conjoint séparé momentanément

Domicile des parents

Renseign. fournis par

49. Fiche d'admission d'urgence de Paul Doumer le 6 mai 1932
à l'hôpital Beaujon (VIIIe arrondissement de Paris)
(*Archives de la préfecture de police de Paris*)

Profession : président de la République ; adresse : palais de l'Élysée.
Malgré la rapidité de l'hospitalisation, les blessures du président sont trop graves pour qu'une opération puisse être tentée. Paul Doumer décèdera le lendemain matin.

PARTI COMMUNISTE — RÉGION PARISIENNE

COMME EN 1914

Le 28 juin 1914, l'archiduc d'Autriche était assassiné à Sarajevo par un provocateur. Ce fut le prétexte qui mit le feu aux poudres.

Comme en 1914, la réaction sanglante et la contre-révolution criminelle multiplient les provocations qui créeront le prétexte pour le déclenchement d'une nouvelle guerre mondiale.

L'agression contre l'Union soviétique se précipite !

Venant après les tentatives d'assassinat des ambassadeurs du Japon et d'Allemagne à Moscou, organisées par des agents à la solde des impérialistes, l'attentat du garde-blanc tsariste Gorguloff, président d'une organisation fasciste russe, prend toute sa signification.

Toutes ces provocations mènent tout droit à l'intervention contre le pays du socialisme.

La Pologne, la Roumanie, la Tchécoslovaquie n'attendent que le signal de l'état-major français pour lancer leurs armées prétoriennes contre l'U.R.S.S..

En Mandchourie, 400000 soldats japonais appuyés par des dizaines de milliers de gardes-blancs sont prêts à être lancés contre ses frontières orientales.

LES RESPONSABLES SONT À PARIS !

C'est le gouvernement français, son état-major, sa police qui aiment et protègent l'organisation des gardes-blancs contre-révolutionnaires. C'est lui qui autorise leurs parades armées en plein Paris. C'est lui qui les utilise pour organiser les attentats contre le pouvoir des ouvriers et paysans de l'U.R.S.S..

TRAVAILLEURS PARISIENS, ALERTE !

La presse vendue, aux ordres d'un gouvernement de misère et de guerre, essaie, à la faveur de l'attentat du provocateur, de créer un courant de chauvinisme, indispensable pour le déclenchement d'une nouvelle boucherie.

VOUS NE VOUS LAISSEREZ PLUS TRAITER COMME EN 1914 !

En avant avec le parti communiste !
Contre la guerre impérialiste et pour la défense de l'Union soviétique !
Pour l'expulsion des gardes-blancs contre-révolutionnaires à la solde de l'impérialisme français !
La main dans la main avec les ouvriers immigrés !
Pour le rappel des troupes d'Extrême-Orient !
Contre les transports d'armes et de munitions !

Organisez un puissant front unique : manifestez dans les usines et dans la rue !

VOTEZ COMMUNISTE !

Lisez *L'Humanité* !

50. Affiche éditée le 7 mai 1932 en région parisienne par le parti communiste français le lendemain de l'assassinat du président Doumer
(*Archives de la préfecture de police de Paris*)

THE KNICKERBOCKER PRESS

ALBANY, N, Y., SATURDAY, MAY 7, 1932

DOUMER DIES OF ASSASSIN'S BULLET

France Mourns President Shot by Russian at Bazaar

Dies from Assassin's Bullet

PRESIDENT PAUL DOUMER

DOUMER DIES OF GUN WOUND

Beloved Statesman, Who Gave 4 Sons to His Country, Dies in Hospital 12 Hours After 'White Russian,' Brooding Over an Alleged Wrong to His Country, Opens Fire at Him

'Impossible,' Murmurs Victim, When He Collapses with Bullet in Head

Assassin Shoots Two Others Before Capture— Body of President Taken to the Elysee Palace While Thousands Throng Streets

By **JOSEPH E. SHARKEY**
Associated Press Staff Correspondent

Paris, May 7—(Saturday)—(AP)—Paul Doumer, venerable President of France, died at 4:40 a. m. today (10:40 p. m. Friday, Eastern Standard Time) from two bullet wounds inflicted by a "White" Russian fanatic who shot him down yesterday as he was attending a war veterans charity exhibition.

The President lingered almost exactly 12 hours. Seven physicians did their utmost to save him, resorting to numerous blood transfusions and to the use of oxygen to assist his failing heart.

When the end came the entire French cabinet was assembled in a room at Beaujon Hospital adjoining the one occupied by M. Doumer. At the bedside were the President's wife, one of his daughters and several of his physicians.

Twenty thousand persons had thronged the streets in front of the hospital for hours, anxiously awaiting word of the condition of the beloved president.

Shortly after the end came the body was taken from the hospital to Elysee Palace.

Mme. Doumer, who gave four sons to the republic on the battlefields of the Great War, broke down completely.

The President was shot by R. Paul Gorgulow, who told police that his purpose was to "cause France to declare war on Russia."

Dawn was breaking as M. Doumer died.

The President entered a state of coma at 3:45 a. m., Pierre Cathala, one of the cabinet undersecretaries, announced. He had suffered a period of delirium.

His pulse was then imperceptible and his breathing was spasmodic. All hope was given up that he would survive.

At 1:30 a. m. Premier Andre Tardieu arrived at the hospital. A bulletin issued by the physicians in charge at the time of the Premier's appearance said the President's condition was becoming more and more grave.

Cerebral symptoms are arising and the lesion at the base of the cranium is becoming more marked," the bulletin declared.

"Weakness is increasing and the condition of the President of the Republic is more and more grave." The bulletin was signed by the seven physicians who had been treating the President since he was shot. They were Profs. Gosset, Abrami and Basset and Drs. Felix, Ramond, Tzauch and Thaleheumer.

President Doumer was shot while at a veterans' charity exhibition.

51. L'assassinat du président français fait la une de la presse internationale (7 mai 1932)
(*Fonds L. Pasquier-Doumer*)

LE PARTI COMMUNISTE AUX SOLDATS ET MARINS

L'assassinat du président Doumer

C'est un Russe blanc, de Briand et de Tardieu, qui assassina le président de la République.

L'auteur de cet attentat veut hâter la guerre contre la Russie.

L'attitude étrange de la police et les circonstances du meurtre posent la responsabilité du gouvernement. Sur l'ordre de Tardieu, après avoir avoué que l'assassin est un garde blanc, les journaux tentent en vain de donner une nouvelle version de l'attentat.

Par tous les moyens, l'impérialisme veut déclencher la guerre.

Hier, c'était l'attentat contre l'ambassadeur d'Allemagne en Russie par des agents à la solde des impérialistes. Sur la personne de Vaneck.

Il y a quelques jours à Shanghai, des généraux diplomates japonais étaient blessés par un nationaliste géorgien.

L'attentat de Sarajevo en 1914 contre le prince héritier d'Autriche fut l'étincelle qui déclencha la guerre de 1914 à 1918. [...]

Ces faits sont les derniers préparatifs à la guerre impérialiste que dénonce notre parti communiste. Sous le drapeau de notre parti, il faut intensifier la lutte contre la guerre impérialiste pour la défense de l'Union soviétique et des peuples opprimés.

Les droits politiques aux soldats pour la réduction du temps de service à 6 mois !

Pour la résiliation des engagements sans remboursement de la prime ! [...]

Contre le surmenage et les marches forcées et les manœuvres crevantes !

Pour le transport gratuit et les 45 jours de permission !

Sifflez les discours chauvins de provocation et la guerre qu'on ne manquera pas de vous faire pour la mort de Doumer, dans cette période de crise économique et de guerre !

Manifestez collectivement contre la guerre impérialiste !

Suivez les engagements de Lénine notre maître !

« On te donne un fusil, prends-le. Apprends bien l'art militaire, c'est utile pour un prolétaire. Non pour tirer sur ses frères les ouvriers des autres pays, comme te le conseillent les traitres du socialisme. Mais pour lutter contre ta propre bourgeoisie. En mettant fin à la misère et à la guerre car la bourgeoisie se trouvera désarmée. » (Lénine, 1915)

CAMARADES SOLDATS

Il faut, à travers cette lutte, accentuer l'action pour faire aboutir vos revendications. La presse vendue aux ordres d'un gouvernement de misère, de guerre, essaie, à la faveur de l'attentat du provocateur, décide un courant de chauvinisme indispensable pour le déclenchement d'une nouvelle boucherie.

Vous ne vous laisserez plus entraîner comme vos aînés en 1914 !

52. Affiche éditée par le parti communiste français (mai 1932)
suite à l'assassinat du président Doumer
(*Archives de la préfecture de police de Paris*)

AU PEUPLE FRANCAIS

M. le Président de la République vient d'être assassiné. La France entière est frappée de stupeur et plongée dans la consternation.

Elle pleure l'illustre vieillard, dont la vie fut à son service et dont quatre fils sont morts pour sa défense.

Elle s'incline devant la veuve douloureuse, qui fermait ce matin, sur un lit d'hôpital, les yeux de son mari tombé, lui aussi, au champ d'honneur.

Rendons au Chef de l'Etat, par notre calme et notre dignité, le seul hommage qu'il eût souhaité.

Demain le pays élira ses représentants. Mardi l'Assemblée nationale désignera le nouveau Président. Jeudi le peuple de Paris conduira Paul DOUMER de l'Elysée au Panthéon.

Dans le souvenir d'un grand serviteur et dans l'exécution de la loi, la France saura affirmer sa douleur et son unité.

Vive la France ! Vive la République !

André TARDIEU,
Président du Conseil des Ministres.

53. Le gouvernement adresse un « message à la nation »
le lendemain du décès du président Doumer (8 mai 1932)
(*paru en première page de l'édition du 8 mai 1932 du* Petit-Matin *sous le titre « Un message à la nation », entre autres sources*)

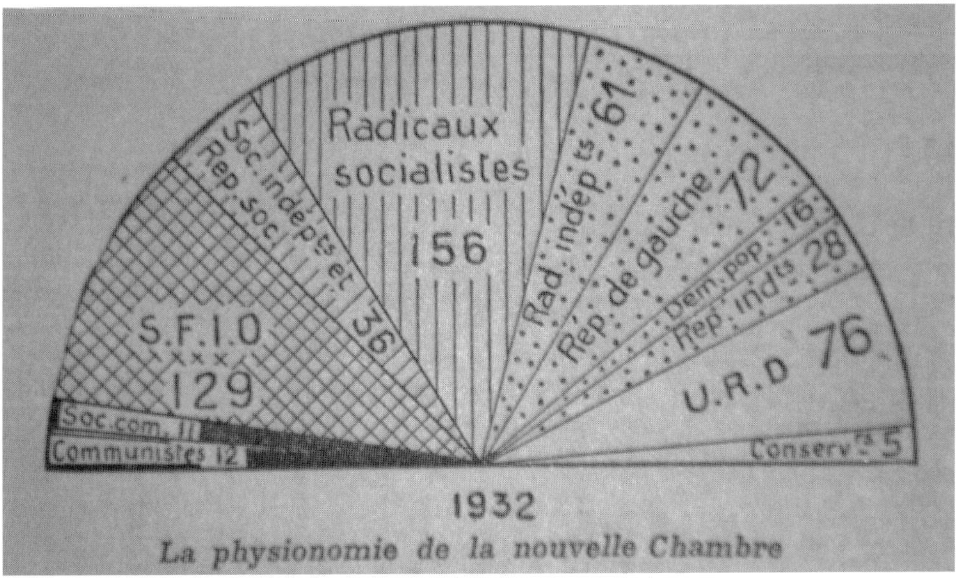

54. La physionomie de la nouvelle Chambre des députés
à l'issue du second tour des élections législatives (8 mai 1932)
(*Bibliothèque de l'Assemblée nationale*)

RÉPUBLIQUE FRANÇAISE

SÉNAT ET CHAMBRE DES DÉPUTÉS

OBSÈQUES NATIONALES

DE

M. PAUL DOUMER

PRÉSIDENT DE LA RÉPUBLIQUE

Jeudi 12 Mai 1932

Jardin des Tuileries, terrasse du Jeu de Paume
et rue de Rivoli

Carte valable pour une Personne

Entrée du Jardin des Tuileries, Porte Solférino

La Porte sera ouverte à 7 heures.

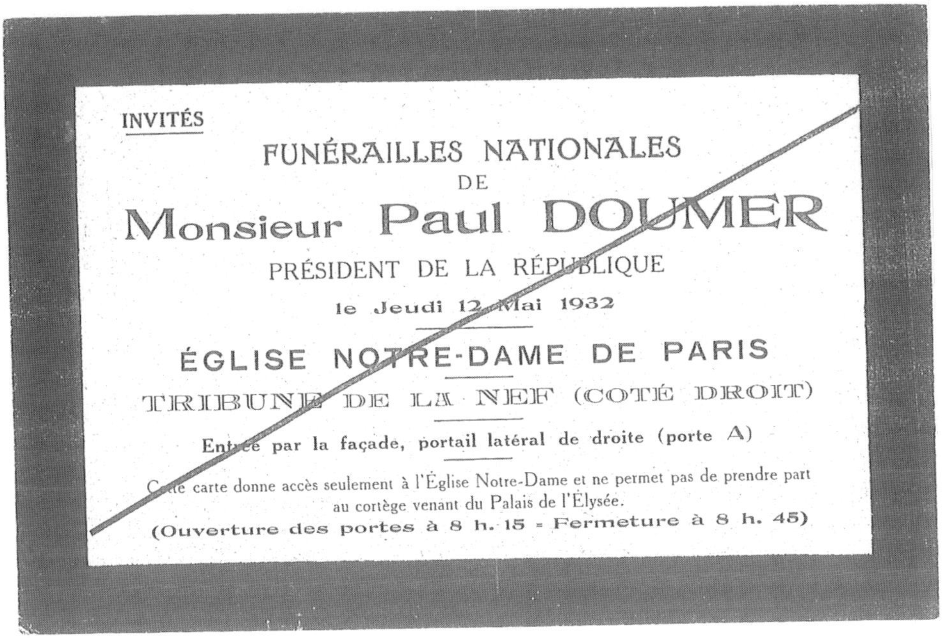
INVITÉS

FUNÉRAILLES NATIONALES

DE

Monsieur Paul DOUMER

PRÉSIDENT DE LA RÉPUBLIQUE

le Jeudi 12 Mai 1932

ÉGLISE NOTRE-DAME DE PARIS

TRIBUNE DE LA NEF (COTÉ DROIT)

Entrée par la façade, portail latéral de droite (porte A)

Cette carte donne accès seulement à l'Église Notre-Dame et ne permet pas de prendre part
au cortège venant du Palais de l'Élysée.

(Ouverture des portes à 8 h. 15 - Fermeture à 8 h. 45)

55. Les funérailles nationales de Paul Doumer, président de la République
(12 mai 1932)
(*Bibliothèque de l'Assemblée nationale*)

Pour la seconde fois en soixante et un ans[1], la République a la douleur de conduire au tombeau son chef assassiné. Crime odieux, crime absurde, et par la fonction qu'il vise, et par l'homme qu'il atteint, car la fonction est d'arbitrage et de conciliation ; l'homme était de paix, de sagesse et de bonté. [...] Paul Doumer, pour trois quarts de siècle, fut le vivant témoignage de ce qu'est et de ce que peut la démocratie. Fils du peuple, c'est le peuple entier qu'il représentait. [...] Des rigueurs que la vie inflige à tous les hommes, et celles aussi qu'elle réserve aux humbles, il n'a rien ignoré. [...]

Jamais il n'a reculé d'un pas. Il était, par son caractère, mal préparé à subir le lit de Procuste[2] des partis et des groupes, c'est pourquoi, tour à tour, tous se sont attaqués à lui. Il avait connu, aux côtés de Léon Bourgeois, le reproche d'extrémisme de gauche et la chute du Sénat. Il connut ensuite, à la Chambre, le grief de la réaction parce qu'il voulait, pour la France extérieure, une politique d'expansion et parce qu'il réprouvait les fiches de délation. Toute conscience indépendante est exposée à ces agressions successives.

Telle était la condition difficile et hautement honorable dans laquelle la guerre le trouva. L'Union sacrée, proclamée par Raymond Poincaré, l'en libéra.

Présent dans Paris menacé d'être investi, il offrit ses services à Gallieni, qui, aussitôt les accepta. De prudents adversaires s'essayèrent, de très loin, à dresser contre ce geste de patriote les soupçons de la politique. [...] La guerre dura et lui fut cruelle. À coups redoublés, la mort frappe au seuil de l'heureuse famille formée quarante ans plus tôt. [...] Qui n'a pas vu le père au travail supporter choc après choc et dire : « La mort n'est rien si elle est utile » ?

Quand sonne le clairon de l'armistice, Paul Doumer a soixante-et-un ans. Ni l'âge ni le deuil n'ont mordu sur lui. [...] Commencent les difficultés de l'après-guerre. [...]

Il n'était pas de ceux qui rusent et cachent leur dessein. Ce qu'il voulait, il le savait et mieux encore, il le disait. Le souvenir me demeure de cet entretien où, ayant rappelé la courbe de sa vie et près de soixante années vouées au service public, il concluait : « Si mes collègues m'en jugent digne, je n'ai pas de raison de taire que cette élection couronnera la fin de ma carrière et me donnera une grande satisfaction ». [...]

Il gardait dans la forme une grande discrétion qui cachait une résolution ferme. Pour assurer le succès des solutions qu'il croyait sages, il n'hésitait pas à sortir des traditions et des rites. [...]

Cette présidence si courte fut éclairée d'une grande joie, l'Exposition coloniale. [...] Le président Doumer aimait à s'y dépouiller des obligations officielles de sa charge. Il y venait en expert, en ami. L'expression éclatante et concrète donnée à la France d'outre-mer, qu'il avait contribué à fonder, réjouissait son esprit et réchauffait son cœur au contact des souvenirs et des espérances. [...]

Paul Doumer, au long de sa carrière, n'avait jamais cherché la popularité. Il n'avait ni les dons du tribun, dont les masses subissent la puissance verbale, ni l'habilité publicitaire, par laquelle tant de médiocres suppléent au prestige. [...]

Nous vivons, les uns par rapport aux autres et les uns et les autres par rapport au pays, à l'état d'abstractions projetées algébriquement sur l'écran des partis. Et pourtant nous

1. A. Tardieu se réfère à l'assassinat de S. Carnot, président de la République française, le 25 juin 1894.

2. Personnage de la mythologie grecque, Procuste est devenu le symbole du conformisme et de l'uniformisation. On parle de « lit de Procuste » pour désigner toute tentative de réduire les hommes à un seul modèle, une seule façon de penser ou d'agir.

sommes des hommes. Nous vivons humainement. Nous sentons humainement. Nous souffrons humainement. [...]

Il y a douze jours, le 1er mai, la France, en un premier tour de scrutin, élisait ses députés. Il y a six jours, le 6 mai, le chef de l'Etat français tombait assassiné. Il y a quatre jours, le 8 mai, le peuple, en un second scrutin, achevait de constituer la Chambre, et ce vote renversait la majorité parlementaire. Il y a deux jours, dans le calme et la sérénité, l'Assemblée nationale appelait M. Albert Lebrun à la présidence de la République. En ce temps de crise mondiale et d'instabilité des choses et des esprits, c'est un exemple d'ordre qui ne peut être surpassé. Notre pays a trop souvent trompé le monde sur lui-même en se dépeignant, au mépris de la vérité, incertain et divisé. [...]

Tombé, comme un soldat, face au danger qu'il a, toute sa vie, dédaigné, Paul Doumer nous lègue deux devoirs, dont l'accomplissement eût été le seul hommage qu'aurait accepté sa modestie : celui d'aider les siens, par notre affection, à porter leur deuil; celui d'aider la France à remplir son destin par les vertus de l'union et les vertus de l'action.

56. Discours prononcé par André Tardieu, président du Conseil, le 12 mai 1932 au Panthéon à l'occasion des funérailles du président Paul Doumer (*L'Intransigeant*, 13 mai 1932, rééd. *in* A. Tardieu, *Devant le pays*, Paris, Flammarion, 1932, p. 229-247)

COMITÉ D'HONNEUR
du Monument Paul Doumer

M. Albert LEBRUN, Président de la République Française ;
M. Jules JEANNENEY, Président du Sénat ;
M. Fernand BOUISSON, Président de la Chambre des Députés ;
M. Edouard HERRIOT, Président du Conseil des Ministres ;
M. PASQUIER, Gouverneur Général de l'Indo-Chine.

COMITÉ D'ACTION

Président : M. DAUZIER, Sénateur du Cantal, Maire d'Aurillac ;
Membres : MM. BOSNEY, Préfet du Cantal ;
BRUNEL, Sénateur du Cantal ;
BASTID, Député du Cantal ;
De CASTELLANE, Député du Cantal ;
FONTANIER, Député du Cantal ;
Docteur HUGON, Président du Conseil Général ;
HUISMAN, Directeur du Cabinet du Président du Sénat, ancien Secrétaire Général de l'Elysée ;
CHANAL, Adjoint au Maire d'Aurillac ;
GAILLARD, Adjoint au Maire d'Aurillac ;
SIMON, Adjoint au Maire d'Aurillac ;
RIGAL, Adjoint au Maire d'Aurillac ;
SALGUES, Secrétaire du Comité ;
DEBRONS, Trésorier du Comité.

Aurillac. - Imp. de *l'Avenir du Cantal*

VILLE D'AURILLAC

Monument Paul Doumer

Monsieur le Maire,

Après l'attentat criminel du 6 mai, le Conseil Municipal, que j'ai l'honneur de présider, indigné comme le pays tout entier par l'odieux assassinat du Président DOUMER, a décidé de lui élever ici, dans sa ville natale, un monument qui fût à la fois la glorification de ses hautes vertus et la flétrissure éternelle du crime qui a privé la France de ses services éminents et de son amour passionné.

Toutefois, si la Ville d'Aurillac peut revendiquer l'honneur d'avoir vu naître Paul DOUMER et si c'est à elle qu'il appartient à ce titre d'éterniser sa mémoire dans un monument digne de sa noble vie, c'est toute la France qui s'est sentie blessée par les balles meurtrières ; toute entière elle a flétri le geste assassin ; toute entière et d'un cœur unanime elle a pleuré le grand Français couché dans la tombe. C'est pourquoi la Ville d'Aurillac appelle le pays tout entier à s'associer au geste pieux dont l'initiative lui appartient.

Je suis certain que cet appel sera entendu et qu'il traduira magnifiquement l'amour et la vénération qu'inspirait dans toutes les villes de France et jusque dans les hameaux les plus ignorés, le nom de Paul DOUMER, symbole des plus belles vertus de notre peuple.

Monsieur le Président de la République, Monsieur le Président du Sénat, Monsieur le Président de la Chambre, Monsieur le Président du Conseil, Monsieur le Gouverneur Général de l'Indo-Chine ont bien voulu s'associer à notre initiative. En acceptant de constituer le Comité d'honneur du Monument Paul DOUMER, ils ont donné à cette œuvre la plus sûre garantie d'une parfaite réussite car ils lui ont imprimé son vrai caractère, celui d'un hommage unanime de la France métropolitaine et de ses provinces d'outre-mer.

La souscription en faveur du Monument Paul DOUMER est dès maintenant ouverte. M. le Receveur Municipal d'Aurillac (C.C. 1.600 Clermont-Ferrand) est chargé de recueillir tous les fonds, en qualité de Trésorier du Comité d'action. Un livre d'or du Monument Paul DOUMER conservera les noms de tous les souscripteurs.

J'ose compter sur votre collaboration pour mener à bien une œuvre qui sera un témoignage de la reconnaissance nationale envers le grand Français qui, jusqu'à la minute où la main criminelle l'a frappé, a servi son pays de tout son talent, avec une énergie passionnée.

Je vous remercie à l'avance pour l'appui que vous voudrez bien prêter au Comité du Monument Paul DOUMER et je vous prie d'agréer Monsieur le Maire et cher Collègue, l'assurance de ma considération distinguée.

LE MAIRE D'AURILLAC,
SÉNATEUR DU CANTAL,
PRÉSIDENT DU COMITÉ D'ACTION,

57. Louis Dauzier, maire d'Aurillac, sénateur du Cantal, lance une souscription nationale pour l'érection d'un monument en l'honneur de Paul Doumer à Aurillac (27 janvier 1933)
(*Archives départementales du Cantal*)

58. Moins d'un an après l'assassinat, le paquebot « président Doumer » (longueur 150 mètres) est lancé à La Ciotat (22 janvier 1933)
(*Fonds L. Pasquier-Doumer*)

59. La poste française rend hommage au président Paul Doumer
en émettant un timbre à son effigie (1934)
(*Fonds L. Pasquier-Doumer*)

LA MORT D'UNE GRANDE FRANÇAISE 33

Mme Paul Doumer, veuve de l'ancien président de la République, est morte le 4 avril après une douloureuse maladie qui était venue ajouter ses souffrances à tous les deuils qui l'avaient frappée. C'est avec une émotion respectueuse qu'il convient de saluer la mémoire de cette grande et noble Française qui, après avoir donné à la patrie quatre de ses fils, devait encore voir tomber sous les balles d'un assassin l'époux auquel, pendant plus d'un demi-siècle, elle avait été tendrement unie. Elle était la fille d'un inspecteur primaire, et quand Paul Doumer la connut il n'était lui-même qu'un apprenti qui allait suivre les cours de l'école du soir dans la petite ville de Mende. C'est pour pouvoir lui offrir une existence digne d'elle qu'il travailla avec acharnement, obtint ses grades universitaires et devint professeur de sciences, premier échelon d'une ascension qui devait le conduire à la plus haute magistrature de l'Etat. Modèle des épouses et des mères, Mme Doumer avait consacré à son mari et à ses enfants son existence entière. Sa simplicité, sa modestie, son courage stoïque et sa résignation dans les plus rudes épreuves font d'elle une figure comparable à ces femmes antiques dont l'admiration de l'histoire a perpétué le souvenir.

Mme Paul Doumer.

60. « La mort d'une grande Française » : nécrologie de Blanche Doumer, « modèle des épouses et des mères » (*Le Figaro*, 5 avril 1933) (*Fonds L. Pasquier-Doumer*)

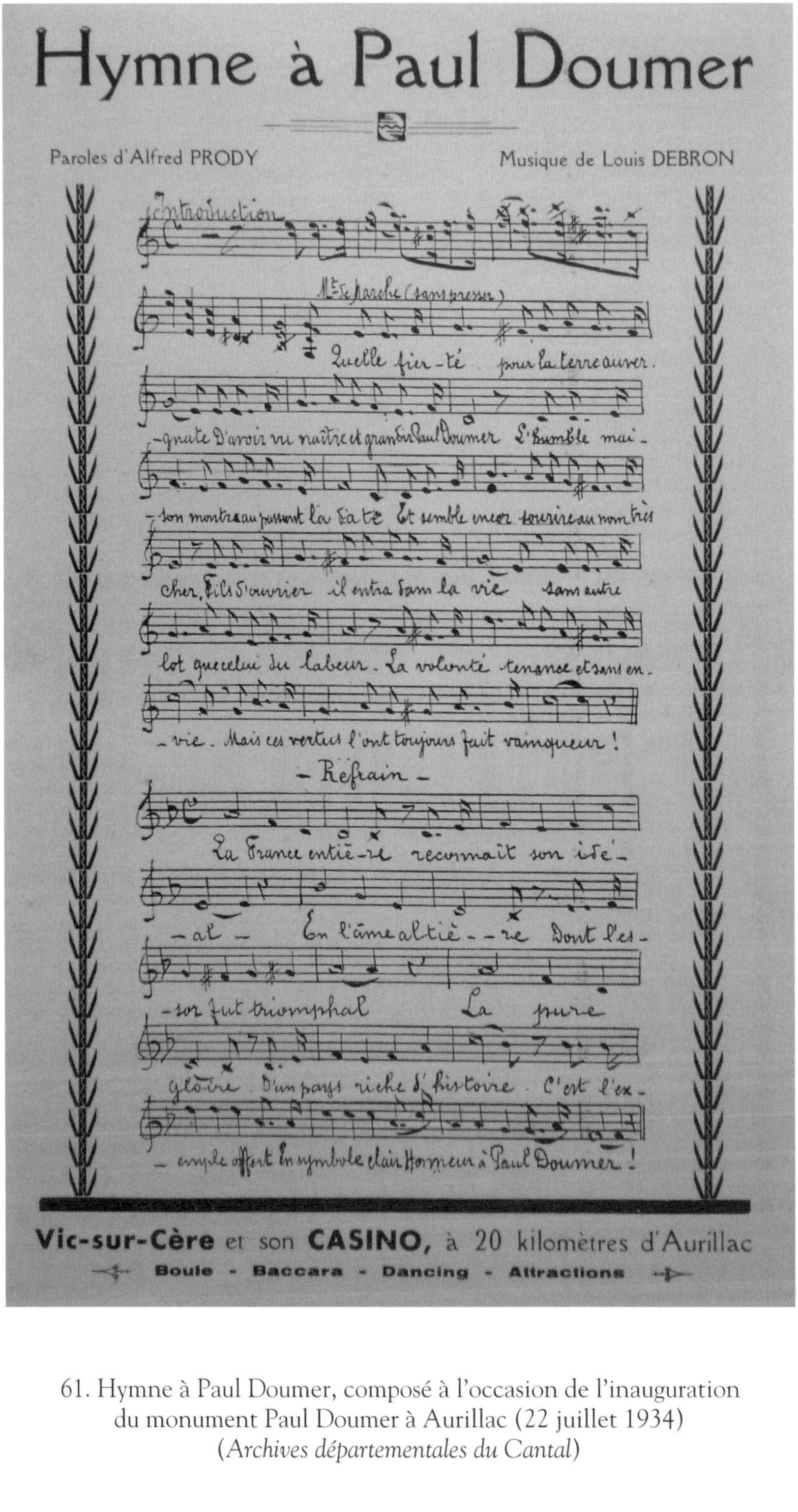

61. Hymne à Paul Doumer, composé à l'occasion de l'inauguration du monument Paul Doumer à Aurillac (22 juillet 1934) (*Archives départementales du Cantal*)

(Aurillac, 1934)

I

Quelle fierté pour la terre auvergnate
D'avoir vu naître et grandir Paul Doumer !
L'humble maison montre au passant la date
Et semble encore sourire au nom très cher.
Fils d'ouvrier, il entre dans la vie
Sans autre lot que l'amour du labeur,
La volonté tenace et sans envie,
Mais ces vertus l'ont toujours fait vainqueur.

II

D'abord astreint, pour vivre, aux travaux rudes,
À l'atelier maniant le burin,
Il poursuivait, en secret, ses études,
Se préparant un merveilleux destin.
Bientôt, nanti de science et de diplômes,
Il fut, en chaire, un maître vénéré,
Et certain jour, élu parmi les hommes,
Il dut servir un régime sacré !

III

Servir, ce mot fut certes sa devise.
Pour le pays, ses quatre fils sont morts.
Dans la douleur un tel cœur ne se brise :
Doumer garda le front calme des forts.
Toujours plus grand devant l'autel civique
Héros modeste et martyr jusqu'au bout,
Au premier rang de notre République,
Il ne devait succomber que debout !

Refrain

La France entière
Reconnaît son idéal
En l'âme altière
Dont l'essor fut triomphal
La pure gloire
D'un pays riche d'histoire
C'est l'exemple offert
En symbole clair
Honneur à Paul Doumer !

62. La mémoire de Paul Doumer et de ses fils : plaque apposée sur le monument de Navarin, Marne (1933), inauguré en 1924 par le général Gouraud, proche de Paul Doumer : la mémoire du président assassiné rejoint celle de « ses quatre fils morts pour la France »
(*Fonds L. Pasquier-Doumer*)

Mes enfants,

[...]

Lorsqu'éclate la guerre de 1914, ses quatre fils partent se battre. Il les a tous élevés dans ce haut sentiment du devoir et de l'honneur. Il a écrit, à leur intention, le *Livre de mes fils*, tout entier inspiré de ce noble sentiment-là. Aucun d'eux ne s'y dérobera, mais un sort particulièrement cruel semblera s'acharner sur cette famille, sur ce père et cette mère français. L'un après l'autre, trois de ses fils seront tués ; le quatrième, au lendemain des batailles, succombera lui aussi aux suites de ses graves blessures.

Le président Doumer eût pu alors renoncer, se replier sur sa douleur. Mais il continua de se vouer au bien public, d'y consacrer ses forces et sa vie. Sénateur, ministre, président du Sénat, président de la République enfin, il tombera, un an après son élection, sous les balles d'un assassin.

Ainsi, jusqu'au dernier instant, il aura lutté et servi. Comprenez-vous pourquoi les écrivains anciens combattants de France ont voulu que le centenaire de la naissance de ce grand Français soit célébré dans notre pays avec une ferveur respectueuse ? Beaucoup d'entre nous, blessés et mutilés, se rappellent qu'ils se sont battus pour défendre les valeurs humaines auxquelles, vous l'avez vu, le président Doumer a consenti tant de sacrifices.

Vous grandissez, vous êtes tournés vers l'avenir. Mais il n'y a pas d'avenir sans traditions et sans mémoire. Puisse votre avenir à tous se souvenir et s'inspirer de leçons et d'exemples comme ceux que nous a légués ce grand serviteur de la France !

Et puisse aussi le monde d'aujourd'hui, méditant sur la noble vie de ce Français assassiné, se souvenir des sacrifices que notre cher et grand pays si éprouvé et si meurtri a généreusement consenti à l'avenir de tous les hommes.

63. Texte de Maurice Genevoix, académicien et écrivain combattant,
lu le 22 mars 1957 aux écoliers, collégiens et lycéens de France
à l'occasion du centième anniversaire de la naissance de Paul Doumer
(*Archives de l'association des écrivains combattants*)

Album photographique

1. La maison natale de Paul Doumer sur les rives de la Jordanne à Aurillac
(*cliché A. Lorin)*

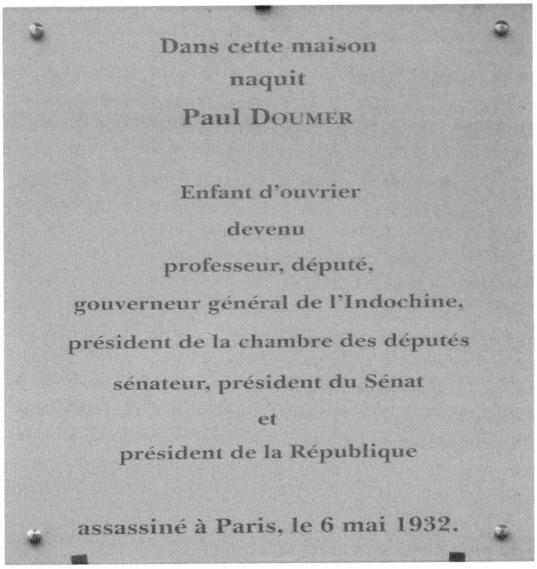

2. Plaque commémorative apposée le 22 juillet 1934
sur la façade de la maison natale de Paul Doumer, « enfant d'ouvrier » :
la République honore la mémoire de son président assassiné
(*cliché A. Lorin*)

3. Une ascension sociale permise par l'école : Paul Doumer est scolarisé de l'âge de 10 ans à l'âge de 14 ans (1867-1871) à l'ancienne école communale de garçons (actuel collège Roland Dorgelès), 63 rue de Clignancourt à Montmartre (XVIIIe arrondissement de Paris) (*cliché A. Lorin*)

4. Plaque commémorant la scolarité parisienne de Paul Doumer (actuel collège Roland Dorgelès, 63 rue de Clignancourt, XVIIIe arrondissement de Paris) (*cliché A. Lorin*)

5. La maison occupée par Paul Doumer à Laon (Aisne) de 1884 à 1889 : journaliste puis conseiller municipal, il y fait ses débuts en politique (*cliché A. Lorin*)

6. Paul Doumer, gouverneur général de l'Indochine (1897-1902) (*École française d'Extrême-Orient, Hanoi*)

7. Le gouverneur général Paul Doumer reçoit à Saigon l'empereur d'Annam et le roi du Cambodge (dessin de Carrey, 1897) : la France reçoit l'Indochine et non l'inverse (*Archives nationales d'outre-mer*)

8. Le siège hanoien de l'École française d'Extrême-Orient (1951), fondée en 1898 par Paul Doumer sous le nom originel de « Mission archéologique permanente en Indo-Chine » (*École française d'Extrême-Orient, Hanoi*)

9. Paul Doumer, gouverneur général de l'Indochine, en visite au Siam (1898) : L'habile Rama V (Chulalongkorn), roi de Siam, réussit à préserver son royaume (actuelle Thaïlande) des appétits coloniaux européens, en particulier français (*Fonds P. Nivet-Doumer*)

10. Paul Doumer, gouverneur général de l'Indochine, à Cap-Saint-Jacques (Cochinchine, 1er décembre 1901) ; il y fait construire un manoir, la « Villa Blanche » (prénom de son épouse) : sa fille Germaine y naît (1897) et sa fille Hélène s'y marie (1901) (*Fonds P. Nivet-Doumer*)

11. Le pont Paul Doumer sur le fleuve Rouge (Hanoi, 1902) :
signature de toute son œuvre en Indochine, le gouverneur général de l'Indochine tient à l'inaugurer lui-même, alors que sa construction n'est pas achevée
(*École française d'Extrême-Orient, Hanoi*)

12. Le palais du gouverneur général construit en 1902 par Paul Doumer à Hanoi, où il transfère la capitale politique de l'Indochine : une construction imposante pour mieux marquer la présence française en Indochine
(*École française d'Extrême-Orient, Hanoi*)

13. L'inauguration de l'exposition de Hanoi (novembre 1902) : voulue par Paul Doumer alors qu'il a rejoint la métropole depuis huit mois, elle doit glorifier sa politique de grands travaux et de modernisation de l'Indochine (*Archives nationales d'outre-mer*)

14. Sur le chemin de fer du Yunnan, dont la construction est décidée par Paul Doumer, gouverneur général de l'Indochine (1897-1902), fils de cheminot (*École française d'Extrême-Orient, Hanoi*)

15. Paul Doumer, député de l'Aisne, lors d'un banquet à Coucy-le-Château (Aisne, 19 juillet 1903)
(*Fonds R. Doumer*)

16. De retour d'Indochine, Paul Doumer acquiert fin 1904 à Anizy-le-Château (Aisne) une vaste maison bourgeoise avec vue sur l'Ailette et le Chemin des Dames ; il y rédige ses souvenirs d'Indochine
(*Fonds R. Doumer*)

17. Un bonheur éphémère avant les épreuves de la Grande Guerre : Blanche et Paul Doumer et leurs deux filles sur le perron de leur maison d'Anizy-le-Château (Aisne) (printemps 1905) (*Fonds R. Doumer*)

18. Un homme politique moderne donc mobile : Paul Doumer, président de la Chambre des députés, candidat à la présidence de la République (Aisne, été 1905) (*Fonds R. Doumer*)

19. Paul Doumer et ses cinq fils à la veille de l'élection présidentielle de 1906 ; de gauche à droite : Armand, Fernand (en uniforme), André, René et Marcel ; seul l'aîné, Fernand, survivra à la Grande Guerre (*photo Nadar, 1905, Fonds P. Nivet-Doumer*)

20. Jour d'élection présidentielle à Versailles (17 janvier 1906) : les deux adversaires face à face. Armand Fallières l'emportera sur Paul Doumer de 78 voix (*photo Harlingue, Bibliothèque de l'Assemblée nationale*)

21. Partisan du réarmement de la France, Paul Doumer reçoit le baptême de l'air sur l'aéroplane du pionnier américain de l'aviation Wilbur Wright, dont il est un des premiers passagers français (camp d'Auvours, 31 octobre 1908) (*Fonds R. Doumer*)

22. Une deuxième carrière parlementaire s'offre à Paul Doumer, élu sénateur de Corse le 7 janvier 1912 : il représentera l'île de Beauté au Sénat pendant près de deux décennies, jusqu'à son élection à la présidence de la République le 13 mai 1931 (*Fonds P. Nivet-Doumer*)

23. Le sénateur Paul Doumer, membre de la commission de l'Armée du Sénat, rend visite sur le front à son fils René Doumer, chef d'escadrille (15 mars 1916) ; celui-ci tombera en combat aérien l'année suivante
(*Fonds P. Nivet-Doumer*)

24. Le sénateur Paul Doumer, membre de la commission de l'Armée du Sénat, en visite sur le front d'Alsace dans la région d'Aspach (Haut-Rhin, 23 mars 1916)
(*Fonds P. Nivet-Doumer*)

25. Le sénateur Paul Doumer, membre de la commission de l'Armée du Sénat, surveille les travaux de défense du camp retranché de Paris dans la région de Chelles, à 12 km au nord de Villers-Cotterêts (Aisne, janvier 1917)
(*Fonds P. Nivet-Doumer*)

26. René Doumer, fils de Paul Doumer, capitaine du 2e bataillon de chasseurs à pied, escadrille no 30, « magnifique modèle du chef et du soldat, exemple vivant de bravoure et d'honneur militaires, mort glorieusement le 26 avril 1917 en se sacrifiant pour sauver un avion de corps d'armée aux prises avec un ennemi supérieur »
(*Fonds L. Pasquier-Doumer*)

27. La maison de Paul Doumer à Anizy-le-Château (Aisne, 8 juillet 1920), détruite par les Allemands du fait de la notoriété de son propriétaire : l'Aisne, où Paul Doumer construit en partie sa carrière politique, est déclarée « département le plus sinistré de France » après la Grande Guerre (*Archives départementales de l'Aisne*)

28. La « Maison Blanche », acquise par Paul Doumer à Cosne-sur-Loire (Nièvre) en 1925, non pas en raison de ses ambitions présidentielles (comme l'écrivent alors ses détracteurs) mais parce qu'elle porte le prénom de son épouse (*Archives départementales de l'Yonne*)

29. Paul Doumer, tout juste élu président du Sénat, inaugure l'hôtel de ville de Vailly-sur-Aisne en sa qualité de président du Conseil général de l'Aisne (14 février 1927) (*Archives départementales de l'Aisne*)

30. Blanche et Paul Doumer, président du Sénat, dans les jardins du Luxembourg (1928) : un couple portant le deuil de ses fils, auquel les Français s'identifient (*Fonds R. Doumer*)

31. Paul Doumer à la présidence du Sénat (1927-1931), marchepied vers la présidence de la République
(*Service de la bibliothèque, des archives et de la documentation étrangère du Sénat, division des archives*)

32. Paul Doumer, président du Sénat, en visite à Quimper avec Gaston Doumergue, président de la République, avant le lancement du croiseur Dupleix à Brest (10 octobre 1930)
(*Fonds P. Nivet-Doumer*)

33. Retour de l'élection présidentielle (Versailles, 13 mai 1931) : de gauche à droite, Pierre de Fouquières, chef du protocole ; Fernand Rabier, vice-président du Sénat, président de la séance de l'Assemblée nationale qui vient d'élire Paul Doumer président de la République ; Paul Doumer, nouveau président de la République ; et Pierre Laval, président du Conseil (*Service de la bibliothèque, des archives et de la documentation étrangère du Sénat, division des archives*)

34. Grave, le nouveau président de la République, Paul Doumer, remonte en voiture après la réception solennelle à l'Hôtel de ville de Paris et sa prise de fonctions officielle (13 juin 1931) (*Archives nationales, fonds de la présidence de la République*)

35. Portrait officiel de Paul Doumer, élu le 13 mai 1931 treizième président de la IIIe République française et officiellement installé le 13 juin 1931 dans ses fonctions : une répétition du chiffre treize « de mauvais augure », selon lui ; le président Doumer sera assassiné le 6 mai 1932 moins d'un an après son élection
(*Archives nationales, fonds de la présidence de la République*)

36. Une famille décimée par la Grande Guerre arrive à l'Élysée le 13 juin 1931 : assis, le président entre son épouse (droite) et sa fille aînée Germaine (gauche) ; debout et de gauche à droite, ses petits-enfants Marcel, Andrée, Lucile et Georges, orphelins de leur pères
(*Fonds P. Nivet-Doumer*)

37. Alors que près d'un Français sur deux est un ancien combattant de 1914-1918 dans la France du début des années 1930, les Français se reconnaissent dans ce couple présidentiel éprouvé, frappé à coups redoublés par la Grande Guerre (juin 1931) (*Fonds P. Nivet-Doumer*)

38. L'Exposition coloniale de Paris, inaugurée le 6 mai 1931, double point d'orgue de la France impériale et d'une carrière construite en partie aux colonies : Paul Doumer, élu président de la République le 13 mai 1931, s'empresse de la visiter quelques jours plus tard en compagnie du maréchal Lyautey, commissaire général de l'Exposition (*Archives nationales, fonds de la présidence de la République*)

39. « Photo de famille » au temps de la colonisation triomphante :
Paul Doumer, président de la République, reçoit les chefs des colonies françaises à l'Élysée
à l'occasion de l'Exposition coloniale de 1931
(*Fonds L. Pasquier-Doumer*)

40. Paul Doumer, président de la République, le 14 juillet 1931 place de la Concorde :
de gauche à droite, le maréchal Pétain, inspecteur général de la défense aérienne
du territoire ; André Maginot, ministre de la Guerre ; son « protégé » Bao Dai,
dernier empereur du Vietnam, alors étudiant à l'École libre des sciences politiques ;
Albert Lebrun, son successeur à la présidence du Sénat ; Pierre Laval, président du Conseil
(*Fonds P. Nivet-Doumer*)

41. Paul Doumer, président de la République, dont quatre fils sont morts au front, ranime la flamme du souvenir sous l'Arc de Triomphe le 11 novembre 1931, aux côtés du général Gouraud, gouverneur militaire de Paris, et de Pierre-Étienne Flandin, ministre des Finances. Son geste bouleverse la France entière.
(*Fonds P. Nivet-Doumer*)

42. Le président Paul Doumer à Rambouillet entre son épouse et sa petite-fille Lucile à l'occasion des fiançailles de cette dernière (automne 1931) ; le président refusera que la réception pour le mariage de sa petite-fille ait lieu à l'Élysée l'été 1932
(*Fonds Lucile Pasquier-Doumer*)

43. Le président Paul Doumer, sortant de l'Élysée avec Paul Reynaud, député de Paris, dont il apprécie l'originalité des positions sur l'économie et la défense (Paris, 1931) (*Fonds P. Nivet-Doumer*)

44. Le président Doumer partant pour sa promenade quotidienne dans le parc du château de Rambouillet, accompagné de Gustave Hannoun, directeur-adjoint de son cabinet (gauche), et du colonel Rupied, membre de sa maison militaire (droite) (début 1932) (*Archives nationales*, *fonds de la présidence de la République*)

45. Le président Paul Doumer, se moquant du protocole, aime se promener dans Paris sans escorte, comme un simple citoyen (début 1932) : une liberté qui lui sera fatale, selon certains (*Fonds R. Doumer*)

46. À l'enterrement d'Aristide Briand, son ami et adversaire à l'élection présidentielle de 1931, Paul Doumer entre Albert Lebrun et Fernand Bouisson (Paris, 12 mars 1932) (*photo Keystone, fonds R. Doumer*)

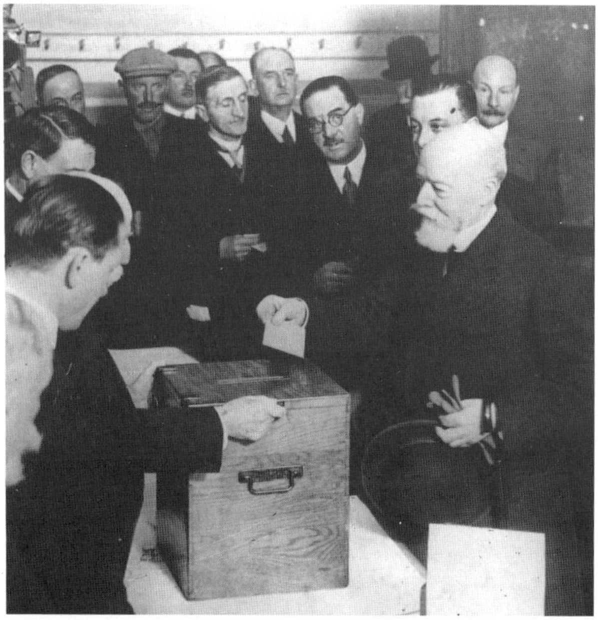

47. Paul Doumer, président de la République, votant au premier tour des élections législatives du 1er mai 1932 ; il sera assassiné dans l'exercice de ses fonctions cinq jours plus tard avant le second tour
(*Fonds P. Nivet-Doumer*)

48. Le président Paul Doumer avec le colonel Rupied dans son bureau de Rambouillet, début mai 1932, quelques jours avant l'attentat
(*Fonds R. Doumer*)

49. La foule parisienne devant l'hôtel Salomon de Rothschild, 11 rue Berryer (VIIIe arrondissement de Paris), dont les portes ont été fermées après l'attentat du président Doumer (6 mai 1932) : celui-ci y inaugurait le salon des écrivains combattants (*L'Illustration*, hors-série, mai 1932)

50. L'arme du crime utilisée par Gorguloff pour abattre le président Doumer le 6 mai 1932 : un revolver Browning S 15 cm, Herstal, Belgique, ce qui se faisait alors de mieux et qu'il n'aurait pas pu se procurer seul (*cliché A. Lorin, avec l'aimable autorisation d'I. Astruc, conservateur, musée de la préfecture de police de Paris*)

51. Quelques minutes après l'attentat (6 mai 1932) : le président Doumer est évacué vers l'hôpital Beaujon, rue du faubourg Saint-Honoré (VIIIe arrondissement de Paris) ; le capitaine de vaisseau Le Bigot (maison militaire du président) invite la foule à s'écarter (*L'Illustration*, hors-série, mai 1932)

52. Le président assassiné, évacué vers l'hôpital Beaujon (6 mai 1932) ; il y succombe le lendemain à ses blessures (*L'Illustration*, hors-série, mai 1932)

53. Maîtrisé par les forces de police, l'assassin du président,
roué de coups par la foule du salon des écrivains combattants,
est aussitôt embarqué au commissariat de police du VIIIe arrondissement de Paris
(*L'Illustration*, hors-série, mai 1932)

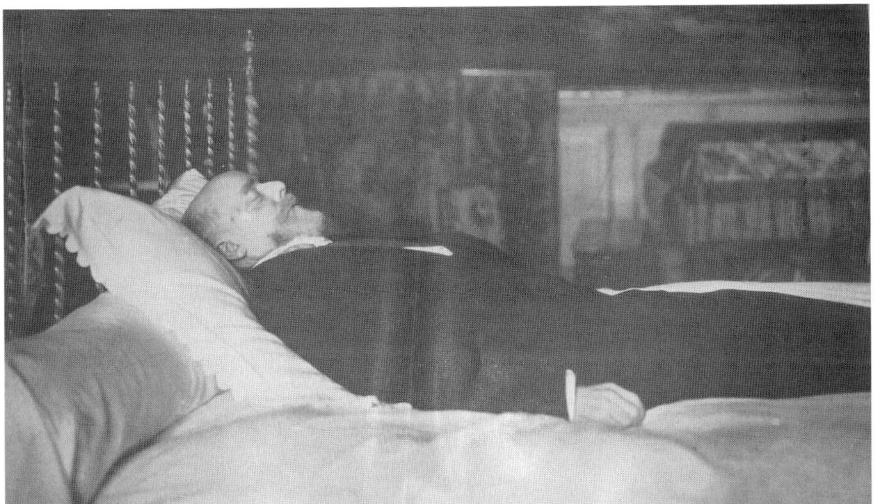

54. « À l'Élysée, sur son lit de cuivre où il repose, quelques heures après l'horrible forfait,
le premier magistrat de France, grave dans son habit noir,
a retrouvé son humble silhouette de petit bourgeois français »
(*L'Illustration*, hors-série, mai 1932)

55. Les Parisiens se pressent devant l'Élysée pour rendre un dernier hommage au président Paul Doumer défunt (11 mai 1932)
(*L'Illustration*, hors-série, mai 1932)

56. Le cortège funèbre quitte l'Hôtel de ville en direction du Panthéon (12 mai 1932)
(*L'Illustration*, hors-série, mai 1932)

57. Paul Doumer est enterré au cimetière de Vaugirard, 320 rue Lecourbe (XVe arrondissement de Paris), auprès de ses fils morts des suites de la Grande Guerre ; sa veuve Blanche, également enterrée à ses côtés, refuse son inhumation au Panthéon ; Paul Doumer a « bien mérité de la patrie » (loi du 25 octobre 1932) (*cliché A. Lorin*)

58. Pavel Gorguloff, assassin du président Doumer, devant la cour d'assises de la Seine (Paris, 26 juillet 1932) : devant lui, M. Tsatskine, interprète juré, prête serment ; assis juste en-dessous de Gorguloff, son avocat principal, Me Henri Géraud (*Archives de la préfecture de police de Paris*)

59. Diverses manifestations de reconnaissance s'expriment en Corse après l'assassinat de Paul Doumer : la « fontaine Paul Doumer, président de la République (1932) » à Guargualé (Corse-du-Sud)
(*cliché J. Bouygues*)

60. L'inauguration le 22 juillet 1934 du monument Paul Doumer à Aurillac, érigé par souscription nationale, en présence d'Albert Lebrun, président de la République ; dans les quatre coins, des allégories de quatre vertus : « Volonté, Bonté, Devoir, Probité »
(*Archives départementales du Cantal*)

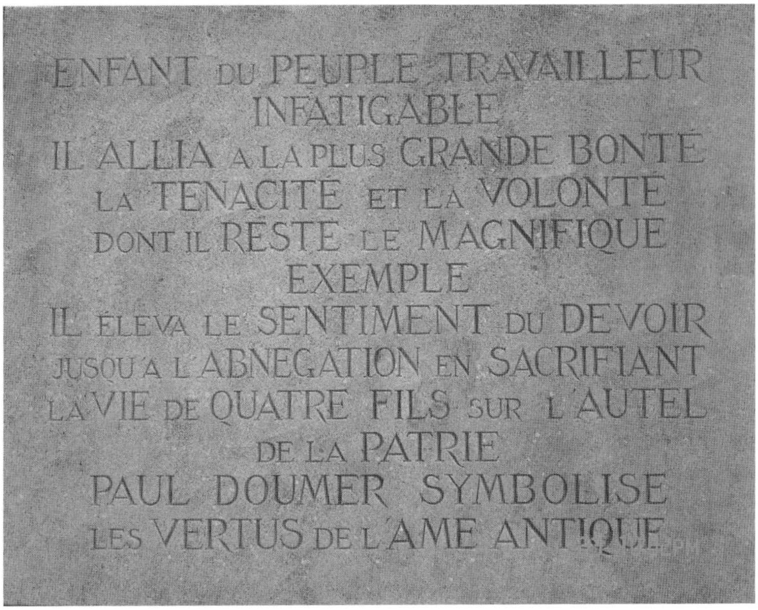

61. Le monument Paul Doumer à Aurillac (1934) : plaque commémorant l'« enfant du peuple » (*cliché A. Lorin*)

62. Une plaque commémorative est apposée sur la façade de la maison natale de Paul Doumer à Aurillac le jour de l'inauguration du monument Paul Doumer (22 juillet 1934)
(*Archives départementales du Cantal*)

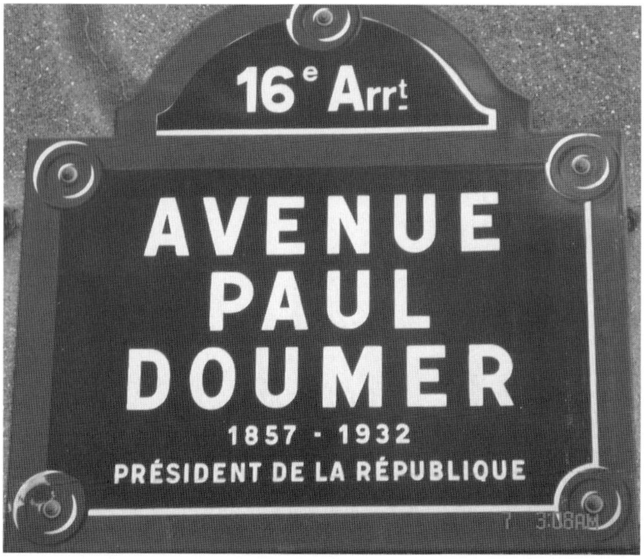

63. Pas moins de 25 000 voies de circulation portent aujourd'hui le nom de Paul Doumer partout en France, d'où une visibilité particulièrement bien implantée de sa mémoire dans le paysage urbain français ; à Paris, l'avenue de la Muette, dont l'ouverture est amorcée en 1912 et achevée entre 1924 et 1933, reçoit le 12 mai 1933 le nom du président de la République Paul Doumer[1] (*cliché A. Lorin*)

1. J. Hillairet, *Dictionnaire historique des rues de Paris*, Paris, Minuit, 1997, 10e édition, p. 244.

Annexes

ANNEXE I.
Paul Doumer (1857-1932), d'Aurillac à l'Élysée : synopsis

1857	naissance à Aurillac (Cantal) d'un père cheminot (poseur de rails) ; « monte » à Paris (Montmartre), où son père meurt très vite ; scolarisé à l'école communale de la rue Ramey (Montmartre), certificat d'études.
1870	est placé comme coursier puis ouvrier graveur par sa mère désargentée dans une fabrique de médailles ; suit les cours du soir du Conservatoire national des Arts et métiers.
1876	est accueilli par sa future belle-famille ; passe son baccalauréat en blouse d'ouvrier et l'obtient avec félicitations.
1877-1879	professeur de mathématiques au collège de Mende (Lozère).
1878	obtient une licence de mathématiques, condition fixée par son futur beau-père au mariage avec sa fille Blanche.
1879	est initié à la Loge « L'Union fraternelle » du Grand Orient de France (Paris) ; rencontre, par l'intermédiaire de son beau-père, Henri Martin et William Waddington, alors sénateurs de l'Aisne.
1879-1883	professeur de mathématiques au collège de Remiremont (Vosges).
1883-1885	journaliste, rédacteur en chef du *Courrier de l'Aisne*.
1885-1887	fonde et dirige *La Tribune de l'Aisne* ; fonde l'association républicaine du canton de Laon.
1887	entre en politique : élu conseiller municipal de Laon (Aisne) puis premier adjoint au maire.
1888-1889	est élu député de l'Aisne, « d'importation auvergnate », après le retrait de Boulanger.
1889-1891	chef de cabinet de Charles Floquet, président de la Chambre des députés.
1891-1896	député de l'Yonne.
1893	rapporteur d'une proposition de loi de Joseph Reinach créant un ministère des Colonies (1894).
1895-1896	ministre des Finances d'un premier cabinet radical homogène conduit par Léon Bourgeois, père du solidarisme : présente, à ce titre, un projet d'impôt sur le revenu (« seconde bataille de l'impôt »), qui, effrayant les possédants, est rejeté par le Sénat (chute du cabinet Bourgeois).
1897-1902	gouverneur général de l'Indochine.
1902	inaugure le pont Paul Doumer à Hanoi.
1898	fondateur d'une « Mission archéologique permanente en Indo-Chine », future et actuelle École française d'Extrême-Orient.
1902-1910	de nouveau député de l'Aisne ; se sépare de ses anciens amis politiques.
1904-1931	conseiller général du canton d'Anizy-le-Château (Aisne).

1905	est exclu de la Loge « La Libre pensée » suite à l'affaire des fiches.
1905-1906	président de la Chambre des députés.
1906	est battu par Armand Fallières à l'élection de la présidence de la République.
1911	crée l'Institut français de Saint-Pétersbourg.
1912-1931	sénateur de Corse.
1914	alors que le gouvernement fuit précipitamment la capitale pour se réfugier à Bordeaux, se met à la disposition du général Gallieni, commandant du camp retranché et des armées de Paris, dont il dirige le cabinet civil.
1914-1923	perd successivement quatre de ses cinq fils des suites de la Grande Guerre.
1917	ministre d'État (cabinet Painlevé), membre du Comité de guerre présidé par Poincaré.
1921-1922	ministre des Finances pour la deuxième fois (cabinet Briand VII).
1924-1925	président du Conseil général de l'Aisne.
1925-1926	ministre des Finances pour la troisième fois (cabinet Briand VIII).
1927-1931	président du Sénat ; de nouveau président du Conseil général de l'Aisne.
1931	élu à la présidence de la République contre Aristide Briand.
1932	assassiné à Paris dans l'exercice de ses fonctions de président de la République par Pavel Gorguloff, Russe blanc, alors qu'il inaugure le salon des écrivains combattants.

ANNEXE II.
Paul Doumer (1857-1932), d'Aurillac à l'Élysée : faits saillants

– 23 mars 1857 : naissance à Aurillac (Cantal) de Paul[1] (Joseph, Athanase dit) Doumer, premier fils et troisième enfant[2] de Jean Doumerc[3], poseur de rails[4] (Montfaucon-du-Lot, 7 juin 1814- ?) et de Victorine David (Capdenac, Lot, 1813- ?).
– Novembre 1857 : la famille « monte » à Paris (Montmartre), où le père meurt très vite, et s'installe rue de Belleville ; scolarisé à l'école communale de la rue Ramey (XVIIIe arrondissement de Paris)[5] ; y passe le certificat d'études.
– 1870 : est placé à l'âge de douze ans par sa mère désargentée comme coursier puis ouvrier graveur à la maison Robineau (fabrique de médailles), 129 rue de Turenne (X^e arrondissement de Paris)[6] ; y entreprend, le jour, un apprentissage de graveur de médailles, tout en suivant les cours du soir au Conservatoire national des arts et métiers, où il prépare le baccalauréat.
– 1876 : est hébergé et accueilli par la famille Richel, dont le fils, Antoine, est un de ses condisciples aux Arts et métiers ; s'éprend de la fille aînée, Blanche ; se présente au baccalauréat en blouse de travail et l'obtient avec félicitations.
– 1877 : est nommé professeur de mathématiques au collège de Mende, Lozère ; fait ainsi, à l'âge de vingt ans, ses débuts dans le professorat, qu'il quittera définitivement six ans plus tard.
– 1878 : obtient une licence ès sciences mathématiques, condition fixée par son futur beau-père Clément Richel, inspecteur de l'enseignement primaire, au mariage avec sa fille Blanche.
– 13 août 1878 : épouse à Paris (mairie du IIe arrondissement) Blanche Richel (Soissons, 8 juin 1859-Paris XVIe, 4 avril 1933).
– 1879 : affecté comme professeur de mathématiques au collège de Remiremont, Vosges ; rencontre pendant ses vacances à Paris, par l'intermédiaire de son beau-père, Henri Martin et William Waddington, alors sénateurs de l'Aisne.

---

1. Prénom porté en souvenir de son grand-père paternel, cultivateur à Montfaucon-du-Lot, décédé en 1831.

2. P. Doumer a deux sœurs aînées, Renée, née le 5 février 1854, et Thérèse, née le 27 février 1855.

3. Le "c" muet final du patronyme paternel, courant dans le Lot dont il est autochtone, disparaît à l'usage à la génération suivante. Ses détracteurs lui reprochent de vouloir renier ses origines sociales modestes en changeant ainsi d'identité.

4. Employé itinérant à la Compagnie des chemins de fer d'Orléans, J. Doumerc est, à la naissance de son fils, poseur de rails sur la voie ferrée en construction entre Aurillac et Paris.

5. L'école s'ouvre aujourd'hui sur la rue de Clignancourt, à l'angle de la rue Custine. Une plaque indique, au numéro 63 : « Paul Doumer, ancien gouverneur de l'Indochine, ancien président de la République, a été élevé dans cette école ». Les locaux abritent aujourd'hui le collège Roland Dorgelès.

6. La maison existe toujours, avec ses chasse-roues en pierre destinés à faciliter l'entrée des charrettes.

– 1er décembre 1879 : est initié à la Loge « L'Union fraternelle » du Grand Orient de France (Paris).
– 5 novembre 1880 : compagnon et maître dans la franc-maçonnerie.
– 1880-1883 : Henri Martin, sénateur de l'Aisne, lui confie la rédaction en chef du quotidien *Le Courrier de l'Aisne* ; quitte alors le professorat et, par là-même, Remiremont pour Saint-Quentin puis Laon ; est également répétiteur au collège de Laon.
– 14 décembre 1883 : est contraint de démissionner du *Courrier de l'Aisne* en raison de ses opinions politiques trop virulentes, qui émeuvent la direction.
– 6 janvier 1885 : parution du premier numéro de *La Tribune de l'Aisne*, journal radical qu'il fonde avec ses amis (en particulier Gabriel Hanotaux[7]) puis dirige ; fonde par ailleurs l'association républicaine du canton de Laon, dont il est le « secrétaire défenseur de la démocratie ».
– **30 octobre 1887 : entre en politique, élu comme conseiller municipal de Laon.**
– 12 novembre 1887 : élu comme premier adjoint au nouveau maire de Laon, Charles Bonnot.
– 13 février 1888 : décès d'Ernest Ringuier, député de l'Aisne, représentant la deuxième circonscription de Laon.
– 4 mars 1888 : est investi par les délégués du parti républicain par 438 voix sur 466 votants.
– **8 avril 1888 : est élu député de l'Aisne, « d'importation auvergnate »[8], représentant la deuxième circonscription de Laon, au second tour après le retrait du général Boulanger.**
– 22 septembre 1889 : est battu au premier tour des élections générales par un candidat boulangiste, André Castelin.
– **19 novembre 1889 : est nommé chef de cabinet de Charles Floquet, président de la Chambre des députés.**
– 2 septembre 1891 : décès de René Laffon, député de l'Yonne, représentant la première circonscription de l'Yonne.
– **1er octobre 1891 : est élu député de l'Yonne, représentant la première circonscription d'Auxerre.**
– 15 novembre 1891 : quitte le cabinet de Charles Floquet, président de la Chambre des députés.
– 10 décembre 1891 : premier discours à la Chambre des députés, critiquant le système fiscal français ; propose une augmentation de l'impôt sur les successions ; se prononce en faveur d'un impôt direct proportionné aux ressources du contribuable.
– **20 août 1893 : est réélu député de l'Yonne, représentant de la première circonscription d'Auxerre, au premier tour des élections générales.**
– **1er novembre 1895 : est nommé ministre des Finances dans un premier cabinet radical homogène présidé par Léon Bourgeois, père du solidarisme.**
– **1er février 1896 : « seconde bataille de l'impôt », présente un projet d'impôt global et progressif sur tous les revenus, se substituant à la contribution personnelle mobilière et à celle des portes et fenêtres.**
– 23 avril 1896 : retrait du cabinet Bourgeois devant l'hostilité du Sénat (sur les crédits pour Madagascar, en fait sur le projet d'impôt sur le revenu).
– 8 juillet 1896 : défend de nouveau son projet à la Chambre.

7. Député de l'Aisne (1886-1889), ministre des Affaires étrangères (mai 1894-juin 1898), élu à l'Académie française en 1897, G. Hanotaux est né à Beaurevoir, petite ville du Saint-Quentinois (Aisne). P. Doumer en sera proche.

8. Qualificatif dont usent ses adversaires au cours de la campagne législative de 1888.

– 10 décembre 1896 : décès d'Armand Rousseau, gouverneur général de l'Indochine.
– **28 décembre 1896 : est nommé gouverneur général de l'Indochine par Jules Méline, président du Conseil, ce que ne lui pardonneront pas ses amis politiques, en particulier Émile Combes, qui l'accuse de « trahison ».**
– 3 mai 1897 : crée de nombreuses infrastructures, en particulier le chemin de fer du Yunnan, le transindochinois, le pont Doumer à Hanoi, etc.
– 31 juillet 1898 : crée un budget général de l'Indochine, alimenté par des impôts indirects (douanes) et le produit de trois régies sur le sel, l'opium et l'alcool de riz.
– 15 décembre 1898 : fonde une « Mission archéologique permanente en Indo-Chine », future et actuelle École française d'Extrême-Orient.
– 14 mars 1902 : démissionne de son poste de gouverneur général de l'Indochine et rentre alors en métropole.
– **27 avril 1902 : est réélu triomphalement député de l'Aisne, représentant de la deuxième circonscription de Laon**; se distingue par son opposition, qui le sépare de ses anciens amis politiques radicaux.
– **23 juin 1903-18 mai 1905 : président de la commission du Budget de la Chambre des députés (années 1904 et 1905).**
– **31 juillet 1904-11 juin 1931 : conseiller général de l'Aisne (canton d'Anizy-le-Château), son mandat politique le plus long.**
– 26 janvier 1905 : est exclu de la Loge « La libre pensée » suite à l'affaire des fiches.
– **10 janvier 1905 : candidat des modérés, est élu président de la Chambre des députés contre Henri Brisson, président sortant.**
– 22 décembre 1905 : publie *Le Livre de mes fils* (Paris, Vuibert).
– **9 janvier 1906 : est réélu de justesse à la présidence de la Chambre des députés par 287 voix contre 269 à Ferdinand Sarrien.**
– **17 janvier 1906 : est battu de 78 voix par Armand Fallières à l'élection à la présidence de la République.**
– **31 mai 1906 : quitte la présidence de la Chambre des députés (fin de la 8e législature)**; se lance alors dans les affaires, notamment avec la Russie.
– 5 décembre 1906 : est reçu à Saint-Pétersbourg par le tsar Nicolas II, qui le consulte sur son expérience en Indochine, ses compétences financières et en matière de réalisation de travaux publics.
– 2 avril 1910 : cofonde, aux côtés en particulier de Paul Deschanel et Léon Bourgeois, l'Office national des Universités.
– **8 mai 1910 : battu aux élections législatives, perd son siège de député de l'Aisne : quitte alors définitivement la Chambre des députés.**
– 1911 : préside l'Union minière et métallurgique de Russie; en France, préside la Compagnie générale d'électricité; la Chambre syndicale des fabricants et constructeurs pour chemins de fer et tramways; est vice-président de l'Union des industries minières et métallurgiques; est à l'origine de la création de l'Institut français de Saint-Pétersbourg, dont son ami l'historien d'art Louis Réau devient le premier directeur.
– 1912 : entre au conseil d'administration du Crédit immobilier français.
– **7 janvier 1912 : redevient parlementaire en étant élu sénateur de Corse; membre des commissions sénatoriales des Finances et de l'Armée**; fait partie du conseil supérieur de l'Aéronautique et du comité technique de l'Exploitation des chemins de fer.
– 3 août 1913 : s'oppose victorieusement à Édouard Herriot lors du vote du projet de loi portant à trois ans la durée du service militaire.

– **28 janvier 1913 : s'inscrit au groupe de l'Union républicaine du Sénat.**
– **2 septembre 1914 : alors que le gouvernement fuit précipitamment la capitale pour Bordeaux, se met à la disposition du général Gallieni, commandant du camp retranché et des armées de Paris, dont il dirige le cabinet civil.**
– décembre 1915 : les Chambres rentrées à Paris, participe notamment aux travaux de la commission sénatoriale de la Défense nationale.
– novembre 1916 : est envoyé par le gouvernement en mission en Russie pour obtenir l'appui du tsar dans l'effort de guerre.
– **12 septembre 1917-15 novembre 1917 : ministre d'État, membre du Comité de guerre (cabinet Painlevé)** ; assure l'intérim du ministre de la Guerre (novembre) ; non-reconduit par Clemenceau.
– 1914-1923 : perd successivement quatre de ses cinq fils des suites de la Grande Guerre.
– **29 janvier 1920 : élu rapporteur général de la commission des Finances du Sénat** ; très critique à l'égard de François-Marsal, ministre des Finances.
– 1er mars 1920 : président de l'Office national des Universités.
– 9 janvier 1921 : est réélu sénateur de la Corse.
– **16 janvier 1921-14 janvier 1922 : ministre des Finances pour la deuxième reprise (cabinet Briand VII)** ; doit en particulier traiter la question des réparations ; se voit proposer le gouvernement général de l'Algérie alors que son départ du ministère des Finances est souhaité par ses adversaires.
– 1922-1932 : président de la Société des amis du Muséum national d'histoire naturelle.
– **29 septembre 1924-28 septembre 1925 : président du conseil général de l'Aisne.**
– **Novembre 1924 : s'inscrit au groupe de la Gauche démocratique, radicale et radical-socialiste du Sénat.**
– **13 juillet 1925 : est élu président de la commission des Finances du Sénat.**
– **16 décembre 1925-9 mars 1926 : ministre des Finances pour la troisième reprise (cabinet Briand VIII).**
– **19 novembre 1926 : est proclamé président de la commission des Finances du Sénat.**
– **14 janvier 1927-9 juin 1931 : président du Sénat.**
– **29 septembre 1927-11 juin 1931 : de nouveau président du conseil général de l'Aisne.**
– 14 janvier 1930 : est réélu sénateur de la Corse.
– **13 mai 1931 : élection à la présidence de la République contre Aristide Briand, grâce en particulier au soutien des parlementaires de droite (prise officielle de fonctions le 13 juin 1931).**
– 6 mai 1932 : assassinat à Paris lors de l'inauguration du salon des écrivains combattants, Hôtel Salomon de Rothschild, 11 rue Berryer, Paris VIIIe.
– 7 mai 1932 : décès des suites de ses blessures (hôpital Beaujon, Paris VIIIe).
– 3 juin 1932 : le conseil municipal d'Aurillac donne son nom à l'ancienne rue des Tanneurs et décide l'érection d'un monument national par souscription publique.
– 22 juillet 1934 : inauguration de ce monument par Albert Lebrun, président de la République.

ANNEXE III.
Paul Doumer (1857-1932) et l'Aisne : histoire d'une adoption[1]

- 16 août 1835 : naissance à Laon de Clément Richel, futur beau-père de Paul Doumer, professeur de l'enseignement spécial au collège de Soissons puis inspecteur de l'enseignement primaire à Vervins.
- 8 juin 1859 : naissance à Soissons, faubourg de Reims, de Blanche Richel, future Madame Paul Doumer, fille de Clément Richel et de Clémence Sampité, issue d'une famille d'agriculteurs du Soissonnais.
- 13 août 1878 : Paul Doumer épouse Blanche Richel à la mairie du IIe arrondissement de Paris (mariage sans contrat).
- 1879 : Paul Doumer rencontre, par l'intermédiaire de son beau-père, pendant ses vacances à Paris, Henri Martin[2] et William-Henry Waddington[3], alors sénateurs de l'Aisne.
- 1880-1883 : Henri Martin, alors président du conseil général de l'Aisne, confie à Paul Doumer la rédaction en chef du *Courrier de l'Aisne*. Paul Doumer quitte alors le professorat et, partant, Remiremont (Vosges) pour Saint-Quentin puis Laon. Paul Doumer est alors également répétiteur au collège de Laon[4].
- 14 décembre 1883 : suite à la mort d'Henri Martin, Paul Doumer est contraint de démissionner du *Courrier de l'Aisne* en raison de ses opinions politiques jugées trop virulentes, qui émeuvent la direction[5].
- 6 janvier 1885 : parution du premier numéro de *La Tribune de l'Aisne*[6], cofondé et dirigé

---

1. A. Lorin, « Paul Doumer (1857-1932), "bienfaiteur de l'Aisne" : histoire d'une adoption », *Mémoires de la fédération des sociétés d'histoire et d'archéologie de l'Aisne*, t. LVI, 2011, p. 203-224.

2. H. Martin (Saint-Quentin 1810-Paris 1883), auteur d'une *Histoire de France* (1844) en dix-sept volumes, professeur d'histoire à la Sorbonne (1848), élu à l'Académie française (1878), député de Paris (1871), maire du XVIe arrondissement de Paris (1870 puis 1880-1883), sénateur de l'Aisne (1876), président du conseil général de l'Aisne (1880-1884).

3. W.-H. Waddington (1826-1894), fils d'un industriel britannique établi en France, un des fondateurs, en 1868, de l'École des hautes études, député (1871), ministre de l'Instruction publique (1873 puis 1877), ministre des Affaires étrangères (1877-1879), président du Conseil (1879), sénateur de l'Aisne (1876-1894), président du conseil général de l'Aisne (1871-1879 puis 1884-1894).

4. Les archives du collège de Laon ne sont pas conservées aux Archives départementales de l'Aisne.

5. *Le Courrier de l'Aisne* est alors dirigé par C. Sébline (1846-1917), préfet de l'Aisne (1877-1885), sénateur de l'Aisne (1886-1917), élu conseiller général de l'Aisne en 1888. Maire de son village de Montescourt-Lizerolles, près de Saint-Simon (Aisne), dans la zone envahie, sa maison et sa ferme sont incendiées par les Allemands au début de février 1917. C. Sébline meurt le 10 février 1917 à l'âge de soixante-et-onze ans sur le chemin de la déportation, épuisé par la fatigue et le froid. Son buste a été placé dans la galerie de la salle des séances du Sénat.

6. Le siège en est situé au 36 boulevard Michelet à Laon, au domicile habité par P. Doumer

par Paul Doumer et ses amis, en particulier Gabriel Hanotaux[7]. Paul Doumer crée dans la foulée l'association républicaine du canton de Laon, dont il est le « secrétaire défenseur de la démocratie ».

- 12 juillet 1886 : naissance à Laon de Marcel Doumer, troisième enfant de Paul Doumer.
- 30 octobre 1887 : naissance à Laon de René Doumer, quatrième enfant de Paul Doumer.
- **30 octobre 1887 : Paul Doumer est élu conseiller municipal de Laon[8] sous l'étiquette de républicain radical, alors que Jacques-François Glatigny[9], premier maire élu de Laon (1871-1887), a démissionné de ses fonctions (le 3 octobre 1887). Cette élection marque l'entrée en politique de Paul Doumer et le début d'une longue carrière politique. Âgé de trente ans, Paul Doumer devient alors le benjamin du conseil municipal de Laon.**
- **11 novembre 1887 : première promotion, élection de Paul Doumer comme premier adjoint au nouveau maire de Laon, Charles Bonnot[10], élu le même jour**. Lancement, par Paul Doumer, de diverses études pour la construction d'un chemin de fer à plan incliné (ou tramway à vapeur) entre la gare et la ville haute de Laon.
- 13 février 1888 : décès à Paris d'Ernest Ringuier[11], député républicain de l'Aisne depuis 1881.
- **4 mars 1888 : Paul Doumer est investi par les délégués du parti républicain par 438 voix sur 466 votants. Il se réclame du groupe de la démocratie républicaine, de tendance radicale.**
- 25 mars 1888 : Paul Doumer se présente à une élection législative partielle dans l'Aisne contre un candidat royaliste, René Jacquemart[12]; et le fameux général Boulanger, qui obtient deux fois plus de voix que lui (45 089 contre 26 850 à Paul Doumer) et se désiste finalement pour représenter le Nord à la Chambre des députés[13].
- **8 avril 1888 : suite au retrait du général Boulanger, c'est dans l'Aisne que Paul Doumer accède à la députation après neuf ans d'implantation patiente dans le département (1879-1888).** Élu au deuxième tour par 42 044 voix contre 33 444 à René Jacquemart, Paul Doumer représente à la Chambre la deuxième circonscription de Laon

---

pendant ses années laonnoises. Une plaque rappelle à cette adresse que « Paul Doumer, président de la République, ancien adjoint au maire de Laon, habita cette maison de 1884 à 1889 ».

7. Chef de cabinet dans les ministères Jules Ferry (1880) et Gambetta (1881), député de l'Aisne (1886-1889), ministre des Affaires étrangères (1894-1898), élu à l'Académie française en 1897, G. Hanotaux (1853-1944) est né à Beaurevoir, petite ville du Saint-Quentinois (Aisne). P. Doumer en est très proche.

8. Et non pas de Saint-Quentin, comme l'indiquent, à tort, certaines notices consacrées à P. Doumer : D. Barrère, Archives municipales de Saint-Quentin, courriel à l'auteur, 2 avril 2009.

9. Propriétaire, employé de bureau à la préfecture de l'Aisne, secrétaire à la mairie de Laon puis administrateur du *Journal du Palais* à Paris, républicain d'avant 1848, J.-F. Glatigny (1813-1888) est le premier maire élu de Laon (par le conseil municipal, en vertu de la loi municipale de 1874) : *Laon 1790-1945 : inventaire des archives communales*, Laon, Archives départementales de l'Aisne, 1991, notice 28, « Jacques-François Glatigny », p. 19.

10. Propriétaire, marchand tanneur, C. Bonnot (1819-1892) est maire de Laon de 1887 à 1892, élu le 11 novembre 1887, réélu le 18 mai 1888, décédé dans l'exercice de ses fonctions le 2 mai 1892 : notice 29, « Charles Bonnot », *Laon 1790-1945 : inventaire des archives communales*, *op. cit.*, p. 19.

11. E. Ringuier (1825-1888), Soissonnais, député de l'Aisne (1881-1888), représentant de la deuxième circonscription de Laon.

12. R. Jacquemart, agriculteur, maire de Quessy (Aisne), vice-président du comité orléaniste de l'Aisne, vice-président des agriculteurs de France.

13. Les candidatures multiples sont alors autorisées.

(Chauny-Tergnier-La Fère). Il présente alors sa démission au maire de Laon et quitte en même temps la direction de *La Tribune de l'Aisne*.

– Mai 1888 : installation provisoire, à titre expérimental, d'un tramway à vapeur sur route de la gare de Laon à la porte Lupsault, devant fonctionner pendant la durée du concours régional agricole.
– **27 mai 1888 : inauguration du lycée de Laon sous la présidence de Charles Floquet, président du Conseil, « parrain politique » de Paul Doumer.**
– **7 juillet 1888 : Paul Doumer, député de l'Aisne, dépose son premier rapport parlementaire, portant sur le projet de loi créant les syndicats de communes.**
– 9 juillet 1889 : inauguration du petit tramway de Laon, qui accomplit son premier voyage. Promu par Paul Doumer, le petit tramway de Laon enregistre un million de voyageurs dès l'année suivante.
– **22 septembre 1889 : Paul Doumer, député de l'Aisne sortant, est battu par le candidat boulangiste André Castelin[14].** Son mandat prend fin le 14 octobre 1889. Son ami radical Gabriel Hanotaux est, de son côté, battu par le révisionniste Jean de Caffarelli[15] dans la deuxième circonscription de Vervins (Guise-Le Nouvion). Très affecté de cette défaite électorale, Paul Doumer quitte provisoirement l'Aisne pour l'Yonne, où il sera élu député le 8 novembre 1891 (première circonscription d'Auxerre) grâce aux relations qu'il s'est forgées.
– **6 avril 1902 : Paul Doumer, de retour d'Indochine où il vient de passer cinq ans (1897-1902) au poste de gouverneur général, est investi par ses amis axonais.**
– **27 avril 1902 : Paul Doumer est de nouveau élu député de l'Aisne, représentant toujours la deuxième circonscription de Laon (Chauny-Tergnier-La Fère), à laquelle il est élu triomphalement par 11 522 voix sur 17 367 votants.**
– **31 juillet 1904 : Paul Doumer est élu conseiller général de l'Aisne (canton d'Anizy-le-Château)**, succédant à Henri Dequin, avocat à la cour d'appel d'Amiens, agriculteur à Mons-en-Laonnois. **Ce mandat de conseiller général de l'Aisne, que Paul Doumer occupe sans interruption pendant vingt-sept ans (jusqu'au 11 juin 1931), sera le plus long mandat électif de sa carrière**. Le conseiller Paul Doumer demande à faire partie de la 4e commission (routes, canaux, chemins de fer, postes et télécommunications), présidée jusqu'en 1913 par Émile Deviolaine[16], maire de Soissons, puis par Pascal Ceccaldi[17].
– 25 août 1904 : le conseiller Paul Doumer fait sa première intervention au conseil général de l'Aisne (sous la présidence du sénateur François Malézieux[18]) pour repousser une proposition de motion proposant de voter des félicitations à l'adresse d'Émile Combes, président du Conseil, sur la séparation des églises et de l'État.
– 26 août 1904 : Paul Doumer présente au conseil général de l'Aisne un rapport très détaillé, au nom de la 4e commission, sur le projet de tramway à traction électrique entre Anizy-le-château et Tergnier. Le rapport est aussitôt adopté.

---

14. A. Castelin (1858-1912), député boulangiste de l'Aisne (1889-1902 et 1910-1912).

15. J. de Caffarelli (1855-1911), député de l'Aisne (1889-1893 et 1902-1906).

16. É. Deviolaine, maître de verrerie, maire de Soissons, conseiller général de l'Aisne (canton d'Oulchy-le-Château) de 1871 jusqu'à sa mort en 1913.

17. Député, avocat à la cour de Paris, le Corse P. Ceccaldi est conseiller général de l'Aisne (canton de Vervins) de 1908 à 1918.

18. F. Malézieux, conseiller général de l'Aisne (canton de Vermand) à partir de 1871, président du conseil général de l'Aisne de 1894 à 1904.

- **10 décembre 1904 : Paul Doumer achète une vaste maison bourgeoise rue Saint-Rémi[19] à Anizy-le-Château, depuis laquelle il aime contempler l'Ailette et le Chemin des Dames. Il y rédige en particulier ses souvenirs d'Indochine[20].**
- 4 mars 1905 : Paul Doumer achète, à Anizy-le-Château, un terrain jouxtant sa maison.
- Avril 1906 : au nom de la 4e commission du conseil général de l'Aisne, le conseiller Paul Doumer présente un texte sur l'établissement d'une ligne de chemin de fer d'intérêt local entre Séry-les-Mézières et La Fère.
- **6 mai 1906 : Paul Doumer est réélu brillamment à son poste de député de l'Aisne dès le premier tour par 11 297 voix sur 18 841 votants.**
- Avril 1909 : au nom de la 4e commission du conseil général de l'Aisne, le conseiller Paul Doumer présente un texte sur l'établissement de la ligne de chemin de fer dite « de la vallée de l'Ailette », entre Chailvet et Saint-Erme.
- Août 1909 : au nom de la 4e commission du conseil général de l'Aisne, le conseiller Paul Doumer présente un projet de création d'un service d'autobus dans la région de Château-Thierry et un projet de transformation du canal de l'Ourcq pour en faire un canal relié au réseau de voies navigables du Nord et de l'Est.
- 24 avril 1910 : Paul Doumer se présente pour la cinquième fois dans l'Aisne.
- **8 mai 1910 : Paul Doumer perd, au second tour, son siège de député de l'Aisne.** André Castelin, candidat indépendant républicain, l'emporte par 9 366 voix contre 8 286 à **Paul Doumer, qui connaît ainsi un deuxième échec électoral dans l'Aisne et est battu pour la deuxième fois par Castelin.**
- 7 janvier 1912 : Paul Doumer est élu sénateur de Corse au premier tour par 445 voix sur 766 votants. Il quitte alors de nouveau l'Aisne (officiellement seulement).
- 24 septembre 1914 : mort à Hoéville (Meurthe-et-Moselle) du lieutenant André Doumer, cinquième enfant de Paul Doumer.
- 28 décembre 1914 : le conseil général de l'Aisne se réunit en session extraordinaire à Château-Thierry, Laon étant occupée par les Allemands depuis le 30 août 1914. Alexandre Leuillier[21], préfet de l'Aisne, adresse les condoléances du gouvernement à plusieurs endeuillés de l'assemblée, en premier lieu à Paul Doumer, dont le fils André est tombé au champ d'honneur trois mois plus tôt.
- 26 avril 1917 : mort en combat aérien au nord de Brimont du capitaine René Doumer (né à Laon le 30 octobre 1887), quatrième enfant de Paul Doumer.
- **Session d'avril 1917 du conseil général de l'Aisne : le conseiller Paul Doumer demande à Alexandre Leullier, préfet de l'Aisne, qu'on laisse Coucy-le-Château dans l'état où l'ont mis les Allemands en tant que « modèle de la destruction sauvage et haineuse de l'ennemi ».**
- 28 juin 1918 : mort en combat aérien, à la lisière de la forêt de Villers-Cotterêts (Aisne), du capitaine Marcel Doumer (né à Laon le 12 juillet 1886), troisième enfant de Paul Doumer, alors qu'il participe à la contre-offensive de l'armée du général Mangin.
- 1918 : Jules Bouteille, maire de Chavignon (Aisne), est aidé par Paul Doumer pour la renaissance de sa commune et son parrainage avec la ville de Haiphong (actuel Vietnam).

---

19. Aujourd'hui rue Édouard Herriot.

20. *L'Indochine française* paraît chez Vuibert et Nony à Paris en 1905. L'ouvrage est couronné par l'Académie française (prix Kaster-Boursault) et par une médaille d'or de la Société de géographie. L'avant-propos est signé d'Anizy-le-Château le 13 août 1903.

21. A. Leullier est préfet de l'Aisne du 16 juillet 1912 au 20 février 1918.

– **1918 : la maison de Paul Doumer à Anizy-le-château est détruite par les Allemands, volontairement, dit-on, du fait de la notoriété de son propriétaire.**
– 25 novembre 1918 : les conseillers généraux de l'Aisne se retrouvent pour la première fois à Laon depuis plus de quatre ans et, sur la proposition du conseiller Paul Doumer, confient la présidence du conseil général de l'Aisne à Georges Ermant[22], maire de Laon.
– 17 octobre 1920 : célébration du 2e anniversaire de la « délivrance » de Laon par le général Mangin, libérateur de la ville, en présence de ce dernier. Une plaque de marbre rappelant que la ville de Laon a été délivrée le 13 octobre 1918 par le général Mangin est apposée dans la salle des pas perdus de l'hôtel de ville de Laon. Interventions à Paris de Paul Doumer pour la remise de la Croix de guerre à la ville de Laon.
– 2 mai 1921 : le conseil général de l'Aisne félicite le conseiller Paul Doumer de sa nomination au poste de ministre des Finances et compte sur son appui pour aider l'Aisne à se relever.
– **1922-1923 : interventions multiples à Paris de Paul Doumer pour l'accélération du plan d'aménagement, de reconstruction et d'extension de la ville de Laon**; et pour la reconstruction du canal de l'Oise à l'Aisne.
– 5 juin 1923 : construction, par l'État, d'un hôtel des postes à Laon (quartier de la gare), grâce aux interventions à Paris de Paul Doumer. La participation de la ville de Laon est exceptionnellement limitée à la cession gratuite du terrain.
– **29 septembre 1924 : Paul Doumer est élu président du conseil général de l'Aisne à la suite d'Henry Lamarre. Il occupera ce fauteuil jusqu'au 28 septembre 1925.**
– 28 septembre 1925 : Henry Lamarre est réélu à la présidence du conseil général de l'Aisne à la suite de Paul Doumer.
– 10 octobre 1926 : célébration du 8e anniversaire de la libération de Laon par le général Mangin, libérateur de la ville; inauguration d'un monument aux morts[23] de la Grande Guerre de la ville de Laon sous la présidence d'André Tardieu, ministre des Travaux publics et des régions libérées; remise de la Croix de guerre à trente-sept communes[24] du département de l'Aisne par le général d'Ollone.
– **29 septembre 1927 : Paul Doumer, devenu président du Sénat, est, pour la seconde fois, élu président du conseil général de l'Aisne, fauteuil qu'il occupera jusqu'au 11 juin 1931.**
– 28 août 1928 : transfert du commandement du 2e groupe de subdivisions de Soissons à Laon, grâce aux interventions à Paris de Paul Doumer, alors président du Sénat.
– 24 octobre 1928 : Paul Doumer est renouvelé dans ses fonctions de président du conseil général de l'Aisne.

---

22. G. Ermant (1892-1919), conseiller général de l'Aisne (1894-1925), député (1897-1904) puis sénateur de l'Aisne (1904-1929), chevalier de la Légion d'honneur en reconnaissance des services rendus à ses concitoyens pendant l'occupation allemande de 1914-1918 : *Laon 1790-1945 : inventaire des archives communales*, *op. cit.*, p. 19.

23. Sur la « liste complète pour l'inscription sur le monuments aux morts », figurent, à la rubrique « 1. Militaires », les noms de trois des fils de P. Doumer : « 82. Doumer René; 83. Doumer Marcel Victor; 84. Doumer André ».

24. Besny-Loisy; Cerny-les-Bucy; Eppes; Molinchart; Parfondru; Vivaise; Châtillon-les-Sons; Montigny-sous-Marle; La Neuville-Bosmont; Saint-Pierremont; Coucy-les-Eppes; Courtrizy; Ebouleau; Goudelancourt-les-Pierrepont; Liesse; Lappion; Mauregny-en-Haye; Samoussy; Sainte-Preuve; Buironfosse; Lavaqueresse; Macquigny; Marly; Proisy; Romery; Buire; Eparcy; Origny-en-Thiérarche; Berlancourt; Housset; Lemé; Rougeries; Saint-Gobert; La Ferté-Chevresis; Parpeville et Veslud.

- 23 septembre 1929 : Paul Doumer est de nouveau renouvelé dans ses fonctions de président du conseil général de l'Aisne.
- 22 septembre 1930 : Paul Doumer est de nouveau renouvelé dans ses fonctions de président du conseil général de l'Aisne, par acclamations.
- 21 avril 1931 : Paul Doumer siège pour la dernière fois au conseil général de l'Aisne.
- 11 juin 1931 : Paul Doumer démissionne de son fauteuil de président du conseil général de l'Aisne en raison de son élection, le 13 mai 1931, à la présidence de la République[25].
- **26 juillet 1931 : Paul Doumer choisit d'accomplir à Laon son premier déplacement en qualité de président de la République,** alors qu'Antonin Magne remporte le 25e tour de France. Il prend alors officiellement congé du conseil général de l'Aisne. Le président s'arrête à Anizy-le-Château pour fleurir le monument aux morts sur lequel figure le nom de ses quatre fils[26] avec les trente-cinq autres enfants d'Anizy morts pour la patrie. Il dépose une rose sur les décombres de son ancienne maison rue Saint-Rémi. À la préfecture de l'Aisne à Laon, le président Doumer est accueilli avec fierté et enthousiasme par ses anciens collègues conseillers généraux de l'Aisne, auxquels se joignent les conseillers municipaux de Laon.
- 30 octobre 1931 : lettre de démission du conseil général de l'Aisne de Paul Doumer, devenu président de la République (démission effective le 11 juin 1931).
- 31 octobre 1931 : Angelo Chiappe, préfet de l'Aisne, suggère l'installation, dans la salle des délibérations du conseil général de l'Aisne, d'une effigie du président Doumer.
- 17 mai 1932 : Henry Lamarre, président du conseil général de l'Aisne, présente l'Aisne comme le « département d'adoption » de Paul Doumer.
- 19 septembre 1932 : Louis Pétrot, conseiller général de l'Aisne, doyen d'âge, parle de Paul Doumer comme d'un « bienfaiteur du département de l'Aisne ».
- 27 janvier 1933 : la ville de Laon décide d'accorder une subvention de 150 francs à la ville d'Aurillac pour l'érection d'un monument au président Doumer dans sa ville natale.
- 23 avril 1934 : érection, dans la salle des délibérations du conseil général de l'Aisne, d'un buste sculpté à l'effigie de Paul Doumer, « guide de l'Aisne ».
- 7 mai 1952 : le conseil général de l'Aisne observe une minute de silence à la mémoire de Paul Doumer, « artisan de la reconstruction de l'Aisne en 1919 », à l'occasion du trentième anniversaire de sa mort.
- 11 novembre 1982 : inauguration à Anizy-le-Château d'un buste à l'effigie de Paul Doumer à l'occasion du cinquantième anniversaire de sa mort.
- 1er février 2000 : René Roy, maire de Grisolles (Aisne), conseiller général de l'Aisne, suggère de baptiser le collège d'Anizy-le-Château « Collège Paul Doumer », suggestion finalement non retenue.

---

25. H. Lamarre, que P. Doumer remplace au fauteuil de président du Conseil général de l'Aisne le 26 septembre 1927, lui succède alors au même fauteuil, de 1931 à 1939.

26. Les quatre fils du président Doumer tués au front, Marcel, René, André et Armand, ont passé tous leurs étés à Anizy-le-Château de 1904 à 1914. Ils sont de ce fait considérés comme « enfants d'Anizy ».

ANNEXE IV.
PAUL DOUMER, DÉPUTÉ (1888-1889, 1891-1896, 1902-1910) : FAITS SAILLANTS

– **25 mars 1888 : est élu pour la première fois député (de l'Aisne), représentant de la deuxième circonscription de Laon**, au second tour par 42 306 voix sur 92 998 votants ; membre de nombreuses commissions[1] (1888-1889), en particulier les commissions (annuelles) d'initiative parlementaire[2] et la commission chargée de l'examen du projet de loi sur les syndicats de communes ; siégeant avec la gauche radicale, le député Paul Doumer vote notamment pour le rétablissement du scrutin d'arrondissement ; contre l'ajournement indéfini de la révision de la constitution ; en faveur des poursuites contre trois députés membres de la Ligue des patriotes ; contre le projet de loi Lisbonne tendant à restreindre la liberté de la presse ; enfin pour les poursuites contre le général Boulanger.
– **7 juillet 1888 : dépose son premier rapport parlementaire, sur le projet de loi relatif aux syndicats de communes et prend part, en qualité de rapporteur, à la discussion de ce projet de loi.**
– **22 septembre 1889 : est battu au premier tour de scrutin par le candidat boulangiste André Castelin.**
– 14 octobre 1889 : son mandat de député de l'Aisne prend (provisoirement) fin.
– **19 novembre 1889-15 novembre 1891 : chef de cabinet[3] de Charles Floquet**, président de la Chambre des députés du 16 novembre 1889 au 10 janvier 1893[4].
– **8 novembre 1891 : est élu, suite au décès de René Laffon, député de l'Yonne, représentant de la première circonscription d'Auxerre**, au second tour par 7 714 voix sur 13 829 votants ; membre de nombreuses commissions (1891-1896), en particulier les commissions d'initiative parlementaire.

---

1. La Chambre des députés décide, par sa résolution du 17 novembre 1902, de donner un caractère permanent à seize grandes commissions d'étude, auparavant « spéciales ». Ainsi n'existe-t-il pas véritablement de commission fixe (permanente) à la Chambre des députés avant 1902. Des commissions empiriques et éphémères sont, jusqu'à cette date, divisées en sous-commissions, d'où une certaine confusion. De plus, les travaux des commissions parlementaires de la Chambre des députés ne sont pas publiés avant 1926. Le premier *Bulletin des commissions* n'est en effet publié que le 23 novembre 1926.

2. Les commissions dites « d'initiative parlementaire », annuelles, décident de la suite à donner aux propositions de loi.

3. Le *Dictionnaire des parlementaires (1889-1940)* (dir. J. Jolly, Paris, PUF, 1960-1977, p. 1473), indique par erreur la date de 1885 pour la prise de fonctions de P. Doumer comme chef de cabinet du président de la Chambre des députés : les archives du secrétariat général de la présidence de la Chambre (fonds 12 AN) conservent l'arrêté de nomination de Doumer, daté du 19 novembre 1889. Élu député de l'Yonne le 8 novembre 1891, P. Doumer est remplacé au poste de chef de cabinet de la Chambre le 15 novembre 1891 par R. Renoult.

4. C. Floquet (1828-1896), avocat au barreau de Paris (1851), député (1876-1893), préside une première fois la Chambre des députés (8 avril 1885-3 avril 1888). Il préside ainsi la Chambre des députés plus de six ans au total et donne à cette présidence un grand éclat, inaccoutumé jusqu'alors.

– 16, 18 et 20 juin 1892 : prend part à la discussion de la proposition de loi de Jules Méline et plusieurs de ses collègues tendant à l'organisation du crédit agricole et populaire.
– 29 octobre et 3 novembre 1892 : prend part à la discussion de la proposition de loi ayant pour but d'interdire le travail industriel aux accouchées pendant un certain délai et de les indemniser de ce chômage forcé.
– 12 janvier 1893 : prend part à la discussion de sa proposition de résolution tendant à tenir une séance exceptionnelle le vendredi pour discuter les projets ou propositions de loi concernant les ouvriers.
– 10 et 15 mai 1893 : prend part, en qualité de rapporteur, à la discussion de la proposition de loi de Joseph Reinach relative à la création d'un ministère des Colonies (effectivement créé en 1894).
– **20 août 1893 : est réélu député de l'Yonne, représentant de la première circonscription d'Auxerre**, dès le premier tour par 7 675 voix sur 13 173 votants.
– 28 avril 1894 : se spécialisant vite dans les finances, soutient, avec Godefroy Cavaignac, une proposition d'impôt sur le revenu (amendement n° 9 au projet du budget de 1895), repoussée par l'Assemblée nationale malgré l'appui de Jean Jaurès.
– 28 mars 1895 : dépose un rapport, au nom de la commission du Budget, sur le projet de loi relatif au règlement provisoire de la situation financière du protectorat de l'Annam et du Tonkin et les dépenses de l'expédition du Siam.
– *1er novembre 1895-21 avril 1896 : ministre des Finances (cabinet Léon Bourgeois, renversé sur le projet de Paul Doumer d'introduire un impôt général sur le revenu).*
– 4 juillet 1896 : prend part à la discussion du projet de loi relatif aux impôts directs sur les revenus et aux taxes assimilées de l'exercice 1897.
– 7 juillet 1896 : dépose, dans le cadre de la discussion du projet de loi relatif aux impôts directs sur les revenus et aux taxes y assimilées de l'exercice 1897, un contre-projet d'établissement d'un impôt général sur le revenu.
– 27 décembre 1896 : abandonne son mandat de député de l'Yonne avant d'être nommé gouverneur général de l'Indochine.
– *28 décembre 1896 - 14 mars 1902 : gouverneur général de l'Indochine.*
– 25 juin 1901 : est nommé commissaire du gouvernement pour assister le ministre des Colonies, devant la Chambre des députés et devant le Sénat, dans la discussion du projet de loi relatif au chemin de fer de Haiphong à Yunnan-Sen[5].
– 27 juin 1901 : prend part, en cette qualité, à la discussion de ce projet de loi.
– **27 avril 1902 : est de nouveau élu député de l'Aisne, représentant de la deuxième circonscription de Laon**, dès le premier tour par 11 522 voix sur 17 367 votants.
– 9 juillet 1902 : prend part, en qualité de président de la commission des Crédits, à la discussion déclarant d'utilité publique le chemin de fer Paris-Montparnasse à Chartres.
– **23 juin 1903 : est élu président de la première[6] commission du Budget (année 2004)[7].**
– 23 novembre 1903 : prend part, en qualité de président de la commission du Budget, à la discussion du budget de l'exercice 1904 : incident soulevé au sujet de la question du désarmement (Affaires étrangères).

5. Séance du 25 juin 1901, décret désignant un commissaire du gouvernement, *Annales de la Chambre des députés*, débats parlementaires, p. 627-628.
6. Première commission permanente du Budget, auparavant spéciale.
7. *Annuaire du Parlement*, vol. 2 (1903-1904), Paris, Roustan, p. 177.

- 25 novembre 1903 : demande à la Chambre de tenir deux séances par jour pour hâter la discussion du budget 1904 et éviter ainsi les douzièmes provisoires (demande accordée).
- 26 janvier 1904 : prend part, en qualité de président de la commission des Crédits, à la discussion des propositions de loi tendant au rachat des réseaux de chemins de fer de l'Ouest et du Midi.
- **19 mai 1904 : est réélu président de la commission du Budget (année 2005)[8].**
- **10 janvier 1905 : candidat des modérés, est élu à la présidence de la Chambre des députés par 265 voix contre 240 à Henri Brisson, président sortant.**
- **9 janvier 1906 : est réélu de justesse à la présidence de la Chambre des députés par 287 voix contre 269 à Ferdinand Sarrien.**
- *17 janvier 1906 : est battu à l'élection à la présidence de la République par Armand Fallières, candidat de la gauche, qui l'emporte par 449 voix contre 371.*
- **6 mai 1906 : réélu député de l'Aisne, représentant de la deuxième circonscription de Laon**, dès le premier tour par 11 297 voix sur 18 841 votants.
- **31 mai 1906 : quitte la présidence de la Chambre des députés (fin de la 8e législature).**
- 18 décembre 1908 : dépose un rapport, au nom de la commission du Budget, sur le projet de loi portant ouverture, sur l'exercice 1908, de crédits supplémentaires concernant les opérations militaires au Maroc.
- 2 juillet 1909 : dépose un rapport, au nom de la commission du Budget, sur le projet de loi portant ouverture au ministre de la Guerre, sur l'exercice 1909, d'un crédit supplémentaire de 6,7 millions de francs pour préparer l'augmentation des approvisionnements en munitions, en prévision de la réorganisation de l'artillerie.
- 2 février 1909 : intervient, comme rapporteur général de la commission du Budget, dans la discussion du projet de loi autorisant le gouvernement de l'Indochine à contracter un emprunt pour la construction du chemin de fer du Yunnan.
- 17 février 1910 : intervient dans la discussion de l'interpellation d'Adolphe Messimy, député de la Seine, sur la politique saharienne du gouvernement.
- 23 février 1910 : prend part, en qualité de rapport général de la commission du Budget, à la discussion du budget de l'exercice 1910 sur la politique indigène de la France (Colonies) ; incident soulevé par le retard apporté à la distribution de son rapport supplémentaire sur la loi de finances.
- 31 mars 1910 : intervient dans la discussion de la proposition de loi sur les retraites ouvrières et paysannes.
- **8 mai 1910 : battu au deuxième tour et pour la deuxième fois par son adversaire André Castelin**, candidat républicain indépendant, qui l'emporte finalement par 9 366 voix contre 8 280 sur 18 158 votants ; **doit ainsi renoncer à son mandat de député de l'Aisne pour la seconde fois ; quitte alors définitivement la Chambre des députés. Se retrouve sans mandat électoral pour la première fois depuis vingt-cinq ans.**
- 7 janvier 1912 : redevient parlementaire en étant élu sénateur de la Corse (voir *infra*).

---

8. *Ibid.*, p. 178.

ANNEXE V.
LES PRÉSIDENTS DE LA CHAMBRE DES DÉPUTÉS SOUS LA IIIe RÉPUBLIQUE (1870-1940)[1]

1. Jules Grévy (Assemblée nationale) (16 février 1871-2 avril 1873) (démission).
2. Louis-Joseph Buffet (Assemblée nationale) (4 avril 1873-2 mars 1875) (nommé ministre de l'Intérieur).
3. duc Gaston d'Audiffret-Pasquier (Assemblée nationale) (15 mars 1875-8 mars 1876) (élu sénateur inamovible).
4. Jules Grévy (13 mars 1876-25 juin 1877) (dissolution).
5. Jules Grévy (10 novembre 1877-30 janvier 1879) (élu président de la République).
6. Léon Gambetta (31 janvier 1879-27 octobre 1881) (fin de la 2e législature).
7. Eugène-Henri Brisson (3 novembre 1881-6 avril 1885).
8. Charles Floquet (8 avril 1885-9 novembre 1885) (fin de la 3e législature).
9. Charles Floquet (10 novembre 1885-3 avril 1888) (devient président du Conseil).
10. Jules Méline (4 avril 1888-11 novembre 1889) (fin de la 4e législature).
11. Charles Floquet (16 novembre 1889-10 janvier 1893) (ne se représente pas).
12. Jean Casimir-Périer (10 janvier 1893-14 octobre 1893).
13. Jean Casimir-Périer (18 novembre 1893-3 décembre 1893) (devient président du Conseil).
14. Charles Dupuy (5 décembre 1893-30 mai 1894) (devient président du Conseil).
15. Jean Casimir-Périer (2 juin 1894-27 juin 1894) (élu président de la République).
16. Auguste Burdeau (5 juillet 1894-12 décembre 1894) (décédé).
17. Eugène-Henri Brisson (18 décembre 1894-31 mai 1898) (fin de la 6e législature).
18. Paul Deschanel (9 juin 1898-31 mai 1902).
19. Léon Bourgeois (10 juin 1902-12 janvier 1904).
20. Eugène-Henri Brisson (12 janvier 1904-10 janvier 1905), battu par Paul Doumer.
21. **Paul Doumer (10 janvier 1905-31 mai 1906), fin de la 8e législature.**
22. Eugène-Henri Brisson (8 juin 1906-31 mai 1910), fin de la 9e législature.
23. Eugène-Henri Brisson (gauche rép.) (1er juin 1910-14 mai 1912) (décédé).
24. Paul Deschanel (gauche dém.) (23 mai 1912-31 mai 1914) (fin de la 10e législature).
25. Paul Deschanel (gauche dém.) (1er juin 1914-7 décembre 1919) (fin de la 11e législature).
26. Paul Deschanel (rép. gauche) (18 décembre 1919-10 février 1920) (élu président de la République).
27. Raoul Péret (gauche rép. dém.) (12 février 1920-31 mai 1924) (fin de la 12e législature).
28. Paul Painlevé (rép. soc.) (9 juin 1924-21 avril 1925) (est nommé président du Conseil).
29. Édouard Herriot (rad. soc.) (22 avril 1925-20 juillet 1926) (est nommé président du Conseil).

---

1. *Personnel politique français (1870-1988)*, Paris, PUF, 1989.

30. Raoul Péret (gauche rad.) (22 juillet 1926-10 janvier 1927) (élu sénateur).
31. Fernand Bouisson (soc.) (11 janvier 1927-31 mai 1928) (fin de la 13ᵉ législature).
32. Fernand Bouisson (soc.) (5-6 juin 1928-31 mai 1932) (fin de la 14ᵉ législature).
33. Fernand Bouisson (soc.) (3 juin 1932-4 juin 1935) (nommé président du Conseil).
34. Fernand Bouisson (soc.) (7 juin 1935-31 mai 1936) (fin de la 15ᵉ législature).
35. Édouard Herriot (rad. soc.) (4 juin 1936-9 juillet 1940).

ANNEXE VI.
Paul Doumer, sénateur (1912-1931) : faits saillants

- **7 janvier 1912 : est élu pour la première fois sénateur** (de la Corse) au premier tour de scrutin par 445 voix sur 776 votants.
- **6 juin 1912 : est élu membre de la commission des Finances du Sénat**[1], à laquelle il est régulièrement réélu par la suite (en est rapporteur en 1913 et en 1914).
- **28 janvier 1913 : s'inscrit au groupe de l'Union républicaine du Sénat**
- **30 janvier 1913 : est élu membre de la commission de l'Armée du Sénat**[2], à laquelle il est régulièrement réélu par la suite (y siège sans interruption de 1913 à 1920 puis de 1922 à 1925).
- 29 mai 1913 : dépose, en qualité de rapporteur de la commission de l'Armée, l'avis de ladite commission sur le projet de loi relatif au maintien sous les drapeaux de la classe 1913.
- 1er août 1913 : intervient, en qualité de rapporteur de la commission de l'Armée, dans la discussion générale du projet de loi sur le recrutement de l'armée et la durée du service militaire.
- 25 février 1914 : dépose un rapport sur le projet de loi, adopté par la Chambre des députés, portant modification à la loi du 21 mars 1905 sur le recrutement de l'armée et à la loi du 7 août 1913 modifiant les lois des cadres de l'infanterie, de la cavalerie, de l'artillerie et du génie, en ce qui concerne l'effectif des unités, et fixant les conditions du recrutement dans l'armée active et la durée du service dans l'armée active et ses réserves.
- 14 janvier 1915 : dépose un rapport, au nom de la commission de l'Armée dont il est vice-président[3], sur le projet de loi, adopté par la Chambre des députés, portant ratification de décrets réglant diverses mesures d'organisation militaire.
- 25 mars 1915 : dépose un rapport sur le projet de loi, adopté par la Chambre des députés, concernant les avances aux pays alliés ou amis.
- 18 juillet 1916 : intervient dans la discussion de la proposition de loi tendant à rendre obligatoire la préparation militaire des jeunes Français.
- 14 novembre 1916 : intervient dans la discussion du projet de loi concernant l'établissement d'un impôt général sur les revenus.
- 17 février 1917 : intervient dans la discussion du projet de loi concernant les exemptés et les réformés.

---

1. (1er bureau), commission chargée de l'examen du budget général de l'exercice 1913. P. Doumer y siège en particulier aux côtés des sénateurs d'Estournelles de Constant, Ribot, Pichon, Jeanneney, Bérard, Doumergue, Chautemps : *Feuilletons*, 1912, Paris, imprimerie du Sénat, 1913, n° 60, 7 juin 1912.

2. (2e bureau). P. Doumer y siège en particulier aux côtés du sénateur Freycinet : *Feuilletons*, 1913, Paris, imprimerie du Sénat, 1914, n° 7, 31 janvier 1913.

3. BNF, 8-L57-18116 : R. Samuel, *Le parlement et la guerre (1914-1915)*, *op. cit.*

- 31 juillet 1917 : intervient dans la discussion du projet de loi portant suppression des contributions personnelles mobilières, des portes et fenêtres et des patentes, et établissement d'un impôt sur diverses catégories de revenus.
- *12 septembre — 13 novembre 1917 : ministre d'État (cabinet Painlevé I).*
- 8 novembre 1917 : intervient dans la discussion de la proposition de loi concernant les officiers engagés volontaires.
- 21 décembre 1917 : intervient dans la discussion du projet de loi relatif aux dommages de guerre.
- 29 juillet 1918 : est élu membre de la commission chargée de procéder à une enquête économique sur les moyens d'accroître et de coordonner les efforts de production des colonies françaises.
- 3 décembre 1918 : est élu membre de la commission chargée d'étudier les questions intéressant spécialement les départements libérés de l'invasion.
- 6 février 1919 : dépose une proposition de résolution tendant à la nomination d'une commission d'enquête sur les faits de guerre.
- 17 avril 1919 : dépose une proposition de résolution relative aux garanties militaires à insérer dans le traité de paix.
- 30 juillet 1919 : intervient dans la discussion du projet de loi relative à la glorification des morts pour la France.
- 16 octobre 1919 : intervient dans la discussion sur la circulaire adressée aux préfets au sujet des exhumations et transports des corps des soldats morts pour la France.
- 18 octobre 1919 : dépose un rapport au nom de la commission d'enquête sur les faits de guerre.
- 20 janvier 1920 : dépose une proposition de loi sur le recrutement de l'armée.
- **29 janvier 1920 : est élu rapporteur général de la commission des Finances du Sénat (pour l'exercice budgétaire 1920).**
- 19 février 1920 : dépose un rapport, au nom de la commission des Finances, sur le projet de loi, adopté par la Chambre des députés, relatif à la création d'un office de vérification et de compensation en application de la partie X (clauses économiques) du traité de Versailles du 28 juin 1919.
- 8 mars 1920 : dépose et lit un rapport, au nom de la commission des Finances, sur le projet de loi, adopté par la Chambre des députés, concernant l'établissement de la contribution extraordinaire sur les bénéfices de guerre.
- 10 juin 1920 : dépose une proposition de résolution relative aux lignes de chemins de fer de pénétration en Alsace à travers les Vosges.
- 31 juillet 1920 : dépose un rapport, au nom de la commission des Finances, sur le projet de loi, adopté par la Chambre des députés, autorisant le gouvernement à prendre les mesures nécessaires à l'exécution du protocole interallié du 16 juillet 1920.
- 8 novembre 1920 : dépose et lit un rapport, au nom de la commission des Finances, ayant pour objet d'ordonner la translation à Paris et le dépôt à l'Arc de Triomphe des restes d'un soldat inconnu, mort pour la France au cours de la Grande Guerre.
- 23 décembre 1920 : dépose un rapport, au nom de la commission des Finances, sur le projet de loi, adopté par la Chambre des députés, relatif au régime fiscal applicable dans les régions qui ont subi l'occupation ennemie.
- **9 janvier 1921 : est réélu sénateur de la Corse au second tour de scrutin**, obtenant 414 voix.
- *16 janvier 1921-12 janvier 1922 : ministre des Finances (cabinet Briand VII).*

– 13 février 1922 : revient au Sénat, où il retrouve son poste de rapporteur général de la commission des Finances.
– 2 mars 1922 : intervient dans la discussion du projet de loi concernant la sauvegarde des intérêts de la France en Extrême-Orient.
– 12 juillet 1923 : dépose, en qualité de rapporteur de la commission des Finances, un rapport au nom de ladite commission sur la proposition de loi, adoptée par la Chambre des députés, concernant les caisses de retraite fondées par les anciens combattants et les victimes civiles de la guerre.
– 12 juillet 1924 : intervient dans la discussion du projet de loi augmentant le nombre des médailles militaires.
– **Novembre 1924 : s'inscrit au groupe de la Gauche démocratique, radicale et radical-socialiste du Sénat.**
– 26 décembre 1924 : intervient dans la discussion du projet de loi relatif à l'organisation des cadres de réserve.
– **13 juillet 1925 : est élu président de la commission des Finances du Sénat.**
– *16 décembre 1925-9 mars 1926 : ministre des Finances (cabinet Briand VIII).*
– 25 février 1926 : intervient dans la discussion du projet de loi portant création de nouvelles ressources fiscales.
– 30 mars 1926 : redevient membre de la commission des Finances du Sénat.
– **19 novembre 1926 : est proclamé président de la commission des Finances du Sénat.**
– **14 janvier 1927 : est élu président du Sénat par 238 voix sur 273 votants.**
– **12 janvier 1928 : est réélu président du Sénat par 215 voix sur 252 votants.**
– **10 janvier 1929 : est réélu président du Sénat par 213 voix sur 226 votants.**
– **14 janvier 1930 : est réélu sénateur de la Corse** au premier tour de scrutin par 416 voix sur 818 votants.
– **16 janvier 1930 : est réélu président du Sénat par 177 voix sur 254 votants.**
– **15 janvier 1931 : est réélu président du Sénat par 187 voix sur 244 votants.**
– *13 mai 1931 : est élu président de la République par 504 voix contre 334 à Pierre Marraud et 13 à Paul Painlevé ; quitte le Sénat.*

ANNEXE VII.
LES PRÉSIDENTS DU SÉNAT SOUS LA IIIe RÉPUBLIQUE (1870-1940)[1]

1. duc Gaston d'Audiffret-Pasquier (13 mars 1876-15 janvier 1879) (non réélu le 15 janvier 1879).
2. Louis Martel (15 janvier 1879-20 mai 1880) (démissionnaire pour raison de santé).
3. Léon Say (25 mai 1880-30 janvier 1882) (nommé ministre des Finances).
4. Élie Le Royer (2 février 1882-21 février 1893) (démissionnaire pour raison de santé).
5. Jules Ferry (24 février-17 mars 1893) (décédé en fonctions le 17 mars 1893).
6. Paul Challemel-Lacour (27 mars 1893-16 janvier 1896) (ne s'est pas représenté le 16 janvier 1896 pour raison de santé).
7. Émile Loubet (16 janvier 1896-21 février 1899) (élu président de la République le 18 février 1899).
8. Armand Fallières (3 mars 1899-13 février 1906) (élu président de la République le 17 janvier 1906).
9. Antoine Dubost (GDRRS) (16 février 1906-14 janvier 1920) (non réélu le 14 janvier 1920).
10. Léon Bourgeois (GDRRS) (14 janvier 1920-16 février 1923) (démissionnaire pour raison de santé).
11. Gaston Doumergue (GDRRS) (22 février 1923-17 juin 1924) (élu président de la République le 13 juin 1924).
12. Germain de Selves (Union rép.) (19 juin 1924-9 janvier 1927) (non réélu le 8 janvier 1927).
13. **Paul Doumer (14 janvier 1927-9 juin 1931) (groupe des radicaux et des radicaux socialistes) (élu président de la République le 13 mai 1931).**
14. Albert Lebrun (11 juin 1931-2 juin 1932) (Union rép.) (élu président de la République le 10 mai 1932).
15. Jules Jeanneney (GDDRS) (3 juin 1932-10 juillet 1940) (fin de mandat le 31 décembre 1944).

1. *Personnel politique français (1870-1988)*, Paris, PUF, 1989.

ANNEXE VIII.
Composition des cabinets de Paul Doumer, président de la Chambre des députés (10 janvier 1905-31 mai 1906) puis président du Sénat (14 janvier 1927-9 juin 1931)[1]

I. Composition du cabinet de Paul Doumer, président de la Chambre des députés (juin 1905)

1. Chef de cabinet : André Lichtenberger
2. Chef adjoint : Édouard Julia
3. Chef du secrétariat particulier : Alfred Grou
4. Attaché 1 : M. Castellan de Montry
5. Attaché 2 : Julien Fraissé
6. Attaché 3 : Georges Chaigne

II. Composition du cabinet de Paul Doumer, président du Sénat (avril 1927)

1. Chef de cabinet : Gaëtan Pirou
2. Chef adjoint : Alfred Grou
3. Sous-chef : René Fayssat
4. Chef du secrétariat particulier : Pierre Fitreman

III. Composition du cabinet de Paul Doumer, président du Sénat (juillet 1928)

1. Chef de cabinet : Gaëtan Pirou
2. Chef adjoint : Alfred Grou
3. Sous-chef : Gustave Hannoun
4. Chef du secrétariat particulier : Pierre Fitreman
5. Attaché : Alexandre Pujos

IV. Composition du cabinet de Paul Doumer, président du Sénat (mars 1929)

1. Chef de cabinet : Gaëtan Pirou
2. Chef adjoint : Alfred Grou
3. Sous-chef : Gustave Hannoun
4. Attaché : Jean Perreau-Pradier

---

1. *Listes (annuelles) des députés et sénateurs*, Paris, imprimerie de la Chambre des députés, années considérées : A. Lorin, « Les entourages politiques des présidents d'assemblée sous la IIIe République : Paul Doumer, président de la Chambre des députés (1905-1906) puis président du Sénat (1927-1931) », *op. cit.*

V. Composition du cabinet de Paul Doumer, président du Sénat (mars 1930)

1. Chef de cabinet : Gaëtan Pirou
2. Chef adjoint : Alfred Grou
3. Sous-chef : Gustave Hannoun
4. Attaché : Jean Perreau-Pradier

VI. Composition du cabinet de Paul Doumer, président du Sénat (février 1931)

1. Chef de cabinet : Georges Huisman
2. Chef adjoint : Alfred Grou
3. Chef adjoint, chargé du secrétariat particulier : Gustave Hannoun
4. Sous-chef : René Serre
5. Attaché : Jean Perreau-Pradier

ANNEXE IX.
L'élection de Paul Doumer à la présidence de la République le 13 mai 1931[1]

(1er tour, 13 mai 1931)

Votants : 901
Majorité absolue : 449

Paul Doumer (radical) : 442 (49,28 %)
Aristide Briand (indépendant) : 401 (44,70 %)
Divers : 29 (3,23 %)
Jean Hennessy (PRS) : 15 (1,67 %)
Marcel Cachin (PCF) : 10 (1,11 %)

(2e tour, 13 mai 1931)

Votants : 893
Majorité absolue : 442

Paul Doumer (radical) : 504 (57,08 %), élu
Pierre Marraud (gauche) : 334 (37,83 %)
Divers : 22 (2,49 %)
Aristide Briand (indépendant) : 12 (1,36 %)
Marcel Cachin (PCF) : 11 (1,25 %)

1. *Journal officiel de la République française*, 14 mai 1931.

ANNEXE X.
La descendance de Paul Doumer (1857-1932)[1]

Huit enfants (cinq garçons et trois filles) naissent successivement, en l'espace de dix-huit ans (de 1879 à 1897), de l'union de Paul Doumer et Blanche Richel, célébrée à Paris le 13 août 1878 :

1) Premier enfant : **Fernand Doumer**, officier (promotion Saint-Cyr 1897), industriel, né le 15 juin 1879 à Mende (Lozère), décédé le 30 mars 1972 à Dourdan (Essonne). Marié le 29 juillet 1912 à Madeleine Despret (descendance) ;

2) Deuxième enfant : **Hélène Doumer**, née le 1er décembre 1880 à Paris VIe, décédée le 1er juillet 1968 à Paris XVIe. Mariée le 7 septembre 1901 à Cap-Saint-Jacques (Cochinchine) à Pierre Émery, administrateur civil, préfet[2] (descendance) ;

3) Troisième enfant : **Marcel Doumer**, ingénieur, capitaine aviateur, chef d'escadrille, chevalier de la Légion d'honneur, croix de guerre avec quatre palmes, né le 12 juillet 1886 à Laon (Aisne), mort pour la France en combat aérien le 23 juin 1918 au-dessus de Déluge (Oise) à l'âge de trente-et-un ans. Marié le 13 mars 1911 à Jeanne Cattelain (descendance) ;

4) Quatrième enfant : **René Doumer**, attaché bancaire, né le 30 octobre 1887 à Laon (Aisne), capitaine de chasseurs à pied, commandant l'escadrille de chasse de la 5e armée, grièvement blessé dans l'infanterie le 22 août 1914, tué le 26 avril 1917 à l'âge de vingt-neuf ans en combat aérien dans les lignes ennemies. Les Allemands ont écrit sur sa tombe à Asfeld (Allemagne) : « Mort en héros ». Chevalier de la Légion d'honneur, neuf fois cité à l'Ordre de l'armée, la dernière citation portant ceci : « Magnifique modèle de chef et de soldat. Exemple de bravoure et d'honneur militaire ». Marié le 13 juin 1911 à Henriette Matray (descendance) ;

5) Cinquième enfant : **André Doumer**, né le 16 avril 1889 à Paris XVIe, lieutenant d'artillerie, commandant la 22e batterie du 8e régiment d'artillerie de campagne, cité à l'Ordre de l'armée, chevalier de la Légion d'honneur, tué le 24 septembre 1914 à Hoéville (Meurthe-et-Moselle) à l'âge de vingt-cinq ans (sans descendance) ;

---

1. M. Sementéry, *Les présidents de la République française et leur famille*, *op. cit.*, p. 255-266.

2. Successivement attaché au cabinet du gouverneur général de l'Indochine (1893), administrateur des services civils de l'Indochine (1897), commissaire adjoint du gouvernement du Laos (1899), chef de circonscription de Quang-Tchéou (Chine) (1899), chef du bureau du personnel et du secrétariat au gouvernement général de l'Indochine (1900), sous-préfet d'Ussel (1901), de Cosne-sur-Loire (1902) et de Corbeil (1905), préfet des Pyrénées-orientales (1912), du Gard (1916), du Puy-de-Dôme (1917), de la Meuse (1920) et de la Somme (1922), P. Émery entretient une relation proche avec son beau-père P. Doumer : R. Bargeton, *Dictionnaire biographique des préfets (1870-1982)*, Paris, Archives de France, 1994, p. 223 ; C. Lamoussière, *Le personnel de l'administration préfectorale (1881-1926) : répertoire nominatif*, Paris, Archives nationales, 2001, p. 197.

6) Sixième enfant : **Armand Doumer**, docteur en médecine, né le 17 août 1890 à Asnières (Hauts-de-Seine), gazé dans l'exercice de ses fonctions[3] en refusant de se mettre à l'abri pour secourir des blessés, décédé le 4 août 1923 au Val-d'Ajol (Vosges) à l'âge de trente-deux ans des suites de ses blessures de guerre (sans descendance) ;

7) Septième enfant : **Lucile Doumer**, née le 2 février 1893 à Auxerre (Yonne), décédée le 19 septembre 1917, « emportée par la maladie », en fait du chagrin d'avoir perdu ses frères[4] (descendance) ;

8) Huitième enfant : **Germaine Doumer**, née le 7 août 1897 à Cap-Saint-Jacques (Cochinchine), décédée le 2 juin 1985 à Cosne-sur-Loire. Mariée le 6 décembre 1921 à Georges Lemaire.

Cinq des huit enfants (quatre fils et une fille) de Blanche et Paul Doumer disparaissent ainsi entre 1914 et 1923 : la famille Doumer est, comme de nombreuses autres familles françaises, décimée par la Grande Guerre.

3. Les gaz asphyxiants sont utilisés pour la première fois par l'armée allemande à Ypres (Belgique) en 1917.

4. L. Pasquier-Doumer, entretien avec l'auteur, 31 mai 2005.

ANNEXE XI.
La « collection du président Doumer »

Le nom de Paul Doumer fait une spectaculaire réapparition en 2005 sur le marché de l'art : la vente « Art d'Asie » organisée le 22 novembre 2005 par Christie's France[1] disperse en effet quatre lots (146 à 149), référence « Doumer-5411 », d'une jusqu'alors inconnue « collection du président Paul Doumer (1857-1932) »[2] pour un montant total de 7 142 600 euros, en particulier le rouleau impérial *Banquet de la victoire dans les jardins de l'Ouest* (*Yuan Xi*[3] *Kai Yan*), par Zhang Tingyan et Zhou Kun (et son coffret en laque rouge, verte et ocre sculptée), Chine, dynastie Qing, époque Qianlong (1736-1795), v. 1748 (lot 146), adjugé vendu pour un montant de 6 060 000 euros, soit le record du monde à ce jour pour une peinture chinoise classique impériale.

Le catalogue précise, laconiquement, que « la dispersion de [telles] peintures à l'étranger se fit dans des conditions diverses »[4], avant d'ajouter que « la plupart d'entre elles furent *sans doute* rapportées lors de l'occupation de Pékin par les armées de la coalition internationale »[5]. En l'an vingt-six de l'ère Guangxu des Qing, autrement dit en 1900, une expédition européenne mit effectivement fin à l'émeute des Boxers, société animant un mouvement xénophobe dirigé contre les Européens établis en Chine et qui assiégea les légations pendant cinquante jours[6].

Paul Doumer est alors gouverneur général de l'Indochine (1897-1902), résidant à Hanoi, où il a transféré la capitale politique du gouvernement général de l'Indochine, précédemment établie à Saigon. Il y conçoit notamment le dangereux projet de rattacher la riche province chinoise du Yunnan à l'Union indochinoise, en totale contradiction avec la politique du gouvernement français. Pour ce faire, il entreprend et accomplit, seul et à cheval, une rocambolesque « mission » à Kunming, capitale provinciale du Yunnan, auprès du vice-roi Song Fan, du 7 au 9 juin 1899, initiative prise sans l'avis du gouvernement français. La cavalière visite de Doumer crée alors un grave incident diplomatique. Trois jours plus tard, un soulèvement se produit dans la région : la ville de Mengzi est

1. F. de Ricqlès, gérant de Christie's France, est remercié de m'avoir signalé la tenue de cette vente.

2. Catalogue *Art d'Asie*, Londres, Christie's international, 2005, présentation détaillée de la « collection du président P. Doumer (1857-1932) », p. 88-103. Plusieurs erreurs, de datation et de fonctions, peuvent être relevées dans la brève notice historique présentant P. Doumer, p. 88.

3. « Jardin de l'Ouest » serait plutôt « Xi Yuan » que « Yuan Xi ». La notice de Christie's est ici reproduite.

4. Catalogue *Art d'Asie*, *op. cit.*, p. 95.

5. *Ibid.*

6. R. A. Bickers *et al.*, *The Boxers, China and the World*, New York, Rowman & Littefield, 2007. Pour une mise en perspective plus générale, M.-C. Bergère *et al.*, *La Chine au XXe siècle*, vol. 1, Paris, Fayard, 1989.

envahie par les mineurs d'étain, qui craignent que les Français ne s'approprient leurs mines, le consulat français de Kunming est pillé et les Français sont contraints de se réfugier sous la protection des autorités locales... Un conflit avec la Chine — comme avec l'Angleterre — est alors évité de justesse[7].

7. Sur la politique chinoise de P. Doumer, gouverneur général de l'Indochine (1897-1902), et son projet d'annexer la province chinoise du Yunnan à l'Union indochinoise, R. S. Lee, *France and the Exploitation of China (1885-1901) : a Study in Economic Imperialism*, *op. cit.*, chap. 8 : « Doumer's ambitions versus mattress diplomacy in Yunnan (1899) » ; et A. Lorin, *Le tremplin colonial : Paul Doumer, gouverneur général de l'Indochine (1897-1902)*, *op. cit.*, p. 127-141.

Sources

Paul Doumer n'ayant pas été « biographié »[1], nul corpus archivistique ne préexistait à mon sujet, vierge de tout traitement historique préalable[2]. Ainsi une des premières tâches, fastidieuse, à laquelle j'ai dû m'atteler a-t-elle consisté à établir un inventaire, aussi précis que possible, des sources primaires — archivistiques et documentaires — éclairant la vie et la carrière de Paul Doumer (1857-1932).

Réalisé avec le concours de Françoise Adnès et Pascal Geneste, conservateurs du patrimoine au Centre historique des archives nationales (section du XXe siècle), enrichi par les recommandations des archivistes avec lesquels j'ai eu la chance de travailler, l'inventaire qui suit a également été facilité par l'utilisation des techniques de recherche offertes à l'historien au XXIe siècle : en particulier, l'interrogation de diverses bases de données, françaises et nord-américaines, permet de garantir l'exhaustivité de mon corpus.

Les patients contacts noués avec les descendants éparpillés de Paul Doumer m'ont permis d'exhumer des archives privées inédites, non classées (correspondances, carnets, journaux de bord, photographies, etc.), présentées généalogiquement, par branche descendante.

Les autres sources primaires sont, par commodité, présentées ci-après par centre d'archives et par fonds, dans l'ordre alphabétique, sans hiérarchie.

Certains fonds sont toutefois conservés dans deux centres d'archives distincts, à l'exemple du fonds du gouvernement général de l'Indochine, dont une partie (les papiers dits « de souveraineté », c'est-à-dire les seuls documents de nature politique, militaire ou administrative) est conservée aux Archives nationales d'outre-mer (Aix-en-Provence) et l'autre (les papiers « de gestion », c'est-à-dire les affaires courantes ne présentant — apparemment ! — pas de caractère stratégique) est consultable (après quatre autorisations) aux Archives d'État du Vietnam, Centre des archives nationales n° 1 à Hanoi, à la suite d'accords de partage des archives signés après 1954 entre la France et le gouvernement du Vietnam[3].

Le sentiment d'éparpillement des présentes sources, effectivement conservées dans près de trente centres d'archives, provient des rebondissements mêmes de la carrière de Doumer, chaque étape de son *cursus honorum* républicain ayant laissé des traces locales, plus

---

1. Le verbe transitif « biographier » fut utilisé par D. Maraval, éditeur, lors de sa communication dans le cadre du cycle « Le meilleur et le pire : personnages, personnalités, caractères », le 26 mai 2003 à l'Académie des sciences morales et politiques.

2. L'ouvrage de J. Chauvin, *Paul Doumer, le président assassiné*, publié en 1994 à compte d'auteur aux éditions du Panthéon (217 p.), est, de l'aveu même de l'auteur, davantage un essai qu'une biographie à proprement parler, encore moins un travail scientifique. Dépourvu de notes, il ne se réfère en effet à aucune source archivistique.

3. Toutefois, pratiquement, des pièces qui, selon les termes de ces accords, « devraient être » conservées à Hanoi le sont à Aix-en-Provence et *vice versa*. Ainsi mon déplacement dans chacun de ces deux centres d'archives m'a-t-il permis de combler quelques lacunes constatées et de reconstituer quelques séries.

ou moins importantes selon les destinations et les parachutages considérés, d'où de possibles et sans doute inévitables « effets de sources ».

Pour autant, cette abondance des sources ne doit pas occulter l'existence de lacunes importantes. Celles-ci n'ont pas manqué en effet d'apparaître rapidement au fur et à mesure de mes investigations, à l'exemple du fonds du cabinet du ministère des Finances, déposé au Centre des archives économiques et financières (CAEF) de Savigny-le-Temple : sur les trois passages de Paul Doumer au ministère des Finances (du 1er novembre 1895 au 29 avril 1896 dans le cabinet Bourgeois; du 16 janvier 1921 au 12 janvier 1922 dans le septième cabinet Briand; et du 16 décembre 1925 au 9 mars 1926 dans le huitième cabinet Briand; soit au total près de deux ans, vingt et un mois exactement), seuls les papiers émanant de son cabinet pour la période du premier semestre 1921 sont ainsi conservés au CAEF. Cette importante lacune s'explique tout simplement par les aléas de l'époque en matière de collecte, de conservation et de transport d'archives[4]. En effet, les ministres n'étaient pas alors tenus de déposer leurs archives et les emportaient bien souvent avec eux en quittant leurs fonctions.

Ailleurs, des pans entiers de la longue carrière de Paul Doumer se sont révélés, à mon grand dam, privés de documentation : ainsi, le dossier personnel de professeur de Paul Doumer, professeur de mathématiques aux collèges de Mende, Lozère (1877-1879), puis de Remiremont, Vosges (1879-1883), n'est pas conservé dans la série F 17 « Instruction publique » des Archives nationales. Ce manque peut s'expliquer par la brièveté de sa carrière d'enseignant (six ans). Les dossiers personnels de professeurs étant constitués pour les droits à pension, ils suivaient en général le fonctionnaire quand celui-ci passait dans une autre administration. Dans le cas de Paul Doumer, ce dossier est considéré comme perdu[5].

Ainsi certains fonds apparemment prometteurs « de loin » se sont-ils avérés décevants sur place et *vice versa*. La richesse des fonds déposés aux Archives départementales de l'Aisne, « département d'adoption » de Paul Doumer, m'a ainsi contraint à étendre à deux semaines un séjour de recherche initialement prévu pour ne durer que deux jours.

Le principe, dans la plupart des fonds, locaux comme ministériels, de double enregistrement, systématique et *in extenso*, des correspondances au départ et des correspondances à l'arrivée, m'a permis de rétablir, sur certaines tranches chronologiques « critiques », d'intéressantes chaînes de *reporting* (présentation périodique de rapports d'activité) du territoire administré au sommet de l'État. Par exemple, l'examen parallèle des rapports qui furent successivement adressés des provinces[6] constitutives de l'Union indochinoise au gouvernement général de l'Indochine, puis du gouvernement général au ministère des Colonies, et enfin du ministère des Colonies à la présidence de la République a permis une éclairante comparaison des versions de travail locales, annotées à la main, et des versions définitives effectivement reçues à Paris de certains rapports politiques « sensibles » (c'est-à-dire

4. S. Roser, conservateur, CAEF, courriel à l'auteur, 2 novembre 2007.

5. A. Le Goff, conservateur en chef du patrimoine, Centre historique des archives nationales, section du XIXe siècle, courriel à l'auteur, 13 juin 2008; et F. Opperman, chef de la mission des Archives nationales auprès des ministères de l'Éducation nationale et de l'Enseignement supérieur et de la recherche, courriel à l'auteur, 14 juin 2008. Les Archives départementales de la Lozère et des Vosges conservent malgré tout diverses pièces documentant ce passage professionnel essentiel de P. Doumer par le professorat avant son entrée en politique (voir infra).

6. La colonie de Cochinchine; et les quatre protectorats de l'Annam, du Tonkin, du Laos et du Cambodge.

de ce qui était finalement retenu pour être porté à la connaissance de la présidence de la République). Les synthèses opportunément opérées par Paul Doumer, gouverneur général de l'Indochine (1897-1902), ont pu, dès lors, apparaître dans toute leur habileté politique.

Publiques et privées, gouvernementales et parlementaires, nationales et départementales, métropolitaines et coloniales, officielles et officieuses, directes et indirectes : la confrontation, selon les règles de critique interne et externe propres à la démarche historique, de sources de différentes natures, constitutives de mon matériau, a ainsi constitué la base même de ce travail de recherche et, partant, de ma réflexion.

1. Service des archives et de la recherche historique parlementaire de l'Assemblée nationale (AAN)[1]

1.1. Instruments de recherche

Tables analytiques des annales de la Chambre des députés, tables nominatives, 4e législature (1885-1889), p. 114-115 ; 5e législature (1889-1893), p. 153-155 ; 6e législature (1893-1898), p. 228-234 ; 7e législature (1898-1902), p. 180 ; 8e législature (1902-1906), p. 220-226 ; 9e législature (1906-1910), p. 211-220

Annuaire du Parlement[2], 6 vol. (1902, 1903-1904, 1906, 1907-1908, 1910-1911, 1911-1912), Paris, Georges Roustan, 1903-1913, par député : discours, travaux, commissions[3], votes, groupes politiques

Les groupes : liste alphabétique de MM. les députés et sénateurs (1900-1914), Paris, Georges Roustan, 1914

Feuilletons (par législature), 1888-1910 : ordres du jour (réunions dans les bureaux, séances publiques), convocations et composition des commissions, organisation des bureaux, pétitions, réponses des ministres

Règlement de la Chambre des députés, Paris, Quantin, 1876 et éditions suivantes

BERTRAND (Alphonse), *La Chambre de 1889*, Paris, Michaud, 1889

—, *La Chambre de 1893*, Paris, Michaud, 1893

—, *La Chambre de 1902*, Paris, Michaud, 1902

DANIEL (André) [pseudonyme d'André Lebon puis de Georges Bonnefous], *L'année politique*, Paris, Charpentier, 1875-1906

NORMAND (Gilles), *Tout le Parlement : biographies sommaires des sénateurs et députés au 15 octobre 1924*, Paris, Perrin, 1925

PIERRE (Eugène) et POUDRA (Jules), *Traité pratique de droit parlementaire*, Paris, Baudry, 1879, et suppléments postérieurs, en particulier PIERRE (Eugène), *Traité de droit politique, électoral et parlementaire*, Paris, Librairies-imprimeries réunies, 1924 et Paris, Loysel, 2 t., 1989

1.2. Dossier de député

D23 : dossier personnel de Paul Doumer, député de l'Aisne, représentant la deuxième circonscription de Laon (10 avril 1888-14 octobre 1889 ; 27 avril 1902-8 mai 1910) ; député de l'Yonne, représentant la première circonscription d'Auxerre (8 novembre 1891-27 décembre 1896) : notamment engagements électoraux (1893, 1902, 1906) et résultats des élections ; fiche individuelle de renseignements ; état des rapports, propositions et projets de loi déposés par le député Paul Doumer (1888-1910) ; état des principaux débats auxquels le député Paul Doumer prit part (1888-1910)

---

1. 133 boulevard Saint-Germain, 75355 Paris cedex 07 SP. M. Daladier, administrateur, et A. Rigault, archiviste, sont chaleureusement remerciés de leur aide.

2. Un précieux *Annuaire du Parlement* fut édité de 1898 à 1912 par les éditions Georges Roustan, Paris.

3. La Chambre des députés décide, par sa résolution du 17 novembre 1902, de donner un caractère permanent à seize grandes commissions d'étude, auparavant « spéciales ». Ainsi n'existe-t-il pas véritablement de commission fixe (permanente) à la Chambre des députés avant 1902. Des commissions empiriques et éphémères sont, jusqu'à cette date, divisées en sous-commissions, d'où une certaine confusion. De plus, les travaux des commissions parlementaires de la Chambre des députés ne sont pas publiés avant 1926. Le premier *Bulletin des commissions* n'est en effet publié que le 23 novembre 1926.

1.3. *Programmes, professions de foi et engagements électoraux* (dits le « Barodet »)

Par législature : 1888, 1889, 1891, 1893, 1902, 1910

1.4. Fonds 12 AN : secrétariat général de la questure (1800-1940)

Arrêté de nomination de Paul Doumer comme chef de cabinet de Charles Floquet (19 novembre 1889)[4]

1.5. Documents parlementaires produits par le député Paul Doumer (propositions, projets de loi et rapports), par législature et par séance (1888-1910)

En particulier :

Rapport sur le projet de loi relatif aux syndicats de communes (7 juillet 1888)

Proposition d'impôt sur le revenu (amendement n° 9 au projet du budget de 1895), repoussée par l'Assemblée nationale malgré l'appui de Jean Jaurès (28 avril 1894)

Rapport, au nom de la commission du Budget, sur le projet de loi relatif au règlement provisoire de la situation financière du protectorat de l'Annam et du Tonkin et les dépenses de l'expédition du Siam (28 mars 1895)

Contre-projet d'établissement d'un impôt général sur le revenu, dans le cadre de la discussion du projet de loi relatif aux impôts directs sur les revenus et aux taxes y assimilées de l'exercice 1897 (7 juillet 1896)

Demande à la Chambre de tenir deux séances par jour pour hâter la discussion du budget 1904 et éviter ainsi les douzièmes provisoires (demande accordée) (25 novembre 1903)

Rapport, au nom de la commission du Budget, sur le projet de loi portant ouverture, sur l'exercice 1908, de crédits supplémentaires concernant les opérations militaires au Maroc (18 décembre 1908)

Rapport, au nom de la commission du Budget, sur le projet de loi portant ouverture au ministre de la Guerre, sur l'exercice 1909, d'un crédit supplémentaire de 6,7 millions de francs pour préparer l'augmentation des approvisionnements en munitions, en prévision de la réorganisation de l'artillerie (2 juillet 1909)

1.6. Comptes-rendus des séances de la Chambre des députés au cours desquelles le député Paul Doumer est intervenu, par séance (1888-1910)

En particulier :

Discussion de la proposition de loi de Jules Méline et plusieurs de ses collègues tendant à l'organisation du crédit agricole et populaire (16, 18 et 20 juin 1892)

Discussion de la proposition de loi ayant pour but d'interdire le travail industriel aux accouchées pendant un certain délai et de les indemniser de ce chômage forcé (29 octobre et 3 novembre 1892)

Discussion de sa proposition de résolution tendant à tenir une séance exceptionnelle le vendredi pour discuter les projets ou propositions de loi concernant les ouvriers (12 janvier 1893)

---

4. Le *Dictionnaire des parlementaires français : notices biographiques sur les ministres, députés et sénateurs français de 1889 à 1940*, J. Jolly (dir.), Paris, PUF, 1960-1977, indique, par erreur p. 1473 (t. IV), la date de 1885 pour la prise de fonction de P. Doumer comme chef de cabinet du président de la Chambre des députés. Les archives du secrétariat général de la présidence de la Chambre (AAN, fonds 12 AN) conservent l'arrêté de nomination de Doumer, daté du 19 novembre 1889. Élu député de l'Yonne le 8 novembre 1891, P. Doumer est remplacé au poste de chef de cabinet de la Chambre le 15 novembre 1891 par R. Renoult.

Discussion de la proposition de loi de Joseph Reinach relative à la création d'un ministère des Colonies (10 et 15 mai 1893)

Discussion du projet de loi relatif aux impôts directs sur les revenus et aux taxes y assimilées de l'exercice 1897 (4 juillet 1896)

Discussion déclarant d'utilité publique le chemin de fer Paris-Montparnasse à Chartres, en qualité de président de la commission des Crédits (9 juillet 1902)

Discussion du budget de l'exercice 1904, en qualité de président de la commission du Budget : incident soulevé au sujet de la question du désarmement (Affaires étrangères) (23 novembre 1903)

Discussion des propositions de loi tendant au rachat des réseaux de chemins de fer de l'Ouest et du Midi, en qualité de président de la commission des Crédits (26 janvier 1904)

Discussion du projet de loi autorisant le gouvernement de l'Indochine à contracter un emprunt pour la construction du chemin de fer du Yunnan, comme rapporteur général de la commission du Budget (2 février 1909)

Discussion de l'interpellation d'Adolphe Messimy, député de la Seine, sur la politique saharienne du gouvernement (17 février 1910)

Discussion du budget de l'exercice 1910 sur la politique indigène de la France (Colonies), en qualité de rapport général de la commission du Budget; incident soulevé par le retard apporté à la distribution de son rapport supplémentaire sur la loi de finances (Loi de finances) (23 février 1910)

Discussion de la proposition de loi sur les retraites ouvrières et paysannes (31 mars 1910)

1.7. Autres

Demande d'interpellation de Maximilien Carnaud, député socialiste des Bouches-du-Rhône, sur la nomination d'un député (Paul Doumer) au poste de gouverneur général de l'Indochine (16 janvier 1897) (Annales de la Chambre des députés, 6e législature, débats parlementaires, p. 8-20)

2. Archives du Crédit lyonnais (ACL) (Archives historiques du groupe Crédit agricole)[5]

2.1. Fonds de la direction des études économiques et financières (DEEF)

DEEF 41125 : assemblées générales de la Compagnie générale d'électricité (CGE) (1898-1936), rapports annuels de la CGE [en particulier dates de nomination au conseil

3. Archives départementales de l'Aisne (ADA)[6]

3.1. Instruments de recherche

Laon 1790-1945 : inventaire des archives communales, Laon, Archives départementales de l'Aisne, 1991

5. 83 boulevard Pasteur, 75015 Paris.

6. 28 rue Fernand-Christ, 02013 Laon Cedex. A. Rœlly, conservateur du patrimoine, directeur des Archives départementales de l'Aisne, M.-N. Lenglet et J.-C. Dumain, archivistes, sont chaleureusement remerciés de leur aide, ainsi que C. Carême, président de la Société historique de Haute-Picardie (Laon).

3.2. Sources archivistiques

3.2.1. Fonds des archives communales (AC)

3.2.1.1. E dépôt 376 : archives communales de Vichel-Nanteuil

1 I 3 : deuil national, instruction de Jean Carouat, sous-préfet de Soissons, à l'occasion du décès du président Doumer (18 mai 1932)

3.2.1.2. E dépôt 401 : archives communales de Laon

1 D 38 à 1 D 41 : délibérations du conseil municipal de la ville de Laon (9 novembre 1883 — 24 mars 1890), au sein duquel Paul Doumer, journaliste, siège comme conseiller municipal[7] (élu le 30 octobre 1887[8] sous l'étiquette de républicain radical à la fin du mandat de Jacques-François Glatigny[9], maire de Laon) puis comme premier adjoint (élu le 11 novembre 1887 aux côtés de Charles Bonnot[10], élu maire de Laon le même jour), jusqu'en 1888[11]

2 H 2 : transfert de Soissons à Laon du commandement du deuxième groupe de subdivisions, correspondances, décrets, lettres de Paul Doumer (1928-1934)

2 H 24 : troupes en garnison, réductions et suppressions d'effectifs (1832-1928), correspondance entre Paul Doumer, président du Sénat (1927-1931) et Léon Nanquette[12], maire de Laon (1919-1929)

1 I 29 : anniversaires de la délivrance de Laon par le général Mangin, libérateur de la ville, inauguration du monument aux morts[13] de la Grande Guerre de la ville de Laon, remise de la croix de guerre aux communes de l'arrondissement de Laon, cérémonies du 17 octobre 1920 et du 10 octobre 1926 (sous la présidence d'André Tardieu, ministre des Travaux publics et des Régions libérées) rendant hommage au « département le plus meurtri par la guerre », lettres de Paul Doumer, sénateur de Corse

2 I 95 : lancement, par la ville d'Aurillac, d'un appel à toutes les villes de France pour l'érection d'un monument au président Paul Doumer dans sa ville natale (27 janvier 1933), correspondance avec la ville de Laon

1 M 84 : hôtel des Postes, convention avec l'État pour la cession du terrain (1922-1925), intercession de Paul Doumer (lettres du sénateur Paul Doumer à Léon Nanquette, maire de Laon; lettres de Charles de Lasteyrie, ministre des Finances, au sénateur Paul Doumer)

1 O 28 : plan d'aménagement, de reconstruction et d'extension de la ville de Laon, intercession de Paul Doumer (lettres du sénateur Paul Doumer à Léon Nanquette, maire de Laon)

3 O 22 : projet de chemin de fer de la gare à la ville haute, affaire suivie par Paul Doumer, premier adjoint (1888)

---

7. Seules les interventions nominatives des adjoints au maire sont rapportées dans ces registres. Celles des conseillers municipaux n'y apparaissent pas.

8. Âgé de trente ans, P. Doumer devient alors le benjamin du conseil municipal de Laon.

9. J.-F. Glatigny (1813-1888) est le vingt-huitième maire de Laon de 1871 à 1887.

10. C. Bonnot (1819-1892) devient le vingt-neuvième maire de Laon le 11 novembre 1887 et est réélu à ce poste le 18 mai 1888. Il décède dans l'exercice de ses fonctions le 2 mai 1892.

11. *Inventaire des archives communales*, Archives départementales de Laon, Laon, 1991, p. 28.

12. Ingénieur, industriel, conseiller général de l'Aisne, élu maire de Laon le 10 décembre 1919, réélu le 17 mai 1925, proche ami de P. Doumer.

13. Sur la « liste complète pour l'inscription sur le monument aux morts », figurent, à la rubrique « 1. Militaires », les noms des trois fils de P. Doumer : « 82. Doumer René; 83. Doumer Marcel Victor; 84. Doumer André ».

5 O 1 : embranchement du canal de l'Oise à l'Aisne (détruit pendant 1914-1918), projets proposés par la municipalité (1890, 1892, 1920-1926), plans, lettres de Paul Doumer

1 R 63 : IXe congrès régional des colonies de vacances, Laon, 12-13 février 1923, organisation, invitations, lettres de Paul Doumer

3.2.2. Fonds des archives départementales (AD)

3.2.2.1. Bibliothèque administrative (hors-série) : délibérations du conseil général de l'Aisne (par session)

2 mai 1921 : adresse de félicitations du conseil général de l'Aisne à Paul Doumer, devenu ministre des Finances

2 mai 1927 : allocution de Henry Lamarre, président du conseil général de l'Aisne, à l'occasion de l'élection de Paul Doumer à la présidence du Sénat

28 octobre 1931 : discours de Louis Pétrot, doyen d'âge, président du conseil général de l'Aisne, sur la vie politique de Paul Doumer, auquel il succède

30 octobre 1931 : lettre de démission de Paul Doumer, devenu président de la République (démission effective le 11 juin 1931)

31 octobre 1931 : hommage rendu à Paul Doumer, président de la République, par le conseil général de l'Aisne, rapport d'Angelo Chiappe, préfet de l'Aisne

17 mai 1932 : hommage à la mémoire du président Paul Doumer, discours d'Henry Lamarre, président du conseil général de l'Aisne ; 19 septembre 1932, hommage à Paul Doumer suite à son décès, discours de Louis Pétrot, doyen d'âge

23 avril 1934 : érection, dans la salle des délibérations du conseil général de l'Aisne, d'un buste sculpté par Raymond Sudre à l'effigie de Paul Doumer, discours d'Henry Lamarre, président du conseil général de l'Aisne

7 mai 1952 : hommage au président Doumer, discours d'Henry Lamarre, président du conseil général de l'Aisne

3 octobre 1973 : hommage à Paul Doumer, ancien conseiller général du canton d'Anizy-le-Château, discours d'Henry Lamarre, doyen d'âge

1er février 2000 : délibérations du conseil général de l'Aisne suite à la demande de René Roy, maire de Grisolles, conseiller général de l'Aisne (canton de Neuilly-Saint-Front, arrondissement de Château-Thierry) d'attribuer la dénomination de « collège Paul Doumer » au collège d'Anizy-le-Château, alors que le conseil général décide de lui attribuer la dénomination « Louis Sandras »

3.2.2.2. Série M : administration générale et économie du département (1919-1940)[14]

Sous-série 3 M : élections cantonales, professions de foi des candidats, résultats

3 M 16 : élections de 1919, renouvellement de la première série du conseil général

3 M 17 : élections de 1922 (14 et 21 mai)

3 M 18 : élections de 1925 (19 et 26 juillet)

3 M 19 : élections partielles entre 1925 et 1928 ; élections du 14 octobre 1928

3.2.2.3. Série Q : domaines, enregistrement, hypothèques (registres de transcriptions)

271 Q 3173 : article no 9, vente d'une maison à Anizy-le-Château[15] (Aisne) à Paul Doumer, député de l'Aisne, 10 décembre 1904

---

14. La série M, « Administration générale et économie du département », du fonds départemental des Archives départementales de l'Aisne ne débute qu'en 1919 en raison des destructions dues à la Première Guerre mondiale.

15. M. Reb, maire d'Anizy-le-Château (Aisne), est remercié de son accueil à Anizy-le-Château.

271 Q 3188 : article n° 30, vente d'un terrain à Anizy-le-Château (Aisne) à Paul Doumer, député de l'Aisne, 4 mars 1905

3.2.2.4. Presse locale départementale

Folio P2/1 : *Le Courrier de l'Aisne* (1883-1884), quotidien radical local de tendance modérée dont Paul Doumer, journaliste, devient le rédacteur en chef dès son installation à Laon[16]

Folio Pr 3/1 à Folio Pr 3/10 : *La Tribune de l'Aisne* (1885-1889), quotidien local fondé par Paul Doumer[17]

3.2.2.5. Fonds Amédée Piette[18] (1809-1883) (archives privées)

Dossier Paul Doumer : articles de journaux, textes, renseignements au sujet de sa femme Blanche Richel et de son beau-père Clément Richel, originaires de l'Aisne

Discours de Paul Doumer, député de l'Aisne, prononcé au banquet organisé par la Chambre consultative des associations ouvrières de production, 15 mai 1904

3.3. Sources documentaires

4° br 79 : DOUMER (Paul), « Le département de l'Aisne », *L'Illustration économique et financière*, supplément au numéro du 1er novembre 1924 [consacré à la reconstitution de l'Aisne après 1914-1918], p. 4-6

4° br 988 : « Paul Doumer en Picardie », *Sur les chemins du Laonnois*, décembre 1982, n° 7, Syndicat d'initiative du canton d'Anizy-le-Château

4° br 1059 : DELCAMP (Alain), *Paul Doumer, président du Sénat (1927-1931), président de la République française (1931-1932)*, texte de la conférence prononcée le 18 décembre 1992 au Cercle militaire de Paris pour l'amicale des anciens élèves du lycée d'Aurillac

4° R 157 : CHAUVIN (Jacques), « Paul Doumer, le président assassiné », *Graines d'histoire : la mémoire de l'Aisne*, n° 16, été 2002, p. 2-8

8° 1827 : *La reconstitution de l'Aisne*, exposé présenté au conseil général par Lucien Saint, préfet de l'Aisne, Paris, Berger-Levrault, 1920

8° br 707 : *Trois héros : les frères Doumer*, Paris, Vuibert, 1920

8R6/37 : « Un siècle et demi de législature : les députés successifs du département de l'Aisne de 1789 à 1936 », *Bulletin de la Société académique de Laon*, Laon, 1938, t. XXXVIII, p. 81-122

Non coté : *Reconstructions en Picardie après 1918*, catalogue de l'exposition co-organisée par les Archives départementales de l'Aisne du 16 septembre 2000 au 15 janvier 2001

---

16. Le siège en est situé au 36 boulevard Michelet à Laon, au domicile habité par P. Doumer pendant ses années laonnoises. Une plaque rappelle à cette adresse que « Paul Doumer, président de la République, ancien adjoint au maire de Laon, habita cette maison de 1884 à 1889 ». P. Doumer est amené à démissionner du *Courrier de l'Aisne* après la mort de son mentor H. Martin, sénateur de l'Aisne depuis 1876, conseiller général de l'Aisne, survenue à Paris le 14 décembre 1883.

17. Nettement plus orienté à gauche, le premier numéro de *La Tribune de l'Aisne* sort le 6 janvier 1885.

18. A. Piette (1890-1883), érudit axonais, contrôleur des contributions. Ses archives privées, déposées aux Archives départementales de l'Aisne, contiennent des dossiers individuels richement documentés sur ses contemporains axonais et les personnages marquants du département, en particulier P. Doumer et sa belle-famille, axonaise, la famille C. Richel.

4. Archives départementales du Cantal (ADC)[19]

4.1. Sources archivistiques

4.1.1. Série E : état civil

2 E 14/86 : acte de naissance de Paul Doumer, Aurillac, 23 mars 1857, notice 50; certificat de mariage, civil et sans contrat, de Blanche Richel et Paul Doumer, célébré le 13 août 1878 à la mairie du IIe arrondissement de Paris

2 E 12/83 et 22/84 : actes de naissance de Renée Doumer, Aurillac, 5 février 1854; et Thérèse Doumer, Aurillac, 27 février 1855, sœurs de Paul Doumer

4.1.2. Série Fi : documents figurés

11 Fi 2-7 : photographies des œuvres candidates au concours ouvert pour la réalisation du monument à la mémoire de Paul Doumer; photographies prises lors de son inauguration à Aurillac (1934)

35 Fi 1018, 1111-1112 : le monument Paul Doumer inauguré en 1934; carrefour de la Patte-d'oie, Aurillac, 1997

41 Fi 391 : photographies de la maison natale de Paul Doumer et du monument Paul Doumer le jour de son inauguration (22 juillet 1934)

41 Fi 14874-1 : photographie de la maison natale de Paul Doumer (années 1970)

4.1.3. Série J : archives privées

1 J 372 : lettre de Paul Doumer, gouverneur général de l'Indochine, demandant à un ami la nomination de Rémy, juge de paix à Auxerre (Yonne), comme juge de paix à Sceaux (Hauts-de-Seine), Saigon, 19 juillet 1898

I J 374 : publications imprimées concernant Paul Doumer : élection comme président de la Chambre des députés (1905); installation à l'Élysée (1931); assassinat (1932); inauguration du monument à Aurillac (1934)

1 J 498 : lettre autographe de Paul Doumer, président du Sénat, remerciant son destinataire (anonyme) de sa lettre, Paris, 13 mai 1931

27 J 97, 92 : coupures de journaux relatives à Paul Doumer (1895)

4.1.4. Série M : administration générale

2 M 2 : élection de Paul Doumer à la présidence de la République (mai 1931)

43 M 8 : cérémonies publiques à l'occasion du deuil officiel suite à l'assassinat de Paul Doumer (1932)

43 M 9 : inauguration, par le président Lebrun à Aurillac, du monument élevé à la mémoire de Paul Doumer, compte-rendu, discours, correspondance (1934)

4.1.5. Série O : dossiers d'administration communale (1800-1950)

2 O 14-7 : archives communales de la ville d'Aurillac, monument à la mémoire du président Doumer : concours, érection, inauguration, projet d'emprunt (3 novembre 1934)

4.2. Sources documentaires

A BIB 1906 : BORY (Armand) [député du Cantal, président du conseil général du Cantal], *L'impôt sur le revenu et son application dans le Cantal*, Aurillac, 1896

19. 42 *bis* rue Paul Doumer, 15012 Aurillac Cedex. É. Bouyé, directeur des Archives départementales du Cantal, et C. Delmas, directeur adjoint, sont chaleureusement remerciés de leur aide et de leur accueil.

RHA 1931 : RIBIER (Louis de), « La naissance de M. Paul Doumer : texte des actes de naissance et de baptême », *Revue de la Haute-Auvergne*, t. 26, 1931-1932, p. 116-117; « Hommage au président Paul Doumer », assemblée générale de la Société des lettres, sciences et arts La Haute-Auvergne, 1er juin 1932, *Revue de la Haute-Auvergne*, t. 26, 1931-1932, p. 238-243

121 PER 1932 : « Monsieur Paul Doumer au salon des peintres de montagne », *Auvergne littéraire, artistique et historique*, n° 62, mars-avril 1932, p. 59-60

2 BIB 10308 : *Cérémonies et fêtes en l'honneur de Paul Doumer*, plaquette-souvenir des cérémonies du 22 juillet 1934, ville d'Aurillac, 1934

223 PER 12 : CAZES (Guillaume), « L'exceptionnelle destinée de Paul Doumer », *Auvergne magazine*, n° 246, avril 1990, p. 14-15

233 PER 11 : FLAURAUD (Vincent), « Il y a 60 ans, Paul Doumer était assassiné », *Aurillac magazine*, n° 48, mai 1992, p. 30-31

DELCAMP (Alain), « Paul Doumer (Aurillac, 20 mars 1857-7 mai 1932) », *Revue de la Haute-Auvergne*, t. 57, janvier-mars 1995, p. 39-51

GRIMMER (Claude), *Histoire des rues d'Aurillac*, Sayat, De Borée, 2008, « Doumer (rue Paul-) », p. 69-71

TEYSSANDIER (Lionel), *La vie politique et les parlementaires du Cantal (1871-1940)*, Aurillac, La Haute-Auvergne, 1995

5. Archives départementales de la Corse-du-Sud (ADCS)[20]

5.1. Sous-série 1 M : administration générale du département (1800-1940); rubrique : cérémonies publiques, visites officielles; IIIe République, cérémonies funèbres

1 M 333 : assassinat du président Doumer (1932), télégrammes et cahiers de condoléances

5.2. Sous-série 3 M : élections (1800-1940)

3 M 849 : renouvellement du 9 janvier 1921 : délégués, procès-verbaux d'élection, communes de l'arrondissement d'Ajaccio

3 M 850 : *id.*, communes de l'arrondissement de Bastia

3 M 851 : *id.*, communes des arrondissements de Calvi et de Sartène

3 M 852 : renouvellement du 9 janvier 1921 : instructions, coupures de presse, candidatures, listes et âge des délégués, listes d'émargement des votants

3 M 858 : élection complémentaire du 11 mai 1930 : profession de foi des candidats, contentieux des élections des délégués, liste et âge des délégués

5.3. Série PER : journaux locaux

1 PER 33 : *Le Journal de la Corse* (1911-1913)

38 PER 58 : *Bastia-Journal* (1912)

38 PER 75 : *id.* (1921)

38 PER 92 : *id.* (1930)

38 PER 94 : *id.* (1931-1932)

18 PER 57 : *Le Petit Bastiais* (juillet-décembre 1911)

---

20. B. P. 414, Les Salines, rue François Pietri, 20183 Ajaccio Cedex. M.-M. Graziani, archiviste, est chaleureusement remerciée de son aide; M.-C. et M. Profizi, de leur hospitalité à Ajaccio pendant la durée de mes recherches.

18 PER 58 : *id.* (janvier-juin 1912)
18 PER 74 : *id.* (janvier-décembre 1920)
18 PER 75 : *id.* (janvier-juin 1921)
18 PER 93 : *id.* (janvier-juin 1930)
18 PER 95 : *id.* (janvier-juin 1931)
18 PER 97 : *id.* (janvier-juin 1932)

6. Archives départementales de Haute-Corse (ADHC)[21]

1 J 140 : deux lettres de Paul Doumer, président du Sénat, à François Mattei, Paris, 19 octobre 1928 et 16 septembre 1929

7. Archives départementales de la Lozère (ADL)[22]

7.1. Série PER : presse locale

1 PER 212 : « Monsieur Doumer à Mende », *La Croix de la Lozère*, 24 mai 1931

7.2. Série T : enseignement

1 T 323 : distribution des prix : liste des professeurs (1877-1879) ; palmarès 1940-1941, rubrique livre d'or du collège, inauguration, en juillet 1932, d'une plaque en souvenir de Paul Doumer offerte par l'association des anciens élèves

1 T 707 : distribution des prix, palmarès, lettre du principal indiquant que Paul Doumer a été chargé du discours de présentation le 16 mai 1879 ; lettre accompagnant l'envoi du discours au recteur (commentaires sur le discours et sur l'auteur), 11 juillet 1879

1 T 792 : *Bulletin annuel de l'association des anciens élèves du collège de la ville Mende* (1897-1898) : Paul Doumer, gouverneur général de l'Indochine, est nommé membre honoraire

1 T 1413 : collège de Mende, personnel : état du personnel avec vœux (1877-1878) ; lettre du recteur du 6 août 1879 accordant un congé d'inactivité sans traitement à Paul Doumer

1 T 1416 : dossier personnel de Paul Doumer, professeur de mathématiques au collège de Mende (1877-1879) ; arrêté de nomination ; notice individuelle

8. Archives départementales du Nord (ADN)[23]

2 T 88/67, fonds du rectorat de Douai : dossier administratif de Clément Richel (beau-père de Paul Doumer)

9. Archives départementales de Paris (ADP)[24]

DQ7 / 33907, 9e bureau, 7 octobre 1933, no 1692 : déclaration de succession de Blanche Richel, veuve du président Paul Doumer, y compris testament olographe, Cosne-sur-Loire, 7 décembre 1932 (dépôt le 7 avril 1933, étude de Me Cholet, notaire, Cosne-

21. Hôtel du département, rond-point du général Leclerc, 20405 Bastia Cedex 9. J. Leccia, directeur des interventions départementales, est remercié de son aide.

22. 12 avenue du père Coudrin, 48000 Mende. B. Maury, chargée d'études documentaires, est remerciée de son aide.

23. 22 rue Saint-Bernard, 59000 Lille.

24. 18 boulevard Sérurier, 75019 Paris.

sur-Loire) ; inventaire après décès, 25 avril 1933 (étude de Me Robert Aubron, notaire, Paris) ; partage de la succession de Blanche Richel veuve Doumer, 19 juillet 1933 (étude de Me Robert Aubron, notaire, Paris) : en particulier, une rente annuelle et viagère de 6 000 francs est léguée à sa nièce Thérèse Manassé, fille de sa sœur Louise ; une somme de 2 464 315,59 francs est laissée à ses descendants ; partage de la succession de Paul Doumer, 27 juillet 1932 (étude de Me Robert Aubron, notaire, Paris)

D31U3 836, dépôt du Tribunal de commerce de la Seine, 18 juin 1898, n° 172 : actes de la Compagnie générale d'électricité (CGE), formation de la société anonyme

10. Archives départementales de la Sarthe (ADS)[25]

39J10, fonds Joseph Caillaux : rapports des directeurs des Contributions directes sur l'impôt sur le revenu présenté par Paul Doumer, ministre des Finances (1896)

11. Archives départementales des Vosges (ADV)[26]

11.1. Série PER : presse locale

L'Industriel vosgien (1882-1883) : comptes-rendus des conférences prononcées par Paul Doumer, professeur de mathématiques au collège de Remiremont[27] (1879-1883), secrétaire de la Ligue de l'enseignement, section de Remiremont, en particulier sur « L'hygiène de l'âme, l'influence de la volonté et des vertus morales sur les troubles physiologiques » (5 février 1882) ; « La littérature et la presse en Angleterre » (22 novembre 1882) ; « L'avènement de la IIIe République » (14 juillet 1882) ; « Le coup d'État du 2 décembre 1851 » (10 janvier 1883) ; « Gambetta » (2 février 1883) ; « Le siège de Paris », à partir de souvenirs personnels (5 mars 1883) ; « *La Marseillaise* » (14 juillet 1883)

« La disparition du docteur Armand Doumer, fils de Paul Doumer » (le 4 août 1923 au Val d'Ajol, comme de Laitre, Vosges), *L'Industriel vosgien*, 5 août 1923

« Le séjour de Paul Doumer à Remiremont », *La Liberté de l'Est*, 10 décembre 1952

« Le coup de tête de Paul Doumer », *La Liberté de l'Est*, 20 février 1986

12. Archives départementales de l'Yonne (ADY)[28]

12.1. Instruments de recherche

DUGENNE (Paul-Camille), *Dictionnaire biographique, généalogique et historique du département de l'Yonne*, Auxerre, Société généalogique de l'Yonne, 1996

12.2. Sources archivistiques

2 M 1 225 : élection d'un député, en exécution d'un décret du 1er octobre 1891, attendu le décès de M. René Laffon, député de la 1re circonscription de l'arrondissement d'Auxerre[29] (25 octobre-8 novembre 1891)

---

25. 9 rue Christian Pineau, 72100 Le Mans.

26. Parc économique du Saut-le-cerf, 4 avenue Pierre Blanck, B. P. 1002, 88050 Épinal Cedex 9. I. Chave, directrice des Archives départementales des Vosges, et P. Heili, président de la Société d'histoire locale de Remiremont et de sa région, sont remerciés de leur aide.

27. Le collège de Remiremont a été transformé en résidence d'habitation dans les années 1970. Les archives de l'établissement et la bibliothèque des professeurs ont alors été perdues.

28. 37 rue Saint-Germain, 89000 Auxerre. S. Guyot-Nourry, archiviste, est remerciée de son aide.

29. Comprenant les cantons d'Auxerre-Est ; Auxerre-Ouest ; Chablis ; Ligny-le-Châtel ; Saint-Florentin ; et Seignelay.

2 M 1 227-228 : élections générales à la Chambre des députés en exécution du décret du 23 juillet 1893 (20 août-3 septembre 1893)
227 : convocation, instructions, déclarations de candidatures, centralisation des résultats, etc.
228 : recensement des votes
2 M 1 231 : élection d'un député, en exécution d'un décret du 2 février 1897, attendu la démission de M. Paul Doumer, député de la 1re circonscription de l'arrondissement d'Auxerre, nommé gouverneur général de l'Indo-Chine (28 février-14 mars 1897)
3 M 1 314 : réunions publiques, déclarations, comptes-rendus des commissaires de police, compte-rendu public du mandat du député Paul Doumer (17 août 1896)
3 M 3 51 : banquet offert à M. Paul Doumer à la mairie d'Auxerre (16 février 1896)

12.3. Sources documentaires

4 RES 783 : CROS (Céline) et GUYOT-NOURRY (Stéphanie), *Notices historiques sur quelques personnalités politiques de l'Yonne (1790-1900)*

13. Archives de l'association des écrivains combattants (AEC)[30]

Dossier Paul Doumer; notices des membres de l'association des écrivains combattants et de ses présidents; manuscrits; correspondances; documents administratifs; photographies
6 mai 1932, brochure éditée par l'Association des écrivains combattants et dédiée à Mme Paul Doumer, en hommage ému des écrivains combattants, Paris, 11 novembre 1932
LECLERC (Marc), *Annuaire des membres de l'association des écrivains combattants (1927-1990)*
L'écrivain combattant, gazette de l'association des écrivains combattants (1919-1939)
CHANLAINE (Pierre)[31], « Le président Paul Doumer : un exemple pour les jeunes générations », *L'aéciste, bulletin de l'association des écrivains combattants*, avril 1957, p. 1-2
—, « J'ai vu Gorguloff tirer sur le président Doumer », *L'histoire pour tous*, juillet 1961, série « Ils sont témoins de notre temps », p. 198-202
—, « Il y a quarante ans, Paul Doumer mourait assassiné », témoignage posthume, *Livre d'or de l'AEC*, Paris, AEC, 1972, p. 2-3
WAILLY (Henri de), « L'histoire de l'AEC : nos grands anciens », *Écrivain combattant, gazette de l'AEC*, décembre 2007, n° 113, p. 10

14. Archives de l'Académie des Inscriptions et belles lettres (AIBL)[32]

E 100 : comptes-rendus des séances (3 janvier 1896-30 décembre 1898), en particulier celles du 18 novembre 1898 (présentation du projet de la Mission archéologique d'Indo-Chine); du 2 décembre 1898 (modification par les académiciens de l'article 4 du projet Doumer); du 9 décembre 1898 (acceptation, par l'Académie, du patronage scientifique de la Mission); du 23 décembre 1898 (nomination du directeur de l'École française d'Extrême-Orient)

---

30. 18 rue Vézelay, 75008 Paris. M. Tauriac, président de l'association des écrivains combattants (AEC), et F. Lemaire, directeur administratif de l'AEC, sont chaleureusement remerciés de leur accueil.
31. Élu président de l'AEC le 23 décembre 1944.
32. Palais de l'Institut, 23 quai Conti, 75006 Paris.

15 G1 : commission de l'École française d'Extrême-Orient (1898-1903)
15 G2 : *id.* (1904-1909)

15. Archives nationales d'outre-mer (ANOM)[33]

15.1. Instruments de recherche

DESCOURS-GATIN (Chantal), *Guide de recherche sur le Vietnam*, Paris, L'Harmattan, 1983, p. 193-231

État général des fonds, t. 3, « Marine et outre-mer », Paris, Archives nationales, 1980, p. 463-468

Guide des sources de l'histoire de l'Asie et de l'Océanie dans les archives et bibliothèques françaises, t. 1, « Archives et index », Paris, Saur, 1981, p. 185-196 et 234-271

15.2. Sources imprimées

BERNARD (Fernand), *Indochine : erreurs et dangers*, Paris, Charpentier, 1902

GUERMEUR (Henri), *Le régime fiscal de l'Indochine*, Hanoi, 1909, rééd. Paris, L'Harmattan, 1999

SALAÜN (Louis), *L'Indochine*, Paris, Imprimerie nationale, 1903 [apologie souvent très révérencieuse de l'œuvre de Paul Doumer, gouverneur général de l'Indochine, publiée par son ancien sous-chef de cabinet

15.3. Fonds du gouvernement général de l'Indochine (GGI)

15.3.1. Série A : actes officiels (1875-1955)

A.11 : ordres, arrêtés, décisions du gouverneur général de l'Indochine (15 novembre 1887-25 août 1955) (lacunes) : A.11.65 (janvier 1897) à A.11.127 (mars 1902)

15.3.2. Série B : correspondances générales (1881-1945)

B.11 : dépêches ministérielles reliées reçues des ministères de la Marine et des Colonies (1876-1937) (lacunes) : B.11.23 (janvier 1897) à B.11.293 (mars 1902)

B.21 : correspondance ministérielle au départ entre le gouverneur général de l'Indochine et les ministères de la Marine et des Colonies (1861-1941) (lacunes) : B.21.71 (5 mai 1896-31 mai 1897) à B.21.84 (janvier-29 mai 1902)

B.220 : correspondance échangée entre le gouverneur de la Cochinchine, puis le gouverneur général de l'Indochine, et les hauts fonctionnaires et autorités résidant hors et dans la colonie autres que les ministres (1861-1911) (lacunes) : B.220.24 (1896-1897) à B.220.27 (1899-1900)

B.221 : correspondances intérieures, enregistrement *in extenso* au départ et collection des copies de lettres du gouverneur général de l'Indochine aux autorités intérieures (1892-1943) (lacunes) : B.221.5 (septembre 1896-novembre 1897) à B.221.8 (février 1899-mars 1902)

B.222 : correspondances extérieures, enregistrement *in extenso* au départ et collection des copies de lettres du gouvernement général de l'Indochine aux autorités extérieures (1897-1944) (lacunes) : B.222.6 (juillet 1896-novembre 1897) à B.222.11 (janvier 1902-février 1903)

---

33. 29 chemin du moulin Detesta, 13090 Aix-en-Provence. L. Vachier, incontournable « Madame Indochine » aux Archives nationales d'outre-mer (ANOM), est vivement remerciée de son aide.

B.225 : bureau politique du gouvernement général, correspondance au départ (1899-1936) (lacunes) : B.225.1 (3 octobre 1899-9 octobre 1901)

15.3.3. Série D : administration générale (1880-1945)

D.03.64401 : administration générale, rapports politiques bimensuels du gouverneur général de l'Indochine au sous-secrétariat d'État aux Colonies (avril 1901-décembre 1901)

D.03.64402 : administration générale, rapports politiques bimensuels du gouverneur général de l'Indochine au sous-secrétariat d'État aux Colonies (février-août 1902)

15.4. Fonds du ministère des Colonies (MC)

15.4.1. Série A : affaires politiques

15.4.1.1. Sous-série A00 : généralités (notes, documents, rapports, lettres particulières)

Indochine A00(36), ancien fonds (IC AF), carton 2 : notes mensuelles pour le président de la République sur la situation politique de l'Indochine, rédigées par les services des Colonies (1895-1900)

IC A00(37), AF, carton 2 : correspondance de Le Myre de Vilers, député de Cochinchine, avec le ministre des Colonies, au sujet de l'administration du gouverneur général Doumer (1897-1900) : rattachement du Bas-Laos à la Cochinchine; organisation du service des douanes de l'Indochine; pouvoirs du gouverneur général (projets de décrets portant création d'un budget général de l'Indochine; réorganisation du Conseil supérieur de l'Indochine, du Conseil du protectorat du Tonkin)

Indochine A00, nouveau fonds[34] (IC NF), dossier 585 : voyage de Paul Doumer, récemment nommé gouverneur général de l'Indochine, à Phnom Penh (fin février 1897)

IC A00, NF, dossier 2310(1) : pouvoirs civils et militaires (1901-1909); rapports des pouvoirs civils et militaires en Indochine : relations entre gouverneurs et commandants de troupes, préséances, etc.

IC A00, NF, dossier 2318 : commandement (1900); difficultés avec le gouverneur général de l'Indochine au sujet des ordres donnés directement par la marine en Indochine

15.4.1.2. Sous-série A10 : instructions aux gouverneurs, gouverneurs généraux, résidents et lieutenants-gouverneurs

IC A11(9), AF, carton 3 (1887-1897) : instructions aux gouverneurs et gouverneurs généraux

15.4.1.3. Sous-série A20 : rapports des gouverneurs, gouverneurs généraux et résidents

IC A20(46), AF, carton 8 : rapport d'ensemble du gouverneur général Doumer (1897), situation de l'Indochine, programme, réponse du ministre des Colonies Lebon

IC A20(47), AF, carton 8 : rapports périodiques du gouverneur général de l'Indochine Doumer sur la situation politique de l'Indochine (1898-1900)

IC A20(48), AF, carton 8 : rapports mensuels du gouverneur général de l'Indochine Doumer sur la situation politique en Annam, au Tonkin, en Cochinchine, au Cambodge (février 1897-juillet 1898)

---

34. Il convient de distinguer, dans la série géographique « Indochine », l'« ancien fonds », couvrant en théorie les années 1815-1920 et se présentant selon un cadre de classement adapté de celui qui a été en usage aux archives du gouvernement général de l'Indochine à Hanoi, du « nouveau fonds » (théoriquement 1920-1954), matériellement classé selon l'ordre continu des dossiers : *Guide des sources de l'histoire de l'Asie et de l'Océanie dans les archives et bibliothèque françaises*, t. I, « Archives et index », Paris, Saur, 1981, p. 234-271.

IC A20(50), AF, carton 9 : rapports bimestriels des gouverneurs généraux de l'Indochine Broni et Doumer (1901-1902)
IC A20, NF, dossier 585 : rapport de Paul Doumer sur la situation de l'Indochine pendant le mois d'avril (26 juin 1897) ; rapport de Paul Doumer sur la situation du Cambodge (8 juillet 1897)
IC A20, NF, dossier 601 : rapport du gouverneur général sur le recouvrement des impôts du premier semestre 1898 (13 juillet 1898)

15.4.1.4. Sous-série A30 : correspondance des commandants en chef, gouverneurs, résidents, commissaires de la République avec les ministres de la Marine, des Colonies et des Affaires étrangères

IC A30(105), AF, carton 21 : rapport du gouverneur général Doumer ; réquisition de coolies au Haut-Laos, attitude des populations à l'égard de la France (1898)
IC A30(106), AF, carton 21 : Laos, Annam (1901-1902) ; situation politique en mai et juin 1901 ; coupures de presse locale : troubles au Laos et à Phu-Yen (Annam), assassinat de Ménard ; correspondances, rapports ; incident Péroux : protestation du Comité de protection et de défense des indigènes
IC A30 : NF, dossier 206(1) : situation politique générale (1899-1900) ; correspondance entre le gouverneur général et le ministère des Colonies sur le retard apporté à l'envoi des rapports politiques sur l'Indochine (1899-1901)
IC A30, NF, dossier 794 (1900) : situation à Canton ; réponse aux propositions du gouverneur général d'assurer la sécurité ; situation à Hainan ; propositions d'occupation ; première proposition d'occuper Haikou et d'envoyer la garde consulaire ; envoi d'un bâtiment de guerre à Haikou ; finances ; câblogrammes du gouverneur général protestant contre l'envoi d'instructions par le ministre des Finances à des fonctionnaires d'Indochine ; correspondance en résultant

15.4.1.5. Sous-série A40 : télégrammes des gouverneurs et gouverneurs généraux

IC A40(5), AF, carton 22 : télégrammes du gouverneur général Doumer ; mutations dans le haut personnel (1897)
IC A40, NF, dossier 1007(1) : télégrammes de Doumer, gouverneur général de l'Indochine, au ministre des Colonies, sur des transports de troupes et l'évacuation du Yunnan (juin-juillet 1900)

15.4.1.6. Sous-série A50 : piraterie et troubles

IC A50, NF, dossier 599 : troubles au Tonkin (1898) ; notes, correspondances et coupures de journaux sur les troubles survenus à Hanoi en juin 1898 et dans la nuit du 5 au 6 décembre 1898
IC A50, NF, dossier 603 : troubles divers et répression (1897-1904) ; rapports du gouverneur général et télégrammes (1897-1899)
IC A50, NF, dossier 789 : agitation au Tonkin fomentée par les Boxers ; renforcement des troupes en Indochine (1900)

15.4.2. Série AQ : entreprises

142AQ : Compagnie minière et métallurgique de l'Indochine

15.4.3. Série B : relations extérieures

15.4.3.1. Sous-série B10 : relations avec la Chine

IC B11(17) à (30), AF, cartons 32 et 33 : affaires politiques ; notes, documents, études et rapports sur le Yunnan (1897-1899)

15.4.4. Série D : administration générale et locale

15.4.4.1. Sous-série D20 : organisation du gouvernement général et des résidences (D22 : gouverneurs généraux après 1887)

IC D22(1), AF, carton 52 : organisation du gouvernement général, attributions du gouverneur général, du lieutenant-gouverneur de Cochinchine, des résidents supérieurs et généraux en Annam, au Tonkin, au Cambodge (décret du 20 octobre 1887)

IC D22(4), AF, carton 52 : attributions du gouverneur général de l'Indochine (décret du 21 avril 1891)

16. Service de la bibliothèque, des archives et de la documentation étrangère du Sénat, division des Archives (AS)[35]

16.1. Instruments de recherche

Feuilletons (annuels), Paris, imprimerie du Sénat, 1912 à 1931 : ordres du jour des séances, composition des bureaux et des commissions

Tables analytiques et thématiques des débats parlementaires (Sénat), que Paul Doumer soit sénateur ou non : relevés de l'activité parlementaire de Paul Doumer, sénateur ou ministre, 1896 (p. 165) ; 1912-1914 (p. 78-81) ; 1915-1917 (p. 70-71) ; 1918-1920 (p. 107-117) ; 1921 (p. 60-62) ; 1922 (p. 41) ; 1923 (p. 38) ; 1924-1926 (p. 110-112) ; 1927 (p. 5) ; 1928 (p. 5) ; 1929 (p. 4) ; 1930 (p. 4) ; 1931 (p. 5) ; 1932 (éloge funèbre de Paul Doumer prononcé par Fernand Rabier, proclamé vice-président du Sénat, p. 11)

Règlement du Sénat, Versailles, imprimerie du Sénat, 1876, rééd. Paris, imprimerie du Sénat, 1921

16.2. Dossier de sénateur[36]

321 AS : dossier personnel de Paul Doumer, sénateur de Corse (7 janvier 1912-9 juin 1931)

16.3. Documents parlementaires (rapports, propositions de résolution) déposés par Paul Doumer, sénateur (1912-1931)

En particulier :

Rapport de la commission de l'Armée sur le projet de loi relatif au maintien sous les drapeaux de la classe 1913 (29 mai 1913)

Rapport sur le projet de loi sur le recrutement de l'armée (25 février 1914)

Rapport sur le projet de loi concernant les avances aux pays alliés ou amis (25 mars 1915)

Proposition de résolution relative aux garanties militaires à insérer dans le traité de paix (17 avril 1919)

Rapport au nom de la commission d'enquête sur les faits de guerre (18 octobre 1919)

Rapport, au nom de la commission des Finances, sur le projet de loi relatif à la création d'un office de vérification et de compensation en application de la partie X (clauses économiques) du traité de Versailles du 28 juin 1919 (19 février 1919)

Proposition de résolution relative aux lignes de chemin de fer de pénétration en Alsace à travers les Vosges (10 juin 1920)

---

35. 15 rue de Vaugirard, 75291 Paris Cedex 06. C. Maynial, directrice du service de la bibliothèque, des archives et de la documentation étrangère du Sénat, et C. Daussun, archiviste, section des archives, sont chaleureusement remerciées de leur aide.

36. Le service de la Bibliothèque, des archives et de la documentation étrangère du Sénat ne conserve pas de dossier de P. Doumer en qualité de président du Sénat (1927-1931).

Rapport, au nom de la commission des Finances, ayant pour objet d'ordonner la translation à Paris et le dépôt à l'Arc de Triomphe des restes d'un soldat inconnu, mort pour la France au cours de la Grande Guerre (8 novembre 1920)
Rapport, au nom de la commission des Finances, sur le projet de loi relatif au régime fiscal applicable dans les régions qui ont subi l'occupation ennemie (23 décembre 1920)
Rapport, au nom de la commission des Finances, sur la proposition de loi concernant les caisses de retraite fondées par les anciens combattants et les victimes civiles de la guerre (12 juillet 1923)

16.4. Interventions de Paul Doumer, sénateur ou ministre (1912-1931)

En particulier :
Intervention, en qualité de rapporteur de la commission de l'Armée, dans la discussion générale du projet de loi sur le recrutement de l'armée active et la durée du service militaire (1er août 1913)
Intervention dans la discussion du projet de loi tendant à rendre obligatoire la préparation militaire des jeunes Français (18 juillet 1916)
Intervention dans la discussion du projet de loi concernant l'établissement d'un impôt général sur les revenus (14 novembre 1916)
Intervention dans la discussion du projet de loi concernant les exemptés et les réformés (17 février 1917)
Intervention dans la discussion du projet de loi relatif aux dommages de guerre (21 décembre 1917)
Intervention dans la discussion du projet de loi relative à la glorification des morts pour la France (30 juillet 1919)
Intervention dans la discussion sur la circulaire adressée aux préfets au sujet des exhumations et transports des corps des soldats morts pour la France (16 octobre 1919)
Intervention dans la discussion du projet de loi concernant la sauvegarde des intérêts de la France en Extrême-Orient (2 mars 1922)
Intervention dans la discussion du projet de loi augmentant le nombre des médailles militaires (12 juillet 1924)

16.5. Sous-série 14S : commission des Finances du Sénat sous la IIIe République (1876-1916, 1920-1940)[37]

14S 1-142 : commission des Finances, réunions, procès-verbaux (1876-1916 ; 1920-1940), notamment 14S 83- 92 (1926-1927)

16.6. Sous-série 66S : élections sénatoriales[38]

66S 36 : élection du sénateur de la Corse, 1912 et 1921 (dont lettres de protestation)
66S 38 : *id.*, 1930 (dont procédure de contestation)

---

37. La commission des Finances du Sénat, chargée chaque année d'examiner le budget de l'année suivante, est « exceptionnellement permanente » depuis 1876. P. Doumer est élu membre de la commission des Finances le 6 juin 1912. Il en est élu rapporteur général le 29 janvier 1920 puis président le 13 juillet 1925.
38. Dossiers d'élections fournis par les préfectures au Sénat.

16.7. Sous-série 69S : commissions permanentes du Sénat[39]

69S 1-13, 53-128 : commission de l'Armée, réunions, procès-verbaux (1885-1919), dossiers des auditions (1915-1940), rapports faits à la commission (1915-1919) ; en particulier 69S 113 : rapport du sénateur Paul Doumer sur les ressources en matériel, munitions et effectifs (26 avril 1915)

69S 40-42, 262-276 : commission des Affaires étrangères et de politique générale des colonies, réunions, procès-verbaux (1915-1940), dossiers des auditions (1915-1940)

69S 290-291 : commission chargée d'étudier les questions intéressant spécifiquement les départements libérés de l'invasion[40] (1918)

16.8. Sous-série 80S : groupes politiques et thématiques du Sénat (1870-1940)

80S 3 : groupe de l'Union républicaine du Sénat, procès-verbaux des réunions (1884-1916)

80S 4 : *id.* (1916-1942)

80S 8 : groupe de la gauche démocratique, radicale et radicale-socialiste du Sénat[41], réunions, procès-verbaux (1914-1921)

80S 9 : *id.* (1930-1938)[42]

80S 30 : groupe parlementaire des départements envahis, réunions, procès-verbaux, liste des membres, activités, documents de travail (1914-1916)

80S 31 : *id.* (1916-1921)

80S 38 : groupes politiques du Sénat, activités, listes des membres, discours, procès-verbaux (par groupe) (lacunes) (1886-1938)

16.9. Sous-série 124S : commissions spéciales du Sénat[43]

124S 584 : commission relative à la modification du tarif général des douanes en ce qui concerne les céréales (blé, avoine, farine), procès-verbaux (1897-1898)

124S 872 : commission des boissons, procès-verbaux (1896)

124S 873 : commission chargée de l'examen du projet de loi concernant la réforme de l'impôt sur les boissons, procès-verbaux (1895-1896)

124S 896 : commission sur les octrois, procès-verbaux (1896-1897)

124S 1508-1509 : première et seconde sous-commissions de l'impôt sur le revenu (1910-1911), réunions, procès-verbaux

---

39. Devant la multiplication des commissions sénatoriales (spéciales) et l'apparition de thématiques récurrentes, G. Poulle (1861-1937), sénateur de la Vienne (1906-1927), réforme le règlement du Sénat en 1921 : à partir de cette date, les commissions permanentes sont généralisées. Les commissions spéciales deviennent alors exceptionnelles. Conservées au Sénat, les archives des commissions sénatoriales ont en partie disparu.

40. Le *Dictionnaire des parlementaires français (1889-1940)*, J. Jolly (dir), *op. cit.*, indique, p. 1475, que le sénateur P. Doumer est élu, le 3 décembre 1918, membre de cette commission. Toutefois, son nom n'apparaît pas dans les procès-verbaux sous les cotes 69S 290 et 291.

41. Les radicaux, auparavant intégrés à l'Union républicaine, décident en juillet 1891 de créer leur propre groupe de la Gauche démocratique, sous la présidence de l'ancien gambettiste A. Ranc.

42. Les procès-verbaux des réunions tenues par le groupe de la gauche démocratique, radicale, radicale-socialiste du Sénat entre 1921 (80 S 8) et 1930 (80 S 9) ne sont pas conservés.

43. Les commissions sénatoriales sont « spéciales », c'est-à-dire provisoires, jusqu'en 1921 (à l'exception toutefois de la commission des Finances, « exceptionnellement permanente » depuis 1876). Il s'agit, de 1876 à 1920, de commissions *ad hoc*, spécialement installées afin d'examiner un texte de loi, auquel elles ne survivent pas. Progressivement remplacées par les commissions permanentes, les commissions spéciales tendent à disparaître après la réforme sénatoriale de 1921.

124S 1790 : commission chargée de procéder à une enquête économique sur les moyens d'accroître et de coordonner les efforts de production des colonies françaises, procès-verbaux (1918)
124S 1801 : commission d'enquête sur les faits de guerre, procès-verbaux (1919)
124S 1811 : commission chargée d'examiner deux projets de loi pour la nomination d'une commission chargée d'examiner les traités de paix (1919)
Non coté : commission de l'impôt sur le revenu, procès-verbaux (1909-1916)

16.10. Sous-série 181S : élections présidentielles[44]

118S 13 : listes de pointage, résultats du dépouillement (1906)
118S 20 : *id.* (1931)

16.11. Médailles

2M 1318-1321 : 4 médailles à l'effigie de Paul Doumer, président de la République

17. Archives de l'Académie des sciences d'outre-mer (ASOM)[45]

Dossier personnel de Paul Doumer, co-fondateur (1922) puis président (1926-1927) de l'Académie des sciences coloniales : correspondances, rapports, coupures de presse
Décret de la fondation à Paris d'une Académie des sciences coloniales[46] (8 juillet 1922) par 38 personnalités, parmi lesquelles Paul Doumer, Albert Lebrun, Gabriel Hanotaux, Louis Archinard, Ernest Roume, Auguste Pavie, Henri Lorin, etc.
Texte de la séance solennelle d'ouverture de l'Académie des sciences coloniales le 18 mai 1923 à la Sorbonne sous la présidence d'Albert Sarraut, ministre des Colonies
Comptes-rendus des séances (Paris, Société d'éditions géographies, maritimes et coloniales), en particulier celle du 13 mars 1933 : Paul Bourdarie, premier secrétaire perpétuel, « In memoriam Paul Doumer »

18. Bibliothèque de l'Assemblée nationale (BAN)[47]

18.1. Manuscrits

Ms 1617 (U 3320) : autographes des présidents de la République française depuis 1871, lettres de divers formats, dont de Paul Doumer
Ms 1657 (Z 973) : lettre du général Joseph Joffre protestant contre la présence de Paul Doumer dans la zone des armées (11 février 1915) ; lettre du général Joseph Joffre faisant état du refus de permis de circuler opposé à Paul Doumer pour se rendre à Verdun (22 mars 1915)
Ms 1685 (PB 7758) : lettre adressée à Raymond Poincaré par Paul Doumer, président du Sénat (10 septembre 1928), accompagnant des épreuves d'artiste de l'abbé Rolin qui lui ont été communiquées sur les batailles de Nancy

---

44. Dossiers d'élections de l'Assemblée nationale. Sous la IIIe République, l'Assemblée nationale désigne le Congrès, c'est-à-dire la réunion du Sénat et de la Chambre des députés.
45. 15 rue Lapérouse, 75116 Paris. D. Prince, responsable de la bibliothèque, est remerciée de son accueil.
46. Devenue le 7 juin 1957 l'Académie des sciences d'outre-mer.
47. 126 rue de l'Université, 75355 Paris Cedex 07 SP.

Ms 1686 (PB 9970), lettre de Paul Doumer, président du Sénat, à François Pietri (18 février 1930)

Ms 1689 (U 4558) : préface, notes de travail, lettres et pièces diverses (v. 1922) pour *Les cent jours de Paris*, ouvrage (inédit) dans lequel Paul Doumer se proposait de livrer son expérience et ses souvenirs de collaborateur immédiat du général Gallieni, au moment de la bataille de la Marne ; projets d'autres ouvrages, notes intimes, copies et photocopies de lettres reçues par Doumer de Lyautey

18.2. Sources imprimées

« Paul Doumer », dans anonyme, *Ceux qui nous mènent (25 portraits)*, Paris, Plon, 1922, p. 139-151

Anonyme, *La fin tragique du président Paul Doumer racontée par deux reporters témoins oculaires (compte-rendu illustré des obsèques nationales)*, Paris, Librairie contemporaine, 1932

BERR (Henri) [ami de Paul Doumer et directeur du Centre international de synthèse], *Commémoration du président Doumer après vingt ans*, Paris, Albin Michel, 1953

FALK (André), « Un tueur nommé délire : l'assassinat du président Doumer (6 mai 1932) », dans GUILLEMINAULT (Gilbert), *Les années difficiles*, Paris, Denoël, coll. « Le roman vrai de la Troisième République », 1958, p. 135-158

FRANKLIN-MARQUET (Henry), *Ceux qui ont tué Paul Doumer : la vérité sur l'affaire Gorguloff*, préface de Paul Vaillant-Couturier, Paris, Bureau d'éditions, 1932

GOLEN (Henry de) [fils du médecin en chef de la préfecture de police de Paris], *Le président Doumer accuse… En marge de l'histoire*, Paris, Maurice d'Hartoy, coll. « Enquêtes et pamphlets », 1932

LACOTTE (Eugène), « Paul Doumer (5 garçons et 3 filles) », dans *Nos seigneurs républicains*, Paris, Éditions des Guêpes, 1909, p. 129-149 [le chapitre consacré à Paul Doumer de ce pamphlet est republié à l'occasion de son élection à la présidence de la République dans l'édition du 28 mai 1931 du bimensuel *Les Guêpes*, sous le titre « Petite contribution à la biographie d'un grand homme : S. E. Paul Doumer, fondé de pouvoirs de la ploutocratie française »

TARDIEU (André), *Devant le pays*, Paris, Flammarion, 1932, en particulier chapitre VIII, « Paul Doumer », p. 229-247 [publication du discours prononcé aux funérailles nationales de Paul Doumer, président de la République, le 12 mai 1932

19. Bibliothèque nationale de France (BNF)

BÉDAT (Jean), *Mémoire présenté à Paul Doumer, gouverneur général de l'Indochine, sur l'analogie qu'il y a, du point de vue agricole, entre le delta du Nil et celui du Fleuve Rouge*, Paris, 25 décembre 1898, Paris, Chaix, 1899

BOPPE (Georges), « Paul Doumer à Bourbon-l'Archambault », dans *Trois hôtes thermaux à Bourbon-l'Archambault au XXe siècle : […] Paul Doumer*, Moulins, Imprimeries réunies, 1957, p. 16-19

FABRE (Henri), *Les assassins d'État : Lyon 1894 ; Paris 1932*, Paris, Delagrave, coll. « Les hommes du jour », 1932

LÉANDRE (Charles), « M. Paul Doumer, hier proconsul, demain… ? », caricature parue dans le supplément au n° 393, série « Nos grands électeurs », du journal *Le Rire*, Paris, 1904

RICHET (Étienne)[48], *L'Indo-Chine française à l'heure présente : l'œuvre de Paul Doumer*, bulletin de la Société royale de géographie d'Anvers, Saïgon, 9 novembre 1901, Anvers, De Backer, 1902
SAMUEL (René), *Le parlement et la guerre (1914-1915)*, Paris, G. Roustan, 1918

20. Centre des archives économiques et financières (CAEF)[49]

20.1. Fonds du cabinet du ministre des Finances (CMF)[50]

1A 387/1 : papiers provenant du cabinet de Paul Doumer, ministre des Finances (janvier-juin 1921), dossiers des conseillers techniques et des chargés de mission, notes, correspondances au départ et à l'arrivée

20.2. Fonds de la comptabilité publique (CP)

B 47.372 : création de l'impôt général sur le revenu (1874-1915), en particulier texte de la conférence de Léon Say, sénateur de Seine-et-Oise, « L'impôt sur le revenu » (10 septembre 1885) ; et travaux préparatoires d'un projet de loi portant fixation des impôts directs sur les revenus et taxes assimilées (1896)

20.3. Fonds de la législation fiscale (LF)

B 43.281 : impôt sur le capital, anciens projets (1894-1936)

B 43.282 : impôt sur le capital (suite), en particulier projet de loi instituant une contribution nationale exceptionnelle pour l'amortissement de la dette publique (1925)

B 43.284 : impôt sur les capitaux improductifs (1925) ; impôt général sur le capital ou le revenu, notes et articles (1887 ; 1894) ; impôt sur le revenu, notes (1884 ; 1886) ; impôt sur les revenus et traitements (1886-1887 ; 1921-1922) ; *Journal des économistes*, compte-rendu de la séance du 5 juillet 1919 de la Société d'économie politique (ordre du jour : l'impôt personnel sur le revenu et le capital), p. 107-123

B 43.285 : impôt sur le revenu, notes de la direction générale (1880-1904) ; *L'impôt sur le revenu*, discours de Paul Doumer, ministre des Finances, à la Chambre des députés, séance du 25 mars 1896, Paris, Imprimerie nouvelle, 1896 ; législation étrangère, vœux et articles de journaux (1873-1890) ; loi de finances du 15 juillet 1914, notes diverses (1912-1914)

B 43.287 : impôt sur le revenu (suite), prescriptions (1890-1932)

B 43.288 : impôt sur le revenu des valeurs mobilières et des capitaux mobiliers, élévation des nouveaux tarifs (1873-1945)

B 43.289 : impôt sur le revenu, documents parlementaires (1903-1917)

B 43.293 : projet de loi instituant des mesures destinées à assurer le redressement financier

---

48. É. Richet (1873-1929) est chargé de mission en Extrême-Orient par le gouvernement français. Ce rapport peut être considéré comme un bilan relativement fiable et impartial, en particulier sur le plan budgétaire, du mandat de P. Doumer en Indochine.

49. 9 rue de l'Aluminium, 77176 Savigny-le-Temple. A. d'Angio-Barros, directeur, et S. Roser, conservateur, sont remerciées de leur aide et de leur accueil. F. Neau-Dufour est remerciée de son hospitalité à Melun pendant la durée de mes recherches.

50. Sur les trois passages de P. Doumer au ministère des Finances (du 1er novembre 1895 au 29 avril 1896 dans le cabinet Bourgeois ; du 16 janvier 1921 au 12 janvier 1922 dans le septième cabinet Briand ; et du 16 décembre 1925 au 9 mars 1926 dans le huitième cabinet Briand), seuls les papiers émanant de son cabinet pour la période du premier semestre 1921 sont conservés.

présenté par Paul Doumer, ministre des Finances, à la Chambre des députés, séance du 29 décembre 1925

21. Archives d'État du Vietnam, Centre des archives nationales n° 1 (CAN n° 1)[51]

21.1. Fonds du gouvernement général de l'Indochine (GGI)

B.2, B.3, n° 6299 : enregistrement analytique et *in extenso* des correspondances au départ du gouvernement général de l'Indochine (1886-1888)

B.2, D.5, n° 6668 : enregistrement analytique et *in extenso* des correspondances générales du gouvernement général de l'Indochine

B.3, n° 7016 : répertoire des correspondances au départ du gouvernement général de l'Indochine (1899-1900)

C.1, n° 1189 : nomination des membres du cabinet civil du gouvernement général de l'Indochine

C.7, n° 2623 : recommandation faire par Paul Doumer, député de l'Aisne (France) en faveur de M. Bernardini, qui désirerait être nommé rédacteur du service de l'agriculture (2 juillet 1904)

D, n° 01409, décret du 21 avril 1891 relatif aux pouvoirs du gouvernement général de l'Indochine

F1, n° 1895 : voyage du gouverneur général de l'Indochine à Saigon en juin 1897

F.3, B.7, n° 6959 : télégrammes confidentiels au départ et à l'arrivée du gouvernement général de l'Indochine

J, n° 04365, fête d'inauguration du chemin de fer transindochinois

L, n° 4005, rapport sur la situation économique de l'Indochine de 1897 à 1899 et en 1900; *Note sur le développement commercial de l'Indochine de 1897 à 1901* (Hanoi, Schneider, 1902)

21.2. Fonds de la mairie d'Hanoi (MH)

D.84, n° 3238 : décès de Paul Doumer, président de la République française, ancien gouverneur général de l'Indochine

21.3. Fonds de la résidence supérieure au Tonkin (RST)

H.1, n° 38723 : inauguration du pont Paul Doumer à Hanoi (1902)

D.84, n° 71651 : décès de Paul Doumer, président de la République française, ancien gouverneur général de l'Indochine

22. Centre historique des archives nationales (CHAN)[52]

22.1. Instruments de recherche

ADNÈS (Françoise), CANAVAGGIO (Perrine) et COUTURIER (Albert) (inventaire par), *Archives de la présidence de la République, IIIe République (1871-1940)*, Paris, CHAN, 2002

---

51. 31B rue Trang Thi, Hanoi, Vietnam. Vu Thi Minh Huong, vice-directrice générale des Archives du Vietnam, Ha Van Hue, directeur du Centre des archives nationales n° 1 et Van Thi Kim Cuc, vice-directrice de l'Académie des sciences sociales du Vietnam (département des relations internationales), sont remerciés de leur accueil.

52. 60 rue des Francs-Bourgeois, 75141 Paris Cedex 03; et Centre d'accueil et de recherche des archives nationales (CARAN), 11 rue des Quatre-Fils, 75003 Paris.

22.2. Fonds 1 AG : présidence de la République, IIIe République (1871-1940)

1 AG 39 : maison civile, voyages officiels du président de la République en France et à l'étranger (1896-1940)

Voyage à Nancy, 23-24 septembre 1931.

1 AG 72 : maison militaire, sorties du président de la République (correspondance, notes de service, itinéraires, horaires, personnes présentes, honneurs à rendre, mesures de sécurité, forces de l'ordre mises en place, etc.)

Vente de livres organisée par l'association des écrivains combattants à l'hôtel de Rothschild, 11 rue Berryer, Paris, 5 juin 1931

Dîner à la légation des Pays-Bas, 85 rue de Grenelle, Paris, avec S. M. la reine des Pays-Bas, 17 juin 1931

Fête organisée par l'Union des sociétés de gymnastique de France au vélodrome de Vincennes, avenue de Gravelle, Vincennes (Seine), 12 juillet 1931

Inauguration de la Maison des ailes au château de Boulains à Echouboulains (Seine-et-Marne), 28 septembre 1931

Inauguration de l'hôtel de Chambon, 95 rue du Cherche-midi, Paris, et célébration du cinquantenaire du syndicalisme médical, 19 décembre 1931

Réunion du conseil d'administration de la Fondation Rodin, avenue Auguste Rodin, Meudon (Seine-et-Oise), 20 décembre 1931

Déjeuner offert par le Collège libre des sciences sociales à l'hôtel Lutétia, Paris, 7 mars 1932

1 AG 87 : discours et allocutions présidentiels

Remise des pouvoirs présidentiels, discours du président sortant et du président rentrant, palais de l'Élysée, Paris, 13 juin 1931

Discours prononcé par le président Doumer à l'occasion de sa réception solennelle à l'hôtel de ville de Paris, 13 juin 1931

Allocution prononcée par le président Doumer au banquet de la *Revue des deux mondes* à l'occasion de l'inauguration de la Maison des étudiants suédois à la Cité universitaire de Paris, en présence de S. A. R. le roi de Suède, Paris, 1er décembre 1931

Réponse du président Doumer à S. E. Mgr Maglione, nonce du Saint-Siège apostolique, doyen et interprète du corps diplomatique, lors de l'échange des vœux de nouvel an, Paris, 31 décembre 1931

1 AG 90 : élection, transmission des pouvoirs, message aux Chambres, protocole des cérémonies à Versailles et à Paris (1879-1939) ; portraits photographiques des présidents, dont deux de Paul Doumer

En particulier message du président Doumer aux Chambres, lu par Pierre Laval, président du Conseil, le 17 juin 1931 à la Chambre des députés et par Léon Bérard, garde des Sceaux, ministre de la Justice, le même jour au Sénat

1 AG 112 : décrets, arrêtés, instructions ministérielles, notes, consignes organisant le service de sûreté et la sûreté présidentielle, en particulier lors des déplacements et voyages officiels (1929-1940)

1 AG 129 : télégrammes officiels envoyés par le président de la République

Télégrammes officiels envoyés par le président Doumer, essentiellement des dépêches de courtoisie adressées à des chefs d'Etat et souverains étrangers (juin-décembre 1931)

1 AG 130 : télégrammes officiels envoyés par la présidence de la République

Télégrammes envoyés par le président Doumer, essentiellement des dépêches de courtoisie adressées à des chefs d'Etat et souverains étrangers, notamment en réponse à leurs vœux de nouvel an (janvier-mai 1932)

Télégrammes envoyés par Mme Paul Doumer en réponse aux condoléances reçues à l'occasion de l'assassinat du président Doumer (7-12 mai 1932)

1 AG 145 : portraits de présidents de la IIIe République, dont un de Paul Doumer (13 juin 1931)

22.3. Série AP : archives privées

22.3.1. 51AP : fonds Gabriel Deville[53]

51AP/1 : chefs d'État, France, dont Paul Doumer

51AP/4 : journalistes, France, dont Paul Doumer

22.3.2. 56AP : fonds Révilliod père (Paul)[54] et fils (Pierre)[55]

56AP/1, dossier 1 : rapports, notes dactylographiées et manuscrites, délibérations de la commission des réparations (octobre 1920 — avril 1921), lettres reçues de Paul Doumer

22.3.3. 151AP : fonds Paul Deschanel[56]

151AP/35 : correspondances et papiers divers, carrière politique, discours, correspondance politique, sept lettres (1902-1917) et un télégramme (1902) reçus de Paul Doumer

22.3.4. 313AP : fonds Paul Painlevé[57]

313AP/59, divers aviation, Académie des sciences, rapports sur l'artillerie lourde, sur les automitrailleuses, les autocanons, etc. : dont rapport de Paul Doumer, sénateur de Corse, à la commission sénatoriale de l'armée (26 avril 1915)

313AP/129, rapports de la France avec ses alliés (1917) : dont une lettre (non datée) reçue du sénateur Paul Doumer sur les négociations Armand-Revertera au sujet de l'Autriche (avril 1917-mai 1918)

22.3.5. 355AP : fonds Louis Madelin[58]

355AP/2 : correspondance (1893-1940), trois lettres reçues de Paul Doumer (1927)

---

53. G. Deville (1854-1940), leader marxiste du parti ouvrier. Dossiers consultables « par extraits » : CARAN, lettre à l'auteur, 20 février 2008.

54. P. Révilliod, conseiller juridique à la commission des Réparations, section Autriche, Vienne (1919-1921), au sein de laquelle la France est représentée par A. Klobukowski, gendre de P. Bert, ancien gouverneur général d'Indochine (1908-1911).

55. P. Révilliod, fils de Paul Révilliod, préfet, directeur de cabinet du ministre de l'Intérieur dans le cabinet Doumergue (1934).

56. P. Deschanel (1855-1922), sous-préfet, député (1885) puis sénateur d'Eure-et-Loir (1921-1922), vice-président (1896-1898) puis président de la Chambre des députés (1898-1902 ; 1912-1920), président de la République (1920), membre de l'Académie française. Avec l'aimable accord du déposant : I. Neuschwander, directrice des Archives nationales, lettre à l'auteur, 6 mars 2008.

57. P. Painlevé (1863-1933), mathématicien, député de la Seine, ministre de l'Instruction, président du Conseil (1917, 1925), ministre de la Guerre (1926-1929), ministre de l'Air (1930-1933) : pour la présentation détaillée de ce fonds, A.-L. Anizan, *Paul Painlevé (1863-1933) : un scientifique en politique*, thèse de doctorat, IEP de Paris, 2006, p. 871-875.

58. L. Madelin (1871-1956), historien, chargé de cours à la Sorbonne (1904-1910), député des Vosges (1924-1928), académicien (1927), auteur de *La Bataille de la Marne*, *La Mêlée des Flandres*, *La Bataille de France*. Membre de la commission des Affaires étrangères de la Chambre des députés, L. Madelin intervient en particulier dans les discussions budgétaires et à propos de problèmes de politique étrangère, comme la ratification des accords de Locarno : J. Jolly (dir), *Dictionnaire des parlementaires français*, *op. cit.*, t. VII, p. 2326-2327.

22.3.6. 398AP : fonds Jules-Louis Breton[59]

398AP/17 : direction des recherches scientifiques et industrielles et des inventions (juillet 1919-novembre 1922), lettres reçues de Paul Doumer

22.3.7. 460AP : fonds Félix Faure[60]

460AP/11 : une lettre reçue de Paul Doumer (Caobang, 12 janvier 1898)

22.3.8. 563AP : fonds Alexandre Ribot[61]

563AP/31 (boîte 12) : trois lettres reçues de Paul Doumer (1905-1910)

22.3.9. 603AP : fonds Henri Géraud[62]

603AP/1 : articles de journaux sur le procès devant la cour d'assises de la Seine, en juillet 1932, de Pavel Gorguloff[63], assassin de Paul Doumer (1932); rapports de la sûreté de Prague (traduits du tchèque), enquête judiciaire en Slovaquie au sujet de Gorguloff (1932)

603AP/2 : extraits des procédures déposées au greffe de la cour d'appel de Paris au dossier de la procédure suivie contre Gorguloff, en particulier : inventaire des pièces de la procédure instruite contre Pavel Gorguloff, prévenu d'assassinat et d'homicide volontaire (17 pages); rapport de la police tchèque, traduit du tchèque (23 pages); dépositions des témoins

603AP/3 : rapports d'enquêtes, rapport médico-légal (30 mai 1932), correspondances au sujet de l'affaire Gorgouloff (1932)

603AP/4 : expertises médicales contradictoires de Gorguloff (1931-1932); attestations des psychiatres; lettres et écrits de l'accusé; causes de la mort du président Doumer, notes de plaidoierie

22.3.10. 619AP : fonds Émile de Marcère[64]

619AP/1 : lettres reçues de présidents de la République, dont trente-quatre reçues de Paul Doumer (1895-1927)

---

59. J.-L. Breton (1872-1940), député (1898-1921) puis sénateur du Cher (1921-1930), ministre de l'Hygiène (1920-1921), surnommé « ministre de la Natalité » : B. Yvert, *Dictionnaire des ministres de 1789 à 1989*, Paris, Perrin, 1990, p. 387.

60. F. Faure (1841-1899), député républicain modéré (1881-1895), ministre de la Marine (1894-1895), président de la République (1895-1899). Avec l'aimable autorisation de S. Barbiche, responsable de la section des archives privées, Centre historique des Archives nationales : lettre à l'auteur, 19 juin 2008.

61. A. Ribot (1842-1923), président du Conseil (1892-1893, 1895, 1914, 1917), ministre des Affaires étrangères (1890-1893, 1917), de l'Intérieur (1893), des Finances (1895, 1914-1917). Avec l'aimable accord du donateur : I. Neuschwander, directrice des Archives nationales, lettre à l'auteur, 26 juin 2008.

62. H. Géraud (1872-1962), avocat d'assises, défendit R. Couillard, domestique de Madame Steinheil, maîtresse du président de la République F. Faure; participa en 1919 au procès de R. Villain, assassin de Jaurès, dont il obtint, avec d'autres, l'acquittement; et fut désigné d'office pour défendre P. Gorgouloff, assassin de P. Doumer le 6 mai 1932 : J.-C. Roman d'Achat *et al.* (dir.), *Dictionnaire de biographie française*, Paris, Letouzey et Ané, 1948, t. XV, p. 1254.

63. Le nom de l'assassin du président Doumer est orthographié tantôt Gorguloff tantôt Gorgulov. Paul est la francisation de son prénom russe Pavel.

64. É. de Marcère (1828-1918), attaché au ministère de la Justice, député du Nord (1872-1884), sous-secrétaire d'État à l'Intérieur (1876), ministre de l'Intérieur (1876-1877; 1879), préfet de l'Yonne (1896-1898), sénateur inamovible du Nord (1884-1918), conseiller général de l'Orne : B. Yvert, *Dictionnaire des ministres (1789-1989)*, *op. cit.*, p. 533.

22.4. Série AQ : entreprises

139AQ : fonds de la Compagnie des forges et aciéries de la Marine et d'Homécourt (1903-1969)

189AQ : fonds Wendel (1205-1984)

190AQ : fonds François II et Maurice de Wendel (xviiie siècle-1978), en particulier 190AQ2 et 190AQ3 : correspondance reçue (1903-1948); et 190AQ28-32 : dossiers de personnalités (1890-1953)

22.5. Série C : Assemblées nationales

22.5.1. Élections législatives, procès-verbaux communaux

4e législature (1885-1889), élections partielles, C.4623 : Château-Thierry, Laon, Saint-Quentin (Aisne), 25 mars 1888 (1er tour); C.4625 : Laon, Saint-Quentin, Soissons, Vervins (Aisne), 8 avril 1888 (2e tour)

5e législature (1889-1893), élections générales (1889), C.4775 : Château-Thierry et Laon (Aisne), 22 septembre 1889 (1er tour); élections partielles (1891), C.4935 : Auxerre (Yonne), 25 octobre 1891 (1er tour) et 8 novembre 1891 (2e tour)

6e législature (1893-1898), élections générales (1893), C.5069 : Auxerre (Yonne), 20 août 1893 (1er tour) et 3 septembre 1893 (2e tour)

8e législature (1902-1906), élections générales (1902), C.6014 : Laon (Aisne), 27 avril 1902 (1er tour)

9e législature (1906-1910), élections générales (1906), C.6263 : Château-Thierry, Laon (Aisne), 6 mai 1906 (1er tour)

10e législature (1910-1914), élections générales (1910), C.6527 : Château-Thierry, Laon (Aisne), 8 mai 1910 (2e tour)

22.5.2. Séances des commissions de la Chambre des députés, procès-verbaux[65]

4e législature (1885-1889) : diverses commissions, C.5368 à C.5429

5e législature (1889-1893) : diverses commissions, C.5430 à C.5532, en particulier commission du Budget[66], C.5441 (exercice 1892) et C.5445 (exercice 1893)

6e législature (1893-1898) : diverses commissions, C.5533 à C.5614, en particulier commission du Budget, C.5546 (budgets généraux, exercices 1893-1898), C.5550 et C.5551 (exercice 1897 : budget général, projet Doumer établissant l'impôt sur le revenu); et commission de la Législation fiscale, C.5661

8e législature (1902-1906) : en particulier commission du Budget, C.7282 (exercice 1903), C.7284 (exercice 1904), C.7285 (exercice 1905), C.7286 (exercice 1906); commission des Crédits[67], C.7297 à 7300; et commission de la Législation fiscale, C.7234

9e législature (1906-1910) : en particulier commission du Budget, C.7345 (exercice 1907), C.7347 (exercice 1908), C.7348 (exercice 1909), C.7349 (exercice 1910); commission des Crédits[68], C.7359 à 7362; et commission de la Législation fiscale, C.7399

10e législature (1910-1914) : en particulier commission de la Législation fiscale, C.7491

---

65. Les procès-verbaux des séances des commissions de la Chambre des députés sont déposés aux Archives nationales (série C, par commission et par législature). Ceux des commissions sénatoriales sont déposés aux archives du Sénat.

66. « Budget général de l'État ».

67. « Crédits supplémentaires ou extraordinaires », c'est-à-dire hors budget.

68. « Crédits supplémentaires ou extraordinaires », c'est-à-dire hors budget.

22.6. Série F : ministères et administrations en dépendant

F 7 : ministère de l'Intérieur, police générale (1789-1978)

F 7/13981, affaires judiciaires : assassinat de Paul Doumer, police de l'Élysée (1932-1933)

F 17 : ministère de l'Instruction publique

F 17 4105 : projet de fondation de l'École française d'Extrême-Orient (1898)

F 21 : Beaux-Arts

F 21/4713, cérémonies publiques, funérailles nationales et obsèques aux frais de l'État (1899-1943), dossier 5 : funérailles nationales de Paul Doumer (1932-1934), pièces 94 à 448 : organisation de la cérémonie, invitations, textes officiels, financement et paiement, ordonnances de paiement et état des liquidations

22.7. Série LH : fonds de la Légion d'honneur

LH/2705/91 : dossier de Julien Viaud (surnom Pierre Loti)

23. Archives de l'École française d'Extrême-Orient (EFEO)[69]

Carton 1 : textes statutaires, notes, correspondances, rapports d'activité (1898-1953)
Carton 13 : relations avec les services du gouvernement général d'Indochine
Carton 14 : *id.* (suite)
D.A.1 : actes administratifs de l'École française d'Extrême-Orient (1898-1910)
FINOT (Louis), « Paul Doumer » (notice nécrologique), *Bulletin de l'École française d'Extrême-Orient*, t. XXXIII, 1933, p. 549-552
Dossier C3 : Paul Doumer, fondateur (1898) puis membre d'honneur (1930-1935) de l'École française d'Extrême-Orient : installation du buste en marbre de Paul Doumer (sculpté par Raymond Sudre, statuaire) dans une des salles du musée Louis Finot d'Hanoi (7 décembre 1935) : discours de René Robin, gouverneur général de l'Indochine, et de George Cœdès, directeur de l'École française d'Extrême-Orient ; arrêté du gouvernement général de l'Indochine nommant Paul Doumer au titre de « membre d'honneur de l'École française d'Extrême-Orient » (12 avril 1930) ; correspondances

24. Archives du Grand Orient de France (GOF)[70]

24.1. Notes et brochures

Note 523 20 92 sur feu le Frère Doumer, Orient de Paris (non-datée)
BR 2515 : *Centenaire de la loge « Voltaire »*, fondée le 29 septembre 1890 (séance ouverte sous la présidence du Frère Doumer) à l'initiative d'un groupe de francs-maçons parisiens, dont les Frères Doumer et Chautemps ; compte-rendu des conférences des 7 et 8 décembre 1990, Paris, Grand Orient de France

---

69. 22 avenue du président Wilson, 75116 Paris. F. Verellen, directeur de l'École française d'Extrême-Orient (EFEO), et Y. Goudineau, directeur des études de l'EFEO, sont chaleureusement remerciés de leur accueil.

70. 16 rue Cadet, 75439 Paris Cedex 09. P. Mollier, directeur des archives et de la bibliothèque du Grand Orient de France, et I. Mainguy, bibliothécaire principale, sont chaleureusement remerciés de leur accueil.

BR 3096 : *Contribution à l'histoire de la loge « Science et travail — André Crémieux », ancienne loge « Alsace-Lorraine » (1872-1920)*, à laquelle appartenait le Frère Paul Doumer (brochure n° 4000, Orient de Paris, rééd. 2003)

24.2. Comptes-rendus et bulletins

Compte-rendu des travaux du Grand Orient de France, année 1932, séance du convent du 20 septembre 1932, notice nécrologique sur le Frère Doumer, assassiné le 6 mai 1932 à Paris

Bulletins du Grand Orient de France, Paris, secrétariat général du Grand Orient de France (1889-1895), 44e année, 1889 (mars 1888-février 1889) à 50e année, 1895 (mars 1894-février 1895)

25. Archives de la préfecture de police de Paris (PPP)[71]

BA1683 : assassinat de Paul Doumer, affaire Gorguloff : crime, procès, panorama, personnes en relation avec Gorguloff, dépositions des témoins cités par l'accusation, dépositions des témoins cités par la défense, comptes-rendus des audiences, rapports, notes et correspondances (émanant du service des Affaires de sûreté générale de la préfecture de police de Paris)

BA2041 : activité de Paul Doumer en tant qu'homme politique : pièces relatives à ses activités, coupures de presse, etc.

DB531 : organisation de la direction de la sécurité du président de la République et des hautes personnalités, émotion suscitée par l'assassinat du président Doumer, témoignages, lettres, etc.

EA148(1) : activité de Paul Doumer en tant qu'homme privé : pièces relatives à ses activités, coupures de presse, etc.

SD6807 : assassinat et funérailles nationales du président Doumer (6 mai 1932) : renseignements, télégrammes, consignes militaires, itinéraire du cortège, horaire des cérémonies, divers

26. Agence de documentation photographique Roger-Viollet (RV)[72]

Portraits, dessins, caricatures, coupures de presse, obsèques, maisons, monuments

27. Société d'histoire de la Défense (SHD)[73]

Dossier 11 YD 22 : « général Gustave Borgnis-Desbordes »

28. Société d'histoire du protestantisme français (SHPF)[74]

Archives Ferdinand Buisson, 022Y/2 (41) : lettre de Paul Doumer, député de l'Aisne, à Ferdinand Buisson, député de la Seine, 11 janvier 1903

71. 4 rue de la Montagne Sainte-Geneviève, 75005 Paris.
72. 6 rue de Seine, 75006 Paris. M. Comminges, documentaliste, est remerciée de son accueil.
73. Château de Vincennes, avenue de Paris, 94300 Vincennes.
74. 54 rue des Saints-pères, 75007 Paris.

29. Archives privées

29.1. Fonds René Doumer (1918-), fils de Fernand Doumer (1879-1972)[75], petit-fils de Paul Doumer (1857-1932)

Correspondances : en particulier lettre de Pierre Loti à Paul Doumer, Rochefort-sur-Mer, 16 décembre 1909[76]

Journaux : en particulier « La défaite de Briand », *Aux écoutes...*, n° 678, numéro spécial, 16 mai 1931 ; « Paul Doumer (1857-1932) : sa vie, sa mort, ses obsèques nationales », *L'Illustration*, hors série, mai 1932

Articles : en particulier BASTID (Paul), « Paul Doumer », *Revue politique et parlementaire*, n° 479, 10 octobre 1934, p. 506-511 [publication du discours prononcé à Aurillac le 22 juillet 1934 par Paul Bastid, député d'Aurillac, président de la commission des Affaires étrangères de la Chambre des députés] ; JAURÈS (Jean), « Un nouveau manuel » [au sujet du *Livre de mes fils* de Paul Doumer], *Revue de l'enseignement primaire et primaire supérieur*, 7 janvier 1906, p. 65-66 ; HUISMAN (Georges), « Le président Paul Doumer au travail », *Revue politique et parlementaire*, n° 451, 10 juin 1932, p. 401-408 ; « Paul Doumer, sénateur de la Corse », *La Corse illustrée*, novembre 1920

Documents divers : en particulier *Hommage à Paul Doumer*, assemblée générale de l'Office national des Universités et écoles françaises, 13 avril 1932 ; *Inauguration du buste de Paul Doumer*, Centre international de synthèse, 21 avril 1934, recueil des allocutions ; photographies.

29.2. Fonds Jean-Pierre Doumer (1919-), fils de Fernand Doumer (1879-1972), petit-fils de Paul Doumer (1857-1932)

Correspondances et photographies

Dossier de l'acquisition de « La Maison Blanche » (1925), Cosne-sur-Loire (Nièvre)

JULIA (Édouard), « Avec le président Doumer », *Le Temps*, 11 mai 1932 [rééd. dans Édouard Julia, *Papiers (1895-1933)*, préface de Paul Valéry, Paris, Le Temps, 1936, p. 229-232

29.3. Fonds Lucile Doumer (1912-2008), épouse Pasquier, fille de Marcel Doumer (1886-1918), petite-fille de Paul Doumer (1857-1932)

Correspondances (en particulier lettre de Paul Doumer à sa belle-fille Jeanne Cattelain, veuve de Marcel Doumer, Clermont-Ferrand, 1er juillet 1918), photographies et coupures de presse

BERNARD-DEROSNE (Jean), « Ces messieurs de l'Élysée : petite histoire des quinze présidents qui, en soixante-dix-huit ans, firent la République », *L'Aurore*, 13 juillet 1953

29.4. Fonds Andrée Doumer (1913-1997)[77], épouse Nivet puis Turner, fille de René Doumer (1887-1917), petite-fille de Paul Doumer (1857-1932)

DOUMER (Andrée), *Mon grand-père Paul Doumer*, journal inédit, non-publié, préface d'Édouard Herriot, 1947-1948, 63 p.

---

75. Fils aîné et seul fils survivant de P. Doumer.

76. Déposée par l'auteur aux musées municipaux de Rochefort-sur-Mer (Maison Pierre Loti), Charente-Maritime.

77. Avec l'aimable autorisation de son fils, P. Nivet-Doumer.

HUISMAN (Georges)[78], *À l'Élysée avec le président Paul Doumer (1931-1932)*, texte inédit, non-publié, 1948, 25 p.
SENNEP (Jean) *et al.*, *Histoire de France (1918-1938)*, Paris, Mana, 1938
Correspondances : en particulier lettre du général Lyautey adressée à Paul Doumer (30 janvier 1906) ; lettre de Paul Doumer à sa petite-fille Andrée (7 mai 1926)
Photographies et coupures de presse

29.5. Fonds Laurent Stefanini (ministère des Affaires étrangères)

Album photographique de l'intronisation de Bao Dai, empereur d'Annam, Hué, 8 janvier 1926

30. Sources orales

En particulier :

1. René Doumer (1918-), fils de Fernand Doumer (1879-1972), petit-fils de Paul Doumer (1857-1932), La Baule (Loire-Atlantique), 14 août 2008; Paris, 4 octobre 2008 et 25 février 2009
2. Jean-Pierre Doumer (1919-), fils de Fernand Doumer (1879-1972), petit-fils de Paul Doumer (1857-1932), Cosne-Cours-sur-Loire (Nièvre), 11 février 2008
3. Lucile Doumer[79] (1912-2008), épouse Pasquier, fille de Marcel Doumer (1886-1918), petite-fille de Paul Doumer (1857-1932), Couture-sur-le-Loir (Loir-et-Cher), 31 mai 2005 et 1er octobre 2007
4. Marie-Claire Pasquier (1933-), fille de Lucile Pasquier-Doumer (1912-2008), Paris, 6 et 15 octobre 2008
5. Emmanuel Pasquier (1970-), fils de Marie-Claire Pasquier (1971-), petit-fils de Lucile Pasquier-Doumer (1912-2008), Montreuil (Seine-Saint-Denis), 17 janvier et 8 février 2008
6. Armelle Émery (1971-), fille de Gérard Émery (1940-), petite-fille de Marcel Émery (1905-1963), arrière-petite-fille de Pierre Émery (1870-1943), allié le 7 septembre 1901 à Cap-Saint-Jacques (Vietnam) à Hélène Doumer (1880-1968), fille de Paul Doumer (1857-1932), Lyon, 22 et 24 octobre 2008
7. Michel (1931-) et Benoît Émery (1958-), fils et petit-fils de Georges Émery (1903-1985), arrière-petit-fils de Pierre Émery (1870-1943), allié le 7 septembre 1901 à Cap-Saint-Jacques (Vietnam) à Hélène Doumer (1880-1968), fille de Paul Doumer (1857-1932), Loctudy et Quimper (Finistère), 5 janvier 2009
8. Philippe Nivet-Doumer (1933-), fils d'Andrée Doumer (1913-1997), épouse Nivet puis Turner, petit-fils de René Doumer (1887-1917), arrière-petit-fils de Paul Doumer (1857-1932), Paris, 20 décembre 2007, 16 janvier et 14 mai 2008
9. Didier Julia (1934-), député de la 2e circonscription de Seine-et-Marne, petit-neveu d'Édouard Julia (1873-1933), collaborateur et proche ami de Paul Doumer (1857-1932), Paris, 2 avril 2008

78. Conseiller d'État, secrétaire général honoraire de la présidence de la République.
79. É. de Croutte et le docteur A.-C. Rodot sont chaleureusement remerciées de m'avoir permis de rencontrer L. Doumer à Couture-sur-le-Loir.

31. Autres entretiens et correspondances

10. Antoine d'Argenlieu, petit-neveu de l'amiral d'Argenlieu, entretien avec l'auteur, 4 avril 2006
11. Clotilde Astruc, entretien avec l'auteur, Société La Haute-Auvergne, Aurillac, 23 avril 2011
12. Dominique Barrère, Archives municipales de Saint-Quentin, courriel à l'auteur, 2 avril 2009
13. Jean Bouygues, lettre à l'auteur, 3 juin 2011
14. Bruno Cabanes, courriel à l'auteur, 1er octobre 2010
15. Gilles Candar, courriel à l'auteur, 31 janvier 2010
16. Claude Carême, Société historique de Haute-Picardie, entretien avec l'auteur, 11 novembre 2012
17. Françoise Chauvin, lettre à l'auteur, 18 juin 2003
18. Isabelle Chevallier, Association des maires de France, courriel à l'auteur, 2 avril 2007
19. Élisabeth Cornetto, Musée de Bastia, courriel à l'auteur, 7 novembre 2008
20. Vincent Flauraud, Société La Haute-Auvergne, entretien avec l'auteur, Aurillac, 23 avril 2011
21. Charles Fourniau, entretien avec l'auteur, 7 novembre 2003
22. Philippe Galley, petit-fils du maréchal Leclerc, entretien avec l'auteur, 18 avril 2009
23. Alice Garrigoux, entretien avec l'auteur, Société La Haute-Auvergne, Aurillac, 23 avril 2011
24. Bernadette Gineste, entretien avec l'auteur, Société La Haute-Auvergne, Aurillac, 23 avril 2011
25. Marie-Madeleine Graziani, Archives départementales de la Corse-du-Sud, courriel à l'auteur, 23 mai 2011
26. Pierre Heili, Société d'histoire locale de Remiremont et de sa région, lettre à l'auteur, 20 avril 2008
27. Jean-Noël Jeanneney, entretien avec l'auteur, 4 juin 2007
28. Robert Labrousse, entretien avec l'auteur, Société La Haute-Auvergne, Aurillac, 23 avril 2011
29. Armelle Le Goff, Centre historique des Archives nationales, courriel à l'auteur, 13 juin 2008
30. Camille Lorin, entretien avec l'auteur, 25 décembre 2006
31. Honoré Lorin, entretien avec l'auteur, 25 décembre 2006
32. Mairie de Pléneuf-Val-André (Côtes d'Armor), lettre à l'auteur, 16 octobre 2008
33. Jean-Luc Marais, Université d'Angers, lettre à l'auteur, 12 janvier 2008
34. Frédérique Neau-Dufour, secrétariat d'État à la Défense et aux Anciens combattants, courriel à l'auteur, 2 avril 2010
35. Fabien Opperman, ministères de l'Éducation nationale et de l'Enseignement supérieur et de la recherche, courriel à l'auteur, 14 juin 2008
36. Alain Quella-Villéger, courriel à l'auteur, 29 janvier 2010
37. Michel Reb, maire honoraire d'Anizy-le-Château, entretiens avec l'auteur, 16 avril 2008, 11 novembre 2012
38. Sandrine Roser, Centre des archives économiques et financières, courriel à l'auteur, 2 novembre 2007
39. Nicolas Roussellier, Sciences Po, entretien avec l'auteur, 16 mai 2008 et courriel à l'auteur, 30 mai 2011

32. Ouvrages écrits ou coécrits par Paul Doumer

Paul Doumer ne publie pas de mémoires de sa longue carrière politique ni de son bref mandat présidentiel, interrompu tragiquement. Il écrit en revanche, au début de sa carrière, des traités d'enseignement moral et civique, en particulier un *Livre de mes fils* publié avant sa première candidature à l'élection présidentielle en 1906, doublé d'un *Livre de mes filles* (voir infra). Il s'agit là d'un type d'ouvrage que l'on retrouve dans la bibliographie d'autres présidents de la République, en particulier le président Raymond Poincaré[80]. Ce sévère *Livre de mes fils* prend un relief tout particulier après la perte par Doumer de quatre de ses cinq fils des suites de la Grande Guerre. L'ouvrage est ainsi réédité à plusieurs reprises pendant l'entre-deux-guerres, jusqu'en 1940, à des fins patriotiques. Sa lecture imposée sera, à l'âge de l'adolescence, un véritable pensum pour des générations de jeunes Français[81].

Ensuite, Paul Doumer entame, au début des années vingt (v. 1922), la rédaction d'un ouvrage intitulé *Les cent jours de Paris* (inédit), dans lequel il se propose de livrer son expérience et ses souvenirs de collaborateur immédiat du général Gallieni au moment de la bataille de la Marne. Cet ouvrage est resté à l'état d'ébauche[82].

Enfin, les deux ouvrages publiés par Paul Doumer sur son expérience en Indochine, *Situation de l'Indo-Chine (1897-1901)*[83] et *L'Indo-Chine française : souvenirs*[84], deviennent des lectures de référence pour toute une génération de Français en partance pour l'Indochine. Le seul ouvrage que le maréchal Leclerc lit avant son départ pour l'Indochine est celui de Paul Doumer[85]. L'amiral Thierry d'Argenlieu en fait autant[86].

Les deux ouvrages indochinois de Paul Doumer tendent souvent, sans surprise, à l'autopromotion. Le premier est un rapport de 128 pages, auxquelles sont jointes les notes de chaque service central. Il est sévèrement qualifié « d'indécente et mensongère apologie que [le gouverneur général de l'Indochine] a faite de son œuvre » par le diplomate Auguste François[87]. Le second est publié à titre privé par Paul Doumer trois ans après son retour en métropole pour tenter de contrer la multiplication des critiques émises au sujet de son action en Indochine.

Paul Doumer publie ainsi, chronologiquement :

DOUMER (Paul), *Élection législative du 25 octobre 1891 : aux électeurs de la première circonscription d'Auxerre*, Auxerre, Albert Gallot, 1891

—, *Élection législative, scrutin de ballotage du 8 novembre 1891 : aux électeurs de la première circonscription d'Auxerre*, Auxerre, Albert Gallot, 1891

80. R. Poincaré, *Ce que demande la cité : vingt causeries familières*, Paris, Hachette, v. 1920.

81. J.-N. Jeanneney, entretien avec l'auteur, Paris, 4 juin 2007 ; J.-L. Marais (Université d'Angers), lettre à l'auteur, 12 janvier 2008.

82. Bibliothèque de l'Assemblée nationale, manuscrit Ms 1689 (U 4558) : préface, notes de travail, lettres et pièces diverses (v. 1922) pour l'ébauche de l'ouvrage de P. Doumer, *Les cent jours de Paris* (voir supra).

83. P. Doumer, *Situation de l'Indo-Chine (1897-1901)*, Hanoi, Schneider, 1902.

84. P. Doumer, *L'Indo-Chine française : souvenirs*, Paris, Vuibert et Nony, 1905.

85. P. Galley, petit-fils du maréchal Leclerc, entretien avec l'auteur, 18 avril 2009 ; J.-C. Notin, *Leclerc*, Paris, Perrin, 2005, p. 353.

86. A. d'Argenlieu, petit-neveu de l'amiral d'Argenlieu, entretien avec l'auteur, 4 avril 2006.

87. Cité par C. Fourniau, « Politique coloniale ou « politique mondiale » : Doumer et le Yunnan », dans *Histoires d'outre-mer : mélanges en l'honneur de Jean-Louis Miège*, Aix-en-Provence, PUP, 1992, t. 1, p. 69.

—, *Situation de l'Indo-Chine (1897-1901)*, Hanoi, Schneider, 1902
—, *L'Indo-Chine française : souvenirs*, Paris, Vuibert et Nony, 1905, couronné par l'Académie française (Prix Kastner-Boursault) et la Société de géographie (médaille d'or 1905), avant-propos daté d'Anizy-le-Château (Aisne), 13 août 1903
—, *Le livre de mes fils*, Paris, Vuibert et Nony, 1905 (nombreuses rééditions, en particulier Paris, Vuibert, 1940; trad. en russe, Paris, Oreste Zeluk, 1932)
—, *Le livre de mes filles*, Paris, Vuibert et Nony, 1906
—, *La métallurgie du fer*, Paris, Vuibert, 1912
—, *La loi militaire du 7 août 1913*, Paris, Dunod et Pinat, 1913
—, *Rapport fait au nom de la commission d'enquête sur les faits de la guerre*, Paris, Imprimerie du Sénat, 1919
—, et LE TROCQUER (Yves), *Compagnies de chemins de fer liées vis-à-vis de l'État par des conventions financières* (comptes des dépenses d'établissement au 31 décembre 1912), Paris, Imprimerie nationale, 1921
—, *Jules, Charles et Abel Ferry*, discours prononcés le 24 juin 1927 pour l'inauguration d'une plaque commémorative, 1 rue Bayard à Paris, Nancy, Arts graphiques modernes, 1927
—, *Paroles humaines*, Paris, Eugène Figuière, coll. « Les Paroles du xxe siècle », 1929
—, *Le pacte Briand-Kellogg : le droit international nouveau et l'avènement du pacigérat positif*, Boulogne-sur-Seine, Imprimerie d'études sociales et politiques, 1929
—, *Lettre à mes fils*, Paris, Vuibert, 1932

33. Ouvrages préfacés, commandés par Paul Doumer ou auxquels Paul Doumer a contribué

Paul Doumer préface de nombreux ouvrages de 1902 à 1932, traitant le plus souvent de l'expansion coloniale de la France. Ainsi, chronologiquement :

TOURNIER (François), *Notice sur le Laos français*, Hanoi, Schneider, 1900, publié par ordre de Paul Doumer, gouverneur général de l'Indochine
FRAIPONT (Gustave), *Les Montagnes de France*, t. 3, « L'Auvergne », Paris, Laurens, 1902, préface de Paul Doumer
QUELLENEC (Édouard), *Le Brésil et ses ports*, Paris, Larose et Ténin, 1907, préface de Paul Doumer
L'Éducation de la démocratie : mémoires primés au concours du second degré établi entre les lauréats des premiers prix, Paris, Bibliothèque du journal *Le Matin*, 1908, préface (instruction civique) de Paul Doumer
CHARCOT (Jean-Baptiste), *Le "Pourquoi-pas?" dans l'Antarctique : journal de la deuxième expédition au pôle Sud (1908-1910) suivi des rapports scientifiques des membres de l'état-major*, Paris, Flammarion, 1910, préface de Paul Doumer
PUYON de POUVOURVILLE (Albert), *L'Asie française, la garder ou la perdre?* Paris, Flammarion, v. 1910, préface de Paul Doumer
RONDET-SAINT (Maurice), *L'avenir de la France est sur mer*, Paris, Plon-Nourrit, 2e édition, 1911, préface de Paul Doumer
CHEMIN-DUPONTÈS (Paul) et REINACH (Lucien de), *Le Laos*, Paris, Guilmoto, v. 1911, préface de Paul Doumer
CRESSATY (Lucien), *Les intérêts de la France en Syrie : conférence à la Société de géographie à Paris le 21 mai 1913*, Paris, Floury, 1913, allocution de Paul Doumer

HERRIOT (Édouard), *L'effort russe*, Paris, Bloud et Gay, 1916, discours de Paul Doumer
TCHOBANIAN (Archag), *L'Arménie sous le joug turc*, Paris, Plon-Nourrit, 1916, allocution de Paul Doumer
Anonyme, *Les Alliés et l'Arménie*, Paris, Leroux, 1918, message de Paul Doumer
GANDET (Julien), *Le foyer du soldat de Besançon : souvenirs et impressions*, Besançon, Millot, 1918, lettre de Paul Doumer
BESSON (Maurice) et PERREAU-PRADIER (Pierre), *L'effort colonial des Alliés*, Nancy, Berger-Levrault, coll. « Les grands problèmes coloniaux », 1919, préface de Paul Doumer
LEFEUVRE MÉAULLE (Hyacinthe), *Du chaos à la lumière : essai sur l'Inde ancienne et moderne*, Paris, Imprimerie du réveil économique, 1926, préface de Paul Doumer
JULIEN (Gustave), *Madagascar et ses dépendances : trois siècles de persévérance française dans la mer des Indes (îles Comores, archipels de Kerguélen et Crozet, Terre Adélie, îles Saint-Paul et Amsterdam*, vol. VII, Paris, Notre domaine colonial, 1926, préface de Paul Doumer
BOUISSON (Fernand), *Union interparlementaire : la France et l'œuvre interparlementaire*, discours prononcé à la 24e conférence de l'Union interparlementaire par Paul Doumer, Paris, Payot, 1927
PIAZZA (Paul), *Calvi, plage de rêve : la perle de la Méditerranée*, 1927, préface de Paul Doumer
SAUVAIRE (Pierre), *Mon vieil Annam : ses hommes, contes et récits*, Paris, Société d'éditions géographiques, maritimes et coloniales, 1927, préface de Paul Doumer
ALLAIN (Maurice), *Les colonies françaises en mots et en images : encyclopédie pratique illustrée des colonies françaises* (t. I), Paris, Aristide Quillet, 1931, préface de Paul Doumer [ouvrage traduit en allemand, *Die französischen Kolonien in Wort und Bild*, Paris, Aristide Quillet, 1931
PERCHERON (Maurice) et TESTON (Eugène), *L'Indochine moderne : encyclopédie administrative, touristique, artistique et économique*, Paris, Librairie de France, 1932, préface de Paul Doumer

34. Carnets, journaux, mémoires ou autobiographies de contemporains de Paul Doumer (sources imprimées)

ADAM de VILLIERS (Valentine)[88], *Paul Doumer parle*, Paris, Tallandier, 1932
BARRÈS (Maurice), *Dans le cloaque*, Paris, Émile-Paul, 1914
—, *Leurs figures*, Paris, Plon, 1932
BENOIST (Charles), *Souvenirs (1883-1933)*, Paris, Plon, 3 t., 1932-1934
BEUVE-MÉRY (Hubert), *Paroles écrites : mémoires*, Paris, Grasset, 1991
BONNET (Georges), *Vingt ans de vie politique (1918-1938), de Clemenceau à Daladier*, Paris, Fayard, 1969
BOURGIN (Hubert), *Cinquante ans d'expérience démocratique (1874-1924)*, Paris, Nouvelle librairie nationale, 1925
CAILLAUX (Joseph), *Mes mémoires (1863-1930)*, Paris, Plon, 3 t., « Ma jeunesse orgueil-

88. Fille du commandant Adam de Villiers, résident supérieur au Tonkin, auquel P. Doumer, gouverneur général de l'Indochine, remet le 13 septembre 1899 à Saigon l'insigne et le brevet de la décoration du Kim-Khanh.

leuse (1863-1909) », 1943; « Mes audaces : Agadir » (1909-1912) », 1943; « Clairvoyance et force d'âme dans les épreuves (1912-1930) », 1947
CAMBON (Paul), *Correspondances (1870-1898)*, Paris, Grasset, 1940
COMBARIEU (Abel)[89], *Sept ans à l'Élysée avec le président Émile Loubet : de l'affaire Dreyfus à la conférence d'Algésiras (1899-1906)*, Paris, Hachette, 1932
COMBES (Émile), *Mon ministère : mémoires (1902-1905)*, Paris, Plon, 1956
DENOIX (Georges)[90], *Souvenirs*, dans *La direction du Budget entre doctrines et réalités (1919-1944)*, Paris, CHEFF, 2001, p. 521-569
ÉTIENNE (Eugène), *Eugène Étienne : son œuvre coloniale, algérienne et politique (1881-1906)*, Paris, 1907
—, *Eugène Étienne : correspondance (1887-1921)*, Paris, 1947
FERRY (Jules), *Lettres de Jules Ferry (1846-1893)*, Paris, Calmann-Lévy, 1914
FISCHER (Jacques), *Doumergue et les politiciens*, Paris, Le Jour, 1935
FREYCINET (Charles de), *Souvenirs (1878-1893)*, Paris, Delagrave, 1913
GALLIENI (Joseph), *Mémoires du maréchal Gallieni : défense de Paris (25 août — 11 septembre 1914)*, Paris, Payot, 1926
—, *Gallieni au Tonkin (1892-1896) par lui-même*, Paris, Berger-Levrault, 1941
—, *Les carnets de Gallieni*, publiés par son fils Gaëtan Gallieni, Paris, Albin Michel, 1932
—, *Le prologue du drame (1930-1939)*, Paris, Plon, 1946
GÉROUDET (Patrick), *Les mémoires de Gaston Doumergue*, Saint-Germain-le-Gaillard, Patrick Géroudet, 1990
GHEUSI (Pierre-Barthélémy), *Gallieni (1849-1916)*, Paris, Charpentier, 1922
—, *50 ans de Paris : mémoires d'un témoin (1889-1939)*, Paris, Plon, 1939
GUITARD (Louis), *La petite histoire de la IIIe République : souvenirs de Maurice Colrat*[91], Paris, Les sept couleurs, 1959
HANOTAUX (Gabriel), *Carnets (1907-1925)*, publiés par Georges Dethan, Paris, Pedone, 1982
HERRIOT (Édouard), *Pourquoi je suis radical-socialiste*, Paris, éditions de France, 1928
—, *Jadis*, Paris, Flammarion, 2 vol., 1948 et 1952
JOBERT (Aristide), *Souvenirs d'un ex-parlementaire (1914-1919)*, Paris, Figuière, 1933
JOFFRE (Joseph), *Mémoires du maréchal Joffre (1910-1917)*, Paris, Plon, 1932
JOUVENEL (Bertrand de), *Un voyageur dans le siècle (1903-1945)*, Paris, Robert Laffont, 1979
KLOTZ (Louis-Lucien), *De la guerre à la paix : souvenirs et documents*, Paris, Payot, 1924
LEBRUN (Albert), *Témoignage*, Paris, Plon, 1945
LEBLOND (Marius), *Gallieni parle…*, Paris, Albin Michel, 1920
LÉMERY (Henry), *D'une République à l'autre : souvenirs de la mêlée politique (1894-1944)*, Paris, Table ronde, 1964
LOUCHEUR (Louis), *Carnets secrets (1908-1932)*, Bruxelles, Brepols, 1962
MESSIMY (Adolphe), *Mes souvenirs*, Paris, Plon, 1921, rééd. 1937
MILLAUD (Édouard), *Le journal d'un parlementaire*, t. 4 (1897-1906), Paris, Oudin, 1925

---

89. Secrétaire général de la présidence de la République d'Émile Loubet (1899-1906).
90. Inspecteur des Finances, premier directeur du Budget et du Contrôle financier (1919-1925).
91. M. Colrat de Montrozier (1871-1954), avocat à la cour d'appel de Paris, membre officieux du cabinet de P. Doumer, président de la Chambre des députés (1905-1906), dirige le journal *L'Opinion* (1910-1918) fondé par P. Doumer en 1910.

MONZIE (Anatole de), *L'entrée au forum (vingt ans avant)*, Paris, Albin Michel, 1920
—, *Mémoires de la tribune*, Paris, Correa, 1943
MORAND (Paul), *1900*, Paris, éditions de France, 1931
NOAILLES (Anna de), *Le livre de ma vie*, Paris, Mercure de France, 1976
PAINLEVÉ (Paul), *Paul Painlevé : paroles et écrits*, Paris, Riedler, 1936
PAUL-BONCOUR (Joseph), *Entre-deux-guerres : souvenirs de la Troisième République*, Paris, Plon, 2 t., 1945-1946
POINCARÉ (Raymond), *Au service de la France : neuf années de souvenirs*, Paris, Plon, 11 t., 1913-1974
REYNAUD (Paul), *Mémoires*, t. 1, « Venu de ma montagne (1878-1936) », Paris, Flammarion, 1960
RIBOT (Alexandre), *Lettres à un ami : souvenirs de ma vie politique*, Paris, Bossard, 1924
—, *Journal d'Alexandre Ribot et correspondances inédites (1914-1922)*, Paris, Plon, 1936
ROCHE (Émile), *Avec Joseph Caillaux : mémoires, souvenirs et documents*, Paris, PUPS, 1980
ROUGEMONT (Denis de), *Journal d'une époque (1926-1946)*, Paris, Gallimard, 1968
RUPIED (Jean, colonel), *Élysée (1928-1934) : anecdotes et souvenirs*, Paris, Peyronnet, 1952, en particulier chap. VIII, « Le président Doumer », p. 142-162
SAINT-AULAIRE (Auguste de), *Confession d'un vieux diplomate*, Paris, Flammarion, 1953
SAMUEL (René), *Le parlement et la guerre (1914-1915)*, Paris, Georges Roustan, 1918
SCHLUMBERGER (Gustave), *Mes souvenirs (1844-1928)*, Paris, Plon, 1934
SIEGFRIED (André), *Mes souvenirs de la Troisième République : mon père Jules Siegfried (1836-1922) et son temps*, Paris, PUF, 1952
WALDECK-ROUSSEAU (Pierre), *Pour la République (1883-1903)*, Paris, Charpentier, 1904
WEISS (Louise), *Mémoires d'une Européenne*, Paris, Payot, 2 t., 1969
WEYGAND (Maxime, général), *Le 11 novembre*, Paris, Flammarion, 1932

35. Essais, témoignages et autres ouvrages contemporains de Paul Doumer à caractère de sources (sources imprimées)

35.1. Sur la vie politique française sous la IIIe République

ACCAMBRAY (Léon), *Qu'est-ce que la République ?* Paris, Flammarion, 1924
AUBERT (Octave), *Le moulin parlementaire : plus de blé que de farine*, Paris, Aristide Quillet, 1933
BARTHÉLÉMY (Joseph), *Essai sur le travail parlementaire et le système des commissions*, Paris, Delagrave, 1934
BARTHOU (Louis), *La politique*, Paris, Hachette, 1923
BENOIST (Charles), *La réforme parlementaire*, Paris, Plon, 1902
BÉRARD (Léon), *Au service de la pensée française*, Paris, Émile-Paul frères, 1925
BLUM (Léon), *Lettres sur la réforme gouvernementale*, Paris, 1918, rééd. sous le titre *La réforme gouvernementale*, Paris, Grasset, 1936
BOURGEOIS (Léon), *Solidarité*, Paris, Armand Colin, 1896, rééd. présentée par Marie-Claude Blais, suivie de *L'idée de solidarité et ses conséquences sociales*, Paris, Le Bord de l'eau, 2008
—, *L'éducation de la démocratie française*, Paris, Cornély, 1897
—, *Essai d'une philosophie de la solidarité*, Paris, Alcan, 1900
BUISSON (Ferdinand), *La politique radicale : étude sur les doctrines du parti radical et radical-socialiste*, préface de Léon Bourgeois, Paris, Giard et Brière, 1908

CAHIERRE (Michel), *Le déclin des Chambres hautes*, Rennes, Edoneur, 1925
CARRÉ de MALBERG (Raymond), *Du fondement du droit à réparation des dommages de guerre*, Paris, Pedone, 1920
—, *La loi, expression de la volonté générale : étude sur le concept de la loi dans la constitution de 1875*, Paris, Sirey, 1931
CAVAIGNAC (Godefroy), *Pour l'impôt progressif*, Paris, Armand Colin, 1895
CORCOS (Fernand), *Catéchisme des partis politiques : historique, doctrine et programme de tous les partis politiques en France pour les élections de 1928*, Paris, Montaigne, 1927
—, *Catéchisme des partis politiques : historique, doctrine et programme de tous les partis politiques en France pour les élections de 1932*, Paris, Montaigne, 1932
DUMAS (Jacques), « Quelques réflexions sur l'*income tax* », *Revue d'économie politique*, 1894, p. 441-461
EL-SHORBAGI (A.), *La responsabilité politique des ministres devant les Sénats et les Chambres hautes*, Lyon, Bosc frères, 1932
FISCHER (Jacques), *Doumergue et les politiciens*, Paris, Le Jour, 1935
HAIG (Robert M.), *The Public Finances of Post-War France*, New York, Columbia University Press, 1929
HALÉVY (Daniel), *La fin des notables*, Paris, Grasset, 1930, rééd. Paris, Hachette, 1995
—, *La République des comités : essai d'histoire contemporaine (1895-1934)*, Paris, Grasset, 1934
—, *La République des ducs*, Paris, Grasset, 1937
JOUVENEL (Robert de), *La République des camarades*, Paris, Grasset, 1914
— et TARDE (Alfred de), *La politique d'aujourd'hui : enquête parmi les groupements et les partis*, Paris, La Renaissance du livre, 1923
JULIA (Édouard)[92], *L'État, ce néant*, Paris, Grasset, 1937
—, *Papiers (1895-1933)*, préface de Paul Valéry, Paris, Le Temps, 1936
—, *Chroniques (politiques et économiques du* Temps*), 1920-1927*, préface de Joseph Barthélémy, Paris, Le Temps, 2 t., 1936-1937
LEYRET (Henry), *Le gouvernement et le parlement*, Paris, Alcan, 1919
MARCELLIN (Louis), *Politique et politiciens*, Paris, La Renaissance du livre, 4 vol., 1923-1925
MARTET (Jean), *La mort du Tigre*, Paris, Albin Michel, 1930
MERMEIX (Maurice), *Au sein des commissions*, Paris, Ollendorff, 1924
NORMAND (Gilles), *Les avenues du pouvoir : esquisse d'un recensement des compétences politiques du temps*, Paris, Perrin, 1925
PECH (Rémy) *et al.* (dir.), *Jaurès : l'intégrale des articles de 1887 à 1914 publiés dans « La Dépêche »*, Toulouse, Privat, 2009
PÉDOYA (Jean, général), *La commission de l'armée pendant la Grande Guerre : documents inédits et secrets*, Paris, Flammarion, 1921
PHILIPPE (Raymond), *Le drame financier de 1924-1926*, Paris, Gallimard, 1931
RENOUVIN (Pierre), *Les formes du gouvernement de guerre*, Paris, PUF/New Haven, YUP, 1925

92. É. Julia (1873-1933), docteur en médecine, est un intime de P. Doumer. Il entre en politique en 1905 dans le cabinet de P. Doumer, président de la Chambre des députés (1905-1906), dont il est directeur adjoint. Il assure par ailleurs le courrier parlementaire dans *L'Opinion*, journal fondé par P. Doumer en 1908. De cette collaboration professionnelle naît une amitié à vie : Julia représente ainsi la catégorie dite des « amis du défunt » dans le cortège funèbre du 7 mai 1932.

ROCHE (Jules), *Contre l'impôt sur le revenu*, Paris, Chailley, 1896

SIEGFRIED (André), *Tableau politique de la France de l'Ouest sous la Troisième République*, Paris, Armand Colin, 1913, p. 372

—, *Tableau des partis en France*, Paris, Grasset, 1931

STOURM (René), « L'impôt », dans CHAILLEY-BERT (Joseph) et SAY (Léon) (dir.), *Nouveau dictionnaire d'économie politique*, t. 2, Paris, Guillaumin, 1891, p. 30-31

TARDIEU (André), *L'Épreuve du pouvoir*, Paris, Flammarion, 1931

—, *La révolution à refaire*, t. 1, « Le souverain captif », Paris, Flammarion, 1936

—, *La révolution à refaire*, t. 2, « La profession parlementaire », Flammarion, 1937

THIBAUDET (Albert), *La République des professeurs*, Paris, Grasset, 1927, rééd. Paris, Hachette, 2006

THUBERT (Emmanuel de), « Le concours des funérailles nationales », *La construction moderne*, 49/13, 24 décembre 1933, p. 194-200

VÉRAN (Jules), *Comment on devient député, sénateur, ministre*, Paris, Bossard, 1924

35.2. Sur la colonisation française

ANFREVILLE (Louis d'), « La Renaissance coloniale de la France », *Revue politique et parlementaire*, n° 19, 1899

ARMAND (Jean-François), *La France et la mise en valeur des colonies*, Paris, Société d'éditions géographiques, maritimes et coloniale, 1931

BILLIARD (Auguste), *Politique et organisation coloniales : principes généraux*, Paris, Giard, 1899

BOUTMY (Émile), *Le recrutement des administrateurs coloniaux*, Paris, Armand Colin, 1895

CHAILLEY-BERT (Joseph), *Où en est la politique coloniale de la France ?* Paris, 1896

—, *Dix années de politique coloniale*, Paris, Colin, 1902

CHARLES-ROUX (Jules), *Comment rendre nos colonies prospères*, Paris, Léon Chailley, 1896

DUCHÊNE (Albert), *La politique coloniale de la France : le ministère des Colonies depuis Richelieu*, Paris, Payot, 1928

GIRAULT (Arthur), « Les travaux de l'Institut colonial international », *Revue d'économie politique*, n° 10, 1896, p. 147-160

GUY (Camille), *Les colonies françaises*, Paris, Challamel, 4 vol., 1900-1902

LANESSAN (Jean-Louis de), *L'expansion coloniale*, Paris, Alcan, 1889

—, *Principes de colonisation*, Paris, Alcan, 1897

LEROY-BEAULIEU (Paul), *De la colonisation chez les peuples modernes*, Paris, 2 vol., 1881-1902, rééd. Paris, Alcan, 1908

LYAUTEY (Pierre) [fils de Louis, maréchal], *L'Empire colonial français*, Paris, Plon, 2 vol., 1931

LORIN (Henri), *La France, puissance coloniale*, Paris, Challamel, 1906, rééd. 1931

MESSIMY (Adolphe), *Notre œuvre coloniale*, Paris, Larose, 1910

PETIT (Édouard), *Organisation des colonies françaises et des pays de protectorat*, Paris, Berger-Levrault, 1894

RÉGISMANSET (Charles), *Questions coloniales (1900-1919)*, Paris, Larose, 1923

SARRAUT (Albert), *La mise en valeur des colonies françaises*, Paris, Payot, 1923

VIGNON (Louis), *L'exploitation de notre empire colonial*, Paris, Hachette, 1900

35.3. Sur l'Indochine coloniale

BLANCHET (Henri), *Les chemins de fer de l'Indo-Chine*, Paris, Pedone, 1902
LANESSAN (Jean-Louis de), *L'Indo-Chine française : étude politique, économique et administrative sur la Cochinchine, le Cambodge, l'Annam et le Tonkin*, Paris, Alcan, 1889
—, *La colonisation française en Indo-Chine*, Paris, Alcan, 1895
PUYON de POUVOURVILLE (Albert), *Les défenses de l'Indo-Chine et la politique d'association*, Paris, Pedone, 1905

Bibliographie

SOMMAIRE

Ne sont indiqués dans la bibliographie suivante que les documents consultés dans le cadre du présent ouvrage, intéressant, directement ou indirectement, un aspect de la vie et/ou une étape de la carrière de Paul Doumer et documentant le contexte dans lequel son parcours s'inscrit.

Les références de tous les ouvrages cités dans le corps du texte n'y sont toutefois pas systématiquement reproduites.

Les divers instruments de recherche consultés dans les centres d'archives sont indiqués dans l'annexe présentant les sources (p. 509-552).

1. Dictionnaires

1.1. Dictionnaires biographiques et des biographies

BRÉBION (Antoine) *et al.*, *Dictionnaire de bio-bibliographie générale, ancienne et moderne de l'Indochine française*, Paris, Société d'éditions géographiques, maritimes et coloniales, 1935

COUGNY (Gaston) *et al.*, *Dictionnaire des parlementaires français (1789-1889)*, Paris, Bourloton, 5 vol., 1888-1891, rééd. Genève, Slatkine reprints, 2000

DAUMAS (Jean-Claude) *et al.* (dir.), *Dictionnaire historique des patrons français*, Paris, Flammarion, 2010

JOLLY (Jean) (dir.), *Dictionnaire des parlementaires français : notices sur les ministres, députés et sénateurs français de 1889 à 1940*, 8 vol., Paris, PUF, 1960-1977

JOLY (Bertrand), *Dictionnaire biographique et géographique du nationalisme français (1880-1900)*, Paris, Honoré Champion, 2005

LAMOUSSIÈRE (Christiane), *Le personnel de l'administration préfectorale (1881-1926) : répertoire nominatif*, Paris, Archives nationales, 2001

MAITRON (Jean) puis PENNETIER (Claude) (dir.), *Dictionnaire biographique du mouvement ouvrier français*, Paris, Éditions ouvrières, 44 vol., 1964-1997

MELLOR (Alec), *Dictionnaire de la franc-maçonnerie et des francs-maçons*, Paris, Belfond, 1971

ROMAN d'AMAT (Jean-Charles) *et al.* (dir.), *Dictionnaire de biographie française*, 19 vol., Paris, Letouzey et Ané, 1932-1982

YVERT (Benoît) (dir.), *Dictionnaire des ministres de 1789 à 1989*, Paris, Perrin, 1990

Les ministres des Finances de 1870 à nos jours, Paris, Service des archives économiques et financières, 1992

1.2. Dictionnaires critiques et historiques

BERSTEIN (Gisèle et Serge), *Dictionnaire historique de la France contemporaine*, t. 1, 1870-1945, Bruxelles, Complexe, 1995

COSTON (Henry) (dir.), *Dictionnaire de la politique française*, Paris, Librairie française, 1967, rééd. Limoges, Flanant, 1997

DELPORTE (Christian), MOLLIER (Jean-Yves) et SIRINELLI (Jean-François) (dir.), *Dictionnaire d'histoire culturelle de la France contemporaine*, Paris, PUF, 2010

DUCLERT (Vincent) et PROCHASSON (Christophe) (dir.), *Dictionnaire critique de la République*, Paris, Flammarion, 2002, rééd. 2007

HILLAIRET (Jacques), *Dictionnaire historique des rues de Paris*, Paris, Minuit, 2 vol., 10e édition, 1997

LIGOU (Daniel) (dir.), *Dictionnaire de la franc-maçonnerie*, Paris, PUF, 1987

RIOUX (Jean-Pierre) et SIRINELLI (Jean-François) (dir.), *La France d'un siècle à l'autre (1914-2000) : dictionnaire critique*, Paris, Hachette Littératures, 1999

RIOUX (Jean-Pierre) (dir.), *Dictionnaire de la France coloniale*, Paris, Flammarion, 2007

LIAUZU (Claude) (dir.), *Dictionnaire de la colonisation française*, Paris, Larousse, 2007

Antoine-Laurent SERPENTINI (dir.), *Dictionnaire historique de la Corse*, Ajaccio, Albiana, 2006

SIRINELLI (Jean-François) (dir.), *Dictionnaire historique de la vie politique française au XXe siècle*, Paris, PUF, 1995, rééd. 2003

VAÏSSE (Maurice) (dir.), *Dictionnaire des relations internationales au XXe siècle*, Paris, Armand Colin, 2000

2. Références méthodologiques

2.1. Générales

BERSTEIN (Serge) *et al.* (dir.), *Axes et méthodes de l'histoire politique*, Paris, PUF, 1998

NOIRIEL (Gérard), « Une histoire sociale du politique est-elle possible ? », *Vingtième siècle, revue d'histoire*, n° 24, octobre-décembre 1989, p. 81-96

PROST (Antoine), *Douze leçons sur l'histoire*, Paris, Le Seuil, 1996

RÉMOND (René) (dir.), *Pour une histoire politique*, Paris, Le Seuil, 1998

RIOUX (Jean-Pierre) et SIRINELLI (Jean-François) (dir.), *Pour une histoire culturelle*, Paris, Le Seuil, 1997

SAMARAN (Charles) (dir.), *L'Histoire et ses méthodes : recherche, conservation et critique des témoignages*, Paris, Gallimard, 1961

SIRINELLI (Jean-François), « Génération et histoire politique », *Vingtième siècle, revue d'histoire*, n° 22, avril-juin 1989, p. 67-80

—, « De la demeure à l'agora : pour une histoire culturelle du politique », *Vingtième siècle, revue d'histoire*, n° 59, juillet-septembre 1998, p. 121-131

VEYNE (Paul), *Comment on écrit l'histoire*, Paris, Le Seuil, 1979

2.2. Sur le genre biographique

ANSART-DOURLEN (Michèle), « Le rôle des individus au cours des mutations historiques », *Cahiers internationaux de sociologie*, vol. XCIV, 1993

ARNAUD (Claude), « Le retour de la biographie : d'un tabou à l'autre », *Le Débat*, n° 54, mars-avril 1989

—, « Le goût du vivant », *Senso*, n° 7, décembre-janvier 2003

BEALES (Derek), *History and Biography*, Cambridge, Cambridge University Press, 1996

BECKER (Howard S.), « Biographie et mosaïque scientifique », *Actes de la recherche en sciences sociales*, 1986

BENREKASSA (Georges), « Le retour du biographique », *La Licorne*, 1988/4

BOURDIEU (Pierre), « L'illusion biographique », *Actes de la recherche en sciences sociales*, n° 62-63, juin 1986, p. 69-72

BUISINE (Alain) *et al.* (dir.), « Le biographique », *Revue des sciences humaines*, 1991
BYA (Joseph), « Persistance de la biographie », *Le Discours social*, n° 1, 1970, p. 23-32
CHAUNU (Pierre), « Clio biographe », *Le Figaro*, 7-8 août 1982
CLAPIER-VALLADON (Simone) *et al.*, *L'approche biographique*, Marseille, Centre universitaire méditerranéen, 1983
COPPOLANI (Antoine) *et al.* (dir.), *La biographie en histoire : jeux et enjeux d'écriture*, Paris, Michel Houdiard, 2007
DADOUN (Roger), « Qui biographie ? », *in Entretiens sur la biographie*, Paris, carnets Séguier, 2000
DAMBRE (Marc) (dir.), *L'éclatement des genres*, Paris, PUPS, 2001
DETHAU (Georges), « Une conception nouvelle de la biographie ? » *Revue d'histoire diplomatique*, janvier-juin 1982
DOSSE (François), *Le pari biographique : écrire une vie*, Paris, La Découverte, 2005
FERRAROTTI (Franco), *Histoire et histoires de vies : la méthode biographique dans les sciences sociales*, Paris, Librairie des méridiens, 1983
FERRO (Marc), « La biographie, cette handicapée de l'histoire », *Le Magazine littéraire*, avril 1989, p. 185-186
FINGER (Mathias), *Biographie et herméneutique : les aspects épistémologiques et méthodologiques de la méthode biographique*, Montréal, presses de l'Université de Montréal, 1984
—, « L'approche biographique face aux sciences sociales », *Revue européenne des sciences sociales*, 83, 1989
GITTINGS (Robert), *The Nature of Biography*, Londres, Heineman, 1978
GRAWITZ (Madeleine), « Un domaine à vocation pluridisciplinaire : la biographie », *in Mélanges en hommage à Maurice Duverger : droits, institutions et systèmes politiques*, Paris, PUF, 1987
HANDOURTZEL (Rémy), « Sur les trajectoires individuelles dans la vie politique », *in Problèmes et méthodes de la biographie*, Paris, PUPS, 1985, p. 88-92
JEANNENEY (Jean-Noël), « Vive la biographie », *L'Histoire*, n° 13, juin 1979, p. 80-82
JOHSON (Uwe), *L'impossible biographie*, Paris, Gallimard, 1966
KELLER (Thomas) *et al.*, *Biographies au pluriel*, Strasbourg, presses universitaires de Strasbourg, 2001
LAPORTE (Roger), « Bio-graphie », *Critique*, octobre 1970
LE GOFF (Jacques), « Comment écrire une biographie aujourd'hui ? », *Le Débat*, n° 54, mars-avril 1989
LEVI (Giovanni), « Les usages de la biographie », *Annales ESC*, n° 6, novembre-décembre 1989, p. 1325-1336
MADELÉNAT (Daniel), *La biographie*, Paris, PUF, 1984
—, « La biographie aujourd'hui », *Cahiers de l'association internationale des études françaises*, n° 52, mai 2000
O'CONNOR (Ulick), *Biographers and the Art of Biography*, Dublin, Wolfhound Press, 1991
PENEFF (Jean), *La méthode biographique*, Paris, Colin, 1997
PÉRONNET (Michel), « Pour un renouveau des études biographiques : approches méthodologiques », *Actes du XCI*e *congrès national des sociétés savantes*, Rennes, 1966
PIKETTY (Guillaume), « La biographie comme genre historique ? Étude de cas », *Vingtième siècle, revue d'histoire*, juillet-septembre 1999, p. 119-126
PILLORGET (René), « La biographie comme genre historique », *Revue d'histoire diplomatique*, janvier-juin 1982

RANLIÈRE (Jacques), *Les noms de l'histoire*, Paris, Le Seuil, 1992
REVEL (Jacques), « La biographie comme problème historiographique », *in Mélanges offerts à Philippe Jantard*, Aix-en-Provence, Presses de l'Université de Provence, 2002
RHIEL (Mary) *et al.*, *The Seductions of Biography*, New York/Londres, Routledge, 1996
ROMANO (Sergio), « Biographie et historiographie », *Revue d'histoire diplomatique*, janvier-juin 1982
STONE (Lawrence), « Histoire biographique et histoire narrative », *Le Débat*, n° 4, septembre 1980
VILLATTE (Laurent), « La biographie en histoire des relations internationales : l'exemple des diplomates de la IIIe République », *Revue d'histoire diplomatique*, 2003, p. 289-303
WOOLF (Virginia), « The Art of Biography », *in Collected Essays*, t. 4, Londres, Harcourt, 1967 (1939)
« Biographies », *Revue des sciences humaines*, juillet-septembre 2001, n° 263
« La biographie : usages scientifiques et sociaux », *Politix*, n° 27, FNSP, 1994
« Des biographies », *Revue française de psychanalyse*, n° 52, janvier-février 1988

3. La vie politique et culturelle en France sous la Troisième République

3.1. Histoire politique et culturelle (généralités)

AGULHON (Maurice), *La République de 1880 à nos jours*, Paris, Hachette, 1990, rééd. augmentée, Hachette, 1997
AMBROSI (Arlette et Christian), *La France de 1870 à nos jours*, Paris, Masson, 1995
ANDERSON (Robert D.), *France 1870-1914 : Politics and Society*, Londres, Henley et Boston, Routledge & Kegan Paul, 1977
AZÉMA (Jean-Pierre) et WINOCK (Michel), *Naissance et mort de la Troisième République*, Paris, Calmann-Lévy, 1970 et 1976, rééd. Paris, Hachette, 1978 et 1986
BAQUIAST (Paul) (dir.), *L'âge d'or des républicains (1863-1914)*, Paris, L'Harmattan, 2001
BARJOT (Dominique), CHALINE (Jean-Pierre) et ENCREVÉ (André), *La France au XIXe siècle (1814-1914)*, Paris, PUF, 1995, rééd. 2008
BAUMONT (Maurice), *Gloires et tragédies de la IIIe République*, Paris, Hachette, 1956
BECKER (Jean-Jacques) et BERSTEIN (Serge), *Victoire et frustrations (1914-1929)*, Paris, Le Seuil, 1990
BERSTEIN (Gisèle et Serge), *La Troisième République : les noms, les thèmes, les lieux*, Paris, M. A. éditions, 1987
BERSTEIN (Serge) et RUDELLE (Odile) (dir.), *Le modèle républicain*, Paris, PUF, 1992
— et MILZA (Pierre), *Histoire de la France au XXe siècle*, Bruxelles, Complexe, 1995
— et WINOCK (Michel), *L'invention de la démocratie (1789-1914)*, Paris, Le Seuil, 2002
BONNEFOUS (Georges et Édouard), *Histoire politique de la Troisième République (1906-1940)*, Paris, PUF, 7 t. et un index, 1956-1987
BORNE (Dominique) et DUBIEF (Henri), *La crise des années trente (1929-1938)*, Paris, Le Seuil, 1989
CANDAR (Gilles), *Histoire politique de la IIIe République*, Paris, La Découverte, 1999
CHANET (Jean-François), *L'école républicaine et les petites patries*, Paris, Aubier, 1996
CHARLE (Christophe), *Paris fin de siècle : culture et politique*, Paris, Le Seuil, 1998
CHASTENET (Jacques), *Histoire de la Troisième République (1870-1940)*, Paris, Hachette, 7 t., 1952-1963

DARD (Olivier), *Les années trente : le choix impossible*, Paris, LGF, 1999
DUFRESNE (Claude), *Les affaires de la IIIe République*, Paris, Rocher, 2008
GARRIGUES (Jean), *Les scandales de la République*, Paris, Robert Laffont, 2004
GEORGE (Jocelyne) et MOLLIER (Pierre-Yves), *La plus longue des Républiques (1870-1940)*, Paris, Fayard, 1994
HANOTAUX (Gabriel), *Histoire de la France contemporaine (1871-1900)*, Paris, Courbet, 4 vol., 1908 [s'arrête en réalité à la fin de l'année 1882
LAVAU (Georges) *et al.* (dir.), *L'univers politique des classes moyennes*, Paris, FNSP, 1983
LEJEUNE (Dominique), *Les débuts de la IIIe République (1870-1896)*, Paris, Armand Colin, 2005
—, *La France de la Belle poque (1896-1914)*, Paris, Armand Colin, 2002
MAYEUR (Jean-Marie), *Les débuts de la Troisième République (1871-1878)*, Paris, Le Seuil, 1973
—, *La vie politique sous la Troisième République*, Paris, Le Seuil, 1984
MIQUEL (Pierre), *La Troisième République*, Paris, Fayard, 1989
NORA (Pierre) (dir.), *Les lieux de mémoire*, t. 1, « La République », Paris, Gallimard, 1984
OZOUF (Mona), *L'école, l'Église et la République (1871-1914)*, Paris, Armand Colin, 1963, rééd. Paris, Le Seuil, 2007
RÉMOND (René), *Les droites en France*, Paris, Aubier, 1982
—, *Notre siècle (1918-1988)*, Paris, Fayard, 1988, rééd. 1991
—, *La République souveraine : la vie politique en France (1879-1939)*, Paris, Fayard, 2002
ROSANVALLON (Pierre), *La démocratie inachevée : histoire de la souveraineté du peuple en France*, Paris, Gallimard, 2000
SEIGNOBOS (Charles), *Le déclin de l'Empire et l'établissement de la Troisième République (1859-1875)*, Paris, Hachette, 1921
—, *L'évolution de la Troisième République (1875-1914)*, Paris, Hachette, 1921
THIESSE (Anne-Marie), *La création des identités nationales : Europe*, XVIIIe-XXe *siècles*, Paris, Le Seuil, 2000
WEBER (Eugen), *La France des années 30 : tourments et perplexités*, Paris, Fayard, 1995
WINOCK (Michel), *La fièvre hexagonale : les grandes crises politiques de 1871 à 1968*, Paris, Le Seuil, 1987
ZELDIN (Theodor), *Histoire des passions françaises (1848-1945)*, Paris, Le Seuil, 5 vol., 1980-1981

3.2. La vie politique à la Belle Époque et dans l'entre-deux-guerres

AGULHON (Maurice), *Coup d'État et République*, Paris, Sciences Po, 1997
— *et al.* (études réunies par), *La République en représentations : autour de l'œuvre de Maurice Agulhon*, Paris, PUPS, 2006
BASSO (Jacques), *Les groupes de pression*, Paris, PUF, 1983
BELLON (Christophe), « La loi de séparation des Églises et de l'État : de la genèse à l'application », *Historiens et géographes*, n° 391, juillet 2005, p. 191-220
BEN AMOS (Avner), *Funerals, Politics and Memory in Modern France, 1789-1996*, Oxford, OUP, 2000
BERSTEIN (Serge), *Histoire du parti radical*, Paris, FNSP, 2 vol., 1980-1982
—, *La France des années 30*, Paris, Armand Colin, 1995
— (dir.), *La démocratie libérale*, Paris, PUF, 1998
—, *La République sur le fil : entretiens avec Jean Lebrun*, Paris, Textuel, 1998

— et WINOCK (Michel) (dir.), *La République recommencée : de 1914 à nos jours*, Paris, Le Seuil, 2004
BORNE (Dominique) et DUBIEF (Henri), *La crise des années trente (1929-1938)*, Paris, Le Seuil, 1989
CARON (Jean-Claude), *La nation, l'État et la démocratie en France de 1789 à 1914*, Paris, Armand Colin, 1995
CASTELLANI (Charles), *Le mépris des urnes : la République en Corse (1870-1940)*, Vichy, Aedis, 2001
CHARLE (Christophe) *et al.* (réunis et publiés par), *La France démocratique : mélanges offerts à Maurice Agulhon*, Paris, PUPS, 1998
GARRIGUES (Jean) (dir.), *Les groupes de pression dans la vie politique contemporaine en France et aux États-Unis de 1820 à nos jours*, Rennes, PUR, 2002
— (dir.), *Les grands discours parlementaires de la Troisième République*, Paris, Armand Colin, 2 t., 2006
GOGUEL (François), *Géographie des élections françaises sous la Troisième et la Quatrième République*, Paris, Armand Colin, 1970
GOLDEY (David), *The Disintegration of the "Cartel des gauches" and the Politics of French Government Finances (1924-1926)*, thèse de doctorat d'histoire, Université d'Oxford, 1962
GOUAULT (Jacques), *Comment la France est devenue républicaine : les élections générales et partielles à l'Assemblée nationale (1870-1875)*, Paris, Armand Colin, 1954
HUARD (Raymond), *Le suffrage universel en France (1848-1946)*, Paris, Aubier, 1991
JEANNENEY (Jean-Noël), *Leçon d'histoire pour une gauche au pouvoir : la faillite du Cartel (1924-1926)*, Paris, Le Seuil, 1977
KAPLAN (Robert E.), *Forgotten Crisis : The Fin-de-Siècle Crisis of Democracy in France*, Oxford, Berg, 1995
LAGADEC (Yann) *et al.* (dir.), *Le canton, un territoire du quotidien?* Rennes, PUR, 2009
LANCELOT (Alain), *Atlas des circonscriptions électorales en France depuis 1875*, Paris, Armand Colin, 1970
LE BÉGUEC (Gilles), « La représentation proportionnelle, cent ans de controverses », *Vingtième siècle, revue d'histoire*, n° 9, janvier-mars 1986, p. 67-80
MONIER (Frédéric), *Le complot dans la République : stratégies du secret de Boulanger à la Cagoule*, Paris, La Découverte, 1998
MOPIN (Michel), *Les grands débats parlementaires de 1875 à nos jours*, Paris, La Documentation française, 1988
NICOLET (Claude), *L'idée républicaine en France : essai d'histoire critique*, Paris, Gallimard, 1982
NORD (Philip G.), *The Republican Moment : Struggles for Democracy in Nineteenth-Century France*, Cambridge, HUP, 1995
PELLEGRINETTI (Jean-Paul) *et al.*, *La Corse et la République : la vie politique de la fin du Second Empire au début du XXI*e *siècle*, Paris, Le Seuil, 2004
REBÉRIOUX (Madeleine), *La République radicale (1898-1914) ?*, Paris, Le Seuil, 1975
RÉMOND (René), *La vie politique en France depuis 1789*, t. 2, « 1848-1879 », Paris, Armand Colin, 1969
ROSANVALLON (Pierre), *Le sacre du citoyen : histoire du suffrage universel en France*, Paris, Gallimard, 1992
—, *Le peuple introuvable : histoire de la représentation démocratique en France*, Paris, Gallimard, 1998

ROUSSELLIER (Nicolas), *Le Parlement de l'éloquence : la souveraineté de la délibération au lendemain de la Grande Guerre (1919-1924)*, Paris, Sciences Po, 1997

—, « Gouvernement et Parlement en France dans l'entre-deux-guerres », *in* MÖLLER (Horst) *et al.* (dir.), *Demokratie in Deutschland und Frankreich (1918-1933/40) : Beiträge zu einem historischen Vergleich*, Paris, PUF, 1998, p. 253-267

RUDELLE (Odile), *La République absolue : aux origines de l'instabilité constitutionnelle de la France républicaine (1870-1889)*, Paris, PUPS, 1986

SOULIÉ (Michel), *Le Cartel des gauches et la crise présidentielle*, Paris, Jean Dullis, 1974

SOULIER (Auguste), *L'instabilité ministérielle sous la Troisième République (1871-1938)*, Paris, Sirey, 1939

SUAREZ (Georges), *De Poincaré à Poincaré*, Paris, éditions de France, 1928

—, *Les heures héroïques du Cartel*, Paris, Grasset, 1934

TILLIER (Bertrand), *La Républicature : la caricature politique en France (1870-1914)*, Paris, CNRS, 1997

WINOCK (Michel), *La fièvre hexagonale : les grandes crises politiques (1871-1968)*, Paris, Calmann-Lévy, 1986

3.3. Les partis, les courants et les familles politiques

BAAL (Gérard), *Le parti radical de 1901 à 1914*, thèse de doctorat d'histoire, Université Paris-1 Panthéon-Sorbonne, 1991

—, *Histoire du radicalisme*, Paris, La Découverte, 1994

BECKER (Jean-Jacques) et CANDAR (Gilles) (dir.), *Histoire des gauches en France*, Paris, La Découverte, 2 vol., 2004

BERGOUGNIOUX (Alain) et GRUNBERG (Gérard), *Le long remords du pouvoir : le parti socialiste français (1905-1992)*, Paris, Fayard, 1992

BERSTEIN (Serge), *Histoire du parti radical*, Paris, FNSP, 2 t., 1980-1982

— et RUBY (Marcel) (dir.), *Un siècle de radicalisme*, Villeneuve d'Ascq, PUS, 2004

BILLARD (Yves), « Un parti républicain socialiste a vraiment existé », *Vingtième siècle, revue d'histoire*, n° 51, juillet-septembre 1996, p. 43-55

EL GAMMAL (Jean) *et al.* (dir.), *Les modérés dans la vie politique française (1870-1965)*, Nancy, PUN, 2000

GOGUEL (François), *Les partis politiques sous la IIIe République*, Paris, Le Seuil, 1926, rééd. 1958

—, *Le rôle financier du Sénat français : essai d'histoire parlementaire*, Paris, Sirey, 1937

—, *La politique des partis sous la Troisième République*, Paris, Le Seuil, 1946

GRÉVY (Jérôme), *La République des opportunistes (1870-1885)*, Paris, Perrin, 1988

GUILLAUME (Sylvie) (dir.), *Le centrisme en France aux 19e et XXe siècles : un échec ?*, Pessac, Maison des sciences de l'homme de l'Aquitaine, 2005

HUARD (Raymond), *La naissance du parti politique en France*, Paris, FNSP, 1996

JOLY (Bertrand), *Nationalistes et conservateurs en France (1885-1902)*, Paris, Les Indes savantes, 2008

KAYSER (Jacques), *Les grandes batailles du radicalisme : des origines aux portes du pouvoir (1820-1901)*, Paris, Rivière, 1962

NORDMANN (Jean-Thomas), *Histoire des radicaux (1820-1973)*, Paris, La Table ronde, 1974

—, *La France radicale*, Paris, Gallimard/Julliard, 1977

RÉMOND (René), *Les droites en France*, Paris, Aubier, 1968, rééd. 1982

SANSON (Rosemonde), *L'alliance républicaine démocratique : une formation de centre (1901-1920)*, Rennes, PUR, 2003
SIRINELLI (Jean-François) et VIGNE (Éric) (dir.), *Histoire des droites en France*, Paris, Gallimard, 3 t., 1992
TORRE (Pascal), *Le radicalisme en Corse sous la IIIe République*, Lille, Atelier national de reproduction des thèses, 3 vol., 2004, thèse de doctorat d'histoire, Université Paris XIII-Nord, 2001
WINOCK (Michel), *Le socialisme en France et en Europe (XIXe-XXe siècles)*, Paris, Le Seuil, 1992

3.4. Les idées et les cultures politiques

AGULHON (Maurice), « "Républicain » à la française", *Revue Tocqueville*, vol. XIII, n° 1, 1992, p. 107-118
BERSTEIN (Serge), « L'historien et la culture politique », *Vingtième siècle, revue d'histoire*, n° 35, juillet-septembre 1992, p. 67-77
— (dir.), *Les cultures politiques en France*, Paris, Le Seuil, 1999
BLAIS (Marie-Claude), *La solidarité : histoire d'une idée*, Paris, Gallimard, 2007
—, « Vous avez dit "solidarité" ? », *L'Histoire*, n° 340, mars 2009, p. 22-23
DROIT (Roger-Pol), « Les habits neufs du mérite », *Le Monde*, 28 août 2009, p. 24
GIRARDET (Raoul), *Mythes et mythologies politiques*, Paris, Le Seuil, 1986
GRONDEUX (Jérôme), *Histoire des idées politiques en France au XIXe siècle*, Paris, La Découverte, 1998
MICHAUD (Yves), *Qu'est-ce que le mérite ?* Paris, Bourin, 2009
SPITZ (Jean-Fabien), *Le moment républicain en France*, Paris, Gallimard, 2005

3.5. Le personnel politique, la vie parlementaire et gouvernementale

AGULHON (Maurice) *et al.* (dir.), *Les maires en France du Consulat à nos jours*, Paris, PUPS, 1986
AMBROGI (Pascal-Raphaël) et THOMAS (Jean-Pierre), *Sénateurs de la gauche démocratique au rassemblement démocratique et social européen (1891-2001) : un siècle au Sénat de la République*, Biarritz, Atlantica, 2001
AVRIL (Pierre) *et al.*, *Personnel politique français (1870-1988)*, Paris, PUF, 1989
BANTIGNY (Ludivine) et BAUBÉROT (Arnaud) (dir.), *Hériter en politique : filiations, générations et transmissions politiques (Allemagne, France et Italie, XIXe-XXe siècle)*, Paris, PUF, 2011
BARRAL (Pierre), *Les fondateurs de la Troisième République*, Paris, Armand Colin, 1968
BELLON (Christophe), *Délibération parlementaire et phénomène majoritaire sous la Troisième République : l'exemple d'Aristide Briand, député de la Loire (1902-1919)*, thèse de doctorat d'histoire, IEP de Paris, 2009
BERSTEIN (Gisèle), « La commission des Finances du Sénat et le budget (1920-1939) », *in La direction du Budget entre doctrines et réalités (1919-1944)*, Paris, CHEFF, 2001, p. 165-193
BERSTEIN (Serge), « L'argent et le pouvoir : à propos de François de Wendel », *Revue d'histoire moderne et contemporaine*, vol. 25, 1978, p. 487-499
BIRNBAUM (Pierre), *Les sommets de l'État : essai sur l'élite du pouvoir en France*, Paris, Le Seuil, 1977, rééd. 1994
BOMIER-LANDOWSKI (Alain), « Les groupes parlementaires de l'Assemblée nationale

et de la Chambre des députés de 1871 à 1940 », *in* DUPEUX (Georges) et GOGUEL (François) (dir.), « Sociologie électorale : esquisse d'un bilan, guide de recherches », *Cahiers de la FNSP*, n° 26, Paris, Armand Colin, 1951

BOUHEY (Vivien), *Les anarchistes contre la République : contribution à l'histoire des réseaux sous la Troisième République (1880-1914)*, Rennes, PUR, 2008

CHALINE (Jean-Pierre), CORBIN (Alain) et MAYEUR (Jean-Marie) (dir.), *Les parlementaires de la Troisième République*, Paris, PUPS, 2003

CHANDERNAGOR (André), *Les maires en France (XIXe-XXe siècles) : histoire et sociologie d'une fonction*, Paris, Fayard, 1993

CHEVALIER (François), *Le sénateur français (1875-1995) : essai sur le recrutement et la représentativité des membres de la seconde Chambre*, Paris, LGDJ, 1998

CORBIN (Alain) et MAYEUR (Jean-Marie) (dir.), *Les immortels du Sénat (1875-1918)*, Paris, PUPS, 1995

DARD (Olivier), *Le rendez-vous manqué des relèves des années 30*, Paris, PUF, 2002

DAUDET (Yves), *La présidence des assemblées parlementaires françaises*, Paris, PUF, 1965

DOGAN (Mattei), « La stabilité du personnel parlementaire sous la Troisième République », *Revue française de science politique*, vol. 3, avril-juin 1953, p. 319-348

—, « Political Ascent in a Class-Society : French Deputies (1870-1958) », *in* MARVICK (Dwaine) (dir.), *Political Decision-makers*, Glencoe, Free Press, 1961, p. 57-90

—, « Les filières de la carrière politique en France », *Revue française de sociologie*, vol. 8, octobre-novembre 1967, p. 468-492

—, « Les filières pour devenir ministre : de Thiers à Mitterrand », *Pouvoirs*, n° 36, 1986, p. 43-60

DUMONS (Bruno), « Élites politiques et pouvoirs locaux : regards sur l'historiographie de la France contemporaine », *in* BIDÉGARAY (Christian) *et al.* (dir.), *L'élu local aujourd'hui*, Grenoble, PUG, 2009, p. 11-28

ESCAICH (René), *Les monstres sacrés de la IIIe République*, Paris, Jean Dullis, 1974

ESTÈBE (Jean), *Les ministres de la République (1871-1914)*, Paris, FNSP, 1982

GARRIGUES (Jean) (dir.), *Histoire du Parlement de 1789 à nos jours*, Paris, Armand Colin, 2007

—, *Les hommes providentiels : histoire d'une fascination française*, Paris, Le Seuil, 2012

GEORGE (Jocelyne), *Histoire des maires (1789-1939)*, Paris, Plon, 1989

GOOCH (Robert K.), *The French Parliamentary Committee System*, New York, Appleton-Century, University of Virginia, 1935

GRÈZES-RUEFF (François), *La culture des députés français (1910-1958) : essai de typologie*, Toulouse, Presses universitaires du Mirail, 1984

GUÉRIN (André), *La vie quotidienne au Palais Bourbon à la fin de la Troisième République*, Paris, Hachette, 1978

GUIRAL (Pierre) et THUILLIER (Guy), *La vie quotidienne des députés en France de 1871 à 1914*, Paris, Hachette, 1980

JOANA (Jean), *Pratiques politiques des députés français au XIXe siècle*, Paris, L'Harmattan, 1999

LE BÉGUEC (Gilles), *L'entrée au Palais Bourbon : les filières privilégiées d'accès à la fonction parlementaire (1919-1939)*, thèse de doctorat d'État en histoire, Université Paris X-Nanterre, 1989

—, « Prélude à un syndicalisme bourgeois : l'association de défense des classes moyennes (1907-1939) », *Vingtième siècle, revue d'histoire*, n° 37, janvier-mars 1993, p. 93-104

—, « La constitution des groupes parlementaires : questions de méthode », *in* ANDRIEU

(Claire) *et al.* (dir.), *Associations et champ politique : la loi de 1901 à l'épreuve du siècle*, Paris, PUPS, 2001, p. 183-210

—, « Les entourages du chef de l'État sous la IIIe et la IVe Républiques », *Histoire@politique*, no 8, mai-août 2009

MARICHY (Jean-Pierre), *La seconde Chambre dans la vie politique française depuis 1875*, Paris, LGDJ, 1969

MARREL (Guillaume), *L'élu et son double : cumul des mandats et construction de l'État républicain en France du milieu du XIXe siècle au milieu du XXe siècle*, thèse de doctorat de science politique, IEP-Université de Grenoble-II, 2003

MAYEUR (Jean-Marie) (dir.), *Les parlementaires de la Seine sous la Troisième République*, t. 1, Paris, PUPS, 2001

MIQUEL (Pierre), *La Troisième République : hommes et pouvoirs*, Paris, Bordas, 1971

OFFERLÉ (Michel) (dir.), *La profession politique (XIXe-XXe siècles)*, Paris, Belin, 1999

OLLÉ-LAPRUNE (Jacques), *La stabilité des ministres sous la IIIe République (1879-1940)*, Paris, LGDJ, 1962

PAUL (Christian) et VELLAY (Marc), *L'entourage militaire du président de la IIIe République (1871-1939)*, Paris, IRPAJ, 1982

PROST (Antoine), *Vocabulaire des proclamations électorales de 1881, 1885 et 1889*, Paris, PUF, 1974

ROSSI-LANDI (Guy), *Les hommes qui ont fait la République depuis 1870*, Paris, Nathan, 1984

SÉGUIN (Philippe), *240 dans un fauteuil : la saga des présidents de l'Assemblée*, Paris, Le Seuil, 1995

THUILLIER (Guy), *Les cabinets ministériels*, Paris, PUF, 1982

« Le Sénat de 1884 à 1970 », *Politique, revue internationale des idées, des institutions et des événements politiques*, 1969, XII, no 45-48

3.6. L'État et ses réformes, en particulier fiscales

ALLAIN (Jean-Claude), « Joseph Caillaux, promoteur de l'impôt général sur le revenu », *Études et documents* (CHEFF), XI, 1999, p. 165-181

BARUCH (Marc-Olivier) *et al.* (dir.), *Serviteurs de l'État : une histoire politique de l'administration française (1875-1945)*, Paris, La Découverte, 2000

BLANCHETON (Bertrand), *Le Pape et l'empereur : la Banque de France, la direction du Trésor et la politique monétaire de la France (1914-1928)*, Paris, Albin Michel, 2001

DELALANDE (Nicolas), *Histoire sociale de l'impôt*, Paris, La Découverte, 2010

—, *Les batailles de l'impôt : consentement et résistances de 1789 à nos jours*, Paris, Le Seuil, 2011

EWALD (François), *L'État providence*, Paris, Grasset, 1986

HORNE (Janet), *Le musée social : aux origines de l'État providence*, Paris, Belin, 2004

KUISEL (Richard), *Le capitalisme et l'État en France : modernisation et dirigisme au XXe siècle*, Paris, Gallimard, 1984

LESCURE (Michel) *et al.* (dir.), *L'impôt en France aux XIXe et XXe siècles*, Paris, CHEFF, 2006

NEURRISSE (André), *Histoire de la fiscalité en France*, Paris, Economica, 1996

ROSANVALLON (Pierre), *L'État en France de 1789 à nos jours*, Paris, Le Seuil, 1993

ROUSSELLIER (Nicolas), *Vers une histoire de la loi*, mémoire inédit de recherche, dossier pour l'HDR, IEP de Paris, 2006, t. 1, « Du gouvernement de guerre au gouvernement de la défaite : les transformations du pouvoir exécutif en France (1913-1940) »

SCHNERB (Robert), *Deux siècles de fiscalité française (XIXe-XXe siècles) : histoire, économie, politique*, Paris, Mouton, 1973
SÉRÉE de ROCH (Ludovic), « La guerre et l'entrée dans la modernité du système fiscal français », *Études et documents* (CHEFF), XI, 1999, p. 183-210
THOMAS (Yves), *Histoire de l'administration*, Paris, La Découverte, 1995
TRISTRAM (Frédéric), « L'administration fiscale et l'impôt sur le revenu dans l'entre-deux-guerres », *Études et documents* (CHEFF), XI, 1999, p. 211-242
VANDEGINSTE (Bernard), *Le Sénat et l'impôt sur le revenu (1909-1917)*, thèse de doctorat d'histoire, Université de Paris-Sorbonne, 1961

3.7. Les institutions, en particulier la présidence de la République

BAUMONT (Stéphane), *Les présidents de la République française*, Paris, Milan, 2000
BERSTEIN (Serge), « Les dix-huit présidents de la République », *Les Cahiers de l'histoire*, no 50, octobre 1965
—, *Chef de l'État : l'histoire vivante des 22 présidents à l'épreuve du pouvoir*, Paris, Armand Colin, 2002
COORNAERT (Émile), « Les présidents de la IIIe République », *Politique*, no 5, 15 mai 1931, p. 399-416
HÉMERET (Georges et Janine), *Les présidents de la République française*, Paris, Filipacci, 1988
—, *L'histoire des présidents*, Paris, Morena, 1988, rééd. Paris, Lodi, 2002
LACROIX (Bernard) et LAGROYE (Jacques) (dir.), *Le président de la République : usages et genèse d'une institution*, Paris, FNSP, 1992
MASSOT (Jean), *La présidence de la république en France*, Paris, La Documentation française, 1977
PIASTRA (Raphaël), *Les présidents de 1870 à nos jours*, Paris, Eyrolles, 2012
POISSON (Georges), *L'histoire de l'Élysée : de Madame de Pompadour à Jacques Chirac*, Paris, Perrin, 1997
VALODE (Philippe), *Les vingt-deux présidents de la République française*, Paris, L'Archipel, 2001
« L'Élysée (1718-1970) », *Historia*, hors-série no 19, 4e trimestre 1970
« La présidence de la République », *Revue des deux mondes*, t. 50, 1939, p. 343-351

L'élection présidentielle de 2007 a donné lieu à un sensible regain d'intérêt historiographique autour de l'histoire de la présidence de la République. Ainsi, en particulier :

BILLIOUD (Jean-Michel), *Les présidents de la République*, Paris, Gallimard, 2007
BRASME (Pierre), *Histoire de la République française et de ses présidents*, Rennes, Ouest-France, 2007
LE GENDRE (Bertrand), « L'Élysée expliqué aux adolescents », *Le Monde*, 9 mai 2007
MARIOT (Nicolas), *C'est en marchant qu'on devient président : la République et ses chefs de l'État (1848-2007)*, Paris, Aux lieux d'être, 2007

Le salon du livre de Paris a, par ailleurs, présenté, une série de bibliographies sur les présidents de la République en mars 2007. Ainsi, sur Paul Doumer :

http://www.salondulivreparis.com/122/Paul_Doumer.htm ?idh=0&idb=0, 16 mars 2007

L'élection présidentielle de 1981 avait, elle, été accompagnée de rééditions d'ouvrages de référence, en particulier :

CHEVALLIER (Jean-Jacques), *Histoire des institutions et des régimes politiques de la France de 1789 à nos jours*, Paris, Dalloz, 6e éd., 1981

DANSETTE (Adrien), *Histoire des présidents de la République, de Louis-Napoléon Bonaparte à Georges Pompidou*, Paris, Le livre du contemporain, 1953, 4e éd., Paris, Plon, 1981

FRÉMY (Dominique), *Quid des présidents de la République*, Paris, Robert Laffont, 1981, rééd. 1987

SEMENTÉRY (Michel), *Les présidents de la République française et leur famille*, Paris, Christian, 1982

4. L'économie et la société françaises à la Belle Époque et dans l'entre-deux-guerres

4.1. L'économie et les entreprises

BARJOT (Dominique) et MERGER (Michèle) (dir.), *Les entreprises et leurs réseaux : hommes, capitaux, techniques et pouvoirs, mélanges en l'honneur de François Caron*, Paris, PUPS, 1998

BARJOT (Dominique) *et al.* (dir.), *Industrie et politique en Europe occidentale et aux États-Unis (XIXe-XXe siècles)*, Paris, PUPS, 2006

BERGERON (Louis), *Les capitalistes en France (1780-1914)*, Paris, Gallimard/Julliard, 1978

BOUVIER (Jean), « Aux origines de la IIIe République : les réflexes sociaux des milieux d'affaires », *Revue historique*, t. CCX, octobre-décembre 1953, p. 271-301

BOUVIER (Yves), *La Compagnie générale d'électricité : un grand groupe industriel et l'Etat. Technologie, hommes et marchés (1898-1992)*, thèse de doctorat d'histoire, Université Paris IV Sorbonne, 2005

BRAUDEL (Fernand) *et al.* (dir.), *Histoire économique et sociale de la France*, t. IV, « Années 1880-1950 », Paris, PUF, 4e éd., 1993

CARON (François), *Histoire économique de la France (XIXe-XXe siècles)*, Paris, Colin, 2e éd., 1995

FRABOULET (Danièle), *Quand les patrons s'organisent : stratégies et pratiques de l'Union des industries métallurgiques et minières (1901-1950)*, Villeneuve d'Ascq, PUS, 2007

GARRIGUES (Jean), *La République des hommes d'affaires (1870-1900)*, Paris, Aubier, 1997

—, *Les patrons et la politique : de Schneider à Seillière*, Paris, Perrin, 2002

JEANNENEY (Jean-Noël), *L'argent caché : milieux d'affaires et pouvoirs politiques dans la France du XXe siècle*, Paris, Fayard, 1981, rééd. Paris, Le Seuil, 1984

JOLY (Hervé), *Diriger une grande entreprise française au XXe siècle : modes de gouvernance, trajectoires et recrutement*, mémoire inédit de recherche, dossier pour l'HDR, EHESS, 2008

LAMBERT-DANSETTE (Jean), *Histoire de l'entreprise et des chefs d'entreprise en France*, t. 2, « Naissance du patronat », Paris, L'Harmattan, 2003

LÉVY-LEBOYER (Maurice) (dir.), *Histoire de la France industrielle*, Paris, Larousse, 1996

MARSEILLE (Jacques) *et al.* (dir.), *Alcatel-Alsthom : histoire de la compagnie générale d'électricité*, Paris, Larousse, 1992

PROCHASSON (Christophe), *Les années électriques (1880-1910)*, Paris, La Découverte, 1991

RAPP (Jules), *Histoire d'une entreprise d'électricité : la compagnie générale d'électricité*, thèse de doctorat de sciences économiques, Université Paris X-Nanterre, 1985

4.2. Forces sociales et groupes sociaux

BARRAL (Pierre), *Les agrariens français de Méline à Pisani*, Paris, FNSP-Armand Colin, 1968

—, « Les aspects régionaux de l'agrarisme français avant 1930 », *Le Mouvement social*, n° 67, avril-juin 1969, p. 3-16

BERSTEIN (Serge), « L'enracinement de la République au sein des classes moyennes au début du XXe siècle », *in* BIDÉGARAY (Christian) *et al.* (dir.), *Des républiques françaises*, Paris, Economica, 1988, p. 261-283

CHARLE (Christophe), *Les élites de la République (1880-1900)*, Paris, Fayard, 1987

—, *Histoire sociale de la France au XIXe siècle*, Paris, Le Seuil, 1991

—, *La République des universitaires (1870-1940)*, Paris, Le Seuil, 1994

GUILLAUME (Sylvie) (dir.), *Les élites fin de siècles (XIXe et XXe siècles)*, Talence, Maison des sciences de l'homme d'Aquitaine, 1992

LE BÉGUEC (Gilles), *La République des avocats*, Paris, Armand Colin, 2003

LYNCH (Édouard), « Les usages politiques du soldat laboureur : paysannerie et nation dans la France et l'Europe agrariennes (1880-1945) », *in* Jean-Luc MAYAUD *et al.* (dir.), *Histoire de l'Europe rurale contemporaine : du village à l'État*, Paris, Armand Colin, 2006, p. 332-349

TOPALOV (Christian) (dir.), *Laboratoires du nouveau siècle : la nébuleuse réformatrice et ses réseaux en France (1880-1914)*, Paris, EHESS, 1999

4.3. La franc-maçonnerie

CHEVALLIER (Pierre), *Histoire de la franc-maçonnerie française*, t. 3, « La maçonnerie, église de la République (1877-1944) », Paris, Fayard, 1975

COMBES (André), *Histoire de la franc-maçonnerie au XIXe siècle*, Paris, Le Rocher, t. II, 1999

COSTON (Henry), *Un État dans l'État : la franc-maçonnerie*, Paris, Librairie française, 1976

LE BLANC (François-Yves), « Fiches, affaires et contre-espionnage : le Grand Orient entre en politique (1892-1905) », *Actes du Collège d'histoire maçonnique de l'Aunis et de la Saintonge*, n° 6, août 2007, « Franc-maçonnerie, utopies sociales et reconstruction de la République (1870-1905) », vol. 3, p. 5-22

4.4. L'éducation et les enseignants

GERBOD (Paul), *La vie quotidienne dans les lycées et collèges au XIXe siècle*, Paris, Hachette, 1968

—, *Les enseignants et la politique*, Paris, PUF, 1976

GUIRAL (Pierre) et THUILLIER (Guy), *La vie quotidienne des professeurs de 1870 à 1940*, Paris, Hachette, 1980

KARADY (Victor), « L'expansion universitaire et l'évolution des inégalités devant la carrière d'enseignant au début de la Troisième République », *Revue française de sociologie*, vol. 13, 1972, p. 35-58

—, « Les professeurs de la République : le marché scolaire, les réformes universitaires et les transformations de la fonction professorale à la fin du XIXe siècle », *Actes de la recherche en sciences sociales*, n° 47-48, 1983, p. 90-112

MAYEUR (Françoise), *Histoire de l'enseignement et de l'éducation*, t. 3, « De la Révolution à l'école républicaine (1789-1930) », Paris, NLF, 1981, rééd. Paris, Perrin, 2004

MERCHER (Alain), *Un conservatoire pour les Arts et Métiers*, Paris, Gallimard, 1994
PROST (Antoine), *Histoire de l'enseignement en France (1880-1967)*, Paris, Armand Colin, 1968
TOURNEMIRE (Pierre), *La Ligue de l'enseignement*, Toulouse, Milan, 2000

4.5. La presse et les journalistes

BELLANGER (Claude) *et al.*, *Histoire générale de la presse française*, t. 3, « De 1871 à 1940 », Paris, PUF, 1972
CHARLE (Christophe), *Le siècle de la presse (1830-1939)*, Paris, Le Seuil, 2004
DELPORTE (Christian) (dir.), *Les journalistes en France (1880-1950) : naissance et construction d'une profession*, Paris, Le Seuil, 1999
JEANNENEY (Jean-Noël), *Une histoire des médias, des origines à nos jours*, Paris, Le Seuil, 1995

4.6. L'armée et les militaires

BERTAUD (Jean-Paul) *et al.* (dir.), *Nouvelle histoire militaire de la France (1789-1919)*, Paris, Fayard, 1998
BONIFACE (Xavier), *L'armée, l'Église et la République (1879-1914)*, Paris, Nouveau monde, 2012
CORVISIER (André), *Histoire militaire de la France*, Paris, PUF, 1997
DOISE (Jean) *et al.* (dir.), *Diplomatie et outil militaire (1871-1991)*, Paris, Imprimerie nationale, 1992
DUHAMEL (Éric), FORCADE (Olivier) et VIAL (Philippe) (dir.), *Militaires en République (1870-1962) : les officiers, le pouvoir et la vie publique en France*, Paris, PUPS, 1999
GIRARDET (Raoul), *La société militaire de 1815 à nos jours*, Paris, Perrin, 1998
MASSON (Philippe), *Histoire de l'armée française de 1914 à nos jours*, Paris, Perrin, 2002
NOBECOURT (Jacques), *Une histoire politique de l'armée*, 1 (1919-1942), Paris, Le Seuil, 1967
PAOLI (François-André), *L'armée française de 1919 à 1939*, Paris, SHA, 3 t., 1968-1974
SERMAN (William), *Les officiers dans la nation (1848-1914)*, Paris, Aubier, 1982

5. La Première Guerre mondiale et ses prolongements

5.1. Généralités

AUDOIN-ROUZEAU (Stéphane) et BECKER (Annette), *14-18 : retrouver la guerre*, Paris, Gallimard, 2000
— (dir.), *Encyclopédie de la Grande Guerre (1914-1918) : histoire et culture*, Paris, Bayard, 2004
BAGGETT (Blaine) et WINTER (Jay), *14-18 : le grand bouleversement*, Paris, Cité, 1997
BECKER (Jean-Jacques), avec AUDOIN-ROUZEAU (Stéphane), BECKER (Annette), KRUMEICH (Gerd) et WINTER (Jay), *Guerres et cultures, 1914-1918*, Paris, Armand Colin, 1994
—, *1917 en Europe : l'année impossible*, Bruxelles, Complexe, 1997
—, *L'année 14*, Paris, Armand Colin, 2004
— (dir.), *Histoire culturelle de la Grande Guerre*, Paris, Armand Colin, 2005
—, *Dictionnaire de la Grande Guerre*, Bruxelles, Bruxelles, André Versaille, 2008
CABANES (Bruno) et HUSSON (Édouard) (dir.), *Les sociétés européennes en guerre (1914-1945)*, Paris, Armand Colin, 2003

CABANES (Bruno), *La victoire endeuillée : la sortie de guerre des soldats français (1918-1920)*, Paris, Le Seuil, 2004
— et DUMÉNIL (Anne) (dir.), *Larousse de la Grande Guerre*, Paris, Larousse, 2007
CAZALS (Rémy) et ROUSSEAU (Frédéric), *14-18, le cri d'une génération*, Paris, Privat, 2001
CAZALS (Rémy), « 1914-1918 : oser penser, oser écrire », *Genèses*, n° 46, mars 2002, dossier « Débats et controverses », p. 26-43
COCHET (François) et PORTE (Rémy) (dir.), *Dictionnaire de la Grande Guerre (1914-1918)*, Paris, Robert Laffont, 2008
CONTAMINE (Henry), *9 septembre 1914 : la victoire de la Marne, trente journées qui ont fait la France*, Paris, Gallimard, 1970
DUROSELLE (Jean-Baptiste), *La Grande Guerre des Français (1914-1918)*, Paris, Perrin, 1994
GAMBIEZ (Fernand) *et al.* (dir.), *Histoire de la Première Guerre mondiale*, Paris, Fayard, 2 vol., 1968-1971
GERVEREAU (Laurent) *et al.* (dir.), *Images de 1917*, Nanterre, Musée d'histoire contemporaine/BDIC, 1987
GORCE (Paul-Marie de la) (dir.), *La Première Guerre mondiale*, Paris, Flammarion, 2 vol., 1991
HORNE (John) (dir.), *Vers la guerre totale : le tournant de 1914-1915*, Paris, Tallandier, 2010 [LORIN (Amaury), *Revue historique*, n° 658, avril 2011, p. 467-469]
JAUFFRET (Jean-Charles) *et al.* (dir.), *La Grande Guerre (1914-1918) : 80 ans d'historiographie et de représentations*, Montpellier, UMR 5609 du CNRS-Université Paul Valéry-Montpellier 3, 2002
KEEGAN (John), *La Première Guerre mondiale*, Paris, Perrin, 2003
LE NAOUR (Jean-Yves) (dir.), *Dictionnaire de la Grande Guerre*, Paris, Larousse, 2008
PROCHASSON (Christophe), *14-18 : retours d'expérience*, Paris, Tallandier, 2008
PROST (Antoine) et WINTER (Jay), *Penser la Grande Guerre : un essai d'historiographie*, Paris, Le Seuil, 2004 [*The Great War in History : Debates and Controversies, 1914 to the Present*, Cambridge, CUP, 2005]
WINTER (Jay), *Remembering War : the Great War between Historical Memory and History in the 20th Century*, New Haven/Londres, YUP, 2006

5.2. Les combattants et les armements

AUDOIN-ROUZEAU (Stéphane), BECKER (Annette), HORNE (John) et SMITH (Leonard V.), dossier « Le corps dans la Première Guerre mondiale. 14-18 : douleur, souffrance, deuil », *Annales, histoire, sciences sociales*, n° 1, janvier-février 2000, p. 43-250
BECKER (Jean-Jacques), « La fleur au fusil ? Retour sur un mythe », *in* PROCHASSON (Christophe) et RASMUSSEN (Anne) (dir.), *Vrai et faux dans la Grande Guerre*, Paris, La Découverte, 2004, p. 152-165
CAILLETEAU (François), « Le commandement des armées françaises pendant la Grande Guerre », *Guerres mondiales et conflits contemporains*, n° 155 et 156, juillet et octobre 1989
CAPDEVILA (Luc) et VOLDMAN (Danièle), « Du numéro matricule au code génétique : la manipulation du corps des tués de la guerre en quête d'identité », *Revue internationale de la Croix-Rouge*, décembre 2002, vol. 84, n° 848, p. 751-765

CARLIER (Claude), « L'aéronautique militaire française dans la Première Guerre mondiale », *Guerres mondiales et conflits contemporains*, n° 145, janvier 1987, p. 63-80
—, « L'émergence d'une arme nouvelle, l'aéronautique (1914-1916) », *in* CARLIER (Claude) *et al.* (dir.), *La bataille de Verdun*, Paris, Economica, 1997, p. 37-58
CONTAMINE (Henry), « De quelques problèmes militaires de 1917 », *Revue d'histoire moderne et contemporaine*, janvier-mars 1968, p. 108-121
FOGARTY (Richard S.), *Race and War in France : Colonial Subjects in the French Army, 1914-1918*, Baltimore, The Johns Hopkins University Press, 2008
FRÉMEAUX (Jacques), *Les colonies dans la Grande Guerre : combats et épreuves des peuples d'outre-mer*, Paris, Soteca, éditions 14-18, 2006
GORCE (Paul-Marie de la), « Stratégie et idéologie pendant la Première Guerre mondiale », *in* ALLAIN (Jean-Charles) (dir.), *Des étoiles et des croix*, Paris, Economica, 1995, p. 67-78
OFFENSTADT (Nicolas), *Les fusillés de la Grande Guerre et la mémoire collective (1914-1999)*, Paris, Odile Jacob, 1999
— (dir.), *Le Chemin des Dames : de l'évènement à la mémoire*, Paris, Stock, 2004
LOEZ (André), *14-18, les refus de la guerre : une histoire des mutins*, Paris, Gallimard, 2010
PEDRONCINI (Guy), *Les mutineries de 1917*, Paris, PUF, 1967
PESQUIÈS-COURBIER (Simone), *L'aéronautique militaire française (1914-1918)*, Paris, Service historique de l'armée de l'air, 2 vol., 1978
SMITH (Leonard V.), *Between Mutiny and Obedience : the Case of the French Fifth Infantry Division during World War I*, Princeton, PUP, 1994

5.3. La société

ARIÈS (Philippe), *Essais sur l'histoire de la mort en Occident du Moyen Âge à nos jours*, Paris, Le Seuil, 1977
AUDOIN-ROUZEAU (Stéphane) *et al.* (dir.), *Les sociétés européennes et la guerre de 1914-1918*, Nanterre, PUN, 1990
—, « Monuments aux morts, commémorations et deuil personnel après la Grande Guerre », *Mélanges de l'École française de Rome*, vol. 112, n° 2, 2000, p. 529-547
—, *Cinq deuils de guerre, 1914-1918*, Paris, Noêsis, 2001
BEAUPRÉ (Nicolas), *Écrire en guerre, écrire la guerre : France, Allemagne (1914-1920)*, Paris, CNRS, 2006
BECKER (Annette), « Des monuments différents ? La commémoration dans le nord de la France, 1914-1940 », *Mélanges de l'École française de Rome*, vol. 112, n° 2, 2000, p. 515-528
BECKER (Jean-Jacques), *1914 : comment les Français sont entrés dans la guerre*, Paris, FNSP, 1977
—, *Les Français dans la Grande Guerre*, Paris, Laffont, 1980
—, « L'opinion publique française en 1917 », *Historiens et géographes*, n° 315, juillet-août 1987, p. 1497-1507
—, *La France en guerre : la grande mutation*, Bruxelles, Complexe, 1988
— *et al.* (dir.), *Guerre et cultures (1914-1918)*, Paris, Armand Colin, 1994
CABANES (Bruno) et HUSSON (Édouard) (dir.), *Les sociétés en guerre (1911-1946)*, Paris, Armand Colin, 2003
CABANES (Bruno), « « Génération du feu » : aux origines d'une notion », *Revue historique*, 2007/1, n° 641, p. 139-150

— et PIKETTY (Guillaume) (dir.), dossier « Sorties de guerre au XXe siècle », *Histoire@ Politique*, n° 3, novembre-décembre 2007
—, *Retour de l'intime : au sortir de la guerre*, Paris, Tallandier, 2009
CAPDEVILA (Luc) et VOLDMAN (Danièle), *Nos morts : les sociétés occidentales face aux tués de la guerre (XIXe-XXe siècles)*, Paris, Payot, 2002
—, « Nouveaux cultes de la mémoire : les rites funéraires dans les guerres du XXe siècle », *in* LENOIR (Frédéric) *et al.* (dir.), *La mort et l'immortalité : encyclopédie des croyances et des savoirs*, Paris, Bayard, 2004, p. 1593-1606
CHASSAIGNE (Philippe) *et al.* (dir.), *Les sociétés, la guerre, la paix (1911-1946)*, Paris, Sedes, 2003
Collectif, « Pour une histoire de la douleur », *14-18 aujourd'hui*, 1, 1998, p. 100-105
POURCHER (Yves), *Les jours de guerre : la vie des Français au jour le jour (1914-1918)*, Paris, Plon, 1994
PROST (Antoine), *Les anciens combattants et la société française (1914-1939)*, Paris, FNSP, 3 t., 1977
—, *Les anciens combattants (1914-1940)*, Paris, Gallimard-Julliard, 1977
RENOUVIN (Pierre), « L'opinion publique et la guerre en 1917 », *Revue d'histoire moderne et contemporaine*, janvier-mars 1968, p. 4-23
RIDEL (Charles), *Les embusqués*, Paris, Armand Colin, 2007
SIRINELLI (Jean-François), « La génération du feu », *L'Histoire*, n° 107, janvier 1988, p. 132-136
WINTER (Jay), *Sites of Memory, Sites of Mourning : the Great War in European Cultural History*, New York, CUP, 1995
« Démobilisations culturelles après la Grande Guerre », dossier, *14-18 Aujourd'hui Today Heute*, n° 5, 2002

5.4. La vie politique et l'État

AUDOIN-ROUZEAU (Stéphane) *et al.* (dir.), *La politique et la guerre : pour comprendre le XXe siècle européen, hommage à Jean-Jacques Becker*, Paris, Agnès Viénot, 2002
BAUMONT (Michel), « Abel Ferry et les étapes du contrôle aux armées (1914-1918) », *Revue d'histoire moderne et contemporaine*, vol. 15, janvier-mars 1968, p. 162-208
BECKER (Annette), *Les monuments aux morts : patrimoine et mémoire de la Grande Guerre*, Paris, Errance, 1988
BECKER (Jean-Jacques), « Les « trois ans » et les débuts de la Première Guerre mondiale », *Guerres mondiales et conflits contemporains*, 1987, n° 145, « La France dans la Grande Guerre », février 1987, p. 7-26
—, *et al.* (dir.), *Georges Clemenceau et la Grande Guerre (1906-1929)*, Paris, Geste éditions, 2010
BOCK (Fabienne), « L'exubérance de l'État en France de 1914 à 1918 », *Vingtième siècle : revue d'histoire*, n° 3, juillet-septembre 1984, p. 41-51
—, *Un parlementarisme de guerre (1914-1918)*, Paris, Belin, 2002
CHAMBARLHAC (Vincent) et DUCOULOMBIER (Romain) (dir.), *Les socialistes français et la Grande Guerre : ministres, militants, combattants de la majorité (1914-1918)*, Dijon, EUD, 2008
DRUELLE (Clotilde), *Le ministre du Commerce et de l'Industrie pendant la Première Guerre mondiale : Étienne Clémentel ou la volonté de moderniser la France*, mémoire de DEA « Histoire du XXe siècle », IEP de Paris, 1993

DUMÉNIL (Anne), *La commission sénatoriale de l'Armée (août 1914-novembre 1917) : aspects du contrôle parlementaire en temps de guerre*, mémoire de maîtrise d'histoire, Université Paris-IV Panthéon-Sorbonne, 1992

DUROSELLE (Jean-Baptiste), « Le difficile avènement de Clemenceau », *Historiens et Géographes*, n° 315, juillet-août 1987, p. 1515-1527

JAUFFRET (Jean-Charles), « La question du transfert des corps (1915-1934) », *in* CAUCANAS (Sylvie) et CAZALS (Rémy) (dir.), *Traces de 14-18*, Carcassonne, Les Audois, 1997, p. 133-146

PEDRONCINI (Guy), « Les rapports du gouvernement et du haut commandement en France en 1917 », *Revue d'histoire moderne et contemporaine*, janvier-mars 1968, p. 122-132

—, *Les négociations secrètes pendant la Grande Guerre*, Paris, Flammarion, 1969

—, « La France et les négociations secrètes de paix en 1917 », *Guerres mondiales et conflits contemporains*, n° 170, avril 1993, p. 131-139

SOUTOU (Georges-Henri), « Poincaré, Painlevé et l'offensive Nivelle », *in* ALLAIN (Jean-Claude) (dir.), *Des étoiles et des croix*, Paris, Economica, 1995, p. 91-109

6. Les relations internationales à la Belle Époque et dans l'entre-deux-guerres

ARTAUD (Denise), *La question des dettes interalliées et la reconstruction de l'Europe (1917-1929)*, Paris, Honoré Champion, 2 t., 1978

BARIÉTY (Jacques), *Les relations franco-allemandes après la Première Guerre mondiale (10 novembre 1918-10 janvier 1925) : de l'exécution à la négociation*, Paris, Pedone, 1977

— *et al.*, *Les relations franco-allemandes (1815-1975)*, Paris, Armand Colin, 1977

CARLIER (Claude) *et al.*, *1918-1925 : comment faire la paix ?*, Paris, Economica, 2001

CAUSARANO (Pietro) *et al.* (dir.), *Le XXe siècle des guerres*, Paris, l'Atelier, 2004

CHAUBET (François), *La politique culturelle française et la diplomatie de la langue : l'Alliance française (1883-1940)*, Paris, L'Harmattan, 2006

CŒURÉ (Sophie), *La grande lueur à l'Est : les Français et l'Union soviétique (1917-1939)*, Paris, Le Seuil, 1999

CONTAMINE (Henry), *La revanche (1871-1914)*, Paris, Berger-Levrault, 1957

DUROSELLE (Jean-Baptiste), *Histoire diplomatique de 1919 à nos jours*, Paris, Dalloz, 1981

FRANK (Robert), *La hantise du déclin : le rang de la France en Europe (1920-1960), finances, défense et identité nationale*, Paris, Belin, 1994

— *et al.*, *Histoire des relations internationales contemporaines*, t. 2, « Turbulente Europe et nouveaux mondes (1914-1941) », Paris, Armand Colin, 1998

HOGENHUIS-SELIVERSTOFF (Anne), *Les relations franco-soviétiques (1917-1924)*, Paris, PUPS, 1981

INGRAM (Norman), *The Politics of Dissent : Pacifism in France (1919-1939)*, Oxford, Clarendon Press, 1991

JEVAKHOFF (Alexandre), *Les Russes blancs*, Paris, Tallandier, 2007

JOLY (Bertrand), « La France et la revanche (1871-1914) », *Revue d'histoire moderne et contemporaine*, n° 46-2, avril-juin 1999, p. 325-347

KORLIAKOV (Andreï), *L'émigration russe en photos : France (1917-1947)*, Paris, YMCA, 1999

MILZA (Pierre), *Les relations internationales de 1871 à 1914*, Paris, Armand Colin, 1996

—, *Les relations internationales de 1918 à 1939*, Paris, Armand Colin, 1998

RENOUVIN (Pierre), *La question d'Extrême-Orient (1840-1940)*, Paris, Hachette, 1946
—, *Histoire des relations internationales*, vol. III, « De 1871 à 1945 », Paris, Hachette, 1994
SCHUKER (Stephen A.), *The End of the French Predominance in Europe : the Financial Crisis of 1924 and the Adoption of the Dawes Plan*, Chapel Hill, University of North Carolina Press, 1976
SIVAN (Emmanuel) et WINTER (Jay) (dir.), *War and Remembrance in the XXth Century*, New York, CUP, 1999
VAÏSSE (Maurice), *Sécurité d'abord : la politique française en matière de désarmement (9 décembre 1930-17 avril 1934)*, Paris, Pedone, 1981

7. La colonisation française à la Belle Époque et dans l'entre-deux-guerres

7.1. L'empire colonial français à la Belle Époque et dans l'entre-deux-guerres

7.1.1. Généralités

ANDREW (Christopher M.) et KANYA-FORSTNER (Alexander S.), *France Overseas : The Great War and the Climax of French Imperial Expansion*, Londres, Thames and Hudson, 1981
BETTS (Raymond F.), *Assimilation and Association in French Colonial Theory, 1890-1914*, Londres, New York, Columbia University Press, 1961, rééd. Lincoln, University of Nebraska Press, 2005
—, *Tricouleur : the French Overseas Empire*, Londres, Gordon and Cremonesi, 1978
BINOCHE (Jacques), *La France d'outre-mer (1815-1962)*, Paris, Masson, 1992
BLET (Henri), *Histoire de la colonisation française*, Grenoble, Arthaud, 3 vol., 1946-1950
BOUCHE (Denise), *Histoire de la colonisation française*, t. 2, « Flux et reflux (1815-1962) », Paris, Fayard, 1991
BOUVIER (Jean) *et al.*, *L'impérialisme à la française (1914-1960)*, Paris, La Découverte, 1986
BRUNSCHWIG (Henri), *Mythes et réalités de l'impérialisme colonial français (1871-1914)*, Paris, Armand Colin, 1960
CONTE (Arthur), *L'épopée coloniale de la France*, Paris, Plon, 1992
COOKE (James J.), *New French Imperialism (1880-1910) : The Third Republic and Colonial Expansion*, Hamden, Archon, 1973
COOPER (Frederick), *Colonialism in Question : Theory, Knowledge, History*, Berkeley, University of California Press, 2005
DARD (Olivier) et LEFEUVRE (Daniel) (dir.), *L'Europe face à son passé colonial*, Paris, Riveneuve, 2009 [LORIN (Amaury), *Histoire@Politique*, n° 10, janvier-avril 2010]
DESCHAMPS (Hubert), *Méthodes et doctrines coloniales de la France (du XVIe siècle à nos jours)*, Paris, Armand Colin, 1953
FERRO (Marc), *Histoire des colonisations : des conquêtes aux indépendances (XIIIe-XXe siècles)*, Paris, Le Seuil, 2001
— (dir.), *Le livre noir du colonialisme (XVIe-XXIe siècles) : de l'extermination à la repentance*, Paris, Robert Laffont, 2003, rééd. Paris, Hachette, 2006
GANIAGE (Jean), *L'expansion coloniale de la France sous la Troisième République (1871-1914)*, Paris, Payot, 1968
GIRARDET (Raoul), *L'idée coloniale en France*, Paris, Hachette, 1972
—, *Le temps des colonies*, Paris, Berger-Levrault, 1979

GUILLAUME (Pierre), *Le monde colonial (XIXe-XXe siècles)*, Paris, Armand Colin, 1999
GUILLEN (Pierre), *L'expansion (1881-1898)*, Paris, Imprimerie nationale, 1985
HANOTAUX (Gabriel) et MARTINEAU (Alfred) (dir.), *Histoire des colonies françaises et de l'expansion de la France dans le monde*, Paris, Plon, 6 t., 1929-1932
LIAUZU (Claude), « Interrogations sur l'histoire française de la colonisation », *Genèses*, n° 46, mars 2002, p. 44-59
— (dir.), *Colonisation : droit d'inventaire*, Paris, Armand Colin, 2004
LORIN (Amaury), « Pour une histoire coloniale, circonstanciée », *H-France Review*, vol. 6, n° 54, mai 2006
—, « Pour une histoire coloniale, nuancée », *Outre-mers, revue d'histoire*, n° 366-367, 1er semestre 2010, p. 369-377
MANCERON (Gilles), *Marianne et les colonies : une introduction à l'histoire coloniale de la France*, Paris, La Découverte, 2 003
MERLE (Isabelle) *et al.*, « Histoire en marge ou histoire en marche ? La colonisation entre repentance et patrimonialisation », *in* CRIVELLO (Maryline) *et al.* (dir.), *Concurrence des passés : usages politiques du passé dans la France contemporaine*, Aix-en-Provence, PUP, 2006, p. 245-255
MEYER (Jean) *et al.*, *Histoire de la France coloniale des origines à 1914*, Paris, Armand Colin, 1 991
MEYNIER (Gilbert) *et al.* (dir.), *Histoire de la France coloniale*, t. 2, « L'apogée (1871-1931) », Paris, Pocket, 1996
MURPHY (Agnes), *The Ideology of French Imperialism, 1871-1881*, Washington D. C., Catholic University of America Press, 1948
REYNAUD PALIGOT (Carole), *La République raciale (1860-1930) : paradigme racial et idéologie républicaine*, Paris, PUF, 2009
RUSCIO (Alain), *Que la France était belle au temps des colonies*, Paris, Maisonneuve et Larose, 2001
—, *Le credo de l'homme blanc : regards coloniaux français (XIXe-XXe siècles)*, Bruxelles, Complexe, 2002
SAAÏDIA (Oissila) *et al.* (dir.), *La construction du discours colonial : l'empire français aux XIXe et XXe siècles*, Paris, Karthala, 2009 [LORIN (Amaury), *Histoire@Politique*, n° 11, avril-août 2010
THOBIE (Jacques), *La France impériale (1880-1914)*, Paris, Mégrelis, 1982
— et MEYNIER (Gilbert), *Histoire de la France coloniale*, t. II, « L'apogée », Paris, Pocket, 1996

7.1.2. Politique

AGERON (Charles-Robert), *L'anticolonialisme en France (1871-1914)*, Paris, PUF, 1973
—, *France coloniale ou parti colonial ?* Paris, PUF, 1978
ANDREW (Christopher M.), « The French « Colonial Party » : its Composition, Aims, and Influence, 1885-1914 », *Historical Journal*, n° 14, 1971
— et KANYA-FORSTNER (Alexander S.), « The *Groupe Colonial* in the French Chamber of Deputies, 1892-1932 », *Historical Journal*, n° 17, 1974, p. 837-866
ANDREW (Christopher M.), « The French Colonialist Movement During the Third Republic : the Unofficial Mind of Imperialism », *Transactions of the Royal Historical Society*, 5th series, 26, 1976, p. 143-166
— et KANYA-FORSTNER (Alexander S.), « Le mouvement colonial français et ses prin-

cipales personnalités, 1890-1914 », *Revue française d'histoire d'outre-mer*, n° 62, 1975, p. 640-673

BERGE (François), « Le sous-secrétariat et les sous-secrétaires d'État aux colonies : histoire de l'émancipation de l'administration coloniale », *Revue française d'histoire d'outre-mer*, n° 47, 1960, p. 301-386

BINOCHE (Jacques), « Les élus d'outre-mer au Parlement de 1871 à 1914 », *Revue française d'histoire d'outre-mer*, n° 58, 1971, p. 82-115

BRUNSCHWIG (Henri), « Vigné d'Octon et l'anticolonialisme sous la Troisième République (1871-1914) », *Cahiers d'études africaines*, 54, XIV-2, 1974, p. 265-298

CANDAR (Gilles), « La gauche coloniale en France : socialistes et radicaux (1885-1905) », *Mil neuf cent, revue d'histoire intellectuelle*, n° 27, « Pensée coloniale 1900 », 2009, p. 37-56

COHEN (William B.), *Empereurs sans sceptres : histoire des administrateurs de la France d'outre-mer et de l'École coloniale*, Paris, Berger-Levrault, 1974

CONKLIN (Alice L.), *A Mission to Civilize : the. Republican Idea of Empire in France and West Africa, 1895-1930*, Stanford, SUP, 1997

COSTANTINI (Dino), *Mission civilisatrice : le rôle de l'histoire coloniale dans la construction de l'identité politique française*, Paris, La Découverte, 2008 [LORIN (Amaury), *Histoire@Politique*, n° 7, janvier-avril 2009]

DELAVIGNETTE (Robert), *Les vrais chefs de l'empire*, Paris, Vuibert, 1939, rééd. sous le titre *Service africain*, Paris, Gallimard, 1946

EL MECHAT (Samia) (dir.), *Les administrations coloniales (XIXe-XXe siècles) : esquisse d'une histoire comparée*, Rennes, PUR, 2009

FRÉMEAUX (Jacques), *De quoi fut fait l'empire : les guerres coloniales au XIXe siècle*, Paris, CNRS éditions, 2010 [LORIN (Amaury), *Histoire@Politique*, n° 11, avril-août 2010]

FRÉMIGACCI (Jean), « L'État colonial français, du discours mythique aux réalités (1880-1940) », *Matériaux pour l'histoire de notre temps*, 1993, n° 32-33, p. 27-35

KNIGHT (Melvin M.), « French Colonial Policy : the Decline of « Association » », *Journal of Modern History*, n° 5, 1933, p. 208-224

LAGANA (Marc), *Le parti colonial français : éléments d'histoire*, Sillery, presses de l'Université du Québec, 1990

LANGER (William L.), *The Diplomacy of Imperialism (1890-1902)*, New York, Londres, Knopf, 1935

LE COUR GRANDMAISON (Olivier), *La République impériale : politique et racisme d'État*, Paris, Fayard, 2009 [LORIN (Amaury), *Histoire@Politique*, n° 9, septembre-décembre 2009]

LORIN (Amaury), « Les tutelles gouvernementales », dossier « Colonisation : pour en finir avec la repentance », *Historia*, n° 754, octobre 2009, p. 26

MANCERON (Gilles), *1885, le tournant colonial de la République : Jules Ferry contre Georges Clemenceau et autres affrontements parlementaires sur la conquête coloniale*, Paris, La Découverte, 2007

MARSEILLE (Jacques), « La gauche, la droite et le fait colonial en France des années 1880 aux années 1960 », *Vingtième siècle, revue d'histoire*, n° 24, octobre-décembre 1989, p. 17-28

MILLER (David J.), « Who Were the French Colonialists ? A Reassessment of the *Parti Colonial*, 1897-1914 », *Historical Journal*, n° 19, 1976, p. 685-725

MORLAT (Patrice) (dir.), *Les grands commis de l'empire colonial français*, Paris, Les Indes savantes, 2010 [LORIN (Amaury), *Revue historique*, n° 664, octobre 2012, p. 1027-1028]

PERSELL (Stuart M.), « Joseph Chailley-Bert and the Importance of the Union coloniale française », *Historical Journal*, n° 17, 1974, p. 176-184

—, « The French Colonial Congresses, 1889-1911 : Programs and Composition », *Studies in History and Society* 6, n° 1, hiver 1974-1975, p. 15-26

—, *The French Colonial Lobby (1889-1938)*, Stanford, Hoover Institution, 1983 [une précieuse liste des membres du parti colonial (1889-1938) est établie p. 159-175

REZZI (Nathalie), « Les gouverneurs français de 1880 à 1914 : essai de typologie », *Outre-mers, revue d'histoire*, n° 370-371, 1er semestre 2011, « Le contact colonial dans l'empire français : XIXe-XXe siècles », p. 9-19

ROBERTS (Stephen H.), *The History of French Colonial Policy, 1870-1925*, Londres, 1929, rééd. Hamden, Archan Books, 1963

SEMIDEI (Manuela), « Les socialistes français et le problème colonial entre les deux guerres (1919-1939) », *Revue française de science politique*, n° 6, 1968, p. 1115-1154

SURET-CANALE (Jean), « L'anticolonialisme sous la Troisième République : Paul Vigné d'Octon », *Cahiers internationaux*, 107, septembre-octobre 1959, p. 57-68

WILDER (Gary), *The French Imperial Nation-State : Negritude and Colonial Humanism between the Two World Wars*, Chicago, University of Chicago Press, 2005

7.1.3. Économie

ANDREW (Christopher M.) et KANYA-FORSTNER (Alexander S.), « French Business and the French Colonialists », *Historical Journal*, n° 19, 1976, p. 981-1000

BAUMONT (Maurice), *L'essor industriel et l'impérialisme colonial (1878-1904)*, Paris, PUF, 1949

BONIN (Hubert) *et al.* (dir.), *L'esprit économique impérial (1830-1970) : groupes de pression et réseaux du patronat colonial en France et dans l'empire*, Paris, SFHOM, 2008 [LORIN (Amaury), *Histoire@Politique*, n° 7, janvier-avril 2009]

LORIN (Amaury), « La route est toute tracée », dossier « Colonisation : pour en finir avec la repentance », *Historia*, n° 754, octobre 2009, p. 25-27

MARSEILLE (Jacques), *Empire colonial et capitalisme français : histoire d'un divorce*, Paris, Albin Michel, 1984

7.1.4. Société

GIRARDET (Raoul), « L'apothéose de la « plus grande France » : l'idée coloniale devant l'opinion française (1930-1935) », *Revue française de science politique*, n° 6, 1968, p. 1085-1114

MEISTERSHEIM (Anne) (dir.), *Corse-colonies*, Ajaccio, Piazzola, 2004, en particulier Colette DUBOIS, « Pour une histoire des Corses dans le « fait colonial » : sources et champs de recherche », p. 87-99

PROFIZI (Vanina), « Les fonctionnaires d'origine corse en AOF (1900-1920) : approche prosopographique de l'identité régionale en contexte colonial », *Outre-mers, revue d'histoire*, n° 370-371, 1er semestre 2011, « Le contact colonial dans l'empire français : XIXe-XXe siècles », p. 31-42

7.1.5. Culture

BLANCHARD (Pascal) et LEMAIRE (Sandrine) (dir.), *Culture coloniale : la France conquise par son empire (1871-1931)*, Paris, Autrement, 2003 [rééd. *in Culture coloniale*

en France de la Révolution française à nos jours, Paris, CNRS éditions, 2008 : LORIN (Amaury), *Histoire@Politique*, n° 7, janvier-avril 2009]
HODEIR (Catherine) et PIERRE (Michel), *L'exposition coloniale, Paris 1931*, Bruxelles, Complexe, 1991, rééd. Bruxelles, André Versaille éditeur, 2011
LORIN (Amaury), « La redécouverte d'Angkor connaît une notoriété internationale », dossier « Colonisation : pour en finir avec la repentance », *Historia*, n° 754, octobre 2009, p. 37
—, « Exotiques expositions : les expositions universelles et les cultures extra-européennes, France (1855-1937) », *Histoire@Politique*, n° 11, mai-août 2010
—, « Paris se met à l'heure de ses colonies », *Historia*, n° 775, juillet 2011, p. 48-59
—, « L'archéologie au service de la colonisation ? L'École française d'Extrême-Orient (1898) et la Conservation d'Angkor (1908) », *Les Nouvelles de l'archéologie*, dossier « Archéologies coloniales et postcoloniales : une approche transversale », n° 128, juin 2012, p. 27-31

7.2. L'Indochine française à la Belle Époque et dans l'entre-deux-guerres

7.2.1. Généralités

AINVAL (Christiane d'), *Les belles heures de l'Indochine française*, Paris, Perrin, 2001
BROCHEUX (Pierre) et HÉMERY (Daniel), *Indochine, la colonisation ambiguë (1858-1954)*, Paris, La Découverte, 1995 [*Indochina: An Ambiguous Colonization, 1858-1954*, Berkeley, UCP, 2010 : LORIN (Amaury), *Histoire@Politique*, n° 13, janvier-avril 2011]
CADY (John F.), *The Roots of French Imperialism in Easthern Asia*, Ithaca, CUP, 1954
CHESNEAUX (Jean), *L'Asie orientale aux XIXe et XXe siècles : Chine, Japon, Inde, Sud-est asiatique*, Paris, PUF, 1973
COOPER (Nicola), *France in Indochina: Colonial Encounters (1900-1939)*, Oxford, New York, Berg, 2001
DEVILLERS (Philippe), *Français et Annamites, partenaires ou ennemis (1856-1902) ?* Paris, Denoël, 1998
FOURNIAU (Charles) *et al.*, *Le contact colonial franco-vietnamien : le premier demi-siècle (1858-1911)*, Aix-en-Provence, PUP, 1999
HÉDUY (Philippe), *Histoire de l'Indochine : la perle de l'empire (1624-1954)*, Paris, Albin Michel, 1998
HÉMERY (Daniel), « Entrer en colonisation : Français et Vietnamiens, une relecture historique », *Outre-mers, revue d'histoire*, n° 358-359, 1er semestre 2008, p. 385-393
ISOART (Paul), « La création de l'Union indochinoise », *Approches Asie*, n° 11, 1992, p. 45-71
LAFFEY (John), « Les racines de l'impérialisme français en Extrême-Orient », *Revue d'histoire moderne et contemporaine*, avril-juin 1969, p. 282-299
MARTIN (Jean), *L'empire triomphant (1871-1936)*, t. 2, « Maghreb, Indochine, Madagascar, îles et comptoirs », Paris, Denoël, 1 990
TABOULET (Georges), *La geste française en Indochine : histoire par les textes de la France en Indochine des origines à 1914*, Paris, Maisonneuve, 2 t., 1955-1956
« L'Indochine au temps des Français », *L'Histoire*, n° 203, octobre 1996, dossier, p. 24-49

7.2.2. Politique

CHESNEAUX (Jean), *Contribution à l'histoire de la nation vietnamienne*, Paris, éditions sociales, 1955

FOURNIAU (Charles), *Vietnam : domination coloniale et résistance nationale (1858-1914)*, Paris, Les Indes savantes, 2002

MARR (David G.), *Vietnamese anticolonialism (1885-1925)*, Berkeley, Los Angeles, Londres, University of California Press, 1971

MORLAT (Patrice), *Les affaires politique de l'Indochine (1895-1923) ; les grands commis : du savoir au pouvoir*, Paris, L'Harmattan, 1995

NGUYEN (The Anh), *Monarchie et fait colonial au Vietnam (1875-1925) : le crépuscule d'un ordre traditionnel*, Paris, L'Harmattan, 1992

SCHNEIDER (Éric), « La Chambre de 1885-1889 et les affaires du Tonkin », *Revue française d'histoire d'outre-mer*, n° 53, 1966, p. 153-214

7.2.3. Économie

DESCOURS-GATIN (Chantal), *Quand l'opium finançait la colonisation en Indochine : l'élaboration de la régie générale de l'opium (1860-1914)*, Paris, L'Harmattan, 1992

GONJO (Yasuo), *Banque coloniale ou banque d'affaires : la Banque de l'Indochine sous la Troisième République*, Paris, Imprimerie nationale, 1993

LE FAILLER (Philippe), *Opium et pouvoir colonial en Indochine : du monopole à la prohibition (1897-1940)*, Hanoi, EFEO, 1999

MEULEAU (Marc), *Des pionniers en Extrême-Orient : histoire de la Banque de l'Indochine (1875-1975)*, Paris, Fayard, 1990

SASGES (Gerard H.), *Contraband, Capital and the Colonial State : the Alcohol Monopoly in Northern Viet Nam, 1897-1933*, thèse de doctorat d'histoire, Université de Californie, Berkeley, 2006

7.2.4. Société

MEYER (Charles), *La vie quotidienne des Français en Indochine (1860-1910)*, Paris, Hachette, 1985

NGUYEN (The Anh), « L'élite vietnamienne et le fait colonial dans les premières années du XXe siècle », *Revue française d'histoire d'outre-mer*, t. LXXII (1985), n° 268, p. 291-307

NGUYEN (Van Ky), *La société vietnamienne face à la modernité : le Tonkin de la fin du XIXe siècle à la Seconde Guerre mondiale*, Paris, L'Harmattan, 1995

7.2.5. Culture

CLÉMENTIN-OJHA (Catherine) *et al.*, *Un siècle pour l'Asie : l'École française d'Extrême-Orient (1898-2000)*, Paris, éditions du Pacifique/EFEO, 2001

LORIN (Amaury), « Traits d'architecture : Hanoi à l'heure française », *Histoire@Politique*, n° 9, septembre-décembre 2009

—, « Archéologues à Angkor : archives photographiques de l'École française d'Extrême-Orient », *Histoire@Politique*, n° 13, janvier-avril 2011

SINGARAVÉLOU (Pierre), *L'École française d'Extrême-Orient ou l'institution des marges (1898-1956) : essai d'histoire sociale et politique de la science coloniale*, Paris, L'Harmattan, 2001

8. Biographies et études biographiques de contemporains de Paul Doumer

8.1. Biographies

ALLAIN (Jean-Claude), *Joseph Caillaux*, Paris, Imprimerie nationale, 2 t., 1978-1981

AMSON (Daniel), *Gambetta ou le rêve brisé*, Paris, Tallandier, 1994

ANIZAN (Anne-Laure), *Paul Painlevé : science et politique de la Belle Époque aux années trente*, Rennes, PUR, 2012
ANTONMATTEI (Pierre), *Gambetta, le héraut de la République*, Paris, Michalon, 1999
AUBERT (Octave), *Louis Barthou : sa vie, son œuvre*, Paris, Quillet, 1935
AUDIER (Serge), *Léon Bourgeois : fonder la solidarité*, Paris, Michalon, 2007
BAECHLER (Christian), *Gustave Stresemann (1878-1929) : de l'impérialisme à la sécurité collective*, Strasbourg, presses universitaires de Strasbourg, 1996
BARCELO (Laurent), *Paul d'Estournelles de Constant : l'expression d'une idée européenne*, Paris, L'Harmattan, 1995
BARRAL (Pierre), *Léon Gambetta (1838-1882), tribun et stratège de la République*, Toulouse, Privat, 2008
BARRÉ (Jean-Luc), *Philippe Berthelot, l'éminence grise*, Paris, Perrin, 1998
BAUMONT (Stéphane), *Armand Fallières*, Toulouse, Éché, 1988
BECKER (Annette), *Guillaume Apollinaire : une biographie de guerre 1914-1918*, Paris, Tallandier, 2009
BECKER (Jean-Jacques), *Clemenceau, l'intraitable*, Paris, Liana Lévy, 1998
BELLON (Christophe), *Briand l'Européen*, Paris, La Documentation française, 2009
BERENSON (Edward), *Heroes of Empire : Five charismatic Men and the Conquest of Africa*, Berkeley, UCP, 2010 [*Les héros de l'Empire : Brazza, Marchand, Lyautey, Gordon et Stanley à la conquête de l'Afrique*, Paris, Perrin, 2012 : Lorin (Amaury), *Revue historique*, n° 664, octobre 2012, p. 1024-1026]
BERSTEIN (Serge), *Édouard Herriot ou la République en personne*, Paris, FNSP, 1985
—, *Léon Blum*, Paris, Fayard, 2007
BOUET (Aurélien), *Jacques Kayser : un républicain radical au XXe siècle (1900-1963)*, thèse de doctorat d'histoire, IEP de Paris, 1993
BREDIN (Jean-Denis), *Joseph Caillaux*, Paris, Hachette, 1980
BURY (John P. T.), *Gambetta and the Making of the Third Republic*, Londres, Longman, 1973
BUSSIÈRE (Éric), *Horace Finaly, banquier (1871-1945)*, Paris, Fayard, 1996
CARLS (Stephen D.), *Louis Loucheur : ingénieur, homme d'État, modernisateur de la France (1872-1931)*, Villeneuve d'Ascq, PUS, 2000
CHASTENET (Jacques), *Gambetta*, Paris, Fayard, 2008
DARD (Olivier), *Bertrand de Jouvenel*, Paris, Perrin, 2008
DEMKO (Denis), *Léon Bourgeois, philosophe de la solidarité*, Paris, Edimaf, 2001
DION (Isabelle), *Brazza : au cœur du Congo*, Aix-en-Provence, ANOM, 2007
—, *Auguste Pavie, l'explorateur aux pieds nus*, Aix-en-Provence, ANOM, 2010 [LORIN (Amaury), *Revue historique*, n° 661, janvier 2012, p. 241-242]
DOESSANT (Serge), *Le général André : de l'affaire Dreyfus à l'affaire des fiches*, Paris, Glyphe, 2009
DUBASQUE (François), *Jean Hennessy (1874-1944) : argent et réseaux au service d'une nouvelle république*, Rennes, PUR, 2008
DUBOS (Joël), *André Lebon, un homme d'affaires en République (1859-1938) : le patriotisme et l'influence*, Rennes, PUR, 2001
DUROSELLE (Jean-Baptiste), *Clemenceau*, Paris, Fayard, 1989
ERLANGER (Philippe), *Clemenceau*, Paris, Grasset, 1968
FONTANON (Claudine) *et al.* (dir.), *Paul Painlevé (1863-1933) : un savant en politique*, Rennes, PUR, 2005

GAILLARD (Jean-Michel), *Jules Ferry*, Paris, Fayard, 1989
GARRIGUES (Jean), *Le général Boulanger*, Paris, Orban, 1991, rééd. Paris, Perrin, 1999
GUIRAL (Pierre), *Adolphe Thiers*, Paris, Fayard, 1986
—, *Clemenceau en son temps*, Paris, Grasset, 1994
HARISMENDY (Patrick), *Sadi Carnot, l'ingénieur de la République*, Paris, Perrin, 1995
HECHT (Jean) (dir.), *Adolphe Landry, économiste, démographe et législateur (1874-1956)*, Paris, INED, 1997
JANSEN (Sabine), *Pierre Cot : un antifasciste radical*, Paris, Fayard, 2002
JEANNENEY (Jean-Noël), *François de Wendel en République : l'argent et le pouvoir (1914-1940)*, Paris, Le Seuil, 1976
—, *Clemenceau*, Paris, Mengès, 2005
JOLY (Bertrand), *Déroulède : l'inventeur du nationalisme*, Paris, Perrin, 1998
KEIGER (John F. V.), *Raymond Poincaré*, Cambridge, CUP, 1997
KUPFERMAN (Fred), *Laval (1883-1945)*, Paris, Balland, 1987, rééd. Paris, Tallandier, 2006
LACOUTURE (Jean), *Léon Blum*, Paris, Le Seuil, 1977
LAPIE (Pierre-Olivier), *Herriot*, Paris, Fayard, 1964
LAURENT (Sébastien), *Daniel Halévy : biographie*, Paris, Grasset, 2001
LE ROUX (Pierre), *Alexandre Yersin, un passe-muraille (1863-1943) : vainqueur de la peste et de la diphtérie, explorateur des hauts plateaux d'Indochine*, Paris, Connaissances et savoirs, 2007
LEVILLAIN (Philippe), *Boulanger, fossoyeur de la monarchie*, Paris, Flammarion, 1982
MANIGAND (Christine), *Henry de Jouvenel*, Limoges, PULIM, 2000
MAYEUR (Jean-Marie), *L'abbé Lemire (1853-1928) : un prêtre démocrate*, Paris, Casterman, 1968
—, *Gambetta : la patrie et la République*, Paris, Fayard, 2008
MERLE (Gabriel), *Émile Combes*, Paris, Fayard, 1995
MICHEL (Marc), *Gallieni*, Paris, Fayard, 1989
MIQUEL (Pierre), *Poincaré*, Paris, Fayard, 1961
MONNERVILLE (Gaston), *Clemenceau*, Paris, Fayard, 1968
MONNET (François), *Refaire la République. André Tardieu : une dérive réactionnaire*, Paris, Fayard, 1993
NETON (Albéric), *Delcassé (1852-1923)*, Paris, Académie diplomatique internationale, 1952
NIESS (Alexandre) et VAÏSSE (Maurice) (dir.), *Léon Bourgeois (1851-1925) : du solidarisme à la Société des nations*, Langres, Guéniot, 2006
NOTIN (Jean-Christophe), *Leclerc*, Paris, Perrin, 2005
—, *Foch*, Paris, Perrin, 2008
ORY (Pascal) (dir.), *Albert Kahn (1860-1940) : réalités d'une utopie*, Boulogne, Musée Albert Kahn, 1995
OUDIN (Bernard), *Aristide Briand*, Paris, Perrin, 2005
PEDRONCINI (Guy), *Pétain*, Paris, Perrin, 3 t., 1989-1998
PORTER (Charles W.), *The Career of Théophile Delcassé*, Philadelphia, University of Philadelphia Press, 1936
QUELLA-VILLÉGER (Alain), *Le cas Farrère : du Goncourt à la disgrâce*, Paris, presses de la Renaissance, 1989
—, *Pierre Loti : le pèlerin de la planète*, Bordeaux, Aubéron, 1998

RÉAU (Élisabeth du), *Édouard Daladier (1884-1970)*, Paris, Fayard, 1993
REBÉRIOUX (Madeleine), *Jaurès, la parole et l'acte*, Paris, Gallimard, 1994
RIVES (Jean), *Gaston Doumergue : du modèle républicain au sauveur suprême*, Toulouse, presses de l'IEP de Toulouse, 1992
ROCHE (Christian), *Paul Vigné d'Octon (1859-1943) : les combats d'un esprit libre, de l'anticolonialisme au naturisme*, Paris, L'Harmattan, 2009 [LORIN (Amaury), *Histoire@ Politique*, n° 9, septembre-décembre 2009]
ROTH (François), *Raymond Poincaré*, Paris, Fayard, 2001
ROUFFET (Michel), *Frédéric François-Marsal*, thèse de doctorat d'histoire, Université Paris I Panthéon-Sorbonne, 1982
RUBY (Marcel), *Jean Zay*, Orléans, Corsaire, 1994
SHERWOOD (John M.), *Georges Mandel and the Third Republic*, Stanford, SUP, 1970
SORLIN (Pierre), *Waldeck-Rousseau*, Paris, Colin, 1966
SORLOT (Marc), *André Maginot (1877-1932) : l'homme politique et sa légende*, Metz, Serpenoise, 1995
—, *Léon Bourgeois (1851-1925) : un moraliste en politique*, Paris, Leprince, 2005
SUAREZ (Georges), *Briand : sa vie, son œuvre avec son journal et de nombreux documents inédits*, Paris, Plon, 6 t., 1938-1952
TANENBAUM (Jan K.), *General Maurice Sarrail (1856-1929) : the French Army and Left-Wings Politics*, Chapell Hill, The University of North Carolina Press, 1974
TELLIER (Thibault), *Paul Reynaud (1878-1966) : un indépendant en politique*, Paris, Fayard, 2005
TOMEI (Samuel), *Ferdinand Buisson (1841-1932) : protestantisme libéral, foi laïque et radical-socialisme*, thèse de doctorat d'histoire, IEP de Paris, 2004
VILLATE (Laurent), *La République des diplomates : Paul et Jules Cambon (1843-1935)*, Paris, Science infuse, 2001
VILLOT (Roland), *Eugène Étienne (1844-1921)*, Oran, Fouque, 1951
WINOCK (Michel), *Clemenceau*, Paris, Perrin, 2007

8.2. Notices et études à caractère biographique

ANDREW (Christopher M.), *Théophile Delcassé and the Making of the Entente Cordiale : a Reapraisal of French Foreign Policy (1898-1905)*, Londres, Macmillan, 1968
ANDURAIN (Julie d'), « Réseaux politiques et réseaux d'affaires : le cas d'Eugène Étienne et d'Auguste d'Arenberg », *in* BONIN (Hubert) *et al.* (dir.), *L'esprit économique impérial (1830-1970) : groupes de pression et réseaux du patronat colonial en France et dans l'empire*, Paris, SFHOM, 2008, p. 85-102
—, « Le général Gouraud, parcours d'un colonial (1867-1946) », *Outre-mers, revue d'histoire*, n° 370-371, 1er semestre 2011, « Le contact colonial dans l'empire français : XIXe-XXe siècles », p. 21-30
ANIZAN (Anne-Laure), « Paul Painlevé, parlementaire et leader politique », *in* FONTANON (Claudine) *et al.* (dir.), *Paul Painlevé (1863-1933) : un savant en politique*, Rennes, PUR, 2005, p. 57-70
BURY (John P. T.), *Gambetta's Final Years : the Era of Difficulties (1877-1882)*, Londres, New York, Longman, 1982
GARRIGUES (Jean), *Léon Say et le centre gauche (1871-1896) : la grande bourgeoisie libérale dans les débuts de la IIIe République*, thèse de doctorat d'histoire, Université Paris X-Nanterre, 1993

LE BÉGUEC (Gilles) *et al.*, *Henry, Robert et Bertrand de Jouvenel : crise et métamorphose de l'État démocratique (1900-1935)*, Limoges, PULIM, 2004
OUDIN (Bernard), *Aristide Briand : la paix, une idée neuve en Europe*, Paris, Laffont, 1987
PEDRONCINI (Guy), *Pétain, général en chef (1917-1918)*, Paris, PUF, 1974
POWER (Thomas F.), *Jules Ferry and the Renaissance of French Imperialism*, New York, King's Cross, 1944, rééd. Philadelphia, Kessinger, 2007
RIVET (Daniel), *Lyautey et l'institution du protectorat français au Maroc (1912-1925)*, Paris, L'Harmattan, 3 t., 1988
SOULIÉ (Michel), *La vie politique d'Édouard Herriot*, Paris, Colin, 1962

9. Paul Doumer

Réalisée avec l'aimable collaboration de Nadine Dada, conservateur (Bibliothèque de l'École doctorale, Institut d'études politiques de Paris), une recherche documentaire approfondie, à travers l'interrogation de diverses bases de données, françaises et internationales, a permis de confirmer l'inexistence d'études historiques scientifiques sur Paul Doumer.

Seule une courte biographie (28 p.) « pour la jeunesse », signée du journaliste Henri Pellier (voir supra), paraît « à chaud », aussitôt après l'assassinat du président en 1932 afin de prolonger l'émoi suscité dans tout le pays. Elle présente, sur un mode hagiographique, l'exemplarité du destin de Paul Doumer aux jeunes générations de France. Quant à l'ouvrage de Jacques Chauvin (196 p.), dépourvu de notes, il a été réalisé sans recherches archivistiques. La veuve de l'auteur a toutefois aimablement mis à notre disposition « toute la documentation amassée durant des années sur la vie de Paul Doumer »[1].

BACONIN (Jérôme), *Des Auvergnats dans l'histoire*, Saint-Cyr-sur-Loire, Sutton, 2006
CHAUVIN (Jacques), *Paul Doumer, le président assassiné*, Paris, Panthéon, 1994
GIRARD (Roger), *Quand les Auvergnats partaient conquérir Paris*, Paris, Fayard, 1979
PELLIER (Henri), *Paul Doumer*, Paris, Larousse, coll. « Les livres roses pour la jeunesse », n° 553, 1932

9.1. La partie indochinoise de la carrière de Paul Doumer

BRUGUIÈRE (Michel), « Le chemin de fer du Yunnan : Paul Doumer et la politique d'intervention française en Chine (1899-1902) », *Revue d'histoire diplomatique*, janvier-mars 1963, p. 23-61; avril-juin 1963, p. 129-162; juillet-septembre 1963, p. 252-278, rééd. *in* BRUGUIÈRE (Michel), *Pour une renaissance de l'histoire financière (XVIIIe-XXe siècles)*, Paris, CHEFF, 1992, p. 1-85
DESCOURS (Chantal), « Paul Doumer et l'établissement de la régie générale de l'opium en Indochine », *Études & documents*, CHEFF, III, 1991, p. 273-291
ELI (Barbara), *Paul Doumer in Indochina (1897-1902) : Verwaltungsreformen, Eisenbahnen, Chinapolitik*, Université d'Heidelberg, Allemagne, 1 967 [mémoire académique en allemand, 64 p., titre en français : *Paul Doumer en Indochine (1897-1902) : réformes administratives, chemins de fer, politique chinoise*
FOURNIAU (Charles), « Politique coloniale ou « politique mondiale » : Doumer et le Yunnan », *in Histoires d'outre-mer : mélanges en l'honneur de Jean-Louis Miège*, Aix-en-Provence, PUP, 1992, t. 1, p. 49-72

1. Françoise Chauvin, lettre à l'auteur, 18 juin 2003.

LEE (Robert S.), *France and the Exploitation of China (1885-1901) : a Study in Economic Imperialism*, Hong Kong, Oxford, New York, OUP, 1989

LORIN (Amaury), *Le tremplin colonial : Paul Doumer, gouverneur général de l'Indochine (1897-1902)*, Paris, L'Harmattan, coll. « Recherches asiatiques », 2004, rééd. 2009

—, « L'ambitieuse Indochine de Paul Doumer », *Aventures et dossiers secrets de l'Histoire*, hors-série janvier 2005, p. 60-77

—, « La propagande coloniale de la Troisième République : Paul Doumer, gouverneur général de l'Indochine (1897-1902) », *in* ROLLAND (Denis) *et al.* (dir.), *Les Républiques en propagande (XIXe-XXIe siècles)*, Paris, L'Harmattan, 2006, p. 173-186

—, « Dalat, "station d'altitude" : fondation *ex nihilo* de Paul Doumer, gouverneur général de l'Indochine (1 898) », *Péninsule*, n° 52, 2006, p. 225-234

—, « "La civilisation suit la locomotive" : le credo ferroviaire de Paul Doumer, gouverneur général de l'Indochine (1897-1902) », *Revue d'histoire des chemins de fer*, n° 35, automne 2006, p. 41-54

—, « La "découverte" française du site : autour de Paul Doumer et de la fondation de l'École française d'Extrême-Orient », *in* TERTRAIS (Hugues) (dir.), *Angkor (VIIIe-XXIe siècles) : mémoire et identité khmères*, Paris, Autrement, 2008, p. 110-123

—, « "Gouverner partout, n'administrer nulle part" : Paul Doumer, "Colbert de l'Indochine" (1897-1902) », *in* EL MECHAT (Samia) (dir.), *Les administrations coloniales (XIXe-XXe siècles) : esquisse d'une histoire comparée*, Rennes, PUR, 2009, p. 25-32

—, « Le grand tournant : Paul Doumer, "démiurge de l'Indochine française" (1897-1902) », *Ultramarines : archives d'outre-mer, histoire des civilisations*, n° 27, novembre 2009, p. 14-21

—, « Paul Doumer, archétype du grand administrateur colonial français de la IIIe République », *Questions internationales* (La Documentation française), n° 46, novembre-décembre 2010, p. 112-119

—, « L'École française d'Extrême-Orient, création de Paul Doumer, gouverneur général de l'Indochine (1898) : un acte politique », *in* DULPHY (Anne) *et al.* (dir.), *Les relations culturelles internationales au XXe siècle : de la diplomatie culturelle à l'acculturation*, Bruxelles, P.I.E. Peter Lang, coll. « Enjeux internationaux », n° 10, 2011, p. 339-345

—, « Un présidentiable formé par "l'école des colonies" : Paul Doumer en Indochine (1897-1902) », *Outre-mers, revue d'histoire*, n° 372-373, 2e semestre 2011, p. 195-204

PHAN (Thi Hoai Trang), « Paul Doumer : aux origines d'un grand projet, le chemin de fer transindochinois », *Histoire, économie & société*, n° 3, 2011, p. 115-140

RIEDINGER (Maurice), « L'œuvre de Paul Doumer en Indochine », *Encyclopédie mensuelle d'outre-mer*, fascicule XXIII, juillet 1952, p. 218-221

9.2. La partie métropolitaine de la carrière de Paul Doumer

LORIN (Amaury), « Paul Doumer et l'association des écrivains combattants (1919-1939) », *L'écrivain combattant*, septembre 2008, n° 115, p. 12

—, « Paul Doumer, sénateur de Corse (1912-1931) : du parachutage à l'acclimatation », *Études corses*, n° 71, décembre 2010, p. 67-88

—, « Mai 1931 : un fils d'ouvrier à l'Élysée », *L'Histoire*, n° 364, mai 2011, p. 34-35

—, « Paul Doumer (1857-1932), "bienfaiteur de l'Aisne" : histoire d'une adoption », *Mémoires de la fédération des sociétés d'histoire et d'archéologie de l'Aisne*, t. LVI, 2011, p. 203-224

—, « Agrarisme et politique sous la IIIe République : Paul Doumer (1857-1932), le Cantal et l'Auvergne », *Revue de la Haute-Auvergne*, t. 74, janvier-mars 2012, numéro « Figures politiques », p. 45-60
—, « Paul Doumer et l'Académie des sciences coloniales (1922-1932) », *Mondes et cultures : compte-rendu annuel des travaux de l'Académie des sciences d'outre-mer*, t. LXXII, 2013, à paraître
—, « La franc-maçonnerie sous la IIIe République : Paul Doumer (1857-1932) et le Grand Orient de France », *Chroniques d'histoire maçonnique*, 2013, à paraître
—, « Les entourages politiques des présidents d'assemblée sous la IIIe République : Paul Doumer, président de la Chambre des députés (1905-1906) puis président du Sénat (1927-1931) », *Parlement[s], revue d'histoire politique*, date indéterminée, à paraître

9.3. L'assassinat de Paul Doumer et l'affaire Gorguloff

CŒURÉ (Sophie) et MONIER (Frédéric), « Paul Gorguloff, assassin de Paul Doumer (1932) », *Vingtième siècle, revue d'histoire*, n° 65, janvier-mars 2000, p. 35-46 [« Le rouge, le blanc, le fou : Paul Gorguloff, assassin du président Doumer en 1932 », colloque « Régicide et meurtre de l'homme d'État : histoires, formes, représentations », Université Paris X-Nanterre, ENS Saint-Cloud, Société pour l'histoire de la Justice, novembre 1995]
DANSETTE (Adrien), « Il y a vingt-ans ans : le président Doumer était assassiné », *Historia*, n° 126, mai 1957, p. 412-418
FORD (Franklin L.), *Le meurtre politique, du tyrannicide au terrorisme*, Paris, PUF, 1990
FOSHKO (Katherine), « The Paul Doumer Assassination and the Russian Diaspora in Interwar France », *French History*, vol. 23, n° 3, septembre 2009, p. 383-404
GUILLAUME (Marcel, commissaire), *Mes grandes enquêtes criminelles : mémoires*, Paris, Équateurs, 2005
KOUDRIAVTSEV (Sergueï), *Une version de l'affaire Gorguloff* [traduction du titre en russe], Moscou, Gileïa, 1999 [Gabrielle Chomentowski est remerciée de son aide à la traduction de cet ouvrage]
LORIN (Amaury), « Un paranoïaque abat le président Doumer », dossier « Complots : ces meurtriers qui ont bousculé l'Histoire », *Historia*, n° 747, mars 2009, p. 25-27
—, « Un "régicide républicain" : Paul Doumer, le président assassiné (6 mai 1932) », *Criminocorpus : histoire de la justice, des crimes et des peines*, 17 novembre 2011, rééd. *in Bibliothèque française de criminologie* (en ligne), à paraître
—, « On a tué le président ! », *L'Histoire*, n° 375, mai 2012, p. 32-33
MONCEL (Monique), « Il y a cinquante ans : le docteur Gorguloff, l'étrange assassin du président Doumer », *Historia*, n° 426, mai 1982, p. 86-95
VICHENEY (Dimitri), « Le tragique destin de Paul Doumer », *Bulletin de la Société historique et archéologique du XVe arrondissement de Paris*, n° 28, automne 2006, p. 50-65
VINCENT (Karelle), « Le régicide en République : Sadi Carnot, 24 juin 1894-Paul Doumer, 6 mai 1932 », *Crime, histoire et sociétés*, vol. 3, n° 2, 1999, p. 73-93
—, *Le régicide, de Saint-Réjant à Gorguloff (1800-1932) : perception et représentations*, thèse de doctorat d'histoire, Université de Bourgogne, 2000

Index des noms de personnes

Avertissement : dans les quelques rares cas où le prénom n'est pas connu, la fonction ou le titre sont indiqués par défaut entre parenthèses.

C

D

E

F

G

H

J

K

L

M

N

O

P

R

W

X

Y

Z

Table des matières

Déjà parus dans la même collection

Nathalie Havas, *La responsabilité ministérielle en France. Contribution à une approche historique des responsabilités politique et pénale des ministres de la Révolution de 1789 à la Ve République*, 1er prix de thèse du Sénat 2011.

Patrick Taillon, *Le référendum expression directe de la souveraineté du peuple ? Essai critique sur la rationalisation de l'expression référendaire en droit comparé*, Prix spécial du jury de thèse du Sénat 2011.

Anne-Claire Dufour, *Les pouvoirs du Parlement sur les finances de la sécurité sociale. Études des lois de financement de la sécurité sociale*, prix de thèse 2011 de la Fondation Jacques Descours Desacres sous l'égide de la Fondation de France.

Céline Vintzel, *Les armes du gouvernement dans la procédure législative*, premier prix de thèse du Sénat 2010, prix de thèse du Conseil constitutionnel 2010.

Anne-Sophie Gorge, *Le principe d'égalité entre les collectivités territoriales*, second prix de thèse du Sénat 2010.

Aurélien Baudu, *Contribution à l'étude des pouvoirs budgétaires du Parlement*, prix Jacques Descours Desacres 2009.

Aude Harlé, *Le coût et le goût de l'exercice du pouvoir politique. Sociologie clinique des cabinets ministériels*, prix de thèse du Sénat 2009.

Yannick Lécuyer, *Les droits politiques dans la jurisprudence de la Cour européenne*, prix de thèse du Sénat 2008.

Frédérique Roux, *La dévolution en Grande-Bretagne. Contribution à la réflexion sur l'autonomie institutionnelle*, prix de thèse du Sénat 2008.

Christophe Achaintre, *L'instance législative dans la pensée constitutionnelle révolutionnaires (1789-1799)*, prix de thèse du Sénat 2007.

Karen Fiorantino, *La seconde Chambre en France dans l'histoire des institutions et des idées politiques (1789-1940)*, prix de thèse du Sénat 2007.

Damien Cateau, *La LOFT et la modernisation de la gestion publique. La performance, fondement d'un droit public financier rénové*, prix de thèse du Sénat 2006.

Nicolas Tolini, *Le financement des partis politiques*, premier accessit du prix de thèse du Sénat 2006.

William Gilles, *Les transformations du principe de l'unité budgétaire dans le système financier public contemporain*, prix Jacques Descours Desacres 2006.

Pierre de Montalivet, *Les objectifs de valeur constitutionnelle*, prix de thèse du Sénat 2005.

Murielle Mauguin-Helgeson, *L'élaboration parlementaire de la loi : étude comparative (Allemagne, France, Royaume-Uni)*, premier accessit prix de thèse du Sénat 2005.

Pauline Türk, *Les commissions parlementaires permanentes et le renouveau du Parlement sous la Ve République*, prix de thèse du Sénat 2004.

Amicie Maucour-Isabelle, *La rénovation des pouvoirs budgétaires du Parlement sous la Ve République*, prix Jacques Descours Desacres 2004.

Photocomposition CMB Graphic
44800 Saint-Herblain

712604 - (I) - CSB - 90g - CMB - (ED)

Achevé d'imprimer sur les presses de
Snel
Z.I. des Hauts-Sarts - Zone 3
Rue Fond des Fourches 21 – B-4041 Vottem (Herstal)
Tél +32(0)4 344 65 60 - Fax +32(0)4 286 99 61
Février 2013 – 61277

Dépôt légal : mars 2013

Imprimé en Belgique